宜昌师专的故事

编纂委员会

顾　问：徐汝潭　符利民　刘锦程
　　　　张　朔　冯汉斌

主　编：李云贵

副主编：冯汉斌　赵　军　吴卫华
　　　　魏占峰　安德义　高伊洛

成　员：汪明益　王春年　田吉高
　　　　胡冬梅　陈学东

WUHAN UNIVERSITY PRESS
武汉大学出版社

图书在版编目(CIP)数据

宜昌师专的故事/李云贵主编.—武汉：武汉大学出版社,2023.4
ISBN 978-7-307-23554-0

Ⅰ.宜… Ⅱ.李… Ⅲ.宜昌师范高等专科学校—校史—1946-1996
Ⅳ.G649.286.33

中国国家版本馆 CIP 数据核字(2023)第 019237 号

责任编辑:郭 静 责任校对:鄢春梅 整体设计:韩闻锦

出版发行:**武汉大学出版社** (430072 武昌 珞珈山)
(电子邮箱:cbs22@ whu.edu.cn 网址:www.wdp.com.cn)
印刷:武汉中科兴业印务有限公司
开本:720×1000 1/16 印张:34.75 字数:681 千字 插页:8
版次:2023 年 4 月第 1 版 2023 年 4 月第 1 次印刷
ISBN 978-7-307-23554-0 定价:98.00 元

主编简介

　　李云贵，男，1962年10月出生，湖北枝江人。全日制专科、本科分别毕业于宜昌师专中文科、武汉大学中文系。九三学社社员，湖北省宜昌市城市建设档案馆从事编研工作，研究馆员，中国诗经学会会员，中国语言文化学会会员和中国档案学会会员。主要从事《诗经》语言、句法，汉语史和高校校史、地方文化及档案学研究，发表学术论文（随笔）近180篇，诸多学术观点被引用、采纳。主编、参编《宜昌师专的故事》（校史文集）、《宜昌方言词典》《川汉铁路在宜昌》《日寇在宜昌》和《城建档案工作实用指南》等。

谨以此书献给曾经在宜昌师专工作和学习过的校友们

宜昌师专

是校友共同的母校

北山坡

是校友永远的精神家园

宜昌師範專科學校

徐特立 一九五八年七月一日

著名教育家徐特立先生为学校题写的校名

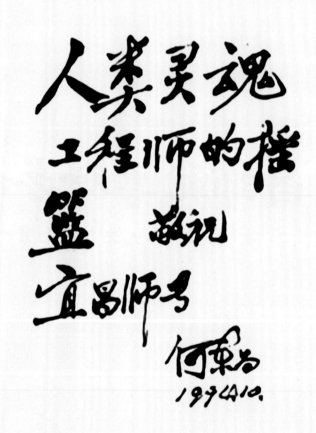

人类灵魂
工程师的摇
篮　敬祝
宜昌师专

何东昌
1994.10.

原教育部部长、国家教委副主任何东昌为学校题词

赠立眉师专

为人师表　专师表光荣

无尚

邹时炎
一九九一年
五月十七日

时任国家教委副主任邹时炎为学校题词

发展师范教育是发展教育事业的战略措施

张志公题

著名语言学家张志公先生为学校题词

（以上题词照片由刘锦程、张朔提供）

第1任校长梁瑞麟
（1946—1947年）

第2任校长胡楚藩
（1947—1948年）

第3任校长朱全纪
（1948—1949年）

第4任校长熊筱崗
（1949—1951年）

第5任校长李地文
（1952—1952年）

第6任校长（代）邹吉烨
（1952—1953年）

第7任校长张晓光

（1953—1958年）

第8任校长徐汝潭

（1958—1962年）

第9任校长黄荣誉

（1963—1966年）

第10任校长管先润

（1971—1980年）

第11任校长张国然

（1980—1987年）

第12任校长高进仁

（1987—1996年）

国立荣昌师范学校1946年毕业合影

湖北省立宜都师范学校
三上级乙组1948年期终合影

湖北省立宜昌师范学校
1950年秋季旅行师生合影

湖北省宜昌师范学校
共青团三（2）支部1957年毕业合影

宜昌师范学校三（2）班1965年毕业合影

宜昌师范专科学校8411班1987年毕业合影

（以上历任校长及师生合影照片均由李云贵征集）

宜昌师专最后一届校级领导班子
左起：石亚非、刘锦程、易纪维、
高进仁、杨红、李光明

高进仁、刘锦程等校领导
陪同国家教委主任朱开轩视察宜昌师专

湖北省人民政府副省长韩南鹏、
省教委主任孙德华视察宜昌师专

宜昌师专的老先生们

著名教育家徐特立先生题字牌坊
（刘锦程拍摄）

湖北省宜昌师范学校办公楼
（西坝"师范区"旧址）（魏占峰拍摄）

教育管理科危世琼教授

数学科侯劲教授

数学科帅绪芝教授

曾宪梓教育基金获得者、
化学科颜克美副教授

全国优秀教育工作者、学工处汪复银教授

化学科李拱辰副教授正在指导学生实验

学生正在计算机中心上课

学生正在电教中心语言实验教室上课

学生在图书馆查阅资料

全国语言文字先进工作者刘芳副教授

全国高校后勤工作先进工作者杨泽尧经济师

全国绿化工作先进工作者王志超园艺师

学校综合教学楼

学校实验楼

学校学术交流中心

学校礼堂

学校图书馆

学校学生宿舍楼

北山坡校园（后）环境

北山坡校园（前）环境

学生正在进行排球比赛

学生正在布置墙报

20世纪80年代的第一场露天电影

外籍教师正在上课

（以上照片除已署名外均为陈学东等拍摄）

三峡大学师范教育之源

——《宜昌师专的故事》序

符利民

余光中说："蓝墨水的上游是汨罗江。"笔者说，三峡大学师范教育的上游是宜昌师专。

当共和国将满十岁之际，宜昌一个名叫北山坡的荒野，由一位大名徐汝潭的年轻"老革命"，率领一支精干的青年教师队伍，谱写了一曲响彻峡空的新歌。

适逢其时，毛主席的尊师、杰出教育家徐特立——笔者1952年于岳麓山下湖南一师近距离聆听过他亲切教诲的慈祥老人——亲笔为学校题写了校名。从此，宜昌师专跻身历史档案，门楼成为珍贵的历史丰碑。

犹记师专创建首任校长书记徐汝潭。他连私塾也未曾进过却能六七岁背《三字经》《千家诗》，八九岁背《论语》《大学》《中庸》，鲐背今日，仍能大体背出《管仲论》《岳阳楼记》全文，这是何等扎实的"童子功"。行军途中亲聆过陈毅、刘伯承教导；20世纪50年代主管过宜昌一方文教。时当"而立"，崇德重才，敬师爱生，调教出一批披肝沥胆的"拼命三郎"，让和煦的校风、教风、学风，骀荡于欣欣向荣的校园。

笔者于廿三年华在伯乐信任的目光里扬帆启航，从此先生成笔者心中留有特殊位置的人。曾受命组建筹备组申办三峡大学，奔走于鄂湘京城，乃至中南海，碰壁不回，遇挫不馁，终如愿以偿，完成由宜昌医专、宜昌师专、宜昌职业大学——湖北三峡学院——三峡大学"三级跳"，实受益于徐公当年创建之功的感召与激励。

徐公离休后"耳顺"赛桥牌、"古稀"学上网、"耄耋"出大著、"鲐背"发微信，吟咏出如"妙笔记流年，诗思如泉。墨滋青山云壑间"的锦句，是寿比珠峰福如大洋的仁者智者奇者。

犹记驰援宜昌的华师骨干、师专首任教务长朱辕。他是被华师德隆望重的章开沅老校长记入《口述自传》的重要人物。凭他的优良品格、扎实功底、卓越才能，让初创的学府径情直遂步入正轨。

有幸曾多次与先生于和颜悦色耳提面命中，感受其思想的敏锐与缜密，聆听他高屋建瓴鞭辟入里的现场指点，领教其语重心长丝丝入扣的真才实学。

犹记从宜都走出、精研诸子、穷毕生精力研核《文心雕龙》的大家吴林伯。当年聆听他为青年教师进修开设的《荀子》课，那独出心裁的点批注疏方式，让我等"不虚此行"的满足感烙印深深。而先生博览古今，焚膏继晷，七易其稿，蝇楷撰写百余万言的《〈文心雕龙〉义疏》，成学界佳话，也足见汝潭校长早年的慧眼识珠。

犹记身出名门、学出名师、品端学富、谦逊有加的宜昌艺术教育的奠基人吴章采。20世纪50年代他的作品即入选首届全国美展，为大师唐一禾信赖的高足；在地区首长的托付下，先生在宜昌开设美术专修班，敢为人先，甘为人梯，成绩斐然，影响深远。

曾有缘同先生斜对门而居，假日里为笔者夫妇素描、油画、篆刻图章，是怎样的一种深谊。直至今日耄耋痴聋，先生那儒雅慈祥的面影，依然清晰如昨；先生与"义子"金强诗词唱和，呈"后天亲人"的福缘，也诠释了"学高为师，德高为范"的内涵。

犹记20世纪50年代荣登北京大学讲坛、回归故里的物理高师王正清。真水无香，深水静流，"愿将青春许孺子，甘为盛世做人梯"。先生被推为全国师专物理学会会长、全国师专物理教材主编，顺理成章，众望所归。

犹记师专教务处长、中文科(系)主任、元老级的吴柏森学兄。六十年如一日本色示人，顺逆如一；沉潜宁静，执着专一。"玉泉清净勤濡溉，长教葱茏不染尘。"以学问为人生，富君子之风。

犹记同他们一样优秀的众多同仁，沥血呕心，吐丝燃烛，美谈多多，成果累累。

作为保障系统的总务后勤，任劳任怨，克勤克俭；不拒繁杂，不厌琐细，爱校如家，是同样可歌可敬的。

犹记1977—1979级"新三届"。久旱甘霖，光阴是竞；饕餮恶补，师生共命；

拼将耽误的时间夺回来。正是这金贵的"新三届"，才俊竞出数质俱佳，蜚声全国有口皆碑。

感恩于居住了二十余年的故园，赐给笔者事业、爱情双丰收的福地，浓浓的师专情结萦绕终生……

历史常不以一时一事的得失论高下，经几年、十几年、几十上百年的淘漉冲刷，是真切无情的时空检验。有道是"三岁看大，七岁看老"，教育的 DNA，验证了宜昌师专与三峡大学一脉相承的血缘。

看今日，北山坡林荫覆道，求索溪桃李满园；孔子园春风化雨，徐老碑熠熠生辉。

吴柏森有诗云："曾经沧海易观水，除却巫山也识云。"诚哉斯言！

衷心祈祝，宜昌师专上善若水；三峡大学壮志干云。

是为序。

2022 年 4 月 22 日夜于北京

作者简介：

符利民，笔名符号。1958 年毕业于华中师范学院中文系。中国作家协会会员、湖北省杂文学会副会长，著名杂文家、教授，曾任宜昌市人民政府副市长兼宜昌职业大学校长，湖北省高校评议委员会委员。

目　　录

宜昌师专纪略（1946—1996 年）·································· （1）

校 史 钩 沉

湖北省立宜都师范学校的创立 ···························· 刘济民（13）

湖北省立宜都师范学校的首任校长梁瑞麟 ·············· 张　铭（15）

在政教两界历经沧桑的校长胡楚藩 ·············· 龙发坤　胡家伟（18）

湖北省立宜都师范学校点滴回忆 ········ 熊光炎口述　明建中整理（21）

湖北省立宜都师范学校创建的前前后后 ·················· 李　超（27）

宜昌师专的红色基因

　　——其前身宜都师范学校具有光荣革命传统 ········ 张　朔（29）

宜昌师专那些具有传奇革命经历的校长们 ········ 张　朔　李云贵（31）

中华人民共和国成立初期宜昌教育新布局中师范学校的

　　迁延更替 ································ 魏祖培　刘锦程（35）

西坝师范区，宜昌师专曾在此歇脚 ·············· 柯　黎　李云贵（39）

熊筱崑校长的郦学世家 ································ 杨世灿（43）

地理世家

　　——记熊崮之、熊筱崑父子 ···················· 张东铭（47）

我的爷爷熊筱崑 ······································ 熊　琼（49）

亦学亦商充满传奇色彩的校长李地文 ················· 习明山（51）

国学功底深厚的邹吉烨先生 ···························· 杨邦俊（53）

张晓光：革命烈士、湖北省宜昌师范学校校长 ·········· 熊德红（56）

徐汝潭，宜昌高教第一人 ······························ 李云贵（57）

永远的校长徐汝潭 ···································· 符利民（60）

留下历史的真实印痕

　　——徐汝潭《沧桑记忆》序 ···················· 李华章（62）

黄荣誉同志事略 ······················· 傅一屏　韦纯来　肖　雷(64)

著名教育家徐特立先生给"宜昌师专"题字考 ··········· 李云贵　胡冬梅(66)

前宜昌师专时期略记 ······························· 毕元铨(68)

宜昌师专的恢复与发展 ······················· 高进仁　毕元铨(70)

历史上宜昌师专校址的三次变迁 ························· 张　朔(75)

辉煌一时的宜昌师专附中 ····························· 曹竞斌(77)

岁 月 留 痕

我经历了宜昌师专初创的艰难岁月 ········· 徐汝潭口述　冯汉斌整理(81)

宜昌师专是我一辈子的福地 ············· 曹文安口述　冯汉斌整理(84)

对三峡山水美学的研究是我一生的追求 ····· 张道葵口述　冯汉斌整理(87)

我的学术生涯 ································· 李友益(91)

宜昌师专教授的回忆点滴 ··························· 冯汉斌(95)

宜昌师范学校的流光岁月 ··························· 彭定慧(97)

西坝三年 ····································· 李　超(99)

忆母校 ····································· 陈祖功(101)

在培养教师的摇篮中 ······························· 黄仁礼(102)

宜昌师范——锤炼我们的大熔炉 ························· 李盈科(107)

我的教学生涯 ································· 方自贤(109)

宜昌师范课余拾零 ······························· 李盈科(114)

亲兄弟仁齐聚宜昌师专(外一题) ························· 李　超(116)

特殊年代我走进了宜昌师专 ····························· 邓茂亭(118)

感恩 ····································· 秦立本(119)

老师专成就我今生 ······························· 李万柱(123)

难忘这扇门 ································· 王大森(126)

初登宜昌师专讲台 ······························· 宋兴宏(129)

五十年前的求学路 ······························· 邹练武(131)

师专小故事三则 ································· 曹文安(133)

师训三年不了情 ································· 谢道弋(135)

忆北山坡学府 ································· 李华章(140)

宜昌师范学校美术班记略 ··························· 姜耀南(142)

我教语文四十年……………………………………李国荣(145)

我的读书生涯………………………………………安德义(150)

在宜昌师专抄书与背书的岁月……………………田兆元(155)

回忆在宜昌师专英语科学习的往事 …………[加拿大]曹海英(157)

在宜昌师专英语科学习工作的日子………………张 静(159)

从师专学生到师专教授……………………………王浚岭(161)

永远难忘的心迹……………………………………胡昌祥(164)

"多读作品"

 ——师专中文科老师的教学理念…………………王明建(166)

1977,我人生中一个重要坐标……………………魏占峰(170)

我的7911 …………………………………………张维仲(172)

难忘的宜昌师专学生时光…………………………张 朔(175)

我忆师专"新三届" ………………………………李云贵(178)

师专轶事……………………………………………童 新(181)

北山坡,我心中的精神高坡………………………陈 伟(183)

三年赋能四十载……………………………………曹书德(186)

从北山坡到珞珈山

 ——我经历的武大插班生制………………………李云贵(189)

永忆母校宜昌师专…………………………………覃长林(192)

高山仰止

 ——钱锺书先生辞世十周年祭……………………李友益(194)

记石声淮老师在宜昌师专…………………………吴柏森(197)

黄声笑与宜昌师专…………………………………李 超(199)

鄢国培印象记………………………………………谢道弋(201)

著名作家鄢国培在宜昌师专作"《漩流》创作讲座" …………袁在平(203)

第二故乡……………………………………………金道行(209)

"三峡文化"词语的提出 …………………………曹文安(213)

宜昌师专数学科忆旧………………………………夏昌华(215)

一张奖学金卡的故事………………………………董 云(222)

十年"北大"情 ……………………………………陈华洲(225)

宜昌师专干部文化班是我成长的加油站…………杨美仁(230)

宜昌师专新闻专业的"黄埔一期" ………………柯有祥(232)

"静秋"原型熊音曾跟我先生学英语

　　——《山楂树之恋》影片女主人公原型为宜昌师专校友 ……… 周惠群（236）

宜昌师专内部管理体制改革工作的回顾……………………… 易纪维（238）

宜昌师专人事制度改革回顾……………………………………… 刘瑞林（240）

宜昌师专政史科诞生记…………………………………………… 彭必源（242）

我与宜昌师专的故事……………………………………………… 罗筱端（245）

宜昌师专英语系旅游专业创办的回忆………………………… 崔　进（248）

我的师专体育生涯二三事……………………………………… 杨宇飞（250）

我为宜昌师专图书馆做图书采购……………………………… 王德金（252）

我在宜昌师专工会工作的点滴回忆…………………………… 吴庭梓（255）

宜昌师专的后勤改革和校园绿化工作………………………… 王志超（257）

风雪交加赴京城…………………………………………………… 袁宜甲（259）

卅年回首几深情………………………………………………… 吴柏森（262）

几位老教授眼里的刘锦程…… 吴柏森　金道行　方自贤　曹文安　刘瑞林（263）

宜昌是悠久茶港，师专是温馨记忆

　　——宜昌师专原副校长刘锦程口述实录…… 刘锦程口述　冯汉斌整理（267）

杏 坛 风 采

五十年代宜昌师范学校的名师们……………………………… 严玉陔（273）

师德如山，师恩如海

　　——五十年代宜昌师范学校的几位老师………………… 易厚泽（274）

无私的春蚕，不朽的园丁

　　——张铭老师生平事略………… 邹辅仁　郑祖基　葛松涛　张安球（276）

学高为师，身正为范

　　——追忆我的岳父张铭先生………………………………… 王德金（279）

师专精干教师队伍的形成……………………………………… 李　超（281）

学者操守，文人楷模

　　——纪念著名学者吴林伯教授诞辰90周年……………… 王作栋（283）

吴林伯先生学行述闻……………………………………………… 方　铭（287）

吴林伯先生二三事……………………………………………… 李友益（291）

忆恩师吴林伯先生……………………………………………… 舒德焱（294）

"美术三老"之一吴章采先生的艺术人生 ……………… 陈文武 金 强（297）

吴章采写意…………………………………………………… 力 人（300）

风雨铸师魂

　　——记徐圣熙先生…………………………………… 李华章（303）

孜孜不倦的开拓者

　　——曹文安教授风采录………………………… 杨 斌 田吉高（305）

上善若水

　　——记杂文家符号…………………………………… 李华章（308）

"元老级"的老师吴柏森 ……………………………………… 符 号（310）

北山坡上不老松

　　——记宜昌师专中文科吴柏森教授………………… 田吉高（314）

吴柏森老师事略………………………………………………… 傅嘉泉（318）

众类亦云茂，孤贞见幽姿

　　——对郭超㶇《古诗文品赏》的推荐………………… 王自哲（320）

金先生做学问…………………………………………………… 李云贵（322）

一部人格文化的录像…………………………………………… 符 号（325）

我的写作老师…………………………………………………… 胡兴桥（329）

他的爱，在默默耕耘中绽放

　　——访宜昌师专物理科王正清教授………………… 李冬梅（333）

生命的赞歌

　　——记宜昌师专数学科帅绪芝教授………………… 校园星座（336）

英语教育是她钟爱一生的事业

　　——记宜昌师专英语科名师罗善翠教授……………… 冯世斌（339）

令公桃李满天下，何用堂前更种花

　　——宜昌师专英语科于我的培育之恩 ………… ［美］罗 豫（343）

华章先生………………………………………………………… 傅嘉泉（346）

两位只讲半节课的数学老师…………………………………… 李友益（348）

回忆宜昌师专的那些名师……………………………………… 魏远静（350）

回忆我的心理学老师危世琼教授……………………………… 夏昌华（354）

我印象中的李祖林、刘锦程老师……………………………… 聂心爱（357）

刘芳老师印象…………………………………………………… 柯有祥（359）

师专数理函授老师们…………………………………………… 杨良海（361）

平常"人"家赵延槟老师 …………………………………… 黄海军(363)

师专老师的幽默…………………………………………… 朱道清(365)

吾师德聪………………………………………………… 张学元(367)

恩师简笔………………………………………………… 金　华(370)

我心中师专中文科的三驾马车 ……………………………… 胡兴桥(375)

遇见 …………………………………………………… 王　丹(378)

姚先生 ………………………………………………… 文红霞(381)

兴趣与老师

　　——记刘济民老师和两位周老师 …………………………… 李　扬(383)

严格背后的温情

　　——记宜昌师专政史科(系)的三位老师 ………………… 李　扬(386)

桃 李 芬 芳

为江河立传的人

　　——"宜师"培养的郦学专家杨世灿 …………………… 熊先春(391)

翱翔蓝天　报效祖国

　　——记航天英雄杨利伟的教练何明礼校友……………… 彭松远(393)

不为轩冕肆志，不为穷约趋俗

　　——从"宜师"走出的儒学专家安德义 ………………… 舒德焱(395)

姜耀南，中国人物画界的一代翘楚

　　——"宜师"培养的杰出校友 ………………… 丹青飞狐(398)

周德聪书法艺术人生素描……………………………………… 璞　庐(401)

常思周孔千秋业，法地法天法自然

　　——从宜昌师专走出的民俗学大家田兆元教授………………… 游红霞(405)

出于师专，基于"小学"，立于大学

　　——王作新教授读书、教书、写书之路 ………………… 李云贵(408)

致力中国古代文论现代阐释与转换

　　——记三峡大学邓新华教授 ………………… 南襄子(411)

潜心于现当代文学领域的专家吴永平……………… 李云贵　龚湘玉(414)

丰富的学术阅历和厚重的科研成就

　　——记五邑大学孟祥荣教授 ………………… 王明建(417)

艾宏扬，一位哲学和政治学领域的学者……………… 胡冬梅 李云贵（420）

高质量学术成果的追寻之路

    ——记浙江财大王明建教授………………… 齐军红 邓华荣（423）

从宜昌师专走向央视大舞台

    ——记央视大型节目总策划、导演秦新民………………… 胡冬梅（425）

出发的地方

    ——姚永标和他的诗歌创作………………………………… 刘济民（427）

植根教育，进退有胆

    ——记长江中学创办人张海春先生………………………… 华 清（431）

从宜昌师专数学科到华师一附中副校长、特级教师的

    超越——苏远东……………………………………………… 周庆会（434）

一灯如豆辉四壁

    ——记枝江一中原校长董云…………… 田吉高 郑泽俊 龚海燕（437）

飞向更高的天空

    ——从乡镇教师到北京市特级教师跨越的曹书德…… 李云贵 向莉娟（441）

从中学语文名师到文史研究专家

    ——记宜昌师专中文科校友周德富………………………… 金 华（444）

杏坛搏击竞风流

    ——获孔子奖章的校长石雪山………………… 覃明才 张海艳（446）

与积极者同道

    ——记宜昌师专自考本科班校友付全新……………… 李云贵 高 皓（449）

读书·为艺·做人

    ——任晓明的书法之路……………………………………… 周德聪（453）

一位扎根于宜昌市中南路小学的湖北省唯一书法特级教师

    陈晓勇的成长之路………………………………………… 李 扬（455）

宜昌师专物理科走出的博士生导师

    ——记新能源新材料领域知名专家谭新玉………… 张 朔 魏占峰（457）

北 山 撷 拾

从西坝到北山坡………………………………………………… 傅嘉泉（461）

在北山坡的日子………………………………………………… 李华章（464）

北山坡漫话……………………………………………………………方龄皖(466)

一段年华一缕芬芳………………………………………………………王金秀(468)

回望北山坡………………………………………………………………周庆会(470)

宜昌师专回忆——栀子花开……………………………………………魏　平(472)

宜昌师专的幸福生活……………………………………………………姚永飞(474)

难忘的金色年华…………………………………………………………余冬玲(476)

"北漂"三年……………………………………………………………胡冬梅(479)

师专的味道………………………………………………………………黄海军(483)

难忘师专二章……………………………………………………………龙学贵(485)

诗词二首…………………………………………………………………吴章采(487)

竹枝词·故乡武魁场轶事(八首)(节选二)　………………………方　松(488)

嘤嘤其鸣

　　——怀念、酬赠原师专诸同仁………………………………吴柏森(489)

诲人卷外　瞻汝潭中

　　——徐公米寿诗联集萃………………符　号　姜祚正　等(494)

五古·老师专情思………………………………………………………曹文安(499)

高阳台·感怀宜昌师专…………………………………………………袁　洪(500)

老友小聚感赋……………………………………………………………吴柏森(501)

七绝·贺李光明先生乔迁之喜…………………………………………刘济民(502)

七绝·游山间……………………………………………………………李光明(503)

毕业纪念(赠中文科李云贵、周德美校友)…………………………刘济民(504)

读谢道弋《拂尘拾忆》有感……………………………………………刘济民(505)

七律(新韵)与对联……………………………………………………宋兴宏(506)

德高体健寿无疆

　　——敬贺徐振老师95岁诞辰…………………………………刘世新(508)

楹联一副…………………………………………………………………金道行(509)

七律·东山聚会…………………………………………………………李滔林(510)

七律·母校寻踪…………………………………………………………梅大敏(511)

宜昌师专赞(歌词)……………………………………………………张维仲(512)

红砖房子…………………………………………………………………姚永标(513)

宜昌师专之歌…………………………………………罗洪波词　曹竞斌曲(514)

江城子·贺《宜昌师专的故事》付梓…………………………………宋兴宏(515)

七律·贺《宜昌师专的故事》结集出版 ……………………… 张维仲(516)

附 录

附录1：宜昌师专大事年表(1946—1996年) …………………………… (519)

附录2：宜昌师专历史沿革一览表 …………………………………… (524)

附录3：宜昌师专历任校级行政领导一览表 ………………………… (525)

附录4：宜昌师专历任校级党组织领导一览表 ……………………… (527)

附录5：1991年宜昌师专党群、行政系统机构一览表 ……………… (528)

附录6：刘锦程同志在宜昌师专(师范学院)建校50周年庆典上的讲话
　　　(1996年9月7日) ……………………………………… (529)

附录7：宜昌师专创校校长徐汝潭致"50周年校庆"贺词 ………… (532)

附录8：武汉大学致"50周年校庆"贺词 …………………………… (533)

附录9：湖北大学陈少岚代表武汉地区高等院校在宜昌师专50周年
　　　校庆大会上的贺词 ……………………………………… (534)

附录10：宜昌师专校友向世清致"50周年校庆"贺词 ……………… (536)

附录11：湖北省人民政府关于将宜昌师专、宜昌医专、宜昌职大合并组建
　　　"湖北三峡学院"的通知 ……………………………… (538)

附录12：《宜昌师专的故事》专家鉴定意见 ………………………… (539)

北山坡上，岁月有痕
　　——《宜昌师专的故事》后记 ………………………… 李云贵(540)

宜昌师专纪略

（1946—1996 年）

宜昌师专，西陵峡口教师的摇篮。

1946—1996 年，五十年，峥嵘岁月稠。

一

1946 年 9 月，湖北省立宜都师范学校正式成立。这是宜昌师专的前身。

这年春末夏初，湖北省决定将抗战时期流落到四川就读于国立荣昌师范学校的 600 名湖北籍"保育生"接回武汉，并在鄂东的广济和鄂西的宜都各办一所师范学校进行安置，即湖北省立女子师范学校和湖北省立宜都师范学校。

省立宜都师范学校选址于水陆交通方便的宜都县的红花套。9 月至 11 月，湖北省教育厅将 400 名"保育生"分派到校，同时还从宜都、长阳、五峰、松滋等县招插班生，全校共计学生 493 人。其中普通师范二、三年级 154 人，编为 4 个班；初中二、三年级 339 人，编为 7 个班。首任校长梁瑞麟。教职员多为省教育厅调派，共 41 人，其中专任教员 22 人。

建校之初，处境艰难。只有女生可住校内，图书仪器短缺，甚至学生的课本、文具也供给不上，学生还时有断炊。

但学校办学的积极性很高。师范班开设了 16 门基础课和专业课，教学质量尚可保证。1947 年又招师范新生 323 人，1948 年招 341 人，1949 年上半年招 410 人。到 1948 年暑期初中生毕业后，初中部停办。学校从此成为完全的普通师范学校。

1949 年 7 月 16 日，宜昌解放。宜昌地区专员公署接管了省立宜都师范学校。该校地理教师熊筱崮被任命为校长，于 9 月 16 日按时开学复课。教职员 26 人，原有留校学生 234 人，又招了部分新生，共 319 人。

为了适应宜昌地区教育发展的需要，宜昌行署决定于 1950 年 4 月 4 日迁校至宜昌市西坝，并经湖北省文教厅批准，学校更名为"湖北省立宜昌师范学校"。

西坝新址建校，学校面积增大，并新建普通教室、音乐和美术教室、图书室、理化试验室等，图书增加到 1.3 万余册，理化仪器、生物标本和风琴、体育器材也逐步充实。

1950 年，在校生 6 个班 200 人。至 1953 年，逐步增至 12 个班，577 人。教职员 43 人。教学科目增加了政治思想课和劳动教育课，同时提高了体音美课的教学地位，并组织师生参加农村土地改革运动。1953 年冬，全校教职工奉命赴武汉参加全省第二届知识分子思想改造。

1952 年 8 月，张子荣任副校长。1953 年 6 月，时任秭归县县长张晓光调任为校长，邹吉烨任副校长。1955 年，调入傅天峻为副校长。学校正式成立党支部，张晓光任支部书记兼校长。

1954 年后，学校明确了"面向小学"的办学方针，并确立以教学为中心，以培养学生全面发展为目标。

1956 年暑期，学校设立了函授部。秋季招收首批中文、数学函授生 945 人，并在 5 个县城区设立函授站，聘请校外兼职教师和辅导员 82 人。

经过几年艰苦办学的努力，学校毕业生服从分配，受到宜昌各地欢迎，学校办学规模和办学水平已位居全省中等师范学校的前列。

在 1957 年"反右"运动中，受到扩大化影响，13 名教职员被错划为"右派分子"，并有多人受到处分，学校的发展也落入低谷，1957 年只招收新生 79 名。又由于宜昌各地小学"反右"后教师严重缺额，本校三年级 5 个班 235 名学生提前于 1958 年 2 月毕业分配工作。

1958 年暑期，服从国家整体建设规划，宜昌专署决定学校再次迁校至市郊的北山坡地段。

二

1958 年 4 月，开始筹办宜昌师范专科学校，学校揭开了历史的新篇章。

筹备工作包括：

1. 制定迁入新校址建设规划，增加专科教育学生住房和教学设施；

2. 拟定中文、数学教学大纲和教学计划；

3. 特别是抓紧调入一批具有本科学历的教师。秋季开学共调入教师 23 人，较好地保证了师范专科教学任务的急需；

4. 函请革命教育家徐特立为新校题名。7 月，徐老亲笔书写的"宜昌师范专科学校"校名题字寄到学校，寄托了老一辈革命教育家的深切关爱和希望。

1958 年 8 月，宜都工业区行署文教会议决定，宜昌师范学校"戴帽子"办师范专科教育，从秋季开始起学校改名为宜昌师范专科学校，设置中文、数学两个专业，学制一年，由行署向宜昌地区各县分配保送首届新生任务。9 月正式开学，入学新生 206 人，中文、数学各三个班。同时，学校还保留中师部分。

1958 年 11 月，宜昌行署文教局长徐汝潭调任宜昌师范专科学校校长。

宜昌师专开办之初，筚路蓝缕，特别是受"大跃进"的影响，"教育与生产劳动相结合"，大办钢铁，大办农场，教学计划被打乱，教学秩序受到严重冲击。1959 年 1 月，学校及时做了总结，认真接受了办学经验不足的教训，从而重新提出"以教学为中心，建立健全正常的教学秩序，全面提高教学质量"的指导思想。

为此，学校采取了一系列措施：

1. 学校成立由学校领导、部门领导和骨干教师组合的"三合委员会"，统一领导，坚定贯彻落实指导思想，学校再没有随意停课。

2. 加强专科教育管理，努力提高教学质量。调整充实了专科办公室，设立了专科教学的各教研室，努力保证各科教学质量。

3. 重视师资建设。认真贯彻知识分子政策，1960 年 7 月，学校党总支首次在中青年教师中发展两名新党员。同时在教师中实行"带、评、辅"，抓好青年教师进修或到外校作短期访问。对于较高水准的教师，则要求取得科研成果，每学期写出两篇较有见地的学术论文或读书笔记。

1961 年春季，根据宜昌专署的决定，校内增设中学教师进修部，由学校函授部和专署文教局下属的教学研究室合并组成，共同负责函授教育和举办中小学教师进修班。

1961 年暑假前，学校教职工达到 145 人，其中专任教师 67 人；在校学生总数达到 1005 人，其中师范专科 9 个班 271 人，中师及幼师、体育、教育行政干部共 16 个班 734 人。至此，宜昌师专的发展已粗具规模，经过了艰难卓著的第一阶段，完成了创业的任务。

三

1962 年 7 月 17 日，中共湖北省委批准省教育厅再次调整省属高等学校的报告，全省师范专科学校全部撤销。宜昌师范专科学校"专科撤销，改办中专"。中共宜昌地委于 8 月也作出了停办师专，恢复建立宜昌师范学校的决定。原师专副校长兼中师部主任傅天峻被指定为湖北省宜昌师范学校负责人，稍后调入黄荣誉主持宜昌师范学校全面工作。同时，教职工减少到 59 人，其中教师 31 人。

原师专所属中学教师进修部在学校改制后独立建校，但同在一个校园，教学资源共享，且在领导体制上实行一套党的班子，两块牌子。1963 年 4 月，任命黄荣誉为湖北省宜昌师范学校党支部书记兼校长，傅天峻为湖北省宜昌师范学校副校长和宜昌专区教师进修学校专职副校长。

湖北省宜昌师范学校根据不同的生源，实行两种学制：三年制的普通师范生，主要以初中毕业生为招生对象；学制一年的"速成师范"生，主要以高中毕业生为招生对象；1965 年还开办了一个"耕读师范班"，从农村招生 46 人，实行"半农半读"，学制三年。

1965 年秋，学校有普通师范和耕读师范生 9 个班 399 人，速成师范在校生两个班 147 人。学校教职工增至 62 人，教师 35 人。

湖北省宜昌师范学校具有长期办中等师范教育的实践经验，教学管理规范，规章制度健全，教学设施完备，师资队伍整体素质较高。因而在 1962 年恢复建校后很快走入正轨，坚持"面向小学"的培养目标，以教学为主，扎扎实实提高教学水平，质量得到了充分的保障。

1962 年 4 月，宜昌师专停办后，原来中学教师进修部独立建制，成立宜昌专区教师进修学校，其函授教育以"业余高等学校"的名义同华中师范学院挂钩，开办五年制函授学历教育，办有汉语言文学、数学、物理、化学 4 个专业，至 1965 年秋，在校函授生共 228 人。另在一些县乡开办中等师范函授教育。在校内，还开办各种进修班，分初中教师班和小学教师班。此外还办过小学教育行政干部轮训班，每年办一期。1965 年秋，各种进修班共 7 个，197 人。教师也增加到 34 人。

四

"文革"的特殊年代，成了宜昌师专办学的过渡期。

1966 年 6 月，湖北省宜昌师范学校和宜昌专区教师进修学校开始"文化大革命"。学校被迫停课，党组织停止活动，各级干部和知识分子成为批斗的对象。学校先后有 17 人被关进"牛棚"，校园内各种设施和图书资料遭到破坏。

1968 年 4 月，学校成立以宜昌专区文教局局长王剑兼主任的"湖北省宜昌师范学校革命委员会"。11 月，"工人宣传队"和"解放军宣传队"进驻学校，全面领导"斗、批、改"，同时增补詹玉华、舒德彦和王秀珍为"革命委员会"副主任或委员。

1970 年 10 月，学校成立临时党支部。1971 年 3 月，宜昌地区党的核心小组调管先润到校任"革命委员会"负责人和临时党支部负责人。12 月，湖北省宜昌师范学校党总支委员会成立，管先润任总支书记，舒德彦任总支副书记。党总支成立后，着手重建校内机构，调整校内人事，学校秩序得到一定恢复。

1971 年，全国高等学校、中等专业学校等各类学校恢复招生。1971 年的学员成为首届工农兵学员。1971 年秋季，学校首次招收中文、数学两个专业的工农兵学员和代培工厂委派学员 438 人，学制一年。1972 年增加英语、理化、革命文艺三个专业，全校 5 个专业共招收工农兵学员 591 人。1973 年起，学校基本形成两种办学模式：一为普通师范语文、数学、英语专业，学制两年；二为语、数、理化、英语进修班，学制半年。1975 年还招收了中文、物理、英语三个专业的"高师班"，共 147 人。1973 年恢复了函授教育，又举办体育、美术、文艺等短训班、中学领导干部和政治教员学习班等，参加学习达 1600 人。

1977 年全国恢复高考，湖北省革委会批转省计委、省教育局《关于发展高等院校地区分院的报告》，决定开办 5 所分院，其中包括"华中师范学院宜昌分院"。1977 年 12 月，省计委、省教育局下达了中文、数学、化学三个专业各招收 30 名专科生的指标。由于扩大招生规模，实际招收中文、数学、物理、化学、英语等五个专业专科生 336 人。

学校的中等师范从此停办。

华中师范学院在宜昌分院的开办过程中，在教师培训、教材建设、教学资料和教学物资等方面给予了热情帮助和慷慨支援。

五

1978 年 4 月 1 日，国务院发布《关于同意恢复和增设普通高等学校的通知》，其中湖北省有七所师专，宜昌师范专科学校是七所之一。这是学校发展进程的历史机遇和重大转折。

图 1

　　1978 年 5 月，中共宜昌地委任命原宜昌师范学校党总支书记兼革委会主任管先润为宜昌师范专科学校党委副书记兼校长，调任王丽云（女）为党委副书记兼副校长主持校内的组织、人事调整工作。接着学校党委会成立，并实行党委领导下的校长负责制。1980 年 5 月，管先润专任党委书记，张国然任党委副书记兼校长，朱辕任副校长。1984 年，宜昌地委对学校领导班子进行充实，增加王正清、周力、刘锦程任副校长，詹玉华为纪委书记。

　　宜昌师专成立后，把拨乱反正、落实政策当作第一件大事。1981 年 7 月，组织学习《关于建国以来党的若干历史问题的决议》，"统一思想，团结一致向前看"。学校成立三人领导小组，下设落实政策办公室，清理历次政治运动中受到审查、批判、处分、处理的人和事，至 1985 年，集中整理干部档案 208 份，妥善解决重要案件 34 件。在此基础上，学校十分重视落实知识分子政策，充分调动知识分子的积极性。到 1983 年，先后发展 16 名优秀知识分子入党，考察、选拔了一批中青年知识分子担任校、处、科（室）领导职务，有 6 人晋升为副教授，48 人获讲师职称，36 人定为助教。同时，还解决了夫妻两地分居和家属子女"农转非"等实际问题。

　　1980 年、1981 年，全校传达和学习了全国师范院校工作会议和高校教学工作会议精神，明确了"面向初中教育服务"的办学方向和"新办、地方、师范、专科"的办学定位。

　　1981 年至 1985 年，省教育厅吸纳学校 11 名教师参编全省师专通用教材。其中帅绪芝、谢道弋、曹文安、危世琼、颜克美、李祖林等分别主编了《解析几何教学大纲》《解析几何讲义》《高等几何教学大纲》《现代文学教学大纲》《中国现代文学名著选讲》《心理学》《分析化学》《现代汉语》《初中古代汉语实用资料》。曹文安 1984 年主编了《全国师专古代汉语教学大纲》，并担任全国师专通用教材《古代汉语》副主编。

　　学校于 1979 年首次提出"科研要起步"的要求，并成立教学研究委员会和学术委员会，创办学术交流刊物《教学与研究》（1984 年经批准升级为《宜昌师专学报》），从 1980 年起每年举行一次科学报告会，还将学术科研水平列入教师考查内容。截至 1985 年，全校共发表论文 547 篇。

　　1985 年 9 月，湖北省委、省政府确定学校为副地级事业单位，1987 年 2 月调任高进仁为学校党委书记兼校长，管先润任纪委书记。学校深入贯彻中共中央《关于教育体制改革的决定》，全面推进学校各项改革。

　　在教学改革中，大力推进合格课程建设、题库建设。经校评估小组验收，1986 年已评出 18 门合格课程，"马克思主义哲学原理"课程于 1994 年被省教委评为优秀课程。

强化对学生进行基本技能训练，先后制定"能力培养大纲""语言文字工程"和"学生的教师职业技能训练方案"。1991 年，学校被评为"全省语言文字工作先进集体"，教师刘芳于 1984 年被评为"湖北省推广普通话先进工作者"，1992 年被评为"全国语言文字先进工作者"。

推进了教师教学科研"双实践"改革，出现可喜的成果。全校有 35 人主编、参编全省师专通用、中南五省师专通用或全国通用教材共 63 部。有 5 人出版个人专著、译著 6 部，如张道葵《美学通论》，金道行《中学作文技法》《写作心理探索》，曹海英《东经三十四度线》《芭蕾之恋》(译著)，姚永标诗集《而立之年》《陌生的城》等。冯明在参加国家自然科学基金资助的重大科研项目《中国控制系统计算辅助设计(CADCSC)软件系统》中，独立承担了《开发 SSMDID 子系统》的课题研究，于 1991 年 11 月通过国家自然科学基金委员会组织的成果鉴定，认定"达到国际先进水平"。

冯明的又一国家自然科学基金资助课题论文《多变量随机系统的辨识软件 IDIVNR》，应邀在 1991 年 7 月匈牙利布达佩斯举行的"第九届国际辨识与系统参数估计会议"上宣读。石亚非与华中师范大学刘连寿教授和庄鹏飞博士共同完成的论文《高核能——核碰撞的快度分布》，于 1990 年 1 月在美国《物理评论》上发表。王正清教授领导的"粒子物理研究课题组"研究的粒子物理课题从 1987 年起连续 7 年被省教委批准为省级重点科研项目，其论文《高能不等核碰撞的末态粒子的快速分布与流体模型》等 5 篇论文在美国《物理评论》等重要刊物发表。孟祥荣研究晚明文学的 4 篇论文发表于 1987 年至 1993 年的《中华文史论丛》。冯笙琴从 1988 年至 1990 年在《高能物理与核物理》等核心刊物发表论文 3 篇。

张道葵、金道行还荣获 1989 年湖北省高校教学成果二等奖，杨成武获 1988 年湖北省高校后勤管理优秀论文一等奖，张金华、周敏获 1991 年湖北省体育办学方向研究会论文一等奖，周德聪于 1987 年、1988 年获湖北省书法大赛二等奖及中央电视台硬笔书法大赛三等奖。张德煌、张德炯合作制作的"变色彩灯"于 1991 年获国家专利。

1991 年底，全校教职工 420 人，其中专任教师 232 人，包括教授 4 人，副教授 25 人，讲师 62 人。图书馆藏书超过 30 万册。学校于 1988 年被省教委评为"办学方向端正，办学条件、办学效益俱佳"的学校。

六

1991 年后，宜昌师专在深化改革中开创了新局面。

1991 年，宜昌地委宣传部部长易纪维调任学校党委书记，高进仁任党委副书记兼校长。学校从教育教学两方面有序推进和深化学校改革，突破前10年认定的"新办、地方、师范、专科"的八字特点，进入快速大发展阶段。

行政管理重心向下。加强系级，对校系的责、权、利进行合理划分。人事管理实行任期制、聘任制。分配上实行档案工资与校内工资两部分，有效地调动了教职工的积极性。

改革教学管理制度，课程划分为必修课，即"合格"部分；选修课，即"特色"部分。实行学分制，允许学生辅修第二专业。学校"师专特色的学分制改革与实践"课题荣获了湖北省高等学校教学成果三等奖。

1993年始，学校首次开办了汉语言文学本科班。开办了函授、电视、自考三结合的"专升本"培训。至1995年初，全日制在校学生达到2195人，成人教育学生达到2127人。学校还选送4人攻读博士学位，28人攻读硕士学位。获得高级职称者36人，中级职称者37人。其中有的教师以其教学科研上的造诣在国内省内师专系统具有一定影响。副校长王正清教授受高等教育出版社委托，参编全国师专通用教材《普通物理学》，主编卫星电视教育教材《普通物理学》近代物理分册，获国家教委优秀教材二等奖，因而享受湖北省和国务院政府特殊津贴。副校长石亚非于1994年获湖北省有突出贡献的中青年专家称号。金道行、帅绪芝、颜克美三位副教授获1994年"曾宪梓教育基金奖"。

学校还在1992年和1995年分两批选拔了学科带头人5名、8名，并先后成立了"高教研究所""三峡文化研究所""古文献研究所"和"高能重离子碰撞理论研究室"。吴伯森主编出版了由国家社科基金资助的《明实录类编》，吴柏森、阮荣华、田强、阎颖合编出版了系列丛书中的《军事史料卷》《文教科技卷》《自然灾异卷》。曹文安领导的课题组出版了"三峡文库"共10册。金道行出版了个人专著《写作心理探微》。冯笙琴的国家自然科学基金资助项目研究成果《高能诱发核反应中的粒子产生的相对信息熵》发表于《高能物理与核物理》杂志1994年第18卷第4期。

在深化改革中，校党委十分重视改进和加强学生德育工作，出版了《人生哲学》《大学生思想道德修养》等教材。学校被省委组织部和省教委授予"党的建设和思想政治工作先进高等学校"称号。

1993年6月，学校由国家教委统一定名为"宜昌师范高等专科学校"。至1996年，学校教职工总数达433人，其中专任教师222人；设置中文、数学、化学、物理、外语、政史、艺术、体育8个系，10个师范类专业和3个非师范类专业。其中汉语言文学、数学教育、物理教育、化学教育4个专业于1995年建立本科专业，招收本科生。至此，在校本专科学生达2168人，成人教育在读本专科学生达2653人。学校办学规模、办学水平位居全国师范专科类学校的前列。

1995 年 7 月，经教育部批准，湖北省人民政府发文，宜昌师范高等专科学校、宜昌医学高等专科学校和宜昌职业大学合并组建"湖北三峡学院"。至此，宜昌师范高等专科学校作为一所独立办学的师范院校，走进了历史，也开启了新的篇章。

资料来源：

①袁洪主编《三峡大学校史》(2005 年内部资料)。

②毕元铨编著《宜昌师范专科学校沿革与现状》(《师范群英光耀中华》丛书湖北卷)。

③《刘锦程同志在宜昌师专(师范学院)建校 50 周年庆典上的讲话》。

校史钩沉

湖北省立宜都师范学校的创立

刘济民

抗日战争初期，在南京失守以后，国民政府迁到汉口。当时抗日前线战斗激烈，战区不断扩大，无数儿童流离失所，饥寒交迫。由中共和一些爱国进步人士以及一些有宗教信仰、有慈善事业心的人发起成立中国战时儿童保育会，动员组织各界人士有钱出钱，有力出力，紧急动员起来，抢救保育战地的儿童。1938年1月24日以邓颖超、沈钧儒、郭秀仪、傅国群、沈兹九等牵头在汉口的女青年举行发起人会议，推举冯玉祥夫人李德全为主席，成立了中国战时儿童保育会筹备会。经过一个多月的筹备，3月10日正式成立了中国战时儿童保育会，宋美龄致开幕词，设理事会，史良、沈兹九、曹梦君、张蔼真、陈纪彝、唐国桢、陈逸云、郭秀仪等56人为理事，推举宋美龄为理事长，副理事长李德全，邓颖超亦是负责人之一，为该会常务理事。聘请国共两党领导人及社会各界人士、国际知名人士285人为名誉理事。下设秘书处及组织、设计、宣传、保育、输送、经济等委员会。该会以抢救保育民族后代，培养难童健康成长为宗旨，开展抢救儿童运动。在武汉沦陷前，经过宜昌站抢运15000名难童进入四川。后来发展组织，在四川、福建、浙江、湖南、香港、南洋等地成立了分会20余个，开展社会募捐，筹集了部分保育经费和物资，各地分会共同努力，创办了53所保育院，保育难童30000多人。

中国战时儿童保育会成立以后，发起募捐资金，在武汉和周边地区收容了大批战乱孤儿和贫苦人家的儿童，把他们转运到四川大后方，并且设立了保育院进行小学教育。1938年10月武汉沦陷后，中国战时儿童保育会迁到重庆，继续负责儿童的救助工作。

国民政府迁都重庆后，中国战时儿童保育会敦促国民政府教育部加强此方面的工作。教育部门在四川荣昌成立了一所专收各地保育院小学毕业生入学的"国立第十五中学"。1944年有了第一届初中毕业生，为了解决初中毕业的保育生学生就业问题，学校更名为"国立荣昌师范学校"，允许初中毕业的"保育生"在校内就读普通师范。并且学校学生生活也有所改善。1945年左右，在该校就读的湖北籍"保育生"就达600多人。在各地的保育院工作的，有大批的优秀共产党员和党的外围组织成员，如当时重庆第三保育院院长就是中共早期党员、教育家赵君陶。

1945 年 8 月 15 日，全国抗战取得胜利。1946 年 3 月 19 日，该会宣布"中国战时儿童保育会会务结束"。国立荣昌师范学校的保育生面临着返回原籍的问题。1946 年 8 月，在国立荣昌师范学校就读的湖北籍学生，先集中在重庆，然后分水陆两路回到汉口，暂时住在武昌震寰纱厂第一难民招待所，等待分配。

时为宜都籍省参议员的朱侣柏，在省里说，宜都红花套在长江边上，水陆交通方便，可以在宜都红花套办一所师范学校。就这样国立荣昌师范学校复员的湖北籍保育生中的男学生就被分配到宜都红花套就读，创立了湖北省立宜都师范学校；女学生就到广济就读，创立了湖北省立女子师范学校。湖北省立宜都师范学校共有三任校长：第一任校长梁瑞麟，第二任校长胡楚潘，第三任校长朱全纪。

中国战时儿童保育会是战时妇女运动的重要成果之一，是抗日民族统一战线下国共两党合作抗战的产物。1988 年，在北京召开"中国战时儿童保育会成立 50 周年纪念会"，邓颖超为会议题词为"在抗日烽火中以伟大慈母般的爱培育下一代"。

注释：

1946 年，湖北省立恩施女子中学搬迁至广济武穴小桥边改名为湖北省立女子师范学校，1947 年 10 月迁至武昌三街道，1948 年 2 月迁回广济，改名湖北省立广济师范学校，1949 年 5 月广济解放，同年 9 月更名为湖北省广济师范学校。

人物名片：

朱侣柏(1898—1976 年)，女，农工党党员，湖北省政协委员。先后在湖北省立第一女子中学、国立北京女子师范大学读书。深知"国家强盛必须重视教育"，毕生献身教育，劳碌奔波，终身未婚。创办湖北省立第二女子师范学校、办妇女识字班、儿童保育院，救济贫困学生，先后在河北省第六女子师范学校、国立北京女子师范大学附属中学、湖北省立实验学校、湖北省立农业专科学校工作，在湖北省立第二女子师范学校任教员和校长等职，著有《我在任湖北省参议员期间的回忆》《国民党统治时期湖北女子教育概况》，在湖北省教育界享有较高声誉。

(参考《湖北文史资料》第 10 辑《湖北教育界的派系斗争概略》。)

湖北省立宜都师范学校的首任校长梁瑞麟

张　铭

梁瑞麟，号玉书，湖北蒲圻人。我认识他是在 1938 年秋季，那时正是日军侵占了南京，武汉岌岌可危之际。我和几个在学青年刚离开家，正准备向鄂西逃难的时候，碰巧我们和梁先生以及他的一群学生邂逅于陆溪口。当时日本侵略军的飞机正在成群结队地往来于长江上空，寻找目标投弹轰炸，国民党军队在仓皇撤逃，到处拉民船。要是拖延了时间，我们这群学生就走不了了。梁先生当时虽是中华大学的学生，但他是当过蒲圻中学校长的成年人。我们这一群逃难者又大多是他的学生，即或不是他的学生，也是把他看作同乡长辈。就在我们到达陆溪口的当晚，梁先生也成了我们的带队人。我们合伙租了一只小木船，第二天清早就离开了混乱不堪的陆溪口。大约水上行了十天，我们的小木船终于平安地到达了宜昌港。一路上，每当前后左右的船只被炸沉，船家思想有些波动时，总是梁先生做船家的思想工作，稳定人心，使小船继续前进。

到宜昌后，我们之中的大部分人往鄂西恩施联中报到去了。我是靠梁先生的帮助，作为中华大学的学生随同中华大学师生一起去重庆的。当时从宜昌去四川，买票之难，凡是经历过的人是知道的。有一种黄鱼票价（即黑市船票）可比正票票价贵好几倍。我一个穷学生，要是没有梁先生的帮助，就不能及时到达重庆进中华大学学习，那么，我以后的前程就很难说了。即使能继续学习，也一定要走很大的一段弯路。我们同乡中，跟我们一道出去的龚廷鹏（他是我们党的地下工作人员）就是在那种艰苦环境中，贫病交加而去世了的。在中华大学学习期间，梁先生那股勤学苦读的劲儿对我有很大的启发，他是当过中学校长的中年人，尚且能如此苦读，我是个青年人不努力学习怎么行呢！每早天没亮，他背英语，我读古文。这段学生生活，现在回忆起来还是令人振奋的。

抗日战争胜利后，1946 年至 1947 年，梁先生任省立宜都师范学校校长，我在他那里教了一年书。当时省立宜都师范学校学生的情况是复杂的：有国民党的三青团，也有共产党的地下组织，还有不读书，很少在学校上课，几乎整天坐在红花套镇上茶馆里专与那些不三不四的人称兄道弟的"袍哥"学生。一般说来，在蒋管区里任校长的是依靠国民党三青团对进步师生进行监视，以校长为首的训、教几个主任对师生进行反动统治的。但梁先生不是这样，他对认真读书、教书的师生是爱护的。即使你对时局不满，也没有见他进行干预。1947 年上学期，有些学生经我同意借用我的名字向香港订了进步刊物。他们天真地以为老师订的刊物，特务分子是不会抽查的。再就是我在我教过的班级中讲了毛泽东的《沁园春·雪》那首词。大约还有一些别的什么把柄被特务们抓住上报了。当时宜昌警备司令部就把我列入了黑名单。通知到了学校，梁校长巧妙地让学校事务员葛某私下告诉了我，说是他在梁校长房间里偷看到了，要我留神注意。因此，我就提前离开了学校，逃脱了敌人的魔掌。我离校后不久，梁先生也因故辞职他调……党的地下组织事先得到了讯息撤退了，连党的积极分子也大多撤离了。有了这个对比，所以后来，凡在梁、胡两任校长任里读过书的省立宜都师范学校的学生，无不称赞梁先生是个好校长……就梁先生在旧中国几十年的教育事业，他仍不愧为很有正义感的爱国的教育家。他助人为乐，对奋发有为的青年都是爱护备至的。特别是他教过的学生，不论他的生活怎样艰苦，总是节衣缩食去帮助他们继续学习深造。他克勤克俭，工作认真负责，这些行为和品质，都是值得我们学习、怀念的。

作者系宜昌师专离休教师

本文写于 1982 年 9 月

人物名片：

梁瑞麟（1894—1950 年），字玉书，湖北蒲圻大田畈梁村人。民国二十九年六月毕业于重庆中华大学教育系并留校任教。梁瑞麟先生一生从事教育工作，还先后担任蒲圻县立第一完全小学校长训育主任，蒲圻县立初级中学校长，湖北省立宜都师范学校筹备主任、首任校长，在教育界影响很大。

（部分引自蒲圻市地方志编纂委员会《蒲圻志·人物录》，海天出版社 1995年版）。

附录 1：

《邓演达尊师重教，梁瑞麟任训育主任》（但汉帜撰）一文介绍：1926 年 10月，邓演达任命国民党蒲圻县党部组织部部长唐崇礼（国立北京工业大学学生）为蒲圻县立第一完全小学校长。唐崇礼接受任务后，聘请但和清为蒲圻县立第一完全小学教务主任，梁瑞麟为训育主任，按照邓演达主席的要求积极开展工作，经过一段时间补习，蒲圻县立第一完全小学应届毕业生任能容、叶佩华等学生大有长进，以优异成绩升入高一年级学校就读。

附录2：

《梁瑞麟传略》：梁瑞麟（1894—1950年），字玉书，湖北蒲圻大田畈梁村人。在蒲中毕业后，留校任教。后以半工半读形式就学于外国语专科学校。1934年受聘任蒲中校长。后再度求学，毕业于重庆中华大学。

梁瑞麟毕生从事教育事业，为培养人才，呕心沥血。他任校长时，以身作则，治教严谨。学校草创，师资、经费奇缺。他极力延揽人才，多方筹措资金，保证了学校工作正常运转。梁校长还兼授国文、外语等课程。他早操时与师生一块锻炼，自习时同学生一起捧读。他经常帮助解决学生学习和生活中的各种困难。受梁校长影响，当时学校的校风纯正，学风浓厚，师生都受益匪浅。梁校长任职时教学成绩突出，第一次复校后的前两届毕业生，在全省会考中分别名列第二和第三。蒲中一时闻名遐迩。

梁瑞麟爱惜人才，主持正义。抗战时期，一些学生转到鄂西、四川学习；有些学生经济困难，生活无着，梁则以兼课的微薄收入慷慨相助。1946年，梁奉命创办省立宜都师范学校。他对师生关爱备至，曾多次保护进步师生免遭警备司令部的毒手。

1948年，国民党空军总部开办了少年空军训练班，有人推荐梁瑞麟去任职，一切条件从优。梁得知这个训练班是直接为国民党打内战服务的，便断然拒绝了聘请，表现出知识分子大义凛然的高尚气节。

（原载张楚卿主编《赤壁一中百年志·功在史册的先贤·一代名师传略》中央文献出版社2012年版）。

在政教两界历经沧桑的校长胡楚藩

龙发坤　胡家伟

胡楚藩(1903—1991年)，号仲舫，又名在渊，祖籍江西省丰城县，生于湖北省来凤县城江西街。

1921年，自幼酷爱读书的胡楚藩从来凤县立高等小学毕业，同年8月以优秀成绩考入武昌省立一中，后转入省立高中。他是著名革命家、教育家董必武的学生，是著名学者黄季刚(黄侃)的关门弟子。

1922年，施鹤留省学会成立后，胡楚藩被推选为"施鹤留省学会"常务干事之一。在第一次国共合作时期，胡楚藩于1924年秋在省立高中加入中国国民党。在董必武、陈潭秋等老一辈无产阶级革命家的教育和影响下，他又于1925年春经钱介磐、陈定一的介绍，加入中国共产党。当时革命浪潮风起云涌，来凤留省学生虽散布在武汉各公私学校，但是均能保持联系并积极参加爱国运动。1925年，随着来凤留省学生的增多，又单独成立"来凤留省分会"，会址设在武昌粮道街吴宝矩(来凤万家塘人)家中。胡楚藩为"来凤留省分会"常务干事之一，并担任会刊《桐圃月刊》主编，该刊对来凤社会的黑暗面颇多揭露和抨击。随着大革命形势的发展，因主编、编辑和撰稿人参加革命活动而星散，《桐圃月刊》只办了4期即停刊。

1925年11月，受董必武派遣，胡楚藩以武汉学生联合会代表的名义，回到恩施开展学生运动。当时，经过他的工作，省立恩施第十三中学成立了以朱光钦为首的学生自治会，宣传孙中山的联俄联共扶助农工的三大政策，号召群众起来配合全国的工人运动和学生运动。其间，省立恩施第十三中学举行了持续月余的罢课学潮。翌年春，由于驻施直系军阀、新编陆军第二十六师师长于学忠的镇压，学生运动受阻停止。胡楚藩旋即转回来凤，以县立高等小学堂为据点开展学生运动和从事革命活动。其行动很快引起反动势力的注意，来凤大劣绅、城区团防总公所所长张佑卿即向县知事李元龙密报，说胡楚藩是"赤化党"，由李元龙转报于学忠下令缉拿。胡楚藩闻讯后即作了紧急布置，便转道湘西回武汉。

1926年春夏，胡楚藩在国民党武汉市党部先任青年部长，后改任商民部长。夏秋期间，他在湖南岳阳、长沙一带为北伐部队做宣传工作，任区队长。秋冬季被国民党湖北省党部派遣为鄂南党务视察员。1926年冬至1927年春，胡楚藩在京汉铁路总工会江岸分会任中共党支部书记兼工会秘书。

1927年2月，董必武派遣胡楚藩继曹壮父之后任中共宜昌特支书记、国民党湖北省党部鄂西巡视员。1927年5月，驻宜昌的独立第十四师师长夏斗寅叛变革命，准备东下反共以搞垮武汉国民政府。5月6日，时任中共中央委员的高语罕指示："平时露面的同志撤到武汉，平时未露面的同志就潜伏下来继续活动。"胡楚藩于是与国民党宜昌党部、总工会工人武装纠察队、妇女协会等二三百人，抢上停在长江的"富阳"轮，与已经在轮船上的高语罕会合，他们冲破沿江夏斗寅部队的开枪拦击，终于脱离险境，到达武汉。

1927年6至7月，胡楚藩参加中共中央汉口训练班学习。1927年8月至1928年10月，胡楚藩在施鹤地区从事革命工作。1928年2月至3月，胡楚藩任中共建始县委宣传部部长；10月，胡楚藩又被省委派回施鹤地区，他途经建始时留在铜鼓堡工作。汪精卫在汉口发动"七一五"反革命政变，之后因形势急剧恶化，胡楚藩失掉了组织联系，长期脱党。

1929年8月至1931年6月，胡楚藩还只是20多岁的青年，他此时就读于武昌中华大学中文系。毕业后至1949年4月的近20年中，他一直从事教育工作。其中1931年9月至1932年6月，在省立第十三中任教员，负责筹备施鹤公立乡村师范学校；1932年9月至1934年3月任来凤县教育局局长（1933年因教育局改为教育科，随之改任教育科长，并兼任县政府秘书；1932年冬，曾代理过来凤县县长职务；1933年秋，受来凤县县长刘达久委任，同时兼任来凤县财务委员会委员长，供职5个月；后辞去一切兼职，专任教育科长）。在其任期内，加强学校管理和督查，把全县划为4个学区，各设1名义务教育督导员，以督促教育教学工作。组织成立教育经费稽查委员会，稽查全县各学校经费使用和收支预决算情况。1934年，筹措资金，利用省款补助，兴建了白羊坡、杉木塘两所初级小学和三堡岭、大河坝、廖家坡3所简易小学，促进了民国时期来凤教育事业的发展；1937年1月至1937年8月，任来凤县立中心小学校长；1939年在咸丰联中教书时，因湖北省教育厅规定教员必须加入国民党，乃再度以胡在渊的名义集体加入国民党，未任任何职务；1942年2月至7月，在来凤县中学教书；之后，在四川省绵阳中学教书直至抗战胜利；1946年1月至4月，任来凤中学校长；1947年8月至1948年7月，任湖北省立宜都师范学校校长，1948年8月至1950年7月，任中华大学教授、总务长。

1946年3月至1949年4月，胡楚藩为湖北省参议员。其中1948年1月至5月，被指派为"国大代表"。在1948年国民代表大会上，胡楚藩对蒋介石竞选总统投的是弃权票。1948年冬至1949年夏，经人介绍，胡楚藩在中共地下党武汉市委统战部领导下，参加了反搬迁、反破坏的活动，并利用"国大代表"的合法身份，掩护中共地下党员，摆脱国民党特务的跟踪抓捕；同时，他在武汉民办的《大刚报》上发表多篇与国民党反动政权相违背的时事评论。在武昌解放前夕，胡楚藩曾担任武昌临时救济委员会委员兼秘书，代理总干事，积极配合中共地下党组织做了一些工作。

中华人民共和国成立后，1950 年 6 月，胡楚藩被湖北省人民政府第一任主席李先念任命为湖北省政府参事室参事，并任省政府参事室文教组召集人。

1952 年 5 月，胡楚藩因历史问题被湖北省高级人民法院判刑 15 年。1981 年春，湖北省高级人民法院根据中央六部院统发文［1980］第 002 号文件精神再审，撤销 1952 年 5 月 24 日诉字第 6 号刑事判决书，按起义投诚人员的政策，于 1981 年 3 月重新安排胡楚藩为湖北省人民政府参事室参事、省政协文史委委员，直到逝世。

胡楚藩为党和人民留下了大量的有价值的文献资料。他撰写的《武汉在大革命时期二三事》《漫谈大革命时期来凤在武汉的青年及其他》《来凤讨袁军见闻》《张昌岐烈士传》《峥嵘岁月的回顾》《鄂西靖国军始末记》《来凤禁烟禁毒史话》《我所经历的湖北和平运动》《关于湖北参议会的片断回忆》《国民党国大会议纪实》《"促进和平案"提案说明》《聂维祯传略》等有价值的文史资料，分别发表在省、州、县各级史志书刊上。垂暮之年，视力日衰，他还为湖北省政协文史委、湖北省档案馆、湖北省地方志办公室或整理或主编了许多文史资料，如 1982 年出版的《档案资料·增刊》就是由胡楚藩主编的。

胡楚藩"自束发受书，即酷嗜古典文学而于诗歌尤三致意焉"。他精通音律，崇尚古韵，一生作诗填词不下千首，因屡经沧桑，诗稿散失，现仅存 300 余首收归并辑成《敝帚集拾零》。

（原载《鄂西文史资料》2010 年第一辑总第 45 辑，恩施州政协文史委编。收录于本书时略有增减。）

作者简介：

龙发坤，1969 年 11 月出生，湖北来凤人。1989 年 6 月毕业于华中师范大学中文系。中共来凤县委党校校长。

胡家伟，本名讹误，应为"玮"。1949 年 2 月出生于武汉市一个教师世家。1970 年在新疆石河子市开始执教中学语文，1985 年调入湖北，1993 年以后任湖北省来凤县实验中学校长、党总支书记，湖北省恩施土家族苗族州优秀中学校长、湖北省特级教师、全国中语会优秀实验教师。

湖北省立宜都师范学校点滴回忆

熊光炎口述 明建中整理

学习生活概述

我是宜都市红花套镇红花套村人，1944年小学毕业时，就有一个奋斗目标——当一名小学教师。小学毕业后幸运地被保送升入宜都县立初中。1945年8月日军投降后，抗战中迁到四川的大批学校纷纷迁回收复地区。湖北省政府为安置四川国立荣昌师范学校和国立十五中就读的湖北籍保育生，准备在宜昌地区的当阳或宜都办一所师范学校。宜都籍省参议员、湖北省立第二女子师范学校校长朱侣柏出面为家乡把这所学校争取到宜都来了。1946年，省立宜都师范学校在红花套正式成立，距我家不到3公里，真是天赐良机！

1947年7月，我从宜都县立初中毕业。别人都嫌师范不好，更看不起宜都师范，认为该校设备简陋，地处农村，因而同学们都选择上宜昌、下沙市、奔武汉去升学。而我呢？没有钱，哪里也不想去，就死守宜都师范学校招生。8月的一天，300多人报考省立宜都师范学校，只录取60名。我连续挑灯苦战，终于以第七名的成绩幸运地考入省立宜都师范学校。

湖北省立宜都师范学校校址原为护国寺，又名新花庙，位于红花套街以南半公里，距长江岸边100多米。抗日战争中，日军侵占宜都江北达5年多，因护国寺目标显眼，被日军炮火击毁，只残存少量房子。1945年后，红花套小学由白洪溪迁回此地，又在旁边建了一栋6间教室的茅草房。宜都师范学校迁来时，红花套小学迁到红花套街北的乱坟岗另建新校舍。宜都县政府责成红花套、吴家岗、鄢家沱、柳津滩、茶店子5个乡各为宜都师范学校赶修一栋土木结构的青瓦平房，计4栋，连同原红花套小学的一栋校舍共5000多平方米的房子作为宜都师范学校300多名师生的校舍。因还缺房子，家在学校附近的学生都住在家里走读，还有少部分学生租住学校附近的民房。

师范生的伙食全部由国家供给，但标准很低，生活艰难。粮食不够吃，采用分饭制，每两桌人分一长方形木盒的饭和两钵菜。天晴在操场上分吃，下雨就到破庙里分了饭菜后，各自找地方去吃。饭量大的同学吃不饱就加水加菜煮了再吃。我们走读生吃不饱，可以早晚在家里吃一点儿。同学们洗脸洗澡都是到长江边去洗。学校的保育生很多，抗日期间，他们在四川嘉陵江、沱江就学会了游泳，现在到长江里游泳，水域更宽阔，更过瘾了。

我读宜都师范学校的三年时间，正处于三年解放战争时期，国民党的反共宣传甚嚣尘上，造谣惑众。而张才千、李人林率领的解放军江南纵队驰骋于鄂西南，纪律严明，秋毫无犯，不拿群众一针一线，爱护人民，用事实戳穿了国民党的谎言。中共地下工作人员和我们同学中的党外同情者，也不断地进行辟谣批驳。国民党军队在辽沈、淮海、平津三大战役以后，兵败如山倒，大势已去，国民党政权摇摇欲坠，物价飞涨，货币连续贬值，人心思变。学校师生思想也极度混乱，老师们到宜昌、沙市到处兼课，也难得一饱。课堂上，老师无心授课，学生们懒心学习，都抱着做一天和尚撞一天钟的心态混时间。只有少数学生尚在刻苦认真地学习，想学点本事，以便将来求职谋生。

三年里，学校换了三任校长。第一任校长梁瑞麟，湖北蒲圻人；第二任校长胡楚藩，湖北来凤人，40多岁，他担任湖北省立宜都师范学校一年的校长；第三任校长朱全纪，湖北兴山人，身材魁梧，学者派头十足，常年住在学校里，能与师生打成一片，还兼任了几节公民课。1949年7月宜昌解放时，朱全纪走了就再也没有回来。后因无校长，群龙无首，师生公推被称为"湖北半个地理学家"的地理教师熊筱崮担任校长。

湖北省立宜都师范学校是由抗战期间四川国立荣昌师范学校和国立十五中迁回收复区合并而成，师范的学生由上述两校的湖北籍学生组成。他们都是从中国战区儿童保育院成长起来的孤儿，从初中读到师范共六个年级。宜都师范学校在红花套组建后，每年只招收部分学生补充其一个班的学额之不足。因此，每年招收本地学生不过二三十人。学生中原来有两大派：一派叫"乌叫团"，都是思想进步的学生，他们中间还有共产党员；另一派叫"建中社"，是思想反动，尾随国民党的政治组织。两派斗争很激烈。1947年夏天，两派发生了大型武斗，建中社只有几十人，寡不敌众，在打斗中一部分人泗江逃跑了，大部分人投降认错，建中社就此解散。当时，我还在宜都县立初级中学读书，因只相距15公里，知道一些师范的情况。是年秋，我入该校后，派别斗争已不存在了。

1949年7月，宜都解放，学生中的大部分保育生和一部分本地学生纷纷参军参干，各班学生的学额严重不足，又招收了一批插班生。宜都师范学校在宜都红花套只办学三年半，我在这里读了两年半。宜昌城解放后，原"湖北省立宜昌师范学校"未能复课，校舍、校产空置。随后，湖北省立宜都师范学校于1950年4月迁到位于城郊黄草坝的原"湖北省立宜昌师范学校"校址，同时也沿用"湖北省立宜昌师范学校"校名。

原湖北省立宜昌师范学校的校舍是抗日战争胜利后新修的，砖木结构的机瓦平房，宽敞明亮、校园宽阔，与宜大砖瓦厂毗邻。食宿集中，伙食也大大改善，能够吃饱了，生活也比较舒适。

1949年因刚解放，学校没有上什么课，1950年也因旧教材大多不能适用而新教材又还没有印发，只选了部分教材和编写的讲义进行授课。当时社会活动较多，既要搞革命宣传工作，又要参加西坝、黄草坝一带的清匪反霸斗争，有时也停课参加群众大会。这样，既声援了群众，鼓舞了斗志，也使我们师生受到了生动的阶级教育。这半年，我们师生共参加了大大小小的斗争会几十场。

1950年7月，我从湖北省宜昌师范学校毕业，因宜昌地区专署要了解农业情况，以便领导农业生产，把宜昌专区暑期教师讲习班的100多名学员和我们宜昌师范全体毕业生一共150多人组成工作队，培训了半个月，由宜昌专署农业科李科长带队，于8月1日乘汽车开赴当阳县淯溪区进行农业普查。去后遇到当地稻田虫灾严重，又转而发动农民捉虫，只留一部分人进行农业普查，查清了当地水旱田亩数、人口、劳力、种植作物和劳力安排等情况。我被先后分配在傅家山、佟家湖两地工作，9月底才回到宜昌专署进行总结。总结后，教师们分别回原地教书，我和少部分同学被留下来参加秋征工作，培训了近半个月。我们一行50多人步行60多公里，经南津关、南沱、莲沱、乐天溪、太平溪，来到宜昌县邓村区开展秋征。我被分配在三溪村工作了两个月，完成了任务，年底又回到宜昌专署总结，随后被分配回宜都县文教科工作，结束了我在宜昌师范学校的学习生活。

战时孤儿——保育生

在抗日战争中，不少儿童父母双亡，不少家庭在战争中被冲散，与父母失去联系的儿童成了流浪的孤儿。他们之中的大部分由慈善机构集中起来送交国民政府，运往四川集中进行教养。负责教养的单位叫"中国战时儿童保育会"，由蒋介石的夫人宋美龄负责主办，周恩来的夫人邓颖超是该会创办人和常务理事之一。保育会经费由国家和慈善机构向国际和国内募捐而来。这些儿童有的知道自己的姓名和出生时间，有的收来时只有几个月，什么也不知道，就由保育员给他取个名字。

这些少年儿童都被称为"保育生"，按照各人的年龄分别安排到托儿所、幼儿园、小学、初中和师范学习，并且逐步升级升学而就业。复员到宜都师范就读的保育生，就是在四川为他们专办的国立十五中和荣昌师范中的湖北籍保育生。他们读了师范去教书，就能自食其力。

尹大汉一把二胡逗人时哭时笑

宜都师范学校保育生尹大汉擅长拉二胡。尹大汉本名尹宽洲，男，20 岁左右，老家何地不详，因他个子特别高大，有一米七八，脸黑而结实，故大家都叫他"尹大汉"。他的真实姓名，许多人都不知道。他爱好拉二胡，如《空山鸟语》《花欢乐》《梅花三弄》《良宵》《倒春雷》《嘉陵江泛舟曲》等一批古今名曲，他都拉得悠扬悦耳，引人入胜。当他拉《病中吟》《怀乡曲》……时，一些无家可归的保育生听到他那凄惨的琴声，就随着琴声想到家，想到自己独居异地，举目无亲，患病无人照料，有的伤心流泪，有的还号啕大哭。正当大家处于悲伤之际，他又突然转奏《花欢乐》《嘉陵江泛舟曲》《寒鸭戏水》……又把保育生引回到当年在嘉陵江、沱江，男女同学一起游泳，相互戏水，你不让我，我不输你，欢歌笑语的欢乐情景中，大家又转悲为乐，有人甚至捧腹大笑。

地理名师熊筱崗

宜都师范学校的地理老师熊筱崗，又名熊心赤，宜都安福寺人（今属枝江市）。他高高的个头，脑袋特别大，蓄着短发，说话轻言细语，和蔼可亲。他的父亲熊会贞是清末秀才，与他的老师、宜都籍历史地理学家、书法家杨守敬和×××被誉为"湖北史地三杰"，著有《水经注疏》（与杨守敬合著）。熊筱崗继承父志，爱好地理专业，对地理知识掌握得既渊博又娴熟。熊筱崗被称为"半个地理教师"（一说"地理学家"），他教我们地理，从来不看书本。他教课时从来没有看见过他用右手写字或画地图，都是用左手写画，边讲、边画、边列讲授提纲，通俗易懂，简短明白，地图画好了，提纲也列完了，课时也不多了。这时他叫学生们翻开书，指出其重点段落，布置作业，刚好下课铃响。因他教地理课好懂易记，哪怕他讲课声音很小，不易听到，但学生都爱听。教室里很安静，课堂秩序很好，他讲的字字句句，都能听得很清楚。这说明只要老师的课讲得好，课堂纪律自然好，课堂纪律混乱，还是老师的讲课有问题，起码是老师讲课没有吸引力。我原来就很爱好地理课，他教课很好，使我更加爱好地理知识，更加专心地学习地理课。

1949 年 7 月宜都解放时，熊筱崗正在省立宜都师范学校教书，当时的校长朱全纪随国民党逃跑后再未回来，几百名师生群龙无首。宜昌地区专署文教科科长杨筱震来校考察，组织师生推举校长，师生公推熊筱崗为校长。

险些被"国军"抓去当炮灰

1949 年解放战争中的辽沈、平津、淮海三大战役一结束，人民解放军组织"百万雄师过大江"。这时国民党军队士气低落，不堪一击，纷纷起义投降，土崩瓦解。1949 年 6 月，解放军发起解放宜昌战役，7 月 16 日解放军占领宜昌。驻守宜都长江以南的国民党军队已成惊弓之鸟，惶恐不安，但还在骚扰群众，到处搜刮民财，乱抓"飞丁"去补充他们因兵丁逃亡而严重缺员的残余部队。红花套街上所有的男人都不见人影，唯独我们宜都师范的全体师生未动，因保育生居多，对共产党早有了解，又有国家供给伙食，没有一点畏惧心理，学生们不仅未跑，连暑假已回家的学生，也都回到学校"避难"。

7 月 15 日，即红花套解放的前一天下午，我正躲在家里厨房吃饭，准备饭后回学校，一群国民党军士兵到处抓鸡，要蔬菜，抓丁拉夫，突然闯进了我家堂屋。我连忙丢下碗筷，从后门跑回了学校，才没有被抓去当炮灰。当天夜里，国民党军队悄悄逃走。第二天，解放军乘船强渡长江，解放了我的家乡。

杨筱震代表人民政府接管宜都师范学校

1949 年 8 月，学校要开学了，还是一盘散沙，宜都师范校长朱全纪已随国民党逃跑，老师也走了不少。宜昌地区专员公署文教科科长杨筱震(湖北钟祥人，后任宜昌地区专署副专员)来到省立宜都师范学校接管学校。他找师生了解情况后，根据群众推荐意见，决定由地理老师熊筱崐继任校长。熊筱崐不愿意当校长，但迫于领导信任、群众拥护才接受。杨科长向全校师生宣布后，大家都拍手叫好。

杨科长向全校师生作了长时间的讲话。他说："现在国民党被赶跑了，你们都解放了。大家都要加强政治学习，彻底转变思想观点，了解和掌握共产党的方针政策，对很多问题的是非，都要重新认识。譬如：你们原来认为极少数人压迫剥削广大穷人是合理合法的，种田交租是天经地义的。现在则要完全翻过来认识，剥削压迫是反动的，应该坚决推翻。有很多观点都要转变才行，如婚姻问题，原来认为男尊女卑、父母之命、媒妁之言的包办婚姻是对的。现在则要提倡男女平等，婚姻不但要自由，而且还要自主，任何人都不能包办"等。他列举了一大堆需要大家重新认识的事例。

最后他说："现在解放了，需要大批干部去充实干部队伍，你们中间凡是愿意参加革命工作的，可以不读书了去参加革命工作。你们读完了也还是要参加革命工作的，现在就去参加工作，岂不很好吗？"

总之，杨科长讲的很多观点都很新鲜。他讲了半天，大家都听得很认真，纪律特别好，可惜现在大多难得回忆起来了。

杨筱震科长号召学生参军参干在同学中引起了很大反响，是去是留，一时议论纷纷。保育生绝大部分都参干去了，本地学生也有不少人参干，如我班同学彭义高、龚守诚。一下子，同学们走了一大半，我们班只剩20多人，缺额很大。

鄂西解放时，很多学校被革命浪潮冲散后没有复课，而我校师生一直未散，但现在要招收插班生才能维持。因此，大批本地原在外地读书的同学都涌入了我校插班就读。如我的初中同学熊心相、程启震、李启兰、戈必敏、曹光秀、李国琦、彭宝等都来到宜都师范就读。一年后的1950年7月，我们同时毕业参加了革命工作。

（原载熊光炎回忆录《长夜难眠赤县天》，宜都市史志研究中心提供。）

人物名片：

朱全纪，字哲明，出生于湖北兴山城关朱氏显赫家族。其父朱义坤，字畅垓，担任国民党兴山县党部书记长、兴山县临时参议会议长、县民教馆馆长；堂父朱义顺，字子和，先后在湖北省卫生处、武昌私立"大公中学"工作；堂兄朱秩五、朱贡西在武昌私立"大公中学"任董事长和校长。朱全纪先后任湖北省教育厅督学、武昌私立"大公中学"教师。

1945年，朱全纪奉调先后任湖北省立第八高级职业学校校长、省立均县高级职业学校校长。（省立均县高级职业学校前身为湖北省立第八高级职业学校。是年该校由省迁至均县，校址草店镇白果树。设农科4班，学生120名，学制3年。1946年迁老河口。1947年复迁均县城，易名为"省立均县高级职业学校"。设农科6班。经费由县财政开支，是年拨入11715元。1948年迁往襄阳。是年8月，南迁松滋城内文昌宫，仍沿用"省立均县高级职业学校"校名，延至1951年该校校名才取消。）朱全纪于1948年至1949年间调任湖北省立宜都师范学校第三任校长。

作者简介：

熊光炎，1929年出生于宜都县红花套陈家冲一个贫农家庭。在极端贫苦的条件下，靠着勤工俭学先后就读私塾、小学、宜都县立初中、宜都（宜昌）师范学校。中华人民共和国成立后，历任小学教师、教育组组长、红花套区委宣传委员、宜昌市第三技工学校党支部书记。

整理者：

明建中，1953年2月生，山东齐河人，宜都市史志研究中心干部。

湖北省立宜都师范学校创建的前前后后

李　超

1945 年抗战胜利后，在四川和湖北恩施的一些学校要复员迁出，其中有中国战时保育院，学生是抗日战争中收养的孤儿，即位于重庆的国立荣昌师范学校（原来的国立第十五中学）600 多名湖北籍学生需要复员湖北，也要由长江往下迁，但不知迁往何处为宜。当时宜都籍省参议员、教育家朱侣柏（女）是宜都人，力争为家乡要一所中等学校。经她的多方努力，该所国立荣昌师范学校中 400 名学生被要到了，余下的分配到鄂东的湖北省立女子师范学校（注释：1947 年 10 月迁至武昌三街道，1948 年 2 月迁回广济，改名湖北省立广济师范学校，1949 年 5 月广济解放，同年 9 月更名为湖北省广济师范学校）。其中宜都的学校选址何处？其条件是有校舍，校址必须在长江边，便于船只停泊搬运，而当时，红花套中心小学的新校舍紧靠红花套镇的江边，此处距宜都城关仅 30 里，距宜昌市也只有 60 里，水路交通便利。红花套镇虽不大，但商货齐全，而且还有很好的文化传统。当地的绅士也很支持，听说保育院 400 名学生迁来，愿意把快落成的中心小学新校舍让给保育院，这样，保育院搬迁的新地址便选定了。红花套有关部门加紧修建校舍，1946 年夏保育院搬来红花套。当时像过节一样，红花套镇的市民和附近的村民，都到江边去看，很热闹。保育院随之改名为湖北省立宜都师范学校，秋季还招收了中师生。

学校初来红花套很乱，学生中有倾向共产党的，有倾向国民党的，斗争很激烈。我当时 13 岁，在红花套中心小学读六年级，家住在红花套镇上。当时有位宜都师范学校的学生，我们称他张老师，被聘代我们的音乐课，教我们唱了《黄河怒》《黄河船夫曲》《古怪歌》，很明显，他是保育生中倾向共产党的，我们很喜欢这位张老师，听说，他和志同道合的同学在解放前夕，游渡长江到江北投奔解放军去了。我小学毕业后，考取宜都县中学，在初中同班同学中，有位同学叫黄琦，他知道我是红花套镇上的人，对我很好，他说他父亲在宜都师范学校教书，他的家乡在恩施来凤县，他给我讲了宜都师范学校的一些情况。

1949 年 7 月，宜都解放，9 月我考进宜都师范学校。当年招收了两个班，我在一班，任班长。记得当时的老师有张铭老师和吴章采老师，他们后来与我一道在宜昌师范学校和宜昌师专教书共事。中华人民共和国成立后，宜都师范学校的教师有些变动，我在宜都县中的同学黄琦，他的父亲不知去向。来了一些新教师，如冯发藻老师，他给我们开了大众哲学课，讲的是艾思奇的《大众哲学》，我们感到很新鲜，大开眼界。1950年3月，学校奉令迁至宜昌市郊西坝，5月改名为湖北省（立）宜昌师范学校，在校学生105人，学制三年。1958年该校升格为宜昌师专，内设中师部，并迁址北山坡。1962年师专停办，恢复中师。我随校来宜昌西坝。搬到宜昌后，宜昌地区行署文教科加强了管理，从各县抽来了一些教师，教师队伍有较大变化，学校各方面都走上了正轨。

宜昌师专的红色基因

——其前身宜都师范学校具有光荣革命传统

张　朔

宜昌师专的前身——湖北省立宜都师范学校成立于1946年7月，校址位于宜都县红花套镇。宜都师范的学生大部分是抗日战争胜利后，从国立四川荣昌师范回省的湖北籍战时保育生。这批从邓颖超参与领导的战时儿童保育院中成长起来的保育生，曾长期受到中国共产党的影响，在荣昌师范时就成立了进步学生组织"三三读书社"。国民党派一批三青团员插入学校，组织"建中社"，进行反共活动。进步学生通过"读书会"的活动，与反动学生组织"建中社"对抗，通过合法斗争，迫使学校当局解散了"建中社"，将一批插班的三青团员赶出了学校。

宜都师范学校的革命活动，是在湘鄂边地下党组织的领导下进行的。1945年5月，湘鄂边地下党组织，由湖南石门迁往五峰长乐坪百年关淹水淌。1946年3月，按照中共中央南方局指示，松枝宜中心县委在松滋、枝江、五峰、宜都等县开展工作，建立松（滋）枝（江）宜（都）五（峰）石（门）澧（县）6县工作据点（亦称江南地下党）。1946年12月，6县工作据点由五峰迁到宜都县古老背桐岭岗。古老背与红花套隔江相望。6县工作据点在宜都的工作重点，就是组织湖北省立宜都师范学生开展革命活动。

1947年春，6县工作据点通过在古老背小学任教的地下党员万忠义与宜都师范进步学生杜文华、周健等人建立了联系，介绍他们阅读进步书刊和党的宣传材料，根据党中央提出的在国民党统治区开辟第二条战线的要求，指示他们在学校开展反内战、反饥饿、反迫害的学生运动。杜文华、周健等人以"三三读书社"的骨干为核心，团结进步学生，以办墙报、演讲等形式，揭露国民党发动内战给人民带来的灾难，历数学生忍饥挨饿的痛苦，驳斥三青团外围组织攻击共产党的反动宣传；组织话剧队排练曹禺创作的进步话剧《日出》，在1947年宜都县春季运动会上公演，讽刺国民党粉饰太平，影射国民党的腐败。

5月，学校决定提前放暑假，停发学生伙食费。这样，身为孤儿的保育生生活将更加困难。6县工作据点负责人指示杜文华等人，组织学生向国民党当局请愿，要求撤销学校停发伙食费的决定。学生们将学校教导主任（军统特务）的儿子扣作人质，派出学生代表杜文华向宜昌国民党专员公署请愿，要求暑假期间照发学生伙食费，迫使国民党当局答应了学生的要求。请愿斗争胜利后，杜文华等人组织暑期留校学生学习社会科学理论，利用6县工作据点提供的宣传材料，以《国民党与共产党》为题进行演讲，抨击国民党发动内战、专制独裁、贪污腐败等种种倒行逆施。但这种半公开的革命宣传也逐渐暴露了进步学生的政治面目，引起了学校三青团组织的注意和嫉恨。

9月，为了避免进步学生遭到国民党的迫害，6县工作据点将杜文华、周健、刘子艾、张培德4名学生撤离学校，转移到松滋刘家场，并吸收他们加入中国共产党，后转送江汉解放区。11月，6县工作据点分别在宜都师范、古老背小学建立"民主建国团"基层组织，发展团员数十人，以"民主建国团"为核心，继续在宜都师范开展学生运动。

从1948年9月至1949年夏季，江汉军区城工部、襄西地委派人动员宜都学生多人到江汉解放区工作。省立宜都师范学生李华、杨仲民等与江汉军区城工部派的党员李佐才联系后，从红花套奔往江汉军区襄南军分区参加革命。接着又由江汉军区城工部派回宜都，在宜都师范学校先后动员一批学生到江汉解放区参加革命工作。

（根据《中共宜昌简史》《中共宜都简史》等资料整理。）

宜昌师专那些具有传奇革命经历的校长们

张　朔　李云贵

宜昌师专肇始于 1946 年 9 月成立的湖北省立宜都师范学校。省立宜都师范学校成立时的学生大部分是抗日战争胜利后，从国立四川荣昌师范学校回省的湖北籍战时保育生。这批从邓颖超参与领导的战时儿童保育院中成长起来的保育生，曾长期受到中国共产党的影响，省立宜都师范学校也曾经是中共湘鄂边地下党组织开展革命活动的重要场所。宜昌师专不仅从其诞生开始就具有革命的红色基因，而且从省立宜都师范学校到湖北省宜昌师范学校再到宜昌师专的半个世纪中，又有一批具有传奇革命经历的校长们为之增添光彩。

胡楚藩校长：大革命时期的中共宜昌特支书记

胡楚藩（1903—1991 年），祖籍江西丰城县，生于湖北来凤县。1921 年毕业于来凤县立高等小学，同年 8 月考入武昌省立一中，后转入省立高中，是著名革命家、教育家董必武的学生。第一次国共合作时期，胡楚藩于 1924 年秋加入中国国民党。在董必武、陈潭秋等老一辈无产阶级革命家的教育和影响下，他又于 1925 年春加入中国共产党。1925 年 11 月，受董必武派遣，胡楚藩以武汉学生联合会代表的名义，回到恩施开展学生运动。不久，为躲避反动势力针对"赤化党"的缉拿，他转道湘西回武汉。1926 年冬至 1927 年春，胡楚藩在京汉铁路总工会江岸分会任中共党支部书记兼工会秘书。

1927 年 2 月，董必武派遣胡楚藩继曹壮父之后任中共宜昌特支书记、国民党湖北省党部鄂西巡视员。1927 年 5 月，驻宜昌的独立第十四师师长夏斗寅叛变革命，胡楚藩脱险到达武汉。1927 年 8 月至 1928 年 10 月，胡楚藩在施鹤地区从事革命工作，曾任中共建始县委宣传部部长。汪精卫发动"七一五"反革命政变后，因形势急剧恶化，胡楚藩失掉组织联系，长期脱党。

1929 年 8 月至 1931 年 6 月，胡楚藩就读于武昌中华大学中文系。毕业后的近 20 年，一直从事教育工作。他是湖北省立宜都师范学校的第二任校长，任期为 1947 年 8 月至 1948 年 7 月，1948 年 8 月转任中华大学教授、总务长。1950 年

6月，胡楚藩被湖北省人民政府第一任主席李先念任命为湖北省政府参事室参事，并任省政府参事室文教组召集人。

李地文校长：北京大学早期的中共特支委员

李地文（1902—1976年），出生于湖北长阳县鸭子口厚浪沱。少年时期先后就读于湖北省立第三师范学校（简称"宜昌三师"）、国立武昌高等师范学校附属中学。1924年考入北京大学法律系，1925年加入中国共产党，并任该校特别支部委员。在学校宣传马克思主义思想，积极参加党组织活动。1930年6月，他回乡与中共长阳县委取得联系，任县委秘书。长阳苏区失守、革命失败后，他走避北大，在中共华北特委领导下继续从事秘密工作，开展革命斗争。1934年11月，北平党组织遭到破坏，他转移天津时，被国民党当局逮捕关押。1937年7月，在第二次国共合作正式形成背景下，李地文获释出狱，与党组织失去联系。

1938年2月，李地文回到长阳，于1939年2月创办厚浪沱中学补习学校。在家乡，他受到国民党县政府重点关注，被暗中监视，不得不改行经商办实业。1939年9月，他在厚浪沱首建消费合作社，促进物资流通，继在资垱开办白煤运销合作社。次年主持筹建长阳县银行并担任首任经理。1942年12月，创办长阳县合作社联社，担任理事和主席，与覃毅武等一起筹办长阳县立初级中学。1945年，他在马连开办春记纸厂，又在宜都兴办建楚木行。

1949年10月，解放军解放长阳都镇湾、鸭子口。他慨然应邀协助长阳的解放工作。中华人民共和国成立后，1950年1月，他当选为长阳县第一届各界人民代表会议主席。他始终热心教育事业，并于同年10月任长阳县立中学校长。1952年2月任湖北省宜昌师范学校校长，解职后在图书馆工作至退休。

张晓光校长：殚精竭虑被追认为"革命烈士"

张晓光（1909—1964年），出生于河北衡水县，高中文化程度。1939年1月参加革命工作，同年11月加入中国共产党。参加工作后，历任河北省衡水县抗日政府工作队宣传组长、衡水县五区助理员、衡水县武装科科员等职。1941年4月，任衡水县二区、三区、一区区长等职；1943年6月，在北京被日军抓捕入狱；1945年9月出狱，在河北省张家口市七区八区任教育股长等职；1947年9月，随军南下，参加解放战争。1947年12月后，历任省江汉区党委秘书，洪山县双河区及中山口区、当阳县官垱区和河溶区等区区长，宜都县税务局局长等职；1952年12月，任秭归县县长；1953年7月，他调任湖北省宜昌师范学校校长；1958 年 10 月转任宜昌地区文教局局长。

张晓光一生从事教育工作近十年。抗日战争中，他以教私塾为掩护，白天讲课，晚上袭击日军，他的一些学生实际上就是游击队员。他任宜昌师范校长期间，政治上旗帜鲜明，立场坚定，经常在大礼堂作报告，帮助师生树立正确的人生观和世界观。他始终保持党的优良传统和作风，艰苦朴素，勤恳扎实。他任职后期，完成了湖北省宜昌师范学校新校址选定、新校舍建设、学校从黄草坝搬迁至北山坡等大量工作，为学校建设和发展殚精竭虑，做出了重要贡献。

张晓光勤奋好学，在病重期间，仍坚持看书读报，自己不能阅读了，就让别人念给他听，被周围群众称之为"硬骨头"。1964 年 1 月他因患癌医治无效病逝后，被湖北省民政厅批复追认为"革命烈士"。

徐汝潭校长：从孟良崮硝烟中走来的南下干部

徐汝潭（1927—），出生于山东文登县。在家乡读完高小后上中学，1943 年 8 月从中学抽调到文登县虎山区任公立小学教师。1947 年春，被调到区支前指挥部任宣传干事。5 月，孟良崮战役打响，为支援前线，他带领 700 多民夫组成担架队，跟随华东野战军第九纵队到达孟良崮战场。战事惨烈，伤员很多。徐汝潭发现运送伤员的独轮车在崎岖的山路上颠行，倍增伤员痛苦，为了使伤员少受颠簸之苦，加快运送速度，他带头背起伤员就往山下跑。在他的带动和指挥下，抢运伤员的民工队员，多改为弃车而身背负伤的战士下山，圆满地完成了抢运伤员的任务。

1948 年春，徐汝潭随华东野战军南下，先被编入华东军干校，后被分到江汉军区。1948 年秋到达湖北，被分配到中共襄西地委、襄西专署（后称当阳地委、当阳专署）财政科工作。1949 年 7 月 16 日宜昌解放，他是首批进驻宜昌城的南下干部之一，先后担任宜昌专署财粮科行政股长、《宜昌报》记者、宜昌专署民政科副科长、专署文教科科长、教育局局长。

1958 年 11 月，徐汝潭调任升格后的宜昌师范专科学校首任校长兼书记。宜昌师专是在"大跃进"的背景下，由湖北省宜昌师范学校"戴帽"成立的，于 1958 年秋季开始招生。徐校长走马上任，着手解决学校初创期面临的师资不足、生源缺少、基础设施差的困难。从山东曲阜师范学院调来吴林伯先生，并恳请华中师范学院选调了 7 名讲师和助教来校任教。得益于徐校长执掌，初创期的师范专科教育获得了平稳的发展。1961 年暑假前，学校教职工达到 145 人，在校生总数达1005 人。徐汝潭于 1962 年调离学校，后担任过宜昌地委党校副校长、地委副秘书长、宜昌行署科委主任。1988 年离休。

黄荣誉校长：投笔从戎的中共桂北游击队大队长

　　黄荣誉(1924—2013 年)，出生于广西灌阳县。1941 年 9 月考入广西省立桂林师范学校这所富有革命传统的学府，1944 年 7 月中专毕业。1944 年 10 月参加革命工作，1945 年 8 月加入中国共产党。

　　1944 年秋至 1945 年春，日寇入侵广西灌阳县期间，根据中共广西地下党的指示，灌阳县地下党特别支队为了团结抗日，组建了抗日政工队，黄荣誉等被安排到国民党灌阳挺进支队所属中队进行抗日工作。后在党组织的统一安排下，有计划地退出挺进支队，到灌阳县新圩区板桥小学以教书为名，继续从事地下党宣传、组织工作。

　　1947 年 7 月，中共广西省工委按照中共中央关于开展国民党统治区农村游击战争的指示，组织举行了"桂北武装起义"，组建了桂北游击队，后改名为"桂北人民解放总队"。1947 年 8 月至 1949 年 11 月，黄荣誉先后任人民解放总队爱群部队指导员、桂北游击队第二大队(海洋大队)大队长兼政委，领导灌阳县南部广大地区的武装斗争。1949 年 10 月 13 日，黄荣誉带领游击队员主动出击，在两河杨柳井定屋村设伏，将到全州县城去领枪的国民党昭文乡保安队全歼，伤敌 4 人，俘敌 10 余人，缴获长短枪 13 支，子弹 1000 多发，手榴弹 40 多枚，而游击队则无一人伤亡。

　　1949 年 12 月至 1954 年 7 月，黄荣誉同志先后任广西灌阳县委宣传部副部长、组织部部长；1954 年 8 月至 1954 年 10 月，任广西资源县副县长、县长。1954 年 11 月至 1956 年 7 月，先后在中央政法干校民政班、中央高级党校短训班学习。1956 年 8 月以后，先后在中南政法干部学校和湖北大学工作。1962 年下半年，黄荣誉同志调到湖北省宜昌师范学校，并全面主持学校工作。1963 年 4 月至 1966 年，任湖北省宜昌师范学校党总支书记、校长。

　　黄荣誉同志在担任湖北省宜昌师范校长期间，勤奋工作，尽心尽责，忠实贯彻执行党的路线、方针、政策，坚持社会主义的办学方向；他清正廉洁，深入基层，广泛联系群众；心胸开阔，历经挫折和委屈，从不怨天尤人；他带领全校师生员工为学校的建设与发展做出了贡献！

中华人民共和国成立初期宜昌教育新布局中师范学校的迁延更替

魏祖培　刘锦程

　　1949 年 7 月 26 日，宜昌市教育局在人民路旧兵营的一间简陋平房里挂牌办公。何定华和刘毅慈等 7 位工作人员认真地领会中南行政区教育部的电报"维持现状，立即开学"的指示精神。当时的关键是开学上课，从宜昌市的实际出发进行布局调整，以调整促开学是市教育局的中心工作。

　　市军管会派员接收了原公立学校。宜昌市时有公立中学(含省立宜昌师范学校)4 所，公立小学 12 所。市教育局派出 6 个工作组调查接收公立中小学校。中学 2 个组接收省立宜昌高级中学、省立宜昌中学、省立宜昌师范学校和县立初级中学 4 所学校。小学 4 个组分别接收信义镇、仁爱镇、忠孝镇和和平镇等 12 所公立小学。中华人民共和国成立前，宜昌市公立中小学几经战乱，反复搬迁，各中小学因屋置校，借用或租用祠堂、书院、会馆和庙宇办学。校舍大多年久失修，破败不堪，布局零乱。

　　1949 年春，省立宜昌高级中学，一校三地分散办学。本部设在居士林，一、二年级在至善堂上课，三年级在西坝皂角树巷上课。省立宜昌中学远离城市中心坐落于西坝，湖北省立宜昌师范学校位于江南广化寺韩家坝，后又迁至西坝(黄草坝)。县立初级中学校舍在南湖边，1949 年 2 月，因毗邻民房失火，大火焚烧县立初级中学校舍，毁坏 8 间教室、大批课桌凳和黑板。

　　市教育局通过调查决定：资源重组合并办学，优势互补合理布局。立即停办曾为省立六师的宜昌师范学校，并将其并入普通中学，教职员工重新调配。1950 年 3 月至 4 月，宜昌行署根据省文教厅一个地区只设一所师范学校的要求，随之将省立宜都师范学校搬迁至城区西坝，并更名为湖北省(立)宜昌师范学校，被称为"半个地理学家"的熊筱崮先生继续担任校长，填补了宜昌城区暂时没有师范学校的空白。省立宜昌高级中学迁至西坝原省立宜昌中学校址，成为高中部，改变了一校三地分散办学的状况。把省立宜昌中学和县立初级中学二校合并，在县立初级中学校址处设立初中部。半个月后将高中部定名为"湖北省立宜昌高级中学", 由抗战初期入党的老干部刘毅慈任校长。初中部定名为"湖北省立宜昌初级中学", 校长邓传钧。

4个镇的12所公立小学, 则分别合并为4所公立小学。第一小学设在大公路, 校长李秀岚; 第二小学设在中山路, 校长雷春畴; 第三小学设在北门教军场, 校长王树人; 第四小学设于西坝, 校长朱明新。

中华人民共和国成立初期, 宜昌市有私立中学6所, 私立小学15所。市教育局对私立学校实行准其续办, 但经费自理的政策。鄂西中学和益世女中因经费困难停办, 鄂城和慈幼自动合并, 其余的中学和小学坚持办学。

1949年9月17日全市小学开学上课, 9月27日全市中学开学上课。各学校实行自主招生, 录取新生。至1949年年底宜昌市恢复中学6所, 在校学生957人; 恢复小学18所, 在校学生3773人。市教育局决定取消"党义""公民"和"童子军"等课程。废除旧学校的训育制度, 废除体罚学生, 建立导师会、学习委员会和社会活动委员会, 在校务委员会领导下, 开展学生思想工作。要求省立中学导师必须写日记, 市教育局每月抽查一次, 学期终连同总结上报省教育厅。

何定华率领市教育局在几个月的时间里, 重组和调整宜昌市公办学校布局, 为宜昌市学校教育发展奠定了坚实的基础。全市中小学如期开学上课, 显示了共产党人能够夺取城市, 也一定能够管理好, 建设好城市的能力。

(原载《三峡晚报》2009年6月12日, 内容略有改动。)

【编者按】1996年9月, 宜昌师专(时为"湖北三峡学院师范学院")校庆"50周年"时, 来了一群特殊的校友, 他们来自新中国成立前的省立宜昌师范学校, 他们要认祖归宗, 同时也缴纳了校庆捐赠款项。刘锦程院长被这群特殊"校友"的母校情结所感动, 下定一个决心, 就是要搞清楚新中国成立前的"省立宜昌师范学校"与宜昌师专有没有血缘关系, 这个问题一直是刘院长心中的一个结。根据刘院长多年来悉心考证: 新中国成立前的"省立宜昌师范学校"与新中国成立后从宜都红花套迁址西坝的"省立宜昌师范学校"实际上是没有血缘关系的两所学校。前者是先后由"湖北省立第三师范学校""省立第四中学附设师范科""省立第一乡村教师养成所""省立第二乡村师范学校""省立宜昌乡村师范学校""省立联合中学房县乡村师范分校""省立第八师范学校"和"省立第六师范学校"演变而来; 1946年2月复迁宜昌县黄花场, 以抗日阵亡烈士公墓房舍为校舍; 4月易名为"湖北省立宜昌师范学校"; 1947年秋, 大部分迁移晓溪塔; 1948年秋, 再迁宜昌县广化寺韩家坝; 最后又迁至西坝(黄草坝)的"湖北省立宜昌师范学校"。该校于1949年7月宜昌解放时由市军管会接管而停办。(注释: 市军管会7月26

日—30 日派员接收"省立宜昌高级中学""省立宜昌中学""省立宜昌师范学校"及"宜昌县立初级中学"等，并根据省教育厅指示，将这四所中学的高中部合并为新的"湖北省立宜昌高级中学"即今市一中，校址在黄草坝，市人民政府市长刘真任校长；初中部改名为"湖北省立宜昌初级中学"，校址就是当时的宜昌行政干校所在地。)而后者的前身则是在宜都籍省参议员、教育家朱侣柏等多方呼吁下于1946 年9 月在宜都红花套创立的"省立宜都师范学校"，是为了解决从四川(今重庆)荣昌复员湖北的"保育生"就学困难而新建的一所师范学校。但往往教育界、文史界对此混淆不清，故将解放前的湖北省立宜昌师范学校的"本校沿革"附录于此，以正视听。

附录：本校沿革

(民国，下同)二十七年秋，本省主席陈辞修先生鉴于倭寇内侵，深恐青年学子流离失所，乃倡导计划教育，创办湖北省立联合中学，自兼校长，以全公费收容公私立中等学校学生，设二十一分校于鄂西、鄂北比较安全地区，并指定武昌、宜昌、黄冈、襄阳及郧阳乡村师范学生，并归房县乡村师范分校收容。因鄂北交通梗阻，武汉转进过速，各校学生纷纷沿江西上，为遵就事实，临时改设利川，嗣后更名为利川乡村师范分校，当时滞留鄂北之师范生，约百五十余名，又苦无法前往就学，暂由郧县高中分校设师范部收容，是为本校胚胎之始。

郧县高中分校曾开办高中部七班，初中部十六班，师范部五班，共计男女学生一千五百余名，因规模过于庞大，训教难期完善，省府应地方人士之请，分设男女中学各一所，师范学校一所，本校遂于二十九年四月一日独立设校，复定名为湖北省立联合中学房县乡村师范分校。

独立时，首任校长为汪益谦先生，接收原有学生五班，增招新生扩充为八班，因感师资缺乏，为便于聘请兼课教师，以免影响学生课业起见，暂觅郧县城外三皇庙为临时校址，房县人士认定学校为开发社会、文化之中心，疑虑本校永久设于郧县，亦如利川乡师，乃向省府及学校当局多方呼吁请求举凡学校校舍修建、校具设备，及师生生活物资供应，莫不为之筹划周到。是年九月，本校遂于山城各界热烈欢迎声中迁设房县。望年春，增设附属小学，暑假后，联中改组，委刘应光先生接任校长，易名为湖北省立第八师范学校。

三十一年春，合并湖北省立第八区区立简易师范学校，设分部于郧县，扩充班次为十五班，学生六百余名。是年秋，李牧之先生继任校长，越年又改派袁昭先生接充，校长年有更替，本部与分部相距三百余里，人事支配管理，诸多不便，乃于三十三年二月呈准将分部独立，沿用湖北省立第八师范学校名义，本部改称湖北省立第六师范学校。

三十三年夏，房县淫雨成灾，学校四周围墙全部倒塌，宿舍墙壁亦浸毁数处，满目凄凉。袁氏以寇患日深，请款修复不易，又因教师难聘，难以满足学生要求，乃称病辞职。王达阶先生继任校长，添聘教师，建修校舍，筑路，造林，垦地，种菜，利用全体师生心血以改善学校环境，运用社会环境力量以增进师生生活，全校精神，为之焕然。

三十四年，敌人发动春季攻势，进占襄樊光河，逃迁房县之机关、步（部）队、学校，达三十余单位，寂寞山城骤增人口十余万。在此经济活动物资供应极度困难的情形之下，本校尚收容湖北省立第五高中与第五师范学生留校长期附读，招待襄阳县中、光化县中、省立第三育幼院学生在校短期食宿。历次联欢会上，物资精神享受颇丰，宾主愉愉万分，是为本校在抗战生活史中能自立立人、自救救人最光荣而值得纪念之一页。

倭寇投降，湖北教育复员计划按照分区设校原则，指定本校迁复宜昌。宜昌为川鄂交通咽喉，政府议建三峡水闸于此，将来工程完竣，不难一跃而为世界著名都会，师生闻之，莫不喜形于色。三十五年二月在本校迁复经费尚未发下时期，全体师生即解囊集资，分批结队首途，跋山涉水，步行七百余里，完成复员工作。孰意劫后宜昌，建筑破坏，遍地瓦砾，幸存房屋，不及十之一二，难寻相当校舍，于是暂觅距城西北四十五里之黄花场为临时校址，借用危楼高耸土筑之一四一师公墓宅，与仅存四壁之川汉铁路车站，及摧毁未尽之民房数栋为临时校舍，附属小学则设于北门外破陋不堪之紫云宫。虽风雨不避，安全难保，而弦歌之声不绝。由于师生通力合作，修葺房屋，购置校具，筹备时间不过月余，即于四月一日正式上课。是年冬，觅定晓溪塔为永久校址，收购民田六十五亩为建筑永久校舍基地。三十六年二月，奉令改为湖北省立宜昌师范学校，本校永久基础得以奠定。

更名伊始，宜昌地方热心教育人士，慨捐国币一千四百万元，兴建晓溪塔新校舍第一期工程，计建筑教室两间，小厨房一栋，修理车站办公室一院，车站宿舍一栋。暑期工竣，疏迁本期毕业学生两班于此，以便开辟荒地，督导以后建筑工程。旋本省府拨发建筑费一亿元，招商承建教室六间，并允继续拨款，俾能完成全部工程。战后百废待兴，省府与社会人士对本校如此爱护与重视，足证本校使命之伟大。

本校自创办迄今，毕业学生十七期，计八百三十六名，皆能遵守政府培育人才之旨意，服务国民教育及地方行政工作，服务期满升入大学及专科学校继续深造者已达二百八十余名，本校对于社会之贡献，诚可使本校前途光明远大。

西坝师范区，宜昌师专曾在此歇脚

柯 黎　李云贵

　　在西坝长航宜昌船厂，有一片区域名为师范区。鲜为人知的是，在20世纪50年代，这里是宜昌师专最早的校址所在地，曾是一代青年圆教师梦的地方。世事变迁，如今这里还残存着一栋办公楼和两栋教学楼，木质结构的小洋楼浸满沧桑，是那段青春岁月的见证。

图2　共青团团员在西坝宜昌师范学校校门口的合影，背后是行政楼。
照片上从前往后第三排右起第五人为方自贤。

一

"都变样子啦，就这栋行政楼依稀还是记忆中的模样。"走在船厂宽阔的马路上，蓝色的钢铁吊臂如巨人的手映入眼帘。在方自贤的手中，一张拍摄于1957年的老照片与眼前的一栋楼半幅重合，同样的门楼、同样的方柱，只是照片上泛黄的字迹和老式的穿着在提醒人们，这些是旧时光。

照片是共青团宜昌师范学校三二支部毕业合影，拍摄于1957年7月。眼前的耄耋老人，在照片中还是一个青涩小伙，而照片中的这栋楼，现在是长航宜昌船厂资产管理处办公楼。这是一栋外形规正的两层小楼，门前的8根方柱，给整栋楼增添了些许洋派气息。"当时这是学校行政楼，是校长和各专业教研组组长办公的地方。"方自贤望着这栋低矮的两层楼，记忆迅速回溯："那时，我们的校长名叫张晓光，他喜欢种花，楼前的窗台摆满了花，学生们来来往往都忍不住朝这儿看。"

在学生们的心目中，校长张晓光是一个颇具传奇色彩的人。抗日战争中，他教私塾，白天讲课，晚上袭击日军，他的学生实际上都是游击队员。张校长每周仅在大礼堂给师范学生作一次报告，却刷新了不少学生的人生观和世界观。

我们走进一楼大厅，发现里面已经重新装修。从侧边的木质楼梯上楼，嘭嘭的踏步声叩开了虚掩的时间之门。二楼方形木栏杆呈暗红色，表面风化皲裂，但还是挺结实。木窗棂、木门和栏杆属同一色系，窗棂呈"田"字形，木门正中有一个方形瞭望口，房间里面空落落的，落满灰尘。

二

"整整60年了，回忆起来，一切都还像是昨天一样。"2014年11月27日上午，在西坝，79岁的退休教师方自贤感慨万千。

在西坝长航宜昌船厂，有一块区域名叫师范区，这在很多年轻人心中是谜，不知其名称有何由来。宜昌一批老师专校友编撰《宜昌师专的故事》，在教育战线耕耘了一辈子的方自贤重返西坝，揭开了师范区之谜——原来在半个世纪前，宜昌师专曾在此歇脚。

师专选址西坝，有其历史背景。1946年8月，为安置战时保育生，当年的湖北省教育厅在鄂东广济和鄂西宜都各设立了一所省立师范学校。

1949年7月，宜昌解放后，宜昌行政区专员公署接管了省立宜都师范学校。

1950 年 3 月，根据当时宜昌急缺农村小学教师的情况，宜昌专署将省立宜都师范学校迁至宜昌市西坝一所中学旧址内，改名"湖北省（立）宜昌师范学校"。

《宜昌师专纪略》记载，当时校园面积 90.51 亩，迁入时有校舍面积 1974 平方米，后逐渐增至 5600 平方米，有 4 栋楼房、10 余栋平房，建有普通教室、音乐和美术教室、图书室、理化实验室等，图书室图书 1.3 万余册。"1954 年进校，那时我 18 岁，1957 年毕业。"方自贤说。3 年的时光，这里留下了他一生中最美好的青春记忆。也正是在这里，开启了他在三尺讲坛耕耘一生的轨迹——毕业后，他进入了师专附小任教，3 年后调入师专工作，直到退休。

三

离开了行政楼，我们在西坝居民朱圣民的指引下，还找到了位于宜昌船厂大门旁已作酒店客房的一栋教学楼，还有位于师范区的一栋教学楼。走进师范区的教学楼，这栋楼同样是一所砖木混合结构的老房子，屋顶却是尖的，里面被隔成了数间员工宿舍，二楼地面风化严重，露出破损的木板壁。"那时候，我们学的是全科，除了语文、数学、政治、历史和地理等主课，副课还有体育、音乐、美术，副课不及格也不能毕业，因为当时的教学宗旨，就是培养全面发展的小学老师。"方自贤回忆说，那时考上师范是一种荣誉，学费、生活费全部由国家支付，学生们都很勤奋。

当时的任教老师个个都博学多识，才华横溢，如副校长邹吉烨先生从国立中央大学历史系毕业，后又考到中央大学外语系攻读英语专业，文、理科也样样精通；美术老师吴章采与当时的中央美术学院院长是同学；数学老师张泽湘后来调入华中师范学院，是全省选调华师的两位名师之一……

除了学习，师范生也偶有娱乐。方自贤清楚地记得，学校每半年组织看一次电影。冬天的时候河道干涸了，从九中走到解放路电影院。夏天则坐船，船票 5 分钱，电影票 1 毛钱，也都由学校支付。"有一次看的电影叫《一江春水向东流》，中午是学校食堂送饭过去的。"

湖北省宜昌师范学校在西坝只持续了 8 年。1956 年，宜昌船厂扩建，以 47 万元收购了西坝宜昌师范学校的地盘。宜昌专署为其选择张家店地段作为新校址，划拨 75 亩土地建校。1958 年暑期，学校全部迁入，这就是北山坡的宜昌师专校址。

（原载《三峡晚报》2014 年 11 月 30 日。）

附录：西坝与黄草坝小考

湖北省宜昌师范学校20世纪50年代位于西坝的校址，宜昌文史界时而说在西坝，时而说在黄草坝。究竟孰是孰非？据我们考证：1949年7月，设立宜昌市，以宜昌县城及近郊葛洲坝、黄草坝和西坝共43平方公里为其行政区域。葛洲坝是江中一个小岛，在西坝和黄草坝的外头。葛洲坝和西坝（北端叫黄草坝）隔河（二江）相望。20世纪80年代，葛洲坝水利枢纽工程建设时，葛洲坝岛被整体挖除，成为大坝的坝址，留下黄草坝和西坝，岛下端叫西坝，船厂以上叫黄草坝。黄草坝现已建成了葛洲坝电厂及供大江航道导流防淤的防淤堤。因此，其校址表述为西坝或黄草坝都是正确的。《湖北省立宜昌师范学校班级招生人数调查表》（1950年）中"校址"一栏，标注：宜昌西坝（亦名黄草坝）。

校 史 钩 沉 43

熊筱崮校长的郦学世家

杨世灿

熊筱崮(1889—1962 年)，枝江县安福寺杨家店人，国立武昌高等师范学校毕业。1949 年 8 月，任省立宜都师范学校校长，1950 年 4 月，在更名后的省(立)宜昌师范学校任校长，湖北省人民代表。妻揭永秀。有三女：大姑娘孟熊氏，二姑娘早逝，三姑娘谢熊氏。有二子：熊源远，字茂洽，1921 年生，妻王柔；熊深远，1924 年生，妻唐国群。熊筱崮从小受父舆地金石学影响，平生执教地理五十余年，右手板书，左手绘图。有"湖北三个半地理学家"之说(一说"湖北史地三杰"，即杨守敬、熊会贞和×××；又一说"湖北三个半地理教师")而享誉荆楚。熊筱崮算半个地理学家(或"地理教师")。日军入侵，宜昌县教育科长熊筱崮兼任宜昌县中心小学和职业中学校长，宣传抗日，组织教师深夜刷写标语"还我河山"。抗美援朝带头节约每一个"铜板"支援志愿军。熊筱崮祖孙郦学事业，集成亘古，学贯中西。依符号先生《杨守敬传·序》可称"鄂光华彩，学识史魂"！

一

1859 年(清咸丰九年)，熊筱崮之父熊会贞出生于湖北省枝江县安福寺杨家店一农民家庭。15 岁考取秀才，抱师从之忱往宜都，深得杨守敬先生赏识。18 岁始设私塾于堂。父讳名发伦，以耕种为业，常负犁索牛，每过大门，熊会贞必肃立目敬之。杨守敬 40 岁时，招 20 岁的门人熊会贞授三儿杨必昌课读。杨守敬则携龚氏小夫人及长子必钧去武昌经理《楷法溯源》卖书事。熊会贞 22 岁完婚，娶妻吴氏，并自取字"固之"。《易·乾·文言》曰："嘉会足以合礼，利物足以和义，贞固足以干事。"取意于此。又字"崮芝"。杨守敬 1880 年至 1884 年出任日本使馆随员，此五年间，熊会贞在宜都一面教书，一面参校《水经注疏·江水》。27 岁时，杨守敬任《湖北通志》沿革编撰，"以崮芝为襄助"。28 岁时，杨守敬与熊会贞共同起草《隋书地理志考证》，次年，熊会贞以其亲老决意辞归枝江，杨守敬以《隋志》初稿别写一份付之，嘱"自检各地志编入"。1890 年，熊会贞去黄州杨守敬邻苏园，至1895年，六年中四校书稿，36岁《隋志》刻成。熊会贞倾心尽责，而尊师自律，名不入书，字不上木。37岁至40岁在枝江设馆授课，子心赤随馆就读。1900年，杨守敬信致熊会贞，嘱其来省襄校及起草各地理书，赞助刻《汉书地理志补校》《晦明轩稿》《日本访书志》《留真谱》《大观本草》《丛书举要》《禹贡本义》《历代沿革险要图》《春秋地图》《三国郡县表补正》《三国地图》《汉书二十四家遗注》《寰宇贞石图》《望堂金石》等四十一种。杨守敬记："自是以后，崮芝每年来省相助。"杨氏著述门类八十有三，熊会贞相助庶几见半。

1904年，杨守敬、熊会贞合撰的举世瞩目惊动千古的二百万字巨著《水经注疏》稿成。此时杨守敬迁居武昌菊湾书楼，藏书四十万卷。杨守敬为防后世版权之争，明示"文各一半"，而熊会贞却谦让"先生三分之二，会贞三分之一"，"是先生之书"。杨守敬字里行间亦不忘高足贡献，《水经注疏跋》："余研寻有年……余乃与崮芝发愤为之，疏厘为八十卷……至此二十余年，而吾书方成。"

1911年，中华民国成立前后，熊会贞随杨守敬先生寓居上海。先生因《水经注疏》虽已成书，尚待校订，须参考各书，嘱家人回武昌取稿，并将所藏图籍运沪。稿至，每日发箧与熊会贞详核。1913年，先生仍督熊会贞复核《水经注疏》，昕夕不辍。1914年，杨守敬上北京任参政院参政，熊会贞于冬月"来京相依"。1915年，先生精神尚健，饮食步履如常，但便数，每向熊会贞言，恐不久于人世。1月9日无疾而逝。熊会贞泣志，感恩戴德："会贞亲炙先生四十年，于舆地之学得窥门径者，莫非先生之赐。先生不弃愚顽，命赞襄著述，以作壤流之资，文字因缘，恩同骨肉。晚年专注重《水经注疏》，屡谓会贞曰：'此书不刊行，死不瞑目。'促会贞速为校雠，早藏厥事。今先生已弃我矣，仍当勉力竞功。率德承、蔚光、先楙等缮付梓人，以偿先生之夙愿。"

1936年5月25日，熊会贞在武昌西卷棚十一号自宅，自裁而逝，卒年七十有八。湖北省政府拨二拖轮护送遗体归葬枝江县杨家店。

熊茂洽撰祖父碑文云："先祖父熊公会贞，字固之，少敏慧而少言，性笃诚而孝友。家贫，尝躬耕，好读经史，尤爱研核舆地。师事杨公守敬。遂广搜博集，助杨公编撰《隋书地理志考证》等地理书二十余部，绘制《水经注图》等舆地图十多幅。三十二岁参与校勘、疏注《水经注》持续二十春秋。民国四年，杨公逝世，先祖父乃独力续修《水经注疏》又二十二载，稿经六七校后写定。是书论者评价甚高，誉为'清代三绝学之一'。晚近在北京、台北和日本相继出版，国内郦学界莫不推崇吾先祖父为一代地理学专家。"

二

1915年至1936年，熊会贞校核《水经注疏》稿本，积劳成疾。1931年和

1932 年两度住院，托好友徐行可（黄陂人，汉口华实里书贾、藏书家）抄副，后献北京科学院收藏，1957 年影印出版，即世称"北京本"。日本郦学家森鹿三深服熊氏之力，1930 年 4 月，遣松浦嘉三郎赴武昌，相求熊会贞于杨府门外小车中，熊会贞以"大夫无域外之交"拒之。又两谒，乞写副。亲眼见熊先生将宣纸贴进王先谦《合校水经注》，用小字入疏。1983 年 9 月，郦学家陈桥驿教授访问日本关西大学、奈良女子大学。森鹿三教授的高足船越昭生教授告知："熊会贞当年允许森录出一部《水经注疏》副本。"但君子协定言："中国未出版此书时，森不得以任何形式出版这部抄本。"1992 年，再传弟子京都大学教授杉村邦彦影照京都大学人文科学研究所藏稿，寄赠予世灿，其首页文面行款与北京本同。其他各卷抄手在三人上。1972 年，日本整理《水经注疏》，出版日译本《水经注（抄）》，杉村邦彦参加了翻译。

杨、熊寓居沪上，杨守敬看到了"明抄（残）本"，"始觉"对全、赵、戴评价欠公，但改已力不从心，不久谢世。熊会贞不断看到"残宋本""大典本""明抄本"，不断地在杨守敬研究成果的基础上修补北京清写本，陆续写出三十九条凡例式意见，提出以例治疏，科学治疏，"通体朱是者作正文""全书方有主义"，附在他费二十二年心血的订稿本前。熊会贞心情矛盾，如写"会贞按：残宋本、大典本、明抄本"，则有些学术观念有悖于先生，是学生对先生的不尊；如写"守敬按：残宋本、大典本、明抄本"，而先生未见这些书，怎么办？两全其美的办法是以先生所钟爱的、能世其家学的孙子"杨先梅（字岭乡）补疏"。这样做，既雅重先生，又不违背学术的旨义。并嘱"岭香孙世兄当细看"这三十九条。熊会贞去世前，将定稿本交付杨家。1938 年 7 月，杨先梅、杨世汉父子将书稿交前中央研究院傅斯年时，发现"残宋本、大典本、明抄本"杨守敬的名字后面不是加的"先梅补疏"，而是加的"李子奎"三字。李子奎改熊氏凡例为"遗言"，抄件删去"杨先梅补疏"，改为他"受命整理"，通过国学大师汪辟疆撰文宣传，迷朦郦学界达半个世纪，直至台北本 1971 年影印出版才真相大白。唯能看到此书原稿的胡适，当时就毫无情面地眉批李子奎"存心盗名，有意做伪"。这是熊会贞身后郦学研究中的异事。1997 年 6 月，湖北人民出版社出版《杨守敬集》，郦学领域云开雾散。

自三国魏初佚名撰《水经》，北魏郦道元作《水经注》，千载以来，研究者凡百家，硕果累累，各具慧眼。熊会贞襄助晚清学者杨守敬，博辑众采，集前人之大成，总为北京写本奇葩；后二十二年，熊会贞开民国以来郦学研究新方向，以例治经，科学治经，订为台北清写本。熊会贞居历代郦学家之右，青出于蓝而胜于蓝，尊师至诚，为后世读书人楷模。杨守敬致清史馆总裁赵尔巽曾有言："门人熊会贞者，古地理为专，凡守敬所撰地理书，大半经其襄助……此人闭户潜修，不求闻达，故罕知之者。然其书俱在，敢以呈之左右，伏祈一为流览，而后知其程度，无俟守敬之揄扬也。"

三

熊筱崿之子熊茂洽，为宜昌的教育事业奉献了一生。晚年尽心祖业，1999年独力出资专著的《水经注疏·江水校注补》出版，2000年刚在亲人和弟子的祝福中度过了八十寿诞，晚上哮喘发作，虚弱衰竭，虽辗转医院却救而无治，于庚辰年九月二十八日晨寂然归去。

20世纪80年代中期，宜昌师专张铭老师告诉我，你搞《水经注疏·三峡注补》去找一下熊会贞的孙子，他在宜昌市教研室工作，看他藏有什么资料。接着就在手板心上写了"熊茂洽"三个字。我敲开门，被客厅挂着的杨守敬"汶水入莱"的行书所吸引。他的养子尚幼，告诉我："这是太公的。"

1992年4月，我们合撰的《水经注疏·三峡注补》由湖北人民出版社出版。该出版社古籍部王永瑞先生是胡适的学生，曾亲见胡适上讲台高兴地说："宝贝啊宝贝啊！杨守敬的手稿。"20世纪30年代中期，熊茂洽随祖父住杨府。《水经注疏》熊会贞订正本稿成，即交付杨家，不久祖父去世。为弄清研究中的一些疑点，熊茂洽晚年亲赴武汉，由于年事已高，有次冒雨挤公汽，一只脚卡在门上险出大事。

又五年，熊茂洽、曹诗图合撰的《水经注疏·江水校注补》由原武汉水利电力大学出版社于1999年11月出版。熊茂洽不顾高龄沿江考察了七家图书馆，参阅了熊会贞重甥曹利所译日本京都大学森鹿三氏《水经注》解说，不远千里至杭州大学拜访了当代郦学大家陈桥驿先生。陈给予了高度评价："湖北是杨、熊的家乡，《水经注疏》是此省郦学先贤的杰出成果。为此，当代湖北郦学家的工作值得作出更高的评价和给予更多的关注。湖北在分省、分流域的郦学研究中成为大家学习的榜样。"熊会贞的后代沥尽心血，耗尽积资，千古事业，或谓乐山乐水，故不知疲耶？

地 理 世 家
——记熊崮之、熊筱崮父子

张东铭

  熊崮之(一说"崮芝")先生是枝江县安福寺镇杨家店人,生于清咸丰九年(1859年),原名会贞。幼入私塾读书,极为聪慧,颇得塾师的器重和喜爱。稍长,聆家长及塾师诲勉,勤奋攻读,立志成才。寒窗十余载,考为秀才,后考举人未中。因不愿久在僵死枯燥的八股文中耗靡岁月,亦无意于功名仕途,即居家开馆教塾。不两年,省内有名的书法家、学者杨守敬自武昌返宜都故居暂住。熊先生深慕杨先生之名,抱师从之忱,专程前往宜都拜谒,执弟子礼甚恭。杨先生热情接待外,还相与谈论切磋学问之事,盘桓数日,熊的好学敏思、淳朴勤奋,深得杨老赏识,即留熊于身边。后杨先生复返武昌,偕熊同往。经杨先生介绍,熊先生先后在北路学堂、存古学堂任教习(教员)。

  杨守敬先生除以书法名世外,还精于舆地、金石之学。晚年在武昌致力于编著《水经注疏》,绘制《水经注图》。熊先生常去杨家,见之颇感兴趣。杨先生以半师半友之谊,邀熊协辑所著,熊欣然应允。《水经注》是北魏郦道元所著,为我国古代著名地理典籍。后代有不少地理学者注释、补订。杨先生详研郦之原著,集历代各家注本和其他古籍有关山川记述,参考近代地理资料,进行校勘考证,综合编写《水经注疏》,绘制《水经注图》。熊先生用全部课余精力,孜孜以赴,襄助其事。书与图未成,而杨先生病发,他强病工作,终未完稿而含憾辞世。病重时嘱托熊继续完成。熊先生接受重托后,即辞去教习职务,专心续杨未竟事业。先后(包括助杨工作时间)历三十多个寒暑,《水经注疏》和《水经注图》终告成书。

  《水经注疏》和《水经注图》共四十六卷,广为考证,对郦道元原著所征引故实皆说明出典;对《水经注》所列一千多条大小河道均详明其迁流沿革;对历代诸家的注释有所订正并多补充。内容翔实完备,成就超过前人,是历代研究《水经注》的总结性著述,是研究我国古代地理的重要参考书。二书仅出影印本,现存北京中国科学院。

  熊崮之先生1936年5月25日卒于武昌,享年77岁。

熊崮之先生的儿子熊筱崮是有名的地理教师，1889 年出生，又名心赤。父在家教私塾时就由父课读，后随父去武昌，历读至武昌高等师范学校（武汉大学前身）毕业，即在中学讲台上度过一生。先后在武昌湖北省立高中、武汉二女师、圣希理达女中、宜昌乡村师范、安徽六安高中、四川广安高中、宜都县中、省立宜都师范学校、省（立）宜昌师范学校教书，并曾担任过浙江杭州高中、荆南中学、省立宜都师范学校和宜昌师范学校校长职务。

熊筱崮先生受父亲影响，喜爱地理，对之造诣独深。教书时主教地理。他对国内各地及世界各洲各国的方位、界邻、山川、气候、地蕴、产业、经济、文化、城市、交通熟知深记，尤擅绘画，课堂上不用课本，常面向学生讲课，同时向后伸手在黑板上勾画地图。口不停，手不住，边讲边画，讲到什么，画到什么，而其所绘之图相当准确，极为学生称道叹服。因此他的地理教学负有盛誉，与当阳赵春珊（还有一人不详）并称"湖北三个半地理教师"（一说"湖北三个半地理学家"）。

熊筱崮先生历数省多校，从事教学生涯五十余年，声誉满荆楚，桃李遍神州。1962 年病故于宜昌，享年 73 岁。

1988 年 7 月

（原载《枝江文史资料》第三辑，枝江县政协文史资料委员会 1988 年 9 月编。）

作者简介：
张东铭系枝江县瑶华场中学退休教师。

我的爷爷熊筱崮

熊　琼

　　我是爷爷的嫡长孙女。虽然爷爷已经远去，但他的事迹仍历历在目。爷爷熊心赤，又名熊筱崮，枝江安福寺镇杨家店人。1889 年生，1962 年病故。妻杜氏生于 1890 年，故于 1918 年。妻揭氏（永秀）生于 1897 年，故于 1971 年。1921 年生长子熊源远，又名熊茂洽，又名熊峰，小名石生。1924 年生次子熊深远，小名石珊。两人的小名隐含纪念辛亥革命。

　　爷爷从小随其父熊会贞就读，受其父擅长舆地、金石影响，尤喜爱地理学科，立志深造、教育救国。听父亲说爷爷曾想留学，由于远隔重洋太公不同意。爷爷后来考入国立武昌高等师范学校，毕业后，从他第一次登上讲台之日起，在地理教学上就探索实践，寻找科学教学途径。先后在湖北省立高中、武汉二女师、圣希理达女中、宜昌乡村师范、安徽六安高中、四川广安高中、宜都县中、省立宜都师范学校、宜昌师范学校执教地理。因其教学有方，曾被任命担任湖北荆南中学、浙江杭州高中、省立宜都师范学校和宜昌师范学校校长职务。

　　从家庭环境来说，由于其父与杨守敬共同完成历史地理名著《水经注疏》《水经注图》《历代舆地图》，有随父出入杨家聆听杨守敬讲授历代疆域沿革的便利，家父的熏陶并精心栽培令他对历史、地理造诣极深。从求学环境及交游来说，民国四五年间，他的武昌高师的同学程发轫随筱崮归省之便得晋见其尊翁熊崮芝先生于武昌菊湾观海堂，请示《水经注》若干疑义，更参观邹代钧的地图王国亚新地学社，同学之间相互影响自然少不了探讨。程发轫生于 1894 年，称自己生得太晚，以未能游杨、熊两先生之门为憾。难得当时地理名家姚明辉就是他们的老师，自然名师出高徒。程发轫和熊筱崮均有浙江杭州高中教学经历。枝江籍学者黄道华编撰的《枝江历代名人传略》中《郦学大师熊会贞》载：熊会贞生前独立编成《水经注疏要删再续补》四十卷稿本，册数不详。首先记载此书的是胡适先生，1948 年 9 月，胡适在南京曾借国立编译馆收买的《水经注疏要删再续补》稿本与《水经注疏》四十卷稿本"对勘"，他不但发现《再续补》有十二卷系熊会贞"亲笔抄写"，而且从稿中屡引"残宋本"文字判断，此稿是熊会贞晚年之作。胡适见到的这部稿本，据李子魁回忆是熊筱崮于 1938 年卖给国立编译馆的，当时得价 1000

元。南京国立编译馆的图书辗转现藏文化部出版事业管理局图书馆即今"中国版本图书馆"之前身，郗志群教授曾前往查找无果，不知现藏何处。《永乐大典》本《水经注》熊会贞只用过徐行可提供的前20卷抄本，《水经注疏·汝水》篇稿本有眉批："《大典》后20卷校本未见，俟见待定。"《永乐大典》本《水经注》1935年底由涵芬楼影印后，熊会贞虽然见到了，但来不及用后20卷来校勘《水经注疏》全稿便去世了。可是涵芬楼影印《永乐大典》本《水经注》传至爷爷熊筱崮用于校勘《水经注疏要删再续补》后28卷有没有这个可能呢？不过同为枝江老乡的张继煦与熊筱崮于20世纪20年代在湖北荆南中学共事，1937年他曾向熊筱崮借该稿本移录一部钞本共十五册，藏湖北省图书馆，说明他俩对郦学有共同的爱好。

通过以上事例可得出结论，事实上爷爷通过地理教师这个平台一直在做郦学的传承及传播工作，正如郦学大家陈桥驿先生在给曹诗图教授信中所说，"熊筱崮是熊氏郦学世家中的重要人物，写文章时必须有他的位置"，亦即郦学史上他是绕不开的关键角色。因为有着强烈的使命感，又具备更宽广的视野，爷爷对国内各地及世界各洲各国的方位、界岭、山川、气候、地蕴、产业、经济、文化、城市和交通熟知深记，在备课中深钻教材，熟记知识，牢记图形，从而教学中扔掉课本，面向学生，系统讲解；左手倒向后在黑板上绘图，口不停，手不住，边讲边画，讲到什么，画到什么，眼不见而所绘之图相当准确，极为学生称道叹服。爷爷任教数省多校，他严格要求、科学训练、言传身教的师德教风深受学生崇敬，备受同事推崇，他的教学方法至今仍被效法于地理教学各个环节。1955年2月，66岁的爷爷被推选为湖北省人民代表赴武汉开会。从年轻时开始教学生涯，除文史外，主教地理，历经五十多个春秋，开传统与现代融合新风，与当阳赵春珊等并称"湖北三个半地理教师"（一说"湖北三个半地理学家"）而享誉荆楚。

爷爷在宜昌师范学校的学生方松，写下饱含深情的《长阳竹枝词》发表于2004年《长阳诗苑》第一期咏其恩师：熊筱崮是安福寺杨家店人，其父熊崮芝受杨守敬遗嘱，完成了《水经注疏》《水经注图》的专论巨著。筱崮从小受父舆地金石影响，平生执教地理五十余年，被誉为"湖北三个半地理教师"。余就读宜昌师范学校时，亲享精授地理课艺术：

> 左手画图右手书，
> 韬光若炬吐机杼。
> 堪称舆界三家半，
> 半世黉宫弟子誉。

亦学亦商充满传奇色彩的校长李地文

习明山

李地文，原名李光纬，1902 年农历四月十五日出生于长阳鸭子口厚浪沱。少年时期先后就读于湖北省立第三师范学校(简称"宜昌三师")、国立武昌高等师范学校附属中学。1924 年考入北京大学法律系，1925 年加入中国共产党，并任该校特别支部委员。在学校宣传马克思主义思想，积极参加党组织活动。1930 年 6 月，他回乡与中共长阳县委取得联系，任县委秘书。长阳苏区失守、革命失败后，他走避北大，在中共华北特委领导下继续从事秘密工作，开展革命斗争。"九一八"事变不久，党组织派他去热河省组织发动抗日义勇军。不久回北平，在一中、参议会等处活动。1934 年 11 月，北平党组织遭到破坏，他转移天津时被国民党当局逮捕，判刑七年，先后被河北省党部、南京卫戍区司令部和安庆反省院关押。

1937 年 7 月，随着卢沟桥事变爆发，全民族抗日战争开始，第二次国共合作正式形成。在此背景下，李地文获释出狱。因与党组织失去联系，他赴襄阳五中从事教学工作为生。1938 年 2 月，他回到长阳。因抗日战事频繁，长阳许多学生失学，他积极筹备，于 1939 年 2 月创办厚浪沱中学补习学校。在家乡，他受到国民党县政府重点关注，被暗中监视，不得不改行经商，以发展地方经济为己任。他发动群众利用山地大面积种植油桐，增加长远收入。投资开办煤矿，开发煤碳资源。1939 年 9 月，他在厚浪沱首建消费合作社，促进物资流通，继在资坵开办白煤运销合作社。此时，沙宜沦陷，食盐紧缺，一斤盐涨至一斗玉米的价格。他征得县政府同意后，于 1940 年 12 月在宜昌县三斗坪设立长阳驻宜昌三斗坪食盐公卖委员会办事处，并任县食盐公卖委员会干事、主任等职，专事食盐收购，运回长阳，定点凭证平价公卖，惠及全县百姓，县内群众感之念之。

1941 年，他出任县政府参事。次年主持筹建长阳县银行并担任首任经理。1942 年 12 月，创办长阳县合作社联社，担任理事和主席。同时在县长吴雨桐的支持下，与覃毅武等一起筹办长阳县立初级中学。1944 年 6 月，长阳县临时参议会成立，他以国民党党外人士身份被选为副议长。此前国民党县党部书记邓开圣以参议长相许，诱其参加国民党，被其拒绝。次年 11 月，他乘县参议会正式成立之机，辞去副议长职务。1945 年，他在马连开办春记纸厂，又在宜都兴办建楚木行。他表示，只有振兴实业，发展经济，才是中国摆脱贫困走上富裕之路的正确途径。

1949 年 10 月，中国人民解放军解放长阳都镇湾、鸭子口。他慨然应邀协助长阳的解放工作。当时，湖北省绥靖司令部反共救国军第一路总指挥何大熙、长阳县长覃守一率残部逃往县西。他随解放军赴资坵协助工作，受 2024 部队首长嘱托，他以世交之情给何大熙写信，晓以大义，劝其归降。劝降信被县长覃守一所获，覃当即决定起义，并抓捕何大熙等，长阳全县随之解放。

中华人民共和国成立后，1950 年 1 月，他当选为长阳县第一届各界人民代表会议主席。他始终热心教育事业，并于同年 10 月任长阳县立中学校长。1952 年 2 月，调任宜昌师范学校校长，后解职任教，并在图书馆工作。1965 年退休后，在陕西省户县女儿处安度晚年，1975 年腊月病逝。

（部分资料参见：①湖北长阳《李氏家谱》；②《长阳县志·人物传·李地文》，该书编纂委员会编纂，中国城市出版社 1992 年版。）

作者简介：

习明山，1969 年 7 月出生，湖北长阳人。1990 年毕业于中南民族学院历史系。先后在长阳县委办公室、县委党史办公室、县档案局、县地方志办公室等单位工作，曾任县委党史办公室副主任、县地方志办公室副主任、县档案局副局长、县委正科级督察员等。2012 年 8 月调入宜昌市委党史（地方志）办公室（现为市史志研究中心），任方志编纂科科长。先后主编、参编《宜昌市志》《宜昌乡村大全》《宜昌风物》《千年宜昌》《宜昌风采》和《中共长阳历史大事记》等 40 本书，审读《宜昌市道路运输志》专业志书 20 部，在《三峡大学学报》《湖北方志》等刊物发表学术论文 10 余篇。

国学功底深厚的邹吉烨先生

杨邦俊

邹吉烨(1920—2001 年)，湖北宜都大溪人。20 世纪 40 年代初，毕业于重庆国立中央大学历史系，后又考入中央大学外语系攻读英语专业。抗战胜利后，响应国民政府号召，回乡支持地方教育，先后在宜都清江中学、湖北省宜昌师范学校担任历史、英语教员。以其广博的学识、精湛的教艺和卓越的才华，留下很多脍炙人口的故事。1952 年 9 月，邹吉烨先生奉调湖北省宜昌师范学校，担任副校长，后代理校长，对学校的早期建设作出过重要贡献。就让我们走进历史的镜像，走近这位先贤名师。

岁月久远，今天，已经很难找到先生遗留下来的东西，好在宜都一中校史陈列室，还完好地保存着一张先生早年的照片。一张英俊而又睿智的脸——不苟言笑，眉宇间充满智慧。这是时年 31 岁的邹吉烨先生，就任宜都清江中学校长时留下的纪念。这照片，把我们重又带回了那个烽火连天的岁月。

大约在 1942 年，邹吉烨从国立中央大学毕业，响应国民政府的号召，从重庆回乡支持地方教育，来到宜都清江中学担任英语和历史教员。

学校成立不久，师资很是匮乏。国学功底十分厚实，能诗善文，精通汉语和英语两种语言的青年才俊，一上讲台，就深深打动了学生，成为广大学子崇拜的偶像。全英语授课，同声翻译，即兴赋诗，编演话剧，无所不能。思接千载的课堂教学，融贯中西的课程文化，给一个小小的县城带来几分意想不到的惊喜，其后，数十年间一直引为美谈。

1945 年，抗战结束，清江中学重返陆城。历经倭寇的侵扰，原校址已变为废墟，只得暂迁陆城近郊的姚家店，借民房授课。学校寻得一处小街，将那两头一堵，一座别具特色的"短巷书院"就此诞生。"穷巷"变成"书院"，又有邹吉烨先生这样一批大师会讲，陆城边上响起久违的书声。

白日里，邹先生和学子们一起放歌诵诗，用英语讲莎士比亚的十四行诗、济慈的《夜莺颂》，也讲屈原的《离骚》、闻一多的《红烛》。到了夜晚，则燃起一豆油灯，在那破阁的青烟里耕读作诗。次日早晨，复又听见"百十学子，千年清江，短巷书声，逊阁灯光"的吟唱。艰苦而又简陋的环境里，邹先生这样的大师奏出了时代的最强音。

直到 1947 年的春天，县政府出面集资，清江中学才在城东楠木岭边的水田坝文昌阁旧址上建起一座新校。校外不足五百米，就是古老的桥河口岸，美丽的清江和长江在这里交汇。

桥河原本是一处著名的古渡，早在两千多年前的汉代就十分繁华。水路进川的商贾，走到这里都会在桥河港湾的码头边紧桅张帆，候风待发；陆路赴汉的行旅，踏着桥河的舟板，牵骡撵马，一路绝河而下。一年四季，深深浅浅的河汊上，到处都是进进出出的桡船。艄公号歌，骡马嘶叫，早晚不绝。

学校搬进桥河边的新舍，爱好文学的邹吉烨先生，早晚把学生带到江边，赏朝雾，望夕阳，即兴吟唱。

"朝雾迷新舟，千山夕阳中。潮音滚滚下，凭水渡江洲。"那里有赏玩不尽的意境。

新校静卧在西园的丛树中，悠扬的书声，经那土坯瓦顶的振搏，越发浑重、清越、响遏行云。校园背枕桥河，每年春天，户外春潮涌动，波撼钟楼，奏出优美的旋律。苦读的学子，月夜捧读，坐享天籁，别有况味。从这桥河边上走出一批又一批的优秀学子。

这是一段时代潮流涌动的岁月，邹吉烨先生难掩激奋。1949 年的初夏，他和同校张全燧老师，合编了一本歌颂新生活的三幕话剧《山高水长》，师生同台演出。时局动荡，刚刚演出，就遭到当局审查禁演，但还是在校园引起强烈轰动。

1949 年 7 月，宜都解放，清江中学由人民政府接管。8 月，全校教职员工参加了县政府主办的"暑期教师讲习会"。结业后，教职员工大多留用，长期在宜都一带从事地下工作的王素同志来校担任校长，邹吉烨先生被委为副手，协助王素工作。12 月 20 日，宜都县人民政府授予学校"宜都县立初级中学"的校印。从此，这一天就成为宜都一中人的一个重大节日。

1950 年 8 月，邹吉烨先生正式升任校长，重又开启了宜都教育史上一段学人治校的光辉岁月。

在邹吉烨先生的带领下，学校破除旧制度，面向工农办学，积极为国家经济建设服务。建有教职员工和学生代表广泛参与的校务会议，开门纳谏，实行民主管理。提倡劳动教育，开展艰苦建校，利用课外活动时间，分班轮流参加劳动。拆旧楼、平场地、种蔬菜、自给自足。1950 年冬，配合土地改革、抗美援朝运动，全校师生组成三个宣传队，带着腰鼓、秧歌、快板、歌咏等文艺节目，分赴农村慰问演出。全校师生还慷慨解囊，捐资为抗美援朝购买飞机大炮。学生在广泛的社会实践活动中经受了磨炼，快速成长。

　　每日晚自习前，学校统一放广播，学生以班为单位，跳邀请舞。广大学生积极向上，勤奋好学，蔚然成风，全校上下呈现一派生动活泼的局面。回想这段岁月，当时的学子至今仍然激动不已。邹吉烨先生是令我敬重的第一位宜都一中人，作为能用全英语授课，可以同声翻译的英语教师，还能胜任高中历史教学。更为难得的是他国学功底甚厚，能诗善文。在当时，道德文章都是第一。很多人今天还能回忆起这位大师的风范。

　　1952 年 9 月，邹吉烨先生调任湖北省宜昌师范学校副校长，宜都千余师生和学生家长含泪相送。风雨半世，岁月剥蚀，几经搬迁，今天我们已经很难寻觅到当年故旧的影子，踏遍小城，唯有那与老校区一街之隔的桥河古码头，似乎还残留着昔日的一点余韵。

　　暮霭中的桥河，尽显着它的苍幽。石砌已废，河泥上淤，苔迹斑驳，那里我们找到了邹吉烨先生留下的足迹……

　　邹吉烨先生，从宜都县立第一中学到湖北省宜昌师范学校，历任校长、副校长，尽显了一位火热年代的名师风采，是宜昌师专校史上一位学识卓越的学者型校长和通达型名师，必将彪炳史册。

作者简介：

　　杨邦俊，1963 年 1 月出生，湖北宜都人。1982 年 7 月毕业于宜都师范学校。湖北省特级教师、专业技术三级正高级教师、湖北省作家协会会员。现在宜都一中工作。2012 年出版《语文人本教育》，2014 年获教育部颁发的国家级教学成果二等奖。

张晓光：革命烈士、湖北省宜昌师范学校校长

熊德红

张晓光(1909—1964年)，原名张怡青，汉族，高中文化程度，曾任秭归县人民政府县长、湖北省宜昌师范学校校长。

1909年11月8日，张晓光出生于河北省衡水县北苏扎一个农民家庭，1939年1月参加革命工作，同年11月加入中国共产党。参加工作后，历任河北省衡水县抗日民主政府工作队宣传组长、衡水县五区助理员、衡水县武装科科员等职。1941年4月，任衡水县二区、三区、一区区长等职；1943年6月，在北京被日军抓捕入狱；1945年9月出狱，在河北省张家口市七区、八区任教育股长等职；1947年9月，随军南下，参加解放战争。1947年12月后，历任江汉区党委秘书，洪山县双河区及中山口区、当阳县官垱区和河溶区等区区长，宜都县税务局局长等职；1952年12月，任秭归县人民政府县长，1953年6月离任。1953年7月至1958年10月担任湖北省宜昌师范学校校长；在校工作期间，曾函请"延安五老"之一的革命家徐特立先生为即将升格的"宜昌师范专科学校"题写校名，至今篆刻题字悬挂在师专老校区老牌坊。1958年10月任宜昌专员公署文教局局长。1962年10月离休。1964年1月15日下午8时在陕西省西安市人民医院因患食道癌医治无效病逝，享年55岁。1964年4月，湖北省民政厅批复，追认张晓光为革命烈士。

张晓光在秭归县人民政府、湖北省宜昌师范学校工作时间不长，但给人们印象较深刻，在政治上旗帜鲜明，立场坚定，在工作上勤勤恳恳，为人民服务全心全意，始终保持党的优良传统和作风，艰苦朴素，工作深入扎实。张晓光一生从事教育工作近10年，勤学苦研，积极工作，培养出不少有用人才。张晓光在病重期间，仍坚持学习，坚持看书读报，自己不能阅读了，就让别人念给他听，被周围群众称之为"硬骨头"。

作者简介：

熊德红，1961年1月，湖北秭归人，1999年12月自修本科毕业于武汉水利水电大学企业营销与公关专业。曾从事行政管理、史志编研等工作，曾担任《秭归县志1979—2005》总纂，先后主编20多部专业志和党史、年鉴等书籍。被列入湖北省修志专家人才库。曾任秭归县史志研究中心副主任。

徐汝潭，宜昌高教第一人

李云贵

徐汝潭先生，我与他素昧平生。最近读书，了解到徐汝潭先生的一些事迹。对宜昌高等教育来说，徐汝潭先生是一个永远绕不过的话题。用"宜昌高校建设第一人"来评价徐汝潭先生一点也不为过。徐汝潭先生 1927 年 7 月 17 日出生在山东文登市西南下泊子的小山村，世代农民家庭。徐汝潭先生读完高小，又上东海中学，接着就参加工作(那时叫参加革命)。1947 年，徐汝潭支援前线，1948 年又南下(当时称随刘邓大军到大别山)。1958 年 11 月，徐汝潭从宜昌专署教育局局长任上奉调担任升格后的宜昌师专首任校长。

被誉为"宜昌最高学府"的宜昌师专始建于 1958 年秋季，其前身为 1949 年前的湖北省立宜都师范学校和后来的湖北省宜昌师范学校。那时正是三年大跃进的第一年，在那种"不怕办不到，只怕想不到"的狂热年月，一马当先(钢铁)万马奔腾。教育也要大跃进。当年宜昌的工、农、医、师四所专科学校同时建立，宜昌市在原来工业技校基础上建工专，宜昌农校基础上建农专，护士学校基础上建医专，宜昌师范学校基础上建师专，也属于在原基础上"戴帽子"。这四所专科学校，除了宜昌医专在 1960 年 11 月与从武汉迁来的"武汉医专"合并重组而发展外，只有宜昌师专虽一度下马，但最终得以幸存发展。这与徐汝潭先生筚路蓝缕、开山辟地、延揽人才是密不可分的。

一、求贤若渴，延揽人才

刚刚建立的师专，最大难题一是师资不足，二是缺少生源，三是学校基础设施太差。最现实的还是教工宿舍，仅有不足 300 平方米的教工宿舍要住进 40 多位教师，两人共住 4 平方米的宿舍，放两张小床，一张书桌。住不下的教师有的只好住在图书室、实验室里，甚至住在学生的练琴室里。从山东曲阜师范学院调来的吴林伯教授夫妇，带来数千册线装书，只好整箱堆放在图书室里。一千多名师生的饮用水更困难，从半山坡到长江边有近三里，每天一个工人在江边电动抽水，大家饮用水都受限制。至于其他各种困难更是一言难尽。也怪，在那种极其艰难的日子里，却很少听到师生的牢骚和抱怨。人们都默默承认现实，甘愿过眼前这苦生活，大家都有一种以创业为己任的使命感，对以自己的青春来书写师专的创业史引以自豪。这种良好的精神状态在师生中互动，形成艰苦奋斗的民族美德和天道酬勤的大无畏精神，创业初期的政治思想工作反而很好做。

师专初建时的师资一部分由华中师范学院从优秀的毕业生中选拔，该校教育系还专门选调7名讲师和助教，再就是从宜昌师范学校的老教师中选拔教授专科课程。由于强烈的事业心和责任感，他们对教学工作有一种如履薄冰的惶恐感，但那种"敢想敢干""大干快上"的政治大环境给教师的政治鼓舞特别大，不信邪、不畏难、不怠慢的奋进精神成为教师的心理主轴。他们善于抓住各种空隙，牺牲一切休息时间发愤读书，积攒知识，加速"充电"。部分新从大学和其他学校来的如张道葵、龚万树、张爱珠、郭超焱、危世琼、孔祥树、范云陞、帅绪芝、李超、李明开、何麒麟和以后陆续来的李华章、王洴、曹文安、符利民、谢道弋、吴柏森、宋美善等众多青年教师，他们注重"内功"、全力夯实基础知识的那股"拼命三郎"的韧劲，实在令人敬佩。他们常在深夜十一二点，仍在教研室或实验室学习和备课，教务主任朱辕同志常去催他们休息。正由于他们的艰苦努力，师专虽然刚刚开办，教学质量却得到迅速提高。1961年，华中师范学院中文系张洪主任评价说，从全省新办的七所师专来看，宜昌师专中文科师资水平和教学质量都排在前列，这自然得益于这帮"拼命三郎"。

二、筚路蓝缕，开山建校

筚路蓝缕，励志图强。1958年，全国各类学校都贯彻教育部门关于勤工俭学的精神，那时片面性大，勤工俭学也矫枉过正。教学成了软任务，上课时间一压再压，劳动时间却成了硬指标。学校自己建窑厂，师生们自己烧砖，山坡上开荒种菜，各班同学、各教研组教师给食堂交菜成了硬任务。教研室里和教室门口，常常摆着镢头和粪桶，教师有时是放下粉笔就拿起挖锄。在那种亦工亦学的岁月，还真创造了奇迹。在大饥荒的年代，师生依靠自己种的大量南瓜和蔬菜，缓解粮食减少的压力，师生健康状况还算没出大问题，有效地渡过了难关。学校办的窑厂烧砖，靠这批砖建起一座师专大礼堂。在教师的努力下，教学质量就当时的要求也算可以。1959年，省委书记处书记许道琦和刘仰桥两位书记亲临师专视察，对勤工俭学和教学成绩"双丰收"给予鼓励。时任省委文教部副部长王任重的夫人肖慧纳，为鼓励大家，特从省工专要了一台车床送给师专作为学工和教学之用。

三、尊师重教，治校有方

1961 年，时任宜昌师专党委书记兼校长的徐汝潭带领工作组前往宜昌二高；同年暑假，符利民即由宜昌二高调到宜昌师专。从高手如林的省重点高中挑选一名刚刚摘除"右派"帽子、才工作两年、仅 23 岁的青年教师到宜昌的"最高学府"任教，那种胆识与风险，是不言而喻的。而对于符利民，那种受到信任与器重后的感动与感激，也同样是刻骨铭心，终生受用的。后来，符利民成长为大学教授、校长和市政府主管教育的副市长。时至今日，这对忘年交还有交往，符利民称呼徐汝潭先生为"永远的校长"。

符利民在《永远的校长徐汝潭》一文中这样谈及他：那时他是 30 多岁的"老革命"，至今提起他，大家仍有一种亲切感、亲近感。讲话真切真实，自然本色，没有充耳可闻的哼哼哈哈、口头禅、半头句，也不见高台教化的壮语豪言。大家就是喜欢听他讲。我调往宜昌师专，没被找去进行"这是组织对你的信任，希望不辜负……"之类的"谈话"或"谈心"，顶多也就偶然碰见随便聊聊文艺动态或者普通家常……

1961 年的下半年，中共中央认真总结大跃进以来的经验教训，提出了"调整、巩固、充实、提高"的方针。各行各业也都面向实际，实事求是地贯彻中央的方针。省高教厅决定新建的一批专科学校暂时下马进行整顿，努力创造条件将来再办。师专虽暂时下马，师生却不泄气，大家都能正面理解中央的以退为进、注重脚踏实地稳步前进，而不是一味攀高求虚名，不顾主客观条件的盲目大干快上，大家心情反而更踏实、更稳定了。创建师专近四年，锻炼了教师队伍，储备了一批优秀教师，为后来师专的恢复和再后来的三峡大学发展创造了一定的条件。

（原载湖北省宜昌博物馆编辑《宜昌文博》2017 年第三期。）

永远的校长徐汝潭

符利民

　　收到一本别致的小书：《沧桑记忆》。作者是我 50 年前的老上级徐汝潭老人。1961 年，时任宜昌师专党委书记兼校长的他，带领工作组来宜昌二高；同年暑假，我即由宜昌二高调往宜昌师专。从高手如林的省重点高中挑选一名刚刚摘除"右派"帽子、才工作两年、仅 23 岁的青年教师到宜昌的"最高学府"任教，那种胆识与风险，是不言而喻的。而对于我，那种受到信任与器重后的感动与感激，感召与激励，也同样是刻骨铭心，终身受用的。

　　平生原谅了非常年月里有意无意或轻或重伤害过我的人，却一辈子无法忘怀漫长岁月中有恩于我的诸多好人。诸如极端贫困状态下竭力支持我上大学的母亲；严寒时节将新卫生裤、呢大衣让给我穿的同窗学长；上车去农场时匆忙递上《戴望舒诗选》的挚友；风雨草埠湖慰勉有加的下放干部组长；离开农场"希望有一天读到你的书"临别赠言的生产队长；将女儿放在我任教的班上的女校长……徐汝潭是又一位对我有"知遇之恩"的人。

　　那时他是 30 多岁的"老革命"，至今提起他，大家仍有一种亲切感、亲近感。讲话真切真实，自然本色，没有充耳可闻的哼哼哈哈、口头禅、半头句，也不见高台教化的壮语豪言。大家就是喜欢听他讲。我调往宜昌师专，没被找去进行"这是组织对你的信任，希望不辜负……"之类的"谈话"或"谈心"，顶多也就偶然碰见随便聊聊文艺动态或者普通家常……

　　享此"礼遇"的当然不只我一个，诸多老中青教师都享受过此等"殊荣"。时光过去半个多世纪，至今仍让人津津乐道感慨良多。当年由山东调来宜昌师专的吴林柏先生，他亲自去码头迎接；"文革"后吴先生调往武大，已离开师专的他又亲自送行。日后当我走上领导岗位，对待教师医生艺术家能够谦卑恭敬，是有意无意地效法于汝潭校长的。

　　然而几十年来彼此的交往却少而又少。当年是由于阶级斗争弦的日益拧紧而自惭形秽；以后则由于沿用旧例，已不习惯于作礼貌性的当面表达。然而心底则是铭刻深深没齿不忘的。每于顺逆之境得意洋洋或者颓唐狼狈时，一想汝潭先生的知遇之恩，则如鲁迅于夜深人静瞥见藤野先生，是为之一振而肃然奋起的。

书名《沧桑记忆》，历史沧桑感扑面而来。封面素洁淡雅，一如他的人生。副题是"留下历史的真实印痕"，"真实"二字，掷地有声；旁边引有美国学者斯东的文字："任何一个社会，不论它的目的是什么……如果生活在这个社会的男男女女，没有说出心里的话的自由，就不是一个好社会。"昭示读者，本书的思想份量与价值取向。

连绵群山背景下，满头银丝矍铄从容慈祥的头像，显睿智、儒雅、坦荡、随和的本色。几段格言式的话表白心迹："回忆是一种精神财富，能讲真心话，是一个社会的成熟。""我常用《礼记》中的一句话来警示自己：敖不可长，欲不可从，志不可满，乐不可极"……从中可以窥到文本的内涵与境界。

"祖承美德诚朴在，立身道义任炎凉。"六七岁时行医的父亲让他背《三字经》《千字文》《千家诗》，八九岁背《论语》《大学》《中庸》。"童子功"决定了他此后的思想定向与行动轨迹。

《沧桑记忆》是80多年"历史电影"的片断放映，是献给家人、好友的掏心真言。他记母亲艰辛中的抗争，怜悯穷苦人家、同情弱者、好作善事给予他的影响；记15岁时被派赶骡子去送公粮；记豫中树林里当面听陈毅、刘伯承的报告；忆孟良崮战役子弹嗖嗖穿过耳旁的场面；忆自己有惊无险的两年被审查；记1954年肃反中将几位旧职人员说成特务的愧疚与不安；写1958年郭老《咒麻雀》的怪诞诗章；写"大四清"中老贫农惊愕的眼神；忆折腾年月的种种"文字狱"；他感悟古今的两位贤者邹忌、胡耀邦；追思林一山，回忆章文才，听黄宗英讲自己的遗憾……

他吟诵苏轼"哀人生之须臾，羡长江之无穷"的诗句；认定"浪费时间就是浪费生活，浪费幸福"的哲理；他掂量蒙田"眼看生命的时光无多，我就愈想增加生命的分量"；他"要千方百计地提高生命质量，硬是要活出味道来，活出兴趣来"……

他76岁与电脑"相见恨晚"；他建立科学的"养老时空观"；他说"乐观向上是强者的内心袒露，是人生不可或缺的生命之泉"。"妙笔记流年，诗思如泉。墨滋青山云壑间"——用他赠友人的诗句"回赠"于他，正可谓量身定制。

于耄耋之年出版的电子音像文本，文字虽还未能臻于完美，结构也不够完整，然而这是一个耐人咀嚼品味的读本，一叠用生命热血写就的非一般闲情逸致、无病呻吟可望其项背的血性文字。它给予当世与后人的思索与警醒是多方面的。

在虎年元宵到来之际，我恭祝年方40"公岁"的汝潭先生，南山不老，松鹤永年！也热望同汝潭先生一样的长者，为人间留下更多真而实、真而诚、真而信、真而纯、"含真量"高的文字。

2010 年 2 月 28 日

留下历史的真实印痕

—— 徐汝潭《沧桑记忆》序

李华章

1959 年 9 月，我毕业分配到宜昌师专工作。徐汝潭是学校的校长，他刚过"而立"之年，英气勃勃，满腔热情，讲起话来铿铿有力、滔滔不绝，令人敬佩，至今还犹如历史的回声。原来，他的家乡在山东文登，十几岁就参加革命，跟随刘邓大军南下到了宜昌。

当他的部下虽只有三年，但却是我终身的校长。他的音容笑貌一直留在我的心里。

因为好学，勤于思考，思想解放，他对党的极"左"思想路线早有感悟，在几十年的工作实践和深入学习中，越来越感觉到极"左"思想的影响深重，给人民群众和党的事业带来了重大损失。接连不断的"运动"，闹得人心惶惶，人人自危，还有谁敢吐真言、讲实话呢？我想起宜昌师专的一件往事来，一个青年教师因为在"三年困难"时期吃不饱肚子，偷了食堂的十几个红萝卜。此事先在教职员工中议论纷纷，但不久就风平浪静了。倘没有学校领导的人性化理解和工作，又不知产生何种恶果啊！这自然归功于校长的良知。

几十年来，徐汝潭同志把独立思考的结果，联系实际，写成文章。最近，他从中遴选出近 80 篇(首)诗文编辑成册，书名为《沧桑记忆》，分为"沧桑辑""随笔辑""诗词辑"。在第一辑中，这些真实的回忆，揭示了极"左"思想路线的严重危害性，令人触目惊心！文字质朴，思想深刻，虽没有"为文造情"，但情蕴其中，动人心魄，发人深省。那篇《人整麻雀 麻雀整人》，批评那个年代的瞎指挥，创造出了"中国之最"。尤其在《让言者有罪的年代永远不再有》这一篇中，列举古今事例，向思想先驱者致敬，痛定思痛，反思历史的沉重教训，表达出作者强烈的意愿。正如罗马尼亚文学家、哲学家齐奥朗所说："一个优秀的时代是一个反讽不会将你投入监狱的时代。"

《追思林一山同志》是写得相当不错的篇什，描写真实生动，注意捕捉细节，以细微的方式代替了空泛的论述。其实，艺术中要紧的首先是细节。

本书的"随笔辑"凡 26 篇，以养生健身的文章为主。这是本书的又一个亮点。

篇幅长短不拘，文字生动活泼。长文侧重于理性的论述；短篇则以小见大，自由随意。这是对生命的关爱，是唱给生命的一曲曲赞歌。包括"活着真好""乐而寿""仁者寿""老年制怒""心理保健""桥牌的保健作用"等方方面面，这些妙文均适宜于中老年朋友关注，能起到良师益友的作用。

怎么个活法才算真好？作者的理解是："一要储蓄健康……也就是一种投资，投资就会有收获，有回报，使你生活丰富多彩，就会使生命健康地延续、增值"；"二要调适情绪"，他常想到古人说的名言："君子坦荡荡，小人长戚戚""虚怀若谷""难得糊涂"等，这是对人大有帮助的；"三要思维活跃"，他常背诵《管仲论》《岳阳楼记》等古文，经常打打桥牌，上上网，动动脑子；"四要别让自己闲着，勤者才能长寿"；"五要过简单而逍遥自在的生活，老人手里永远要攥住知足常乐这把金钥匙。"当我们读着这些深切的独特体会，真是受益匪浅啊！

"诗词辑"中形式多样，内容丰富，感情真挚。人生经历"南下"，虽穿越枪林弹雨，历尽重重艰难险阻，却留下了丰厚的精神财富。"南下诗抄"是生命的真情抒发。有一名家曾说："老来不写诗。"此话也不尽然。一个人有写诗的兴致，未尝不是乐事。作者的20多首"寿宴藏头诗"，寓思想情感于趣味中。它对于自己身心、对于亲朋好友都是有意的舞文弄墨，其乐无穷矣！

我衷心祝愿徐汝潭同志健康长寿，文思泉涌，诗兴大发，文心长存！

2009 年 9 月于宜昌荷屋

黄荣誉同志事略

傅一屏　韦纯束　肖　雷

　　黄荣誉(1924—2013年)，广西灌阳人，是广西省立桂林师范学校十班学生，1941年9月入学，1944年7月毕业。省立桂林师范学校，是一所富有革命传统的学府，因其是"桂北地区红色革命的摇篮"而著称。它创建于1938年秋，被勒令停办于1949年6月。在伟大的抗日战争和人民解放战争中，它走过了自己的光辉战斗历程，是我党长期领导和掌握的革命据点，是培养革命人才的基地。在党的领导和影响下，桂林师范在它存在的11个年头中，始终坚持抗日、民主、进步的优良校风，传播革命思想，从事革命斗争，为革命培养和输送了大批人才。许多桂师学生就是在这里受到民主进步思想的熏陶和马列主义的启蒙教育，经受革命斗争的锻炼，成长为自觉与工农相结合具有社会主义思想的知识分子，不少学生在学校地下党组织的培养下成为党的积极分子和光荣的共产党员，他们在党组织的领导下，一批一批走上革命道路，投身于抗日战争和人民解放战争的洪流。

　　桂林师范学校诞生于抗日烽火之中，加上前两位校长唐现之、汤松年都具有民主进步的教育思想，使学校聘请到不少文化名人、专家学者，及一批民主进步人士和中共党员到学校任教。这些教师在学校中任教，为学校培养了良好的学风，对学生进行了抗日及各种革命理论的基础教育，在学生中播下了革命的火种。不过这段时间到校任教的党员，都是从各地避难或疏散到桂林的。他们分属于不同的党组织，他们没有横的组织关系，也没有发展党员，所以在我们学生军的党员来到学校以前，桂师一直未建立党组织。但由于他们辛勤的播种工作和启蒙教育，培养了许多思想进步、迫切追求真理的学生。这就为我们后来发展新党员、建立党组织打下了良好的思想基础。

　　黄荣誉同志就是从这里走上了革命道路。1945年4月，由中共灌阳支部书记傅一屏介绍加入中国共产党。参加过党领导的灌阳抗日政工队，在敌后打游击。全、灌武装起义遭受挫折后，他的家属遭到敌人的摧残，房屋被烧毁，他毫不动摇，仍然坚持斗争。在从全、灌边境转移出去的途中，又被叛徒陆英则跟踪到桂林，险些落入敌网。他到灵川游击队后，刻苦锻炼，不怕苦，不怕累，事事带头，遵守纪律，发挥了共产党员的模范带头作用，以后逐步成长为桂北游击队第三大队政委。

1949年2月11日晚，桂北游击队爱群部队政委黄荣誉同志带领一个武工队在灌阳县平板乡龙塘村发动群众，被敌"自卫"队发现，我武工队及时撤退到平板乡立田村附近的竹山（地名）隐蔽。灌阳县政府调来了"自卫"队三百多人，对我武工队重重包围。竹山是一处直径不到一华里的小石山，山石嶙峋，山上长满了密密麻麻的小竹子，一边连着土山，三边是一片约二百米宽的稻田，稻田外沿是地势较高的山。敌人占领了四周高山，居高临下，把一个小竹山团团围住，企图威逼我武工队出来投降。敌人一次又一次的冲锋都被击退。从当天清晨激战至天黑，鏖战了一整天。武工队给予敌人以重大杀伤，但亦付出了重大代价，9位同志牺牲了6位。黄荣誉、贝扬、关超三位同志趁夜色掩护冲出重围。

桂北游击队第二大队队长全宝藏同志牺牲后，组织上把黄荣誉调到第二大队任大队长兼政委，领导灌阳县南部广大地区的武装斗争，直至解放。

桂师校友经过战火的洗礼和党的培养教育，很多同志成为部队的各级指挥员。1949年6月桂北人民翻身队改名为桂北人民解放总队，总队长兼政委吴腾芳，副总队长兼路西支队长全昭毅，参谋长兼路东支队长傅一屏，路西支队副支队长诸葛鑫都是桂师校友。总队副政委阳雄飞是桂师学生运动的直接领导者。在12个大队30名大队干部中，有13位是桂师校友，他们是：黄荣誉、陆绍双、汪记雨、李裕平、欧阳久明、邓崇济、蒋念洁、阳至冠、陈基义、赵琪、李宏成、秦孟真、何承纪。至于担任中队和武工队长的就更多了。在革命战争中有不少校友光荣地入了党。桂师校友们为桂北人民的解放事业作出了重大的贡献。

（根据韦纯束《党在桂林师范·序》、肖雷《我与桂师》、傅一屏《桂北游击队中的桂师校友》辑录，原载《党在桂林师范》，广西人民出版社1990年版。）

著名教育家徐特立先生给"宜昌师专"题字考

李云贵　　胡冬梅

绕过大礼堂，沿着那道缓缓的坡，继续前行，这道坡水泥硬化，宽阔略上斜。上行大约百十米，到达坡道尽头，出现一片平坦开阔地，师专全貌便呈现在眼前：花圃，绿植，行道树，假山池沼，青砖黛瓦的老式平房等。斜坡尽头右转，一条标直大道直通山边，沿着这条直道，继续前行百八十米，道路右边，一道古色古香的牌坊赫然屹立，坐北朝南，上书"宜昌师范专科学校"，字体古拙遒劲，正楷，色红，底白，红白相称，更显出题字的色泽鲜明，更衬托出整个牌坊的不凡气度！这是著名革命家、教育家徐特立老先生的墨宝。

1958年暑期，位于宜昌西坝的湖北省宜昌师范学校迁址到北山坡，学校更名为"宜昌师范专科学校"，并从当年秋季开始招生。据时任校长张晓光同志的通讯员在1995年上半年筹备五十周年校庆时回忆，1958年7月1日，张晓光校长特别函请著名革命家、教育家徐特立为学校题写校名；由其孙女代笔的复函邮寄到学校，寄托了老一辈革命家、教育家对教育事业的深切关怀。

1981年6月9日，当时中共宜昌地委党史资料征集小组办公室黄廷凤同志出具一个收条，转录如下："今收到宜昌师范专科学校保存的徐特立同志一九五八年七月一日为该校校徽的题字——宜昌师范学校专科学院科（原件）一份。"由这个收条，我们可以清晰地看出，徐特立先生题写的校名非常灵活，可以组合为"宜昌师范学校""宜昌师范专科学校"和"宜昌师范学院"，为宜昌师范专科学校的发展壮大在校名题写上预留了空间。

徐特立先生18岁起从事教育工作，民国初期被誉为教育界的"长沙王"。1927年加入中国共产党，曾任中华苏维埃共和国教育部部长，他是著名的中共"延安五老"之一，是伟大的无产阶级革命家、教育家，是新中国教育事业的奠基人。

目前，年逾七旬、具有浓厚宜昌师专情怀的刘锦程老校长仍在奔走，呼吁社会各界，保护宜昌师专大门旧址，并建议将这道牌坊列为"重点文物保护单位"。

风雨兼程五十载，昔日热闹的校园已经沉寂，巍巍屹立的牌坊啊，你见证了宜昌师专的繁华与落寞，你一身水泥青灰，犹如洗净铅华的隐者，但我要为你景仰，我要为你稽首！你是宜昌教师茁壮成长的摇篮，你是宜昌教育事业蓬勃发展的基石，你是一座宜昌教育人心中不朽的丰碑！

2022 年 3 月 10 日

前宜昌师专时期略记

毕元铨

我们把 1958 年 4 月筹备上马，1962 年 7 月下马的宜昌师范专科学校称之为"前宜昌师专时期"，其间存续了 4 个年头。而 1978 年 4 月恢复及其发展的时期则为"后宜昌师专时期"。

1958 年上半年，根据当时教育事业发展的需要，全国师专如雨后春笋般地出现。湖北省宜昌师范学校也根据湖北省教育厅的指示，于 1958 年 9 月升格为宜昌师范专科学校。校名函请革命家教育家徐特立题写。由于原中师保留，因而设中师部，与专科并存。并改原宜昌市第六中学为附中，改宜昌市港区小学为附小。

师专创建后，当时的主要困难一是校舍不够，二是师资不足。扩建校舍又遇基建材料供应紧张。学校发动师生出力动手，在较短的时间里矗立起一栋三层楼的教学用房。同时从三个方面解决师资问题：一是提高原有教师水平，发挥原有教师的主力军作用；二是从地区所属中等学校教师中拔尖调入；三是请求省内外老校支援。当时省内高校主要是华中师范学院支援教师 10 多人，武汉大学、华中师范学院选优分配毕业生 20 多人；省外有千里负笈来自曲阜师院和上海师大的吴林伯、王陆才等。在不长的时间里，专业教师已逾百人，其中有研究生 6 人，讲师 4 人、助教 20 人。

专科初设中国语言文学、数学两个专业，学制一年，各三个班共 206 人。1959 年起学制两年，并增设物理专业。学生来源：一部分由学校从中师生中择优推荐，一部分招收当年应届高中毕业生。当时，在中师部最后一学年实行文理分科，带有升入专科的预科性质。

为了适应教学需要，补充了图书馆藏书，达 6 万册，其中包括《册府元龟》《永乐大典》《图书集成》等珍本图书。

1959 年起多种形式的办学也开展起来。计有幼师班、体育班、速师班、电影放映培训班等，学生人数大增，可谓蒸蒸日上。

从 1960 年起，学校进一步加强管理，各项规章制度建立起来，教学工作进一步走上轨道，正常的教学秩序形成。

1961年8月成立校务委员会，并拟定了《校务委员会工作条例》。11月学校贯彻《高校工作条例》(高教六十条)，制定了开展教学研究及教师进修提高的计划，并部分付诸实施。

"人丁兴旺，一心向前走"，是1958年至1962年学校突出的特点。宜昌地委、专署领导很重视，宣传部部长王俊、副专员杨筱震，经常来校巡视，指示要把学校办成宜昌地区中学教师的摇篮。学校领导和教师也有把学校办得像个样子的勃勃雄心，可谓创业虽艰不畏难，风雨励志志更坚。师专正以新的姿态前进着。

然而，1962年7月17日，中共湖北省委批准了省教育厅调整省属高等学校的报告，根据这次调整方针，全省师专全部撤销。至此，专科招收4届学生，共毕业566人。宜昌师专系"专科撤销，改办中专"的学校，恢复湖北省宜昌师范学校校名，另设"宜昌专区教师进修学校"，两校同属一个党支部领导。翌年9月，开设师训班，招收高中毕业生，每届修业一年，到1965年止，共办3届。

宜昌师专的恢复与发展

高进仁　毕元铨

粉碎"四人帮"以后，教育面临着加快发展和迅速提高的任务。在 1975 年招生高师班的基础上，1977 年 2 月，遵照湖北省教育局意见，将宜昌师范学校改为华中师范学院宜昌分院，设中文、数学、化学、外语 4 个专业，学制 4 年。当年招生 366 人。从这时起，中师停止招生。

1978 年 4 月，国务院公布在全国恢复增设一批普通高等院校，宜昌师范专科学校顺应历史发展，重新恢复建校，并确定由湖北省教育局主管。与 1958 年创建时相比，尽管新的起步仍是艰难的，但令人欣慰的是，党的十一届三中全会所确立的路线、方针、政策为办好社会主义的新型大专学校指明了方向。师范教育受到各级党委和省教委的重视。因此，学校在艰难的起步之后，便带着一种紧迫感，以良好的竞技状态，健康稳步地前进了。

宜昌师专从 1978 年 4 月恢复建校至 1996 年宜昌师专、宜昌医专、宜昌职业大学合并成立湖北三峡学院这段时期，在党的路线、方针指引下，在各级党委和政府的关怀下，学校历届领导班子率领全校教职工兢兢业业，艰苦奋斗，开拓前进，学校面貌发生了新的变化，各方面都有了较大发展。

一、学校规模有了一定发展

1978 年恢复建校时，设中文、数学、物理、化学、外语五个专业，在校学生 500 余人。1983 年改化学专业辅修生物。1986 年增设教育管理专业，1988 年增设政史、体育专业，学制由三年到三、二年并存到再为三年。同时，从 1981 年始，开展各类成人高等教育。从 1983 年起，举办中文干部专修科。多种形式的办学给学校增添了新的活力。截至 1996 年上半年，学校设有 8 个系，设置全日制本科专业 4 个、专科专业 14 个，全日制在校学生 2168 人，各类成人教育在籍生 2653 人。

二、教职工队伍数量增加，质量提高

办学队伍有了发展，素质不断得到提高。截至 1995 年底学校有教职工 433 人，其中党员 215 人。教师队伍的建设，数量是基础，质量是关键。从 1980 年起，中青年教师数量持续增长，1996 年上半年已有专任教师 222 人，占教职工总数的 51.3%。其中教授 7 人、副教授 54 人、讲师 82 人。40 岁以下的教师 168 人，占教师总数的 75%。学校注重加强教师队伍建设，先后选送培养和引进硕士研究生 56 人、博士研究生 5 人。教师中 1 人享受国务院政府津贴，1 人为湖北省有突出贡献的中青年，3 人获得曾宪梓教育基金奖。为了加强学校与社会联系，聘请了 17 人为我校兼职教师。学校开展对外教育交流，每年聘请两名外籍教师、专家来校讲学。

学校坚持把激发教师献身社会主义教育事业的责任感和积极性作为教师队伍建设的最基本因素加以重视。从政治上关心教师，努力改善教师的工作条件，尽可能帮助教师解决生活上的实际困难。并注意做好在教师中发展党员的工作。教师党员 81 人，占全体教师的 37%。教师中党组织力量的壮大，这是学校发展和提高的坚实基础。

三、办学物质条件有了较大改善

学校占地面积 9.6 万平方米，校舍建筑面积 5.3 万平方米，固定资产总值 2053 万元，其中教学仪器设备 288 万元，建有各类试验室 32 个。学校图书馆建筑面积 3856 平方米，藏书 42 万余册，其中外文图书 1.4 万余册，各种报刊 1166 种。同时，还建成了标准的体育运动场。

为强化教育实践环节，加强了教育实习基地的建设。在宜昌市及宜昌地区各县（市）建立了 17 个教育实习基地，保证了每届教育实习的顺利进行。同时，学校各专业在宜昌地市选定一批初中，建立了固定联系，作为专业见习基地。另外，学校在宜昌地区 5 个县的教委、团委的支持帮助下，建立了学生假期开展社会调查、科技服务、扶贫致富等社会实践活动基地。在枝江县农村建立了面积为 130 亩的生产劳动基地，作为师生劳动，生物、化学实习，农副业生产，农业科技推广应用等综合利用的基地。

四、教育质量不断提高

教育的质量体现为一定的规格，它是有形的并在具体的教育过程中体现出来的。这是学校在办学过程中逐步提高和加深认识的。学校坚持把培养合格的初中教师作为主要任务，自 1978 年恢复建校以来，已为地方输送全日制本、专科毕业生 7683 人，各类成人教育毕业生 2601 人，数学、外语教师专修科 61 人。这些毕业生经过实践锻炼，有一部分已成为本地区基础教育和其他部门工作的骨干力量。学校 1985 年和 1988 年先后两次对毕业生质量进行了调查，用人单位普遍反映较好，对毕业生的政治素质和业务素质比较满意。从 1988 年调查的 1030 名普通专科毕业生的结果来看：有 60% 在初中任教，约 40% 在普通高中、职业高中及中等师范学校任教。其中有 10% 在县重点高中任教，能胜任工作的毕业生占被调查人数的 93%，其中已成为教育行政部门和学校领导的有 57 人，成为教学骨干的约有 130 人，还有相当一部分毕业生获得省、地、县各级各类荣誉称号。在文化比较发达的枝江县重点高中——枝江一中里，宜昌师专 18 名毕业生成为该校毕业班的把关教师，枝江县教师进修学校的书记、校长及教导主任，同是宜昌师专 1983 届毕业生，工作相当出色。五峰县一中的数学教师苏远东，宜昌师专 1983 届毕业生。他在教学中探索"三段式单元教学法"和关于班主任工作的"主体交叉管理法"，被湖北省中教第四届年会与会者所肯定；五峰县二中化学教师邓继明，宜昌师专 1984 届毕业生，他所任教的化学课 1987 年高考成绩优异，在乡村初中任教化学期间，中考成绩连续两年名列全县第一。奉献在山区的宜昌县雾渡河高中化学教师易行才，宜昌师专 1987 届毕业生，1990 年 12 月 15 日因公殉职，他生前为山区教育事业勤奋工作，无私奉献，成绩显著。其事迹在《中国教育报》上报道。还有很多我校毕业生在乡村教育中取得成绩，做出了贡献。

加强成人教育管理。通过到基层征询意见，调查研究，实施了"激励自学、提高面授质量、健全管理、加强辅导、严格考试"等管理措施，保证了函授教育的质量，提高了学员的文化素质和业务水平。学校对 1985 届函授毕业生中的 419 人进行了质量调查，不能胜任教学的人数从入学时的 17% 提高到全部胜任教学工作。其中 260 人通过函授学习，成为初中教学的骨干，其中还有相当一部分成为学校领导及县、乡教育行政部门的领导。1985 届化学专业函授毕业生王镇，1986 年被评为全国教育系统劳动模范，他在教学实践中探索的"探索-讨论"式教学法被列为湖北省教法试验的重点项目，并被 1987 年 8 月在贵阳召开的全国化学教学研讨会所认可。他使用这一教学程序讲授的"分子式写法"教学录像课获湖北省优质课一等奖，被破格评为高级教师。1985 届中文专业函授毕业生谢文模，1990 年被评为全国教育系统先进工作者。1989 年，全省函授统考的古代文学——先秦两汉部分、数学分析、英语精读三门课程，在及格率方面，古代文学、英语精读为 100%，数学分析为 97%；85 分以上的优分率依次分别为 16%、66.7%、56.3%，其中古代文学优分率居全省第二名。

五、科研取得了可喜的成果

学校于 1979 年提出"科研要起步"的要求，经"六五"期间的努力，"七五"期间已进入发展时期，并取得了可喜成果。同时也探索和总结了师专层次科研工作的特点和经验，进一步明确了科研工作的指导思想，即以提高教师的学术水平和业务素质为主要目标，以教学为中心，以科研促进教学。在科研内容方面，把教学研究、学科基础理论研究、应用研究作为重点。在科研管理方面实行分级立项制度。上报省立项的项目由教务处科研科组织申报，校级项目由学校从各科申报的项目中选择立项，科级项目由各科掌握确定；个人自选项目，由个人根据研究方向和主客观条件确定。科级项目和个人项目报学校科研科记入科研工作档案，作为对科研工作评估的依据之一。在科研活动的方式上，采取灵活多样的形式。一是课题组，二是带课题进行学者访问，三是攻读研究生带科研任务返校。并于每年年终举行科学报告会，分校、科两级进行。

在"七五"期间，出版专著三部。中文系副教授金道行的《写作心理探索》、张道葵教授的《自然美的特征与欣赏》都是带有开创性的著作，为学术界所重视；出版译作二部。外语科曹海英讲师的《芭蕾之恋》受到翻译界的好评。姚永标讲师的《陌生的城》，在诗歌界有一定的影响，曹文安教授参写的《古汉语专题知识讲座》、孟祥荣讲师参写的《古代文学流派述评》、刘瑄传讲师参写的《英语写作指南》都分别由出版社出版。主编全国和大区教材 18 部。参编全国和大区教材50 部。王正清教授主编的《普通物理学·力学》由高等教育出版社出版，同时还主编国家教委下达的师专物理系列教材多种。帅绪芝副教授主编的《解析几何》、方东升副教授主编的《当代社会主义的理论和实践》教学参考书，分别由华中师范大学出版社和武汉大学出版社出版；李友益副教授主编的《中国当代文学作品选讲》教学参考书获 1990 年湖北省文学学会优秀成果奖。在国际学术界发表和学术交流论文 6 篇。王正清教授领导的"粒子物理研究课题组"取得了重大成果，与该课题组成员石亚非等，先后在西德《物理杂志》、美国《物理评论》和新加坡《现代物理报道》等权威刊物上发表研究成果 3 篇。理学硕士冯明讲师执笔与华东师大阮荣耀教授合作撰写的论文《离散随机自适应控制系统的稳定型分析》被日本"系统、控制和信息工程学会"所采用，并安排于 1989 年 10 月 25 日至 27 日在日本东京召开的第 21 届年会上宣读。撰写的另一篇学术论文《含未建模态的高散随机自适应控制系统的鲁棒性》被"国际自动控制联合会"接受，并被邀请于 1991年 7 月 8 日至 12 日在布达佩斯主办的第九届"辨识与系统参数设计"学术会上宣读。他所承担的国家自然科学基金会的重大项目"中国控制系统计算机辅助设计工程化软件系统"系统辨识子系统多变量随机系统辨识模块中的编码、文档、测试阶段的全部工作，于 1991 年进行国家评审。化学专业青年教师彭万华撰写的学术论文《烯丙基硅氧烷的合成法及其特性》，受到"国际功能高分子学会"的重视，被邀于 1990 年 8 月出席了该会委托中国科学院在西安主办的"国际功能高分子年会"，指定在大会上作论文报告，受到了出席大会 23 个国家的 100 多名与会代表的高度肯定。该论文收入《精细化工和功能聚合物国际专题研讨会论文集》（1990 年 8 月 16 日至 20 日）。在国家级学术刊物发表论文 27 篇。巴文华、候劲、方秉万、石亚非、王尊全、彭必源和孟祥荣等都分别在全国权威性学术刊物《文艺研究》《外国文学评论》《文学遗产》《光明日报》《数学的实践与认识》《高能物理与核物理》《化学教学》《数学通报》等上面发表学术论文。刘芳撰写的《高师教师普通话测试初探》，在"全国普通话与方言问题学术讨论会"上交流，并列入《语文建设》1990 年 4 期"普通话与方言问题学术讨论会论文目录"。周德聪的《书法的矛盾性格》论文入选在中国书协湖北分会"省书画研讨会"发言。在省级学术刊物发表论文 98 篇。

学校从 1949 年新中国成立后的省立宜都师范学校算起至宜昌师专 1996 年上半年，培训毕业各类大中专学生 14340 人，其中普通本专科毕业生 7683 人，普通中专毕业生 3939 人；成人教育专科毕业生 2601 人，成人教育中专毕业生 117 人，干部专修科 193 人，教育行政干部 256 人，各类培训班结业 1392 人。

1996 年 6 月，经教育部批准，1996 年 6 月宜昌师专与宜昌医专、宜昌职业大学合并成立湖北三峡学院，宜昌师专光荣地完成了它的历史使命。从宜都红花套到西坝再到北山坡，50 年来，它是宜昌中小学教师的摇篮，为宜昌地区基础教育的发展作出了不可磨灭的贡献，为以后湖北三峡学院乃至三峡大学的成立奠定了坚实的基础。

作者简介：

高进仁，1943 年 10 月出生，湖北武汉人。曾任宜昌师专党委书记兼校长，湖北三峡学院党委书记。

毕元铨，1940 年 1 月出生，湖北枝江人。曾任宜昌师专校办副主任。本文选自《宜昌师范专科学校沿革与现状》（"师范群英光耀中华"丛书湖北卷）。

历史上宜昌师专校址的三次变迁

张 朔

抗战胜利后，宜都籍省参议员、"国大代表"、先后在河北省第六女子师范学校、国立北京女子师范大学附属中学、湖北省立实验学校、湖北省立农业专科学校、湖北省立第二女子师范学校任教员和校长的朱侣柏，在省里积极呼吁，宜都红花套在长江边上，水陆交通方便，适合在此办一所师范学校。就这样国立荣昌师范学校复员的湖北籍保育生中的男学生就被分配到宜都红花套就读，创立了湖北省立宜都师范学校。

1946 年 7 月 29 日，省政府委派的"省立宜都师范学校筹备主任"、首任创校校长梁瑞麟率筹备人员到达宜都选校址。8 月 15 日，梁瑞麟向国民政府湖北省教育厅厅长呈文称："费时旬余，勘地七处，结果以距县城三十里之红花套镇较为适合条件。该地系一平原，镇中心国民学校在焉。离江百步，距镇半里，柴水菜蔬，均感便利。""鉴于该地环境优良，交通便利，已决定以红花套镇为省立宜都师范学校校址。"据该呈文及其附件记述，校区占地面积 740 方丈，有镇中心国民学校八间教室和一栋庙宇可用于教学；当地官绅还开会承诺，将新建六间教室、八间学生宿舍以及厨房、厕所等。湖北省教育厅据此认可了该校址。

1949 年，全国解放，省人民政府文教厅提出了积极恢复学校的要求，宜昌专署根据宜昌地区急缺农村小学教师的实际情况，于 1949 年 11 月 17 日提出"要有重点有计划有步骤地来恢复学校"，把恢复和发展师范教育作为一项紧迫任务。鉴于原省立宜昌师范学校已经停办，将其并入普通中学，教职员工也已重新调配。为了使宜昌地区唯一的公立师范学校得到更好的发展，宜昌专员公署在对学校进行初步整顿后，1950 年 3 月 4 日，省立宜都师范学校迁至宜昌城区黄草坝（位于西坝）一所中学旧址办学。4 月 4 日，湖北省文教厅批准学校更名为"湖北省立宜昌师范学校"。5 月 1 日，学校正式对外启用印章，使用新校名。黄草坝校址紧邻宜昌船厂，校园面积 90.51 亩，迁入时有校舍面积 1974 平方米，后逐渐增至 5600 平方米，有 4 栋楼房、10 余栋平房，建有普通教室、音乐和美术教室、图书室、理化实验室等，图书室图书 1.3 万余册，理化仪器、生物标本、风琴和体育器材逐步充实。校区外有两所附属小学。

中华人民共和国成立初期的宜昌市仅 7.6 万人口，且因连续战乱，城市毁坏严重。根据当年在读学生李超老师回忆，校区没有电，学校每天发煤气灯供学生晚自习用；没有自来水，学生和教职工轮流到长江挑水；师生要过江买回柴米油盐；在校区内外开荒 20 余亩种粮种菜。在校园建设中，师生们搬砖运瓦、挑沙石煤渣铺路等。大家以艰苦奋斗的精神建设校园、改善生活，生活虽清苦，精神却充实。1954 年长江特大洪水，学校被洪水包围，全校师生员工全力抗洪，保卫了校园。

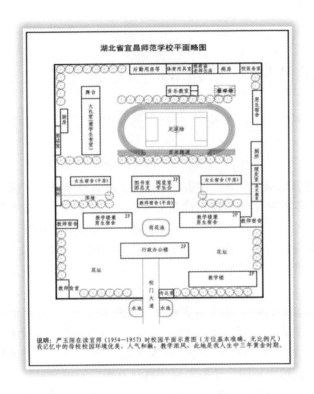

图 3

1956 年，由于国家大规模经济建设，宜昌船厂需占用学校校址扩大建厂。同年 9 月 21 日，宜昌地区专署致函船厂主管部门，表示服从国家建设整体利益，同意湖北省宜昌师范学校另择校址。1957 年底，正式签订了由宜昌船厂出资 47 万元建新校的转让合约。经宜昌地区专署和宜昌市多次专门会议协商，确定在当时位于市郊东山张家店子北山坡地段，由宜昌市城市建设规划委员会划拨 75 亩土地建校。1958 年初正式动工。起初是按普通师范 14 个班学生规模建设校园设施，4 月间，学校获知其将带帽筹办专科，升格为"宜昌师范专科学校"，当即学校申请调整规划，按 20 个班学生规模修建教室、学生宿舍、食堂、大礼堂、教师宿舍等。1958 年暑期，学校在工程尚未完全竣工、水电尚未接通的情况下，迁入了新校址开学，同时，函请"延安五老"之一的革命家、教育家徐特立先生给学校题写了校名。此后，宜昌师专虽经历过 1962 年专科下马改办中师和 1978 年恢复办专科的波折，但校址再未变迁。"北山坡"成了宜昌师专永远的代名词。

辉煌一时的宜昌师专附中

曹竟斌

1977 年 9 月，我被分配到宜昌市第十七中学上初中，没错，就是"分配"。因为 1977 年的夏天，宜昌市对全市小学毕业班进行了首次毕业统考，升初中按照统考分数和就近相结合的原则进行分配，所以我在十七中开启了我的初中生涯。

从时间上看，1977 年 8 月中央召开科学与教育工作座谈会，10 月 21 日公布恢复高考的消息，宜昌的教育工作是走在全国前列的。刚上初中就开始实行晚自习了，那时经常停电，蜡烛和煤油灯就成了我们上晚自习必备的工具了。一到晚上，大家挑灯夜读，星星点点，一派浓厚的学习氛围。

1978 年 3 月，全国科技大会在北京隆重召开，这次大会被人们称为"科学的春天"到来了。6 月 29 日，宜昌地区教育局向宜昌地区革委会呈送了《关于建立宜昌师专附属中学的报告》，申请创办一所宜昌地区直属重点中学——宜昌师专附属中学。1978 年 8 月 2 日，宜昌地区革委会下发了《关于建立宜昌师专附属中学的批复》(宜地革文〔1978〕045 号)，同意地区教育局的报告，将宜昌市第十七中学改为宜昌师专附属中学，接收现有校舍 2000 多平方米，教职员工 48 人，学生 15 个班，共 724 人，作为宜昌地区直属的重点高中。

新组建的师专附中由宜昌师专直接领导，学校设党支部，实行党支部领导下的校长分工负责制，校领导班子迅速组建起来了：书记吴廷梓、校长郑滋年；副校长吴贻献、徐兴永；副书记郭淑君。8 月 25 日前，完成了地市交接，由地区招办统一安排招生事宜，主要面向宜昌地区进行择优招生，由宜昌师专组织专班筹划各项具体工作。9 月 1 日，正式开学，从各县择优录取了 95 名初中毕业生。

由于十七中过去的学生都是来自城区走读，学校压根没有学生宿舍，而这新招的 95 名学生来自各个县，需要安排住宿，所以学生宿舍成了学校最大的难题。学校新的领导班子集思广益，把教学办公楼 4 楼的教室改做寝室，女生住东边、男生住西边，中间用铁门隔断，分两边楼梯上下，这样总算临时解决了学生的住宿问题。

这批学生的到来让我真正见识了什么叫刻苦学习，他们大多来自大山深处的贫困家庭，学习非常自觉，读书相当刻苦，能走出农村全凭自己的学习成绩优异。来到城市他们根本无暇顾及这个陌生的环境，也无暇欣赏城市的精彩，他们深知这里的一切并不属于他们，唯有扎进这浩瀚的书海才能到达理想的彼岸。多年来束缚教师的精神枷锁也已打开，教师的教学积极性也空前高涨，在校园里形成了"教师爱教、学生爱学、教学相长、携手共进"的良好风气。在操场上、食堂里、教室里、寝室里、办公室里无不看到学生三三两两交流、学生和老师互动的身影。晚上下了晚自习回到寝室，学校有熄灯的规定，而有的学生躲在被子里打手电筒继续学习，更有甚者，有的同学直接跑到附近的宜昌火车站候车大厅继续学习。在这里，用如饥似渴来形容他们学习的状态一点都不为过。

这第一批 95 名学生 1980 年参加全国高考，以骄人的成绩放了一颗卫星——达到大专以上分数线的有 60 人，占 63.2%；其中，季林红、汪玉两位同学的成绩位居宜昌地区第一名和第二名，分别考入清华大学和上海交大，之后都在各自的领域取得了傲人的成绩。达到中专分数线的有 31 人，占 32.6%。如此可喜的高考成果仅次于武昌实验中学，位居湖北省第二名。1981 年高考有 86 名考生参加，同样取得优异成绩，达到大专以上分数线的有 72 人，占 83.7%；其中，周忠发、刘强、郑纯楷、刘自明四位同学分别考入清华大学、中国科技大学、上海交大和南开大学。达到中专分数线的有 11 人，占 12.7%。

随着教学质量和学校知名度的大幅攀升，学校的教师队伍也不断壮大，各县市区的教师精英都汇聚到了这里，如教务处副主任董正寿和被称为"宜昌民盟第一人"的向从榜老师都是那时调进的。学校的基本建设也得到了相应的发展，一度成为当时初中毕业生梦寐以求的高中学府。由于当时只面向各县招生，对于宜昌城区的初中毕业生来说，师专附中是可望而不可即的。

就这样，师专附中一共输送出了 281 名高中毕业生，存在的 3 年时间，宜昌地区教育局为了将师专附中列入省重点中学，1980 年 10 月 29 日给省教育厅打报告，当年 11 月就被确定为湖北省首批办好的 23 所重点高中之一。1980 年 12 月 20 日，宜昌地区教育局正式发文并报湖北省教育厅备案，将师专附中改名为"宜昌地区夷陵中学"。1981 年 3 月 5 日正式挂牌，学校领导班子也进行了调整，首任校长郑滋年调往宜昌师专。之后的 10 年时间，宜昌地区夷陵中学高考一直在宜昌地区乃至湖北省引领风骚。1992 年 3 月宜昌地市合并，宜昌地区夷陵中学交给合并后的宜昌市成为现在的夷陵中学，继续乘风破浪，再创辉煌，这里不再赘述。

岁月留痕

我经历了宜昌师专初创的艰难岁月

徐汝潭口述　冯汉斌整理

我 1927 年 7 月 17 日出生于山东文登市西南部的下泊子村，世代农民家庭。父亲生于 1880 年，因为识得一些汉字，就在家乡边种田边行医，1939 年冬因病去世。他很严厉，从小就要求我背《三字经》《百家姓》《千字文》和《千家诗》，后来又背"四书五经"，正是小时候打的基础，使我一辈子能够学习不辍。我尤其崇拜我的母亲，生于 1882 年的母亲一辈子在家乡务农，直到 1963 年去世。她虽然没有文化，却是地地道道的贤妻良母。父亲去世前留下遗嘱，要我停止上学，在家学种庄稼，而母亲毅然坚持困难再大也不能停学。那时，穷苦农村有如此开明的农家女，少之又少。

我读完高小后，又上了中学。1943 年 8 月，我由中学抽调到文登县虎山区任公立小学教师。1947 年春，又调到区支前指挥部任宣传干事。当年 5 月，孟良崮战役打响，为支援前线战事，我带领 700 多名民夫组成担架队，跟随华东野战军第九纵队到达孟良崮战场。当时，坚守孟良崮的国民党军精锐整编第 74 师是一支王牌军队，华东野战军遇到了顽强抵抗。记得敌机不停地在头上扫射，子弹如雨点一样密集，但只要首长一声令下，战士们依然一个劲儿往前冲。受伤倒下的战士很多，我们的独轮车急速地行走在崎岖的山路上，车上的伤员受不了颠簸，为了让他们少受点苦，也为了更快地运输伤员，我带头背起伤员就往山下跑。正是我方军民同仇敌忾，孟良崮战役全歼国民党军 74 师 3 万多人，基本粉碎了敌人对山东解放区的重点进攻。

1948 年春，华东野战军根据中央的要求，开始在山东、苏北等地抽调万人左右，集中在河南濮阳一带集训。母亲含泪支持我随军南下。一路上我们都是徒步，为轻装减负，当时规定每人的背包不准超过 6 斤，我的军毯超重了。这还是打孟良崮战役上级发的一床美国绿军毯，只好忍痛剪去一半。这一半军毯跟了我一辈子，如今还在我家里当"传家宝"哩。我先到濮阳报到，被编入华东军干校，本来定的是 4 月向南进，但开封形势吃紧，我们又改为北上河北大名，再入太行，并在河北邯郸休整，到晋东南后从洛阳南下。在洛阳，我们近距离地从龙门石窟旁边经过，但无心欣赏。而最让我激动的，是在这期间见到了陈毅和刘伯承两位首长，听他们在莫中营的大树林里给我们近万名干部作报告。报告之后，我们就分别到豫西、陕南、桐柏、江汉和苏豫皖五个地区去了。我被分到江汉军区，1948 年 9 月到了湖北大洪山，后到南漳。1949 年 7 月 16 日宜昌解放，我们于次日随军进城。

到宜昌后，我的第一份工作是宜昌专署财粮科行政股长，后又任《宜昌报》记者、专署民政科副科长、专署文教科科长、专署教育局局长。1958 年 11 月，宜昌地委组织部通知我从专署教育局长任上调到宜昌师专任校长兼书记。原校长张晓光则与我对调，任教育局长。1958 年正是三年大跃进的第一年，在那种"不怕办不到，只怕想不到"的狂热年月，教育也要大跃进。当年，宜昌市在原来的工业技校基础上建工专，在宜昌农校基础上建农专，在护士学校基础上建医专，在宜昌师范基础上建师专，动作不可谓不大。

由于招生仓促，当时的生源多来自社会初高中文化程度的青年，还包括一部分转业军人和小学教师，及原来师范三年级一部分愿意继续读师专的毕业生，构成当时师专学生的基本阵容。到 11 月份，学校的中心任务是大办钢铁，除了校内建了几座小高炉，我也同一部分学生到宜昌县石洞坪的小溪中去淘了上十天的铁沙。1959 年春，大办钢铁停止了。学校抓紧时机组织正常上课，除师专学生外，原来的师范生改为中师班，另又开设两个幼师班和一个文艺班，还在在职的小学领导中招收一个行政班，集中 1000 多名学子在北山坡学习。

可以说，从 1959 年到 1961 年，是学校的师范专科教育获得平稳发展的时期。1961 年暑假前，学校教职工达 145 人，其中专任教师 67 人；在校学生总数达 1005 人，其中师范专科 9 个班 271 人，中等师范以及幼师、体育、教育行政干部共 16 个班 734 人。学校发展达到一个高峰。从 1959 年到 1961 年，师生除了完成教学和学业之外，还参加了开荒种地、种瓜种菜，全力设法办好食堂，以补粮食之不足。我们甚至还建有窑场，师生们自己做砖，建起了近 2000 平方米的礼堂，至今尚在使用。

1962 年 7 月，中共湖北省委批准了省教育厅再次调整省属高等学校的报告。这次调整，全省师范专科学校全部被撤销，宜昌师范专科学校是其中"专科撤销，改办中专"的学校之一。宜昌地委于 8 月作出了停办师专、在原师专中师部基础上恢复建立宜昌师范学校的决定。我调离学校后，随后被任命为地委党校副校长、党委书记，1972 年任宜昌地委副秘书长，1977 年至 1983 年任宜昌行署科委主任，其间参加了全国科学大会。后任顾问直到 1988 年离休。

（原载《南下宜昌》，三峡电子音像出版社 2021 年版。宜昌市卫健委《老年周刊》，2019-08-28。收入本书时有删改。）

作者简介：

冯汉斌，男，湖北武穴人，武汉化工学院自动化系毕业。湖北日报传媒集团《三峡晚报》副刊主编、高级编辑。中国作家协会会员、宜昌市作家协会副主席、宜昌市楹联协会副主席、宜昌市炎黄文化研究会历史遗存文化学术委员会主任、湖北省十大读书推广人、中国新闻奖获得者、荆楚藏书名家。著有诗集《与词语对舞》、散文集《归州十八拍》等，主编各类文学选集多种。

宜昌师专是我一辈子的福地

曹文安口述　冯汉斌整理

初来师专时的学术环境

我是 1961 年 9 月由武汉大学中文系汉语专业毕业后来到宜昌师专的。一到师专，就感到十分温暖、和谐，徐汝潭校长及中文科主任詹玉华都很高兴我来到师专工作。入职后，就指派当时任"古代汉语"课教学的徐圣熙先生(原华师老讲师)为我的指导老师，并让我任其助教，再三叮嘱我要好好学习、工作。徐先生是 1949 年武大中文系毕业的，可谓先后校友，相互交流更有不少母校话题，他于训诂学颇有研究，对我帮助很大。

是年底，学校又调来另一学术大师吴林伯先生，吴先生亦对武大的师资及学风极为推崇(他退休后即调入武大中文系任研究生导师)。这时，学校决定为全面提高教师的业务水平，每周均由两位老先生(实则为 40 多岁的中年)为我们青年教师授课几次，讲授《论语》《孟子》等古典专著，让我们受益匪浅。对此，我们都十分感慨，因为，师专居然还提倡业务进修及学术研究，这在当时的环境里是极为难得并少见的。事实也是如此，当时中文科的许多老师如张道葵、吴柏森、李华章等也都很重视业务学习及学术研究，整个中文科都显得非常团结、和谐、友善，教学及学术氛围十分浓厚。那时虽处三年困难时期，物品匮乏，生活清贫，常食杂粮苕粉，但都能乐观应对，课余我仍参加各种体育竞赛，一展我的武大队长、全国高校冠军、一级运动员的风采。

吴先生是后我 3 个多月才从山东调到宜昌师专的，当时他已是老讲师，神态儒雅，一派学者风范。我曾从他研读《诗经》，他专门送我一套清代四卷线装本《毛诗》，指导我从标点断句开始一篇篇地字字点读。此书于我极为珍贵，一直保存不遗。他的书房，外人乃至家人都难进入，于我则破例可入室研习。1962年秋，师专下马，我调至宜昌二高，他留师范，我遵嘱仍习《毛诗》，且每隔一两个月去他家汇报求释，如此数年不辍。我以后之所以能开设"诗经研究"选修课，并撰写了多篇被认为还有分量的《诗经》及训诂学论文，乃至还参加《诗经》

研究国际研讨会，并被选为中国《诗经》学会理事，当跟林伯师的辅教有关。

我的那些名师们

我这个人算是幸运的，工作后除能融入"师专"这个温馨团队并能得长者的教诲外，我的母校武大中文系的老师们也一直数十年不辍地关怀我、帮助我，像刘博平、黄焯、周大璞、詹伯慧等，或书信，或面勉，得其教诲指点。周师的《训诂学要略》出版后，他即送我一册，并题写了"文安同志指正，周大璞敬赠"的留言。让众多学子无限钦仰的德高望重的学术大师黄焯先生更时时让我感怀不已。他10余次赐予我书信，对我的生活、学习、研究及家人情况均十分关心。

20世纪80年代后期，武大李格非先生因主编《汉语大字典》出差四川返汉途经宜昌时，在宜的部分武大校友设宴接待他，李先生也曾多次提及黄师，并说我是"黄先生经常念及的"。黄焯师不仅在学业上帮助我，鼓励我，对我的职称评定也极为关心。20世纪80年代初，我每次去看望他时他都提及此事，1983年我申报副教授，由他亲自为我书写了评审意见及推荐件（此件我未见过，是他受组织所请后直送有关部门）。若干年后，我听当时的评委说，他们在评审我时，因为有黄焯的亲笔推荐函，就不再过细讨论了，认为"黄先生肯定的必定过硬"。评上后黄师还鼓励我再作努力，并言评正教授时他再写评语。遗憾的是，1984年他已过世，未能续愿。幸好，1988年我报正教授，师专人事部门经由周大璞先生写作评语推荐，也如愿获批。世说"羊有跪乳之恩"，"鸦有反哺之情"，如今，黄、周等师虽已仙逝，但我每思自己的生计历程和进步成长，都会由衷地想念、感怀他们。

重返师专，再入研学圣地

1978年6月，师专复办，我则又被调入并主讲"古代汉语"课，9月被评为讲师（当时全校共8人）。尔后，陆续又有金道行、廖柏昂、赵乔翔、刘月新等老师调入；加之王作新、邓新华、胡绍华、吴卫华等优秀学子留校任教，师资队伍愈益强大。系内的教师个个都是教学、科研能手，我任教之余，也在学术园地笔耕不辍，每年均有多篇论文发表，并自编、主编、参编一些古汉语论著，合计在《光明日报》《文学评论丛刊》《古汉语研究》等报刊发表论文60余篇，自编、参编、主编论著10余种。在同仁们的关怀鼓励下，1983年被评为副教授，1988年底被评为教授，1991年又被任命为中文系主任。在任系主任期间，有两事可提及，一是对教学工作，当时旧的习惯是以指出缺点、不足乃至失误来推动教学为主，我则以总结经验、表彰先进为主。于是，上任不久，便主持召开了数次经验交流会，欲以此来推进全系的教学工作。二是抓科研以助教学，上任第二年，报经省教委批准，成立了宜昌师专三峡文化研究所，这也可能是在全国最早提出"三峡文化研究"这一词语的，随即组织全系教师编写了"三峡文库"丛书，全十册，150万字。1992年由陕西旅游出版社向全国正式出版发行。在此期间，我还两次被省教委委派赴汉参加全省高校职称评审工作。至1996年，师专合为湖北三峡学院，我亦卸职，专门从事教学工作。

我先后在原师专工作19年，这19年是我人生的宝贵年华。宜昌师专不愧为当时社会上公认的全省最好的师专之一。在这里，我有幸遇到了很多好的领导和同事，也结识了许许多多的优秀学子。正是这些领导、同事和学生鼓励了我，也教育了我，让我也能为社会做点事。我现今早已退休，年逾八旬，但仍居住在原师专院内安度晚年。

宜昌师专，是我一辈子的宝地、福地。

（原载《三峡晚报》2022年1月26日。）

人物名片：

曹文安，1938年出生，湖南永兴人。1956年就读于武汉大学中文系，1961年入职宜昌师专。长期在师专、三峡大学任教，曾担任中文系主任，退休后又返聘校教学督导，兼任中文系研究生教学工作。先后讲授"古代汉语""音韵学"和"诗经研究"等课程，发表学术论文60余篇；自编、主编和参编学术论著10余部。1988年被评为教授，1991年被评为湖北省优秀教师。

对三峡山水美学的研究是我一生的追求

张道葵口述　冯汉斌整理

宜昌师专创办时，我从武汉大学调入，一干就是 40 年

我 1955 年毕业于武汉大学中文系，1957 年夏，又从复旦大学哲学研究生班毕业，回到武汉大学哲学系工作，一年之后的 1958 年，宜昌师专创办。在支援地方办高校的号召下，我从武汉大学调入刚刚创办的宜昌师专。从此，我与宜昌师专同风雨、共命运，直到卸下教职，一干就是 40 年。从上马、到下马，又到恢复宜昌师专，经历了曲折多变、艰苦奋斗的过程，我一步也没有离开宜昌师专。宜昌师专先是并入湖北三峡学院，后又融入三峡大学，宜昌师专消亡了，我也于 1997 年退休，真是与宜昌师专"共存亡"。我与宜昌师专的缘分不浅，40 年啊 40 年！对一个人的生命而言，是多么漫长；然而就人类历史发展的长河而言，只是一瞬间。值得欣慰、喜悦和庆幸的是，就在这一瞬间，宜昌师专犹如流星似的闪耀，在人们心中留下了深刻的印象。

回想当年，师专创建的环境是艰苦的，遍地黄土，晴天硬似刀，雨天一摊泥，吃水全靠挑。我当时不免怀念母校优良的学习和工作环境。徐汝潭校长看出了蛛丝马迹，对我说："别看现在条件差，将来可与珞珈山媲美。"一句话引起了我的深思：人到了哪里，就应当在哪里生根、发芽、开花。徐校长不但善于做思想工作，而且深入课堂听课，还审看教师的讲稿，提出中肯的意见。一校之长做事如此深入，实属罕见。

在宜昌师专创办的前期，强调教育与劳动相结合，每周均安排了师生共同劳动，自力更生，建设自己的校园。自己做砖，建好了合班教室，不仅在里面上大课，而且开了多次学术讨论会和辩论会，情景热烈，收益颇丰。一位教外国文学的女老师，穿着漂亮的连衣裙在田沟边打猪草，吸引了同学们的目光，一时在校内形成了趣谈。

对宜昌和三峡的爱，尽在山程水驿之中

我与宜昌师专结缘，又干了一些什么呢？主要从事文学概论和美学的教学和研究工作，也兼任了一些行政工作。在教学工作上，面对学生们渴求知识的眼神，我不敢信口开河，而是一遍又一遍地修改讲稿，认真讲解，理论与实际相结合、知识传授的深度与广度相结合、教学方法的启发与诱导相结合，力求使学生有所收益。并且不满足于照本宣科，努力改革与创新。1989 年以《文学概论教学方法的系统改革》获湖北省高校优秀教学成果二等奖。随着青年教师的迅速成长，我将"文学概论"的教学任务交给了他们，我就转入了美学领域。

我对美学研究颇有兴趣，源于 20 世纪 50 年代，那时的全国美学大讨论，吸引了我的注意力；祖国壮丽的名山大川，启迪我深思究竟美在哪里？经过长期思索，逐渐认识到美并不是纯客观的，而是与历史文化积淀结合在一起的。只有如此，才能显示其深厚的文化底蕴和欣赏价值。记得在宜昌师专开设美学选修课时，我按照自己的观点和体系编了一本厚厚的讲稿。又应河南洛阳师专的邀请，参编教材《美学通论》（河南人民出版社 1987 年出版）。我独立撰写了《中国美学思想发展简介》一章，2.8 万字，受到主编好评。

作为高等院校的教师，光搞教学不搞科研是不行的。教学与科研，是相互促进的：教学的深化必然进入科研领域，科研的成果又会促进教学水平的提高。我的科研，侧重在文学评论和美学研究方面。美学，是一个内容十分广阔的领域，与其全面、泛泛地研究，不如深挖一口井。于是我重点研究自己感兴趣的自然美。通过长期的思考与研究，写成了美学专著《自然美的特征与欣赏》一书，由文津出版社于 1990 年出版。在书中，我运用系统论的方法，对自然美的实质、特征、形态、自然审美、中国传统的自然审美经验作了自成体系的独创分析，不与任何关于自然美研究的书雷同。又应湖北少年儿童出版社之约，独立撰写 40 多万字的《少年美育知识大观》一书，由湖北少年儿童出版社出版。该书对美育知识作了全面生动的阐释，例证丰富、文笔流畅、兴趣盎然、雅俗共赏，向广大青少年普及了美育知识。

长江三峡，是我的第二故乡。神奇壮丽的三峡，令人神往。我多次深入长江三峡的腹地，欣赏她雄奇秀丽的风光，并纳入我的美学研究领域，我的专著《三峡山水文化》，就是我奉献给三峡的一份精神厚礼。该书从"美向人生成"的角度，概论了山水美与自然美、与文化、与人的关系。以此为基础，论述了三峡山水美的形成及其文化积淀、三峡山水美的一般特征及其独特特征，论述了怎样欣赏三峡山水美的当前与未来，呼吁百倍爱护三峡的奇山秀水，留下三峡文化的根，不要让环境污染把千百年来积淀的三峡山水美毁于一旦。聊以自慰的是，本书创建了独立的体系，坚持了自己理论联系实际、把深奥的美学理论大众化、雅俗共赏的一贯风格。还与邓新华同志合著了《三峡景观传说美寻》一书，该书对长江三峡山水美的欣赏作了诗意的阐释与介绍，为三峡山水美的欣赏作了典型的示范。

老师专是我一辈子的记忆

我在武汉大学工作仅有一年，而在宜昌师专工作先后长达 40 年，可以说大半辈子的美好岁月都贡献给了宜昌师专，对此，我无怨无悔，因为我的付出，得到了丰厚的回报。从评讲师，到评副教授、正教授，都是一帆风顺。与系内同仁相处关系融洽，在数学系和体育系，我也有几位相知。在我年过六旬的延聘期间，任宜昌师专图书馆名誉馆长，和广大馆员日日相处，情长谊深。

我与宜昌师专的莘莘学子也有缘分，他们奋发学习的精神使我轻松地走上讲台，愉快地走下讲台。上课时，他们严肃、安静地听讲；下课时，他们思维敏捷，敢于提出尚有争议的学术问题，发表自己的新颖见解。师生之间共同切磋，彼此获益。我的一些学术论文就是在这样的讨论和争议中受到启发，然后深入思考，提笔写就的，先后在《宜昌师专学报》《东方丛刊》《新建设》《中国文学研究》《湖北三峡学院学报》《三峡大学学报》等刊物上发表文学评论和美学论文 130 多篇。现在回想，师生之间的讨论切磋，不仅可以互相学习、共同提高，而且在师生之间滋生了汩汩涌动的深情。这情，是源远流长的；这情，是沉甸甸的；这情，是深藏在心底的；这情，多么值得我们珍惜啊！

宜昌师专果真消亡了吗？从表面上看，宜昌师专是不存在了，化作了值得回忆的往事。但从实质上看，她并没有消亡。校园内高大的樟树群、参天的柏树、挺拔的玉兰树还存在；春夏争奇斗妍的樱花、茶花、绣球花还存在；秋冬飘香的桂花、腊梅、红梅、紫薇还存在。它们依然美化着宜昌师专校园，见证着宜昌师专光辉的历史。更为重要的是，宜昌师专培养了大批优秀学子，他们从母校走出去，依据自己的专长与机缘，有的进入更高学府深造，有的踏入社会，海阔凭鱼跃，天高任鸟飞，在各自的领域取得了骄人的成绩。这是学子们的骄傲，也是老师们的骄傲，更是母校的骄傲。所以我说宜昌师专并没有消亡，她的莘莘学子们，正在广阔的舞台上发挥着不可替代的作用。

宜昌师专与我的缘分，也没有消亡，而是留在我的脑海深处，留在温馨的回忆中，留在美好的梦境中，留在对美好未来的展望中……

（原载《三峡晚报》2022 年 3 月 2 日。）

人物名片：

张道葵，1932年生，湖北荆州市人。1955年毕业于武汉大学中文系。1957年毕业于复旦大学哲学研究生班。在武汉大学哲学系工作一年，随后调入宜昌师专。长期从事文学概论和美学教学与研究工作，1989年教学研究成果《文学概论教学工作方法系统改革》获湖北省高等学校优秀教学成果二等奖，出版美学专著《自然美的特征与欣赏》《少年美育知识大观》《三峡山水文化》《三峡景观传说美寻》等。先后在《江汉论坛》《中国文学研究》《鲁迅研究》《毛泽东思想论坛》《艺术与时代》《大学图书馆学报》等刊物上发表文学评论和美学方面的研究论文130多篇。

我的学术生涯

李友益

我这一辈子，除了读书、教书，就是写了一些零散的文字。此时此刻，我将对这些文字做一个小结，对自己、对关心我的人，做一个告别式的交代。

一、我的写作清单

20世纪70年代，有关单位曾编过一册《鲁迅批判孔孟之道言论摘录》，我奉命为它编了《学习辅导资料》，这可视为我写作的开始。调到卫校后，我写了二十来篇杂文，发表在《宜昌报》《湖北日报》上。转入夷陵中学后，我写了好几篇教材分析的文章，散见于几种中学语文杂志。1984年回到宜昌师专，写了一些论文，并出了几本小册子。

1. 关于中国新文学的有：《鲁迅管窥录》，长江文艺出版社出版；《中国新文学论集》，中国三峡出版社出版。

2. 关于钱锺书的有：《钱锺书文论选释》（合著），中国三峡出版社出版；《钱海拾贝》，长江文艺出版社出版；《管锥编·毛诗正义导读》，湖北人民出版社出版。

3. 关于《论语》的有：《论语思想系统性概论》，华中师范大学出版社出版；《论语疑难辨正》，待出版。

4. 关于《诗经》的有：我写了几篇《诗经》疑义试析，载《三峡大学学报》；编成了《〈诗经〉爱情诗全编》，待出版。

5. 关于《楚辞》的有：我写了《〈离骚〉题解》，《驳"〈离骚〉诗祸说"》，以及《宜昌市——屈原城》等文。

6. 关于语言的有：我与李友森合编了《宜昌方言词典》，三峡电子音像出版社出版。

7. 关于社会的有：《疫期遐想录》。疫情封城期间，我在家胡思乱想，边想边写，草成十几篇小文章。例如：人为什么会直立行走？真理的标准究竟是什么？推动社会前进的动力究竟为何物？等等。封城结束后，我将它们收集起来，装订成册，题名《疫期遐想录》。其中，《关于共产主义分配制度的猜想》在本校学报 2021 年第 2 期上发表，其余尚待处理。

8. 2020 年我自印了一本综合性文集《风前集》。

9. 此外，还有一些半途而废的东西，如《小说叙事学十五讲》，是选修课讲稿；又如《创新思维训练》，是为我创办的"宜昌市创新思维训练中心"准备的教材。

二、我主持的集体学术活动

1. 我发起，由全省师专、教育学院同行组成了"湖北省当代文学学会"，聘请专家当会长，我任副会长，主持会务。学会召开了几届年会，讨论有关学术问题，交流教学经验，收到了一定成效。

2. 由学会主持编写了《中国当代文学教程》和与之配套的《作品选讲》，由长江文艺出版社出版。我作为主编，审阅并修改了全书。该书为专科院校的当代文学的教学提供了一种较为适合的教材。

3. 接着，由原班人马编写了《中学语文美育》，由海南出版社出版。

4. 我主编的"教苑学术"丛书（共 12 册），由中国三峡出版社出版。

5. 我为正规杂志的四期增刊组稿，发表论文将近 200 篇。

6. 我策划并组织几位老校友合作编写了《孙子兵法智慧读本》，由三峡电子音像出版社出版。

7. 我曾发起中文系同仁编写一本《小说叙事模式大观》，有几位老师撰写并提交了书稿。但由于我的懈怠，此事最终夭折。现记于此，表示对有关老师的歉意。

三、我点滴的学术贡献

如果说我在学术研究方面有所发现、有所贡献的话，下面几点是可以提及的。

(一) 当代文学研究方面

1. 我指出，茹志鹃的《百合花》不是茅盾等人说的对于军民关系的歌颂，而是对于美好人际关系的呼唤。因为它适应了当时广大读者的阅读预期，因而产生了轰动效应。见《文学评论》1991 年第 6 期。

2. 我认为，柳青的《创业史》不是人们说的"史诗""经典"，而只是平均主义和禁欲主义的宣传品。

3. 我对贾平凹的《废都》曾进行过较深入钻研，我发觉它不是现代版的《金瓶梅》，而是当代文人病态心理的变形反应。

(二) 鲁迅小说研究方面

1. 关于《狂人日记》，我写过三篇文章。《〈狂人日记〉再批评》指出，它批评的时间范畴不只是封建社会，而是整个人类历史；它的锋芒所向，不只是统治阶级，而是各个阶级、阶层的人物。《狂人变态心理分析》根据变态心理学的理论，确定狂人是妄想性偏执型的精神分裂症患者，是一个真的狂人，这可能是有人第一次进行这样的病理分析。《〈狂人日记〉的双重主题》指出，它不仅揭露了旧社会人吃人的本质，而且是对那些愤激一时而最后回归旧阵营的非革命者的批判。这种从这个阵营跳到那个阵营的人，从前有，今天有，将来仍然有。这个发现对《狂人日记》来说，具有起死回生的意义，因为前者已成过去时，后者却具有现实的长久的意义。列宁曾指出，这种人，俄国也有，其实，各国都有。这使《狂人日记》呈现出人类价值。

2. 对于《阿Q正传》，我付出了更大精力。《〈阿Q正传〉本意研究》指出，作为照妖镜，它揭露了窃取辛亥革命成果的旧军阀、新政客的真实面目；作为照面镜，让读者看到自己身上的阿Q病，从而改正。《阿Q是一个向上爬的奴隶》指出，中国几千年来，从古至今都有不少向上爬的人，而且世界各国比比皆是，因而阿Q是具有全人类、全时空概括意义的典型人物，《阿Q正传》可以因此而永垂不朽(载《中国社会科学》2014年第4期)。《〈阿Q正传〉百年纪念》是百年来，对它的研究成果的梳理和总结，对诸多评论之评论。阐明作者的预期效应，和读者创造性阅读而产生的实际效应及溢出效应。

3. 对于《孔乙己》我有几点新看法：一是指出它采用的是空间形式而非时间形式，这使把它当成时间形式进行分析时产生的疑难一扫而空(载北京《鲁迅研究月刊》1994年第1期)。二是分析了它的框架结构。三是指出它使用了综合性语言的表达方式，取得了以一当十的效果。四是强调指出它主要不是揭露科举制度的弊端，而是批判人们对穷苦人的冷漠和无情。

4. 对于《风波》，我为九斤老太翻案，一是指出她不是复辟倒退的代表人物，而是潜在的未被开发的革命力量。二是说明她"一代不如一代"的口头禅，不是怀旧情绪、迷恋过去，而是她生活的时期，从鸦片战争到张勋复辟以来八十年，中国社会真实状况的正确反映。这句口头禅，从艺术上看，具有串连全文和渲染气氛的重大作用。三是发现九斤老太的人物塑造，渗透着伯格森为代表的西方直觉主义理论的影响(载上海《鲁迅研究》2012年夏季刊)。

5. 对于《药》，我指出，最后出场的夏四奶奶，具有巨大的思想意义。这样，可以使全文的主题思想得到升华。

以上点点滴滴，不少为业界有关人士肯定和接受。这些在别人看来无足挂齿的收获，却使我产生了一定的成就感和满足感。

写于牛虎交接之际，时年八十有七

附录：学生对李友益老师教学情况的一份报告

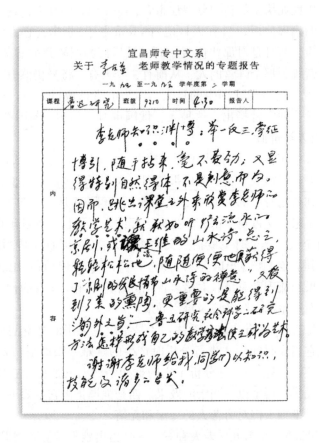

宜昌师专教授的回忆点滴

冯汉斌

宜昌师专老校长徐汝潭的回忆文章经《三峡晚报》"三峡风"文化周刊刊出后，引起读者特别是在师专工作过的老教授们的热烈反响，他们纷纷以写信和发邮件的形式，对过去的生活作了点滴回忆，许多细节特别令人回味。

老教授张道葵回忆

读徐汝潭校长回忆宜昌师专创办时期的文章，感慨万千。师专创办的1958年，我由武汉大学调入宜昌师专，看见被园田、黄泥岗包围的校园，真有点不安心。徐校长对我们说："别看现在条件艰苦，将来美过珞珈山！"一句话，点燃了我们心中的激情。

当年住房窄得连洗脸盆都摆不下，只好摆在走廊上。上厕所也要走过一条漫长的泥土路。但我们全不在意，拿起粉笔就上课，拿起锄头就挖土做砖种菜，衣服上面不是粉笔灰，就是泥巴点点。没有教材就编写讲义，每日至深夜。我们还经常上山下乡，深入农村中小学，在实践中学习。

难忘徐校长深入教学第一线，亲自审阅讲义，比我们睡得更晚。我们大胆改革教学方法，把讨论、大辩论贯穿于课堂教学中。关于托尔斯泰、关于人道主义的热烈争论，至今犹历历在目。

那时政治运动特别多，知识分子一次又一次受到冲击。徐校长审时度势，既贯彻上级的意图，又在风向稍转时保护了我们，使我们在新时期到来时能梅开二度，为教育事业做出新贡献。

老教授吴柏森回忆

宜昌师专创建于"大跃进"的1958年，第一任校长是张晓光同志。他热心于校园绿化，亲自指导栽植花木。时间不长便与做教育局领导的徐汝潭同志工作对调，不久病故。当漫步在花木扶疏、群鸟飞鸣的校园里时，总禁不住想起他。

老一辈革命家、教育家徐特立同志为我校题写了校名，颇引以为荣。一次回母校华师办事，有老师对我说：你们学校得天独厚，徐老亲自兼任校长。我知道是因汝潭校长也姓徐而误会，连忙作解释，但心里还挺高兴的。如今，校园扩大了许多，老校门还矗立在原地，每次经过都要看上几眼。

一所高校，创办伊始，先抓什么？建设一支有学术水平的教师队伍。为此，徐校长从老校下放到草埠湖农场锻炼改造的师生中选调了一批（有的还戴着帽子）；从老校教师和研究生中请调了几位；还从本校毕业生中选优送老校培养，作后备力量；组织有学术修养的老教师带青年教师，如听吴林伯、徐圣熙先生讲《论语》《庄子》，至今记忆犹新。与此相应的，便是大量采购图书，王陆才先生从复旦大学来师专任教，便委托他从上海购回几大木箱书，以后又陆续派我等到武汉等地购书。这些都是很有眼光的举措。

老教授危世琼回忆

20世纪50年代末我在当时的宜昌师专讲课，自以为学生会为我内容丰富的讲课满意。不料两三周下来，却收到了不少学生递来持否定意见的条子，真感到沮丧、迷茫。当我又硬着头皮去上课时，竟发现徐汝潭校长坐在后排，不时在笔记本上写着，有时又像在沉思。一连好几节课后，他用拉家常的方式热忱地肯定了我教学中的可取之处，鼓励我，也诚恳地指出不足："讲课不应是教师炫耀自己知识和才华的表演，而应使学生学到扎实系统的知识，心智得到开启。"一段时期后，我的课堂内终于有了融洽的气氛，再没人递条子了。期末，徐校长作总结报告时，我竟进入了较受学生欢迎的教师之列。

时光荏苒，我满头的青丝已变成了苍苍白发，每当我在辅导青年教师时，总会想到徐校长当年对我的深入了解、热情鼓励。

老教授李超回忆

1958年我从华中师范学院毕业，被分到新建立的宜昌师专，常常是战战兢兢地走上讲台。徐汝潭校长看到这个情况，鼓励我们加强自修学习，并组织文学和语言两个学习班，文学班由吴林伯老师讲课，语言班由徐圣熙老师（曾在华师大任讲师）给青年教师讲课。我担任汉语教学因此参加语言班，学习"四书"《说文解字》等。徐校长也亲自听课，对青年教师起了示范作用。

当时青年教师较多，为使他们安心工作，徐校长委托学校活动能力强的工作人员做红娘，帮青年教师牵线搭桥，几十年后这些教师仍忘不了。

宜昌师范学校的流光岁月

彭定慧

随着岁月的流逝，对宜昌师范学校的记忆渐渐模糊了，但在黄草坝和北山坡度过的年轻时代，实在令人终生梦绕魂牵。下面，我将记录自己在宜昌师范学校任教时的流光岁月。

我今年已经是年过九旬的老人了，出生于湖北武汉，毕业于华中师范学院，后和爱人陈大中一起被分配到宜昌师范学校，从此在这里扎下了根，迄今已半个世纪有余。虽然已至耄耋之年，但我还是耳聪目明，思维也很清晰。

宜昌师范学校，和宜昌师专一定程度上可算同一所学校，在20世纪曾多次更改校名。名为湖北省宜昌师范学校的时候，校址在黄草坝，即今西坝的宜昌造船厂；名为宜昌师范专科学校的时候，校址在今北山坡。1958年升格为宜昌师专，中途曾一度恢复宜昌师范学校，一直到20世纪90年代，学校才最后命名为宜昌师范高等专科学校。

1955年，当我和爱人陈大中一起来到宜昌的时候，宜昌还是地处鄂西的一座小城，远没有今天的繁华昌盛。虽然从小在武汉长大，从武汉来到宜昌，无异于从城市来到农村，但是我却坚持服从国家分配，一点也没觉得有什么不好。

我被分配到湖北省宜昌师范学校之后，主教心理学和教育学两门课程。那时候学校已经开始推广普通话，我讲课的时候要特别注意自己的武汉腔，尽量把普通话说标准，以防学生听不懂。而当时的学校，相当于现在的中专，一共有3个年级18个班，心理学和教育学作为必修课，每个学生都要学。因为学校主要是面向宜昌市各小学培养小学老师，而小学里没有专门教语文和数学以外课程的老师，所以这里培养的老师都是"多面手"，不但要会教语文、数学，还要美术、体育、音乐等样样都行，要能把小学所有年级的所有课程"打通关"。如果任何一门课程不及格，都不会被分配。

每到课外活动时间，大家总是分外活跃，练琴的、跳舞的、唱歌的，还有画画的，一个也没闲着。而当时的老师们，被要求统一教材、统一备课、统一进度、集体研究，每个年级的6个班的学生，要接受统一的教育。

来宜昌近60年，退休也快30年了，但是每当回忆起陈年往事，还是对那段刚来宜昌时的峥嵘岁月念念不忘。那时候的物质生活虽然比不上武汉，但是远不能说差。而且那时候结下的师生情谊，更是让我终生难忘。

我还记得，当时学校里的学生大多来自贫寒山区，师范生在学校吃饭是不用交钱的，都由国家补贴。学生除了统招的初中毕业生，还有自愿前来进修的小学老师，他们的年龄参差不齐，有些比我的年纪还大。平时上课的时候大家是师生关系，下课后就跟朋友一样，一起吃饭、一起劳动、一起参加各种文体活动，就像一个大家庭一样。除了节假日，每周六晚上是大家最盼望的时光，各种文艺活动在学校的食堂，也是礼堂上演，歌声、朗诵声一阵高过一阵，话剧、舞蹈，一幕胜过一幕。那段师生同乐的时光，每每想起都会在心间涌起一股暖流。

后来，学生毕业之后各自参加工作，成了别人的老师，但是他们仍然没有忘记自己的老师。每当有多位恩师一起过重要生日的时候，他们就会齐聚一堂，为老师祝寿，以感谢老师当年的教导之恩。我还记得 2010 年 5 月 20 日，67 位从宜昌各地赶来的古稀老人齐聚一堂，共同为我、我爱人，以及另一位老教师徐振庆祝耄耋大寿，让我颇为感动。

西 坝 三 年

李　超

　　1949 年秋，我考入宜都师范学校。该校校址在宜都县红花套镇，我家附近，上学倒方便。但因初解放，教材全是临时编的，学习非常不正规，读了半年。这半年中，我印象最深的是冯发藻老师讲的大众哲学。他是根据艾思奇编的《大众哲学》讲的，通俗、充满辩证思维。如"一块招牌上的种种花样"，由于牌子有正反两面，色彩、内容各不相同，挂在通道上，从正反两方的来人，看到的也就各不相同。若都只看一面，就会各执一词，失之片面，只有细看两面，才会有全面的认识。冯老师的授课，激发了我学哲学的兴趣。

　　1950 年春，宜昌行署文教科为了加强管理，学校迁入宜昌市西坝，改名湖北省立宜昌师范学校。从这学期起，有了较正规的课程设置和教材，教师不少是由各县县中抽调来的，师资水平不错。从此，我们的学习走上了正轨。但师范对口的是小学教育，一切为教好小学考虑，加强了体音美教学，削弱了数理化教学。

　　西坝在宜昌市西端，江水环绕四周，是一个小岛，到市内要坐船过江，十分不方便。平时我们很少走出校门，回家就更少了。有时假期也未回家，吃住完全在学校，独立生活能力、缝补浆洗能力都加强了。三年中，我一直在班上当班长。1950 年学校开始建团，我第一批加入了共青团，参加社会活动增多了，锻炼了我的工作能力。

　　在这三年学习中，我最喜爱的是地理课和算术课。地理课熊筱崮老师，他是学校校长，左手板书右手画图，却写的字美，画的图俏，我们很钦佩，因而喜欢听他讲课，学得扎实，深受影响。我日后一直喜好地理，对我国的山脉河流、主要城市比较熟悉，高考时赢得了高分。学地理最让我难忘的，是在熊筱崮校长的指导下，我曾与同学在校门内的两边墙壁上，画了一幅中国地图，一幅世界地图。学校是要全校学子心怀祖国，放眼世界，为教育事业奉献毕生精力，获得"桃李满天下"的丰硕成果。算术课教师刘华民，课讲得非常好，加之我原本喜欢数学，对算术中的四则应用题，我特别感兴趣，因是动脑筋题，每列出一个算式，算出一个正确结果，就获得了一次乐趣，是一种心理上的享受。对美术课，我也很喜欢，美术课是吴章采老师教的，他水平高，讲得仔细，辅导耐心，跟学生的关系也好。加之师范生，在体音美中必须有一门专长，否则不能毕业，即使毕业了，出去教学也会有困难。在这三者中，我选择了美术，有空就画，但我只会临摹，不擅创作，因而没有发展前途。

　　有了在师范学习的基础，后来，我在小学工作，主要教的就是语文、数学和地理。

2009 年 6 月

忆　母　校

陈祖功

从启蒙就读界碑保国民小学起，后至升子坪循礼乡完全小学、五峰初级中学，到 1954 年考入宜昌师范学校，她们都是哺育、熏陶我成长的母校。可我于今已进入耄耋之年时，回首往事，唯有宜昌师范学校更觉感怀。是她，是老师的诲人不倦，是老师无私奉献的敬业精神，使我从一个一知半解的大山深处的孩子，从"闹专业"看不起教师这个光荣职业，到从内心深处感悟到教师是人类灵魂工程师的深刻含义，一辈子爱上了教师这个职业，一干就是 28 个春秋。

她们都是我的母校，为何宜师对我一生有独一无二的重要性呢？进校之初没有当教师的思想准备，好多时间在"闹专业"。大山深处的孩子，初来到滚滚长江边，来到宜昌大城市，真是欢天喜地。可一进校门见到工整、严肃的"终生献身人民教育事业"的大幅标语后，顿时犹如瓢泼冷水凉了心。心想，完了，要当一辈子老师了。

水难于倒流，急车也要慢转弯，既来之，则安之，看着办吧！上了几天课，总是坐立不安，索性约了几个同学，私下到其他学校央求另读专业。可四处碰壁，心灰意冷。学校党委、老师及时对我做耐心的思想工作，特别是班主任张铭老师给我们讲述毛主席的老师徐特立的故事，并安排我担任学校工友夜校老师，组织参观学习、到附小开展实习等多样有益活动。

回想那时宜昌师范学校的老师，学识渊博、品德高尚，对学生从不体罚、不训斥，而是潜移默化、循循善诱。这样的好师傅必然带出好徒弟，我的进步可想而知，下决心要当一辈子老师！三年师范，很快毕业了。1957 年 8 月，我被分配到生我养我的五峰土家族大山区，开始了一辈子的教书生涯。

光阴似箭，日月如梭，今年已是我退休后的第 19 个年头啦。

母校啊！你胜过母亲。你的儿女们，永远怀念你！

2014 年 11 月 28 日

在培养教师的摇篮中

黄仁礼

1954 年秋季开学时，眼见本地各校已开始报名或上课，而我住在通信闭塞的乡村，迟迟未接到录取通知，开始怀疑自己是否落榜。正在焦急时，在区公所开会回来的村干部带来了一个口信，说我已被宜昌师范学校录取，仅此一句，再无下文。我在一阵兴奋之后，觉得不问清楚什么时候上学，需带些什么，盲目去上学，口信有误怎么办？于是第二天我来回走了 30 多里山路去问了区公所秘书，他的回答仍然是"县教育科打来的电话，你被录取到宜昌师范学校，其他什么都没说，是我托人带的口信"。本地无法得知详细通知，但也不敢拖延，便迅速作好准备后，把大人准备好的旧被单和旧衣服一背，带了 10 多元钱，便随到宜昌贩卖鸡子的姑父张宜生向目的地进发。从家到宜昌足足有 200 多里山路，说是人行大道，其实就是羊肠小路，走了 3 天才走到。一到宜昌，我仍心存是否被宜昌师范学校录取的疑虑，因为我没有录取通知书，便用公用电话询问了徐先进老师，他答复我"是"，我这才心中觉得踏实。背着行李跨进了宜昌师范学校的校门，教导处并没有找我要录取通知书，而是我一报上自己的姓名，就登记入册了。从此在 3 年的宜昌师范学校生活中，依然和上初中一样，穿着草鞋上学，放假才回家，其间从来没有回过家。

一踏入学校，就觉得眼界大开，心情格外舒畅，因为学校的办学条件远远超过了我们所上过的初中，更不用说小学。

据说学校是 1949 前位于宜都红花套的省立宜都师范学校，后迁移至西坝，并更名为宜昌师范学校。学校除原有教学楼、办公楼、宿舍和生活用房外，还新盖了 4 栋砖木结构的教学楼，教室宽敞明亮，室内室外都有电灯，不像我们初中时只能用桐油灯和煤气灯。上大课、开会听报告、进餐有共用的千人大厅，吃饭有餐桌，不像我们读初中时蹲在地上进餐；上体育课有足球场、篮球场、排球场，体育器材齐全；上音乐课有音乐教室，有脚踏风琴和其他乐器；尤其是学生全部享受助学金，让我们在学习中无任何生活忧愁。学校按国家规定每人每月 9 元助学金，每人 8 元安排给食堂用于膳食，每个星期一次牙祭，节日另外加菜，人平余下的一元，用于过河渡船费，艄公只要见戴"宜昌师范"校徽的师生，一律不收费，由学校按年包干结算。学校卫生室有两名医生，免费给学生诊治。理发室有两名理发师，每半月给学生免费理发一次。星期天由学校统一买票，让学生看电影。再就是对生活特别困难的学生按季节发给服装，还发牙膏、肥皂等。有这么好的条件，谁还不安心读书呢？当然这些条件无法和今天的条件比。当时我们一直是40多人睡一间大寝室，一色的木制两层架子床。第一个学年我是住单人双层床铺，用一床旧被单包一床两斤重的旧棉絮作盖被，扯一段6尺宽的条花布作卧单，下面垫一床一斤重的丝绵被。第二学年和第三学年是两个人同睡一张床，才添了一床4斤重的棉絮，并且是父亲把祖母的陪嫁锡壶卖了凑钱给我买的。第三学年，我和同学们在上面还是盖着茅草的屋里睡了一年。粮食统购统销后，学生每月定量34斤，饭量特别大的定38斤，每天早上就是一碗稀饭，一直管到中午，对于年轻的学生来讲，怎能说不饿呢？但同学们共同觉得条件好是主流，有困难都能理解，谁也不叫苦。

学校有着当时宜昌地区最优秀的师资队伍，为我们传道、授业、解惑，使我们在3年的学习生活中受益匪浅。校长张晓光是参加过抗日战争和解放战争的老干部，是从一个县的县长调来的，思想政治工作和学校管理抓得很紧，副校长邹吉烨，学识渊博，治学有方，老师大多是从各县优秀中学老师中选调或者是新中国成立后大学毕业分配来的，各有所长，教学抓得紧。在良好的教学环境中，我们都学得积极主动，奋力争先。当时学校的文化课用的是高中教材，还没有专门的师范学校文化课教材。专业课程开设教育学、心理学及小学各科的教学法，第一个学年的考试仍然是百分制，我基本上各科成绩能达到90分以上。第二学年以后是用的苏联"五分制"考试记分，我基本上能考到五分或四分。学校再不按学分排一二三名，如果排一二三名，我衡量了一下自己，虽然再不可能像初中那样老拿第一名，因为各县中学升入师范的，也都是成绩比较优秀的，但在班上仍然是属于成绩比较好的。

育才的全过程重视育人，认真抓学生的思想政治工作，也是这所学校永远闪光的一个亮点。学校按照缜密的育人计划，除统一安排政治报告和各种政治活动外，还通过政治课老师授课及班主任的日常工作，把思想工作常态化，抓得很紧。尤其是要求学生热爱专业的教育，使人一直记忆犹新：校门口墙壁上一行"献身党的教育事业"的醒目大标语，老远就让人们看得见，这一直是学校进行专业教育的主题。新生一上学，都必须在各种讨论或座谈会上谈对填写师范志愿的认识和理想。记得我们在入学讨论中，有同学讲到教师就是一支蜡烛，照亮了别人，燃烧了自己。也有同学讲，教师就是一个渡船的摆渡人，把人送上了岸，自己始终在船上。通过讨论，大家都觉得照亮别人，燃烧自己就是一种奉献精神，把毕生精力都用于培养祖国的下一代，是崇高而伟大的，没有什么不好，

"作为一名摆渡人"也就是一种甘为人梯的精神，把更多的人才一茬又一茬地送向知识的彼岸，送向祖国建设需要的岗位。这样的"摆渡人"是祖国的需要，我们就应该始终不渝地选择和热爱他。在这样良好的政治学习氛围中，我们心情舒畅，意气风发，刻苦学习，都希望能够通过3年的师范学习，努力成为培养祖国花朵的优秀园丁和合格的人类灵魂工程师。

重视学生实践能力培养，让学生自己管理自己，这是当时师范学校培养学生的又一个特点。学校设有学生会和团总支，按照学校统一安排，负责组织全校学生活动。班上设有团支部和班委会，在班主任老师辅导下负责组织班上的学生活动。"一上"时，我担任班上生活委员，负责组织学生打扫教室和学校划定清洁区的卫生，夜晚按学校统一布置，组织学生轮班在校区巡逻，维护学校治安，负责与学校膳食会沟通学生对生活的意见和要求，加强学生对食堂的管理。读"一下"时，我担任班长，作为班主任的工作助手，适时召开班干部和学习组长会议，研究和布置一周的学生工作，一个月召开一次主题班会，让同学们在发言中相互学习，相互提高。组织同学参加全校统一部署的大型活动，在活动中寓教于乐。我担任班长期间参加的集体统一活动中，最大也最有教育意义的一次是铁路坝野营。为了解决同学夜晚野营的帐篷问题，我和另一名同学走了10多里路，到九码头港务局借仓库用的大油布，重100多斤，两个人用肩膀抬着返回。我又不会换肩，一直用右肩抬着，把肩上磨了一个大肉包，过了很长时间也不消失，到现在还有一个小包块留在肩上。野营那天下午，我们全校同学统一着装直奔营地，天黑前各个班就把帐篷搭好了。天刚黑，活动开始，帐篷内外和营地周围，岗哨林立，进出都凭口令。组织偷袭"敌人"营地，或猫腰，或匍匐前进在漆黑的夜幕中，只觉得时而寂静一片，时而"口令"声或凯旋吆喝声划破夜空。整夜的野营，同学们都觉得紧张，而且有意义。天刚破晓，同学们和假想敌围成了若干小圆圈，在广场上跳起了欢乐的联欢舞蹈。不久，即班师凯旋。活动结束，也就在同一周内，语文老师给我们出了一个作文题——"记军事野营"，结果我的作文被当作范文在班上进行了讲评，在校刊上给予选登。读"二上"时，我担任团支部书记，负责定期召开支委会和小组长会，一月一次支部生活会，开学后向团员报告本学期工作计划，学期结束向团员报告一个学期的工作情况，还有发展新团员和组织团员开展各种有意义的活动。团支部工作开展得生动活泼，对全班同学在学习上有很大的帮助。

然而有许多事情也出乎意料，令人费解。也就在这年放寒假回家时，正值农村合作化高潮开始到来，原来的生产互助组变成了初级社，有的还变成了高级社。而我回家后听父母和哥嫂讲，"怕入社不自由，没钱供给我读书"。我了解到家庭的这一情况后，向他们讲办社已是大势所趋，应当入社，不能单干，动员全家人写申请加入农业初级合作社。春节期间，我还积极地参与和辅导了农村文艺活动。入学时，我请我所在的龙头乡政府给我写假期证明，他们也给予我很好的评价。哪知入学没几天，新学期团支部改选时，团总支通知的支部候选人名单中，我已不是团支部书记候选人。但选举大会结束，我在新当选的支委中又被推选为支部书记。可我觉得人贵有自知之明，表示谢绝，保留了一个支部委员。有的同学当面问我："你当得好好的，为什么不当了？"我只好回答：班上的优秀同学那么多，让比我优秀的人当，不是更好嘛！我不在意。其实，我心里面也存在着一个难以解答的问号，一直怀疑是当时团总支书记从中作祟。因为在寒假开始前，我们团支部在西坝农村办了一次爱国主义教育图片展览，我找这位总支书记（当时他也是毕业留校的教务处办事员）借了一盒图钉布置图片用。去还时，他见一部分图钉钉尾变歪，便要我用手一颗颗地扳直，我凭着两只手扳了很长时间，手也扳疼了，还是有几颗不能还原，问他行了没有，他不仅不同情，反而官腔官调地大批了一通。我心里一烦顶撞起来："你少摆官架子，不信你用手试试看。"和他大吵了一架。也许这就是问题的症结吧。但等到一学期快结束时，才知其中另有作俑者，那就是我所在的龙头乡政府在我入学后不久又向学校发了一封函，称我哥哥春节到公社参加文艺汇演时，自编自演的相声台词中有侮辱农业合作化的内容，要学校对我加强教育。因此，我被株连，自然也就成了团总支书记的铁证了。不过还是让我做了一个学期的团支部委员。"二下"结束时，我的支部委员职务也就结束了。在我不担任班干部后，和同学们的关系亲如手足，学习认真努力，生活乐观向上。

在读三年级时，我再没担任任何学生干部。也好，我觉得自己不仅在思想上没产生大的情绪波动，反而顿觉"无官一身轻"，学习精力更加充沛，学习成绩也有了进一步的提高。尤其是在"三上"平时实习中，我被安排在师范西坝附小分别上了"五上"语文和"六上"历史两节实习课，我准备得认真，教得也认真，结果两位指导老师都给我评了满分——五分。也许是我平时实习成绩比较优秀的原因，在"三下"集中实习时，我被安排在西坝附小担任二年级实习组长。我的实习课是"二下"语文课中的"狗、公鸡和狐狸的故事"，共两课时，手工劳动一课时，而且还安排我讲实习评议课，也是整个实习中的第一节课。不仅我准备得很认真，本校指导老师彭定慧、徐先进对如何教好这节课也倾注了不少精力，还请音乐老师熊盛材把儿歌部分谱了曲。教这节课时，本校指导老师、全体参加实习的100多名同学，以及紫云宫和西坝学校的全部老师都在教室听课，我虽然很紧张，但也很兴奋。在介绍课文大意时，我除抓住课文要点进行流畅介绍外，还把儿歌部分全部按谱曲进行了演唱，同学们听得很感兴趣，注意力集中，课堂活跃，老师们也都觉得新颖。

实习结束回校，就听学校宣布本届师范生一律不得参加高考，要统一分配参加工作。而我们上届毕业生中有 90 多名参加高考，其中 70 多名被师范院校录取。他们真幸运。事情就是这么凑巧，轮到我们这一届时就失去继续升学的机遇。所以我的大学梦也便因此破灭。不几天，期末考试结束，我从师范毕业了。离校前，学校举办毕业典礼后，召开了毕业生座谈会。座谈会的会议室内，布置得十分讲究，中间摆满了鲜花，寓意是一批培养花朵的园丁将分赴各地。台上坐着学校领导、我们两个毕业班的班主任和任课老师，台下是我们两个班的 100 多位毕业同学。整个会场都充满了一种依依不舍的气氛。学校领导和班主任老师在送行会上，对我们再一次提出了十分殷切的期望，希望我们都能成为优秀的人民教师，为祖国培养更多的优秀人才，为党的教育事业的发展和提高作出应有的贡献。之后，是同学们发言，我也在会上谈了感想和自己今后的态度："感谢党、政府和祖国人民对我们的培养，因为没有共产党，就没有我们今天在座的 100 多位同学的学习机遇；感谢学校领导和老师在 3 年中对我们的关爱和教育，因为没有你们的诲人不倦的教育，我们就难以成才；感谢同学们对我的真诚帮助，使我们结下了永恒的同窗友谊。此时此刻，我的心情已难以用语言表达，十分激动。最后，请学校领导、老师和同学们相信我，我一定不辜负你们的希望。"座谈会结束时，学校教导主任宣布了本届毕业生的分配方案，我和刘先明两位兴山籍的及外县市的同学共 18 名，被分配到兴山参加教育工作。

在离开培养教师的摇篮好多年以后，许多美好记忆一直在我们脑海中若隐若现，没有忘却。尤其是长期给我们担任班主任的张铭和彭定慧两位老师，他们那种良好的育人方法和敬业精神令人敬佩，是我们的楷模和良师益友。张老师教语文，古典文学功底很深，经常在讲一些"经典名句"时和学生思想工作联系得很紧，如他讲为人处事时，就把"厚德载物，上善若水，淡泊名利，宁静致远"等讲得十分精辟；在讲"宁可人负我，不可我负人"和讲"信陵君列传中门客对公子进言：'公子有德于人，愿公子忘之矣，夫人有德于公子，公子不可以忘之矣'"时与如何处理相互关系联系在一起，启迪我们多一些宽容，少一些争强好胜，至今犹觉教诲在耳，铭刻在心。彭老师是专攻教育学和心理学的，善于分析学生的思想和心理，把理论和实际紧密相连在一起，平易近人地做好学生及学生干部工作，令人可亲可敬，永远留恋。更让我感念至深的是：我在离校 18 年后，陪妻子来宜昌治病，陈大中老师和彭定慧老师对我们关爱备至，真像亲人一样。我几次陪妻子来宜昌作病情复查以及我在宜昌读书的几个孩子都受到陈老师和彭老师的热情接待，而且是彭老师亲自掌勺做饭，令人不好意思，也不知如何感谢是好。如果要问还有哪些美好记忆，我只能说一言难尽，还有很多，很多……

宜昌师范——锤炼我们的大熔炉

李盈科

1954 年秋，刚满 17 周岁的我，正值年轻人长知识、形成世界观的黄金季节，有幸考入宜昌师范学校。这之前，自己还是一个懵懵懂懂的毛头小子。在这个大熔炉里，有一大批德高望重、学识渊博的领导和老师，还有更多的比我们成熟的师哥、师姐，经过整整 3 年的学习和锤炼，我们成了一名基本合格的小学教师。都怀着一颗火热的心——到边疆去，到山区去，到祖国最艰苦、最需要的地方去，奔赴屈原故里、昭君山乡、革命老区长阳、五峰去当孩子王。

入学那年，中华人民共和国刚完成了三年国民经济恢复，取得了抗美援朝战争的伟大胜利，步入了第一个五年计划大规模经济建设时期。一个五年计划实施前还是满目疮痍的中国，几年间，作为一个东方巨人屹立于世界民族之林，社会主义建设如火如荼，怎不叫我们佩服中国共产党的伟大，毛主席的英明！各条战线上英雄模范人物黄继光、邱少云、杨连第、吴运铎、王崇伦为祖国为人民表现出的英勇的大无畏的牺牲精神，努力学习、不畏艰辛、发明创造精神，像一面面迎风猎猎的红旗鼓舞着我们，引领着我们前行！

我们这一伙小青年，通过专业思想教育，初步树立了当一名合格小学教师的目标，掀起了一个个的学习热潮。

我们响应共青团中央的号召，向科学进军，门门功课争取红 5 分成为我们学习的自觉行动；专业知识技能更是学得扎扎实实，识谱、视唱，课内课外随处可见，自习时、星期天，琴声不绝于耳；素描、色彩、编织、泥工都能做得比较精致；早锻炼、课外活动分成锻炼小组练习跑跳投掷，攀登爬越，还举行十公里负重急行军，五四铁路坝野营，课间操练习儿童舞蹈，一片热火朝天！

我们还参加许多社会活动。冬天，有一些在紫云宫附小上学的小朋友，三江淤泥路很难走，我们冒着风雪，在泥泞中为他们筑路；到宜大砖瓦厂为工人办夜校；争先恐后到河边为食堂扛回一包又一包 150 斤重的大米袋；酷暑严冬，值班巡夜。这些实践，把为人民服务的精神铸进了我们的灵魂，形成了为人民甘当铺路石，俯首甘为孺子牛的人生观、价值观，让我们一生受用无穷，

　　最令人难忘的是 1955 年暑假，组织到长江游泳，我班周宏玉(男)同学，为救落水同学英勇献出了宝贵而年轻的生命。他的英雄壮举，既凸显了学校思想教育工作的成功，更在我们的人生道路上树立了一座永不磨灭的丰碑！

　　57 年过去了，可那一幕幕渗透着师生情、校友情、同窗情的画面，仍经常在脑海里浮现。

我的教学生涯

方自贤

感谢党的培养，感谢宜昌师专伴我成长，感恩师专领导和老师对我的教育，使我能够从事教书育人的工作。从 1957 年到 1995 年，39 个春秋我未离开过讲台，未离开过学生。就是上山下乡的难忘岁月也是背着铺盖行李，从事培养和提高在职中小学老师教学能力的工作。

湖北省宜昌师范学校学习并毕业

1954 年，枝江县初级中学组织"四上""三下"和我们"三上"共 3 届计 300 多人参加全省统一升学考试，我各科考试分数优秀，其中数学成绩满分全省获冠。我优先报考并被录取到宜昌师范学校。到校后尊敬老师友爱同学，"二上"学期加入共青团，"二下"学期被评为全校优秀生。张铭老师和彭定慧老师分别担任我二年级和三年级时的班主任，是我一生难忘的恩师。张泽湘恩师是我一二年级的数学老师，教学严谨，使我数学成绩冠绝全年级两个班。在我三年级时恩师调到华中师范学院。

1957 年毕业后我被分配到附小工作，连续三年均担任六年级毕业班算术教学。教学中总是以学生为中心，坚持启发式教学让学生自己发现并总结数学公式、命题和定理，逐步培养学生的自我教育能力。连续三年的升学考试，算术成绩全市第一，使宜昌师专附属小学每年升学考试的总分蝉联全市第一名。因此，不仅城区而且各县教育行政部门及重点小学老师到附小取经、听我算术课教学的络绎不绝，为此学校专门修建了能容纳一两百人的大教室。

1960 年暑假，徐汝潭校长将我从附小调入宜昌师专担任中师一年级两个班的数学教学并担任中师——班班主任。

贯彻"八字"方针

请看写有"永远听党的话，做红色的接班人"的照片，这是 1960 年进校的中师一班，于1961年6月下旬在学校新校门前的合影。照片上同学们大多愁眉苦脸，暗淡无光，且惘然若失，惴惴不安。因为他们即将面临退学离校、回家务农的现实。照片上除班主任（前排左一）我以外，没有其他老师，也没有学校、科组的领导。当时是在我一再动员劝慰的情况下才拍下难得的且珍藏至今的这张照片。

图4

3年自然灾害，盲目地大上快上，使国民经济惨遭破坏，造成人们生活困难，教育质量下降。1961年开始，我校贯彻执行"调整、巩固、充实、提高"八字方针，如中师一年级原有4个班、一个幼师班，共200多人，经动员、劝退部分学生回原籍以后，剩下不足140人，最后编为3个中师班。

两年制的专科，1960年招生的中文、数学和物理共5个班。其中数学科的学生到1962年毕业时不足一个班，仅剩18人。所以，当年决定停办专科，保留中师，校名为湖北省宜昌师范学校。徐汝潭校长回宜昌地区行署，由湖北大学调来的黄荣誉任师范党总支副书记兼副校长，1963年4月转为校长。

相应地，老师也进行了大调整。仅以数学老师为例，数学科的孔祥树、范云陛和吴子贞到后来成立的教师进修学校，黄大年到"二高"，王家森到中师数学组。中师数学组的老师，包括我共5位老师调到县市有关学校。

我回宜都县董市中学，连续担任62届、63届和64届毕业班的数学老师，并担任数理化教研组组长。每次教研会上，我都反复强调我们不能停留在"教书型"的形式上，"教学评比看升学率，教师评优比统考成绩"，必须改变教师讲学生听的状况，努力培养学生自我教育能力。每届升学考试，数学考试成绩均获全省县区初中第一名。

1964年，地区行署教育局调我到宜昌专区教师进修学校工作。

成立宜昌专区教师进修学校

宜昌师专下马后，为了各县市中小学教师和教育行政干部的继续教育，为了储备人才，成立宜昌专区教师进修学校。宜昌师范学校副校长傅天峻兼任宜昌专区教师进修学校专职副校长，党内仍属宜昌师范学校党总支。

宜昌专区教师进修学校下设数学、语文和政治三个组及函授站。就数学组而言，负责中数教师进修的老师有孔祥树（数学组组长）、范云陞、吴子贞以及随后进来的董正寿、陈仁、吴权俊、张浩等。小教班的数学老师有王曙亚、宋美善、傅昌伯、侯劲和我。另外有余传虎、潘朝明和杨行正负责高师函授的数学教学。

下面这张照片是教师进修学校创办后的第二届，小教64—65届的——班于1965年结业时的留影。从第二排左起，依次是巴文华、刘世荣、唐魁鳌、郑之龙、方自贤、宋美善、徐兴永、傅天峻、卢方中、李超、李祖林等。当时我任该班的班主任兼数学老师。

图5

"文革"中，两校老师均停课闹"革命"，整天挖防空洞和进行农田劳动。当时各县部分中小学教师质量差，而且严重缺编，所以60年代后期，我们自带铺盖行李，奔赴各县、区甚至农村办各种形式的培训班，使其成为合格且优秀的中小学教师。如五峰城关、傅家堰；宜都潘家湾、毛湖堉；长阳津洋口；兴山平邑口、北斗坪……在校内，宜昌师范学校不得不进行非正规招生，有半年、一年和一年半等短期教育，充实各县中小学教师队伍。

可见，在当时特定环境条件下，我和老师们仍积极努力地工作，对宜昌地区中小学教育起到了雪中送炭的作用。

恢复宜昌师范专科学校

1975年，宜昌专区教师进修学校和湖北省宜昌师范学校合并，逐步招收高理班、高文班和高英班等大专学生。1977年更名为华中师范学院宜昌分院，开始统招大专学生。1978年4月，经国务院批准，恢复宜昌师范专科学校。其校长先后是管先润、张国然和高进仁；其党总支(或党委)书记先后是管先润、高进仁和易纪维。

1975年至1977年连续3年，我被地委宣传部直接点名赴宣教战线的知青点——当阳淯溪辅导知青备考，半天学习半天劳动。在当时回城困难的情况下，知青大多通过统考录取到宜昌医专、宜昌师专和宜昌卫校……

事后有宜昌市教师进修学校、葛洲坝一中和夷陵中学领导来我校与领导商谈要我到他们学校工作，并赋予优厚条件均被我校领导拒绝。

20年来，我主要担任"高等数学"教学工作。多次获评全校最佳教学成果园丁奖；在华师和师专学报上发表论文10多篇，其中《论高等数学的教学改革》一文在全国《高等数学》期刊上发表，并获评优秀论文奖；还参编师专《高等数学》教材。以上成绩的取得离不开师专和科(系)领导对我的培养和教育。如徐校长、傅校长和彭定慧老师给我留附小、调师专的信任和机遇；余传虎老师是我高师函授的良师，并在工作上给予我支持和帮助；张浩老师是指导我成长和进步的导师和益友，在坎坷岁月里，给我自信和勇气；孔祥树老师如同长兄，宋美善老师如同大姐，在我及家人生活困难时，多次给予接济和资助。生活在如此幸福、和谐的大家庭里，使我能无忧无虑地搞好工作。

1995年3月，经国家教委批准，宜昌师范高等专科学校，成为组建湖北三峡学院后的师范学院。全院教职工428人，数学老师有系主任余传虎、支部书记望光辉等共30余人。其中正教授侯劲和帅绪芝两人，副教授袁显贵、陈远明……和我共6人。1995年开始招收本科生。

校庆五十周年

从此，宜昌师专踏上了新的征途，并迎来了 1946—1996 五十周年校庆。

我出生于 1936 年，师专五十周年校庆刚好是我 60 周岁退休之年。我从 1954年进入宜昌师范学习到 1957 年毕业并参加工作，从教小学、教中学、教中专到教大专，直至我退休都没有离开师专对我的培养、教育。宜昌师专发展变迁的过程是我不断进步并不断取得成绩的过程。

最后作为向校庆五十周年的献礼，重点介绍自己有代表性的学术论文。

一、《师专〈中学数学教学法〉教学初探——关于初中数学教师培养模式的思考》发表在《华中师大学报》（1995 年，P70-72），此文论述了"中学数学教学法"课程在培养合格师资方面所具有的教养功能，探讨了"中学数学教学法"课程的教学方法与形式的改革和革新的一系列具体做法，设想了关于初中"研究型"数学教师培养模式。

二、《重视知识之间的横向联系，加强多元函数积分学计算能力的培养》发表在《宜昌师专学报》（1990 年，P48-53），此文论述了多元函数积分学包括二重积分、三重积分、曲线积分和曲面积分。它们是高等数学的重要内容，也是难点，涉及知识面广，技巧性强。就物理专业学生而言，应用又极为广泛。因此必须重视这部分内容的教学，特别是应注重计算能力的培养和训练。

三、《浅谈师专物理"高等数学"教学的改革》被评为 1994 年全国高等教育研究学术研究优秀学术论文。

作者简介：

方自贤，1936 年 11 月出生，湖北枝江人，副教授。1957 年 6 月湖北省宜昌师范学校毕业；1965 年华中师院数学系函授毕业。宜昌师范学校附小工作 3 年，后在宜昌师专、宜昌专区教师进修学校工作。先后在《宜昌师专学报》《华中师范大学学报》等发表论文 10 多篇，著书《小学教师进修用书》（上、下册）。

宜昌师范课余拾零

李盈科

1954 年秋至 1957 年春，我就读于湖北省宜昌师范学校。在这座大熔炉里，有一大批德高望重、学识渊博的教师，他们的教诲，不仅让我们饱餐了丰富的文化科学知识，还教我们练就了一身教书育人的专业技能。特别是组织我们参与社会活动，对于我们全面发展、健康成长功不可没。

宜昌师范学校与紫云宫附小隔着三江，根本不是像现在一桥飞架车来人往那么方便。夏天，西坝上紫云宫附小的学生要乘渡船才可以过江。可三江是条季节性河流，到了冬天枯水季节，就成了一条涓涓细流的小溪，每年冬天，要在沉积淤泥的河滩上铺一条路，并在小溪上垒起一个又一个石磴，形成一座踏步桥，方便学生上课，老师上班，路人进城。

星期天，我和几十个同学踊跃报名，冒着凛冽的北风、不断飘落的雪花，在小溪两边河滩淤泥上铺下厚厚的沙子，形成一条两米宽，两岸加起来大约三百米长的平整路面。然后，踏着冰冷刺骨的泥浆，用双手挖出一个个石头，按照小学生的步伐距离，垒成一个个石磴子，铺上沙子，于是，一条康庄大道在欢呼声中落成了。我和一些同学还试着来回跑了几趟，每个石磴拿脚用力蹬几下，心里觉着个个石磴"固若金汤"，才放心大胆随着大队谈笑风生凯旋。

又是一个冰冻三尺的假日，全体同学响应党绿化祖国的号召，上磨基山植树造林。那天，天刚拂晓，吃过早餐，步行到镇川门，乘木船到十里红，爬上磨基山。这时，满山雾气缭绕，同学们的身影时隐时现，锄头、十字镐乒乒乓乓掘地的声音伴随着呐喊声响成一片。我们并不是跟农民一样，人手一件工具，便就地取材，用木棍戳，用石块砸，用手指刨，硬是以坚强意志在冻土上刨出上万个树窝子，种上树苗，浇上水，圆满地完成了任务。回校途中，每个人的十个手指头都肿得像胡萝卜一样，通红透亮！52 年后的 2007 年，当年参与植树的部分同学在磨基山南麓农家饭庄聚会，面对满山苍翠，我曾赋诗一首，深情回忆当年同学们的壮志豪情。聊录于后，以飨读者。

重上磨基山

　　第四次相聚重阳节，重上磨基山，勾起 50 多年前在此植树造林情景的回忆，而今林木葱翠，触景生情，草诗一首。

遥想当年植树忙，四更造饭五更香。
人头攒动歌缭绕，学友蜂拥鼎沸汤。
稚手当锹掘冻土，激情似火融凝霜。
而今林木流苍翠，乐与环球同热凉。

2014 年 12 月 7 日

亲兄弟仨齐聚宜昌师专（外一题）

李 超

1958年秋，宜昌师专在宜昌市张家店北山坡建立，我从华中师范学院中文系毕业到师专中文科任教。师专第一届中文和数学两科的学生，是宜昌市和宜昌地区教育局从小学优秀教师中选拔的。事有凑巧，我的大弟弟李世模从宜昌市选送来，在中文二班就读，班主任是张道葵老师；小弟弟李世朴从宜都选送来，在中文一班就读，班主任是张铭老师和我。这一届中文三个班，学制一年。我们三个亲兄弟就这样在宜昌师专相聚了，我是大哥，成了他们的老师，老二、老三则成了同学。过去，我们各在不同的地方学习和工作，相聚很少，此次在这较为特殊的情况下相聚，十分难得。趁照相馆师傅来师专摄影，我们在校园养鱼池过桥中、八栋办公楼前照了一张合影。当时有不少师生旁观，一时间兄弟仨齐聚师专的事传遍校园。我们仨在老师、同学的谈论下也兴奋了好几天。

这张照片我们三兄弟一直精心保存，它是我们三兄弟相聚宜昌师专、由亲兄弟变为师生和同学的珍贵留影，也是我们一生中最珍贵的影像记忆。当时三弟在照片背面题字："仰望蓝天，并肩前进，为教育事业贡献终生。"几十年过去了，他的心愿，也是我们仨共同的心愿都实现了。由于他们怀揣美好心愿，在师专良好学风

图6

的熏陶下，他们相互鼓励，刻苦学习，为后来的工作打下了坚实的基础。毕业后，二弟李世模先后在宜昌市二中、十六中、五中任教，教学成绩突出，被评为特级教师。三弟李世朴先后在枝江县冯口中学、枝江县教师进修学校任教，教学也很突出，被评为高级讲师。我在宜昌师专任教，被评为副教授，直至退休。

三兄弟相聚宜昌师专，互相激励，教者认真教，学者勤奋学，起到了很好的促进作用。师专，是我们前进中重要的加油站，我们是不会忘记的。

与师专共沉浮

1958 年，在宜昌市张家店北山坡，宜昌师范学校升格建立了宜昌师专。因为需要教师，我从华中师范学院被选拔提前毕业，分到宜昌师专中文科担任"现代汉语"的教师。1962 年师专停办，因为师专的教师中有不少是华中师范学院的教师下放到草埠湖农场后调入的，需要储备下来以免流失，故将我们调入宜昌专区教师进修学校任教。宜昌专区教师进修学校与宜昌师专是一处校址、两块牌子。但宜昌专区教师进修学校规模较小，也有不少师专的教师被分到市、县级中学保存。1978 年 4 月，宜昌师专得以恢复，宜昌专区教师进修学校撤销，我回到师专仍教授"现代汉语"。

从上面的回顾中可以看到，师专兴，我来师专任教；师专停办，我被调走；师专再兴，我又调入，直至退休。与我一样，随师专兴、沉，调进调出的老教师有几十位。因为领导有眼光，考虑长远，以不同方式保存了师专原有的教师。"文革"后，一恢复宜昌师范专科学校的招生，教师便迅速集结，保证了师专的教学质量，为国家输送了合格的大专毕业生，为宜昌的教育事业乃至其他事业的发展，提供了优质人才，直到现在仍有不少优秀毕业生活跃在各条战线。

宜昌师专教师与师专共沉浮，以为人师表为行为准则，以春蚕、蜡炬的精神，呕心沥血献出自己的毕生精力。现在退休了，回忆起来，仍感到欣慰。

特殊年代我走进了宜昌师专

邓茂亭

1958 年初"反右"末期，在空军第四预备军官学校"走红专道路，从战士中提拔军官"的大形势下，在全军"海陆空"院校下放的浪潮中，我和 4 个战友由湖北省教育厅一位杨姓处长接回湖北分配在宜昌县一所山区学校教书。当年暑假后，宜昌县教育局推荐我进入宜昌师范专科学校学习。

入校时，学校分专科部、中师部。专科中文、数学各两个班约 200 人。学校教务处召开部分学员座谈会后，按学历，我和几个战友分在数学科一班。教学设置政治、中学数学、教育学、心理学等。尤其使我至今难忘的是黄泰年老师的数学语言，特别是他那一手板书堪称一绝。朱辕老师讲授的教育学、心理学填补了我从事教学工作必备知识的空白。王曙亚老师讲授的近似计算分析和研究拓宽了我的数学知识面，让我受益匪浅。

1958 年深秋学校停课了。全体师生投入大办钢铁的洪流中。在徐汝潭校长激情洋溢极有号召力的动员下，我们肩上扛着粗绳、扁担日夜兼程步行到几十里外的官庄挑矿石。校内到处可见炼铁的土炉，为了"报喜""放卫星"日夜炼铁。然而经过几天几夜的折腾，炉中就是不流一滴铁水。等炉冷却从中挖出几十斤重的炭渣矿石不分的大疙瘩，真令人大失所望、啼笑皆非。

炼铁结束，紧接着又轰轰烈烈搞起了挖土、做砖烧砖的劳动。学校内外空地上随处可见大堆的成品砖。除此之外，还进行了小麦亩产超千斤的试验，体育劳卫制达标训练，步枪射击的基标训练。用当时的话说，学员们热火朝天，干劲冲天，不怕苦，不怕累，有使不完的劲、用不完的力。

1959 年春节过后，学校恢复了教学。有序的学习、实习和交流到严格的笔试，最后领取了学校颁发的毕业证书，从此我由一个手握枪杆的兵，转变为一个手拿粉笔头的教书匠。

如果说，此后我 39 年的教书生涯取得了一些成绩，享受了诸多荣誉的话，那就是得益于在宜昌师专的学习深造以及老师的传道、授业、解惑。

感　恩

秦立本

就像做了一个长长的梦，一脚就踏进了 80 岁的路途。回首往事，永远不能忘怀的，除了父母的养育之恩，就是那些在人生艰难时给予我帮助的人。特别是宜昌师专求学前后，每行至人生关键时刻，总是有一位好人为我挑灯引路，把我从危难之中解救出来，让我获得迈开下一步的机会。

1957 年夏天，我从老家的杨家湾小学毕业，以优异的成绩被保送到秭归二中读书。二中是新办的初级中学，我们是二中的首届新生。接到入学通知后，父亲既高兴又犯愁，那时正值农业合作社初期，生产资料奇缺，生产方式落后，山里的农民仍然缺吃少穿，很多家庭没有多余的钱供子女读书，我的父母也不例外。父亲不得已找在县公安局工作的幺爹求援。幺爹那时虽有微薄的工资，但他已为人父，幺妈是农村妇女，没有工作，生活并不宽裕。但幺爹没有犹豫，给我凑足了学费。如果没有幺爹出手相助，我上不了秭归二中，也就没有后来的师专故事，他是第一个改变我命运的人。

初中两年，我发奋图强，成绩好，表现好，学校保送我读省重点高中，宜昌二中。同学们都为我高兴，我却高兴不起来。回家和父亲商量，果然不出所料，父亲说："你要去宜昌读高中，只有靠你自己了，我没有能力供养你了。"

读不成高中，又没能参加升学考试，我辍学了。等着我的，将是一望无尽的务农生活。我找父亲要了 5 元钱，只身行走几十里山路，来到长阳县火烧坪铁矿开发基地，找一个远房堂兄学习开汽车。初中同学秦士福受父亲的委托来找我，专程给我送来一份通知书，竟然是宜昌师专速师班录取通知书！那是 1959 年 9 月 20 日，我永远都记得这个日子。从小学到初中一直都是班上的尖子生，辍学后我内心很是失落。本以为此生再与学习无缘，真没想到喜从天降！读师范由国家给钱，父亲和母亲也感到非常高兴，可是，家里连上学的铺盖也置办不起。为了节约钱，我翻山越岭到姐夫家拿了一床棉絮，然后背着棉絮一个人走了两天，终于走进宜昌城，走到北山坡，走进了宜昌师范专科学校的大门。那时我 18 岁。每每看到学校门前排着队接送孩子的车队，我就想到自己的求学路，从小学读到师专，我都是一个人用双脚走来走去，父母从来没有管过。

　　我很奇怪自己竟有如此好运,毫不费力就被宜昌师专录取了。直到放寒假回家,去秭归二中拜访班主任易理澍老师,才知道事情的原委。原来桓永发校长到宜昌开会,行署招生办要求各县校长推荐品学兼优的掉档学生到宜昌师专读速师班,学制一年。桓校长马上想到了掉档的我。那一年秭归县只推荐了两个人,另一位是秭归一中的一名女生。如果没有桓校长的推荐,我这一生将再也没有上学深造的机会,可能会是农民,跟我的祖辈一样在大山深处的土地里辛苦劳作,顶多会是一名汽车司机,凭一技之长养家糊口。桓校长严肃又亲切,至今我都记得他的音容笑貌,他的举荐之恩一直激励着工作中的我,勤奋敬业,做一名他那样的老师。

　　一年时间一晃而过,按当时的规定,速师毕业生哪里来就回哪里去,我应该回秭归就业。就在毕业典礼的第二天,班主任陈大中老师突然通知我到校长办公室谈话。校长徐汝潭先生是南下干部,说话幽默风趣,是一位深得师生爱戴的领导。到办公室后,徐校长走到我面前,亲切而又好奇地打量着我,我一时窘迫得不知怎么面对这位长者,显得手足无措。徐校长在我肩上拍了几下,然后说:"小秦,我若不放你回秭归,你有意见吗?"面对这突如其来的消息,我一时语塞,不明白校长的话是什么意思。站在旁边的管理科朱科长连忙对我说:"校长让你留校工作,你还不快快谢谢徐校长啊!"我一时高兴得不知道如何回答两位师长,竟然不争气地流下了激动的眼泪。现在回想,那个情景还是感觉有些不真实。那年宜昌师专毕业的,还有行干班、中师班、幼师班几百个毕业生,品学兼优的人多的是,我一个速师班的普通学生,为什么能够留校任教呢?徐校长的慧眼凭什么锁定了我这个"英才"?除了老实本分,努力成为班上成绩最好的人,至今我不知道答案。就这样,山里农民的孩子变成了宜昌城的国家工作人员,我在宜昌师专开始了我的职业生涯,做学校物理实验室的助理老师,管理仪器、帮助学生做实验。

　　在宜昌师专工作期间,秋天的一个傍晚,一位长者走进我的寝室聊天。他是宜昌师专附中的吴以平校长,我忙站起来跟他握手行礼,吴校长招呼我坐下。他问我:"你认识我?"我笑着说:"我在附中实习时听过您的报告,您诙谐的演说让大礼堂里充满了欢声笑语,给我留下了难忘的印象,怎么会不认识您呢?"吴校长对我的友好赞誉不以为意,坐下后,小声又神秘地对我说道:"我犯了右倾机会主义错误,现在到师专来劳动改造。具体说,就是每天挑大粪给东山上种的蔬菜施肥。"他被临时安排住在我旁边的宿舍里。第二天午休时间,我来到学校后面最大的一个公厕,想去看看吴校长说的是不是真的,一个大校长,真的会在那里挑大粪?果然我看到两个挑粪用的木桶和一根扁担搁在厕所旁边,吴校长可能吃午饭去了。晚上,吴校长又到我宿舍小坐。他一脸疲倦,弯腰弓背,腿直发抖,看来累得不轻。我连忙给他泡了一杯热茶。吴校长说："我的身体不好。抗日战争时，被敌人抓住，要我交代真实身份，我说我就是一个普通老百姓。敌人当然不信，于是用背火背架子的酷刑逼迫我交代。我死咬住就是不说，于九死一生中捡回一条命。但背上受刑太严重，留下了满背的肉疙瘩。挑大粪扁担一磨，就疼得要命！"眼前的吴校长，原来还是一位坚定的革命者！我一瞬间决定帮助这个可敬的长者。我说："吴校长，从明天起我来帮你完成劳动任务。"吴校长直摆手："那不行！我不能连累你挨批。""您放心，我抽空帮您挑，不会影响我的工作！"

那年我才19岁，身强力壮，两个小时就能轻松拿下十几担粪。每天上午几乎没有物理实验课，这样我就有机会偷偷去帮吴校长完成劳动任务。时间过得很快，两个月后的一天上午，我准时赶到公厕，却没有看到吴校长，到宿舍一看，门上挂着锁。相处两月余，我们如友亦如父子，找不到他，我心里有点莫名的失落感，并且担心他是不是病了，可又不好找人打听他的下落。

1961年春，全国开始从上到下搞精兵简政，凡1960年夏参加工作的人、招收的大部分中专生，一律精简回家。我正好在精简的范围内。刚开始还是有些不甘心的，毕竟我已慢慢融入了宜昌的生活，我也喜欢在师专工作。一个月29.5元工资，除了自己生活，还能补贴父母的家用。眼看大家陆陆续续返乡，大势所趋，我也在思想上做好了回家的准备。作为家中长子，回秭归也许对家庭的照顾更好一些。一天下午，朱科长通知我去校长办公室谈话，我心想，终于等到这一天了。

到了校长办公室，徐汝潭校长递给我一张通知书，我一看，是行署教育局的调令，调我到行署教育局仪器管理站工作。这真是出人意料！我这个被好运气砸中脑袋的人，拿着调令懵懵懂懂地去行署教育局报到，走进人事处办公室，竟看到吴以平校长坐在办公桌后，笑眯眯地看着我。吴校长拿过我的调令，让我坐下，仍笑着对我说道："小秦，是不是感到很奇怪？"我说，"是啊，您怎么在这儿？我还担心您生病了呢！""我被平反啦！平反后就调到人事处来工作了。"原来是这样啊！"小秦，你是个正直的好青年，我们的社会需要你这样的人。得知你在精兵简政的范围内，我很着急。是我打电话给徐校长，要求把你留下来的。"我一时不知道说什么好，眼泪在眼眶里打转儿。

吴以平先生，为了一个微不足道的乡下青年，竟然这样上心。我不过为他做了点小事，可他又一次改变了我的命运。就这样，我在宜昌一直工作到1963年夏，因儿子出生，为方便照顾家人于当年秋天申请调回秭归工作。现在回想，如果不是吴先生，我有可能再一次当了农民。

人一辈子，难得一帆风顺，总会有很多的波折在等着你。在宜昌师专求学前前后后的经历，每遇人生的关键时刻，总有贵人相助。桓永发、徐汝潭、吴以平三位先生像及时雨一样出现在我的人生路上，将我送往更好的人生旅途。写到此，我想对年轻人说几句：第一，要懂得感恩，我一生都铭记着三位恩师的大恩大德；第二，在该努力的年龄，一定要努力，让我自豪的，是我从读小学到师专毕业，没有参加过升学考试，都是因为品学兼优被推荐上的，因为我足够努力，必须做班上成绩最好的学生；第三，做正直善良的人，人在做，天在看。

从18岁到80岁，从北山坡到秭归的山山水水，我一直心怀感恩。如能与恩师们见面，除了说感谢，我还要请他们评评我这个学生，是不是把品学兼优坚持到了最后。

2022 年 5 月 18 日

作者简介：

秦立本，1941 年 7 月出生，湖北秭归人。1960 年毕业于宜昌师专，曾留校在物理实验室工作一年，然后调到宜昌地区行署教育局工作，后因家庭原因申请调回秭归县教书，一生辗转于秭归的数所中小学，将一生奉献给了秭归的教育事业。

老师专成就我今生

李万柱

1962年7月，我毕业于老宜昌师专中师部。我不算什么栋梁之材，但我曾徜徉在这如诗如画的校园里，度过了我人生三个美好的春秋。那也正是我长知识，不断醒事、明理，走向成熟的三年。老师专人对事业执着追求的精神使我今生难忘。

20世纪50年代末，我于宜都二中(老枝城)毕业，因家庭经济条件所困，在班主任覃老师的帮助和劝导下，填写了宜昌师专中师部的志愿。当时，我只知道上这所学校可以免学杂费，生活上有助学金，毕业后还能参加工作当老师，对于我这样一个农村出生的没有钱又想读书参加工作的热血青年，简直就是上天赐予的良机，实现自己梦想的金光大道。就这样，我顺利地被录取到宜昌师范专科学校中师部。

1959年8月中旬的一天，我来到宜昌市九码头，学长们早已打着"欢迎新同学"的横幅等候在岸上。初到学校，只见校门口"热烈欢迎中师部新同学"的横幅标语挂在徐老(特立)所题的校名"宜昌师范专科学校"八个大字的下面。迎接我们的学长们、老师们个个笑脸相迎，让我倍感亲切。学长们引着我们一个个报名、登记，又把我们一个个送到住宿的地方。我作为一个第一次出远门的青年学生，除了满脑子的感激，就是觉得这里是一个值得寄托的地方。当我走到寝室的门口，先住下的同学都高兴地向我打招呼，帮我拿东西，我感到好像回到了家里。到了晚饭时间，先到校的同学引着我一同来到学生餐厅。只见桌子上整整齐齐地放着四菜一汤，八人一桌，每人一钵米饭。自然灾害之年的这般生活，于我有着多大的吸引力啊！比起我在宜都二中时每顿不是红苕就是豌豆、白菜、萝卜的生活，简直就是进了天堂。

学校很快就开学上课了。印象最深至今还记忆犹新的是张治云、李友益、宋美善等老师，还有老校长徐汝潭，是他们成就了我的今生。第一任班主任是临时指派已记忆模糊，临时班主任离开后就是张老师任我们三(三)班班主任。我记得张老师第一次走进我们教室时，身着简朴而庄重的衣服，黑黑的眼睛上架着一副深黄色镜框的眼镜，一对长长的辫子一前一后搭着，胖瘦适中的脸上带有女性温柔的笑意，透露出几分青春的朝气，让人领略到一种严肃而又亲切的感觉。她的另一个身份是兼任我们班"教育学"的课程教学。在她担任我们班主任的第二年下学期开始，同学们选举我当上了班长。那时张老师除了每周两节"教育学"课程以外，平时到班上来的时候不多，班上的工作大多是班委会在主持。有学习委员、劳动委员、生活委员和文体委员。班长除了自身的学习，就是协调班上的各方面工作，连同学们一天内的准假权也授予了班长，甚至远离学校支援农村春耕或夏收都是班长及班委会人员领班。衣食住行真是好麻烦，影响学习不说，稍有不慎还要被老师批评，同学们埋怨。渐渐地不知怎么我滋生出了一种"当干部吃亏"的思想，也不知道这种想法什么时候又传到了张老师那里，她连续几次找我谈话，批评我有这种想法是不对的，说什么同学们选你当班长是对你的信任，要为大家服好务，等等。可我觉得就是影响学习，不讨好，就这样，她一句我一句地谁也说服不了谁。后来张老师来了一狠招，与班上团支部书记共同召开团支部大会，讨论我"当干部吃亏"的思想。这个会从下午第二节课开始，一直讨论到课外活动(第四节课)结束，还是各说各有理。会议结束前张老师讲了一席话，其大意是，今天参加会议的都是中国共产主义青年团团员，是青年中的先进分子、中国共产党的后备军。共产党员的宗旨就是为人民服务，难道我们这些后备军的一员，作为学生干部牺牲一些学习时间，为同学们服务也算吃亏吗？她希望我们团员特别是团员干部下去好好想一想。张老师和蔼可亲的音容笑貌，幽默诙谐的话语让我很久没能平静。觉得一个青年团员这么怕吃亏，怕影响学习，那谁来当干部不是一样？张老师的一席话正如美国流行歌手麦当娜说的那样："你必须要用各种向上的想法来滋养自己的精神，作为一个人，你不能停止生长。"这些话一直在催我奋发向上。

李友益老师是我们的语文老师，张老师之后李老师接任我们的班主任。印象最深的是他无论是做班主任工作还是上课，除了一支粉笔，多数时候什么东西都不带，偶尔就是带本书或夹子也一直放在讲台上，下课时又带走。可他对讲授的每一篇文章特别是古典文学的每个段落或者每个词每个字，字字不差，讲述得生动而又具体易懂，同学们心悦诚服。作为班主任的李老师除了上课到班上也不是太多，讲话也很少，记得非常清楚的是他担任班主任不久召开的一次班会上，他说道，你们都是自己填报志愿到师专学习的，也是你们自愿毕业后去当一名小学老师的，但你们可要知道：师者"传道、授业、解惑"者也。老师与学生在知识上应该是一桶水与一碗水的关系，师者，是人类灵魂的工程师、为人的楷模。短短的三年要装满一桶水谈何容易啊？！不刻苦努力是不行的，没有过硬的本事是难于担当的，就是当了老师也会误人子弟的。李老师这席话掷地有声，尤其是对于我这样一个出生于贫寒家庭的青年学生来说，更让我刻骨铭心，一直鞭策我至今。还有诲人不倦知识渊博的周世安、宋美善等老师的教导都深深影响着我，他们使我懂得要改变自己，要有所作为，就要孜孜不倦地学习，就要有过硬的本领和一颗对事业执着的心。

另外一位使我此生难忘的就是老校长徐汝潭，虽然只是全校师生大会时在大礼堂台下相见过几次，但他的音容笑貌宛在。他个子高高的，身材偏瘦，讲话时很少坐着，是我这个农村来的学生见到的最大的官了，所以听他的报告时十分认真。1962年上半年，也就是我们中师部6个班近300名同学毕业分配离校前夕，学校召开毕业分配动员大会。他报告时间不长，只是简单地总结了59级中师部三年来的工作，给全校毕业生提出了几点希望，其宗旨是两点：一是要服从祖国的分配，到祖国需要的地方去；二是要到艰苦的地方去，强调团员干部要带头。他说，宜昌边远山区的孩子们需要你们，需要你们去改变他们成为文化人。我记得学校动员会后，我们班的一位枝江的班干部放弃了这次分配权，回百里洲去了。我随这届毕业的48名同学响应号召，离开生我养我20多年的枝江县，于1962年7月18日凌晨两点多钟登上开往巴东的"民来"号轮船向兴山县出发了。大概第二天早晨6点多钟到达秭归县香溪河码头，我们背着行李爬上公路时，一辆解放牌敞篷客车已经等在路边，8点左右我们到达兴山县政府的招待所。时间一晃，我28年从教、12年从政的40年山区生涯过去了。在这些年里，我谨记老师专校领导和恩师们的教诲并努力实践，不断学习，认真做事，敢开先河，敢于担当，兢兢业业地工作，所到之处的工作都得到了省、市、县各级领导的认可和支持。特别是十年动乱中团结县教育局教研室一班同事，顶住"唯生产力论"抓教学，80年代初结合兴山经济和教育实际创办县职业高级中学，学校荣获了省先进单位称号。我也曾是几届兴山县委委员、政协委员、人大代表，也曾荣获过宜昌市优秀党务工作者、全国教育战线德育教育先进工作者(省部级劳模)称号，直到2002年2月经市委组织部批准于县政协退休。

离开老师专50多年了，到宜昌后我会不时到宜昌师专转一转，看看养育了我三年的老师专，看看成就我今生今世的这块土地和辛勤耕耘的校领导、恩师们。

难忘这扇门

王大森

那是 1992 年的春天，我出差到宜昌，很想去看望久违的老师。按照名片上的号码，拨通了老师家的电话。"郭老师吗？我是王大森，是您 30 年前的学生，想来看看您。"那边传来老师亲切的声音："记得，记得，你来吧！"

小车很快开进了沿江大道的市政府机关，经门卫指点，顺利地找到了老师的家。门铃响过，慈眉善目的老师笑脸相迎，悠悠地说道："王大森哪，在我打开这扇门之前，你在我脑子里是一个 20 来岁的翩翩少年；打开这扇门，站在我面前的你竟然是个近 50 岁的中年人啦！"我忙说："老师，您倒是没多大变化，只是发福了。"

我的老师名叫郭超燚，是宜昌市副市长、著名杂文家符利民（符号）先生的夫人，是曾撰写过通讯名篇《登上珠穆朗玛》（选入初中语文教材）的著名记者、新华社前社长郭超人的胞妹。

老师的一句"这扇门"打开了我的记忆之门，让我想起了 30 年前的往事。

1962 年夏，在全国一片"下马"风中，我们就读的当阳师范学校停办了。我和其他 9 位同学有幸来到宜昌师范学校继续完成学业。当我们跨进由老革命家、著名教育家徐特立题写的"宜昌师范专科学校"的大门时，难以言表的幸福在胸中涌动。

更令我们感到幸福的是，我们能接受到一群学养深厚、人品高洁，可称得上"德艺双馨"的老师的教诲。

郭老师的名字"燚"是个难字，一般人都不认识。刚做她的学生时，她这名字给了我们一种神秘感，一种文化底蕴的深厚感。那时，老师刚大学毕业，青春的朝气和优雅的风韵吸引着我们。她讲话声音不大，但很清晰；语调平和，慢慢悠悠得像春风拂过。她讲课时不大走动，总是双手自然地撑着讲台，用她那节奏明快、条理清晰的讲述把语文知识化做甘霖洒向我们的心田。《殽之战》《六国论》这些艰涩难懂的古文经她一讲解，同学们都豁然开朗了。

郭老师的作文课独具特色，不像一般的老师那样临到课堂突然袭击命题作文，而是事先通知，让同学们查资料、做准备，两节课中，会用一刻钟提示引导，所以，同学们在写作课上都感到比较轻松。有一次写《秋天的早晨》，早操一结束，郭老师就把我们带到东山之巅，一边等待日出，一边引导我们观察。那时东山除了师专、医专和几片稀疏的农家以外，全是葱茏的柑橘林，山下是成片的菜地。晨雾渐散，东山就像一位待字闺中的处子，揭开轻盈的薄纱，露出娇美的面容。而隔江相望的磨基山，颇似伟岸的大丈夫，投过来含情脉脉的目光。少顷，红日喷薄而出，朝霞映照下，灿灿金菊装裹的东山，又仿佛罩上羞赧的红晕。上午的作文课，我们将观察和体验写成习作。郭老师对我的作文给予了肯定，也指出了不足。她在批语中写道："观察得细，写得美，但你要注意，缺乏作者情感的单纯写景，往往是苍白的。"这句话伴随我走过了几十年的人生历程，至今依然十分清晰而亲切。

她对我们要求很严。作文一般要写三遍，第一遍是草稿，在课堂上完成，经她认可后誊写到作文本上。她批阅后发下来，学生再按照她批改后的文字，用毛笔第二次誊正。这第二次主要是督促学生认真阅读她批改后的文字，同时还训练我们写毛笔字。郭老师的字写得很好，粉笔、钢笔字遒劲潇洒，毛笔字工整娟秀。有一次，她把《扁鹊见蔡桓公》改写成现代白话文，用毛笔字誊抄后贴在教室里，同学们都佩服得不得了。

郭老师文静内秀，充溢着知识女性清丽典雅的气质。平时话不多，唯其不多，才更显其珍贵。我从初中阶段开始，兴趣就铺得很广，到了师范更是如此，蜻蜓点水，泛泛而已。郭老师经常提醒我，要用心钻研一门功课，把一个专业的知识学深学透。

"这扇门"也让我想起教过我的另一位老师。

教导主任、宜昌地区著名画家吴章采先生带我们的美术课，他在美术和古典文学方面的造诣很深，为人和善，尤其以其不倦的教诲提携青少年学子而受到尊崇。除了每周的三节美术课以外，星期天他还带一群学生到郊外写生。他对学生作业的评价很有力度，又很幽默。如在画人像素描时，有的同学怎么样画也把五官摆不匀称，他笑着说："有进步，有进步，上次画的只有两分像人，这次三分像人了。"同学们忍不住为剩下的"七分……"会心地一笑。吴主任喜欢我，肯定我的灵气。我(时任学生会宣传部长)每次办黑板报，他总是站在远处眯缝着眼仔细瞧，不时地指导和提醒我。有一次学生会举办展览，"优秀作业展览室"几个字起初是别人写的，他看了后说："还是要王大森写吧。"当时和其后相当长的日子里，别说我有多陶醉了。毕业时，吴主任为我题词："业精于勤，荒于嬉；行成于思，毁于随。"

遗憾的是，我既没有听从郭老师的教导，把语文学好；也没有记住吴主任的话，在美术方面有所造就。因而，碌碌无为，一无成就。如今想到"这扇门"，心里不免惴惴然。

在老师面前，我永远是学生，永远是少不更事的顽童。就生活的优游来说，我企盼着"这扇门"永远关着，让我永远年少，永远生活在老师的荫蔽之下。但是，时空隧道的这扇门永远是敞开着的，新陈代谢是宇宙间普遍的永远不可抵抗的规律。沧桑的必然，轮回的无情，催促人们生生不息地奋斗。我在默默祝愿老师健康长寿的同时，也必然牢记老师的教导，坚定而踏实地走出人生的每一步。

作者简介：

王大森，1943 年 1 月出生，湖北当阳人。1963 年 7 月毕业于湖北省宜昌师范学校。中学高级教师。宜昌市语文学会会员，宜昌市教育学会会员。40 年间，先后从事小学、初中、高中语文教学及学校教学行政管理工作。

初登宜昌师专讲台

宋兴宏

1961年，国家正处于困难时期。是年7月，我从华中师范学院中文系毕业。带着母校的期盼，我与几十名同届校友到宜昌行署教育局人事科听候分配。其后，将我的介绍信开至宜昌师专。何德何能，我被分到当时宜昌的高等学府。自知"高处不胜寒"，但既分之，则去之。到师专报到后，分到中文科文艺理论教研组。随后，拜见校长——儒雅谦和，一表人才，侃侃而谈，印象深刻。

这里，顺便插入一段后话：1976年左右，我随地委领导到当阳河溶镇开展党的路线教育活动，徐校长时任宜昌地委副秘书长，兼任临时工作队长，我则当材料员。时值严冬，天寒地冻。他关心我，要我与他各做一件棉大衣。这件大衣陪我度过了近40个寒冬腊月，温暖了我的身心，他的劝导至今铭刻在我的记忆里。

言归正传，后又先后拜访了专科部主任朱辕以及几乎全部学长，计有詹玉华科主任、张道葵、吴柏森、徐兴永、李华章、谢道弋、王湃、李超、张爱珠等老师。同时分配至中文科的曹文安老师，较之于我，青春焕发，博闻强记，暗中钦佩之至。

随后，拜张道葵老师为师，自修文艺理论。跑图书馆，查阅资料，倒是专心致志。不久，中文科主任面告，要我读书备课，三个月后登台试讲。我一下子蒙了，紧张了起来。待回过神后，便在张道葵老师指导下斗室伏案，潜心修炼，迎接大考。

考期到了。教室后面，坐了两大排考官，有徐校长、朱主任、詹主任以及中文科全体同仁。同学们正襟危坐，以好奇和惊异的目光期待着我这个同龄人老师登场。我则如履薄冰，心悸心慌。同学们起立坐下之后，我反而镇静了下来。初生牛犊不怕虎，只能拼力一搏。板书课题：革命的现实主义与革命的浪漫主义相结合的创作方法。板书欠工整，似还过得去。普通话欠标准，也只能按屈子家乡的语音凑合。由于备课时间较长，内容较熟悉，一股劲儿往前讲。谈不上抑扬顿挫，唯恐讲不完留尾巴。两节课下来，还剩下20多钟，便组织同学们回顾议论。意见最大的，是讲得太快了，来不及记笔记。我只得认领，表示虚心受理。事后，詹主任和几位相关的老师传达了校长等听课师长的综合评论。大意是：主讲的内容是正确的，讲述条理是清晰的。但口述较快，课堂艺术有待磨炼，讲课神态应更放松自然一些，等等。

试讲一事，平淡无奇。但在我几十年的粉笔生涯中却留下了厚重的一笔。它闪烁的希望之光，它启示的讲台之美，它引导的培桃育李之路，耄耋之年，记忆犹新。

1962年夏，国家调整，师专停办，改为宜昌专区教师进修学校，多人调至市内有关高中，我则留在高师函授部。其后供职于地委宣传部，任职于地区教研室。再后则到长阳一中任校长、书记并授课20多年，专心抓"德智体、升学率"，与老师专的师长们失联了。在退休七八年之后才与几位亦友亦师的吴柏森、张道葵、刘世新、颜克美、符利民等有了一些文字与微信交往。

五十年前的求学路

邹练武

　　1963 年，正值我国连续 3 年自然灾害后的恢复期。那年，我刚满 15 岁，正好从兴山三中——水月寺中学毕业后考入宜昌师范学校。从这年 9 月起，李家兴、李世俊和我以及兴山三中同届毕业的另 4 名同学，一起踏上了遥远的宜昌城区求学之路，长达 3 年多时间。我和李家兴、李世俊 3 人，每次都是同行之人，所经艰辛，仍历历在目，回味无穷。

　　第一次求学上路是 1963 年 9 月初。由于我们这些"山里娃"从未出过远门，那时又不通公路，从兴山水月寺到宜昌城区 200 多里，全靠步行，李世俊的爸爸只好亲自护送我们 3 个人到宜昌。听从前背脚打杵到过宜昌的人讲，从兴山水月寺方向到宜昌的人，为防遇涨大水，夏天和秋天一般不走水路而"冤山"（方言，绕山，意思是绕远走山路。）。这次我们一行 4 人，各背上四五十斤重的行李和干粮，第一天从家里出发到雾渡河岔路口住店。"旱鸭子怕遇水"，我们决定"冤山"。第二天上凉风垭，下马回坪，到三隅口就走不动了，真是脚板疼，腿子酸，汗水只往眼里钻，再流出来也不知是汗水还是泪水了，又饥又渴精疲力竭。从家里带的几个苞谷浆粑粑也开始变臭了，只好就在三隅口又打店。第三天赶早上路，上大树垭，下王家湾，在王家湾歇店。三天已磨烂了两双草鞋，脚板脚背都是血泡，脚后跟早已磨破了皮。每天行走的路程也由开始的 60 多里，变成了 50里、40 里。第四天又走了半天，才从王家湾赶到分乡，中午 12 点在分乡乘 24 座的小客车，下午 4 点多钟终于到了宜昌车站。连汽车路是什么样子都未见到过的山娃子，第一次坐上汽车，也感到无比的兴奋和喜悦。

　　第二次上学是 1964 年农历正月，这次我们三人决定"走水路"，第一天仍然歇店雾渡河，第二天顺河而下，一天赶到两河口。在经过七里峡时，已事先打听到有"七里峡，十三道水，水不深，齐大腿，不会过水就见鬼"之说，所以在蹚河过水时就特别小心，有的只几十米或百把米就会又趟一道水。为了简省脱鞋脱裤子，就干脆光着脚板光着腿，提着裤子拿着鞋，从乱石滩中穿行几里路。走出七里峡，已是"腿冻红，手发僵，衣服下摆凌渣子响"，好在心里是热的，人年轻，不负重，快步走路驱寒冷，一天也能走上七八十里。

1964 年 8 月底上学时，我们又得走山路，从家里出发，一天就过雾渡河上凉风垭，到马回坪歇店子。那时，宜兴公路已开始修建，马回坪的农民伯伯们告诉我们，小长岗路段正在修公路，白天放炮滚石头，要过小长岗，必须要赶 8 点钟前走过去才行。这天我们在马回坪路边一农户家住宿，第二天凌晨 4 点钟就出发，到早上 8 点已安全过了小长岗，快到二户坪了。由于凌晨走得早，跟店主给住宿钱时，店子老板说没零钱找，叫我们再来时给，"给不给也不要紧"。为此事，直到 1965 年放暑假，汽车(当时使用代班车——即解放牌货车罩上帆布当班车用)已可通到雾渡河了，我们 3 人乘车回家时，等车开到马回坪，硬是请司机停车，下去送还了 3 元钱的住宿费(欠时只说 2 元 4 角钱)，才了了我们欠人住宿费的一桩心事。

在宜昌师范学校读书 3 年，每年往返要走 4 趟，既锻炼了腿，磨炼了意志，也考验了思想。3 年里，坚持每周半天在校内参加劳动，分班种园田。学生们有时挑大粪抢不到粪瓢，有的就干脆用双手往粪桶里捧大粪，种出的菜卖给学生食堂，作为班上勤工俭学的收入。每学期坚持一周下乡劳动锻炼，帮生产队插秧、割麦，还搞一些文艺宣传演出。记得曾经到过小溪塔、窑湾和原分乡区的天马公社等地，与农民实行"三同"(同吃同住同劳动)，均受到当地社员群众的欢迎。令人痛心的是，1966 年 7 月，学完师范全部专业课程，正当毕业分配的时候，史无前例的"文化大革命"开始了，"路线斗争"无情地将学校师生们分成了几派，本来情深似海的同学们最后搞得不欢而散，有的甚至被打成残疾，学友之间到现在也不知各在何方！

我们虽然经历了"文革"和时代的历练，但经过师范这个培养人民教师的摇篮熏陶出来的人，学历不算高，可无疑都具有求真务实的品德风貌、踏实肯干的工作作风和拼搏进取的创新精神，都对自己所从事的事业做出了重大贡献。我们三人中的李世俊老师，从事教育工作 30 年，《三峡晚报》曾于 1996 年 3 月 27 日以《他，倒在了讲台上》为题对他的事迹予以报道，深受广大教师和人民群众的好评；李家兴曾任夷陵区下堡坪乡教委主任，现从夷陵区土门聋哑学校校长岗位上退休。我则在 1970 年大力发展广播电视事业的初期，被领导选调到原三阳区广播电视站工作到现在，并担任了该站 21 年的站长，明春就将退休了。凡从宜昌师范毕业后从事教育的工作者，都是教育战线的领导和骨干力量，有改做其他行业工作的，也深得重用。

师专小故事三则

曹文安

开　荒

1961 年 9 月，我从武汉大学毕业后来到了宜昌师专，成了一名高校教师。当时正值国家三年经济困难时期，物资供应较为匮乏，记得我刚来时常因吃不饱而跑去九码头买一角钱一碗的萝卜汤喝。当时由政府供应的物品较为稀少，且不少均凭券购买，如米、油、肉、肥皂等，且数量较少，如猪肉每人每月仅半斤。但即使这样，整个师专校园仍显得和谐、欢畅，并不因生活艰苦而工作懈怠或怨天尤人。同时，为了更好地开展工作，大家都群策群力，想办法克服困难、改善生活，这时，自己动手开荒种植就成了一大良策。师专因建在市郊东山上，背后荒山颇多，于是上山开荒植麦、种菜便成了老师们课余的一项主要活动。我们中文科当时好像是由李超老师统领，都积极参与，锄地、拔草、种植、施肥，干得热火朝天。我因刚参加工作，也最为年轻，挑粪上山便成了我的主要任务。我担着粪桶，先到操场边的粪池捞起装满，然后踩着荒野小道挑着上山施肥，经常是来回十余次，享受着劳动的喜悦。种植的主要是小麦、蔬菜，种的菜，年长成家的则分配后拿回家，单身的则都交由厨房折价处理；收获的小麦，则交学校换回粮票发给个人。那时，我每月仅供应 27 斤主食，且不少是苕根等杂粮，远不够食用，于是我便将发放的粮票交到食堂换饭票，亦能大大改善伙食。记得有一次我一下从李超老师手中领到了八斤粮票，换回饭票后就敞开肚皮吃。总体来说，当时的物质生活虽较为紧缺，但精神生活充实、愉悦，同事们都有说有笑、情绪饱满。高校教师，平常均各自为业，无集体办公制度，但这种劳动既锻炼了人，也增进了彼此的接触与友情，实在是两全其美，大快人心。

还　书

到图书馆借书、还书，这是天经地义的事，我在师专却经历了一次"特殊"情况。1961 年秋，我刚来师专时，科领导便安排我任古汉语课助教。当时，该课程的主讲老师是徐圣熙先生。徐先生年方 40，是 1949 年武大中文系毕业的，我忝列为其校友，他后在华中师院任历史讲师，1958 年被支援派往宜昌师专任教。他既是武大中文系毕业，又是华师中国古代史讲师，古文功底深厚，尤擅长字词解释的文字训诂。我为其助教，主要任务是听课学习，并参与辅导。当时课堂上使用的教材是南开大学编写的《古代汉语读本》，共分 10 课，每课都备有语法知识和古文选读两部分，是典型的"通论"与"文选"相结合的教学体系，于学习者大有裨益。学校当时规定是主讲教师才由学校配发教材，我是助教，当不在其列，故只能在图书馆借阅。既是"借"，用后当必"还"。徐先生讲课，我每节都听，受益匪浅，听课时除记笔记外，也常在书上记录批点。同时，为让我得到锻炼提高，他还安排我主讲第五课"被动式"，这样，又听又讲，书上到处都被点、记、批、划，痕迹既多且显。1962 年夏，课程结束，我"借"的书自当归"还"，但当时我考虑到一是该书到处批划，已远离原貌；同时，该书也记录并凝聚了自己一年来的教学历程，我也是舍不得归"还"。这时，图书馆的工作人员便按规定以"失书"处理，但要赔补原书的两倍价钱，才能归我所有。我欣然同意。该书原价是 0.65 元，我便付与 1.95 元了事，并让图书馆出具单据证明。这本书对我来说十分珍贵，它记录了我生平的一段历程和故事，故书本连同赔款单据我一直保留至今。

赛　　球

师专的体育活动十分丰富多彩，课余常见的除跑步外，篮球尤为普及，球场上经常是人满为患，练球的、赛球的、观看喝彩的络绎不断。20 世纪 80 年代，随着体育专业的创办，更为活跃精彩。当时的赛球，除学生对学生、教师对教师外，尤其吸引人的且经常比赛的则要算老教工男队对教工女队。教工女队有几位体育科的专职教师，如汪跃华、汪军、张岚等，她们技术出众，传接、盘带、上篮均具专业水平，加之老宜都县队的高萍及化学科的高大后卫安彤等，实力不可小视，对外比赛经常是胜券在握。老教工男队虽无专业人士，且均年过五旬，体力较差，但年轻时大多爱好篮球，虽非科班，基础还算牢实，如孔祥树、文汇荣、李拱辰等，当然也有我。我对篮球，虽为业余爱好，但凭借原武大棒球一级运动员的功底，也能忝列其间，而且投篮精准，为全队主要得分手，往往是女队的重点围堵防守对象。每次两队的比赛，观众如潮，尤以学生为众，且学生们还主动帮忙拿衣、送水、捡球，助威声、呐喊声、喝彩声更是响彻东山之巅。赛球中所体现的团结、进取和拼搏精神也在无形中感染着学生。据此，也可略见当时师专校园内的和谐、欢快和竞发向上的良好气氛。

师训三年不了情

谢道弋

我自1960年大学毕业分配到宜昌师专工作，至1991年遵章退休，整整31个年头。就我个人来说，这是一段漫长而又艰辛的人生之旅，从中无论撷取哪一段哪一则，都可发挥成文，感慨成诗。特别是1963—1966年的师训三年，更是一段不可忘怀的实实在在的生活。

1963年7月，我作为当时普师三年级二班班主任，刚刚忙完了学生的毕业分配工作。那些年轻的女孩子，一个个激情满怀、热切真挚地要求去农村，赴山区从事小学教育工作的动人情景，还在脑海中鲜活有力地浮动着。正在这时，学校领导郑重地交给我一项新任务：与张铭老师一道，立即着手筹办一年制师范科。

据告，结束三年自然灾害之后，农村基层教育要求适时发展。可是一个突出矛盾是师资奇缺。当时曾有这样一个统计结论：宜昌师范学校每年的毕业生，只能勉强弥补宜昌地区当年师资的自然流动率。为了缓解这一矛盾，经湖北省教育厅批准，宜昌师范学校决定于1963年秋季，招收应届和往届高考落榜学生，培训一年后充实小学教师队伍。当时命名为一年制师范科，其学历相当于中师毕业。当年计划招收两个班。虽然均为师范科，但两个班的生源和分配性质都是不相同的，上级规定：一班主要招收各县的应届高中毕业生，毕业后回各县任公办小学教师；二班主要招收宜昌城区应届和往届的高中毕业生，毕业后一律下县任民办教师。张铭老师和我分别被任命为一班、二班班主任，同时还兼任各自班的语文课。

由于任务急、时间紧，虽正是暑假期间，我们也未休息一天，立即分赴各县招生(即招收师范科一班学生)。当时我主要负责宜都县的招生工作，同时兼顾五峰县的有关事情。我记得，学校领导曾明确交代，招生对象均是高中毕业生，在文化知识方面是没有多大问题的，招生测试的重点，应是学生的政治思想条件；其次则是学生的仪表、生理素质。按照这个精神，我当时在宜都对108名应试生，一个不偏地进行了严格的面试；并去宜都一中、二中找两校领导了解应试生的政治思想情况，征求录取意见。同时也认真组织了书面考试(考卷均由学校统一制定)。但实事求是地讲，这考试仅仅起了一点参考作用而已。最后就宜都县而言，100 名考生，正式录取的只有 8 名。

当年 9 月，学校新学年开学。普师班和师范科一班的学生均已报到上课，可师范科二班的招生还在紧张进行。由于这个班在毕业分配上的特殊性，其动员和组织报名工作均由宜昌市民政局负责。我当时就多次与民政局一位姓杨的同志进行联系，落实名单、数额，后来在规定时间里统一进行面试。面试由我一人全面负责。内容除验证高中毕业学历之外，就是要求应试生毫不含糊地回答各个问题：毕业后愿意去山区农村从事小学教育工作否？愿意当一名民办教师否？回答明确坚定者，免除面试考试，当即录取注册。不然，则不予接纳。令人欣慰的是，30 多名应试生中，态度犹豫或者打退堂鼓者，基本未见。这可以说是这个班入校时的一个很好的思想基础。

师范科二班上课时间在开学之后的一月左右。该班学生一进校，就显示出与别的班级非常不同的特点：一是年纪差异悬殊，最大者已年届二十七八岁，最小者才十八九岁；二是个人经历多样，多数是应届高中毕业生，但约三分之一的人，有的是小学代课教师，有的是建设工地工人，有的则为待业的社会青年等；三是学习基础参差不齐；四是生活纪律较涣散。然而在校园生活诸方面，他们都有特长，有胆量，有集体求胜心，尤其从教师职业技能方面看，普遍具有较强的能力基础。

就是这个班集体，进校才一个月，在一次全校性的文艺表演竞赛中，他们以自编自排的节目，获得了第一名。接着，学校在图书阅览室举办了一次大型的展览（内容已记不清楚），由师范科二班全体同学负责布置，并担任讲解员，任务完成得相当出色。由此，这个班在校内逐渐引起人们注目。第一学期结束时，全校班级评比，师范科二班荣幸地跨入优秀班集体行列，与此同时，班团支部也被评为优秀团支部。这自然是令人兴奋的，但同时也是出人意料的。

师范科的一年中，我们这些参与者，眼睛始终紧盯培养目标，处处着眼于培养对象的特点，有针对性地工作。就二班来说，工作千万头绪，但集中起来就是一个中心，即教育学生毕业后，心甘情愿地去山区农村，当民办小学教师。由此，班级的日常工作及开展的各项活动，以至于每日每时挂在口头上的言谈，最后都归结到"去山区当民办教师"这个中心上去。特别值得说的是，1964 年 5 月，师范科率先走出了城区，来到农村小学进行教育实习。可以说，这是为宜昌师范转变教育实习方向开了先河。当时，二班实习学校是宜昌县分乡区中心小学。进校后，承包了除一个毕业班之外的一至五年级的全部教学和班主任工作，并还担当了全校性的日常管理工作。当时带队教师就只有我和王祖芳老师两人，三十几名实习生都是在原任教师指导下独立开展工作。虽然市区学生初到农村，有很多地方都不适应，甚至个别学生第一次使用煤油灯，不知道如何将灯点燃，闹出了笑话，但每个人对自己的要求都是严格的，都能积极迎难而上，团结一致勇敢地克服困难。经过不长时间，大家逐渐适应了环境，各方面工作便越来越开展得有条不紊、有声有色，不断得到该校领导和教师的高度好评。客观地说，经过一个多月的实践和锻炼，全班学生的精神面貌的确有了明显变化，显得比过去朴实多了，成熟多了。在大多数学生身上，有了可喜的进取精神，尤其可喜的是专业思想普遍得到初步巩固。

实习结束回校后，即开始了毕业分配工作。这是检验一年工作成效的决定性时刻。虽然我对这班学生的思想表现是有一定信心的，但毕业分配涉及每个人的实际问题，太具体，甚至是带有终身性质的，因此，我不能不担忧，不能不有精神负荷。教务处的袁世申主任可能看出我的心理负担，曾明确给我交底：这次，师范科二班的每个学生，如能按照分配到达指定学校，就算我完成了任务。至于到校后能否扎下根，或者会不会逃回宜昌，都与我不相干。

大约7月中旬，校长黄荣誉在二班宣布毕业分配名单，去向就是秭归、兴山、长阳、宜都、宜昌5个山区县。当时班上气氛异样平静，我下意识地轻轻舒了口气。接着，8月中旬的一天，是赴秭归、兴山的学生启程的日子，这两县的学生约占全班学生的一半。当天夜晚3点，大家在船码头集合上船，我怀着一颗忐忑不安的心赶到码头送行。离开船尚有半个多小时，所有学生全部到齐。之后，大家有说有唱地登上西去的客轮。

我独自伫立在码头的石阶上，远望逐渐消失在夜幕中的船影，心潮和着江水的涛声翻腾不已。我默默祝福这班勇敢走向新生活的男女青年，一路平安，更希望他们在未来生活的搏击中，不要掉队，永远向前。

后来的事实是这样：30多名师范科二班学生，全部按规定时间到达分配地点；全部被确定为公立教师，没有一个是民办性质；到达工作岗位之后，即使条件特别艰苦，比如无任何交通工具，一开步就得翻山越岭，有的甚至是一人担起一所新学校，平时连买盐都困难等，但直到"文革"期间的"教师回原籍"之前，并未听说哪一位同学开小差、回宜昌，以至30多年过后的今天，在秭归、长阳等地，仍有当年师范科二班的学生，在山区教育园地默默地耕耘着。

师范科虽只短短一年，但经过紧张和有序的探索，却也积累了一些成功的经验，显示了这种办学形式的社会价值。因而从1964年秋到1966年夏，学校又连续办了两届同类班级：依然从九县一市的应届高考落榜生中招收学生，学制依然为一年，学历相当于中师毕业，毕业后依然回到各自所属县市作公立教师。不过这两届的名称改为师训班。

第二届(即64-65级)，依然招收两个班级，依然由张铭老师和我分担两个班的班主任；第三届(即65-66级)则大大增加了招生名额，发展到5个班级，除张铭老师和我依然任师训班一班、二班班主任之外，又有王家森、徐振和张道葵三位老师分担了师训三班、四班、五班班主任。这届学生人数超过了200人。

第二、三两届的思想教育、教学工作，与第一届相比，有很多继承方面，但也有明显的发展部分，其中有成功，也有失误。概括起来，主要有以下两点：

首先，对学生的思想教育，很明显是加重了"左"的政治色彩。回想起来，当时校领导对于师训班的思想教育是极为重视的，特别强调人生观和政治立场对一切言行的决定性意义，要求对师训班学生全力解决之。也许是求效心切，或企图毕其功于一役，在教育方式上则采取了近乎"运动"的形式，集中进行。这就是当时颇有震动效应的"人生观教育"。在整个教育过程中，校领导都是亲自部署，统一要求的，明确指示：首先要动员学生将思想上的一切糊涂观点和多种阴暗心理，毫无保留地暴露出来。在这基础上，针对各人所暴露的思想，从人生观和政治立场高度一一进行分析批判；最后再由学生总结思想认识上的收获。我作为当事人之一，感到作这种决策的校领导，以及参与这场活动的有关教师均没有故意引导学生彼此"放毒"和"借人生观教育整学生"的主观动机，这一切行为乃是和1964—1966年这段时间的政治背景和社会气氛密切关联的。但从总体上看，这种教育方式存在突出问题也是一目了然的。一是思想教育不是从正面进行，而是从反面着手，这一出发点就大可商榷；二是一个人的人生观的形成或改变，在客观上都有一个长时期的循序渐进的过程，像这样集中突击的方式，显然只能隔靴搔痒，甚至是适得其反；三是思想教育排除了教育对象的自觉性、主动性，板着面孔以强制手段进行，更是违背了教育的一般规律。现在回忆这段经历，心情仍觉沉重，简略写下这段文字，也是自己的一点反省。

其次，在教育实习方面有了大跨度的进展。第二、三两届师训班都坚持下农村小学实习，并把实习分为两个阶段，前一阶段在规模较大的完全小学实习，后一阶段则下到规模很小的村办小学实习，这时均是两人承包一所学校，除了教学管理，还要求自办生活；除了校内工作，还要求开展校外宣传、参加劳动等工作。就两届师训二班而言，第二届先是在宜昌县的王家坝小学集中实习，然后下到当地若干所村小实习；第三届先是在宜昌县的柏木坪小学集中实习，然后再分到若干村小实习。这种一竿子插到底的实习方式，对实习生的政治思想、专业思想、教育能力、生活适应能力等方面的锻炼和收获都是不言而喻的，即使以30多年后的今天眼光来观察，我认为这种实习方式和指导思想，也是无可挑剔的。

我尚清楚地记得，1966年6月，第三届师训二班的学生正在柏木坪小学集中作实习总结时，就从报纸上看到"文革"风暴兴起的消息。待我结束实习返回学校，学校就开始乱起来，接着就是越演越烈，越演越糟的局面。师训班这个从一诞生便显示无限生机的办学形式，就这样被"文革"风暴摧毁了。有善始而没有善终。不然，她的寿命绝不会是如此短暂的三年！

以往的生活既是沉重的、苦涩的，而当时过境迁，它们一旦被融入回忆画廊中时，一切又都是美好的，令人流连萦怀的。对于三年的师训生活，我就有这种感受。之所以如此，是由于这段生活给予我的是太多的紧张、兴奋、苦恼和喜悦。它们刀斫斧凿般刻在我脑海中，不可淡忘；尤其在这段时间里，我与之接触过的百来名男女青年，他们各具个性的音容笑貌，至今在我脑海中仍是清晰的，呼之欲出。我知道，现在他们已不再是青年，大多数人已鬓发染霜，额添皱纹。但时间可以改变人的容颜，却无法磨灭客观存在过的历史。如果时间能给我们以重新晤面的机缘，我非常愿意听听这些过来人对这段生活的评说。

1996 年 6 月 28 日，为宜昌师专建校 50 周年庆典而作

忆北山坡学府

李华章

　　某日，我想起曹雪芹在《红楼梦》里所描写的"举家食粥酒常赊"。曹雪芹"举家食粥"的经历，象征着一个家族的贫穷、困苦与衰败。历史是会记载在纸上的，如竹简、绵帛、宣纸、铜版纸、轻型纸等，让后人了然或反思；人生也是会不时地被人念叨的，那酸、甜、苦、辣、咸五味，叫人反复咀嚼回味。

　　一个人的青春是美丽灿烂、意气风发的年华，但也有意外。我遭逢了所谓"三年自然灾害"时期。从华师临毕业时的每天"一干（一顿大米饭）两稀（两顿稀饭）"，开始了每月定量供应 27 斤粮的教师生涯。那时，肚子吃不饱是天大的愁事。宜昌师专位于北山坡上，背倚迤逦的东山，也跟随大流兴起了"自己动手、生产自救"的高潮。每周安排三个下午劳动时间，在东山开荒种南瓜、苞谷、红苕，挖田翻土播种，挑粪担水上山，老、中、青，干部、教授、讲师、助教同工同劳，有难同当。抬头眺望那滚滚东流的长江，那略显疲惫的学府，最终未动摇我们对人生的信仰。虽然耽误了读书与笔耕，却没有无故缺席的。因为劳动那天有加餐犒赏，食堂煮两锅南瓜苞谷糊，除定量供应之外，每个人可添满满的一碗，聊饱肚福。

　　这一天，特意安排几名教职员帮厨，用石磨推苞谷浆，用菜刀剁南瓜块，然后煮成南瓜苞谷糊。有一次难得一回照顾，分配我帮厨。在湘西家乡，推磨子是家常活，我是行家里手，驾轻就熟；只是此刻的推苞谷浆，却少了些年少时轻松愉快的情趣，连推的粗细也无心讲究了。日子的好坏自会影响着人的心境。站立灶台煮糊糊，要用大锅铲不停地搅动，或直来直去，或转着圆圈。等到快煮开时，锅里的南瓜苞谷糊绽放出一个一个的小漩涡，像三峡的开花浪，似女孩的笑靥，不停发出咕嘟咕嘟的声响，仿佛使人每个毛孔里都冒出热气，荡气回肠。它留给我永远难忘的印象，真是别有一番滋味啊，别有一番滋味！

　　宜昌师专是发展中的高校，每年都要接受分配来的名牌大学毕业生以壮大师资力量。他们的到来成了不同学科教师的热切盼望。欢迎新教师，各科室除了简单的仪式外，就是质朴、廉洁的"迎新宴"。宴席上没有鱼肉，不见酒水，打破了"无酒不是宴"的习俗。唯一的是端出几钵南瓜苞谷糊与苞谷"双蒸饭"，经过双蒸的苞谷饭，饭更蓬松，堆头也高，给人分量充足的诱惑。比起"画饼充饥"来自然实惠得多。1961年秋，从武汉大学毕业分配来校的两名新教师，一位是汉语言文学专业的，分配教元明清文学；一位是汉语言专业的，担任古汉语教学，沈、曹两位都是湖南人，老乡见老乡，心里喜洋洋。我们的情谊就是从那顿南瓜苞谷糊垫底而逐渐凝结成的，在共同经历灾难的日子里，始终保留着文学的纯粹。以后，各人术业有专攻，也各有成就，至今心中忘怀不了患难与共的朋友。

"三年自然灾害"时期粮食严重匮乏，给人民群众带来了多少深重的灾难，自然也影响到人的思想境界和精神文明。发生在我身边的一件事令人警醒。师专一位年轻有为的教师因为饥饿，在辅导学生回宿舍途中，路过食堂，发现大门未锁，瞥见餐厅一角堆放有红萝卜，便起了邪念，乘机偷了十几个。正巧被食堂大师傅发现，他犹豫再三后，终于向学校有关领导揭发了。幸亏领导宽容，想必是特殊环境下，未加公开批判、处罚，给他留了个面子。可是在一个知识分子的心灵深处定会留下终身难忘的悔恨，所打下的烙印将是永生磨灭不掉的。那痛苦的个中滋味可想而知。

我因为"三年自然灾害"时期吃伤了南瓜苞谷糊，对于如今深受城里人喜爱的绿色食品，且有一定药用价值的南瓜，以及苞谷、红苕，常常勾不起食欲。因为，它曾伤过我的胃，也伤过我的心，一个男子汉竟比"黄花瘦"。往事不堪回首！

从博友的微博中看到，"人生有三样东西是不该回忆的，那就是灾难、死亡和爱；你想回忆，却苦不堪言"。重拾北山坡宜昌师专吃南瓜苞谷糊的沧桑记忆，内心深感十分沉重。而今日宜昌，万象更新，正向着现代化大城市迈进！

宜昌师范学校美术班记略

姜耀南

1971 年春季，湖北省宜昌师范学校"文革"后第一次招生。我在这一年一月荣幸地踏入北山坡宜昌师范学校的校园。

学校本无美术班，一天，时任军分区政委的王群到师范视察，他找到吴章采老师，说：老吴啊！你是美术专家，我们现在急需美术方面的人才，你能不能办一个美术班。并说，他们部队原来送一名战士去学美术，后来画得很好，天安门广场上的马克思像就是他画的。当时实行军管，王政委就是地区一把手，他说的话学校马上照办，立即在学校各班挑选有美术特长的学生。

我从小喜欢画画，但是因为生在农村，从来没有受过美术方面的训练。到宜昌师范后，看见吴老师在 8 栋 2 楼画画，觉得非常新奇，只要不上课就跑去看。这次要办美术班，吴老师首先想到我，因为我是中文班的团支部书记，吴老师要我去美术班当班长。

当时一共挑了 6 个人，有一个女同学来上了几天课就走了。所以一个美术班也就 5 个人：赵泽波、熊朝望、王大贵、黄显本和我。我们除了每周有一节政治课在数学班旁听，其余时间都画画。

吴老师每天搬一把拐手椅，坐在讲台上看我们画画或讲课，或下位辅导、改画。每天上午第一节课吴老师给我们讲中外美术史和艺术概论，也是随便讲，我们照样画画，也不用看书、记笔记，也不考试。由于都是零基础的学员，第一学期以临摹为主，先临线描。在图书馆借来几本人物线描和连环画报杂志，照着临。第二学期开始学习素描，先画石膏，从几何体开始。后来画一些静物，再画人物写生。每次写生，都是吴老师先示范，然后我们再开始画。第二年才开始色彩写生。由于我们原来所在班已经毕业，美术班请示教育局，又将学制延长了一年。

美术班在当时是一个新生事物，引起各方面的关注。一天教育局高科长来美术班视察，当时军管，高科长是军队职务，是实际上的教育局局长。高科长指示，要送我们出去开开眼界。当时武汉展览馆正在举办湖北省美术作品展，高科长找来校长管先润，要他送我们去武汉看展览。有一次在地区礼堂听报告，碰到高科长，问我们去看展览了没有，我们说没有，可能经费有困难。过了几天高科长在管校长陪同下来到美术班，高科长说，他们去看展览了没有？没有钱局里拿！为此管校长专门把我叫到办公室狠狠批了一顿，说我越级告状！很快，学校安排我们师徒6人到武汉看了展览。

吴章采老师毕业于武昌艺专。当年徐悲鸿在北京开办北平艺专（今中央美术学院），刘海粟在上海开办上海美专，唐一禾和大哥唐义精在武汉开办武昌艺专，当时全国只有这3所艺术专科学校。湖北艺术学院院长杨立光、油画系主任刘依闻都和吴老师是同班同学。吴老师出身名门，父亲是晚清进士、两任黄安（今红安）知府，家学渊源深厚，对古典文学、诗词、书法、篆刻都有很深的造诣。杨立光十分欣赏吴老师的才华，经常将吴老师的诗作谱成曲在全校传唱。在艺专杨立光油画写生第一，吴章采素描写生第一，两人的画作同时入选第一届全国美展。唐一禾老师也特别喜欢吴章采，经常把他喊到家里打牙祭。不幸的是唐一禾、唐义精两兄弟在赴重庆参加全国美协会议途中沉船遇难。为了艺术传承，唐一禾夫人熊明谦将老师的油画箱郑重交给吴章采。这个油画箱设计得十分精巧，比一般油画箱小，调色板折叠之后插在箱盖上，装调色油的小油壶有一个卡口，画画时卡在调色板上，这是唐一禾在法国留学时从欧洲带回来的。后来吴老师画画都是使用这个油画箱。

我们到武汉看展览时，正好碰见杨院长在展览馆改画。杨院长带着我们看展览，一幅幅地讲解，使我们获益终生！后来，杨院长到三峡写生时，又专门到师范美术班看望我们，鼓励我们好好学习，为国家作贡献！

在美术班学习期间，学校经常安排我们出去写生，深入生活。有人打趣说这是几个研究生。我们去过秭归云盘郑家让家乡院子五队。还去过远安模范教师的家乡。那时交通没有这么便利，我们去远安还要在当阳转车。记得我们到当阳后，没有赶上到远安的车，师徒6人挑着行李步行（那时出门都要自己带被子），走到洋坪就天黑了。我们找到一所学校，在一个教室里借宿。第二天继续赶路，又走了一天才到目的地，住在一位农民家里。

我们下乡，按照一般干部的标准，每顿交5两粮票，1角2分钱。那时候特别能吃，半斤根本吃不饱，我们平时早上在食堂都吃5个馒头一两稀饭，馒头是二两一个的大馒头！每天吃饭时，老板盛饭都用小碗，我们添3次就不好意思再添了！每天饿得要命，除了写生，还要参加劳动，没有办法，只有在小卖部买一袋饼干藏在枕头下，夜里偷偷吃一点。也不敢嚼，怕有响声，含在嘴里闷软了吞下去！

经过两年的学习，我们顺利毕业。我留校任教，赵泽波被分配到地区文化馆工作，其他3位同学回原籍。

1976年，我的第一套连环画《山乡新社员》在湖北人民出版社出版。当年出书是非常难的，记得定稿时省委宣传部部长王重农亲自作了批示，出版社专门指派连环画专家查加伍(1950年9月生，湖北京山人，别名穆明、三夷。中国美术家协会会员。毕业于湖北美术学院师范系。曾任湖北美术出版社副社长、美术副编审，湖北美协连环画、插图艺委会副主任。)住在出版社帮我改稿。《山乡新社员》收录进当年的全国出版年鉴，我的作品在全国展览中也时有获奖。我虽然在恢复高考以后考入湖北美术学院继续深造，但感觉还是在宜昌师范跟随吴章采老师学习获益最大！

我教语文四十年

李国荣

教研中心提出了"创教研文化"的工作重点，我室也要求各教研员写一篇这方面的文章。我思考再三，还是说说自己的本职工作——教语文吧！

一、爱　语　文

这是一个兴趣问题。干任何事，首先要喜欢它，热爱它。这是做好一切工作的前提。

我是"老三届"的初中生，老家在当阳原慈化区。我参加了"史无前例的'文化大革命'"。1967 年 8 月，"武斗"平息后，我就回家乡旭三大队(现合为了木林村)当了农民。父亲有点文化，他对我说："落到了农村，就要好好搞事，就要吃苦，不能让人家看你的笑话。"这话我听进了耳，干起活来特别卖力。割谷和青年农民比高低，镰刀把左小腿割了一大块肉，伤到了骨头。我用布裹好，继续比赛。"挑草头"(捆好的稻谷垛)我与青年农民赛跑，把肩膀压破了，鲜血染红了白色的衬衣，像"受了刑一样"。"送粮食"(把谷运到粮管所去卖)我和青年农民一样扛着 150 斤重的稻谷爬谷堆，照样坚持。

这些都被与我同小队的党支部书记文家祥看在眼里。1968 年秋收刚结束，他就安排我到大队当了民办教师。校长问我教什么，我说就教语文，因为我喜欢语文。从此，我的一生就与语文结下了不解之缘。

在担任民办教师的三年中，还有一些在当时看来"非常高贵"的职业，比如当兵、当亦工亦农的干部或进厂当工人等。如果我想跳槽，那是易如反掌的事。但是我没有，因为我的确喜欢教语文。

1972 年 1 月，我被推荐上了宜昌师范学校。在选专业的时候，年纪小的学员可以去学英语、文艺等专业，我还是选择了"中文科"，去学我喜欢的"语文专业"。当时中文科的主任是后来做了宜昌地区教育局局长的刘明国先生，教过我的老师后来都成了宜昌师专知名的教授，如张道葵、谢道弌、吴伯森、郭超焱、李光明、李超、李祖林、刘永龙等先生。由于我对语文的喜欢，学习成绩也是拔尖的。临近毕业时，各系组织了学员上"汇报课"活动，中文科就选中我去参加。记得去听我上课的先生很多，除了中文科的全体教师，学校的一把手管书记也去了。据说，管书记是资历较深的老革命。由于我有3年教语文的经历，"汇报课"自然得到了充分的肯定。如果说学生时代的"汇报课"上得较好，也得益于我对语文教学的热爱。

二、敬 语 文

这是一个态度问题。你想做好任何工作，就必须解决"敬业"这个态度问题。

九年级语文课本中，选了梁启超先生的《敬业与乐业》一文。梁先生对"敬业"的态度问题，论述得是再透彻不过了。在他看来，"'敬业乐业'四个字，是人类生活的不二法门"。他欣赏朱熹说的一句话："主一无适便是敬。"他对这句话作了解释："用现在的话讲，凡做一件事，便忠于一件事，将全副精力集中到这事上头，一点不旁骛，便是敬。"我虽然没有得到梁先生这样的教诲，但我的确是这样做的。

1973年7月，从宜昌师范学校毕业后，我被学校指派为领队，带领四十几名宜昌师范毕业的不同学科的毕业生，回到当阳县文教科报到。我被分配到当时的县直属学校——望城中学，仍然选择了教语文。

作为特殊行业的教师，其"敬业"的表现重点在三个方面：

一是要热爱学生。对自己教育的对象不热爱，是根本谈不上"敬业"的。20世纪70年代的望城中学，实际上是空军13师的一所"子弟学校"。我所教的班级，就有空军13师师长、政委等首长和飞行员的子女。他们聪明、灵活、见识广、胆子大，比地方上的学生调皮。我对他们关心、热爱，平时多予鼓励，得到了他们的认可和信任，也获得了同事中军人家属教师和部队家长的好评。2005年暑期，这批军人子弟们毕业30年后聚会，他们邀请我到武汉去玩了一圈。在一次宴会上，一位叫江鸥的女军人给我敬酒，她说，是我激发了她学习语文的兴趣。接着，她讲述了30年前在我语文课堂上发生的一件事：当年我教鲁迅《故乡》一文，提了一个问题，全班没有人回答，只有她站起来回答了，而且非常正确。我当即伸出了大拇指，且赞扬说："你真棒！"就是这一小小的手势和这不经意的三个字的赞语，使她从此产生了学语文的兴趣。江鸥高中毕业后参了军，衔至少校。她说，她的成长，语文帮了大忙。

后来，我从望城中学调到龙泉高中，还是教语文，任班主任。在这偏远的地方，一干就是8年。我与学生的关系始终是融洽的。如今离开龙泉高中快30年了，但仍然与不少学生保持着良好的往来。他们有事找我帮忙，有喜事请我去做客，有的还长期坚持给我这位班主任拜年。去年，我的儿子结婚，有不少学生闻讯后自愿赶来祝贺，我真是太感激了！

二是要备好课。这是教师敬业最重要的表现。这里有两件小事，都涉及备课，值得一提。一件事发生在我调教研室之前。那是1983年5月的一天，上午第一节是我的语文课。我夹着备课本走进教室，进行高考前的"系统复习"。我开讲后才发现，教室的最后面坐着一个人：当阳县教研室高中语文教研员靳方玉先生。我没有因此而慌了手脚，因为我自信：我有准备充分的备课。我有条不紊地把复习课上得非常圆满，并得到靳老师的高度评价。若干年后，靳老师才告诉我，他是受当阳县教育局分管人事和普教的副局长饶文俊先生的指派，去考核我的。当时，县里正组建扩充教研室，正在物色学科教研员。1983年高考揭晓，我所教的毕业班语文高考成绩居然名列全县第二，排在县重点高中之前。当年8月，我接到县教育局人事股的调令，去办调动手续。接待我的是李韵芬股长。李股长拿起一个册子翻了翻，又放了下来，没有给我开调令。我奇怪地问："我调到哪里了？您给我开调令撒！"李股长笑了笑说："不开了，你调到教育局教研室，就在我们这里，后天来上班吧！"我高兴得跳了起来，做梦也没想到会调局机关工作。当时我的愿望是调当阳师范，因为当阳师范的校长余大权先生要我去。现在想来，如果我不备好课，靳老师"突然袭击"，给他印象不好；如果我所带班级的高考成绩不是名列前茅，我能调到教研室工作吗？

有关备课的另一件事发生在我调教研室的10多年之后。一次婚礼宴，我与原职高李应松主任同席。李主任告诉我一件事：他至今还收藏着我十几年前在龙泉高中的备课本。那时龙泉高中撤销后，办了淯溪区的重点初中，后又和县职高合并了。李主任收拾办公室时，看到了一本旧的语文备课本，他看到是我的，备得详细而又规范，于是舍不得当垃圾卖，才保存起来。听了李主任的话，我十分感动，又给他敬了一杯酒。现在想来，如果我的备课马虎，能值得李主任将之保存吗？

教师"敬业"的第三个具体表现是要批改好作业。作为语文教师，尤其要批改好学生作文。当年，我曾经同时带过两个班的语文课，还兼班主任，工作任务是较重的。但每两周一次的作文课，我是认认真真地上的。课前备作文课，课后认真批改每篇作文，并做好批改的记录。大到作文的布局谋篇，小到句子的错字、标点，我都详细记载。批改完后，就是本次作文的最后一环——讲评。由于篇篇精批细改，加之详细地记录，讲评起来，得心应手、水到渠成，学生的收获是很大的。1984年，我调教研室后，受当阳电大负责人谈朝品先生之邀，兼做当阳县首届业余电大学员的"写作课"指导教师，用的还是这种老方法指导学员的作文，他们的反应是满意的。时下，有的语文教师不备课，不批改学生的作文，从"敬业"的角度看，这是不可思议的。

　　诚如梁启超先生所言，我是忠于语文教学这一件事，并"将全副精力集中到这事上头，一点不旁骛"。在龙泉高中教语文的 8 年中，我没有迟到、旷工过一次，也没有请过一次事假。我爱人生过 3 个孩子，至今我不知道女人生孩子是怎样生出来的，更没有照看她"坐月子"。每念及此事，我就觉得非常对不起她。

三、乐 语 文

　　这是爱岗敬业带来的最终结果。忘记是谁说的了，敬业的最终受益者是敬业者自己。我是极赞同这一观点的。我的"爱语文""敬语文"，使我获得了"乐语文"的丰厚回报。

　　首先是"语文事业"上的回报。我在原龙泉高中教语文，由于高考成绩突出，荣立了二等功；由于我认真地备课、讲课，得到有关领导的肯定，我才意想不到地调到县教研室，从事我继续热爱的语文教研工作，并且心无旁骛，一干就是28 年。28 年来，我先后两次被全国中语会评为"优秀语文工作者""全国优秀语文教师"；被湖北省教研室评为"首届中学语文优秀教研员""优秀实验教师"；2004 年被湖北省教育厅评为"湖北省省级骨干教师"；2005 年 11 月，又被评为宜昌市"正高职中学语文教师"；2006 年被评为宜昌市第三批"学科带头人"。这里特别值得一提的是"正高职称"的评选。在宜昌猇亭面试，评委都是三峡大学的知名教授。规定不能带书本和任何资料，包括教案。在 15 分钟内必须完成三项指令：5 分钟的"讲课"；5 分钟的"说课"；5 分钟的抽签问题答辩。这是最见功夫的时刻，好些学有建树、业绩不凡的同行就是在这关被拿了下来的。我能胜利闯过"面试"这一关，这是我几十年来爱岗敬业的最丰厚的回报！

　　其次是语文事业之外的回报。我是中国民主建国会当阳市委员会的副主委，排在第三位。我还是中国人民政治协商会议当阳市第四、五、六届委员，第五、六届常委。近十年来，我经常参加各种社会活动。每次的政治活动，我都能说别人说不出的话，提别人提不出的意见，受到相关单位和政协领导们的好评。这得益于我所钟爱的"语文事业"。没有一定的语文基础和功底，我所从事的参政议政活动是得不到人们认可的。2005 年 12 月，我被民建湖北省委评为"省级优秀会员"；2006 年至 2011 年，我多次被民建宜昌市委评为"优秀会员""优秀会务工作者"；2010 年 2 月和 2011 年 1 月，我连续两次被民建宜昌市委评为"双岗建功标兵"。在政协这一块，我于 2006 年 12 月和 2008 年 1 月两次被评为"优秀政协委员"；几次书写的《提案》，被评为"优秀政协提案"。就在写这篇文章的时候，我又接到两个通知：民建宜昌市委通知，把我的情况推到民建中央机关刊物《民讯》的"会员风采"栏目去发表；当阳政协把我的情况报到宜昌市政协，在"委员风采"栏目发表。这都是"语文事业"之外的乐趣和回报。

从1968年底当民办教师算起，我的语文教学生涯至今已有43年。这使我想起了辛弃疾的《永遇乐·京口北固亭怀古》一词，词云："四十三年，望中犹记，烽火扬州路。可堪回首，佛狸祠下，一片神鸦社鼓！凭谁问：廉颇老矣，尚能饭否？"巧的是，辛弃疾抗金南归，到写这首词正好是43年，与我的工龄一样。不同的是，作者老了还以廉颇自喻，想继续为朝廷作贡献，可南宋朝廷一味屈膝媚敌，早就没有起用他的意思了。而我，一个甲子将满，再过数月，我就要与"语文事业"说再见了。但我没有遗憾，有的是满足和快乐！

作者简介：

李国荣，1951年9月出生，湖北当阳人。中国民主建国会会员。1973年7月毕业于湖北省宜昌师范学校中文科中师班。1968年参加工作，教过小学、初中和高中。1983年任当阳市教研室中学语文教研员。历任当阳市政协委员、常委，曾任民建当阳市基层委员会副主委。2005年被评为中学正高职教师。

我的读书生涯

安德义

缘　起

　　湖北省新图书馆开馆。因开馆落成在即,《读者空间》杂志为配合新馆落成庆典,拟出专刊一期,荷蒙焉虹主任不弃,三敏老师青睐,邀我写一篇纪念文章,搔首踟蹰,略加思索,即曰"我的读书生涯"。我的许多经历离不开书,离不开宜昌师专,离不开省图书馆,省图书馆也给了我成长的空间,我略陈大意,三敏便欣然应允,于是便有了下面的叙述。

耳　读

　　我6岁以前的读书,我称之为"耳读",大约是在母亲的膝下就开始了。我母亲叫易文筼,出身于富商家庭,读过6年私塾,《论语》《千字文》《百家姓》《幼学琼林》《增广贤文》等烂熟于胸。我们绕膝承欢于母亲身边时,母亲便自言自语,脱口诵读一些经典名句给我们听,我们在懵懵懂懂中感受到那些整齐上口的结构,或奇妙无比的韵味。更有趣的是,当我们与他人发生了矛盾,或出现什么不愉快的事情时,她总能用经典语言开导我们。比如,我们与别人打架了,或者别人打了我们,我们要去报复,母亲则会说:"饶人不是痴汉,痴汉不会饶人。"母亲教我们宽恕。比如说,困难时期,家里来了客人,吃了我们的饭菜,我们就要挨饿,会有怨言,客人走后,母亲就会说:"在家不会迎宾客,出门方知少主人。"母亲教我们厚待他人。比如说,交朋友,朋友之间过分亲密的时候,母亲就说:"莫看朋友对我好,要看朋友对他人。"她告诉我们如何交朋友,如何观察他人。母亲零零星星的这些教诲,在我脑海中似乎落下了许多奇妙的古典文化的语言基因,这大约就是我的童年时代的"耳读"。耳读很重要,差不多可以奠定人一生的兴趣或追求,尤其儿童时代的耳读。当然,母亲文化素养的高低,对儿童的成长以及未来起着决定性的作用。难怪有人说,民族与民族之间的竞争,其实就是女人与女人之间的竞争，女人强则民族强，女人弱则民族弱。我想这道理是深刻的。

骗　读

大约 7 岁，我进了小学，开始识字。大约 9 岁，我便能读厚本的童话故事。大约 12 岁，我便读完了《西游记》《三国演义》《西厢记》以及许多演义类的作品，懵懵懂懂读完了《红楼梦》。13 岁那一年，我小学毕业了，"文化大革命"开始，学校停课闹革命。各类图书都被列为"封资修"，焚烧殆尽，但我读书的欲望却很强。没有书读了，就找人骗书读。我到现在都记得，当时有位叫弋勇的同学，我与他都是爱读书的人，我们想方设法从一些书没有烧完的人手里借来一些书，手里只要有一本书，便赶快读完再去与其他人换第二本，第二本读完了，再去换第三本、第四本……当别人找我索要第一本书的时候，我常常找不到第一本书的下落，于是又去骗另外一个人，把第八或第九或更远距离人的书，拿来偿还第一本，同时又找另外一个人换回第二本，就这样无穷无尽地换下去。初中三年，许多人闹革命大串联去了，我采用骗读的方式，居然读了几百本书，《东周列国志》《家》《春》《秋》《烈火金刚》《苦菜花》《金光大道》《格林童话》《老残游记》《克雷洛夫寓言》以及许多演义类的书等，就是在此期间读完的。

尤其值得一说的是，当年没有书读了，因"革命"需要，我和同学弋勇居然将毛泽东的《为人民服务》《愚公移山》《纪念白求恩》《矛盾论》《实践论》甚至《论持久战》以及《毛主席语录一百条》《毛主席诗词三十七首》，全部背了个底朝天。这些书对我后来的成长，仍然起到了很大的作用，也奠定了一些语言的基础。

还有一些可以叙说的是，"文革"期间，我居然找弋勇骗了一部小型《成语词典》，实在是没有书读的时候，我便将这部成语词典，从头到尾背了一遍。直到现在，许多人听我讲学，我经常是妙语连珠，为了形容某一件事，一口气可以说出十几个，甚至几十个成语出来，回想起来，大约得益于当时的这本《成语词典》。

抄　读

儿童时耳读，少年时骗读，青年时则学会了抄读。大约是儿童时代有耳读的基因，近当代小说虽然读得很多，但总觉乏味，于是找文言文读。先从哥哥姐姐的教材中找来读，刚读的时候，感叹惊异于古人文字的精练简洁，结构整齐，朗朗上口。每读一篇，就有急切背诵的欲望。于是读一篇背一篇，后来觉得不过瘾，干脆读一篇抄一篇。没有多久，哥哥姐姐的教材被我抄完了，背完了。我又经常翻阅《光明日报》，当时的报纸有许多大批判的文章，诸如"评法批儒"，乃至于后来的"批林批孔批周公"。批判文章中有许多作者引用的文言文，我则从这些文字缝中将一些文言文抄下来，并随口背诵。几年下来，居然断断续续抄了一大本。乃至于"文革"后，抄《说文解字》，抄《孙子兵法》，抄《文心雕龙》，抄《论语》，抄《离骚》，抄《左传》。现在清点，我居然抄了有一百多万字的著作，读书抄读是一大妙法。

这期间，我有幸在宜昌师专跻身《文心雕龙》研究学者吴林伯先生门下。他告诉我，研究学问最重要的是"背诵"，只有背诵才能打下学问的根基。于是，我便由无计划凭兴趣式的读书背书，走向了有计划的背书之路。我背完了《论语》《大学》《中庸》《孟子》《尚书》《易经》，《诗经》背了200多首，《文心雕龙》背了20多篇。甚至连钟嵘的《诗品》，挚虞的《文章流别集》也背过。数十年来，稍加盘点，我发现我断断续续竟背完了100多万字的经典。当然，因年代久远，没有复习，也忘却了许多。

买　　读

借着耳读，我度过了童年。借着骗读、抄读、诵读，我度过了充满灾难的年代，接下来"文革"结束，图书突然开禁，一夜之间，各种图书挤满了空旷已久的书店的书架，人们排起了蜿蜒曲折的蛇形长队，开始排队买书。久旱遇甘霖，这期间我逢书便买，经、史、子、集，文、史、哲，各种版本，各类古典丛书，倾尽家底，短短几年时间大约买了上万册书。整天从早上到晚上，唯一一件事便是读书，真如高尔基所说："饥饿的人扑在面包上。"有时买书也有很窘迫的时候，有一次，我的一条裤子破得实在是不像样子了，当时的工资只有30多元，妻子好不容易从牙缝中挤出3元钱准备给我买裤子。我看到一套《唐宋文举要》，非要去买，但又没有钱，于是找妻子软磨硬泡，硬是将3元买裤子的钱拿去买了书。

书买得很多，读得也认真，但毕竟入不敷出。有一次，读到鲁迅的小说中说："窃书不算偷"，有了理论根据，我来到一个学校图书馆，白天进去踩点，晚上越墙翻窗，带了一个大旅行包，偷了满满一大包，真像窃贼。我把自己关在家里，将图书馆藏书的编码、图章一一清除撕去，美美地读了半年，并自我安慰说，这些书躺在图书馆，反正没有人读，我偷了，叫作"物尽其用，物归其主"，窃书不算偷。今天想来，真是暗暗脸红。我曾经许愿，若经济允许，我一定捐上一万册书，作为偿还。你们若什么时候在媒体上看到我捐书给×××学校图书馆，那一定是我偿还当年偷书的那笔债务。

写 书

我嗜书如命，尤其有趣的是，每每拿起书，我便浑身发热，头顶冒热气，即便是寒冬，也常常脱衣读书。记忆深刻的是，我在宜昌师范学校读书的时候，每天晚上，更深夜静，四周一片宁静，我害怕妨碍他人休息，便在两边通风的走廊路灯下读书。寒冬季节，冷风刺骨，我虽头冒热气，怎奈寒风太急，便顶一床毛毯，在微弱的灯光下常常读至凌晨三、四点，六点居然也能起床晨练，白天也仍能精神饱满地上课。这期间读完了《马克思恩格斯全集》《列宁全集》以及《资本论》、欧洲哲学史、西方哲学史，甚至列宁的哲学笔记。这期间，也读了大量的语言学著作，从《马氏文通》到《修辞学发凡》，从杨树达的小学到甲骨四堂以及说文四大家……书读多了，也就有了写作的欲望，我的第一部著作便是在一个叫戴建华的年轻人的催促下完成的，书名叫《逆序类聚古汉语词典》，是我国第一部以尾字为序编排的分类词典，李格非和汪耀楠称赞说："填补了我国词典学史上的空白。"其中艰难困苦，酸甜苦辣，非经历者不能体会。历经十年，在我35岁前由湖北人民出版社出版，湖北省图书馆收藏。该书在日本、台湾地区、美国诸多图书馆多有收藏。接下来便是《论语解读》《德行卷解读》等。我大约计算了一下，数十年来，我居然已完成800多万字的著作，已出版约有400多万字，也应该算得上是多产作家之一。

卖 书

因读书、写书、大量买书，生活窘迫，经济拮据，父母也长期生活在贫困线下，我想知识分子不当怨天尤人，应当生产自救，于是决定奔赴池塘，别人叫"下海"。因海太深，我不敢下，便下"池塘"，编辑出版了大量的教辅材料，以及小学、初中、高中各种课外阅读图书。我编辑的这类书销量极好，尤其是当时的一套《阅读与欣赏》，共3本，每本10元，3年内竟卖了160多万套。人生从经济上算是小有收获，供养父母、养活自己一家人的费用也足够了，但读书却少多了，内心觉得空虚无聊，难道人应该为钱活着吗？加上我赚钱的方式是在应试教育的炉火中添柴加油，我的内心也受煎熬，问心有愧，便急流勇退，毅然清仓甩卖，将公司转手他人，躲进小楼成一统。民国期间有闻一多被称为"十年不下楼居士"，我便躲在家中十年不下楼，全身心系统地研究起儒家经典。

说　书

书读多了、写多了，于是话也多了，语言表达似乎也丰富了，而且好像还比较干净流畅，便有了许多聚会的朋友喜欢听我神侃胡吹。他们告诉我受益颇多，并且主动支付费用。于是我便有了职业演讲说书的念头。2002 年，我创办"武汉儒家文化传播公司"，先在家庭中办起"德义经典学堂"，反应颇为热烈。

一个偶然的机会，一位名叫张书岚的学员，将我引荐给湖北省图书馆当时"名家讲坛"的掌门人——焉虹主任。我邀他寒舍相聚，他亦应邀前来，相谈甚洽。于是，约定先做第一讲。随后我便主动请缨，作公益演讲，每周一场，全年47 场。大约第 3 场过后，竟场场爆满，偶尔走道上也挤满了人。

没有想到竟有许多意外的收获。第二年，有许多企事业单位邀我前去讲学，我将传统文化运用于企业管理。第一站是欧亚达家居集团，接着是广东中山大学，接下来则是北京大学、清华大学、复旦大学，以及中央各大企业，乃至于上海图书馆、上海东方大讲堂、湖北卫视，一直到中央电视台，乃至于国外。一路走来，虽然风雨兼程，艰难备至，但欢欣快乐却充满其间。所以我感谢宜昌师专，感谢省图，感谢焉虹主任，也感谢三敏老师，引发我的吉光片羽的回忆，并诉诸文字。这次得以再版也必须感谢李云贵先生。

以上由耳读、骗读、抄读、买读、偷读到写书、卖书以及说书(演讲)，便是我的读书生涯，仓促成文，啰唆冗杂，贻笑大方。

在宜昌师专抄书与背书的岁月

田兆元

我们是恢复高考后的 77 级大学生，但是 1978 年 3 月才进校。那时百废待兴，教学条件真的不太好，同现在完全不能比。但是那时宜昌师专图书馆还是藏书不少，足以让我们大开眼界。教材也有，但是不完备。记得古典文学好像是武汉的大学编的一本白皮的教材，古代汉语是全省的师专编的教材。现代文学就是印发讲义，大家自己保存装订。

面对这样的情形，老师们给我们讲学习方法，其中有背书和抄书。背书的问题，当时吴章采老师、吴柏森老师都给我们讲过很多的例子。比如他们说有一位先生，每年有一段时间要闭关读书，谁都不能打扰，饭要送进去，他要背书。这些故事给我们深刻的印象是：学术是要记忆力的。像钱锺书的学问，如果没有知识记忆是不可想象的。没有记忆就没有联想，创造实际上是不可能的。我那时努力背《楚辞》，《九歌》当时是差不多都背了。第一篇发表的小论文叫《涉江的原始意象探微》，第一篇发表在《华东师范大学学报》的竟然也是《楚辞》论文，关于"云旗"，我对《楚辞》文本太熟了。

我们也抄书，有的同学抄文学史全文，我当时只是抄文学史里面的引文，如游国恩主编的《中国文学史》的引文。后来是抄王力《古代汉语》的"常用词"，用练习本抄，还弄了一个坐标索引。当时张军平同学抄完了，我只是抄了两本，没有抄完。但是这些工作给我们很大的帮助。把基础的书吃透了，就什么都不怕。当时我是把《史记》读完一遍了的，虽然一知半解，但是也是有一个印象吧，比不读要好很多。

后来考施蛰存先生的硕士研究生，他考文学史常识、中国历史常识、古汉语三门课。我每门课都考 90 多分，当时 27 人报考，包括北京上海很多的名校考生，都没有办法回答那么多的基础知识，考第一名的竟然是来自宜昌师专的我。当时的历史常识复习是读一本中国历史百科，厚厚一本，我看了多遍，好多问题都背了，那真是具有竞争力的。

我们对于课堂老师的讲述，喜欢把笔记记在书上。记得吴章采老师讲《庄子·逍遥游》"上古有大椿者，以八千岁为春，以八千岁为秋"的时候说，椿树代表长寿，特指父亲长寿，代表母亲长寿的是萱草，所以祝福父母长寿会说"椿萱并茂"。我清楚地记得我是把这句话记录到《古代文学作品选》一书的《逍遥游》那一篇页面上的。

时间过了 30 多年，我去参加赣南师范大学的相关活动，看到他们客家博物馆很多匾额，其中有一面"棠棣之华"，我就知道这一定是送给兄弟的。因为《诗经·棠棣之华》写的是兄弟情感。但是多数人都不知道这些匾额的意义了。后来他们开客家会议，邀请我参加。我觉得那些匾额可写，就请在那边的一位博士后同学帮忙把那些匾额拍照给我。他拍了很多照片，没有再见到"棠棣之华"，却意外发现一块"萱花永茂"的匾。我简直激动地跳起来了，这不是章采老先生说的代表母亲的"椿萱并茂"中的萱草花吗？这是单独送给母亲的。

当时写了一篇《客家中国母亲花》的文章，在会议上引发关注。因为这个有千年以上历史的中国母亲花符号萱草花在 20 世纪被美国的康乃馨替代了，一个号称崇尚孝道的国家没有母亲节，而自己的孝道符号萱草花的意蕴已经被民族整体遗忘了。2018 年的母亲节，有媒体采访我，我就将学术性的论文给他们，希望他们用通俗的话语讲出来。澎湃新闻的一篇《中国也有代表母亲的花，不是康乃馨而是"黄花菜"》，引发铺天盖地的转发，好多黄花菜种植基地也请我去。我后来也在《光明日报》发表文章，到处演讲，举办萱花节。今天中国人对于母亲花符号的认知已经有了很大的改变，本人很荣幸是推进者之一。但是这一切都来自师专课题的记忆。如果没有那时课堂的记录记忆，很多事情根本就不可能发生。宜昌师专的背书抄书岁月，是我今生获益最大的黄金岁月。

回忆在宜昌师专英语科学习的往事

[加拿大]曹海英

1977年10月，国务院宣布当年立即恢复高考，这是"文革"10年后的第一次高考，是千千万万青年久盼的喜讯。我有幸在宜昌参加了这次高考，并且考分达到录取线。接到录取通知书我们是多么激动，家里终于出了个大学生。我们起初是在宜昌市中等师范学校，那里"带帽"加了个英语大专班，其他专业也分散在市内各高中。一年半后，随着全国的潮流，我们也被宜昌师专收回。这个改变也是我们所期盼的，因为宜昌师专是当时宜昌地区为数不多的正规大专院校（另外还有宜昌医专、葛洲坝水电工程学院），师资队伍强，校舍、教室、校园都是早就建设好的。1979年夏我们来到师专，进入古色古香的教室，看着绿树成荫、带喷水池和大操场的美丽校园，心里都很兴奋，下决心要抓住这难得的机会，好好学习，服务社会，开辟新的人生道路。

在宜昌师专英语科，我体会到了正规教育与自学的不同。我从初中开始学英语，到初二下学期"文革"就开始了。我上山下乡当知青、当工人、又当过中学老师，到高考时，这中间已过去了8年时间。我一直没有丢下英语，下乡时还带了以前的课本和家里的几本英汉词典，还有在北京王府井外文书店买的英文读物（内容是当时政治形势等）。劳动再累，一有空我就会学习。高考前，我的英语阅读能力不错，还尝试把英语简易读物《爱丽丝漫游奇境记》译成中文。在宜昌师专英语科，三位最棒的老师：当时的科主任周力老师和周金媛老师、罗善翠老师都先后教过我们。他们扎实的英语基本功、丰富的知识和课堂教学经验、各具特色而卓有成效的教学方法，让我们获益匪浅。从他们那里，我知道了自己的差距。英语是有着严格规范的语言。许多词组搭配是固定的，其中一个词用错了，这个句子就有了错误。很多动词，后面搭配的介词是有要求的，不能错。学习一个动词，不是记住这个词就行了，还必须记住它后面可以跟及物动词还是不及物动词，还是两个都可以。它后面可以跟哪几个介词，各是什么意思。这个动词的名词形式是怎样的，有些什么常用的词组搭配。英语非谓语动词让我大开眼界。动词除了作谓语之外，还可以加"ing"的形式出现，或以加带"to"的或不带"to"的不定式出现，还可以过去分词出现。从句的使用也是形式多样，要点很多。面对无涯学海，我发奋学习，把很多休息时间也用上了，还从每月42元的工资（我工龄够了，可以带薪学习）里挤出一百多元买了个砖头式录音机，晚饭后边散步边听，提高语音能力和口语能力。这些帮我取得了好成绩，在班上担任学习委员。

宜昌师专的文体活动开展得很好，经常举办各种球赛、文艺表演、美术比赛、书法比赛，与其他学校联欢，等等。我在学校也是文艺积极分子，经常参加男声小合唱、学生大合唱。有一次还参加了话剧表演。记得有一次宜昌师专与葛洲坝水电工程学院联欢，我参加了大合唱，那次还化了妆。有一年圣诞节前夕，英语系老师在系主任罗善翠老师带领下表演外文歌舞，我也参加了。有一次师专举办美术比赛，我以一幅古代仕女图获得三等奖。每天课外活动及晚餐后晚自习前的时间里，好多篮球场都是人声鼎沸，为篮球健儿呼喊鼓掌。

我1981年毕业留校任教，3年后又读了华中师范大学英语语言文学硕士，之后回校任教。1988年7月，我担任英语科副主任，罗善翠老师任主任。我们配合的时间有四五年。我们配合得很好，我十分尊重罗老师。她经验丰富，工作方法多。我自己缺乏行政工作经验，于是经常向她讨教，她都耐心地给我解释、出主意。她布置的工作，我也尽力去完成。我负责的工作有一项是推广普通话，这是师专工作的一个重要方面。学生将来是要做教师的，用规范的普通话教学，是对他们的要求。师专语委的刘芳老师很有经验，十分负责，见到我就会提语委的工作。我们经常检查学生是否用普通话，帮助纠正发音。我小时候在北京长大，平时也注意去掉一些北京土音。有一次国家教委来人检查师专推广普通话的工作，我发言后受到表扬。

宜昌师专后来改为湖北三峡学院师范学院，英语科也改为英语系。一批后起之秀成长起来，像王秀银、雷正明、胡晓琼、张静和罗豫等。他们精钻业务，英语发音好又说得流利，教学方法活，受到学生欢迎，成为教学骨干，有些进入领导层。

作者简介：

曹海英，1981年宜昌师专英语科毕业留校。华中师范大学英语语言文学硕士、加拿大阿尔伯塔大学比较文学硕士，任阿尔伯塔大学东亚系汉语讲师。

在宜昌师专英语科学习工作的日子

张　静

1982 年 9 月 8 日，我到北山坡宜昌师专外语科报到，接待我们新生的是刚刚从湖北大学外语系毕业的杨明光老师，我们是她的第一批学生。她长长的辫子、明亮的眼睛、甜美的微笑、温柔的语调，让我们感觉到如同回家一般温暖和放松，忐忑、陌生、焦虑的感觉顿时消除了一半。校园不大，但是整洁小巧，绿树成荫。宿舍是一层楼，中间是走廊，两边是宿舍，门对门的筒子楼，一个房间住 8 个同学，高低床，水池和厕所都在楼外。宿舍的旁边是操场，前面是教师宿舍，是个二层楼的筒子楼，每个宿舍只有 9.6 平方米，杨老师和其他从各大学分配来的年轻老师就住在这里，大家都亲切地简称这栋楼为"9.6"。

开学了，我们逐渐认识了外语科所有的老师，外语科藏龙卧虎，人才济济。科主任罗善翠老师，风华正茂，知性热情，平易近人，思想开放，思维敏捷，她炯炯的目光、灿烂的微笑和爽朗的笑声特别有吸引力和感染力！科秘书向翠兰老师青春靓丽，快人快语，热心助人，为大家提供周到及时的服务；翻译专家曹海英老师，对我们高标准严要求；带黑边眼镜的语法老师刘瑄传，功底扎实，严谨治学；学生辅导员田定国老师拥有健美教练的身材，活力四射，雷厉风行；图书管理万忠玉老师稳重大方、善解人意、温暖细心；三年级班主任兼精读老师王涛知识渊博、和蔼可亲，课堂上侃侃而谈，运动会上快跑如飞！还有教育学和心理学危世琼老师，现代汉语老师、诗人姚永标，英俊潇洒的体育崔老师、谭老师……

刹那间，30 多年过去了，我们的老师们早已退休了。虽然多年未见，他们当年的风采仍历历在目，鲜活生动。他们都是最优秀的老师，当之无愧的名师！他们用毕生的精力和智慧，为国家和宜昌地区的改革开放、经济腾飞辛勤耕耘，无私奉献！

20 世纪 80 年代，我们在高中学的是"哑巴"英语，擅长语法、填空题、阅读理解，考试得高分，但无法进行流利的口头交流和思想表达。针对当时学生的特点，罗主任带领整个教研室，为我们特别制定了高效的教学方案，把教学重点从知识传授转移到技能训练上。第一个学期专门练习音标和口语，罗老师亲授语音课，从发音部位到口型、从语音到语调、从语速到语感，一个音标一个音标地校正、一个单词一个单词地练习、一篇文章一篇文章地朗诵，在校正了发音之后，又加大口语训练力度，一边增加课堂上口语练习，一边组织英语角等各种课后活动，为学生提高听说能力创造条件。第二年和第三年的精读和泛读课也一直秉承提高口头表达能力的原则，要求我们用讲故事的方式把复杂的内容表达出来。经过三年的高效训练，我们终于能用纯正的美式发音自如地进行学术交流了！每个学生都信心大增，体会到了成就感，也真正享受到了学习外语的乐趣！

三年的时光弹指一挥间，罗老师领导下的英语科全体老师教书育人，严谨治学，目标明确，方法恰当，充分激发了同学们的潜能，让我们深深地爱上了教师这个行业。毕业后，大家都回到家乡，登上讲台，把从宜昌师专汲取到的知识、技能、智慧和爱心传播到家乡的山山水水，享受着桃李满天下的幸福和快乐！

毕业后我留校了，有幸也住进了"9.6"，更有幸沐浴在外语科严谨治学、开放合作、人文关怀的文化氛围之中学习和成长；罗老师鼓励年轻的老师大胆创新，挑战自我。为了让外语科教学水平更上一层楼，罗老师引进了师专的第一个美国教师戴安娜，带给我们更好的语言学习和中美文化交流的机会，拓展了我们的眼界、开阔了我们的胸怀！记得1986年的愚人节，我帮助戴安娜制作、张贴漫画海报，冒名给老师写信，开了很多友善幽默的玩笑，当大家被告知是愚人节的活动之后，才恍然大悟，开怀大笑，沉浸在一片欢乐的海洋里！

为了鼓励年轻老师不断改进教学效果，学校团委还设立了园丁奖。这个奖项打破了传统评比规则的条条框框，由学生无记名投票产生。卧薪尝胆，大胆创新一直是英语科的办学特色，受到学生和老师的一致赞赏，英语科始终充满勃勃生机，不断发展壮大！英语科充分利用园丁奖的评比来激发老师们提高教学质量，当年的我，也有幸荣获了这个殊荣。奖品是一个咖啡色的瓷笔筒，是罗老师亲手颁发给我的！30多年来，我一直珍藏着它，像一块奥运金牌一样珍贵！它是我职业生涯的第一个里程碑，它鼓舞了我，给我拥抱变化、挑战自我，追求卓越的信心和力量！我始终坚信，名师出高徒。有在宜昌师专多年的熏陶和历练，我有能力挑战更高的目标，为母校争光！

作者简介：
张静，1985年宜昌师专毕业留校任教，后任百威英博亚太区人事部总监。

从师专学生到师专教授

王浚岭

1977 年恢复高考，是中国教育发展史上特殊的转折点，成为一个国家与时代的拐点，也是许多人命运的转折点。一张大学录取通知书，改变了我的后半生，把我与宜昌师专紧紧联系在一起，从师专学生成长为师专教授。

1970 年知青回城，我到宜昌市三峡瓷器厂工作。1977 年 10 月，我报名参加 77 年高考，1978 年 4 月，接到宜昌地区革委会大专院校招生办公室正式入学通知，当时是以华中师范学院宜昌分院的名义招生，这张入学通知书改变了我的后半生。

当时我已经年满 30 岁，重新跨入学校大门时，是一种怎样的激动心情！令人难以置信的是，我们手捧大学录取通知书，却走进了宜昌二中大门。当年宜昌市录取了一批城区老三届大龄青年，其中数学专业安排在宜昌二中就读，用的是湖北省宜昌市第二中学学生证，上面用红章加印"高师数学专业班"，这种奇特的现象只有在那种特殊的年代才可能出现。

1978 年年底转入宜昌师范专科学校数学科学习，我与项昌新、甘德安等人插班到 7721 班。班上大多数是应届或近届毕业生，年龄相差七、八岁到十余岁。1977 年高考报名人数 570 万，录取 27.3 万，录取率约 4.8%，录取比例 29∶1。命运之神对我们格外眷顾，我们自然也十分珍惜这最后的来之不易的学习机会。当年叶帅有诗云："攻城不怕坚，攻书莫畏难。科学有险阻，苦战能过关。"这正是我们在那特殊历史时期如饥如渴、顽强拼搏学习精神的写照。

当年先后给我们上课的老师有：孔祥树、范云陞、帅绪芝、甘良仕、侯劲、王家森、王曙亚、徐复生等。孔老师教高等代数，范老师教数学分析，王曙亚老师是黄埔同学会会员，教中学教材教法，与我住在同一条街上。甘良仕老师教高等代数，后来调往武汉。侯劲老师教常微分方程、概率统计，王家森老师教平面几何复习与研究，徐复生老师教政治经济学。比我们年龄小许多的高友珍老师任助教。许多课程在校门附近的两层楼房上大课，100 多个同学，争先恐后提前占位子，我总是尽量坐在第一排，认为这样才能取得最好的听课效果，也获得更多课间向老师请教的机会。后来我当老师时，也经常与坐前排的同学交流。

在师专学习了两年多时间，受到众多老师的教诲，限于篇幅，仅介绍两位令我没齿难忘的恩师，一位是我科研的引路人——帅绪芝老师，一位是我后半生转折点的关键人——孔祥树老师。

1978 年恢复师专以后，帅老师先后担任了"解析几何""高等几何"和"微分几何"等课程的教学。课堂上，帅老师言简意赅的分析，简练准确的语言，深入浅出的讲授，一手特别漂亮的板书，生动活泼的教学氛围，深受学生欢迎。毕业留校后，帅老师又成为我们这一批新老师的指导老师，我们又听了帅老师一个学期的课，不仅从学习知识的角度，更从如何上好一堂课的角度，向帅老师学习。在从事繁重的教学工作的同时，帅老师先后编写了湖北省师专教材、中南五省师专教材、全国师专统编教材《解析几何》。1991 年，帅老师主持了湖北省高等学校教学研究项目，主编了《初中数学竞赛训练指导》一书，我在此书中担任了一章的写作任务。

师专毕业前夕，我在宜昌师专主办的《教学研究》(理科版)第三期发表了我人生的第一篇文章《二次曲线的具有定向 K 的切线方程》，指导教师就是帅绪芝老师。1980 年"五一"劳动节以后，我带着用方格纸誊写的 17 页初稿，去找帅老师。当时师专帅老师、甘老师等住在几栋十分简陋的平房里。帅老师接过手稿，非常高兴，连声说："好，好。"2006 年，我指导本科生在《高等数学研究》杂志上发表了文章，一下子就想起了当年帅老师接过我的手稿时无以言表的喜悦心情，是那么相似！深刻理解了帅老师当年一心扑在教学上，情系学生，望学生成才的一位老教师的崇高师德。在此文的写作过程中，我翻箱倒柜，找出了保存 40 余年的手稿。17 页手稿几乎每页都留下帅老师批改的痕迹，从文章的标题，谋篇布局，到增删的句子，包括圈出的错别字，都清晰明了。首页左侧页眉处，帅老师用红笔写道：1. 重抄一次；2. 图形用白纸黑墨绘好。按照要求，我找到绘图白纸，小心翼翼地绘好插图，供排版工人制版用。从末页页脚右侧可以看到，此手稿是 1980 年 5 月 2 日完成，按照帅老师要求，修改完毕后，重抄一次上交，此稿得以保存，并在末页页脚右侧最下端写上：最后定稿 5 月 14 日晚。

这是我人生的第一篇文章，第一次把手稿变为铅字，第一次历经从写作到发表的全过程，帅老师是我科研的引路人，为今后的科学研究奠定了基础。以后晋升副教授、教授，在国内外期刊上发表了几十篇学术论文，唯有这一篇给我留下最深刻的影响。

在师专学习期间，孔祥树老师任数学科主任，他和老伴范云陛老师在解放初期毕业于东北师范大学，在华中师范学院工作，后来为支援宜昌师专的建设，夫妇俩一起来到宜昌。77 级学生在 77 年 12 月参加高考，78 年春天入学，时值我国改革开放的前夜，"文革"十年，百废待兴，学校急缺师资。学校准备在 77 级毕业生中留一批品学兼优的学生任教，在孔主任的主持下，数学科 77 级毕业生冯明、望光辉、张明望、郭祖圣、邹德贵、项昌新、甘德安、王尊全、徐承华和我，共 10 人留校工作。数学科一次留校 10 人，这是一个大胆的决策。在校学习期间，我们一心扑在学习上，没有过多考虑毕业以后的去向，也不知道学校准备在 77 级毕业生中留一批学生任教的决定。当时社会风气良好，据我所知，没有学生为留校找领导开后门，找老师说情。为了数学科的发展，孔主任大公无私，择优录取。我是毕业前夕才得到留校通知。这 10 人中，个别人因工作需要转岗行政后任处级干部，其他人都成为教学骨干，晋升了副教授、教授。77 年高考，是我人生的转折点，开启了我崭新的后半生，而毕业留校则是这后半生的起点，孔祥树老师就是决定这一起点的关键人物，是我终身感激的恩师。

1981 年 1 月，我从宜昌师专数学科毕业，留校工作。专科毕业在高校工作，只有在那种特殊时期才有可能。孔主任十分重视提高我们的专业水平，立即安排我们到武汉高校进修本科课程，第一批 2 月就到武汉大学和武汉师范学院学习，我是第二批。1981 年 9 月至 1982 年 7 月，我在武汉大学数学系进修，学习本科课程。与当时大三、大四的学生一起学习数学专业后续课程，一个教室听课，一个教室考试。同时还挤出时间听大一、大二的数学核心基础课程。十年"文革"后，教育资源紧缺，在武汉大学进修的教师很多，第一学期学校没能安排住宿，武大数学系利用楼栋顶层的亭子间安排 10 多位进修教师住宿，但是需要自备床具。我从师专总务处借用一个铁床和铺板，火车托运到武昌，再运到武大，学习结束后又托运回宜昌。这种事情现在几乎无法理解，但是我们那时确实发生了。恩施师专谭志松老师与我同住一个亭子间，2007 年他从湖北民族学院副院长调任三峡大学副校长，再次见面后，不约而同地回忆起亭子间的往事。

1984 年，国家教委为了提高高校青年教师的教学水平和学术水平，在全国部分重点院校开办助教进修班，通过考试，录取学员，学习硕士研究生主要课程，湖北省确定武汉大学和华中师范学院开办助教进修班。孔主任鼓励我们报考，并与华中师范学院老同事联系，了解有关情况。通过入学考试，我们数学科有两人被录取，王尊全被武汉大学助教进修班录取，我被华中师范学院数学系助教进修班录取，1984 年 9 月入学，1985 年 12 月结业，通过考试获得结业证书，结业证书内有导师签名的硕士研究生主要课程成绩表。助教进修班同学们，返校后都成为学校的教学骨干，几乎都晋升教授、硕士生导师，还有部分博士生导师。

作者简介：

王浚岭，1948 年 2 月生，河北平乡人。1981 年 1 月宜昌师专数学科毕业留校。湖北大学数学系本科毕业，在华中师范大学修完硕士研究生学位课程。连续在宜昌师专、湖北三峡学院和三峡大学从事数学教学和科研工作。教授，硕士生导师。中国数学会会员、湖北省科学技术协会会员、宜昌市数学会理事，宜昌师专数学系副主任。

永远难忘的心迹

胡昌祥

悠悠岁月，往事如风。40 多年前，我们一群有了几个孩子的父母终于踏上大学之路。1977 年的高考圆了我们 11 年前的大学梦。1978 年 3 月，我们来到宜昌，来到华中师范学院宜昌分院（后来改为宜昌师专）。1977 级，宜昌师专中文科招了 3 个班，我们是 7703 班，这个班几乎全部由"老三届"的同学组成，共 30 人。后由宜都高师班转来十几个同学。

入学时，我们是作为本科生录取的，但几个月后，校方却宣布我们为专科了，当时同学们十分不满，特别是年轻的同学，集体抗议。我们这些"老三届"却没有那么冲动，原因是我们都有家小，都想早点毕业回家。但这是错误的，因为为此我们后来吃了很大的亏，为学历我们走了很大的弯路。

中文科当时开设"现代文学""古典文学""现代汉语""古代汉语""文艺理论""教育学""心理学""英语"和"体育"等 10 多门课程。所有的老师都是教学经验丰富、学识渊博的专家。当时的教师有教"现代文学"的谢道弋，教"现代汉语"的李祖林，教"古典文学"的吴柏森、刘永龙，教"文艺理论"的张道葵等。这些老师的教学风格各异，但他们的讲课都通俗易懂，往往令人茅塞顿开，受益匪浅。特别是谢道弋、李祖林老师，他们待人亲切、平易近人，和我们亦师亦友，十分融洽。有时候我们还到他们家去玩。因此，3 年来，我们学到很多知识，也学到他们身上那些宝贵的品格。后来我在枝江教育界能受到很多人的称誉，也得益于他们的教诲。

大学生活是紧张又松弛的，一周上几天课，其余的时间是自学。因为我们大多是从民办教师考上来的，所以我们学习是很认真的。我和吕志军、张昌惠、赵吉春是前后桌，经常在一起研究问题，生活上也互相照应。有时候也为一个问题互相争论。1980 年春，有一天晚上，我肚子疼得厉害，从床上滚到地上。同室的吕志军等同学马上喊来救护车，把我送到宜昌地区医院。经检查，原来是我的阑尾穿孔了，如果来迟了，会有生命危险。当时，医生当机立断，给我做了手术。在养病期间，同学们轮换来看护我。半个月后我出院了。我知道，同学情，深似海。

在宜昌师专 3 年的学习生活中，我们是快乐幸福的，除了上课，我们常常到图书馆、资料室去看书，古今中外的书籍我们都看了个遍，有的是浅尝，有的是细品。中文科资料室，是一个漂亮的年轻女老师负责，她叫孙祖娟。她是枝江江口人，因此对我们枝江老乡格外客气。我们中文二班(合班之后的 7703 班)的孟祥荣同学，他到资料室去的次数格外多。久而久之，我们就看出了端倪，原来他和她已经谈上了。果然，后来孟祥荣留校教书，和小孙结婚了。

3 年的学习在 1980 年底画上了句号，但我和同学们的感情却日久弥坚，虽然我们在不同的地方工作，但我们的心是连在一起的，宜都的杨承菊(杨树)、王道义、张明玉，长阳的吕志军、张昌惠、蒋厚松，当阳的朱大成、闫开金、韩大建、席生富、罗君惠，宜昌的毛树嵘、陈重中、何先玲、廖应文，枝江的杨尚梅、张应培、郑国荣等，他们的音容笑貌永远留在我心中。师专的老师我还经常联系，谢道弋老师的儿子到我们枝江一中读书，我们还有些来往。刘锦程老师是我的老乡，在学校学习时，我们就经常叨扰他，现在我们还有来往。我和同学、老师的关系就如滔滔长江水一样，永不停息，永远相连。

作者简介：

胡昌祥，1947 年出生，湖北枝江人，中学语文高级教师，全国中语学会会员，湖北省中语会、宜昌市中语会理事。1966 年高中毕业，后因"文革"学业中断，回乡担任民办教师，1977 年恢复高考，考入华中师范学院宜昌分院(入校后改为"宜昌师范专科学校")，毕业后分配到枝江一中任教，后曾任教务主任、副校长。在《中学语文教学》《湖北教育》等刊物发表专业论文几十篇；出版多本教学专业书籍。

"多读作品"

——师专中文科老师的教学理念

王明建

这几天，如饥似渴地拜读师专老师、学友们的回忆录，我心潮澎湃。作为母校的一个学子，我也燃起了回忆往事的强烈愿望。

我想从一个角度探讨师专中文老师为什么牛和学生毕业后为什么成就突出。这个问题我思考了多年，结论就是中文科老师们极力强调的"多读作品"。老师们的理由是，一般大学太过重视文学史的教学，太过忽略文学作品的教学。在40年的经历后，我妄断其中最深刻的道理是，文学史受思潮、政策的左右，往往变来变去，唯独作品永恒。

教我们古代文学的有吴柏森、郭超燊、刘永龙等老师。吴、郭二位是石声淮大师的亲传弟子，大师光唐诗就能背诵近1000首，我们的二位老师继承了大师的教学传统。郭老师功底深厚，学识渊博，讲课神采奕奕，板书美观，加之想藏也藏不住的书香门第、大家闺秀气质，先天与后天、内在与外在、出身与造诣、积累与表达集于一身。在6个学期的古代文学课程中，为什么把郭老师安排在第一站，大有"万事开头难"、激发后5个学期学习兴趣之用意。先秦两汉是古代文学、文化的基础，郭老师的作品讲解和指定的课外阅读范围，都使我终身受益。在贯彻"多读作品"的理念中，郭老师讲作品最多，文学史只作简要勾勒，但清晰而完整。吴老师的学识渊博众人皆知，教文艺理论的张道葵老师说，他不知道古代文学作品的出处就问吴柏森老师，还没有碰到吴老师解答不了的。张老师还说，这种渊博他没见过。据说，"多读作品"的教学理念是吴老师首倡的，得到各位老师的支持和贯彻。吴老师是教最后一个学期的明清文学，在我毕业后的学术生涯中，多次向吴老师请教先秦两汉的文学作品，我惊讶地发现，你问吴老师先秦两汉的作品，吴老师从不翻书，不屑于"随手拈来"，而总是"随口道来"。吴老师主张，无论研究哪个阶段，都要先在先秦两汉下更大功夫。遵照吴老师的教导，我虽然研究唐宋文学，但我对先秦两汉下的功夫远比唐宋多。如果说对作品讲解最详细的，要算刘永龙老师。少数学生想多听几篇作品，建议刘老师讲简单一点，以便多学几篇。而对我而言，刘老师的细讲使我长时间受益，因为"文本细读"是体会、研究作品的硬功夫。据说刘老师的细读法是在武大进修后才形成的，并提高了他的教学质量。在全省师专唯一一次统考中，是考刘老师教的唐宋文学，宜昌师专平均分全省第一。当时学校把中文科唯一一个加工资的名额给了刘老师，奖励他的教学成果。

教现代文学是谢道弋老师，谢老师也把大量教学精力用在作品而非文学史讲解上。有人只承认有"学术大师"，不承认有"讲课大师"，我是承认有的，谢老师当属其中。即使从学术层面看，谢老师分析作品也相当出众。

教我们文艺理论的是张道葵老师。张老师是老师中的科研强者之一。他讲文学理论时，不是从理论到理论，而是从海量的文学作品出发，使他讲的文学理论有硬货，有干货，有质感，有立体感。张老师总是先从充分地分析经典作品入题，然后再导入理论讲解。学生们都说，还没有人的提问能难倒张老师。张老师的研究领域是美学，教文艺理论是他的业余，但没有弟子不误认为他的专业就是文艺理论而非美学。仅此一个角度，就知道张老师的博大精深。弟子课后最喜欢与之讨论的老师，非张老师莫属，因为他能最大限度地满足弟子们如饿虎扑食的求知渴望，能从所有经典作品中举一反三。教弟子们分析作品时如何发挥自己的独立思考、如何发掘自己的独到见解，是张老师最拿手的。

教外国文学的是巴文华老师。巴老师在指导学生阅读作品时有一个绝招，因为受课时少的限制，巴老师编了一本课外作品导读，它是巴老师亲自编写、亲自刻钢板印刷的。我不知别的学生是怎样应用这个导读的，而我是终生应用的，在我阅读外国作品时，我就是根据这个导读选定篇目，理解作品的。

中文科的专业核心就是文学和语言。教古代汉语的是曹文安老师，曹老师说，学古代汉语，读作品比学语言理论更重要，在语言课堂上，曹老师经常讲解古代作品，还一再要求我们要多读王力《古代汉语》里的作品选。为丰富弟子们的作品储备，曹老师还专门开了一个学期的《诗经》选修课。曹老师还说，王力做知名作家的时间比做语言学家的时间更长，做研究文学学者的时间比做研究语言学者的时间更长，他之所以短时间的语言研究使他人、后人难以超越，是他先有长时间的作品创作、作品研究做储备。曹老师还主张，王力古汉语教材的"常用字"与"作品选"同样重要，因为这些字都是作品中的常见典型字，熟悉了它们就能顺利阅读古代作品。这里要讲一个小插曲，我对先是同学后是同事的李云贵讲，我彻底贯彻了曹老师的建议，把王力教材的常用字义全部背熟了，他不信，当场考我，发现我没有出现一个错误。所以他连连谬赞我，连他这个研究古汉语的人都没有我这个不研究古汉语的人更熟悉古汉语教材上的常用字，那时我还只有专科学历。

教我们现代汉语的是李祖林老师，跟其他老师一样，告诫我们先多读现代作品才能学好现代汉语。在语言学界推崇张志公的声浪里，李老师说，很少有人像张志公那样，他的语言材料都是来自现代名家的经典作品，所以力主学语言先要多读经典作品。李老师的表达能力好，讲得生动，主要得力于他讲的语言材料全来自经典作品。作为一个非文学教师，李老师奉劝想搞文学创作、文学研究的同学，不要急于过早地投入创作和研究中，要早早大量阅读作品以图长久的后劲。李老师说出了所有老师的心声，只是少数几个想早早成才的学生有些反感，其他文学老师没有反复强调，李老师真正为学生着想，不怕得罪人而反复强调。我是李老师主张的忠实执行者，章黄学派主张 50 岁前不写论文，而我是 49 岁才在《文学评论》上发表第一篇论文。

老师一致强调，学生无条件响应。那时学生多读作品的风气，就自然而然地形成了。我是学习委员，有时提供借书信息，光借书、还书就使学生忙碌异常。受高考刚恢复的强烈求知欲所驱使，为践行老师"多读作品"的教学理念，无人读书敢怠慢。我刚看完众多校友写的在教室、寝室、图书馆的热火朝天的读书场面，我认为这些虽然是感人至深的，但还不是惊心动魄的。我带大家回忆几个更感人的场面：在食堂排队的同时没有人不读作品的，在等公交的同时没有人不读作品的，坐在理发椅上的同时没有人不读作品的，等等。

我们师专"新三届"的毕业生只要出来教书，其成就比起其他本科高校毕业的毫不逊色，甚至有过之而无不及。我毕业后长期在高校教中文，学生都不读作品，你讲作品他也不听，只听我讲文学史。我对我的学生们说，我们当年的专科同学，毕业后只要教书，都是省重点高中的高三把关老师，负责全年级十几个毕业班学生的语文复习、测验、摸底考试的总设计。单说宜昌师专 78 级、79 级不足百人的中文毕业生，全省讲课比赛第一名、全国讲课比赛第一名大有人在，名师遍布全国各个大都市，不仅居于名师阵列，而且都是精英，既为当地做贡献，也为宜昌师专中文科的老师们争光！

最后说一下我自己。同学中我家境最穷，如果说学友们是刻苦阅读，那我就是自虐式阅读，因为寒门出斗士。我们当年硕士全国招生 2.5 万人，博士 5000人，导师之所以录取我，是因为只有我能背诵古代作品 300 多篇，古代名句 3000多条，作品阅读无数。为扩大研究古代文学的眼界，我为读原版的外国作品经过了长期的准备。我 21 岁进师专学第一个英语字母，为了能读懂外国原版作品，我把 15000 个单词背诵了 200 遍，阅读英语报纸 1 万多张，小说近百本。读原版之难不在单词，难在习惯用法。为彻底掌握所有用法，我至少做了 5 万道习惯用法的习题。后来我读博士时，教我们的外语老师们在习惯用法上都远没有我熟。古代与现代、中国与外国的文学作品我都进行了海量阅读，所以后来研究古代文学轻松、高效。我只用了 4 年小试牛刀，就在权威学术期刊《文学评论》上发表了

4 篇共 7 万字的文章，这在学术界少见。在专著上，第一本出版就被很多素不相识的学人写书评谬赞，书评都被刊登在一些知名的学术杂志报纸上，《光明日报》2005 年 6 月 27 日第六版发表的文章《历史坐标与成就定位》就是其中之一。我虽然不想出名，但学界不敢轻视我这个宜昌师专"多读作品"的学生。当我把老师的教学理念向我的硕导、博导介绍时，他们无不惊叹！长期的作品储备，高效的研究经历，使我退休后敢于从具体专业进入更形而上的领域，从学者身份向创作者身份转变，自信今后不会给老师们丢脸。师专老师都说我是"厚积薄发"型。"积"在何处？"多读作品"是也！

在众多的学子感恩之声中，我们不要忘记师专中文科老师们倡导的"多读作品"的教学理念！

1977，我人生中一个重要坐标

魏占峰

1977 年是我们国家历史转折的一年，那一年最重要的事莫过于恢复高考。我人生中三件大事都发生在 1977 年：高中毕业，上山下乡，参加高考。1977，成了我人生一个挥之不去的标记，高中叫 77 届，大学叫 77 级。

1975 年 9 月我进入一所乡镇高中读书，那个时候的高中基本没怎么上文化课，大量的时间用来学工学农。每个学期都会有一两个星期甚至更长时间到农场去劳动。由于中小学学制缩短，我读高中时正是十三四岁的少年时代，因为学习压力小，加之一些年龄小的同学童心未泯，校园几乎成了我们的"游乐场"：在砖堆里、操场上疯赶，在寝室里、教室中争得脸红脖子粗；白天用棉花球在池塘里钓青蛙，晚上用自制的弹弓在树林中打麻雀……我的中学时代可以算是余光中先生所说那种"像童年的童年"（"每个人的童年未必都像童话，但是至少该像童年。"《我的国文启蒙》）。陈丹青曾说"很幸运成长于那个前途绝望的年代"（"那是一个前途绝望的年代，但很幸运我就在那个年代里长大。"《凤凰读书》2016 年 12 月 13 日）。这就是历史的悖论，那个时代在亏欠我们文化知识的同时也给了我们野蛮生长的空间。不过高中第二年，风向就开始转了，劳动相对少一些，文化课稍微多一些。可惜没等到恢复高考的消息出来我们就毕业了。

1977 年 8 月，一阵敲锣打鼓，几辆卡车把我们几个地直单位的知青送到了枝江县一个林场知青点，那时候我刚满 15 岁。与北京、上海等大城市知青相比，我们距离父母的单位近，只有十几里路，一个月左右可以回家一次，劳动强度也相对较轻。不过毕竟是真正下农村，所以冬天"上建设"的时候，也和当地贫下中农一样挖泥挑土爬大堤。农忙的时候，知青点的知青们被分配到生产队参加劳动，劳动强度大大增加。我和另一个知青被分配到六队，他年龄比我大三四岁都直喊吃不消，我更要咬着牙坚持。那时挑"草头"是把收割捆好的水稻从田里挑到稻场，有些稻子还是青的，格外沉重。而稻田距离稻场有好几里地，我刚去不会换肩，走到半路实在挑不动了，就把"草头"往地上一扔，后面跟着的贫下中农对我说这样稻子就全撒了，我只好硬着头皮继续挑。六队队长看着我直叹气，说谁家的孩子还没脱"奶腥味"就到农村来吃这份苦，农村人都办不到。

1977 年 10 月，恢复高考消息公布的时候，我们知青点的知青都还在"接受贫下中农再教育"，白天在杉树间除草施肥，晚上或外出看电影或神侃，等着两年以后的招工。与现在有关纪录片上介绍的奔走相告欣欣鼓舞情况不同，那时我们更多是茫然，在学校没学到什么东西，还要边劳动边复习，更糟糕的是根本就没有什么复习资料。我记得高中学过一点物理、化学课程，但要考的却是文科历史、地理，不仅没上过一节历史、地理课，甚至连课本都没有。好不容易借了一本《中国历史》第一册将就着看，地理就只好用一本《知识青年地图册》文字说明来凑数。实在没书看，只好看小说。复习一个多月，稀里糊涂上了考场。不久却来了体检通知，父母给我借了一辆自行车，平生第一次骑着自行车出远门到当时江口镇卫生院参加体检。第二年三四月份，就在我以为没戏了准备再复习参加当年高考时，高考录取通知书到了。当时我正在生产队挑"秧把"，站在秧田里接过了队长递给我的通知书。2007 年恢复高考 30 周年的时候，一位报社记者凭着我这几句话竟然演绎出一篇文章，不过基本事实还是对的。因为录取的是师范学校，一些同伴认为教师待遇不高，劝我别去，但我没有怎么犹豫，因为那时实在是太想读书了。虽然录取的学校当时并不怎么满意，但我们地直单位两个知青点几十号人只考上我一个，我就读的高中 77 届两个班也只有我一人考取。后来才知道当年全国参加高考的有 570 万人，最后录取是 27 万。从 1966 年废止高考到 1977 年恢复高考，12 年的毕业生挤在一年考试，竞争激烈可想而知。

1978 年 4、5 月间，揣着华中师范学院宜昌分院的录取通知书我来到宜都师范高师班，中文只有 13 个人，几个月后就转到宜昌师专中文科。当时中文科有 77 中一和 77 中二两个班，二班基本都是结过婚的，年龄最大的好像有三十二三岁，我进校时才 16 岁，是这一届年龄最小的，但不知为何把我分在二班。过了一段时间，老师看实在不妥才把我转到一班，于是年龄相差近 20 岁的同学就在一起上课生活了。我自己倒不觉得有什么不妥，但 40 年后碰到当时的同学跟我打趣说，当年"六一"，他们几个年龄大的同学撺掇着要给我过儿童节。中文两个班只有三四个 77 届高中应届生，其他都是毕业多年走向社会的往届生（包括"老三届"），学生身份从公社党委秘书、大队党支部书记到小学校长、中学教师，从汽车修理工、邮递员到泥瓦匠和普通工人农民。当时高校 77 级中还有夫妻同学、父子同学、师生同学，形成中国高等教育史上最奇特的景观。

转眼 40 多年过去了，今天我们有更多的信息来定位那场发生在 40 多年前事件的历史意义，对中国的改革开放乃至中国历史，恢复高考都应该是一个重要坐标。我的 1977 年这段曲折个人经历算是一个历史见证。

我的 7911

张维仲

7911，这组阿拉伯数字，译成中文，我猜想只能是宜昌师专七九级中文一班的意思。

1979 年 9 月的某天，记得天上仿佛就一个太阳，也无所谓热。早上，哥把我送到大门口的公路边，将一口木箱和两床被子放到一辆红色的班车顶上，我便从此告别乡村，算是上大学了。在渔洋关需要转车，我把车顶的行李取下来，扛着从一条百来米的步道爬上钟岭，又买车票，再爬上班车顶放好行李，进了车厢，已经没有座位，于是站在过道，一手抓住头顶货架。从那时起，我便独立了，成为一名男子汉，响当当的 17 岁。

站到宜昌，下午四、五点。车没进到站内，许多人都在站外下车，我也跟着下车。却没看到学校迎新站，问了方向，扛着箱子，提着被子，沿着东山大道往北山坡走。走了一段很长的坡，遇到一辆人力车，一问，要 3 块钱。我说，从渔洋关坐到这都没要 3 块，不坐。恰好迎面走来一个姐姐，问我是不是去师专，我说是。她说，我们是师专迎接新生的，我们来帮你。这时她后面十来米就来了好几个人，自然都是师兄师姐了。轻松并温暖，那剩下的路仿佛很短很短似的。

过了铁路，上几步台阶，便是师专行政三楼，依稀记得有条红色标语：无限忠诚党的教育事业。报名不交学费，只交户口粮油关系，我便被分在 7911 班，接着有人带我去了学生宿舍。

说是学生宿舍，其实是间大教室，上下铺。据说是小宿舍还没腾出空来，先这么住着。可选的铺位已经不多，随便找了个下铺，箱子都统一放在中间地上。这时宿舍里好像只有一两个人，打了招呼后我也开始铺床，那捆被子的带子却怎么也解不开。我哥是个军人，用军用带打的背包。这时，另一个也在整理床铺的同学说，我这有刀子，顺手就递来了，印象中是把电工刀。同学说他叫陈伟，第一个向我递刀子的人，当然，这是把友谊的刀子，以至于毕业后这么多年，虽远在京城亦常有联系。记得某年，我在省政协参加一个会议，中饭后逛到中南路，走着走着，迎面遇上一个骑自行车的，恰巧便是陈伟。陈伟当时在湖大读研究生，他坚持要带我一程，准备找个地方玩玩，却在十字路口被警察给扣了。

陈伟之后，便是兰士贤了。他，我现在真不想多说，说了很心酸。也不知道天堂有什么好玩的，未必有这人间好。但后面可能还要提到他。

餐厅和礼堂在一起，刚开始是吃桌席，八人一桌，席长点人，虽然吃得很和谐，很有集体荣誉感，但极不方便，总要八人同时到齐。后来学校就改革了，给我们发饭菜票。那时国家给我们的生活费(实际是助学金)开始是每月 12 块，后增加到 17 块。喜欢吃素的女同学常有结余，我们这些恨不得餐餐吃肉的大男子偶尔月底有些恓惶。因为学校的伙食味道实在太好了，不吃常常过不得。四两饭，一个炒肉片(丝)，又或者是一个粉蒸肉、排骨、鱼块之类，再加个麻婆豆腐，总得四五毛，吃得就很过瘾。到了月底，往往早上一碗稀饭，三四个馒头把中餐混过去，也是常有的。

洗澡是最不方便的，就一个洗淋浴的地方，又不在宿舍边上，每次大约进去 20 来人，尤其大热天，洗了出来，回到宿舍，又汗流浃背了。直到第二年，学校修了两栋学生宿舍楼，才稍稍好了点。

上课分大课和小课。上小课时，便是只有 7911 班，36 人。我上第一节课时在笔记本上写过四句话："来时三十六，分手十八双。若为有用才，不忘是同窗。"这一点，7911 班是值得骄傲的，现在我们都在各自的岗位，无论从教从政或是创业，都问心无愧，有的已光荣退休，有的仍在努力坚守，大把的青春该奉献都无私奉献了。有的桃李满天下，有的改行从政，有的创业京城，如省委宣传部副部长、县长、局长、书记、院长、教授、特级教师、高级记者、编辑一个个耳熟能详，就连我这个算是表现很垫底的学生，因精准扶贫，后来也当了村党支部书记，大小也做过一把手了。上大课则是两个班合上，七八十人共一个大教室，仿佛后来多是以大课为主。

班里有 4 个美女，张蓉、杨正秀、黄学凤、陈本英。她们帮我洗过被子，现在在此表示感谢。那时，我表现太差，从没对她们表达过有好感的话。集体活动也参加得少，除了在红光电影院参加过陈伟的影评组办橱窗宣传栏、在学校墙报偶尔写首诗，似乎很多时间都在旷课。去过胡勇的土门老家，去过刘昊光原来所住的林校，去过兰士贤的陈院老屋，更多的是和兰士贤、陈林经常夜游九码头、东山烈士陵园，假装吟诗作赋，卖弄风雅，偶尔也渡江侦察，上上磨基山。

3 年太快啦。记得我和童新实习时在市六中，同教一个班，我和他带全班同学去公园看菊展，与学生们的关系是极好的。实习结束后，班主任还安排我给80 级介绍过实习经验。甚至还有学生到学校看我和童新的，当然是女生咯。不过，我们只把她们当孩子，绝没有任何问题。毕业前夕，也有部分同学相互留言，鲁广云所题"诗化的我方能诗"让我体味了许多年。当时的校长张国然也给我留了言，说："张维仲同学，相信你会发挥你的聪明才智，做一个对社会有用的人。"这句话，成了我踏入社会之后的动力。我们应该是有一张 36 人的合影的，也许是在一次体育运动会之后，也许就是毕业照。1982 年毕业后，我和邹路明、黄清福、吕纯岜回了山区。从此，泻水置平地，同学们各自东西南北流了。当然，始终没有联系往来的，也就三四人，现在至少有 28 人聚在一个群里。记得一次我在省工会干校培训，在武汉市中级人民法院工作的童新打来电话，约我去了武汉一个叫"谢先生餐厅"的地方，他和他老婆杨正秀还喊来了向培凤、周德美、刘昊光、陈纯银等一起聚会叙谈，一切皆安然。由于我当时带着一个司机，还有我的姨妹也是师专学妹，因此聚会时间很仓促，本来童新还约定要去他的单位尝尝工作餐的，第二天也没去成。后来，我收到过童新出版的一本散文集，打开，里面也有许多师专生活的片段。

母校是我们的摇篮，是我们后来立足社会的资本，宜昌师专这个校名，我和我们 7911 班都永远不会忘记。所有的老师我们都记得，但在这里于我个人，要特别感谢一位老师，我的后期班主任、教外国文学的巴文华老师，他曾给我父亲写过书信，曾组织班上开过帮教我的班会，让我对当时喜欢穿着奇装异服(喇叭裤等)、蓄长发、追求资产阶级生活方式的错误有了清醒彻底的认识和决裂，终于悬崖勒马，回到了 7911 的温暖大家庭。

作者简介：

张维仲，1962 年 2 月出生，湖北五峰人。1982 年 7 月毕业于宜昌师专中文科。曾从事教育、法律、工商行政管理、政协、工会等工作。宜昌市作家协会会员。2021 年出版诗集《记忆乡愁》，现存诗 4000 余首。

难忘的宜昌师专学生时光

张　朔

我是 1979 年 9 月考取宜昌师专的。入学那天，天不亮从老家出发，父亲送我到枝江刘巷港乘船，到达宜昌九码头已是掌灯时分。在学校接待站的学长们热情相迎下，站在迎新大卡车的货箱中迎风进入学校时，那种到达向往之地的欣喜感油然而生！

寝室在食堂旁边的一间大教室里。我进门看见里面放着一排排木架高低床，先到的同学已布置好床铺，有的在整理行李。过道中有一位中年女教师正在和一些同学热情交谈。这是我入学后见到的第一位老师，她就是中文科党支部书记王秀珍老师。王老师和蔼可亲，关心学生。后来我们搬到新建的学生宿舍楼，她也经常到寝室和教室与同学们促膝谈心。

作为那时从温饱尚未解决的农村走出的青年，我对食堂有一种本能的好感。学校唯一的学生食堂就在进校上坡的拐弯处，是一栋墙体斑驳、硬山搁檩的灰瓦大平房。第一次进去吃饭，看见里面一头是隔出的厨房操作间，另一头是高起的舞台，这里还是兼做礼堂的。中间宽阔厅堂里并无桌椅板凳，开饭时或站或蹲的满是学生。大家按班级组合八人围一圈，中间地上摆几钵菜，现在还记得的两样是盐菜扣肉和炒土豆。方形铝盘蒸煮的米饭端来时已经分成八份。同学们掏出学校发的餐票给席长后，每人铲一块饭，就吧啦吧啦吃开了，好不热闹！第一个学期全校学生都是这样统一"吃桌席"。从第二学期开始改成了"买饭吃"，就是拿饭票到窗口购买自由选择的饭菜。80 年代以后入学的学弟学妹们就再也没有那样的桌席待遇了。

我所在的班级是 7911 班，也就是 79 级中文科 1 班。1977 年恢复高考后的头三届大学生，即 77、78、79 级，被称为"新三届"，这是相对于"文革"开始初期的"老三届"而言的。"新三届"的大学生，生源一部分是"老三届"的中学生，一部分是应届高中生，一部分是其他社会青年。1979 年学校只有中文、数学两个专业招生，每个专业两个班，共计 150 名新生。加上 77 和 78 两个年级的中文、数学、物理、化学、英语五个专业的老生，全校学生 650 多人。

当时学校条件有限，图书馆是一个四五百平方米的二层小楼，全部用作 15

万多册图书的书库，只能闭馆借书，不能满足开放阅览的学习需要。但这并不妨碍同学们对知识的渴求，对时间的珍惜。上课经常提前占座位，不上课的教室也会坐满自习的学生。晚上教室和寝室统一熄灯后，走廊里、路灯下，甚至浴室和厕所门口，总能看见一些就着灯光读书的身影。那时的学习氛围真是浓！

我们全班 36 人，同学主要来自省内当时的宜昌、荆州、黄冈、黄石等地市。年龄最大的 22 岁，最小的只有 16 岁。入学时班长是罗光福，很有组织能力；学习委员王明建是个学习狂，新课本在他手里到期末都会被翻烂的；生活委员张蓉热情细致，每月给全班领发饭票、水票，无一差错。班上仅有 4 位女同学，加上中文 2 班的 4 位女生和整个数学科的 2 位女生，本届只有 10 名女同学。当时全校女生也就 40 多人，这和现在三峡大学文学院女生占比达 85% 的情况相比，真是天壤之别。当时学校是禁止恋爱的，是否有地下恋情我不知道，可喜可贺的是班里的几对同学都终成眷属了！

我们班平时除了单独在小教室上课外，还经常与中文 2 班一起在大教室上合班课。中文科给我们上课的有张道葵、谢道弍、郭超猋、吴柏森、曹文安、李祖林、巴文华、刘芳等名师。老师在课余时间到寝室教室查访学生、辅导功课是常有的事。当时处于高等教育恢复期，还没有独立的专科教材，我们用的基本上是"文革"前的经典本科教材。例如朱东润的六卷本《中国历代文学作品选》、游国恩的四卷本《中国文学史》、王力的四卷本《古代汉语》、胡裕树的《现代汉语》，等等。入学时交了 10 元书本费，开学后发的课本和学习资料又厚又多。那时的书真便宜！我们就是从这些书本中汲取了宝贵的知识啊！

除了学习书本知识外，学校很重视学生的全面发展。每个班都配有班主任老师。文汇荣、孙祖娟、巴文华老师先后担任过我们的班主任，组织我们开展班级建设和各项活动。劳动课是每学期必有的，时间一周。全校各班级错时安排，几乎每周都有不同班级的学生在校内外开展劳动教育。我们三年的劳动课基本上是围绕运动场进行的。除了一般的扫地拔草，还有就是平整土地、挖坑栽树。那是真正干体力活呢！位于学校北边的运动场，我们进校时场地周围坑洼不平、杂芜荒凉，后来逐渐地环绕运动场的是整齐的香樟树和成片的水杉林了。

体育课是必修的。在俞强华和熊承厚两位体育老师的教学和指导下，我学会了背越式跳高，还在学校运动会上获得过跳高第三名的成绩。学校每年都在运动场举行春秋两季的运动会，时间持续两到三天。有运动项目的同学在赛场上一展风采，全校师生按划定区域围聚在运动场周围尽情地欢呼加油。这给平时紧张学习的同学们带来了难得的放松和无限的惬意。

那时校内的文化娱乐活动不多。全校性的活动主要是元旦新年文艺演出，每年会在食堂兼礼堂里举行。各科（专业）有的也开展一些特色性活动。我参加过中文科举办的学生毛笔字比赛，得了一等奖。学校经常会在周末晚上将当时稀罕的彩色电视机搬到行政楼旁的空地上，供学生们观看节目；偶尔还会在学校操场上放一场电影。不过，学校旁边的 374 部队操场上却是经常有周末电影，我也和同学们爬坡上去看过几次。

在组织学生活动方面，学生会发挥了重要作用。那时的学生会干部，很多都是有一定工作经验且年龄较大的学生。我 1976 年高中毕业后做过民办教师，在班上也属年龄较大的。不知是否这个原因，入学不久我被推选为校学生会成员，先后担任生活部副部长、部长。同期担任学生会主席的前后有 77 级的马建庭学长和本班的罗光福同学；生活部长先后是 77 级的张思泽学长和 78 级的胡昌和学长。这几位学长有的当过公社秘书，有的做过多年中学教师，有人已经成家生子，都有很强的工作能力。

学生会生活部组织学生成立了膳食管理委员会。我曾带领膳食会的同学，对食堂的学生伙食账目进行过几次清查公布，还组织同学定期对食堂开展卫生检查，轮流到食堂帮厨。那时学校三天两头闹停水，学校就联系消防车送水到学校。我就多次拿着消防龙头为提桶端盆排队的同学们发过水。学校领导对学生会的工作是很重视和支持的。张国然校长每学期都要主持召开学生干部座谈会，他曾亲自带领学生会干部和膳食会成员到食堂检查工作。这让我至今想起来感动不已！

毕业的那个学期，也就是 1982 年春季，我被安排到学校对门的宜昌市七中进行教育实习，担任中文和数学两个专业共 10 多位同学的实习生组长。返校不久就进入毕业总结、面临分配的阶段了。那是一个最令人难忘的火热夏季。7 月 1 日，我被批准光荣加入中国共产党。这令我十分激动，实现了我进校开始就一直怀有的热切愿望。几天之后，我又接到留校工作的毕业分配通知。它让我颇感意外。当时的师范毕业生分配政策是哪里来哪里去，毕业生原则上派遣回生源所在地分配工作。我是做好了回家乡当教师准备的。留校通知改变了我的预期，将我的人生轨迹和宜昌师专乃至后来三峡大学的发展紧紧绑在了一起。此后，除了脱产到华中师范大学念书两年和到武汉大学做访问学者一年外，就再也没有长时间离开过母校了。

作者简介：

张朔，1959 年 1 月生，湖北枝江人。1982 年 7 月毕业于宜昌师专中文科，1991 年毕业于华中师范大学高等教育管理专业。曾任：宜昌师专校长办公室主任、湖北三峡学院师范学院副院长、三峡大学文学院党委书记、高等教育研究所所长，长期从事高等教育研究。研究员、硕士生导师。

我忆师专"新三届"

李云贵

　　恢复高考后的 1977 级、1978 级和 1979 级常被人们称为"新三届"。把他们放在历史长河的视野中来看，这三届学生可能微不足道，但他们对推进中国的改革开放与发展功不可没，是值得骄傲的一代，是值得大书特书的一代，是中国当代史上难以复制的一代。40 多年后的今天，他们这一群人，成为社会中坚精英人士的比比皆是。不论是在教育界、学术界，还是政界、实业界、传媒界，都能独当一面，振兴一方。

　　仅仅就我所熟悉的宜昌师专中文科而言，就涌现出了一些杰出人士。举例来说，学术界代表有华东师大的田兆元教授，厦门大学的王诺教授，五邑大学的孟祥荣教授，浙江财大的王明建教授，湖北省社科院的吴永平、艾宏扬研究员，三峡大学的邓新华、胡绍华教授；国学文化与企业管理双料专家陈伟（达流）；作家中走出了吕志清、姚永标、黄灿、张维仲；传媒人中的中央电视台春晚导演秦新民，湖北广播电视台总编辑、屡次获得中国新闻奖的向培凤；教育界有语文教育专家赵乔翔教授，特级教师、重点中学校长董云，特级教师习平、陈耀文、周德富、曹书德、张丕友等，还有国家二级高级法官童新和对人类文化学有深入研究的专家郭汉闵等。

　　而我正好赶上了"新三届"。读书、攀登科学高峰是那个时代的标志，甚至在公汽站捧着一本外语书背诵英语单词更是那一代人的时尚。1979 年 9 月，17 岁的我以 306 分的成绩考进了宜昌师专中文科。宜昌师专在红花套、西坝的峥嵘岁月，只是从老前辈们的讲述中略知一二。我入学时，宜昌师专已经于 20 年前迁至风光怡人的北山坡。

　　北山坡的旖旎风光和在那里度过的 3 年青春岁月，实在令人终生梦绕魂牵。在师专的 3 年，回忆起来，有苦涩，更有温馨。

　　这里有众多年富力强、富有激情的老师。他们刚从"牛棚"、干校、农场里走来，摆脱了"文革"的煎熬，迎来了科学的春天。在我们年轻学子的心目中，他们是崇高的偶像。在师专，有丰富的藏书，有活跃浓郁的学术气氛。老师们既不为评职称、发表论文而劳累，也不为争取科研课题而奔波，他们只是专心地备课、讲课。老师们的讲授千姿百态，有的娓娓而谈，如拂春风；有的出神入化，令人陶醉；有的标新立异，骇世惊俗。曹文安、谢道弋、王作新的讲课至今让我们津津乐道。国学大师级的吴林伯教授是代表学校师资水平的一个里程碑，他的《〈文心雕龙〉义疏》代表该领域研究的巅峰水平。可见当年的师资力量十分雄厚。当然，也有的老师讲起课来，实在沉闷乏味，使人昏昏欲睡。

那时候，确实有点百家争鸣的气氛。学校经常聘请全国知名教授、名人来校讲座。记得中国人民大学林志浩教授的讲座让我大开眼界，还有作家鄢国培为我们剖析自己创作的"长江三部曲"之一《漩流》等。学生中社团活动很红火，学校经常组织我们到市内各电影院观看电影。除此之外，我们每周六的晚上拎着小凳从学校后面的小山坡翻墙到374部队营房操场看电影的情景至今仍记忆犹新。久而久之，这里便走出了一条山间小道。同学中的王明建与黄学凤、童新与杨正秀、董云与孟祥英则捷足先登，还在这条山间小道上收获了爱情，着实让我们羡慕不已。

一进校，我和其他同学不一样，一头扎进故纸堆，喜欢上了传统语言学。在老师眼里，我是一位十分黏人的学生，个子矮矮的、长得黑黑的，经常在学校林荫道和走廊的路灯下看书，很晚才回到寝室，搞得脸盆稀里哗啦地响，闹得室友不胜其烦。在学校，我喜欢上了汉语史及训诂学学科，从王作新老师那儿借来了油印的台湾学者林尹的《训诂学概要》，在九码头新华书店里与曹书德同学一道买回周大璞教授的《训诂学要略》。有个假期，从农村一位叫陈胜谷的老先生那儿弄了一本发黄而又残缺不全的线装本《诗经》。我在曹文安老师那里知道了什么叫章黄学派、什么叫小学和"毛传郑笺"，还旁听了曹文安老师在中文科当时唯一的选修课《诗经》研究，课堂笔记一直保存至今。其实我也不知道为什么当时选修的名单中没有我，我想可能是每次考试成绩分数不高的缘故吧。相反，这却是一件好事，因为我只用听课，不需参加考试。而特别搞笑的是，这届学生中我是在《诗经》研究领域发表学术论文最多的一位，解决了《诗经》中一些悬而未决的问题，并加入了中国诗经学会。当然这得益于曹文安教授的教诲。师专毕业时，我利用寒假时间，撰写了两篇毕业论文：《通假字与古今字辨》《是活用，还是兼类》，这是前贤们未能很好解决的汉语史的两个课题，我的研究也不可能有什么建树和新的见解。

在宜昌师专中文科，给予我巨大帮助的不仅有曹文安、王作新老师，还有郭超燚、李祖林、李超、张道葵、吴柏森、刘济民、李光明、谢道弋、刘芳、庞俊、廖伯昂、刘世新、徐振、吴章采、方东升和王秀珍等老师，以及后来调进学校的李友益老师，这些先生的道德文章、学术品格深深影响着我。

毕业后，我被分配到枝江县老周场农业中学教书，在艰难的环境中，我始终没放弃自己的学术追求，开始了步履蹒跚的学术研究。

1983 年 11 月，在武汉教育学院中文系主办的《学语文》报上，编辑许匡一老师给我发表了一些豆腐块的小文章，诸如《"战胜"与"战败"》《从"旧闻"谈起——仿词不是生造词》，着实让我激动得几个晚上都没睡好觉。许匡一教授后来成了我的忘年之交，在许先生去世之前，他将自己藏书中有关《诗经》、训诂学、汉语史等语言学著作全部赠送给我。在书房里，我专门设立了许先生藏书的专柜，把许先生的照片立在书柜中。

1984 年，我撰写了论文《尊重历史，面对现实——略谈中学鲁迅作品的用字问题》，李祖林老师给我提出了修改意见。那时，既没互联网，也没有 QQ 等即时聊天工具，为了撰写一篇论文只好专程跑到宜昌来向李老师请教。后来，该论文发表在全国中学语文界最具权威的刊物《语文学习》杂志上。接着我有 10 余篇学术论文见诸各种公开出版的期刊，其中，令我最为欣慰的是，发表在重庆《自学报》上的文章被当年的《青年文摘》和山西师范大学的《中文自修辅导》杂志全文同时转载。那一年我才刚刚 22 岁。

在宜昌师专打下的扎实学术根基为我考进武汉大学中文系，走进珞珈山美丽的校园奠定了基础。如果说我在汉语史、训诂学、《诗经》和地方文化研究领域还算有一点成就的话，我想是与宜昌师专中文科的求学经历分不开的，宜昌师专给我奠定了终身受益的学术基础。

如今，我离开宜昌师专已经 40 年了，宜昌师专却因全国高校布局调整不复存在，但北山坡的校址依旧。宜昌师专一直深藏在我的心里，每次想起在如诗似画的宜昌师专温馨而又快乐的日子，我就觉得幸福无比。宜昌师专是我放飞梦想的地方。也正因为如此，我才有编辑《宜昌师专的故事》的情怀和动力。

（原载《三峡大学报》2022 年 4 月 1 日第二版，收入本书时有删改。）

师 专 轶 事

童　新

春节期间，我开车到宜昌师专走了一趟。毕业 20 多年了，这是我头一次存心旧地重游。然而，地是旧地，物已全非，除了北山坡的坡度遗风尚存可资向导以外，我基本上看不到当年的景象了。后面的军营，对面的七中，三楼、八栋、饭堂、水池，一切"革命圣地"或已荡然，或已改面。不过，我并不为它唱挽歌，因为，挽歌是唱给逝者的，在我心中，宜昌师专青春永驻，并未泯灭。何况，专科升了本科，师专老师或许个个笑逐颜开，高兴还来不及，还用我在局外杞人忧天？也未可知。

宜昌师专，我的母校。27 年前我参加高考，三志愿竟也录来，感觉有点像是抽壮丁。不过如同被撮合的姻缘一样，初则陌生，日久生情，时间一长，我也慢慢喜欢上这所学校。这时的师专刚从中师升格过来，学生不再是推荐而是考来的；生源不再限于本地而是覆盖全省。素质的优化，使学校一时间上下振奋，生机盎然，个个都像是捋袖甩膀要大干一场的样子。

学校规模不大，见过世面的人说，只抵得上本科院校的一个系，不论是否属实，楼房不多平房不少却是事实。可是对于办学而言，树屋俱老，意味着年头不浅，底蕴充足。出爱因斯坦的普林斯顿大学校园，其实也是小眉小眼，并不恢宏。所以师专的小巧玲珑，我并不介意。特别是，校院的环卫工作时刻置于校务的重要日程，我们 7911 班的任务是，以水池花园为中心，以落叶为主要对象，实行人海围剿，每周一次，雷打不变。扫地扫得勤，不大的校园自然总是干干净净，加上学风盛，窗台上课桌上放的都是饭碗，叫人不由得不想到废寝忘食，餐学无间。老实说，我刚入校时是被这样的景象感染过的。

头一年，我们是独立大队，是全校唯一一个教室设在行政楼里的班级。位居中枢，自然也沾了一些近水楼台的便利。大彩电当时尚属稀罕之物，本楼校办就庋置一台。管电视机的老师头发后笼，肉脸，眼眯，有官人架势。老师的电视瘾看来不比学生逊色，每至傍晚时分，辄邀同学帮忙抬出电视机，初在室外，有时则在一楼大厅。邻有诱惑，心无旁骛就是困难的事了，废自习而观电视，一周总有二三次。《大西洋底来的人》《鹊桥仙》是在室外看的，《居里夫人》是在大厅看的。

晚自习一般都是安静的，36 人座无虚席。有一次，寂静突然被打破，楼下传来"我们来到了太阳岛上，我们来到了太阳岛上"的女高音，这是当时这首流行歌曲的全曲高潮，没有高八度是拿不下来的，夜中吊嗓，声音起伏，抑下去，拉上来，音响效果是好，就是把我们听得手脚不由自主地想哆嗦。她长得有些像陈冲，住在楼下的平房，以后成了我们英语老师的妻子。

行政楼还值得一提的是三楼，三楼是本楼的最高层，只有一个大教室，是我们和 7912 班联合上大课的地方。教室外有一不大的阳台，搬一把椅子坐下，居高临下，市容、江流、磨基山，均在落日余晖之中尽收眼底，感觉上和"东临碣石，以观沧海""把酒临风，其喜洋洋者矣"不相上下。

师专的伙食令人难以忘怀。刚入校的一阵，吃的是桌饭，开饭时上百张八仙桌在饭厅里分行摆开，有桌无凳，站着进食，和孔乙己在咸亨酒店就餐时的情形差不多。桌饭岁月不长，很快被凭票进餐看饭点菜取代，多年后我和刘昊光还在以席相呼："喂，77 席的"，因为，我们都曾经是 77 席的。师专有几个菜做得确实好吃，一是豆腐干烧肉，干子切成平行四边形，油厚，肥瘦兼有，好吃。二是花菜炒肉，这是我第一次吃花菜，也好吃。三是粉蒸肉，2 角 5 分钱一个，是所有菜中最贵的，肥而不腻，又烂又香，想来就要流口水，可惜我当时只看着吕纯岿吃得香喷喷，自己不敢问津。吕纯岿是五峰县的，他说高中时苞谷吃多了，身体亏了，现在要补，至于可能的财政赤字，则暂不能兼顾。谁要说这生活态度还不算积极，那我实在不敢苟同。

师专虽然地处僻壤，或许学不入流，但是早期就读者不乏人物。拿中文科 7911 班来说，36 名同学，毕业后几年之内，越过本科直接考取硕士研究生的有近三成，行行有人，成绩不菲。本来是以为宜昌本地培养初中师资为己任的，不料竟出了一大批这样的角色，这，或许连师专老师都没曾想到。我也吃惊，但我不意外。我吃惊的是，我也算脚步没有停辍的一个；我不意外，是因为斯地斯校出斯人合乎逻辑，一点也不奇怪。

（原载《三峡晚报》2007 年 6 月 1 日"副刊"，有删节。）

北山坡，我心中的精神高坡

陈　伟

最近一次回到宜昌，大约是 2015 年的夏天。与几位宜昌师专 7911 班的老同学聚餐，我说："这次无论如何要去看望一下张道葵老师，以前几次回来说要见都没去成，心里一直不安。"留校任教后担任三峡大学文学院书记的张朔同学最了解情况，他说："张道葵老师和一些退了休的老教授们，大多还住在师专的老校址北山坡，新校园虽说很大，可老先生们恋旧，不愿搬这边来住。"

其他几位在宜昌工作的同学，也是好多年未见过张老师了，都想要一同去。于是，鲁广云、张蓉、陈本英和我，趁着夜色，便直奔北山坡而去。

北山坡，就是宜昌市城东边地势渐高，过铁路线再往后去的一个小山坡。我猜想北山坡这个地名就是根据它处的位置而取的。尽管夜色朦胧，我们依稀还能辨认出当年的一些痕迹，操场旁边已成密林的树木，就是我们当年上劳动课时种下的。不知谁做了好事，老校门没有拆掉，如同一个沉默不语的寡居老人，还静静地伫立在那里。

沿路打听了好几个人，才最终问到张老师的住所。

张老师给我们开了门，很自然地说：陈伟，你们来了。张老师虽说头发比以前更白了，但其谦谦君子的形象一点没变。我也一样，径直走进房里沙发上坐下来开始谈话，就像当年上学时去老师的房间问学一样，感到熟悉而亲切，一点没有 20 多年没见的违和感。

在故地与故友一同见昔日的老师，关于师专的记忆似乎不用回忆就能唤起。

我们作为 20 世纪 70 年代最末的一届学子，正赶上中国历史翻开新的一页。宜昌师专复建不久，一切都是新鲜的充满活力的变革和创造，而我们最大的幸运则是赶上了一个教育思想纯正的好时代，遇到了一批潜心为学的好老师。如"古典文学"的吴伯森、郭超焱老师，"古代汉语"的曹文安老师，"文艺理论"的张道葵老师，"现代文学"的谢道弋老师，"教育心理学"的危世琼老师，"现代汉语"的李祖林老师、刘芳老师和"写作"的刘济民老师等。尽管专业不同，但各位老师以对学问的孜孜以求，对学生的关心热爱，共同向晚生后辈们诠释了什么是"学高为师，身正为范"，不仅传授给我们文化知识，尤其是以颇具传统人文特征的"师道精神"无形中培育了我们的思想情感和行为方式。

除了受到众多老师的教诲之外，我在学校期间以及在毕业后接触更多一些的是张道葵老师。其中的缘由是，我中学时的语文老师郑秀梓老师是张老师在武汉大学中文系的同班同学，郑老师知道我上了师专，便告诉我说张老师是他的同学，那时两位老师有书信往来，而我则是他们之间的信使。有这层关系在，我有时会去张老师住房，每次去，见张老师不是在看书，就是在写文章。我便也借机向他请教一些文艺理论方面的问题。无论谈论什么话题，张老师的回答总是轻声细语，笑语盈盈。记得是大二的时候，我将课堂练习写成了近万字的长文《论阿Q的性格特征》，还不知天高地厚地拿去请张老师看，得到他许多鼓励。尽管当时的文章幼稚得可笑，但却养成了我思考和写作的习惯，进行了最初始的思维训练。

更为巧合的是，我后来在湖北大学攻读文艺理论专业硕士研究生的导师，著名文艺理论家周勃教授也是张老师的武大同班同学，中学、大学、研究生，我的三个最重要的人生阶段的三位指导老师，竟然是来自同一所名校同一个专业同一个班级的老同学老朋友，这真是我生命中独有的神奇。就为这个独特的缘分，我也得终生感恩三位导师！

我硕士毕业后，分配到湖北社会科学杂志社工作，兼任湖北省社科联主席郝孚逸先生的学术秘书。郝主席是研究毛泽东文艺思想的著名学者，他提出来想编纂一本《毛泽东文艺思想大词典》，让我协助组建主编团队。我第一个想到的就是张道葵老师，和郝主席一提，他立马就同意了。

大约是1992年上半年，我约请张老师到武汉来开会，和几位主编一起共同研究讨论词典编辑的事宜。这是我们师生分开十年后，又一次在一起共同研讨学术问题。那个阶段，我们联系频繁，让我再次感受到张老师严谨的一丝不苟的学术风格。当时，我受长江文艺出版社之邀，正在赶写《墨子兼爱人生》一书，没有时间写词条，只是负责组织协调事宜。张老师回来后，按分工亲自编写并组织师专的几位文艺理论老师编写了部分词条，付出了很多辛劳。然而，受文化界"西化"思潮大环境和出版方向转型的影响，出版社原说不要经费的，但后来却提出了数额不菲的经费要求，使出版计划搁置了。尽管这件事的结果不好，我仍想把它记下来，一则这毕竟是我和张老师共同参与过的一件往事，是师生情谊的延续，二是借此机会向张老师再次致歉！

在读研和杂志社工作期间，我以达流的笔名发表了数十篇论文，与导师周勃教授合作出版了《永恒的困扰——文艺与伦理关系论纲》，这是国内第一部文艺伦理思想研究的专著。独立出版了我的个人文艺论集《与文化共舞》。后来，我离开原单位，下海创业。在北京中关村科技园区担任上市IT公司副总裁，并受惠于北京市人事局"高科技人才引进战略"，将全家户口从武汉迁入北京（这个政策当时主要针对海外留学人员，即所谓"海归"，国内各省市迁户入京极其罕见）。一方面，我在中国高科技的前沿阵地，直接经受着互联网时代创业浪潮的冲洗。无论是创业成功的喜悦，还是创业过程中的波澜起伏，回想起来，都是人生宝贵的精神财富。另一方面，我没有放弃自己文化上的思考与写作的老习惯，从文艺理论转入传统文化的研究，将着力点集中到学术研究相对滞后的墨家思想。在出版机构督促下，先后出版了《墨子智慧心解》《墨子清谈》《墨子的人生哲学》（台湾出版）等数部墨学著作。并应邀数次参加国际墨学思想研究大会，还为中国教育电视台录制了《传奇墨子的生活智慧》四集电视专题片。

　　将企业实践与文化研究结合起来的愿望，促使我进入了管理咨询培训行业。近十年来，我主要从事政府与企业的管理咨询培训工作，应邀担任国家发改委培训中心的专聘讲师，清华大学、北京大学等高校总裁班的特聘教授，华为公司等众多著名企业和商学院的项目总咨询师和首席培训专家。并在多个网络平台如前沿讲座、今日头条、腾讯视频、搜狐视频等录制了六套招投标管理教程。尽管我现在的主要工作不属于传统意义上的学术范畴，但从广义上说，波澜壮阔的企业发展是一门广大而现实的学问，值得我们用毕生的精力去钻研和探索。

　　从张老师家出来，我们又从北山坡上黑漆漆的树林中穿过。虽说这里已不再是大学校园，宜昌师专也已走入历史。但北山坡却永远留下了我们的青葱岁月，见证了我们的成长进步。在各位老师的教育引导下，在这里形成了我们最初的但却影响终生的性格特征和人生观、价值观。北山坡上的宜昌师专，是我们走出闭塞的乡村，走向广阔社会的第一个也是最重要的一个台阶。就像北山坡的地势处于宜昌城区的高处一样，北山坡，也永远是我心中的精神高坡。

2022 年 1 月 29 日于北京

三年赋能四十载

曹书德

1979 年我 16 岁时通过高考考入宜昌师专中文科就读，1982 年毕业进入中学任教，在讲台上已经整整 40 年了。40 年里，我从枝江乡镇中学到县中、到省级重点高中、到国家课程改革示范学校，成长为湖北省名师、北京市特级教师。细究我的发展"动能"，的确源于宜昌师专 3 年所获得的各种滋养。

尽管我们名义上是专科生，但我们学习的教材是朱东润主编的《中国历代文学作品选》、王力主编的《古代汉语》、游国恩主编的《中国文学史》、吕叔湘主编的《现代汉语》……这些本来都是中文本科的经典教材，而且任教 79 级中文的也是赫赫有名的郭超炎、张道葵、吴柏森、曹文安等教授。因此，我们那一届可谓用 3 年时间完成了中文本科的学业。以致我后来为了获取本科文凭参加进修，也没有怎么"深造"就顺利毕业，凭借的其实还是师专时打下的学术底子。而今，我身边的同事最低学历也是研究生毕业，还有许多博士生，我之所以在这样的群体中还能探索教育理论与实践，有学术引领的话语权，除了自我不断的"充电"之外，也得感谢在宜昌师专时受到了良好的学术教育。

那时每周六天上课，每天一般只排 4 节正课，为学生留下了足够的自主学习时间。老师上课之外，也给学生开列了许多自读篇章和书籍。图书馆、各专业的阅览室在晚上、周末都面向学生开放，时间都相当长。把学生证押在阅览室，就可以将没有看完的图书带出去继续学习。那个时代学习气氛非常浓郁，课余除了吃饭占用一点时间，其余的几乎都用在阅读、摘抄、写作等学习上了。我个人觉得，自己几十年来喜欢通过寻找合适的书籍阅读"充电"，不断提升专业素养，而不是听取一个又一个的讲座，这与在宜昌师专形成的学习习惯是密不可分的。

作为以培养教师为目标的师范学校，除了教学必要的专业知识和技能，还需要培养师范生劳动、体育、艺术等多种素养，以适应未来教育的发展。就我个人而言，宜昌师专在劳动、体育、教育实习这几个方面让我形成了受用终生的良好习惯与素养。

先说劳动。那时宜昌师专的校园还没有保洁工，所有教室、楼道、树林以及运动场的清扫任务，都分配给了不同的班级，班级安排到学生。每年暑假之后，运动场长满了杂草,开学后我们都会有拔草的任务。我很长一段时间承担清扫文科教学楼后面樟树林的任务,每天早晚各一次,遇到落叶时节,就得颇费一番精力。更让我印象深刻的是,我曾经做了最小的学生"官"——404寝室长。为了让寝室物品摆放、清洁程度符合学校标准,应对随时出现的检查,我也可以说是几乎每天"以身作则""呕心沥血"了。在我从教的这几十年里,我做班主任就有一个保留的习惯——参与教室的清洁值日,目的就是为学生做出示范。当教师参与学生的清洁值日后,语言的教育真的就不需要了。

再说体育。那时宜昌师专有一种独特的运动会——达标运动会,就是学生人人参与的运动会。其项目除了有跑、跳、投掷之外,还有双臂屈伸、引体向上、仰卧起坐等。为了不拖班级后腿,也为了让自己显示"一技之长",我和同寝室的一名同学结伴练习引体向上和双臂屈伸。一段时间后,我在达标运动会上引体向上做了28个,我的那位同学双臂屈伸做了60多个,我们都为班上挣得了名次加分。参加工作后,我领着学生跑步,为学生上羽毛球课,在锻炼身体的同时,更增进了师生关系,使教学更为融洽、顺畅。2007年,宜昌市教师运动会上,我获得400米、800米两个项目第一名。2012年,年近半百的我参加北京市工会"迎春杯"3000米越野赛,以12分钟的成绩获得中年组一等奖。现在,我即将退休,但仍然坚持每周跑步15公里以上,而且配速在5分30秒左右。工作40年了,从来没有因病缺课。正是良好的体育锻炼习惯让我能够健康工作。

最后说说教育实习。宜昌师专作为师范类学校,懂得实习对即将站上讲台的青年教师的重大意义,所以在大三上学期安排了三个月的实习时间。我所在的小组有8名同学,分在宜昌市三中。每天早上师专派车送我们到实习学校,晚上接我们回来。教教材教法的郭老师为我们组的领队,宜昌三中还安排了吴幼琴老师做我的指导教师。听课一周后才开始备课,备一个课时往往要推翻四五次,备好课了先试讲,试讲也往往是四五次。那3个月里,我只上了5节课,但是5节课的背后有几十次的备课和试讲,对我的磨砺不言而喻。2000年我参加湖北省高中语文优质课竞赛获得一等奖时,还能回忆起自己在宜昌师专就读期间实习上课的情景。除了教学实习,我们还做了代理班主任,组织班会活动,跟学生一起参加学校运动会……结束实习之后,有的学生还找到师专来话别,送纪念品。至今,我仍保留着实习班上学生的照片,每当凝视,就觉得当一名教师是可以获得幸福感的。回到现实社会中来看看,当下还有多少师范院校把学生的教育实习当作关乎职业未来的必修课程呢?对比之下再来回顾宜昌师专的教育实习,不仅给了我教育教学的技能训练,更是为我40年的教师生涯注入了取之不竭的动力之源。

对宜昌师专的经历和情感真的是没齿不忘。3年就读期间的作业本我还保留着一部分，上面老师的批语，包括圈出的错别字，都清晰明了。1985 年，宜昌师专中文科曾经举办过"中文校友话事业"征文活动，我投稿应征，获得一等奖。奖品是《同义词词典》，上面有字迹遒劲的赠言，至今我还保存着。在夷陵中学工作期间，我多次带孩子去北山坡师专老校区里面散步，讲述其中发生的故事。

尽管宜昌师专这所学校不存在了，但她在宜昌乃至更大范围内的教育血脉仍在继续涌动。

从北山坡到珞珈山

——我经历的武大插班生制

李云贵

　　1979 年 9 月，我考进了宜昌师专中文科，3 年后的 1982 年 7 月，分配到枝江县农业中学担任语文教师，开始了默默无闻的教学工作。原本以为这就是我今后一生的工作。到了 1985 年上半年，我像往常一样上班，突然一位同事告诉我，《湖北日报》发了消息，武汉大学面向中南地区招收插班生，这下让我兴奋不已。时任武汉大学校长刘道玉在《一个大学校长的自白》(长江文艺出版社) 中记载，所谓插班生制，指的是凡达到了大专学历的其他大学的学生或社会青年，经过学校组织的一次特殊考核，符合要求者，允许直接插入相关专业三年级学习的制度。

　　刘道玉校长之所以萌发实施插班生制度的想法，主要是他经常收到不少社会青年的来信，他们因为一次高考失去了上大学的机会。在信中，他们诉说了心中的苦闷，表达了强烈求知的欲望，对此刘校长深为感动。另外，他还经常收到普通大学和专科学校的学生来信，他们反映，在普通大学和重点大学之间缺乏公平的竞争机制。

　　1984 年 3 月，武汉大学正式向教育部递呈了《关于请求试行插班生改革的试点报告》。然而两个月过去了，如石沉大海，杳无音讯。于是 5 月中旬，刘道玉校长又专程去教育部汇报、陈情，后又多次到主管招生计划的国家计委向主管领导请示。功夫不负有心人，经过努力，一个崭新的插班生制度终于在武汉大学诞生了。

　　1985 年年初，学校组织力量迅速制定招生方案和细则。报考条件中要求是在省级文学刊物中发表一定数量作品的作家、诗人，或者在学术期刊上发表一定数量的学术论文、科技发明专利的 35 岁以下社会青年。同年 3 月《招生简章》在《中国青年报》《光明日报》和中南五省报刊刊登，各种信件和报名申请纷至沓来，有的直接到武大报名。我将自己在《青年文摘》《语文学习》《中学语文》和《语言美》等刊物的文章原件邮寄给武汉大学教务处实验教学科申请报名，5 月中旬收到受理报名的通知。但我后来知晓，宜昌地区仅有 2 人获得受理。据刘道玉校长在《其命维新——刘道玉口述史》(华中科技大学出版社)回忆，"当年报名的人数多达 3000 多人，来函询问的人更是不计其数"。7 月，经过严格的成果筛选、笔试和政审，全校最后录取了 92 名。中文系从中国作家协会招收了 24 名作家班学员。另外录取了 17 名插班生，我是唯一一名古典文学、训诂学研究方向的插班生。1985 年 9 月，我来到仰慕已久的珞珈山，开始了学生生活。在校期间，感受到武大自由的学风和学分制的优势，我调整了自己的研究方向，定位在《诗经》、汉语史和训诂学的研究方向上。

图 7

据我所知，武汉大学在全国范围内首创的插班生制是著名教育家、化学家、社会活动家刘道玉的伟大创举。刘道玉，1933 年 11 月生，湖北枣阳人。1977 年，出任教育部党组成员兼高教司司长，对高教战线上的拨乱反正和恢复统一高考起到了很大的作用。1981 年至 1988 年担任武汉大学校长，是当时中国高等院校中最年轻的一位校长。他倡导自由民主的校园文化，从教学内容到管理体制率先推行了一系列改革措施：学分制、主辅修制、转学制、插班生制、导师制、贷学金制、学术假制等，拉开了中国高等教育改革的序幕，其改革举措在国内外产生了重大影响。

经过两年的刻苦学习，首届插班生顺利地毕业了。大四时，我完成了有关《诗经》《离骚》等专题的两篇本科学位论文。本人撰写的一篇 8000 字的本科学士学位论文《〈诗经〉"名·是·动"式新考》发表在《武汉大学学报》(社会科学版)(1987 年第 4 期)上，该论文被中国人民大学报刊复印中心《语言文字学》全文转载、被《高等学校文科学报文摘》摘要转载。本科生毕业论文在核心期刊上发表并转载，当属凤毛麟角。目前，本人撰写各类文章(随笔)近 180 篇，其中《诗经》研究学术论文(随笔)50 余篇，诸多学术观点被引用、转载。

转眼之间，毕业 35 年了，首届插班生在各自领域都取得了显著成就，同学中有鲁迅文学奖、茅盾文学奖、徐迟报告文学奖获得者。其中中文系 17 名插班生中有副厅级以上干部 3 名，教授、研究员、研究馆员、国家一级作家、编审和高级记者等高级技术职称 10 多名，成就斐然。

武汉大学插班生制度经过三届招生实验，培养了一批出类拔萃的人才。后来因种种原因停办，十分遗憾。但每每想起我在珞珈山求学的日子，总感到欣慰不已。

(原载《三峡晚报》2021 年 6 月 2 日"三峡风"副刊。)

永忆母校宜昌师专

覃长林

在宜昌说起北山坡，确实是人人皆知的，而且人们口中的北山坡几乎是与宜昌师专等同的。历经种种变化，随着三峡大学的组建，宜昌师专已慢慢淡出了人们的视线，但她与我们这些师专人的缘分却还是刻骨铭心地存续着。

初识北山坡还是刚刚拨乱反正、恢复高考制度不久的 1979 年秋天，那年我以五峰县采花乡高考第一名的成绩被录取到宜昌师专中文科学习。就在上学前的一次全乡党员大会上，乡党委书记作形势报告时，还专题表扬了我。他说："大家要看清形势，如果不是恢复高考，凭本事去考，还搞推荐的话，十个指头派麻了也轮不到他，一个普通老师的儿子去上大学。现在，他考取了，你们哪个都比不了，只有佩服。"家乡的亲人把这段话作为给我的最高奖励和厚重的希望，送我踏上了求学之路。刚到宜昌师专其实没有想象中美好，当时校园里百废待兴，处处是工地，校舍严重不足，条件极为简陋。我们新生 20 多人挤在一间平房中，也就跟"打工仔"差不多，心理落差不小，也产生过苦闷和彷徨。几经周转，两年后我们才搬进了新建的学生宿舍楼。

难忘在宜昌师专的 3 年学习生活，让我们的身体明显长高了，知识迅速积累了，心智逐渐成熟了，本领大为增强了。在那段时间里，我们的师长们都非常敬业，他们的风采至今还镌刻在我们心里。主讲"古代汉语"的曹文安、王作新老师风趣幽默，"文学概论"的张道葵老师思维缜密，"古典文学"郭超焱老师板书优美，吴柏森老师亲和持重，"现代文学"谢道弋老师声如洪钟，"外国文学"的巴文华老师博览群书，"现代汉语"李祖林老师谦逊民主，负责学生管理的王秀珍老师善良和蔼，我的忘年之交恩师吴章采老师绘画功底深厚，等等。这一批优秀教师爱岗爱生，无私奉献。他们用渊博的知识、以自己的言行作楷模教育引导我们这群热血青年健康成长。

那时的我们求知欲极强，除了认真听课，完成老师布置的学习任务，还会自觉挤时间在阅览室、图书室看书。记得有几次劳动课时，因为我读中学时主办油印小报学会了刻钢板，便被安排到图书馆帮忙整理图书。这美差着实让我高兴了很久。我读到了不少按当时规定学生不能借阅的书籍。那时的同学间关系非常纯洁友好，无论遇到什么困难大家都会相互帮助，在中文科办公楼的前后有两口堰塘便是同学间交心谈心的绝好去处。记得班上几位年龄稍大点阅历丰富的同学就常常在晚自习课间陪我们到那里边转圈边答疑解惑指点迷津。我们既讨论人生的意义、谈理想，也谈文学创作、谈朦胧诗，谈天说地，海阔天空。那时的班级很注重集体荣誉，记得在我们教学楼前头的墙上有漆过的一块大大的黑板是我们团总支部的宣传阵地。作为班团支部宣传委员的我，喜欢画点简图、凑几句小诗，便有了用武之地。每次办报时大家都会集体指导，坚持与兄弟班比质量。就因此我很荣幸地被校团委表彰为优秀团干部。

人生之路，机缘巧合，再识北山坡就到了1987年秋天，我从县职业高中语文教师调县教师进修学校任师专函授辅导教师。当我走进师专校园时，虽然环境变化很大，却依然感到格外亲切，见到了几位熟悉的老师，免不了久久的叙旧谈天、把酒言欢。休息时我在校园里足足走了一个多小时，去回想青葱岁月的点点滴滴。我觉得尽管师专毕业后又读了本科拿了学士学位，还在职读研，可影响和决定我人生之路真正的母校还是这里——宜昌师专。

或许正是由于对宜昌师专的深情已融入我的生命之中，才有了重识北山坡之行。那是在我女儿文菁大学本科毕业从北京回宜昌考录为机关公务员之后的一天，我们一家人利用周末在城区几个地方游玩，谈话中提起了我的母校和老师，就去了一趟北山坡，没想到女儿在校园受到启发后说还想读研究生，我当时就跟曾经的师专老师后来的三峡大学教授王作新联系咨询。后来她真的就顺利通过全国研究生统考并以优秀成绩毕业获得了管理学硕士学位。取得学历证书和学位证书时，女儿高兴地说是爸爸母校的灵气给了她勇气和力量。

愿北山坡永远充满灵气，愿宜昌师专的美好印象永远珍藏在学子的心里！

作者简介：

覃长林，土家族，1961年12月生，湖北五峰人，在职研究生学历，中学高级教师，猇亭区人大常委会二级调研员。曾先后发表教育教学研究类文章50多篇，行政管理工作类文章20多篇。

高山仰止

——钱锺书先生辞世十周年祭

李友益

2008 年 12 月 19 日，是我国当代学术泰斗钱锺书先生辞世十周年忌日。作为他忠实的崇拜者，深感有必要写点文字来表示对他的纪念。

钱先生受到学术界众多名家和后起之秀的崇拜，首先是因为他学识渊博。他有照相机似的记忆力，广览群书，过目不忘，真正做到了博古通今，学贯中西。有人统计，在《谈艺录》中，钱先生征引了 1100 多种中外书籍。《管锥编》中征引了 4000 多位作家的上万种著作，包括西方各国作者 1000 人以上，多种语言的书籍 1700 多种。其中不少材料是别人未加重视，而经钱先生慧眼识珠，特意拈出来的。尤其难能可贵的是，钱先生能将如此丰赡的材料联系起来，贯穿打通，发前人之未发，作出超越前人的独特判断。钱学研究专家郑朝宗指出，《管锥编》中可以作为文学和语言定律的论述，就不下百十余例，至于对个别论题作出的深刻而新颖的论断，更是不胜枚举。钱先生被学者誉为"文化昆仑"，应是当之无愧。

钱先生精通英、法、意、德、西班牙、拉丁等多种语言。1950 年起，他担任《毛泽东选集》英文翻译委员会主任委员。1974 年，又参加《毛泽东诗词》英译本的定稿工作。他的学术水平与英文能力受到国家领导人毛泽东、周恩来和英语界的高度信任和器重。1979 年访美期间，他一口熟练流畅的英语，语惊四座。一位专攻中国史的外国学者说：生平从未听过这样漂亮的英文，只有哈佛大学的一位研究语言的教授的英文口语水平差堪媲美。

钱先生之所以受到广泛的赞颂，更重要的原因是由于他品格高尚。在这物欲横流、人心向钱的社会环境中，钱先生不追名、不逐利、不当官，一心埋头著述。

1991 年，全国 18 家省级电视台联合录制《中国当代文化名人录》，想拍钱先生，被他婉言谢绝。别人告诉他，拍了会给报酬，他淡淡一笑说："我都姓了一辈子钱了，还会迷信这东西吗？"

他拒绝采访，对媒体记者避之唯恐不及。有一次，一位来自英国的女士求见钱先生。钱先生在电话里回答说："假若你吃了一个鸡蛋觉得不错，又何必要认识那下蛋的母鸡呢？"1989年，《钱锺书研究》杂志创刊，次年出版第二辑。同时，有人提议筹建《钱锺书研究》编委会。一个健在的学者，即获如此殊荣，空前绝后。然而，钱先生极不赞成，此事只好烟消云散。

1990年，《写在人生边上》重印后，他把稿费全部捐给中国社会科学院文学研究所。电视剧《围城》的万余元稿酬，他一分钱不要，全部捐给国家。

国外很多单位重金聘请他出国任职，他一概婉拒。

很多人希望他为之题词、题写书名和作序。这是某些名人名利双收之道，但钱先生一律推辞。倒是有一个例外，钱先生读了一位学者的著作后，认为很好，便主动为它作序，向广大读者推荐，但分文不取。

钱先生不想当官，许多学会、研究会等学术团体，都想请他当会长、理事长或者名誉职位、顾问，但他一概拒绝。他当过《毛泽东选集》英译委员会主任，但那是一个责任极其重大但无权无钱的苦官。后来，也有人想给他安排一定职位，最终他只答应挂名中国社会科学院副院长，有名无实。

总之，某些名人们趋之若鹜，甚至极力钻营的名利权势，钱先生都视若浮云，敬而远之。

钱先生认为，"大抵学问是荒江野老屋中二三素心人商量培养之事"，因而爱憎分明，不喜交际应酬。他说："平生素不喜通声气、广交游、做干乞。人谓我狂，不识我之实狷，老来岁月，更无闲气力作人情。而书问过从者不乏，甚以为苦。故戏改梅村语云：'不好诣人憎客过，太忙作答畏书来。'比年多不作复，客来常以病谢，案头积函，不拟复者已二三十余。'学得无愁天子法，战书虽急不开封'。"

然而，我却很幸运地收到了钱先生的一封回信。

20世纪90年代，我约同吴柏森、刘济民两同事，在《宜昌师专学报》上开辟专栏，逐节刊登《钱锺书文论选释》。刊登十多则时，我把它剪贴成册，寄给钱先生，请他批评指正。同时还就《天师写实与师心造境》一节中的有关问题向他请教。我知道他很忙，所以既希望但又不敢指望他回信。出乎意料，时隔不久就接到他的来信。全文如下：

友益老师：

惠函并大作奉悉。甚感且愧。克利索斯当乃希腊基督教神父（347—407），其书在《LOEB古典丛书》中有希、英语对照本；儒贝尔乃法国散文家

（1754—1824），其《随想录》有各种单行本。在贵处，恐此等书不易得，无关宏旨，置之可也。

　　草此后谢，即颂

暑　安

钱锺书上　7 月 6 日

　　读罢复信，感慨良多。这封信是他 1991 年 80 岁高龄时所写，但几十年前在国外读到的书籍仍然记忆犹新，连作者的生卒年份都记得清清楚楚，我辈后学不能不佩服得五体投地。同时，我想，他之所以给我们这般无名小卒回信，是认为我们还孺子可教。我们三人才疏学浅，水平低下，然而，在《钱锺书文论选释》的写作中，态度是诚实的，肯下苦功夫。为了弄清一条引语，一件史实，一个典故，我们不惜半天半天地钻图书馆，翻古书。这些努力，钱先生一翻剪贴，就会一目了然，可能因此才给我们一番鼓励，奖掖后进罢。我还注意到，信末签名后有一个"上"字。这种下辈对长辈、下级对上级常用的敬辞如上、呈、禀等，我们早已不用了，大概以为它们是封建主义的东西罢。而钱先生却仍然对我们这些比之年轻的人使用着，表示着先生高度谦恭的品德。

　　斯人已去，但功业长在，浩气永存，名垂千古。我希望，先生留下的五麻袋笔记本，能有人加以整理，陆续出版，以飨仰望已久的读者。我也垂垂老矣，如果天假以年，我将把读钱的一些笔记整理成册，以《钱海拾贝》的名义印成，以谢钱先生在天之灵。

记石声淮老师在宜昌师专

吴柏森

石先生是我们非常敬仰感佩的一位老师，他学识渊博，不仅国学功底深厚，且精通英语、德语，和我们一起作社会调查，老师常用英语作记录，说是更快；又多才多艺，能弹奏钢琴，歌喉清雅，讲课中常随手配画，更是一绝。特别是他爱学生，和学生之间有深深的感情，记得当年老师授毕"先秦文学"时，来到我们宿舍，一个个叫出名字在他的授课讲义上签名，留作纪念，令我们感动不已。

我到宜昌师专后，先后来了不少同学，老师都很关心，有问题请教，总是有问必答。还为郭超焱《古诗文品赏》一书写了长序，称她是"我三十年前的一个好学生"，后又为谭传树、孟祥荣编的《三峡诗粹》作序，说"他们是工作在西陵峡口古城夷陵的几位辛勤的年轻人"。1985 年夏，老师给我一信，说不久前到荆州讲学，并表示愿作宜昌之行。我们很高兴，立即复信邀请，并作接待准备。到11 月初，终于收到先生乘火车来宜的电报。

老师是偕师母一起来的。师母钱锺霞是大学者钱锺书先生之妹，身材纤弱，虽年事已高，仍不失端庄秀丽之气，对我们那样温和亲切，尤喜欢郭超焱，直呼"超焱"，俨同母女。

我们在一起，常听老师讲往事，有两件事至今记忆犹新。一件是 60 年代初，老师常随学生一起下乡劳动，接受再教育，有一次吃"忆苦餐"，一名学生硬把自己的一碗塞到杨潜斋先生手里，说资产阶级教授要多吃一点。杨先生自己的一碗都无可奈何，但在那老师怕学生的年代又不敢不接。老师看在眼里，便去找了当时管学生工作的杨某，才解了杨先生之困。另一件是不止一次讲"文化革命"之初，王凌云先生在被窝里自杀的事，讲得那么真切、动情。老师一贯谨慎小心，但却富于正义感，充满同情心。

这段时间，正好宜昌各县函授教师来校开会，老师有机会见到了不少他的学生，分外高兴。又挂念市内的学生，要去看看他们，先后到了张爱珠、马天佑夫妇和王浩、李明菊夫妇的家。

在我们一再请求下，老师写了两幅字，给郭超焱、符利民夫妇的一幅是"君子所其无逸"，见于《尚书·无逸》，是告诫我们：有了一定地位，切不可贪图安逸；给我的一幅是"慎终如始"，见于伪《尚书·太甲》，又见于《老子·第六十四章》："慎终如始，则无败事。"勉励我们要自始至终谨慎对待事业。字如其人，朴拙中见清雅之气。至今还挂在壁上，见其字如见其人。

老师擅于吟诵古诗，我们特意举行了一次古诗吟诵会，那天会议室挤得满满的，一些学生也闻讯赶来。老师吟诵《楚辞·招魂》，那饱含悲思、悠长而凄清的韵调，一下子便将悲凉的气氛漫布开来，场上寂然无声。特别是反复吟诵的"魂兮归来""归来归来"，时缓时疾，仿佛一声声敲击在心上。

学生们想见见老师的老师，老师知道了，便决定给学生们讲一次课。一天下午，合班教室坐满了学生，老师为他们讲《木兰诗》，既无教材，更无讲稿，边吟诵边解说，别有一番趣味。特别是讲到末四句，老师随手在黑板上画出两只相傍相依、神情毕肖的小兔，全场不禁为之惊叹。

当然，我们也没忘记老师、师母的游乐，除晚饭后陪侍散步外，还到市内一些公园和江滨观赏。特别是谭传树联系到一艘小轮，从水上游西陵峡，又由巴文华陪同游当阳玉泉寺，给老师、师母以新奇和欢快。

欢快的日子总是过得很快，一转眼到了月底。师母说天气越来越凉，怕有雨雪归程不便，于是由孟祥荣买好车票，送老师、师母上了回汉的火车。

令人遗憾的是，不久便收到老师的信，说师母回家后肝病复发，且日趋严重。翌年开学后，系里派我们到省图书馆查阅方志，郭超焱和我抽时间去探视师母。师母已卧床不起，病榻前抚着郭超焱的衣袖轻声地说着什么，催人泪下。我们返校后，很快便收到老师告知师母长逝的信。信中说："去年是我们夫妇生活得最愉快的一年，在宜昌的时候是我们最美满的时候。是你们和师专同志们安排的。今年又承你们看望。妻在住院后还记得清楚，她喜爱超焱。""妻是带着在宜昌的愉快回忆离开人间的。"

老师来宜昌师专已快30年了，老师故去也快20年了，但这段师生情缘却长久萦绕心间，挥之不去。今天写了出来，顿觉轻松了许多。

2014 年 11 月 15 日

黄声笑与宜昌师专

李　超

有一张照片我珍藏了几十年，它是宜昌师专中文科教师在武昌进修学习时与工人诗人黄声笑、农民诗人张庆和的合影，拍摄于 1960 年暑期。

这张珍贵的照片珍藏着黄声笑与老师专的故事。黄声笑是宜昌港务局搬运工人，在劳动中成长为工人诗人，他的诗作"我是一个装卸工，干劲冲破九重天。太阳装了千千万，月亮卸了万万千"，富有气势，想象丰富，寓意深刻。黄声笑在宜昌乃至湖北，声望很高。师专初建，需要社会兼职教师丰富教学领域，而黄声笑听说宜昌有了高等学府师专，分外高兴，很想为新建师专出力。当聘请他为师专教师时，他满口答应，感到很荣幸。

黄声笑经常来师专讲课，讲他的诗歌创作，讲诗歌与劳动的关系，讲当今工人的社会地位，讲他得到众多作家、编辑的辅导。他在讲课中说，你们说写诗歌难，其实不难，灵感来自生活、劳动。一次我在街上走，走热了，衣服脱了一件又一件，棉大衣、毛衣、毛背心，一身衣服抱不起，突然感到这个"抱"字好，有诗，过去哪有衣服，穿件破棉衣，大窟小洞，还觉不错；一次劳动中，突然一个年轻人喊，上海船到了，好大一船货，把上海都运来了，我听了，立即说，好，好形象，有诗，后来提炼成"左手搬来上海市，右手送走重庆城"，反映了宜昌装卸工人的豪情壮志，成了公认的名句。大家听得津津有味，不时发出笑声，感到很受启发，兴奋得跃跃欲试。就这样，师专与他建立了深厚的友情，他还邀请师生到他的搬运队劳动，体验生活。

师专初建，能有像黄声笑这样的一批社会兼职教师（鄢国培、习久兰等）的帮扶，师专也就越办越红火。1960 年暑假黄声笑在武昌开会，得知宜昌师专中文科教师在这儿进修学习，邀请诗人张庆和来走访，他本是师专特聘教师，机会难得，于是动议拍下了这张珍贵的照片，定格下黄声笑与师专师生的亲密关系，定格下黄声笑对师专的诸多扶助。

2016 年 3 月 2 日

图8　前排从左至右：张爱珠、詹玉华、黄声笑（宜昌工人诗人，师专中文科特聘教师）、张庆和（浠水农民诗人，应邀参加拍摄）、龚万树。后排从左至右：王湃、徐兴永、张道葵、李超、王陆才。

鄢国培印象记

谢道弋

我们与鄢国培同志的第一次接触，是在 4 年以前（20 世纪 80 年代初期）的初冬。那时，他的"长江三部曲"第一部《漩流》已在社会上引起普遍关注；宜昌，作为他的家乡，反响更为强烈。为了邀请鄢国培同志来校作报告，我们欣然前往老鄢家。

小小的客厅里，发黄的灯光分外柔和，几杯浓茶飘溢着沁人芳香。可我们却有些不知所措了，因为这位在宜昌人的传说中多少带点传奇色彩的人，看上去似乎不那么随和。他操着纯粹的四川口音，淡淡地回答："这……的确没得啥子可讲的呀！"我们固执地恳请，可他仍坚持着，一再重复着一个意思：一个作者，应当相信读者的水平，他们对作品会作出正确评价，根本用不着作者去唠叨；况且，"长江三部曲"才写出一部，对未完成的作品发议论，也不够严肃……后来，经过我们反复"磨"，他终于让步了。当我们高兴地向老鄢同志告别时，涌上我们脑际的第一个印象就是：这是一个真诚的人，他的语言和他的外表一样朴素而实在。

1980 年 12 月 23 日上午，我们迎接老鄢的车子还未开出，他就步行进了校门。依然是那样朴实无华，不苟言笑。可是，当他跨上讲台作报告时，我们惊异了，原来他竟如此善谈：那富有情趣的水上生活以及三峡沿岸的风土人情，那艰难而扎实的创作历程……他娓娓谈来，具体而又生动，风趣而又饱含感情。这次讲座进行了近 4 个小时，鄢国培留给我们一个新的印象：这是一个生活基础雄厚，在创作上有充分准备的作家，《漩流》的成就确非偶然！

从此，我们同鄢国培建立了经常性的联系，其中有私人的交往，更多的则是关于"长江三部曲"的切磋。在频繁的接触中，我们逐渐了解到老鄢又是一个很重感情、坦率而谦逊的人。他非常支持我们开展"长江三部曲"的研究。在近 4 年的时间里，他总是主动地和我们接触，为我们提供资料，向我们介绍信息。在座谈和访问中，我们也曾不止一次地直言不讳地谈到作品的不足之处，并不揣冒昧地提出了修改建议，每次他总是平心静气地听取，有时是耐心解释，有时是诚恳接受。1984 年 3 月他在省里获得文艺界"五讲四美"标兵的光荣称号，回宜昌后，态度依然是那样，丝毫没有骄矜之色。

当年，鄢国培已调离长航到省作协从事专业创作。在此之前，他是宜昌市人大常委会委员，市文联副主席。对于"作家从政"，他曾多次表露过不乐意的情绪，但却不是出于对政治的轻视和厌恶。他长期要求进步，1984 年五一前夕，被批准加入党组织；他经常关注社会风气，以一个作家的敏锐眼光来判断社会上的新动向。比如，有一个时期，社会上对于青年人的新异装束有着过多的指责，他就表示了不同见解。他认为，美化生活，不仅青年，也是人人共有的要求，符合精神文明建设的准则；至于不合时宜的奇装异服，随着人们文化水平的提高，会自然抛弃，用不着大惊小怪；正因为他处处留心，勤于观察，也为他的小说创作提供了取之不尽的素材。他的"长江三部曲"中的大量生动细节，不少就是从日常生活的观察中获得的。当然，他的留心，不仅限于身边琐事，对于国家各方面的改革，他表露了更大的热情。一次，他来师专，因为时间从容，我们谈完了公务，就摆开了"龙门阵"。由市谈到省、谈到中央、谈到世界。这时的鄢国培确乎进入了另一个境界，他高谈阔论，侃侃而谈，引古道今，如数家珍，使我们简直没有插嘴的余地。特别是他从"百日维新"的具体史实中，归纳出一些具体的历史经验教训，用以说明当前改革是一股不可抗拒的时代潮流，就更为深刻了。

近两三年来，鄢国培在紧张从事"长江三部曲"的创作过程中，利用间断时间构思反映当代生活的中短篇小说。去年，他去武汉出差，抓紧零星时间就写完了一个中篇小说。他表示：要尽快在近期完成"长江三部曲"之三《沧海浮云》的定稿工作，接着完成已构思成熟的十几个中短篇；除此之外，他还有更远大的计划，这就是写长江的今天，以期和"长江三部曲"构成宏大的姊妹长卷。

注释：

20 世纪 80 年代初期宜昌师专中文科组织了鄢国培的"长江三部曲"研究小组。这篇文章，为当时在研究活动中所写。原载《当代文学通讯》1984 年。

著名作家鄢国培在宜昌师专作
"《漩流》创作讲座"

袁在平

一

能写下此文，与我同鄢国培及宜昌师专双方均有着深深缘分，是切切相关的。鄢国培是全国著名作家，是我的师长、学长，且又是我的同仁及至交挚友。宜昌师专是宜昌地方的最高学府之一；宜昌师专尤其是师专中文科的不少教师，不仅是我的师长、学长，且又是我的同仁文友。正是基于以上种种因素，我也便成了鄢国培这次在宜昌师专作"《漩流》创作讲座"的亲历者及其作该"讲座"的牵线人。

我与鄢国培的相识相知，说来话长。鄢国培不仅是宜昌历史上首位出版长篇小说的全国著名作家，而且还是一位资深作家。他从小勤奋好学，酷爱文学。1955年，他便在上海《少年文艺》发表小说处女作《凤尾溪边》；1956年，他的第一个短篇小说集《老鹰岩探矿》，由重庆人民出版社出版。1957年，他的一篇爱情小说《他们是幸福的》在《萌芽》杂志发表后，受到了批判；从此他搁笔达20年。直至改革开放后的1978年初，他重新提笔，开始了长篇小说创作。我和他相识相知，也便始于这个时候。那时，我在宜昌地区文化馆《高峡文艺》任编辑。1978年初夏的一天，馆长来层林对我说："小袁，宜昌港务局一位工人在写一部反映长江生活的长篇小说，已写出20万字了。我去要几章来，看能不能在《高峡文艺》上先选发一两章。"几天后，稿子拿来了，小说名《漩流》；正文全用横格材料纸抄写，共五章——即第四、五、六、七、八章。我一口气把它们全部读完。总的印象是：这绝非是一般的作者，我甚至根本不相信他是一位"工人"。其知识面的广博，文字的老道、熟练、流畅，所展开的历史画卷之开阔，其呈现极具地域特点特色的风俗民情之丰富多彩，如行云流水般的铺陈、描写，其人物形象的栩栩如生等，均令我吃惊！它甚至还使我想起了巴金。巴金的作品曾使我领略到了那个我并未曾经历过的 20 世纪三四十年代的鲜活社会；而今天，我所读到的老鄢的这部《漩流》初稿，又再一次使我身临其境地、令人耳目一新地深深感受到了三十年代如火如荼的社会斗争生活。在刚刚经历了十年"文革"后的七十年代末，我能读到这样一部如此成熟、艺术感染力如此强烈的文学创作新著，这真是个意外、一个奇迹！我对鄢国培肃然起敬，十分敬重钦佩。

也便是从这时起，我们成了知音好友。老鄢家住宜昌城隆中路 4 号，距地区文化馆很近。我们经常往来、交谈；而谈得最多的则是文学与创作。通过交谈，我不仅谙悉了他的极不平凡的人生，而且还更深深了解到他的文学创作及其在文学创作上的成长之路。我在以后发表的一篇传记体长文《鄢国培的文学之路》的题记中写道："他不是一般的海员、电工。他是那个时代从工人中脱颖而出的知识化了的思想深刻敏锐、文学素养极高的作家。这不觉令人想起高尔基的那句话：书籍是人类进步的阶梯。"

1978 年 8 月，鄢国培参加了湖北省文联在当阳玉泉寺举办的文学创作班。几个月下来，他在创作班上完成了《漩流》后大半部分近 30 万字的初稿。精彩的《漩流》初稿在创作班上引起了震撼及省文联领导的高度重视。在省文联的特别安排下，自 1978 年 12 月起至次年 6 月，由鄢国培对《漩流》再次进行了竭尽全力的修改打磨。1979 年 8 月，《漩流》由长江文艺出版社出版，并被推举为湖北省向国庆 30 周年献礼的优秀作品。该书在"文革"后刚刚"解冻"的中国文坛及当时社会，引起了轰动！书一上市，便被抢购一空。出版社赶忙出第二版、第三版。《漩流》先后发行计 26 万余册。

二

而《漩流》的轰动效应及社会影响，在湖北宜昌则尤为强烈。1980 年，宜昌师专中文科把"《漩流》研究"立为了重点科研项目；项目牵头人是当代文学教师谢道弋。一天，谢老师忽然来找我，说要委托我替他们将鄢国培请来师专作"《漩流》创作讲座"。我一听，心头一热——无论从何种角度考虑，这都是我应该做的，是让我觉得荣幸的一件大好事！因我不仅与鄢国培情缘深，且与宜昌师专，尤其是中文科的缘分很深。我夫人龚兴华是师专中文科的历史教师，我们的家就安置在师专大院内，而且我所从事的工作又是文学艺术及宜昌地方文艺刊物编辑。故我与师专中文科的许多老师，不仅是经常在校园里相见的老熟人、老朋友，且还是文化及文学艺术战线上的同仁与文友！的确，因工作和学习的需要，我与中文科诸如师长学长辈的曹文安、张道葵、吴柏森、郭超焱、谢道弋等"古代汉语""古典文学""文艺评论"等教师，来往甚多甚密。而在当时师专中文科的学生中，又有着许许多多的文学创作爱好者。印象中，中文科的在读生黄灿、孙祖娟、姚永标等，便曾经我之手，在我任编辑的《高峡文艺》上发表过诗歌、小说等作品。如今，师专中文科把"《漩流》研究"列为重点科研项目，显然，鄢国培能前来作"《漩流》创作讲座"，这对该科研项目的顺利开展，是会有很大帮助的。总之，谢道弋老师的委托，我欣然应诺。我迅速与鄢国培取得了联系，并得到了他的积极响应与大力支持。

1980年12月23日，鄢国培来到师专作"《漩流》创作讲座"。讲座在一间大教室里举行，我作全程陪同。室内，学生和老师坐得满满的；门外和窗口，还站着许许多多听众。老鄢是四川人，但川音不重，吐字清楚。讲话只有腹稿、不用讲稿，讲得异常生动。话语中夹杂着诙谐与幽默，会场上时不时爆发出一阵阵"轰"然笑声。老鄢既讲《漩流》创作的全过程，更讲自己的创作思路及其独具个性特点的创作方式方法。老鄢自1957年搁笔时候起，便雄心勃勃地制订了要创作一部反映长江，尤其是川江民营轮船公司航运发展史社会生活的长篇小说《漩流》的宏伟规划，并迅速为该创作作全方位的准备。"多读、多写、生活（指生活体验与积累）"，这是作家在创作上提高与成功的三大"要素"（周立波、孙犁语）。鄢国培首先要做的是博学多读，以扩大自己的视野，增长渊博的知识，冶炼和提高自己的深刻思想及熟悉和了解自己即将要写的那个时代的历史及社会生活。中外文学史表明，只有知识渊博、思想深刻的作家，方能写出深刻的作品。他在"讲座"上讲道：他当时在一艘从重庆开往武汉、南京、上海的货轮上当电工。每往下跑一趟水，他都要在重庆市图书馆借上20多本书上船。一趟水下来，20多本书看完了；然后再借上20多本书，再跑……而且这期间，他每到一个地方，在他的床头枕边，总会摆放着几本书；每晚睡觉前，他都要看一会书方入睡。那他都读的是什么书呢？他在后来创作的"长江三部曲"之三《沧海浮云》的《后记》中写道："我不单读文学作品，凡天文、地理、经济、政治、哲学、历史……我都读，甚至医、卜、星、相之类的书，我也读。"

在水上航运期间，鄢国培在搞好本职工作、苦读书之余，最喜欢做的另一件事，便是与海员们，尤其是老海员们"摆龙门阵"。他从他们口中所学到的东西可多哩！除从他们那儿深深了解到川江上诸家民营轮船公司航运的现状与历史及丰富生动的史实史事外，且还深深了解到了川江上青帮、哥老会等帮派组织的一些活动情况及其形形色色的帮派人物。更为可喜的是，他还从他们那里调查、了解到那个时代的中共地下党在川江两岸开展革命活动的一些情况，以及地下党的不少革命者抛头颅、洒热血、不屈不挠的英勇斗争事迹。此外，每当货轮一靠码头，老鄢便要和海员们一起登岸游访；从而深深了解到了当地的地情、民情及其丰富多彩的民风民俗等。显然，鄢国培在轮船上的20余年的工作生活，便已为他创作《漩流》作好了方方面面的充分准备。自 1978 年初至 1979 年上半年，仅一年多的时间，一部长达 50 余万字的长篇小说《漩流》便胜利写作完稿，并正式出版。他在讲座中讲道：文学是人学，"文学是写人的。故事好编，人物难写。文学创作必须写出源于生活而又高于生活的形形色色、栩栩如生的人物来，必须塑造出典型环境中的典型人物及其典型性格来"等。这些均是他创作，尤其是长篇小说《漩流》创作所必须遵循的原则。他写小说不用提纲，长篇《漩流》创作也是如此。他认为，小说中的人物及故事情节的发展，是不可能一成不变的；真实的情况是，小说中的人物及故事情节的发展，则往往因人物的"典型性格"及典型人物所处的"典型环境"等因素，而发生变化——乃至极大的变化。故事先写好提纲，则最容易以固定的模式束缚住作者的思路，阻碍创作，并影响到作品的质量。

鄢国培在创作方式上的另一个突出特点是，他将文学创作与业余爱好"垂钓"紧密结合。早在《漩流》创作的准备阶段，只要一有节假休息日，时家住宜昌的鄢国培，便骑着一部"跛驴"单车，头戴一顶晒得发黑的草帽，车屁股上再拖一条长长的"尾巴"（钓鱼竿），近则十几里、几十里，远则上百里地奔往于宜昌、枝江、当阳等地的溪河沟边、堰塘湖汊，一钓便是一天、半天。那时节，老鄢把钓鱼竿架在水边，抛下去一只诱饵，观其晃晃荡荡，尽情享受着"愿者上钩"的乐趣，而脑海里则盘算着小说里的人物、情节。钓累了，干脆把钓竿插在水边不管，敞胸露怀、仰面而卧，双手将头一抱，便完完全全钻到他所酝酿构思着的小说天地里去了。自 1978 年初《漩流》创作动笔以来，他也依然将《漩流》写作与"垂钓"紧密相连。他顺着人物情节的发展，一章一节地往下写。一旦"卡壳"，他便把笔搁下，然后拿起钓鱼竿出去钓鱼；一天、半天下来，鱼篓子里"丰收"了，他脑海里的构思、布局也"大丰收"了！回来后写起来异常顺畅。其于省文联在当阳玉泉寺所举办的创作班上的《漩流》创作，也是把写作与"垂钓"紧密联系在一起的。1978 年 8 月，鄢国培带着《漩流》后大部分尚未完成的初稿的写作重任，来到了省办当阳玉泉寺创作班；在创作班上，他对自己每天的工作作了如下安排：天不亮起来写作，直写到吃早餐；早饭后出去钓鱼，直钓到吃午饭；中餐后午休到下午三点，三点至五点半写作，晚饭后至午夜十二点写作。他钓鱼是假，借钓鱼之清静、清闲、清醒苦苦构思、酝酿《漩流》眼下章节的创作写作是真！他每天钓鱼回来，均要完成《漩流》撰稿达六七千余字；而最多的则是每天撰稿达九千多字。老鄢在师专作"《漩流》创作讲座"会上讲道："我的《漩流》中的大多人物、情节的构思，便是在这样（指钓鱼）的时候完成的。……《漩流》在写作上还比较顺手，'钓鱼'是帮了我很大的忙的。钓鱼是我换着使用的另一种写作方式。"鄢国培的 50 余万字的《漩流》初稿写作，历经创作班上数个月的努力，最终得以胜利完成，其文稿得到了省文联领导和编辑们的充分肯定和高度赞赏。

显然，鄢国培在师专所作"《漩流》创作讲座"会上之丰富多彩、生动、感人的讲话，大大开阔了师专中文科在座师生及听众们的视野，扩增了大家在文艺理论、文学创作——尤其是创作实践等方方面面的许多知识与学识。故说老鄢给大家上了一堂丰富生动、极富个性特点、且有着学术价值和实用价值的文学创作课，这也并非夸张。更重要的是，该"讲座"为师专中文科所立"《漩流》研究"科研项目研究活动的开展，大大打开了思路，起到了推动及"抛玉引金"的作用。

三

自将"《漩流》研究"立为中文科重点科研项目以来，师专校领导及中文科对该项目研究活动的深入开展，非常重视。在校领导及中文科的统一部署和领导下，"《漩流》创作讲座"刚一结束，项目牵头人谢道弋老师便迅速组织中文科对文学研究颇有建树的部分教师及众多学生，成立了一个"《漩流》研究"科研组，并带领大家立即投入对长篇小说《漩流》的认真阅读及扎扎实实的研究工作中去。谢道弋除在科研组内动员大家放手撰写关于《漩流》研究的评论文章外，他还向中文科未入科研组的其他师生发出了撰写评论《漩流》文章的征稿启事。宜昌师专这一重点科研项目的研究，历经了整整一年的努力后，该校于1981年12月，以校刊《教学与研究》第4期的专刊形式，出版了《〈漩流〉评论专辑》。专辑中，刊发了该校教师及学生的评论文章计16篇及鄢国培在师专所作"《漩流》创作讲座"之长篇录音整理稿。这是《漩流》问世以来所出版的首部《漩流》评论专集。该评论专集的出版问世，不单在宜昌文化界反响强烈，而且在当时湖北省文学界也产生了一定影响。其对以后文学评论界、学术界之于《漩流》及鄢国培随后所陆续出版的全套"长江三部曲"——《漩流》《巴山月》《沧海浮云》的整体研究，也产生了一定的影响及促进作用。

1983年至1986年，鄢国培"长江三部曲"之二《巴山月》、之三《沧海浮云》相继由长江文艺出版社等出版。1993年4月，长江文艺出版社将《漩流》《巴山月》《沧海浮云》三大部长篇小说之每一部均分为上下两册，共计6册，汇编成长达200余万字的鸿篇巨制精装本"长江三部曲"出版。从而，使老鄢的这三大部长篇在大江南北的读者中，又再次产生了更广泛的影响。鄢国培除出版了这200余万字的"长江三部曲"外，还出版有长篇小说《冉大历险记》，发表有中篇小说《美丑奇幻曲》《荒漠的神殿》；另有散见于全国各地报纸杂志的散文、随笔、创作谈、文艺评论等数十篇。老鄢一生共计出版、发表文学作品及文论、文章计300余万字。

1995年12月22日，一个悲痛的日子！这天，鄢国培因一场意外车祸而逝世。巴金曰："作家的生命是作品。"人死不能复生，但著名作家鄢国培的光辉形象、不朽精神及其珍贵的精神财富——浩瀚的文学著作、文论、文章，则永远活着！显然，凡聆听过老鄢在宜昌师专作"《漩流》创作讲座"的师专广大师生，永远铭记着他，深深怀念着他！凡酷爱和熟读过鄢国培文学作品的普天之下的广大读者，则永远记忆着他、缅怀着他！请看看，鄢国培逝世后，湖北省文联、省作家协会在宜昌为老鄢举行了一场隆重的追悼大会；著名散文家、诗人羊翚在追悼会上挽联曰：

巴山夜雨，巫山激流，沧海浮云，世间流传长江三部曲；
海员身世，作家情怀，公仆风范，文苑长恋辛勤涉滩人。

请再听听，在鄢国培逝世的次年——即 1996 年 4 月 5 日老鄢诞辰的 62 周年纪念日这天，一位署名"百家词墨宝堂主"的博主于博客网上发表《踏莎行·悼念作家鄢国培先生》曰：

凤尾溪边，嘉陵江渡。驳船击浪艇登陆。盲人感叹幸福夜，鹰岩探矿斜阳暮。
酒酿廿春，曲旋三部，巴山明月漩流驻。哭君花甲乘鹤去，沧海浮云泣玉兔。

的确，羊翚的挽联和墨宝堂主的《踏莎行》词，均深深地道出了人们对作家鄢国培永不释怀的无限怀念与敬仰之心声。2021 年 12 月 22 日，是老鄢逝世 26 周年纪念日。于此，笔者特地写下此文，以深深寄托对他的无限思念与缅怀之情！

2022 年新春于岭南羊城

作者简介：

袁在平，1944 年出生，湖南资兴人。武汉大学中文系本科毕业（学制五年），宜昌市群艺馆副研究馆员。湖北省作家协会、省民间文艺家协会会员、湖北省三国文化研究会理事。长期从事地方刊物编辑和文史研究工作，在国家、省、市报纸杂志发表文学作品、文史文章和学术论文 100 余万字。《宜昌文化志》（湖北人民出版社）副主编、首席主笔，《中国民俗志·伍家岗卷》（中国文联出版社）总纂。参与了第二届《宜昌市志》（方志出版社）撰稿。与夫人龚兴华合著出版有 68 万字文史专著《三峡史海钩沉录》（长江出版社）。

第 二 故 乡

金道行

　　故乡是生长感情的地方。有感情就思念，有思念就想再见。

　　2007 年 9 月 8 日，在离别了近两年之后，我与妻重返宜昌。宜昌不是我的故乡，没有亲人，也没有任何事情。我们却有思念，想见我们想见的人。

　　我们住在王德金家里。王德金是我们的同事，严格说是我妻子的同事。我们原来都在宜昌师专工作，我们叫他小王，称他爱人小张。我们退休后于 2005 年尾迁居武汉，小王家也搬到了三峡大学新居。这次，小王把我们接到他的新居。他们还把主卧室让给我们，我们像住在自己的家。他们知道我的肠胃不好，饭菜都很清淡，也不放辣椒。小张知道妻有腿疾，还把热水端到她的手上。小王的岳母后因故精神失常，现已 86 岁了，全家人都喊她"家家"，我们来了，第一句也是叫"家家"。小张说，家家见了生人，会焦躁不安；而我们在这里，她却跟平常一样。妻有失眠的毛病，带了安定片来，可是一片也没有吃。

　　想起 2005 年底，我们离开宜昌时，小王不仅给我们找好车，还亲自压车送我们到武汉，直到把行李搬到新居，还上街买了几盆鲜花，祝贺我们乔迁。那时天已经黑了，他忙了整整一天，连饭都不吃，又连夜赶回宜昌，以不误第二天上班。小王说："我们不是亲戚，胜似亲戚。"像这样贴心地帮助我们的亲戚，我怎能不思念？

　　9 日上午，我们去看望张道葵和吴柏森两位先生。他们还住在原来的师专宿舍里。看见张老师还是那样高大体健，吴老师仍然小巧灵活，我就高兴。他们的老伴曾老师和宋老师也和以前一样热情。因为高兴，我还时而拉他们的手，拍他们的肩，不知手之舞之，足之蹈之。他们都已七十开外，比我年长，而我向来是十分拘谨的人，怎么今天如此失态？

　　张老师说，他的视力愈加不好，看书就很少了。可是，他却首先告诉我，最近一期《三峡文化》杂志发表了符号先生对我的评论。说着，张老师就去拿给我看，还不断地复述文章的内容。张老师这样关心我，其实，他一直都是这样。10 多年前，我生病了，很多人都叫我不要再写作了，本来也是好心，但使我愈发忧伤；唯有张老师说："你是可以继续写的，只是要放慢一些。"张老师的简短的话，使我感受着真诚的理解和爱护。在我最困惑的时候，是张先生给了我心灵的抚慰和力量。我在离别宜昌的那年10月，到医院去做结肠镜检查。因为曾老师做过，深知其痛苦，还有医生临时决定病理检查等麻烦，曾老师就赶到医院来，说她可以帮忙跑路。可是我知道，她的视网膜是脱落了的。在离别的前夕，张老师又赶到我的家，送我一件精美的工艺品，是一只腾跃的海豚。他喘着气说了一句话："看见这件小小工艺品，你就会想到宜昌还有朋友。"说完，他就下楼了，连门都没有进。他这么大年纪，走路都不稳，爬了五层楼呢。

吴老师见我送他书，欣喜地问："你的书出版了？"我说这是送他的保健书，希望他与宋老师健康长寿。他却拿出了他出版的散发油墨芳香的《欧阳修夷陵诗文译注》来送我，很厚的一册。我更是惊喜。今年5月，他已经寄给我他新出版的《古代屈原戏注评》，怎么这样快，他又出书了？我知道，吴老师数十年都是慢慢做学问，决不汲汲于功名。吴老师是把学问当人生的快乐。以前，他常在学报上发一些"补白"。相对于长篇大论，他的"补白"往往只占一页半页。可是，我读了，总是感慨它一点都不掺水，全是真知灼见，就像钱锺书的《管锥编》和《谈艺录》。吴老师邀请我们以后回宜昌，就住他家里，宋老师还把她的手机号和电子邮箱都抄给我。他们是真诚的。以前和吴老师打乒乓球，他总是慢慢打，他知道我的身体不好。2005年我离开宜昌的那天清晨，天刚蒙蒙亮，那么冷，他就来送行了，我还没有起床。他说，他是来帮忙搬东西的。他就是这样细心。他的话不多，字字都实在，就跟他的"补白"一样。这一次，他在我临别的头天晚上又打电话到小王家，问我走的时间，他又要来送行。他真诚得书生气十足。

晚上，邓新华请我与张、吴二位老师在三峡大学接待中心吃饭。新华原在宜昌师专就是中文科的后起之秀。在他主编《三峡大学学报》期间，把学报提升到了全国高校优秀学术期刊的水平。我被人大报刊资料全文转载了3篇论文，其中2篇都是新华发的。他在卸任前主编的《现代视野中的三峡文化研究》一书，也选了我的3篇文章。这是事业，也是友情。还有什么比学术支持更令我感谢和难忘呢？新华现在是艺术学院院长，看他刚知天命，头发就掉了许多，吃饭前是上了半天课赶来的，满头是汗，叫我怎么不动情？

文学院院长王作新和夫人郭穗女士也来了，他们也是原中文科的后起之秀。王德金也来了。未想到是这样盛情的聚会，我的心里不由涌流着杜甫的诗句：

> 人生不相见，动如参与商。
> 今夕复何夕，共此灯烛光……

年轻的给我们年老的敬酒。我和张吴二老师向来滴酒不沾，便以饮料代酒。

一杯又一杯，似乎也醉了。杜甫的诗又涌上心头：

> 主称会面难，一举累十觞。
> 十觞亦不醉，感子故意长。

席罢回府，久不能寐。杜甫的诗一直涌流不散——

> 明日隔山岳，世事两茫茫……

9月11日，我们去看望林永仁先生。上半年就听说林公在住院，后来我与他通过电话，问到是肺气肿，心脏功能也不好。此次来宜昌，看望林公是我的计划之一。张、吴二老师与林公也是文友，正好邀约一起去。林公早已在宜昌日报社门前等候了。两年不见，怎么门前变成了花园？于是林公告诉我，报纸已更名为《三峡日报》，新建了"三峡日报新闻大厦"。说着，他就兴致勃勃地引我们参观门前的"三峡传媒广场"。林公是宜昌日报社的老社长，他亲历了报社60年的发展历程。他已近80岁高龄，今天精神特别好。

林公接着把我们引上报社会议室。我们围桌就座，副总编辑胡旭把杨尚聘社长也请来了。杨社长向大家介绍了《三峡日报》近年的发展，这像是开会，我们却七嘴八舌，大家亲切而随和。中午，报社又请大家在"沙龙宴"聚餐。胡旭女士还特把高峡先生也请来了。高峡在抗美援朝战斗中负伤，至今架着拐杖，上楼是靠人扶上来的。他也是古稀老人了，我不觉意识到今日的盛会是林公与胡旭有意安排我们四老重逢的，昔日的温暖又流淌心头……

故乡是一个人的祖籍，或者是出生地。许多人长大以后，奔波到另外的地方去，或迁徙，或谋生，或从事愿意、不愿意的事业。这居久了的他乡，有了感情，人们习惯上叫"第二故乡"。故乡是自然的，第二故乡是人为的。故乡不能选择，第二故乡是个人的认定。人生所到之处不止一二，有人终生浪迹天涯，但他只把心里割舍不了的他乡认作第二故乡。我小时候一高兴就上黄鹤楼玩，当然实际只是爬蛇山，黄鹤楼那时不在了。1963年8月，我被发配到山区，从此"黄鹤一去不复返"。"文革"时多次春节回武汉，带着妻子儿女，可是人家欺负我们是"乡里人"，邻居抢占我们乘凉的一席之地……我满腹悲愤，面对滔滔江水，只有长太息——

> 日暮乡关何处是？
> 烟波江上使人愁……

　　杜甫也感慨"有弟皆分散，无家问死生"，鲁迅还感慨故乡的"悲凉"。可见人的乡愁不是单纯的乡土观念，而是思念人。山里人也曾把我当敌人，可是，正在"文革"把我斗成"不齿于人类的狗屎堆"的时候，也有贫农女儿邓守翠和她的丈夫李胜福把我和妻接到他们家过年，让我们享到"人性"的温情。"文革"以后，我到了宜昌师专，与宜昌的文化人更觉"他乡遇故知"。我怎能不把这儿当成我的"第二故乡"？

　　算起来，我在武汉 26 年，其中抗战 8 年还逃难在外，在三峡地区却有 43 年之久！43 年之后，当我又乘黄鹤回到故乡的时候，"天之涯，地之角，知交半零落"。我怎能不思念我的桃李满三峡，三峡还有那么多朋友，他们还记挂着我，关心着我。想到张道葵先生原是荆州市人，50 年代初就是武汉大学的青年教师，1958 年为了支援宜昌师专这所新高校而来到三峡。吴柏森先生在九江读书长大。符号与李华章先生则都是湖南人。我们从不同的故乡走来，追求着共同的理想，维护着道义和良知，勤勉教书，不倦写作，成了我们集结的文化和情感基础，在为三峡的教育文化建设中建立了深厚的友情。于是，我怀念的，还是只有第二故乡啊！

　　我不觉想起我一直居住的胜利三路 32 号 22 栋 1 单元 5 楼 1 室的宜昌师专旧居，我习惯了爬那个坡，喜欢站在转角阳台上"明月人倚楼"，我的书房窗外还有个蝙蝠窝，傍晚就有蝙蝠噗噗地归来……我还回想起在 2005 年底离开宜昌的前几天，符利民、李华章、甘茂华等先生来与我告别。我们走到校园前的蘑菇亭，在革命老人徐特立题写的"宜昌师范专科学校"老校门前，正好与宜昌师专的元老李超老师相见。符、李两先生也是宜昌师专的老教师了。大家便一起在老校门前合影，这是多么珍贵的留念啊……

　　第二故乡是情感之乡，思念之乡。第二故乡是心中之乡。

2007 年 11 月 5 日于武昌

"三峡文化"词语的提出

曹文安

"三峡文化"这一词语以及它所蕴含的学术概念，现在已被社会各界人士广泛接受并运用，"三峡文化研究"业已取得令人瞩目的丰硕成果。三峡大学更将其列为学校的办学特色加以体现，并编写出版了有关教材，为全校各专业学生开设了选修课，该课程也早已被评为全国精品课。但人们若稍加留心，就可发现在20世纪90年代以前的汉语库及社会词语的运用中还不曾见有"三峡文化"这一词语，该词语的出现同随之而来的全面、系统的"三峡文化研究"都应是90年代以后的事。那么，它又是如何出现的，这当中曾有一段小小的故事。

大家知道，我国自20世纪80年代开始，出现了一股"文化"研究的热潮，各种历史文化、地域文化、社会文化等领域都显得生机勃勃而备受人们关注。包括当时的宜昌师专在内的高等院校作为学术研究的重要阵地之一，也先后投入这一研究热潮中。1991年中期，我接任师专中文科主任一职，在当时的科研气氛已较浓厚的基础上，我也在思考着如何发挥群体的优势来着手探讨一些"文化"现象。随即便跟系里主管科研工作的副主任邓新华老师商议，他也极其赞同，并说"早有此意"。但研究什么，如何进行，还较茫然。又因王作新老师住他楼下，我同王老师又长期同教一门课，我们三人就经常在王老师家里商议此事。最终，一个大致的方案成型，即根据我们的实际情况，既要扬长避短，又要体现师专的"服务地方"的办学需求，故宜开展宜昌的地域文化研究。在此基础上，并由邓老师详细构制研究方案。邓老师才思敏捷，几天就制定出来了。这时我们又具体商议此项研究的"名目"及实施细则，左思右想，一个词语喷薄而出："三峡文化"研究，它既体现出了地域文化特色，蕴含有极其深广的学术内容，又打了"三峡"牌，实在是一个理想的词语。随即我们跟系里其他几位负责人研究，一致同意决定动员全系力量开展此项研究工作，又报经学校同意并上报省教委批复成立了"宜昌师专三峡文化研究所"。作为集体的系列研究，我们又根据内容拟定10个方面，分册编写，全书合起来就叫"三峡文库"。此方案得到了学校的大力肯定，并在资料、资金上给予了一定支持。于是1991年底，正式向全系教师动员、布置，按分册内容组织人员着手查阅资料、调研、编写，经半年多时间的集体奋战，终在 1992 年 10 月交由陕西旅游出版社正式出版发行。这就是当时在宜昌还算风光了一时的"三峡文化"研究成果——"三峡文库"。

据此，依照我们目前所了解的情况，我们认为，"三峡文化"这一学术词语应是 20 世纪 90 年代初由当时的宜昌师专中文科教师集体提出的。语言是一种社会现象，它"随着社会的产生而产生，随着社会的发展而发展"（见斯大林《论马克思主义在语言文学中的问题》），词汇也是一个具有开放性的敏感系统。随着社会的发展和学术研究的深入，一些新词语的出现不可避免，"三峡文化"这一词语正是顺应了时代的潮流而诞生并得到社会认可的。

宜昌师专数学科忆旧

夏昌华

1978 年 10 月 31 日，天刚刚蒙蒙亮，火车准点停靠在宜昌车站。这是我第二次从武汉来到宜昌了。第一次是在 1978 年 1 月，我带着妻子和刚刚一岁的儿子，回兴山老家过春节。这一次，则是只身一人，到宜昌上大学来了。

步出车站，我按照录取通知书上的指引，沿着东山大道朝东北方向走去。大道两旁，沿途都是农田，没有多少房子。40 多分钟以后，终于找到了宜昌师范专科学校。学校不大，清一色的青砖平房。这就是我将要度过 3 年大学生活的"高等学府"。

一

1978 年，是"文革"之后，我们国家恢复高考的第 2 年。全国有 610 万考生，仅录取 40.2 万人。我以 30 岁的"高龄"，参加了这次全国统一命题的招生考试，被录取到宜昌师范专科学校数学科。宜昌师专，是由原宜昌师范学校"升格"改办的。校舍陈旧，设备简陋，比武汉市的一些中学都还要差。但它终归是在教育部注册的一所高等学校。我能够通过录取率仅为 6.6% 的激烈竞争，从 600 多万考生中脱颖而出，用一句当时很时髦的话来说，也算得上是众人羡慕的"天之骄子"了。

和我一起进入数学科的，有许多"老三届"的同龄人。年龄最大的有 32 岁。大多是高中毕业以后，赶上了"史无前例"的"文化大革命"，被剥夺了上大学的权利。家住城镇、拥有城市户口的，大多当上了知青。有的和我一样，后来又被招工进了工厂。家住农村、只有农村户口的，则回乡参加农业生产，有的后来当上了民办教师。除了我们这一茬"胡子"学生之外，就是应届高中毕业生了。当时我省高中多半是两年制。因此这一批同学，都只有十六、七岁，和我们走在一起，简直像"叔侄"两辈人。我们班的丁昌才，是枝江县中学教师，他和自己班上的学生一起参加了高考。最后，丁昌才和他的"得意门生"何德毅，坐在了同一间教室，由"师生"变成了"同学"。在数学科，应届生和"老三届"大约各占一半，分别被编在 7821 班和 7822 班。

我们 7822 班的这些"胡子"学生，学习特别勤奋。失而复得的学习机会无比珍贵。班主任龚老师，不需要"苦口婆心"地进行什么学习目的教育。他要做的就是，每天晚上务必把我们从教室"赶"回寝室，担心我们天天熬夜，搞坏了身体。确实有些同学，年龄偏大，身体也特别差。当阳来的民办教师许廷俊，心脏不好，连日常坚持上课都有困难。科里特许他在寝室里自学，学习成绩却一点也没有受到影响，门门课程的考试都顺利通过。许廷俊家在农村，妻子务农，还有两个女儿，家庭经济十分困难。每年寒暑假过后，他都要从家里带一担自产的蔬菜，到宜昌街上卖掉以后，才能凑足一个学期的各种费用。同学们同情他，纷纷上街去，帮他叫卖这些萝卜、白菜。

由于年龄偏大，记忆力没有年轻的时候好了，英语课成了我们班大多数同学的一只"拦路虎"。再说将来毕业以后，教中学数学也用不到英语啊！于是，有 20 多个同学"联名上书"，要求将英语课改为"选修课"。数学科领导和学校教务处经过慎重研究，同意了同学们的请求。不知道这封"联名信"怎么落到了英语任课老师——一位刚刚从北京大学毕业的女教师手里。在最后的一堂英语必修课上，年轻气盛的女教师，在黑板上写了一道题目。她"按'信'索骥"，把在联名信上签了名的同学，一个一个地叫起来回答问题。题目比较难，他们当然不会。于是，这些同学都不准坐下，一个个"竖"在那里，听着那位比自己年轻得多的女教师训话——"好吧！既然你们的老师（指数学科的领导）都支持你们不学英语，那就不学了吧！"说罢杏眼圆睁、怒气冲冲地离开了教室。

我后来还是选修了英语，但我非常理解那些写联名信的同学。他们并非不热爱英语课程，更不是不尊重那位教英语的年轻教师，他们实在是想省出一些时间来，把高等数学的专业课程学好啊！将要为人师表的老师，自己的数学基础不打好，日后怎么面对那一双双渴求知识的眼睛！

二

说完了我的同学，再说说我自己。进入师专以后，我"如鱼得水"。没有了"造反""保守"之争，也没有了家事烦扰。我可以在心爱的数学世界里，尽情地遨游、驰骋。

开学以后不久，学校里打破了科别界限，举办了三场学科竞赛：数学、作文、文言文。我都报名参加了。作文竞赛的题目是《早晨》。我选取了 10 月 30 日告别母亲到师专来报到的那个早晨，欣然动笔，夹叙夹议，洋洋洒洒用 2000 余字写下了我当时的心情。在我看来，粉碎"四人帮"以后的祖国，一切都是那么美好！考上了大学，展现在我面前的，是无限光明的锦绣前程。我的文章得到了中文科老师们的好评，被评为全校第二名。第一名是中文科的一个同学 Y。数学竞赛我也得了第二名。第一名是 7821 班的肖益明，一个只读了高一就来参加高考的小同学，年仅 16 岁。文言文，我自认为发挥得不错，却名落孙山了，到底是班门弄斧啊！

两个"第二名"令我陶醉，甚至有些飘飘然。这也是我跨进大学校门后的第一声"开山炮"。特别是我以数学专业学生的身份，却"超越"了许多专攻中文的同学，把作文竞赛第二名的桂冠纳入囊中，这使得我在数学科里，开始"小有名气"。

不料，后来发生的一件事，马上令我自愧不如。

那一天，我正在阅览室里浏览各种报刊。突然，在《湖北日报》第二版的头条，我看到了一个熟悉的名字——邓应烈。这不是我的高中同学吗？当年他在初中学的是俄语，同时又在父亲(中学英语教师)的指导下自学了英语。中考的时候，我们的外语试卷是双面印制的。一面是英语，另一面是俄语，由考生自选一面答题。邓应烈把两面的题目都做了。结果，他的俄语得了 90 多分，英语也得了 60 多分。我们都被录取到武汉市五中的高中部。他选择了英语班，还自告奋勇担任了英语科代表。我则是班上的学习委员。"文革"中，我参加了"造反派"，紧跟伟大领袖的"战略部署"，向各级"走资派"发起"猛攻"，把大好的时光，消耗在无休止的冲冲杀杀和派性斗争之中。邓应烈却听从父亲的指导，在家里埋头学习外语。1969 年春天，邓应烈也报名上山下乡了。那一天，我到学校门口去为他送行。我说："下农村了，你还学习外语、研究语言吗?"他微笑着，充满自信地回答："怎么不学？我还可以从贫下中农那里学到更多、更朴实的语言啊!"我不以为然，一笑了之。没有想到，10 年过去了，我又在《湖北日报》上"见到"了这位久违的好友。在农村，邓应烈没有"食言"，坚持自学外语。粉碎"四人帮"以后的 1977 年，他参加了高考。据《湖北日报》报道，在外语试卷上，他"故技重施"，用英、俄、日、朝鲜、越南五种语言答题，最后被录取到武汉大学图书情报学系。在大学里，邓应烈专攻各种小语种，如越南语、柬埔寨语、泰语、塞尔维亚语、马来西亚语等，成了闻名武大的"语言奇才"。

这件事深深地触动了我。"文革"中，父亲也曾经劝我，不要一味地在外面"胡闹"(父亲把我们的"革命造反行动"斥之为"胡闹")。他希望我静下心来，好好在家里自学。父亲毕业于武汉大学法学院，掌握两门外语：英语和德语，当我的辅导老师绰绰有余。如果听从了父亲的安排，以我良好的学习基础，还有刻苦钻研的精神，10 年的时光，该可以自学到多少知识(不只是外语)啊！现在，昔日的好友邓应烈都考取了名牌大学，勤奋学习的先进事迹还上了《湖北日报》，我却只考取了宜昌师专，偶尔得了两个"第二名"，还在那里沾沾自喜，无异于井底之蛙啊！我发誓再也不能荒废青春，一定要踏踏实实，学出一个"名堂"来。否则，真是无颜见江东父老，包括许多原来的同学了！

数学科有许多"名师"。余传虎、帅绪芝、侯劲、宋美善、孔祥树……他们把看似枯燥的高等数学，讲得如此生动、有趣。没有阶梯教室，我们就在普通教室上课，里面摆满了"拐手椅子"。每天都要提前进教室，抢占有利位置。几个相好的同学，常常派一个人先去，在前几排的椅子上，放下一本一本的教材和笔记本。高等数学的习题，都是非常抽象、非常困难的。经常有同学反映："听得懂课，不会做题目！"一道习题，往往需要绞尽脑汁，甚至耗费几个小时的时间，我们却津津有味，乐此不疲。我们像一群饥渴难耐的"乞丐"，扑到垂涎已久的一大堆"精神食粮"上，再也不愿意起来。

当时，数学家陈景润的事迹，刚刚通过徐迟的报告文学《哥德巴赫猜想》传遍全国。陈景润成了我们那一代青年人的偶像。开国元帅叶剑英，还写了一首五言绝句："攻城不怕艰，攻书莫畏难。科学有险阻，苦战能过关。"这成了我们始终不忘的座右铭。随处可见的是一些年轻人，在公交车站、在理发店，甚至在医院等候的时候，手里都拿着书本，正在专注地学习。为了学好英语，我自制了一个单词本，就连下课以后从教室到食堂的路上，都在背单词。

余老师讲授"数学分析"，选用的是同济大学的工科教材《高等数学讲义》，内容比较简单。我又自学了复旦大学的《数学分析》，还挨个挨个去做上面的习题。孔老师主讲"高等代数"，我自制表格，把一条一条的定理、法则、公式串联起来，把它们之间的因果关系和来龙去脉，梳理得一清二楚。有一年期中考试，考三门课程，包括复变函数、概率统计和高等几何，我一分不失，得了300分。

77级的一个同学C。常常看到他在校园里，穿着一件满是破洞的白汗衫，戴着一副高度近视的眼镜，正在刻苦攻读数学和英语。1979年，他考取了湖北大学数学系的硕士研究生。这在当时的宜昌师专，可算是一条颇具"爆炸性"的新闻。我们在读的专科学生，也可以考取研究生！这引得很多人"蠢蠢欲动"。同班同学李刚、廖顺林和我，也像"腊月间的萝卜——冻(动)了心"。我们相约，第二年也要去考研。从此常常加夜班复习功课。每天晚上搞到12点，甚至更晚。等我们归寝的时候，别的同学早已酣然入梦。我们蹑手蹑脚走进寝室，悄悄地爬上床位。第二天早上又和其他同学一样，走进教室上大课。

连续几个星期的"连轴转"，我那"不争气"的高血压病又复发了，舒张压高到110。在校内休息了一个星期，又吃了一周的降压药，也不见效。我不得不请假回五峰县我爱人那里去休息，连期末考试都没有参加。寒假过后，我回校参加了补考，也是一生中唯一的一次补考。

研究生没有考成，反而把自己的"老毛病"搞发了，我不得不放弃了报考研究生的"雄心壮志"。

三

在师专，我和余传虎和孔祥树两位老师最谈得来。

余老师是武汉人，还不到40岁。从华中师范学院毕业以后，就来到宜昌师专工作。他讲课思路特别清晰、严谨。他的"板书"字体工整，设计优美。把他讲课的"板书"一字不落地抄下来，就是一本完完整整的《数学分析》讲义。同学们反映，听余老师的课，实在是一种"艺术享受"。余老师是"文革"以后，宜昌师专第一批评上的4名讲师之一，而且是其中最年轻的一个。

孔老师是东北人，年过半百，也是当时的数学科主任。解放初期毕业于东北师范大学，老伴范云陞老师是他的大学同学，后来夫妇俩一起来到湖北工作。50年代末期，两口子又从武汉支援宜昌，来到师专任教。据孔老师自己说，他和我的父亲一样，在"反右"以后，也受到过错误的处理。从华中师范学院"支援"到宜昌师专，其实是对他的一种"惩罚"。孔老师对我，主要是思想上的鼓励和引导。

这次高血压病复发以后，我一度非常悲观，认为自己的身体条件决定了，不能"用脑过度"，以后的学习成绩也就只求及格了。在师专的篮球场边上，孔老师一遍又一遍地和我"谈心"。他鼓励我，还是要刻苦钻研。他告诉我，数学科教师正处于青黄不接，好好学，毕业以后有可能"留校"工作。孔老师在粉碎"四人帮"以后，光荣地加入了中国共产党。他多次启发我，要向党组织靠拢，不能因为父亲的悲剧人生，以及自己在"文革"中的曲折经历，就放弃正确的政治信仰。然而，固执的我仍然抱着自己的结论不放："搞政治危险，搞业务保险。"在师专3年，我始终没有向党组织递交过入党申请书。

值得一记的，还有另外两位老师：石亚非和谭昌炳。

石老师比我们的年纪还要小，给我们讲授《普通物理》的下册。他头脑灵活、表达清晰，特别善于用日常生活中的事例，来印证深奥的物理原理。他平易近人，和我们这些"大龄"学生也很谈得来。

谭昌炳老师，原来是华中工学院的高才生。"文革"中不知道说了什么"错话"，联系到他的地主家庭出身，就被当作"反动学生"开除学籍，"押送"回原籍远安县农村劳动改造了。粉碎"四人帮"以后落实政策，被安排到师专工作。谭老师给我们讲授《普通物理》的上册。第一天上课，他就谈到了自己的心情：十几年没有"摸书"了，现在让我来给大学生们讲课，唯恐"误人子弟"。这令我十分感动。他还多次召集课代表和学习委员开会，诚恳征求对他教学上的意见和建议。在他身上，我看到了一个中国知识分子的"良知"。虽经逆境，矢志不移！

在班上，我担任学习委员。班长是袁发仁，还有副班长徐家政，生活委员王光尧，劳动委员文汇禄，文体委员李克耘。袁发仁是党员，32 岁了，就像我们的老大哥一样。我们这个班集体非常团结，互相关心，互相帮助，结下了深厚的友谊。除了李刚、廖顺林之外，我的"同桌"（自习的教室和座位都是固定的）童振庆、同寝室"室友"姚永兆、许廷俊都是我的"挚友"。直到现在，我们还经常联系。

四

3 年的美好时光很快就过去了。1981 年 6 月，我们就要毕业了。孔老师曾经力主让我留校工作，由于种种原因未能成功。据说原因之一是 77 级毕业生已经留得够多了。我们 78 级只留了一个肖益明。他比我小 13 岁，成绩也比我要好。我被分配到妻子工作的五峰县，在渔洋关高中任教。这也是我当初报考师专时，就有了思想准备的。

离校之前，我专门去拜访了余老师和孔老师。在余老师家里，他对我未能"留校"，表示了惋惜。又应我的要求，毫无保留地向我传授了讲授"微积分"的教学经验。因为我知道，当时已经将"微积分"的一部分内容，下放到高中阶段。在孔老师那里，我诚恳地请他指出，我在师专这 3 年中，有一些什么缺点，值得今后记取和改正。孔老师语重心长地告诫我：一定要处好上上下下的"关系"，特别是与上级领导的关系。对此，我心领神会，铭记在心。

1981 年 7 月底，我从五峰去师专取出自己的行李，到宜昌市长途汽车站办理托运手续。我找了一辆板车，把行李拖到汽车站。经过师专校门前铁路的时候，还遇到了石亚非老师。他帮我把板车推过铁路，还安慰我说："到五峰去也不错，至少解决了你的'夫妻分居'困难。"没有想到的是，石老师后来成了我们三峡大学的副校长。

第二天早上，来自松滋县的同班同学董星卫（他因病休学一年，要比我们晚一年毕业），一直把我送上开往五峰县的长途汽车。汽车已经缓缓开动了，他还在那里微笑着向我挥手。

别了，我的母校——宜昌师专！

别了，我的良师益友们！

在许多人看来，我从大城市武汉来到宜昌上大学，毕业以后又被安排到五峰山区工作，这样的"三级跳"，实在是不划算！我却不这么认为。我才 33 岁，我还很年轻。我将用我的后半生证明，在山区中学教师这个平凡岗位上，同样可以作出不平凡的业绩。

"是金子，放到哪里都会发光。"

我坚信：我是一块"金子"！

（原载于 2010 年 7 月上旬撰写的《我的大学》回忆录。）

作者简介：

夏昌华，1947 年 12 月生，湖北兴山人。1981 年 8 月毕业于宜昌师专数学科。先后在五峰县一中、宜昌师专、湖北三峡学院和三峡大学数学系任教。副教授。2007 年 12 月退休。

一张奖学金卡的故事

董　云

人一生要经历无数个事情，有的已烟消云散，早忘到九霄云外去了，有的对自己一生发展产生了重要影响，留在了记忆最深处，怎么也忘记不了。我在宜昌师专读书时颁发的奖品——奖学金卡，就对我的教育人生产生了深刻的影响。

我1978年高中毕业，那一年参加高考名落孙山，好在学校出台了一个政策，高考分数超过200分的人召回学校重读，有幸的是我们五峰二中的这一届有4个同学被学校召回重读。一年后参加高考，4个人全部考上了大学，一个人考上了北大，其余三个人考上了专科。当时高考录取分数线是300分，我考了317分，因为害怕读师范当老师，报考的全部是法律专业的院校，没想到没有一个学校录取我，最后被分配到宜昌师专中文科。我虽然考了317分，但语文因作文写错了，总分只有47分，是所有科目中分数最低的，偏偏分配我读了中文专业。所以来师专中文科读书时，我的内心是胆怯害怕的，担心自己会成为班上成绩最差的同学。正是这种担忧，激发了我刻苦学习的动力。记得开始学习古典文学先秦部分时，我每天一清早就跑到图书馆后面的小树林里去背书，把学习的《诗经》《离骚》等经典篇目一一背诵下来。那时我有一个愿望，就是我不能成为班上最后一名同学。也许正是这种担忧，促使我拼命地学习，刻苦地读书，一天进步一点点，一个学年下来，我的学习成绩不断上升，居然还获得了宜昌师专的二等奖学金。记得颁奖时，我是第二批上台的，给我颁发获奖证书和奖金，奖金不是现金，而是一张用于购书的奖学金卡。封面上写有"奖学金卡"，内页有说明，奖学金只能用于购书，每个月可以在学校财务室报销一次，总计30元。

自从得了奖学金后，我每个星期天都会跑到解放路新华书店去选购自己喜爱的图书。时间一长，星期天逛书店也成了我业余生活的一种方式，积累的图书也多了起来。

1982年7月参加工作后，我被分配到五峰县教师进修学校担任函授辅导老师，经常到各地去出差。每到一地，我就喜欢跑到当地的新华书店去看看，选购一两本自己喜欢的书。买回来后，我就在书的封二上写"某年某月某日购于某新华书店"，然后签上我的姓名，盖上我的私章。我把购书签名当作旅游日记，翻书就知道我什么时候到过哪个地方。这样一个良好习惯，源于师专专门用于购书的奖学金卡。

购书多了，自然会看书，看书多了就有一种想写一写文章的欲望。写了许多文章发出去都石沉大海，自己都有点灰心，好在我的高中语文老师，曾在宜昌师专工作过、因打成右派被下放到五峰二中工作的李德诚老师始终鼓励我。1987年的一天，我从家里到学校去上班，老远就听到李老师喊："董云，你有一篇文章发表了！"当时我有点不相信自己的耳朵，有点担心是李老师嘲弄我。走近一看，浙江教育厅主办的《中学语文报》上头版头条果然是我写的一篇文章《鲁迅小说中的肖像描写》。我把鲁迅小说中的肖像描写收集起来一一分析，总结出了四种描写方式，帮助学生去学习模仿如何写好人物的肖像。这是我发表的第一篇文章，极大地激发了我写作的自信心。从此以后，坚持写一写文章，又成了我生活的一部分，星期六、星期天都是在办公室里度过的，办公室见证了我教育人生的成长史。

购书、藏书也是我教育人生的一部分。2006年3月，枝江市创建文明城市，开始在全市评选十大"藏书之家"。当时我们学校没有人报名，对我很了解的一名副校长说："董校长，你家里这么多书，又写了不少文章，除了你，还有哪个敢报呢？"在副校长的鼓励下我报了名，后来宣传部组成专家组，对申报的人逐一深入其家庭进行核查，最后评选出十大"藏书之家"，我有幸忝列其中。这次评选使我在当地有了一点小名气，名气来自一中校长的职务，也来自我购书、教书、藏书的生活习惯。2015年6月，湖北省妇联在全省评选"书香家庭"，条件比较严苛，枝江市推荐我参评，结果被评上了。2016年湖北省又推举我参加全国"书香家庭"评选，结果又评选上了。有一次，与朋友聊天，说到"书香家庭"的评选，我毫不犹豫地说，这完全得益于在师专读书时形成的习惯。我想，若师专那个时候奖学金不发购书卡，而是发30元现金，我肯定用来在食堂买5毛钱一碗的蒸肉吃了，也许就没有后来的"书香家庭"了。

教书、写书使我的教育人生过得充实而幸福。从1982年7月走上讲台，就一直在一线工作着，虽然2002年在教育局担任过一段时间行政官员，但很快又回到了教学一线。当时市委书记对我说："董云，你还是去做校长吧，局长好找，校长难寻，你适合当校长，你还是去做校长吧。"一句话我又回到了校长岗位，校长一当就是十多年，边做校长，边写文章，还把自己工作的感悟、经验、思想写成书出版，一写就出版了4本专著，还受邀讲学，介绍自己的办学经验，游走全国各地。40年的从教经历让自己被社会认可，先后被评为正高级教师、特级教师、荆楚教育名家，还被国务院督导办聘请为国家特约教育督导员。退休后，又应聘到广东继续做校长，发挥自己的余热和特长。

　　如果说自己的教育人生有一点成就的话，要我总结成功的经验，我会说宜昌师专在 20 世纪 80 年代初期的办学思想对我们这代人的影响是极其深远的。正是宜昌师专敢于改革，勇于创新，从大处着眼，从小处着手，一点点改进，才使办学的品质不断上升。师专那时在奖品上的一次小小改进，对一个人的成长就产生了这么大的影响，可见学校里没有小事，事事关涉学生的成长，只要能促进学生的成长，事事都是大事。

2022 年 1 月 23 日

十年"北大"情

陈华洲

"北大"，是宜昌人对坐落在北山坡的大学——宜昌师范专科学校（简称宜昌师专）的戏称。"北大"对宜昌的影响，相当于北大对全国的影响。

从 1983 年 9 月考入"北大"，到 1992 年 2 月调出"北大"，我竟和"北大"有 10 个年头的情缘。

卖粮带票上"北大"

1983 年，我从枝江县安福寺高中毕业，碰上农村两年制与城市三年制高中竞争高考，形势严峻。但幸运的是，立志当老师的我考取了宜昌师专。

我终于可以跳出"农门"了！"文革"期间，因家庭上中农成分，初升高时，三哥虽然成绩最好，却仍被拒之门外。他当时躺在床上痛哭的情景，我历历在目。想到这些，我心中不由得涌起对邓小平恢复高考政策的感恩之心。这"不拘一格降人才"之举，才使我有书读，可以有与三哥不同的命运。

师专要求凭通知书转移农村户口。那时正值农忙时节，我决定一个人去办理。沉浸在幺儿子考上大学喜悦中的爹妈，还是为我找来板车，将我上大学一年的口粮一袋袋扛上车。走过十里土路，我将一板车稻谷从家里拉到安福寺粮管所，顾不上炎炎烈日，顾不上漫漫泥路。过磅、开票后，我汗流浃背地扛起每袋近百斤的粮包，在跳板上一步一挪。还记得近 45 度斜坡的跳板打战，腿子也打战的情景。幸好，凭卖完口粮的证明到公社转移农村户口一路绿灯。

上师专前，爹妈怕我吃不饱，专门找在公路段工作的堂兄托人换回"全国通用粮票"备用。

1983 年 9 月 14 日，我怀揣着通知书、卖粮后迁出的户口和粮票等，来到师专，融入宜昌。

青春飞扬读"北大"

大学生活新鲜又充实，大学生们飞扬又拼搏。

最初，夜深人静时，哐当哐当的火车轰鸣声，让我和不少同学无法入眠，但我们很快就安睡如家了。

课前，同学们早早来到教室，很少迟到。不仅仅因为有严格的考勤，更因为我们珍惜青春。

课堂上，我们快乐采蜜。个性鲜明的老师们带我们畅游在知识的海洋。有不苟言笑的严谨，有幽默风趣的轻松；有的具有绅士风度，有的显得和蔼可亲；这个婉约，那个豪放；或于谈笑风生间"樯橹灰飞烟灭"，或于古朴凝重中别样风景……我喜欢由那些亲切的手牵引着，走上令人耳目一新的通幽曲径。严谨治学，诚恳做人，我第一次体会到了"老师"的真正含义。

上选修课是前所未有的新鲜。一旦从校广播和海报处得到通知，不同专业的学生就会陆续前来，几乎都是人满为患。或师生互动，或鸦雀倾听，让我大开眼界，能力见长，意犹未尽。

课余，等待我们的首先是琳琅满目的社团与精彩纷呈的活动。我曾担任中文科学生书法社社长，在周德聪老师指导下，组织过书法展览。得同学相助，我学会了交谊舞；得帮厨经历，我学会了炒菜；得张家界春游打前站，我熟知了旅行攻略……如今的我，因此业余生活丰富。

当然，课余我待的最多的还数图书馆和阅览室。当我以目光抚爱图书时，中国的外国的，古代的现代的，都以沉默的声音，向我发出低低的絮语和呼唤。渐渐地，我也变得和它们一样沉静愉悦了。在那里，我经常废寝忘食，笔耕不辍。得益于大学3年研读积累，在谢道弨教授精心指导下，我在中国社会科学院、中国鲁迅研究学会国家级权威刊物《鲁迅研究》全文发表师专毕业论文《祥林嫂的死及其悲剧性管窥》，在师专引起不小轰动。

我们就这样勤学苦练着，青春飞扬着，度过了美好的大学时光。我们成长着身体与学识，收获着友谊与能力。

留校工作在"北大"

毕业了，原则上是定向分配，哪里来回哪里。但幸运之神再次垂青我，我被班主任刘永龙等老师们推荐留校了。从1986年7月起，我先后经历校长办公室和党委办公室两个工作岗位。

　　面容慈祥的老校长张国然，不仅严格要求我，还在即将离休之际，亲自参加我的入党转正讨论。每当看到大学毕业证上他的签名印章，我就会想到他当校长时，我精彩的大学生活；想到在校长办公室、在他身边工作短暂、快乐的时光。

　　我清楚地记得，满脸笑容的老书记管先润，对后辈很关爱。对我这样一个农民的孩子，他经常思想上鼓励，工作上加担，生活上关心。至今，我还记得单身汉的我，常到他家蹭饭的事。

　　新任校长、党委书记高进仁满面儒雅，学者风度，有幽默感。他的夫人后来也在师专图书馆工作。夫妻、父女、母子"双职工"，甚至全家都在师专工作的"师专家庭"很多。当时，全国高校推行校长负责制，高校长还派我参加省高校工委组团赴北京师范大学、哈尔滨工业大学考察。

　　我对我的工作"伙伴"——办公室的公用自行车记忆犹新。我们外出办事，经常用到它，但因性别、身高不一样，每次骑车前，都必须调整座位的高度。

　　从校领导、老师们和同事们身上，我领悟了"身正为师，德高为范"，知道了"不忘初心，砥砺前行"，学到了"安贫乐道，乐于助人"。

沧桑巨变忆"北大"

　　"洪涛经变野，翠岛屡成桑。"如今，昔日地处北山坡的宜昌师专已不复存在。我的师专老师大多已八、九十岁高龄，有的已经仙逝。但师专的一切依然令我难忘。

　　难忘苍翠整洁的校园。那里有徐特立亲笔题写的校名，有清华范的老校门，有多栋古朴的青砖房……学校坐落在东山上，绿树成荫，四季花香，整洁有序。百年香樟华盖如云，成为校园一景。

　　难忘学生学习场所和教职工住宿的明暗对比。当时，教职工住宿在宜昌城区可能算好的，但与现在对比，住宿紧张状况则是不可想象的。初到师专，印象中仅有一栋单元宿舍楼，只有校领导和德高望重的老师才有资格居住。班主任等中年老师只能一家人住一间平房，吃饭休息用布帘隔断，在黑暗的内走廊放张旧桌子就算灶台，液化气还很稀缺。我常见老师们把蜂窝煤炉提到走廊外，引火燃煤。周老师书斋名"漏痕"，也许是平房宿舍漏雨的"纪念"。9号楼住的全部是已婚年轻教职工，每间9平方米，结婚后还要排队才能分到一间，戏称"鸳鸯楼"。刚参加工作的单身汉都是住集体宿舍。我先后经历三人一间集体宿舍、两人一间集体宿舍、单人一间无窗宿舍的"三二一"搬寝室的过程，搬一次，盼几年，乐几年。虽然条件简陋，但老师们全都其乐融融。只有教学楼、图书馆、阅览室是最宽敞、最亮堂的。这些，鲜明体现了学校以学生、学习为中心的办学理念。

难忘成人教育的繁忙景象。当时，正值文凭最热的时候，除了全日制学生外，学校还有干部专修班、函授、夜大等多种办学形式。每到晚上和节假日，老师们都有授课任务。

难忘师专的菜谱和福利。师专食堂，远近闻名，粉蒸肉是我的最爱。除教师节发钱外，许多节日会分餐具、水果等物资，我使用至今的一床紫红纯羊毛毯鲜艳如初。

难忘师专的娱乐生活。周末一般有露天电影和舞会，银幕挂起、鼓声响起，就在催我们入场了。

难忘我的第一笔工资。留校工作，我还有一年试用期，第一个月工资是58元，直到试用期满转正，工资才涨到65元。

尤其难忘我的两件别样珍宝、古董。

一是我读书、留校工作时没有用完的粮票油票。当时，国家给予师范生很多优惠政策，每月定时发放32元餐票。改革开放初期，只是初步解决了温饱，但物资还是相对短缺，粮油等票证未退出市场。如今，改革开放已40年，这些古董似的票证就成了珍宝，述说着历史的进步。

二是我的第一个党费证。那是张道葵教授填写的，他是我大三时入党介绍人之一，也是中文科党支部组织委员。收款人钢笔签名，像他教学一样，严谨规范。蓝黑相间的笔迹，足以证明党费是一月一缴纳，一月一签名。间或也有不签名而盖章的，在很小的格内也是居中而盖，绝不压线。缴纳党费金额，清楚地写着5分。从1985年12月至1986年6月，我7个月以学生党员身份缴纳党费7次，共3角5分。

影响巨大赞"北大"

宜昌师专对宜昌影响之大，不仅因为师专学生已经融入宜昌发展的方方面面，更因为他们在各行各业都是中坚力量。

我工作过几个单位，都有师专校友领导和同事。宜昌和各县市区党政群机关、企事业单位，特别是中小学、大中专学校几乎都能找到不同时期的师专校友。

2016年，通过省级评定的宜昌市首批中小学正高级教师只有13名，其中，起始学历毕业于宜昌师专的多名，仅中文科8311班就占2名，我们这个班至今共出正高级教师3名。

从师专走出的各级名师、名校长举不胜举，教学骨干无法计算，离任在任的党政大员、企业高管、商界精英、社会贤达、知名人士不计其数，全省乃至全国各地不乏杰出师专校友。可以说，宜昌师专校友遍布海内外，享誉政商学。这些，多维展示了师专的教学水平，验证了师专的办学水平。

宜昌师专，不愧宜昌人以"北大"相称。"北大"，正在深刻影响宜昌；"北大"，已经融入宜昌的血液。

"北大"，远去的风景，永远的风景！

（原载《三峡晚报》2018年9月29日"老宜昌·宜昌珍档"专版，收入本书时略作修改。）

作者简介：

陈华洲，湖北枝江人，1986年7月毕业于宜昌师专中文科并留校，先后在学校校长办公室、党委办公室工作。现任宜昌市政协文化文史和学习委员会副主任。

宜昌师专干部文化班是我成长的加油站

杨美仁

　　20 世纪 80 年代初，随着全党工作重心转向以经济建设为中心，各级党政机关的干部队伍，出现严重的青黄不接，特别是干部的知识、文化、能力，与经济建设的要求日益不适应。为缓解这一矛盾，弥补急用之需，宜昌地委组织部从各县青年干部中，挑选了一批有一定的文化基础和培养前途的年轻人，到宜昌师专干部文化班学习。我和兴山县的徐永才、施功焱等 3 位同学，有幸参加了第二届为期一年的学习。时间虽短，但收获颇丰，我深深感到，宜昌师专干部文化班是我由起步走向进步的加油站。

　　由于"文革"，出生在 50 年代的我们这批人，大多先天不足，都有文化饥饿症。对于这一难得的学习机会，十分珍惜。"爆炒""速成"式的灌输方式使得学习任务十分繁重。加上全班同学大多是拖家带口的超龄学员，学习能力、学习精力、学习时间等，都不及普通班学员。学习和家庭的双重压力，迫使我们不得不用超出普通班学员几倍的时间刻苦学习，才能完成学校规定的课程和学时。对于我这样一个基础差、底子薄的学员来说，更要"笨鸟先飞"。在我们班，不时都可碰到边走路边看书，边吃饭边背书的学习楷模，有的甚至在学校熄灯后，掩在背褥里照着手电读书。有一次，教古典文学的谭传树老师，给我们讲屈原的《离骚》，听起来十分晦涩难懂，老师要求我们认真领悟文中名句："路漫漫其修远兮，吾将上下而求索"，最好能背下来永不忘记。很多同学在读背中畏难投降，但仍有永不言败的尖兵攻下这一堡垒。暑假后上学的第一天，秭归县的王毅同学，在教室里面对全班以烂熟的背诵，展示了他刻苦学习《离骚》的风采，在全班传为佳话，至今仍传为美谈。王毅同学现已成为财政部分管纪检监察的领导干部。在学生宿舍的走廊里，经常有一个学员利用晚上的时间，在石灰粉白的墙壁上练字。他左手端着一搪瓷缸子水，右手持着毛笔，反反复复地写着练着，这种不花钱的水写墙，没有成本，写了一会即干，干了立即又写，直到把一缸子水写完为止。这个同学就是湖北省知名书法家曾庆福先生。还有一个同学叫徐永才，特爱读书和练笔。看上去不温不火，不苟言笑，但他埋头钻研，写得一手好文章。上学第一天的摸底考试中，他的《船过葛洲坝》被老师当作范文在课堂上赏析。后来，徐永才不仅荣任兴山县委常委、宣传部部长、县人大副主任，还成为湖北省作家协会会员。这样勤学苦练的同学，在全班有一批，成为我们学习的楷模，他们大多走上了重要领导岗位。

公文写作课，是我们急需掌握写作技巧、急用先学的基础性课程。这门课对我而言，像旱地遇到了及时雨，浇灌了我久旱的心田。我边学习边思考，自找机会学以致用。有一天，我随当阳同学在前往当阳的火车上，碰到一位鸦鹊岭的农民，攀谈中得知，他在宜昌购买筹办栽秧饭所需的物资，本来不情愿，又不得已而为之。因为农村分田到户后，家家栽秧都得请客，农民互相攀比，不仅吃喝档次一户比一户高，而且还发展到宴后送毛巾、香皂之类，农民负担不断加重。从这次路遇攀谈中，我敏锐地觉察到，分田到户后此类新情况新问题，已不是个别现象。于是我当晚写了一篇《一个农民办栽秧饭的苦恼》，寄给当时的《宜昌报》，该报次日全文刊登，引起地委领导的高度重视，地委办公室发文要举一反三，不能增加农民负担。学习结束后，公文写作课在我工作中起到了立竿见影的效果。我在县委办公室工作时，把学得的知识用到写调研报告、工作简报、领导讲话、新闻报道之中，特别是在八小时之外，根据掌握的信息写成通讯报道稿，颇有"不用扬鞭自奋蹄"的感觉。公文写作使我进入人生丰收季节，曾一年在《宜昌报》发了四个头版头条加编者按，在《湖北日报》头版头条刊登的新闻，还获得全省好新闻一等奖，打破了兴山县《宜昌报》上无头条的历史纪录。1985 年我被县委破例提名为全县特等劳模，还奖励一个电饭煲。1986 年被提拔为县委办公室常务副主任。后来被地委政研室选中，逐步走上更重要的领导岗位。

回想在宜昌师专一年的学习生涯，一年学完了两年的课程，虽然没取得专科毕业证，但所学知识在实践中的作用，并不亚于取得毕业证的学生。如果说参加工作是我人生的起步，那么师专学习就是我由起步走向进步的加油站。

感恩宜昌师专，不忘宜昌师专。

2022 年 6 月 1 日于宜昌

作者简介：

杨美仁，1955 年 9 月出生，湖北兴山人。宜昌师专第二届干部文化班学员。中国社会科学院研究生学历，副研究员，获全国部级劳动模范称号。曾先后担任市政府党组成员，宜昌国家高新区管委会主任，宜昌市委副秘书长、政研室主任，宜昌市发展计划委员会和宜昌市发展改革委员会主任。

宜昌师专新闻专业的"黄埔一期"

柯有祥

　　1982 年金秋时节，北山坡郁郁葱葱，繁花似锦，宜昌师专迎来了一个特殊群体——他们就是新闻班 28 名学员。这个班规模虽小，但其地位不可小觑。尽管学科建设不够完善，师资力量也大多是从中文科"汉语言文学专业"借来的，可它却是现如今三峡大学文学与传媒学院新闻传媒专业之源，是真正的新闻专业"黄埔一期"。

图 9

　　新闻班是由湖北省新闻学会、宜昌地区新闻学会委托宜昌师专承办的，其目标是培养新时期具有新闻学理论与实践的高级新闻人才，并着力于新闻干部管理方向。新闻班由中文科具体负责教学和管理。

　　据查，宜昌师专新闻班开创了湖北省改革开放后新闻学教育的先河。多年后，新闻班学员大部分成为新闻单位、地方和企业的翘楚，被誉为"总编班"，有的还成长为党政干部。这些成绩的取得，得益于学校超前的学科设计能力，精心安排的教育教学和完善的师资力量配备，以及敢于尝试改革创新教育理论与实践活动的勇气、胆识和魄力。

众所周知，由于"文革"的原因，新闻学与新闻人才培养遭到极大的破坏，几乎处于停顿状态，学术荒废长达 10 年之久，而新闻学恰恰又是重灾区。改革开放后，国家和地方急需一大批新闻从业人才。当年省、地新闻学会和宜昌师专的领导审时度势，富于远见地创办了新闻班。不得不说，新闻班是学校一个新学科的萌芽，是学科发展史上的一种创举，值得铭记。

时隔 33 年，在宜昌师专新闻班学习生活的场景，我现在回想起来，百感交集，老师、同学们的音容笑貌，历历在目，一人一事，一颦一笑，仿佛就在眼前……

新闻班学员主要来自宜昌地区的地市报社、地市县广播电台(局)以及央企驻宜的大型企业集团(如葛洲坝、〇六六基地报社)等单位。授课以宜昌师专教师为主，兼职教师为辅。全体学员接受了正规化的、高强度的新闻学和文学知识的熏陶，为日后的工作打下了坚实的从业基础，培养了良好的职业情操。

宜昌师专是一所历史悠久的学校，诞生于战火纷飞的年代，文化底蕴深厚，文风鼎盛，学风优良，纪律严明。我能成为新闻班其中的一员感到无比欣慰。新闻班开设了两大知识体系：一是新闻学方面的，如新闻基础理论，二是文学方面的，同时注重各种专题讲座和新闻实践课，从而使培养的学生成为既有较为深厚的新闻学识，又具有较强实践能力的复合型新闻人才。新闻班班主任是高武章老师，他的学识、人品和敬业精神令人敬佩。张道葵老师、邓新华老师讲授的"文学概论"博大精深，善于化繁为简，富于情趣；刘芳老师讲授的"现代汉语"优美动听，引人入胜，回味无穷；姚永标老师讲授的"汉语写作"如行云流水一般，拿捏精准，学养深厚，至今犹记姚老师创作的"再也不要是两个黑暗/夹着一个苍白"的深邃诗句；孟祥荣老师讲授的"古代文学"既是一种享受，又是一次心灵的洗礼；袁晓东老师讲授的"散文专题"引经据典，信手拈来，发人深省；高武章老师讲授的"报告文学专题"选题独特，声情并茂，感人至深……还有"中国文学史""中国历史""外国文学"和"文艺鉴赏"等课程，精彩纷呈，剖析透彻，受益匪浅。加之宜昌师专图书馆丰富的藏书，也给我们提供了良好的学习阅读环境，让我们获得了丰硕的文化知识和专业技能。这些曾经给予我们知识琼浆的老师都是那样的朴实无华、可敬可爱，他们崇高的师德影响了我们的一生。宜昌师专这所培养教师的高等学府，由于开办了新闻班，从此掀开了新闻学人才培养的序幕，使我们起步于北山坡美丽的校园，以至于终生难忘。

在新闻学教学方面，宜昌师专开设了新闻学理论和实践课程，如新闻学理论、新闻史、编辑学、新闻写作、采访学、新闻评论、新闻作品鉴赏、新闻摄影以及新闻实践等专业课程。这在当时全国大学新闻学专业尚未普遍开设的情况下，是十分难能可贵的。为此，宜昌师专专门自编自印新闻教材，花费了大量人力物力，同时从全国各地调配一部分新闻学专著，包括内部油印教材。如《文章选读》上下册，包括新闻作品和政论文两大部编印教材，在今天看来也是十分专业的。当年，新闻班名声远播，新闻界名流、学者、文学家等来到宜昌后，学校就邀请他们到新闻班授课，其内容包括新闻理论与实践、文学创作等，这种教法现在看来也不过时。如新华社、《人民日报》《光明日报》《湖北日报》和《宜昌报》等全国及湖北省、宜昌地区的一批知名记者、编辑、学者和作家，都曾经在新闻班讲授各种不同专题课程。这些教学活动极大地丰富了学生的知识，开阔了眼界，提高了本领。

在宜昌师专的学习生活是紧张的，愉快的，也是美好的。每当清晨来临，我们或在湖心花园、绿油油的小山坡，或在明亮宁静的教室里，背诵古典诗文；每当一天的课程结束，我们会在球场挥汗如雨，或者参与班级之间的篮球比赛；每当夕阳西下，我们亦会结伴而行，去学校的操场散步，谈天说地；每当夜幕降临，我们就在自习室温习功课，或者研读课外书籍；在凉风习习的夜晚，我们踏着绿草如茵的平地，偶尔会参与校园的歌咏比赛，感受别样的青春风情，还记得那首男声演唱的"三月里的小雨，淅淅沥沥，淅淅沥沥下个不停"，犹在耳畔回响；多才多艺的师专人，在学校大礼堂的文艺演出，如梦似幻，令人如醉如痴……为了历练新闻班学员的新闻编辑思想、采写方法和排版技能，结合所学专业知识，做到学以致用，充分发挥全体学员的积极性，新闻班自发组织创办了班级报纸，其内容涵盖新闻理论、新闻作品和文学作品，其指导思想是按照一张报纸的要求进行严格编排，并在校园墙报处予以展出。班级报纸不定期出版，展出后得到同学们的赞誉，并且获得校领导、老师们的称赞。在校期间，一部分学员就在地市级报刊、电台发表新闻和文学作品。这也是对教学效果的最好检验。

面对当时新闻界的实际情况，以及那个百废待兴的特殊时期，我们常常争论不休：诸如何为新闻、新闻是否无学、新闻记者编辑是否应该具备良好的古文修养、新闻观探讨、新闻事实如何取舍、新闻的真实性与政治性如何统一、新闻采访方法论、新闻写作语言以及新闻史观等问题。这些有益的讨论、辩论，对于教学活动是一种有益的补充。

值得一提的是，通过宜昌师专新闻班系统培训，我也在新闻学、文学等方面得到了长足的进步，尔后经过努力，考上了哈尔滨工业大学社会科学系，取得法学学士学位。因受师专老师的影响，我也逐渐热爱上了文学创作，尤其是在诗歌、散文、报告文学及论文写作方面取得了一点成绩，一部分新闻、文学作品和论文相继在全国各地的报纸杂志发表，获奖若干。

多年来，新闻班学员勤奋耕耘，敢为人先，勇于进取，先后在国家级、省市级报刊、电台、电视台等新闻媒体发表大量作品，如《人民日报》《光明日报》《湖北日报》《新闻战线》《新闻前哨》《中国航天报》《中国汽车报》《企业家》《绿风》等，有的作品分别在不同层次新闻媒体获奖。据不完全统计，新闻班学员有的曾任职地市级报刊总编、文学杂志主编、电台台长，有的曾任职县办公室主任、企业宣传部部长等职，还有一大批学员在不同岗位做出了骄人的业绩。

时光飞逝，岁月蹉跎。今年初，在一次偶然上网的时候，我看到一则征文信息：《宜昌师专的故事》，感到无比亲切！当我看到这则征文启事时，足足在电脑前呆了几分钟。随后我又读到几篇怀念宜昌师专的文章，于是就将这几篇文章挂在我的新浪博客上，这既是信息传播，又是对那段特殊时光的怀念。谁知，我竟然接到李云贵老师打来的电话。其实，我与他并不相识，通话中我们彼此作了简单的自我介绍。之后，李云贵老师两次给我来电话，希望我写一写关于新闻班的情况。我被他的诚意和奉献精神所感动，答应写一篇我所能忆起的有关新闻班的点滴文字，故而成此小文，以作纪念。

我深知，新闻班人才济济，我衷心希望这篇短文能起到抛砖引玉的作用，诚愿更多同学拿起手中的笔，书写我们曾经相聚北山坡的美好时光，在回忆中体悟岁月之温馨，再叙同学友谊，感念浓浓的师生之情，回望那一方学术圣地——永远的宜昌师专！

2015 年 7 月 16 日于清源斋

作者简介：

柯有祥，1963 年 6 月出生，武汉黄陂人，1982 年 9 月入宜昌师专中文科新闻班学习，1995 年毕业于哈尔滨工业大学社科系思想政治教育与经济管理专业。武汉作家协会会员。新闻、文学作品散见 50 余种报刊，入选 30 余部诗文集。诗歌获湖北省首届"莺歌杯"青年诗坛大赛优秀奖，散文获吉林省辽源市"环保杯"全国原创散文大赛优秀奖，新闻作品获湖北省"企业报"好新闻奖。

"静秋"原型熊音曾跟我先生学英语

——《山楂树之恋》影片女主人公原型为宜昌师专校友

周惠群

　　近日，全国热映的电影《山楂树之恋》在影片女主人公静秋原型熊音的故乡——湖北宜昌引起了强烈的反响，而同名电视剧也在热拍中。熊音是我家先生的学生。1984 年至 1986 年，熊音就读于当时的宜昌师专英语专修班，我先生是之后任外语系党支部书记兼系副主任的刘瑄传，为熊音所在的专修班讲授英语语法及英语阅读课。

图 10　静秋是艾米的长篇小说《山楂树之恋》中的女主人公
前排右一即"静秋"原型熊音

熊音所在班的学生留给我先生的印象极深。这个班是当时学校较为特殊的英语专修班。与普通班学生不同的是，25 名学生主要来自宜昌市及湖北省各县、市在职的中学英语教师。这些学生经历过"文革"，恢复高考后经过自身刻苦努力、考试合格被录取到宜昌师范专科学校深造。由于入校前都曾在中学教英语，具有一定的专业基础知识，非常珍惜来之不易的学习机会，强烈的求知欲促使他们学习自觉，主动积极，学习成绩优异，学生整体素质较高。

"熊音的学习成绩在班上一直名列前茅"，先生如是说。直到现在，我们家还能找出当年所在班级的记分册，上面有熊音平时成绩的记载。

由于先生与学生相处甚好，关系融洽，1986 年元旦，熊音所在班的学生集体为我先生送了一幅画和字。画的主题是"健康长寿"，字是该班学生亲书的遒劲有力的四个大字："天道酬勤"，落款是 1984 级英语专修班全体学员。我先生对学生赠送的字画非常珍惜，挂在我们家多年，直到后来迁居才收藏起来。

1984 级英语专修班是特殊年代的特殊班级。如今，该班学生均已成为各地的栋梁：有在大洋彼岸高校任教的，有成为特级教师在重点中学当校长的，有在重点中学当党支部书记的，有在市教委师训处当主任的，有在县政协当副主席的，有在清华大学当教授的。

最让我先生遗憾的是，因到苏州大学参加学术研讨会而错过了与这个班学生的毕业合影。先生与每届学生的毕业照都被我精心收藏保管，唯独没有与熊音班学生的照片。为此，熊音的同学，现任兴山县一中的校长、特级教师胡晓明特发给我先生全班毕业合影及熊音与同学当年的照片。

热映的电影《山楂树之恋》把我带入那个既熟悉又特殊的年代，我几次为静秋和老三的爱情落泪叹息；动情的小说，因细腻的人物内心描写和对我所生活城市熟悉环境的回顾而让我读后心情久久难以平静。老三是静秋的初恋，是一个有责任心、真爱静秋的好男人。我相信，看过小说的读者比看过电影的观众感受会更深。我也期待电视剧《山楂树之恋》能再给观众一个惊喜。

（原载《三峡晚报》2010 年 10 月 22 日。）

注释：

据三峡大学校园网"校友风采"栏目《电影〈山楂树之恋〉女主人公原型熊音系三峡大学校友》一文介绍："熊音 1957 年出生，母亲张太淑是西坝小学的教师，父亲是我校原宜昌师专的音乐教师。熊音 1984 年至 1986 年在我校原宜昌师专外语系学习，后考取了研究生，并出国留学、工作，最后在加拿大定居。"

宜昌师专内部管理体制改革工作的回顾

易纪维

宜昌师专从 1984 年以来，对学校内部如何改革进行了有益的探索，主要抓了后勤系统的改革，取得了较好的成绩。学校改革如何深化下去？校领导认真总结了 8 年来改革的经验与不足，结合近几年来高校出现的新问题以及今后面临的新形势，我们先后到北京、广东等省市的高校学习，深深地感到：

像宜昌师专这种类型的普通高校，要想进一步提高办学效益，要想进一步的发展，必须从总体上深化改革，这种深化改革首先应在学校内部管理体制上突破。学校的改革与发展都要做到"四有利"：有利于坚持社会主义办学方向；有利于全面贯彻党的教育方针，提高教学质量和办学效益，培养德、智、体全面发展的建设者和接班人；有利于调动师生员工的积极性和社会各方面的办学积极性；有利于为经济建设这个中心服务，探索师专办学模式。总之，这是关系到高校社会主义性质和培养社会主义事业建设者和接班人的重大问题，对于这个问题不仅仅是书记、校长要明确，而且学校的每一位教师、干部和职工也要明确。只有这样，才能把宜昌师专建设成反对"和平演变"的坚强阵地。

从宜昌师专管理体制看，内部管理体制改革的关键是转换机制，这是深化改革的深层次问题。机制，原意是指机器的构造和动作原理。后来生物学、医学通过类比借用此词，在研究一种生物功能时常说分析它的机制。现在"机制"一词已广泛地应用于社会的各个领域。从内部管理体制改革来说，主要是人事、劳动、工资等内部管理的改革。我认为这种改革，关键是机制的转换。在这里，机制应是系统中各个部分相互联系、相互制约的运动状态。因此，高校内部管理体制改革，如果只是考虑机构的变化、制度的变化，不考虑这些变化引起的运动状态的变化，就会使整个改革方案的思考缺乏深度。高校现行的内部管理，不能说什么都不好，但谁都不能否认，完全凭借行政手段而带来的种种弊端越来越阻碍着教育事业的发展。要改变这个状况，有许多问题要解决，关键是机制问题。

从宜昌师专办学实践看，应在四个方面转换机制：在领导方面要健全科学决策机制；在劳动人事方面要形成竞争机制；在分配方面要强化激励机制；在发展方面要形成自我积累机制。当前我校内部管理体制改革，主要是通过全员聘用来形成竞争机制，聘用后实行校内工资与岗位、任务、工作好坏挂钩，强化激励机制。

宜昌师专内部管理体制改革是以真正的全员聘任为突破口的。真正的、科学的聘任要以合理定编为前提。在这方面，学校改革领导小组做了大量的调查研究，仔细测算，总的讲是成功的。目前中层干部的聘任均已落实到位，教师的聘任正在紧张进行，看来新学年开始，即可全面正常运行，可望有个新面貌。

在学校改革方案的实施过程中，我们感受最深的是，机制转换的同时，必然伴随着思想的转换，而且思想的转换有时会更困难。在改革的过程中，人们的传统习惯、价值观念、人际关系等都要受到冲击，有的人甚至坐卧不宁，夜不能寐。机制的转换迫使人们对固有的观念作出改变或调整。新机制——竞争机制的活力在全员聘用中充分体现出来了。学校的机构、职数、编制、职责范围等方案一个接着一个出台，在公开、平等的条件下双向选择，竞争上岗。"能者上、弱者下"这句话在广大教职工中通行。有的人受到多方聘任，有的人则无人聘任，这种公正的选择、平等的竞争，无情地冲击着那些"自我感觉良好"者。与此同时，那些有专长、有才华的人在多方聘任的情况下，都选择了最能施展其才能的部门和岗位。可以预料，在较长的时间内，将有一批人才脱颖而出。

宜昌师专内部管理体制改革实施的过程经过了4个多月的艰苦工作，但组织基础和思想基础都是比较好的，广大师生员工充分理解改革的意义，人们真心实意地拥护改革，赞成改革实施的具体方案和步骤，我认为这是最重要的，因为师生员工是高校内部管理体制改革的主体。改革是人们利益关系的调整，总会有这样那样的想法，但是我们又不能等待人们的思想全都统一起来再去进行改革。事实上总有先进的，有落后的，有思想转换得快的，也有转换得慢的，甚至有个别坚持不转的。因此，改革方案的实施，必须同时加强思想政治工作。一方面要充分地进行思想动员，进一步广泛宣传学校的改革，把思想政治工作贯穿于改革的始终，另一方面要敢于把新的机制贯彻到底，用新的机制去约束人们，在新机制的运行中，逐步改变人们旧的传统习惯，使人们的思想最终与新机制相适应。现在看来，平均主义、大锅饭、求稳怕乱、求得怕失、求慢怕快、怕担风险、等待观望、埋怨畏难等情绪，是改革的明显障碍，必须引起我们的高度重视，采取有效的手段，坚决加以纠正。

教育战线改革的题目还有很多，我想有了机制的转换，就有了一种利益动力机制，为我们今后的各种改革找到了一把钥匙。高校改革事业方兴未艾，我们要努力去求索。

作者简介：

易纪维，曾任中共宜昌地委宣传部部长、宜昌师专党委书记和宜昌市精神文明建设委员会主任。本文节选自1992年8月在宜昌师专干部大会上的讲话。原文曾载《宜昌师专发展改革之路》。

宜昌师专人事制度改革回顾

刘瑞林

1975 年我从华师毕业后分配到宜昌师范学校工作，到 1996 年宜昌师专、宜昌医专和宜昌职业大学合并为湖北三峡学院，我在宜昌师专工作了 21 年，其中有 9 年的时间从事人事工作。除了日常的人事管理，印象最深的就是 1992 年进行的校内人事制度改革。1992 年宜昌师专作为湖北省省属高校的试点单位率先进行了以人事制度改革为龙头的校内管理体制改革，其力度之大，收效甚好，至今回忆起来还记忆犹新。人事制度改革主要从以下 3 个方面进行：

1. "三级"全员聘任制，为每名教职工提供平等的竞争机会。改革前，师专的人员安排基本上沿袭传统的由组织安排工作的调配方式，有的是一次安排定终身；有的能上不能下，因事择人、论资排辈严重束缚了个人积极性的发挥，妨碍了人才的脱颖而出。根据高校管理人员和专业技术人员的特点，我们分别制定了《干部聘任和考核的暂行办法》《教师职务聘任的暂行办法》。在全校范围内管理人员实行了以任期目标责任制为核心的三级聘任：系主任和行政职能部门的正职由党委集体讨论校长聘任；系副主任和职能部门的副职实行双向选择由单位正职聘用；其他人员由各单位择优聘用，聘期为 3 年。教师实行按专业设岗、按岗择优的二级聘任制：高级职务的教师由校长聘任；中级以下职务的教师由系主任聘用，每学年进行一次。较好地体现了个人择岗自由和单位用人自由的权利，打破了干部与工人的界限。我们还将聘任与工资、待遇、考核相结合，真正做到了因人择岗、按岗付酬，改变了干好干坏一个样的陋习。

2. "四结合"编制核定管理，优化教职工队伍，提高办学效益。合理进行各类人员定编是进行人事制度改革的首要条件。我们采取"四结合"的办法，改革了定编方法，加强了编制管理。一是高校发展与提高办学效益相结合。我们将按照学校发展规模核定的编制确定为规模定编；按世界银行贷款要求达到的效益指标核定的编制确定为效益定编。1992 年至合并前，按照两种定编方法顺利地进行了两个学年度的定编，既保证了学校有计划有步骤地引进人才，又为提高办事效益打下了基础。二是总量控制与切块定编相结合。每学年我们根据主管部门规定的编制标准和世行贷款要求达到的效益指标核定全校教职工的总编制数，然后按照测算的各类人员编制标准切块下达给主管校领导，由主管校领导再具体分解到有关单位，各类人员编制均不能突破规定的数额。三是校内工资总额、工作任务双包干与考核相结合。我们把校内各种津贴、酬金等合在一起作为校内工资，然后按效益编制数核拨各单位的校内工资基数总额，由各单位包干使用，拉开档次发放。在校内工资基数总额包干的同时，相应包干定编范围内的工作任务，每学年结束学校按目标责任制对各单位的工作进行全面考核，并实行相应的奖励和惩处。四是机构调整、人员分流与紧缩编制相结合。为了减少人员编制，我们采取了合并职能相近的机构、单列独立核算的单位和直属单位的人员编制、严格执行离退休制度等办法，有效地控制了人员编制，初步达到了优化队伍，增强活力，提高效益的目的。

3. "五公开一监督"职称评聘，引入竞争机制，促进专业技术队伍建设。职称改革是人事制度改革的重要组成部分，关系到教职工的切身利益和校内管理体制改革的顺利实施。师专的职改工作在对首次评聘工作复查的基础上，积极稳妥地转入了经常性的评聘工作。在职改工作中，我们认真贯彻执行了国家、省关于经常化评聘工作的方针政策，还配合校内管理体制改革，出台了以下改革措施：一是健全评聘管理制度，使评审、聘任、考核有章可循，保证了评聘工作健康有序地进行。二是坚持评审标准，采取考试、考核、评审相结合的办法，较好地把握了评审质量。如对确认起点专业技术职务的人员，除坚持考核合格外，还必须参加学校组织的外语考试，考试合格者才能聘任相应的职务。三是评审工作中坚持做到"五公开一监督"，即政策、岗位、评审办法、个人提交的评审材料、评审结果公开，接受群众监督。我们将申报专业技术职务人员的基本情况归纳为表格形式，公开被评审人员的考核等级、教学学时、科研论文、外语水平，使评委一目了然。四是加大聘任力度，对确有真才实学、经考核为优秀并能履行高一级教师职务职责的教师实行低职高聘；对虽具有相应任职资格，但不能履行相应岗位职责经考核为不称职的教师实行高职低聘。低职高聘和高职低聘人员在聘期内其校内工资有关待遇均享受同类专业技术职务人员的标准。五是加强聘后管理，坚持做好对专业技术人员每年一次的年度考核和三年期满的聘期考核。考核结果记入考绩档案，作为续聘、低聘、解聘、晋升、奖惩的依据。对加强师专专业技术队伍建设起到了促进作用。

宜昌师专人事制度改革的实践证明：高等学校人事管理与高等学校教学、科研的发展紧密相关，深化同教育体制改革相配套的高等学校人事改革是形势发展的需要，也是推动学校自身发展的有效途径。我有幸参加了这一改革，从参与方案的制定到具体实施都倾注了自己大量的心血。能为师专的发展发挥应有的作用、贡献自己的力量，我从内心感到荣幸和自豪，这也将成为我一生中值得回忆的一段人生经历！

作者简介：

刘瑞林，1953 年生，研究员，曾任宜昌师专图书馆副馆长，宜昌师专人事处副处长、处长，湖北三峡学院党委组织部部长，三峡大学图书馆党总支书记。

宜昌师专政史科诞生记

彭必源

　　和当时全省的师范专科学校一样，宜昌师专的专业也主要是汉语言文学教育、数学教育、物理教育、化学教育和外语专业。整个学校的办学规模 1200 人左右，学校为了扩大办学规模需要上新的专业。当时普及九年制义务教育急需初中政治课和历史课老师，学校就不断争取创办政治历史专业。终于在 1987 年 12 月，湖北省教委批准了宜昌师专开办政治历史科新专业。但是，学校了解到在省教委制定的下一年的招生计划中并没有将政治历史科列入招生。为了能够争取在新的一年尽快招生，学校领导在向省教委报告争取招生名额的同时，给我安排了一个任务，就是要赶在招生计划下达之前到省教委去具体落实招生计划。

　　那是 1988 年春节过后上班不久，我从宜昌途经襄阳坐了一晚上 13 小时的火车到了武昌南站，在原湖北财经学院即现在中南财经政法大学的老校址，武昌区千家街湖北省教委招待所住下。第二天一到上班时间，我便坐武汉市 11 路公交车从武昌车站前往水果湖湖北省教委办公楼，找到分管招生计划处室。接待我的是一位 40 来岁的女士，我告诉她来意后，她说今年招生计划领导开会已经决定，不能再给你们学校下达新增招生名额。我说，领导要我来落实这件事，要不怎么向领导交差？于是每天就到她办公室里去，帮她装订文件，同时请她向领导反映尽快落实我校政史科的招生计划，经过近一个星期的坚持努力，省教委最终给宜昌师专下达了 54 个当年的招生计划。

　　政史科是以宜昌师专马克思主义教研室为基础吸收中文科历史老师建立起来的。政史科得以顺利招生，还仰仗于几位学识渊博的老教师。其中，庞俊老师是新中国成立前武汉大学经济系毕业生，曾担任过湖北省委宣传部的科长。徐复生老师是中国人民大学政治经济学研究生班毕业，众多高校著名的政治经济系教授都是由这个研究生班毕业的；徐老师是从华中师范学院政治系支援宜昌师专于1958 年创办时调过来的；方东升老师是武汉大学哲学系毕业，政史科的首任主任；王秀珍老师也是华中师范学院毕业的，学生敬称之为"一位慈祥的母亲"。特别要提一下我的两位学兄，一位是刘锦程，他当时已经是宜昌师专的副校长，也是湖北省高校最年轻的副校长，大力支持申办政史科。另一位是刘青春老师，当时是宜昌师专的党委宣传部部长，具有很高的理论水平，在马克思主义哲学研究方面有突出贡献。他在《光明日报》理论版整版发表了《论马克思主义的平等观》，后调到湖北省高校工委和省教育厅工作。还有一位来自东北的文静的女教师金黎老师，她毕业于东北师范大学政治经济学专业。还有从中文科转过来的两位教历史的老师，即龚兴华老师和阮荣华老师。年龄大的老师由于到了退休的年龄，没有给学生上过课，但政史科创办离不开他们的贡献。对于伴随政史科一同成长和发展的学生与青年教师来说应该对他们表示敬意！由于政史科的创办为新来教师的发展提供了平台，后来陆续有一批青年才俊加入政史科教师的行列。特别突出的有：朱向梅博士、杨军博士、严颖博士、田强教授、夏树耘教授、孙爱军博士，还有王国芳老师、李瑾老师等。他们当中有的现已成为党政机关和事业单位的领导干部，有的成为高校的学术精英。随着历史的演变，众多的青年教师分别汇入了三峡大学的马克思主义学院和经济与管理学院。

宜昌师专政史科 1988 年迎来了第一届新生，共有学生 58 人，学制为 3 年。入学后分成两个班，8871 班、8872 班，上课是一个大班，在一个教室上课；开展班团活动、学业评价和考核等，以小班为单位进行。李攀老师为 8872 班班主任；舒建玲为 8871 班班主任，大二时是毛时玉为班主任。

带过该届主要课程老师的有："哲学"方东升老师，"政治经济学"彭必源老师，"中国历史"龚兴华老师、阮荣华老师、毛时玉老师；"党史"舒建玲老师，"法学"李攀老师，"科学社会主义"胡旭辉老师，"形势与政策"刘青春老师。后来，杨军老师教"党史"，夏树耘老师带过"伦理学"等。先后担任该届辅导员的是王国芳老师、李瑾老师。

记得当时办学条件还是比较艰苦的。第一年入学时，新学生宿舍还没完工，临时住在原宜昌宾馆，住了一段时间，学期中才搬到新修的学生宿舍中。把新生从北山坡校园内接到宜昌宾馆的，还是一辆小货车。当时还下着雨，慌忙间几个学生爬上小货车的车斗，颠簸而去。

由于是第一届，加上大部分老师是年轻老师，所以教学十分严谨。比如，方老师教哲学，讲授历史唯物主义与辩证法，特别注重研读马克思主义原著，对马克思主义经典著作，逐字逐句研读，或许学生是似懂非懂，但是学得很扎实；彭老师上课要求非常严，课堂纪律非常好，要求每个学生要做好课堂笔记、注重理解，学校举行课堂笔记比赛，班上的学生经常获得一等奖；龚兴华、阮荣华老师讲课则很亲切，虽然细声细语，但同学们也不敢马虎，阮老师上课经常喊同学上讲台演示，同学们的注意力非常集中；毛时玉老师则对学生做作业的要求非常高，每次可能就一个论述题，当时那种小 32 开的作业本，一次作业就要写一本。

这两个班学习都很认真、很自觉。1 班的卞跃玉、陈忠华，2 班的周玲、姚永芳等，都是学习标兵，经常获得奖学金。胡长贵有一定的科研能力，当时湖北省大学生科研成果竞赛是很有影响力的，师专层次获奖的很少，胡长贵同学在方东升、彭必源老师的指导下先后两次获奖，很不容易，为学校争得了荣誉。也有管理能力很强的，比如吴斌、欧阳君、宋山教、周功军、李万青等，都做过学生会主席、班长，并且成为老师管理班级的得力助手。

当时学校对学生日常生活的管理非常严格。早上由班主任带领集体早操，还要晚自习，实行学生德育综合考核评分等。现在看来确实有些过于严苛，但给当时学生的成长打上了深深的时代烙印。

现在，该届毕业生都成为各条战线的骨干。有的担任了中小学的校长、副校长；有的成为教研的领头人、骨干教师，如马明贵现在担任宜昌市教科院副院长，是宜昌市政治学科教学研究的一面旗帜，在全省、全国也很有影响；毛泽丹、毕爱武夫妻教育有方，其女在当年高考中成为宜昌市文科状元，并考入北京大学；有的成为经济领域的搏击者，如江艳军在学校时就喜欢政治经济学，一有空就钻进图书馆，看了很多经济方面的书籍，一直到现在仍然坚持逐字逐句研读世界经济学原著，现在仍在最开放的深圳金融领域里搏击；有的则成了优秀的领导干部。

作者简介：

彭必源，1955 年生，湖北石首人，华中师范学院毕业，教授。曾任宜昌师专党办主任、湖北三峡学院师范学院副院长、中共宜昌市委党校常务副校长，宜昌市管专家，孝感两型社会建设专家，湖北省高校职称评审专家，湖北工程学院经管学院院长。

我与宜昌师专的故事

罗筱端

我于1985年从华中师范学院教育系毕业后分配到宜昌师专教育管理科工作，随当年的新进教师住进两人一间的单身宿舍。课余，我们喜欢聚在一起相互交流彼此的思想和体会，有时也会用自备的煤油炉做些饭菜改善生活。

有一天，数学系的曹捍东老师做了一锅红烧排骨请大家品尝，吃到高兴时曹老师说，我们这些新老师毕业于不同的大学，所学的专业涉及中文、英语、教育、数学、物理、化学、生物、政治等领域，我提议成立一个"多学科研讨会"，每位老师负责一次专题发言，其他老师听完后自由地发表自己的观点并展开讨论。他的提议立刻得到大家的积极响应，我们把这个新成立的民间组织上报到学校，立刻得到了校方的充分肯定和支持。

"多学科研讨会"的第一次报告由我负责，内容是信息技术革命背景下教育发展的新趋势，地点在师专的阶梯教室。学校给我们准备了扩音设备，书记管先润也亲临现场，还吸引了不少学生主动参与，报告之后校长老师同学们纷纷从不同角度发表自己对教育的看法，现场气氛很是热烈。30多年过去了，现在还有学生记得这些报告，他们回忆说当年我们给宜昌师专带来了"青春风暴"。

当初青年教师结婚后住筒子楼，新人们不办宴席，把婚房装饰上气球和彩带，粘上双喜的门贴和窗花，准备好瓜子糖果和茶水，大家伙一起来送祝福闹洞房，工会送一对暖水瓶作为贺礼，一个简单而又隆重的结婚仪式就完成了。

筒子楼的生活充满了烟火气息。白天家里门都很少上锁，方便邻居特别是孩子们挨家挨户串门。傍晚是我们的快乐时光，邻居们搬出小板凳聚在楼下，下棋吟诗畅谈天下，有好吃的端出来分享，有难处大家帮。那时候物质生活条件差，邻里之间和睦友善。1989年，武汉大学图书馆系毕业的李丽琼老师的散文《红房子》发表在《三峡晚报》上，真实地记录下我们筒子楼里的幸福生活。

1985年秋季，宜昌师专教管科招收首届学生。极具学术大家风范的朱辕教授是科里老师的老师，对我们极尽传帮带职责。他指导过我做科研的方法，比如拿到一篇文章先看题目，思考假如自己来写应该怎么构思，然后再看看别人是怎么写的，为什么这样写，还可以怎样写，等等。朱老师退休时指着家里满架的书籍对我们说，需要什么书就尽管拿去用。他连续多年订有教育专业方面的杂志，这些杂志每年都被他装订得整整齐齐，像图书馆的合订本一样。

朱师母常年瘫痪在床，孩子又在外地工作，朱辕老师性格温和，非常有耐心，他每天都亲自细心地照顾夫人洗漱后才去上班，多年如一日从不间断。朱老师最后自己也病倒在床，他对我们平静地说夫人是在他身边睡梦中安详离去的，他握着夫人的手，感觉到她在慢慢变凉。夫妻伉俪情深，让人听后无不动容。

危世琼老师是宜昌师专教管科首任主任，是科里的核心人物和创始人，于20世纪80年代初从中学调任到宜昌师专。

危老师教的心理学课程深受学生欢迎，他善于把自己在中学教书时经历积累的生动案例运用在心理学教学中，课堂气氛非常活跃。当他激情四射地讲课时，眼睛常常看着天花板，给听课人留下深刻印象。

危老师做人做事都非常认真严谨，他把科里各项工作安排得井井有条，对每名青年教师的培养和提高都进行了周密的安排。根据我的实际情况，危老师联系了他昔日华师的同学和同事，现在是华师博士生导师郭文安老师和杨汉清老师，请他们对我进行教育基本理论研究生专业6门主要课程的进修指导。受危老师所托，两位导师对我的培养格外用心，他们给我手写了30多页信纸的培养计划，对我进修的内容、阅读的书目和如何进行论文选题等进行精心指导，他们的手迹我至今仍珍藏着。我连续两年的寒暑假都到两位导师家的书房里，接受单独授课，享受到入室弟子的待遇。

1993年，危世琼老师带领包括我在内的教管科陈声洽、方大秀、彭豪祥等老师做的课题"合作教学探讨"获得湖北省普通高等学校优秀教学成果三等奖。

小个子的陈声洽是侨属，他性格开朗，有着广东人特有的吃苦耐劳、勤奋工作的劲头，担任班主任时和学生的关系相处得水乳交融，课堂教学也因幽默风趣深受学生喜爱。他非常好学，曾谦虚地把我的大学课堂笔记和一些专业书籍借去认真学习、做专业研究。他热心助人，利用自己一手漂亮楷体字书法特长，把自己的讲课大纲手刻在钢板上，油印出来免费发给学生，师生们私底下都亲切地叫他"洽(宜昌话念 ka) 老师"。

方大秀老师毕业于北京师范大学心理学系，她有着扎实深厚的专业功底，虽然只是一名普通老师，但她严格要求自己，处处以身作则，发挥着一名共产党员的先锋模范带头作用。

有一天深夜，方老师儿子上夜班回家忘带钥匙，便想翻过五楼的阳台爬进去，不幸从楼上摔了下去，万幸只是骨折了，方老师夫妇立刻把儿子送去医院急救，折腾了大半宿。天亮后方老师匆匆赶回学校，她镇定地和平时一样出现在学生面前，全神贯注地认真上完两节课。后来学生们才知道方老师家里发生的事情，学生们觉得非常惊讶，方老师坚强的意志力和自控能力，以及她对工作高度负责的敬业态度，让人发自内心地佩服。我很荣幸，方老师后来成为我的入党介绍人。

后来，宜昌师专教管科更名为教育系，设学前教育专业，周德聪为系主任，高万立为书记，我是分管学生工作的副主任。

学前教育专业人才培养计划是我负责起草的，除了教育学、心理学等专业课程外，学生需要学习音乐、美术等学科专业知识和技能。首届招收的 30 名普通生都是女生，她们基本没有艺术爱好和特长，甚至高考志愿都是调配过来的，进校后专业思想极不稳定。那时候转专业很难被批准，这也造成了我们对这些学生教学和管理的困难。

我们全系教师上下一条心，共同努力，特别是音乐老师孙瑜、黄鸾、黄鸣，美术老师肖真、郑军、陈文武等老师，为学生的专业技能培养付出了大量的心血，老师们耐心地手把手帮助学生，逐步培养她们的学习兴趣和坚定的信心。

功夫不负有心人，宜昌师专后来的大型文艺演出基本上被我们学前教育专业的师生承包了，比如纪念毛泽东诞辰 100 周年文艺晚会、节日晚会、毕业迎新晚会等，从舞台设计、策划编排到亲自上台表演，她们得到了全方位的培养和锻炼，学前教育班也多次被评为宜昌师专优秀班集体。

我们相信只要用心做教育，铁杵也能磨成绣花针！经过三年的努力，学前教育专业的每个同学都能熟练地弹琴演奏、能歌善舞，书法绘画样样都能拿下，毕业前的美术作品展和音乐汇报演出也达到了一定的专业水准。

在学生毕业离校前的晚上，老师们来到宿舍与学生促膝长谈，手拉手地依依惜别，陪伴她们到天亮，直到把她们送上前往新单位报到的汽车。

在宜昌师专与宜昌医学专科学校、宜昌职业大学合并组建湖北三峡学院时，教育系被改成师范教育部。

2000 年，教育部批准武汉水利电力大学宜昌校区与湖北三峡学院合并组建三峡大学，教育系发展成了今天的三峡大学田家炳教育学院。

当初，宜昌师专教育系培养了全日制专科生和相当大规模的专科和本科函授生，如今他们中有的成为北京大学的博士生导师，有的在各县市区教育局担任局长和教育管理干部，更多的毕业生是在大中小学幼儿园里默默辛勤地工作，他们在不同的岗位上为教育事业做出了积极的贡献。

作者简介：

罗筱端，1964 年 3 月出生，广西贵港人。1985 年 7 月毕业于华中师范学院教育系。曾在宜昌师专教管科工作，现任三峡大学田家炳教育学院副教授。

宜昌师专英语系旅游专业创办的回忆

崔　进

随着宜昌被列为长江沿线的开放城市，宜昌的旅游业得到了长足的发展。近十条游船停靠宜昌，来自世界各地成千上万的外国游客，上岸参观游览，数十家涉外宾馆应运而生，翻译导游、高级服务人员出现了一人难求的紧张局面，同时也给宜昌师专外语系提供了创办旅游专业难逢的机遇。

机遇和挑战并存历来是任何新生事物发展的规律，一穷二白创办旅游专业所面临的困难更是前所未有的。首先是师资问题。当时，全国只有上海旅游专科学校有比较成熟的办学经验和专业教师队伍。省内高校，如武汉大学、华中师范大学、湖北大学等，虽已开办了旅游专业，但师资都是由原来的地理、历史专业的老师改行边干边学的，还没有真正的旅游专业毕业学生能从事专业教学，因此缺乏专业教师的问题首当其冲。其次是生源问题，申办一个新的专业，需要经过2到3年的办学资格审查才能批准，而且旅游业是一个新型的行业，对于刚刚解决温饱问题的绝大多数中国人来讲，旅游是一个新概念，是个高级奢侈品，人们对旅游从业人员的前景一无所知，也不看好，所以报考旅游专业的生源是个未知数。第三是教材问题。旅游教育是中国新兴发展的旅游业派生出来的，除了引进的瑞士洛桑饭店管理学院和一些零碎的西方饭店管理模式书籍以外，完全没有适合中国旅游饭店和游船管理相关的书籍和教材。

在充分认清了摆在面前的困难和形势后，我们采取了以下措施：

1. 引进来，派出去，解决师资问题

1992年，作为专业人才我被调入宜昌师专外语系牵头组建旅游专业。在这之前，我是中国国际旅行总社三峡分社副总经理，副译审职称。1986年，是宜昌市旅游局从恩施师专引进的英语翻译，具有16年英语教学经验，在旅行社长期从事导游翻译工作。我先后动员三峡国旅的4位同事来学校代课，其中2位后来调入学校。与此同时，外语系派出3位青年教师到涉外宾馆开办英语培训班，让他们一边教外语，一边学习饭店、游船管理的相关知识。

2. 从成教入手，积累经验，创办旅游专业

由于没有办学资质，不能正常招生。1992年，我们与宜昌师专成教处联合办学，开办了第一个两年制的成教班，28名学员是来自本市各家涉外旅行社和饭店的从业人员，毕业时颁发宜昌师专成人教育文凭。1993年，随着第一届旅游专业大专生的招生，英语系旅游专业正式成立。同时为了满足旅游行业急需外语人才的市场需求，我们和武汉大学、湖北大学等具有旅游本科专业资质的高校联合办学，开办全日制旅游专业成教班，招收高考落选的学生，由武汉大学、湖北大学颁发成人大专文凭，收到了良好的社会效益。我们还和葛洲坝工程局教委成教部联合开办两年制旅游中专班，以满足旅游宾馆饭店对服务员的需求。

3. 注重实践教学，培养实用人才

由于旅游行业是与人打交道的特殊行业，从业人员的动手动口能力直接影响他们的服务水平。因此，我们在制定教学方案时，重点放在实践教学上，注重培养学生动手能力、语言能力和交际能力。比如每个学期有两周左右的见习时间安排，毕业实习不得少于一个学期。我还聘请有经验的导游翻译和宾馆饭店的优秀服务员担任实习见习的指导老师，或来学校讲座，操作表演。

我们注重实践的教学理念，收到了极好的社会反响，毕业的学生受到了用人单位的普遍好评和欢迎，他们多次参加一年一度的湖北三峡旅游节的接待工作，以及1997年大江截流的接待工作。编写旅游英语乡土教材，创建景点导游和宾馆前厅接待模拟教室。旅游者每到一地，除了欣赏奇丽的自然风光，他们对了解当地的人文景观、风土人情也充满了好奇心。为了满足游客求新求奇的心理需求，导游人员必须充分了解自己所属地的民风民俗、名人轶事，甚至一些民间传说和典故。但由于中国地大物博历史悠久，不可能有一本完整的教材能够包涵如此多的内容，因此编写乡土教材迫在眉睫。我和几位来自旅游接待一线的英语翻译一起，将宜昌周边的旅游景点和三峡沿线的自然景观的导游讲解词翻译成英语，以情景英语会话的形式编辑成册，作为旅游英语口语教材。同时创建了简易的景点导游讲解和宾馆前厅接待、餐饮服务等模拟教室，对学生进行现场教学和实训以及考试。这种身临其境，学以致用的教学方法颇受学生欢迎，收到了事半功倍的教学效果。我们编写的乡土教材也被多家旅行社和饭店拿去作为员工外语培训的资料。

2022年3月30日

作者简介：
崔进，宜昌师专外语系旅游英语专业创始人。

我的师专体育生涯二三事

杨宇飞

在打算将关于宜昌师专这段回忆转化成文字前，我特意开车回了一趟宜昌师专旧址北山坡。大门入口进校仍是一个长长的陡坡，记得刚参加工作那会儿，我是我们这群教师队伍里为数不多可以全程蹬自行车回学校的人。停好车，顺着几步台阶而上，向前走大约 50 米，我便来到了师专老校门背后，又顺几步台阶而下，便看见了由徐特立题名的校门。站在校门口，30 多年前的记忆汹涌而至。

1985 年 7 月，我怀着对教师这份职业的憧憬与向往来到了师专，在这里开始了我的体育教学生涯。初到师专，学校开设的专业并不多，只有数学、中文、外语、物理、化学，一两年间，学校又增设了教育管理科、政史科。有的专业人多，会有两三个班，有的专业人少，只有一个班。整个学校三届学生加起来一两千人。学校占地面积 400 多亩，除去教学楼、宿舍楼、礼堂、食堂等，可供学生进行体育运动的空闲场地其实很少。一块不太标准的 300 米"土"田径场、三个篮球场、一个 200 多平方米略显简陋的健身房。这些运动场地依陡峭山坡而建，并不是集中连片，现在想来倒也是错落有致。就是这样的场地设施，给我们师生带来了很多"惊喜"与"欢乐"。

为了让学生在雨天也能上排球课，我们在健身房自己画了一块排球场地供学生练习，也因为排球场地的融入，让原本就不大的健身房显得更为狭窄与拥挤。本着让学生全面发展，以良好的身体素质为学习与生活打下坚实基础，调动学生运动的积极性，培养学生运动爱好，激发学生运动兴趣的原则，我们除了举办一年一度的田径运动会和各类体育赛事活动外，还会举办达标运动会。那时的达标运动会和现在不同，为了践行国家体育锻炼标准，是每一个学生必须参加的运动会。它有严格的要求，测试 5 个项目各 100 分，个人总分必须达到 300 分，每个单项不得低于 45 分，否则学生将无法毕业。每次达标运动会，我们整个体育组的老师全员出动，相互配合，从不抱怨，多年下来积累了深厚的赛事默契。也正是因为达标运动会的举办，学校冬天早上 6 点左右的操场，300 米的跑道上全是学生奔跑的身影。这也成为我印象中比较深刻的一个画面。

为了让学生进行更多体育项目的学习，我们体育教师总是想方设法让有限的场地发挥更多的作用。那时，我们不仅承担了公共体育课教学、群体活动，1988 年，师专首次对外招生体育专业的学生，我们因此又多了一项任务，负责专业体育教学。我还记得我们第一届学生只有一个班，共 35 人。虽然专科只有短短 3 年，我们体育教师教得不敢马虎，体育专业的学生在这里学得也并不马虎。在带体育专业学生时，我们体育老师经常在一起交流，学习彼此之间的教学方法、教学手段、教学经验，只为让学生利用有限的体育场地练就过硬的专业技能。这让我想起了曾经带过的一个班，女生一共 13 人，100 米跑 13 秒多的五六个，跳高过 1.5 米的 5 个，跳远最远的可以跳到 5.4 米多（而且这个女孩个子并不高），女子标枪 40 多米，4 公斤的铅球投掷 12 米多，她们的专业成绩与素质让我们老师不得不为之称赞。事实证明，我们的用心没有白费，更让我们这些老师自豪的是，这批学生后来也走上了教师岗位，现在已经成为宜昌以及下辖县市区中小学体育骨干教师。

　　当然，印象最深的还是带领学生训练，参加 4 年一度的省大运会专科组的比赛。每次的比赛，我们宜昌师专队伍总能取得不菲成绩。那时分为男子团体总分、女子团体总分、团体总分 3 项，我们几乎没有出过前三。我们还会组队参加湖北省师专体协举办的篮足排、田径等项目的比赛，和其他师专院校在一起比拼，我们的成绩也是名列前茅。宜昌大中专体协举办的田径、篮球、排球比赛每年都有我们师专的身影，我们都是以绝对的优势与实力拔得头筹，而且水平远超其他学校，可以说那个时候我们师专代表了宜昌体育竞技最高水平。学校体育事业发展越来越好，我想离不开俞强华、吴少昌、崔国鹰、何鸣、谈桂民、高维泰这些体育办公室领头羊的指导，更离不开酷爱本职工作，热爱教育事业的老一辈教师的初心与坚守。

　　我慢慢地在校园里走了走，从校门走到了教室、工作时住宿的楼栋、操场、食堂，惊奇地发现地上还留着 30 年前画的篮球场边线、罚球线，昔日在球场打球的画面一下映入眼帘。现在，中区的学生在标准的 400 米塑胶跑道上跑步，中间增设了两个篮球场成了男孩子打球的聚集地，很多楼房也被翻新，一切朝着更好的方向在发展、在前进。

　　我想过去生活环境的艰辛并没有磨灭我教书育人的信念与热情，办学条件的艰难并没有阻止师专发展壮大的脚步。时光荏苒，沧海桑田，学校由宜昌师专并入三峡学院，后融入三峡大学，我亦由一名青年体育教师变为即将退休的老教师。师专见证了我们这一辈老师的成长，我们也见证了师专的变迁。看着师专为本土乃至湖北省输送了很多体育人才，有的成了中小学的体育骨干教师，有的成了区教研员，有的成了大学专项老师，这便是师专随着时代发展留下的不可忽视的意义。看着学生们接过了我们这辈老师体育事业的"接力棒"，这也正是我在 30 多年前走入这所学校时所期待的职业价值。

我为宜昌师专图书馆做图书采购

王德金

我于 1979 年调入宜昌师专图书馆做图书采购工作，对宜昌师专图书馆馆藏情况以及后来的藏书建设，本人因为亲力亲为过，所以比较熟悉，下面将情况作一简要介绍。

20 世纪 70 年代末，宜昌师专图书馆经过 20 多年的馆藏积累，藏书近 15 万余册(件)，报刊 1000 余种(套)。其中线装古籍 2 万余册(部)。由于未受到天灾人祸的影响，基本上都保存完好，请资深退休老教师张铭老师全面清查整理了一遍，为每部古籍分类编目写有提要，为后来整理这批古籍提供了很大的便利，也为后来成为省级重点古籍保护单位打下了良好的基础。馆舍为一栋独立的面积500 平方米的两层楼，全部做书库，闭馆借书，读者出纳台设在窗台外面的走廊上。在另外一个地方找了两间房子做办公室和图书采编工作。图书馆建制设办公室、采编室、流通室三个部门，归口教务处领导，负责人是毕元铨。

1981 年，湖北省高校图书馆工作委员会成立，明确图书馆是学校建设的三大支柱之一，引起了各高校对图书馆的高度重视。本校任命文汇荣为馆长，并在原址上筹建 3000 平方米的新馆舍。图书馆边拆边建，图书边建边搬，借阅边搬迁边流通。没有因为建馆搬书而影响读者服务，在当时应该算是一个奇迹。图书馆在建搬的几年里，图书馆人没有寒暑假，包括周末都在与图书打交道，下架、打包、转运、撤包、整理、上架、理顺。新馆建成，图书馆工作才逐步走向正轨。有 4 间各 200 多平方米的大通间阅览室，分设文科和理科两个外借出纳台，仍然实行闭馆借书，读者查卡片后拿索书条，工作人员进库找书，往往是三五张索书条才能找出一、两本书。

20 世纪 80 年代，中国刚刚经历过"文化大革命"的洗礼，还处于钱荒、书荒的时代。当时宜昌师专图书馆总藏完全不能满足学校教师和学生的需要，一开始年购书经费 2 万元左右，后来逐年增加，到 20 世纪 90 年代达到年 15 万元。出版界也是百废待兴，拿着钱也买不到什么好书。

我做图书采访工作，主要从三个方面着手：一是摸清家底，二是深入教师和学生中调研，三是在书店站柜台帮忙售书。

首先为了摸清家底，我刚接手图书采购工作就直接把床搬到了馆里边，不分昼夜，吃住在馆里，和采编室工作人员一起对所藏图书逐本逐册进行了全面清点、登记、造册、建卡、入账。当时是纯手工制作，将每本书的分类索书号、书名、作者、出版社、出版年代、内容简介用钢板刻写在蜡纸上，油印成一张张的小卡片，每本书一式5张。分别建立了读者分类、书名卡片目录，公务分类、书名卡片目录、书本账务目录。做到了心中有数，缺什么书，进什么书，采购有的放矢。我是毕业留校，所以对于本校所开设的专业很熟悉。宜昌师专是培养中小学教师的学校，主要开设中文、数学、物理、化学、英语、政史、教管和体育等专业。为使这些未来的教师能胜任工作，他们通过图书馆这个第二课堂，扩大知识面，图书馆应该给他们提供更多更好的信息。

其次教师教学的需要是图书采购的出发点，满足读者需求才是目的。图书馆的工作体现在为人找书和为书找人上。所以我把图书采访工作突出在一个"访"字上。当时宜昌师专中文科的吴柏森、金道行、张道葵、刘永龙、刘芳、李超、谢道弆老师等都为缺乏教师参考书而着急，我的图书采购也需要对口他们的需求，这样一拍即合。他们都将自己所需的参考书列出清单委托我帮忙购买，我也从中获得了图书采购信息。平时有空我也深入读者流通部门，接触读者，了解借书情况，为图书采购获得第一手资料。物理和化学老师主要是依靠实验室的仪器设备，花在实验室里的时间相对要多一些，当然他们为学生开出的读书参考书目，也是我采购图书的依据。

再次是到新华书店站柜台，一是了解出版信息，二是接触广大读者，对畅销图书心中有数。宜昌市区有两家新华书店设有专门为集团购书的内部发行专柜。当时图书出版受到很多限制，出书少但质量高，没有盗版书，有些书印有内部发行字样，此种书只能发到县团级单位，限定在国营新华书店发行。一个是解放路宜昌地区新华书店，一个是铁路坝宜昌市新华书店，九码头也有一家，国营新华书店就这3家。我经常轮流到这3家新华书店去帮忙售书，图书打包技术就是这时候很熟练地掌握了。除了经常跑本地的新华书店，也经常跑全国各地的大型书展书市。最多的就是武汉、北京、上海、广州、成都。每次去都带上各系专任教师两三名一起去选购。出差说走就走，全国各地到处跑，家里的人和事完全顾不到。有次出差在外，家里老人摔跤骨折，还是图书馆同事一起帮忙送医院忙进忙出。

20世纪80年代图书价格不贵，本馆年购书经费虽然仅2万元，每年可购进约一万册左右图书，每本书价格2元左右。平均一本书重量1千克，一万册书约重10吨，学校给我采购图书配备了一辆自行车，我就是用这辆自行车一本本一包包驮回来的。宜昌师专在北山坡，每次驮回一车书都是一身汗。当时图书馆文汇荣馆长还时不时地与我一起骑自行车出去帮忙驮书。

我经历采购的有三套书印象深刻。一套书是《四库全书》影印本，全套5000册，价格5万元。前面说过，当时我馆全年购书经费才2万元，学校打破常规拨专款购买这套书，不得不感谢当时宜昌师专主管财务的校长刘锦程和教务处处长朱辕。他们认为《四库全书》才是书，不像现在的有些书是剪刀加浆糊拼凑出来的文字。要珍藏中国古典传统文化，再困难也要将这套书买来。宜昌市仅进了3套，宜昌师专一套，原葛水院一套，宜昌市图书馆一套。

另一套书是《不列颠百科全书》(Encyclopedia Britannica)，又称《大英百科全书》，被认为是当今世界上最知名也是最权威的百科全书，由世界各国、各学术领域的著名专家学者(包括众多诺贝尔奖得主)为其撰写条目。该书囊括了对人类知识各重要学科的详尽介绍，和对历史及当代重要人物、事件的翔实叙述，其学术性和权威性为世人所公认。这套书2012年3月宣布停印纸质版，已全面转向数字版。那时这套书的价格也不菲，占全年购书总经费的十分之一。好在这套书是分年出版，经费也是分期付款，勉强还能承受。

第三套书是《金瓶梅》足本。据说这本书的足本藏在中国台湾，大陆只有节本或洁本。我国改革开放后，北京大学与台湾大学通过学术交流，将藏在台湾大学该书的足本影印了数套，应各大学研究需要，分给本馆一套。为了保密起见，没有通过邮寄，通知专人去北大取回。我为这套书乘坐火车来回近50几个小时，费时费力可见一斑。

经过十多年图书馆人的不懈努力，加上学校领导和各部门的配合，宜昌师专图书馆得到了长足发展。1996年，湖北三峡学院合并组建时，藏书已达40余万册，报刊3000余种。我的图书采购工作累并快乐着，也算为学校建设的三大支柱之一尽了绵薄之力，回想起来很欣慰。

我在宜昌师专工会工作的点滴回忆

吴庭梓

我于 1979 年 3 月由宜昌地区夷陵中学调入宜昌师专任党办副主任兼团委书记，负责筹备召开了首届团代会和学代会，起草和讨论通过了《学生会章程》。1982 年 9 月至 1983 年元月，我参加了省委科教部举办的政治思想工作研讨班，学习了哲学、心理学研究生课程和思想政治概论等 6 门课程；组建了宜昌师专大学生艺术团，在宜昌市内 4 所院校 (即葛水院、宜昌师专、宜昌医专和宜昌职大) 中巡回演出，演出中乐器全、演技精、质量高，受到一致好评。1983 年上半年，创办了德育教研室，根据学生的实际，自编了"礼貌待人""爱护公物""到祖国最需要的地方去"等 10 多个专题，这些专题针对性强，理论与实际结合得紧，讲授后效果较好。

1983 年 3 月，宜昌师专党委决定由我代理中共宜昌师专党委办公室主任兼任校工会主席。1984 年 7 月，我被宜昌地委组织部任命为校工会常务副主席。我为了系统了解工会工作理论，参加了工运函授学院工会理论学习，从 1984 年至 1986 年，先后学习了"工会学""马克思列宁论工会工作"等 14 门课程。1987 年暑假，参加了华东师大举办的"高校工会管理学"培训班。在工作中，一是边干边学。根据省委科教部的要求，我校"教代会"开得早、开得好，受到省教育工会的重视，组织专家到校调研，向全省推广。宜昌地区工会也在我校召开现场会，推广我校"建设教职工之家"的经验。二是协助党委做教职工的思想教育工作，开展"三育人"评选活动，慰问病人、调解纠纷、春节走访慰问、新会员培训、在青年教职工中组建"马克思主义研究会"等。协助校行政部门在教职工中开展"提合理化建议"活动。三是围绕增强教职工的身心健康开展了丰富多彩的文娱体育活动。每年举办教职工体育趣味运动会，组建教职工业余文工团、书法绘画协会、花木盆景协会、棋类协会、集邮协会等。如教职工乐队，能为教职工舞会伴奏和教职工合唱伴奏。教职工书法绘画展，更是规模大、质量高、影响深远，宜昌电视台多次进行了专题报道。四是十分重视理论研究。经湖北省高工委推荐，我被高校思想政治工作研究会选为"高校教职工思想政治工作研究会常务理事"和鄂西片片长。我还主持召开了有江汉石油学院、葛水院、黄石师院和襄阳师专参加的高校工会工作理论研讨会，撰写的《工会在高校民主管理中的地位和作用》获《西部理论与发展》学术成果特等奖。《行为科学与思想政治工作的异同》在《宜昌师专学报》上发表。

作者简介：

吴庭梓，曾任宜昌师专党委办公室主任兼任校工会主席。

宜昌师专的后勤改革和校园绿化工作

王志超

学校教育离不开一个勤勤恳恳的后勤系统，宜昌师专把搞好后勤工作作为解决教学、科研工作后顾之忧的一项重要工作来抓，在管理上进行了由经验型向科学管理型转化的探索改革。从1985年开始，宜昌师专在生活后勤管理（包括伙食、校园绿化、水电、运输、招待所）方面实行经营承包责任制。在优质完成服务工作的同时，也获得了明显的经济效益。1988年起，在湖北省教委后勤处的指导下，进一步加快改革步伐，大胆地进行实践，把后勤部门办成相对独立的管理实体和经营服务实体，并对经营服务实体及其附属单位实行以服务目标、经济责任制为核心的管理办法。凡适于采用经济手段管理的单位和项目，基本都实行了承包经营。1988年7月，又进一步进行了后勤行政管理机构与经营服务实体适当分权的管理体制改革，将后勤部门分为总务处和服务公司，形成监控与服务的甲、乙两方。同时在服务公司内部，进行人事制度和工资制度的改革，实行职工双向选择，打破了干部与工人，正式工与临时工以及现行工资体系的界限，各项工作实行定岗、定责、定酬，进一步调动了后勤干部职工的积极性，后勤工作面貌发生了巨大变化。实践证明，后勤管理改革符合学校实际，效果比较显著，获得了较好的社会效益和经济效益，增加了学校收入，也减轻了学校对后勤部门的经费开支。这项改革在省内外兄弟学校中产生了积极影响，1989年湖北省教委授予服务公司"先进单位"称号；1990年，学校后勤被评为"全国高校后勤工作先进单位"。

1958年，宜昌师专由宜昌市西坝迁址东山脚下布满荆棘的北山坡建校，尽管几经绿化治理，校园环境仍然不佳。1978年以来，宜昌师专在改革开放的大好形势鼓舞下，为适应推动"两个文明"建设的需要，响应全国人大《关于开展全民义务植树运动的决议》，积极开展绿化造林工作，把绿化校园与育人相结合。宜昌师专对绿化工作历来非常重视，1984年底，学校党委和行政召开专题会议，研究了造林绿化工作，随后成立了以刘锦程副校长任组长的绿化工作领导小组，并设立了绿化科，由一名园艺师任科长，并制订了校园造林绿化的总体规划和年度计划，同时也制订了《校园绿化管理办法》和《绿化工作岗位责任制》，强调要走以绿化养绿化的道路，发展学校的绿化事业。在实施过程中，把造林绿化与校园整治改造相结合，整治一处绿化一处，改造一片绿化一片，做到了基建到哪里，绿化到哪里，使校园面貌发生了极大变化。校园绿化面积由原来的 21.4 亩增加到 81.9 亩，绿化覆盖率由原来的 25.3% 增加到 63%，绿化率由原来的 35% 增加到 98%。如今，学校里已经是终年绿满园，四季花飘香，造成了一个幽静而又生机盎然的优美的学习和工作环境。1986 年宜昌师专被中央绿化委员会授予"全国绿化工作先进单位"的光荣称号。在校园造林绿化的基础上，面向社会参加宜昌地市的义务植树活动，学校师生员工参加植树共计 18000 多人次，植树累计 112000 多株。每年参加义务植树的人数占应参加人数的 98% 以上，每年人均义务植树 6.2 株。由于学校将义务植树劳动教育的主要内容纳入教学计划中，学生人人都参加义务植树劳动，在实践中增强了绿化意识。学校还规定教职员工男性 55 岁以下，女性 50 岁以下者都要跟随学生参加义务植树劳动，在劳动中对学生进行绿化环境教育和指导，使学生在劳动中体会到植树劳动的艰辛和环境建设的重要性，从而达到把植树劳动和培养教育学生相结合的目的。1991 年，宜昌师专被全国绿化委员会、林业部、人事部联合授予"全国造林绿化工作先进单位"称号，与此同时还多次被省、市授予"绿化先进单位"和"绿化合格单位"称号。

风雪交加赴京城

袁宜甲

1984 年的冬天特别冷，学校总务处的一班人忙前忙后，忙得热乎乎的。

那时候，学校几百户人家生火做饭，都是用柴火和煤，浓烟滚滚，弄得灰不溜秋的，费时费力不卫生，牵扯了大部分人的精力，对于学校教学质量和工作效率也有影响。

那年头，家庭使用煤气做饭还是个新鲜事物，对于一般家庭来讲，能用煤气做饭，简直就是一种奢望。当时宜昌各单位，还没有一家用上煤气的，只有宜昌地委院子刚刚实行对县处级以上的干部，每 2 个月供应一瓶煤气。学校教职员工十分羡慕。

学校领导看在眼里，记在心上，为把教职工的期望变成现实，思考着盘算着。解决教职工用煤气谈何容易，向地委申报计划，根本无指望。回复是物资短缺，供应紧张。

张国然校长、刘锦程副校长召集后勤一班人多次商讨，最后下定决心，没有条件就自己创造条件，多渠道千方百计解决全校教职员工用上煤气的问题。具体分为两步走，第一步解决煤气钢瓶，第二步寻找供气渠道。经过和地区物资局多次沟通、反复协商，为我们调拨了 150 个钢瓶计划，但要自己到北京去搬运。钢瓶生产供应紧张，去了北京钢瓶厂能否提到货不能确定。不管怎样，千方百计让教职员工用上煤气，从又脏又累的繁杂事务中解放出来，使之全身心投入教学和科研中去，成为后勤人的重要任务。于是，大家说干就干，一班人去北京弄钢瓶，一拨人在家找气源。

12 月 30 日下午，天昏沉沉的，下着鹅毛大雪。我和大车司机刘友忠，接受了去北京购运煤气钢瓶的任务。临走时，张国然校长、刘锦程副校长为我们壮行，千叮咛万嘱咐我们要注意安全，一定要把煤气钢瓶弄回来，这是全校教职工的期盼。

雪越下越大，我们开着一辆又旧又破的东风 140 货车出发了。下雪路滑，一路上坑坑洼洼、颠颠簸簸，行驶到鸦鹊岭路段，车熄火开不动了。前不着村后不靠店，司机刘友忠从车子发动机到底盘，以及传动部分查了个遍，用了 4 个多小时，最终查到了问题换了个配件，等车修好已是晚上8点多了。这时，我们全身的雪早已化成水，衣服都冰透了，嘴唇直打哆嗦，又冷又饿。刘师傅一双沾满雪泥的手，冻得又青又紫。

我们连夜雨雪兼程，到河南许昌已是第二天黎明4点多了。找到旅店也住不进去了，就在车上靠眠了一个多小时，然后揉揉困顿的双眼，继续向北京进发。到北京市郊已是晚上9点了，车上水箱要加水。天寒地冻，河流都结成了一个大冰块。我们用铁锤钻冰取水，用了两个多小时才钻通了一个窟窿眼，取水之艰难可想而知。

晚上9点多，我们终于到了北京城。虽说饥寒交加，却有一种愉悦的轻松感。我们计划去朝阳区石油宾馆住宿，因为那里离北京钢厂近，方便办事。由于路不熟，北京交通规则又多，这里也不准走，那里也不准走。北京人指路，都是用东西南北来指方向，但我们又找不到东南西北，没有一点方向感。七弯八拐东摇西撞，半夜两点多，我们进入了一个空旷地带，不知道是哪里，往车窗右前方望去，我和刘友忠都惊呼起来，啊！毛主席纪念堂！再往前望去，啊！天安门！我们惊喜着，欢呼着，满身困倦一扫而空。

……

元旦北京放假。第二天，我们到钢厂找到了管事的，答复是没货，排队3个月以后看情况。我们一听，心冷了半截。从元月2日至6日，我们天天去找钢厂谈。从管生产的副厂长到调度科长，从仓库开票的再到发货的保管员，三番五次找了个遍，反复陈情。从不接纳到接纳，从不熟悉到熟悉，从不热情到热情，我们带的10多箱橘子，作为小礼物分别送给了厂方上上下下管事的相关人员。元月7日接到厂方通知，说一个星期后可供货。我们接到通知，高兴得跳了起来，开玩笑说，一箱橘子通大道，一路上我们自己都没舍得吃一个！中午我和司机刘友忠破例痛饮了烧酒二两，下午足足地睡了半天。

元月13日我们装上煤气钢瓶以后，立即风餐露宿地往回赶路。由于装载超高，公路主线有几处限高，我们只能绕道从山东淄博渡过黄河。返程之路，风尘仆仆，我们吃睡都在车上，渴了喝像冰一样的凉开水，饿了啃几口自做的苞谷粑粑。元月15日，我们将煤气钢瓶顺利运回学校，圆满完成了任务。

经过另一拨人的艰苦努力，煤气供应渠道也解决了。我们又马不停蹄地开车到荆门炼油厂灌煤气。当时煤气供应特别紧缺，弄到了计划还要排几天几夜的队，我们在车上守了两天一通宵，终于灌上了煤气，高高兴兴地运回学校。除这批钢瓶外，学校又找关系在〇六六基地买到一批钢瓶。

春节前，学校为工作两年及以上助教和部分管理人员分发了煤气，有很多还是刚参加工作不久的年轻教职工，2个月一瓶，保证供应。当时煤气还是稀缺物

资，师专就为大部分教职员工解决了煤气供应，在宜昌市传为佳话，受到全校广大教职员工的交口称赞。

宜昌师专的后勤工作做得好不仅是在宜昌有名，在湖北省乃至全国高校都有名，是全国高校后勤先进集体。

2022 年 4 月 25 日

卅年回首几深情

吴柏森

1991 年伊始，我被宣判患上颌窦癌。这对正在抓紧补 10 年荒芜的我来说，无疑是一重大打击。但此事又使我受到一次精神上的洗礼。

检查结果刚出来，便被学校领导和同事们知道了。校长高进仁同志咨询多位专家，基本肯定了这一结论，于是决定及时送我去武汉确诊并治疗。当时学校仅有一辆小车，派司机王志荣同志、校医林如海同志和职员赵士英同志送我和宋老师去武汉。行前刘锦程副校长与同济医科大学有关部门联系，对治疗及生活等方面作了周密安排。后因武汉同济医院无病床，便妥善安排我到武汉协和医院进行治疗。

说来也巧，此时高进仁校长在湖北省委党校学习，其地万松园与武汉协和医院相邻，高进仁校长常到医院看我。宋老师对我说："有高校长在这里，我感到背后有了靠山，精神压力减去了许多。"

手术之前，刘锦程副校长专程到武汉协和医院与主管的一位老教授共同商量治疗安排。

不少同事热情写信问候、鼓励。其间，湖北省教委召开全省高校教学工作会议，休息时，王正清副校长带领各科主任结伴过江看我，一时谈笑自如，使我几乎忘了身在医院。

也确实如此，在高进仁、刘锦程等领导和同事们的关怀和鼓励下，我在病房读钱锺书《管锥编》，并写短文带回《宜昌师专学报》发表。此外，经常去报刊亭买报阅读。还有一次鼓起勇气步行到江汉路新华书店，购得一册《西周金文撷英》，至今尚置案头。

30 年一晃便过去了，但领导和同事们的深情却深深留在我的心中。

几位老教授眼里的刘锦程

吴柏森　金道行　方自贤　曹文安　刘瑞林

知心·热心——印象点滴(吴柏森)

已故谢道弋老师曾告知，锦程同志曾同他说："我观察老教师多严于律己，非不得已，不向领导开口，我们应多主动关心他们。"我以为这是知心之言，难能可贵。

有件事过去很久了，我仍旧记忆犹新。1991年春，我从武汉协和医院做完手术返校，恰好与锦程同志及几位校际客人同乘火车。到达宜昌时，王志荣开小车接站。锦程同志立即向客人们说明情况，要小车先送我和宋老师，我们再三推辞，觉得对客人不礼貌。锦程同志却坚持先送我们，并说客人们也是做管理工作的，能够理解。

按照这种理念，他对老领导、老教师总是关怀备至。

老校长张国然同志，晚年身边无亲人，长期独居武汉。锦程同志每到省里开会、办事，都去探望，碰到问题，及时联系解决。大约是2005年，张国然校长回宜办事，锦程同志妥为安排，并陪同参观旅游。张校长很满意，曾向我说，好久没有这样高兴过。后来张校长想返校定居，锦程同志张罗租房、买房。定居后的生活安排、医疗以及文化娱乐等都安排妥当。我们每年春节前去看望，他都多次说到锦程同志。百岁老人徐振老师，晚年有寂寞之感，锦程同志经常去看望陪伴。特别是支持他办了一次百岁寿宴。锦程同志邀约了一些老同事(包括外地同事)前来祝贺，并收集徐老师各个时期的照片，制作了精美的相册作礼物。徐老师异常高兴，几天后还止不住兴奋到同事家回访。凡此种种，一言以蔽之，知心于人。

锦程同志工作认真负责，事业心强，只要是重要的，必须做的，他不管分内分外，也不分巨细，都认真去处理。就我记忆所及，全省三国演义学会要到当阳开学术讨论会，我校作为主办单位之一，要求有领导出席开幕式，而当时学校正忙别的事。同他商量后，锦程同志便连夜赶到当阳，出席第二天的开幕式。锦程同志退休后，又热情参与"万里茶道"方面的工作，而且十分投入，多次看到他发来的采茶、制茶和寻访茶马古道的照片，令人感佩。这里还与我有点相关，他查阅鄂西地区茶文化的相关资料，发现湖北人民出版社 1998 年出版的我校注的《容美纪游》，并邀约我就此书座谈。座谈中我顺便提到此书对于鄂西的经济和旅游开发很有价值，如能再版最好，我也想就此有机会改正一些讹误。他听后很快便与出版社联系，并打算疫情得到控制后，去武汉联系。我对此甚为感激。凡此种种，一言以蔽之，热心于事。

难忘的后勤部长（金道行）

1986 年暑假，"湖北省语文教学法年会暨讲习班"在宜昌师专举办，600 多名与会者来自全国各地。由于刚调来宜昌师专中文科，我在负责接待工作时遇到很多困难。当时负责学校后勤工作的是锦程副校长，我去向他求助，结果食堂、礼堂布置，还有新建招待所的启用，都在会前安排就绪。锦程校长还代表学校参加开幕式并热情致辞。会议结束时，学会会长、业师罗大同教授特别嘱我感谢锦程校长，可是告别宴请时，他却推说有事谢绝。

1993 年暑假，我接通知参加在福州举行的中国写作学会年会，但我又急于送我的第二部学术专著《写作心理探微》书稿到广西教育出版社。为了争取时间，我决定不参加写作年会了。当我去请示学校教务处颜克美处长时，他同意了，但为报销差旅费事，他领我去找锦程校长。锦程校长知情后，说学校支持老师科研，给我批了"同意报销"的条子。1995 年 6 月，我因脑萎缩和结肠炎住院，锦程校长亲自与医院领导和主管医生联系，使我得到较好的治疗。接着转到武汉协和医院手术，也是他批准报销的。

邓小平同志在 1978 年全国科学大会上说他愿意当科学工作者的"后勤部长"，何其振奋人心。刘锦程副校长在宜昌师专分管后勤改革工作，成效卓著。学校被评为"全国高校后勤工作先进单位"。他还身先士卒，专干实事。学校经常断水，只好用车拖水。当发现是东山某部门阻断我校供水，经交涉无果后，刘校长竟亲自带人到堵水处挺身明理警告，先礼后兵，供水问题终于得到解决。20 世纪 90 年代高校加快改革，经费一度紧张。他在大会宣布：一切开支，先保证教职工工资按时发放。有一年连续两次加薪，锦程校长也是强调必须按时将加薪发到每人工资单上。

数十年过去，往事历历，我常常怀念他。他是宜昌师专的好后勤部长，是我心目中的韩荆州。

6 罐液化气背后的故事（方自贤）

20 世纪 80 年代中期，我每一年可以从学校购买 6 罐液化气，满足全家人的基本生活燃料之需。可别小看了这 6 罐液化气，在那时可是稀罕之物。计划经济时代，液化气罐、石油液化气都是国家计划之物，全在政府供应之列，有钱难买。当时宜昌地区只有处级干部和高级职称人员每年才能享受 6 罐液化气的供应待遇。而作为宜昌师专的一位普通教师，当时就可享受这一福利，令社会上的很多人羡慕不已。我当时也不知道这是怎么做到的，后来才明白全靠有一个能干的后勤副校长。

为了弄到液化气罐子，锦程校长亲赴远安，找到英语科曹海英老师的岳父（时任〇六六基地领导），请其援助。锦程校长为了等到结果，便夜宿领导的客厅。最后在基地下属制造液化气罐的国营工厂购得一批气罐。有感于刘校长的敬业和真诚，基地领导还给新的液化气罐全部灌满了液化气相赠。

全校教职工每家 6 罐气，全年加起来可不是一个小数目。为了保证持续的供应，刘校长打通了两条气源渠道。一是找到在武汉石化任职的同乡朋友，每年从那里获得计划外气源；二是找到荆门炼油厂的朋友，每年获得气源指标。为了方便气罐的灌装换气，锦程校长还通过关系，取得三三〇液化气站支持，将购回的液化气暂存在那里，做到及时灌装。

有了这 6 罐液化气，极大地方便了教职工的生活，解除了教师们的很多后顾之忧。老师们不仅告别了过去那种依靠柴草、煤炭为燃料，成天受烟熏火燎之苦的日子，还可将那些买柴火、拖煤炭、做煤球的时间，更多地用来做教学、科研工作。

大难不死　感恩锦程（曹文安）

1998 年 5 月，我胃部不适，湖北三峡学院附属医院诊断为胃癌（当时老伴瞒着我，只说是胃炎），老伴随即找到时任湖北三峡学院师范学院院长刘锦程同志，提出去武汉治疗。当时学院的经费十分紧张，连日常办公都难以维持，但锦程院长仍满口答应，并火速调配小车，次日即动身。同时派副院长彭必源全程护行，还跟中文系商议调派李建国、朱华阳两位年轻教师随同赴汉照顾。

第二天到达武汉协和医院，随即门诊，经一博士医生诊断仍为胃癌，并已至晚期，建议回去休养。老伴随即与彭必源副院长商议，望能留院进一步诊治，彭副院长即联系该博士医生的一位女导师（也是住院医生）。该导师说，门诊结果仅为参考，同意住院进一步检查诊断。4 天后，检查结果出来，并非癌症，但为严重胃溃疡，须做切除手术。

住院期间，医院在伙食营养上关怀备至，每天财鱼不断，且收费极低，让我能增强体质抵御疾病，这既是医院医德仁心所致，也与锦程院长的细心关照分不开。原来，锦程长期在师专担任副校长，主管后勤，同武汉协和医院的后勤部门关系甚好，我住院时，锦程院长也专门同武汉协和医院的后勤部门联系，望能对我多加关照。

10天后，身体康复，锦程院长又派车赴汉，并由王作新老师去协和医院将我接回。返校后，当天晚上，锦程院长便来家中看望，并言：大难不死，必有后福。

总之，我此次患病，从诊断到治疗到痊愈，都离不开锦程院长的关心爱护，如今20多年过去了我仍健在，我和我的家人常念此而感激不尽。

退而不休　牢记初心 (刘瑞林)

锦程同志系三峡大学老干处 (宜昌师专) 中二退休支部党员，于2012年11月退休，退休后坚持做到退休不退岗，发挥余热。一是积极参与助学兴教工作，利用湖北省宜昌思源慈善基金会这一平台，走访过1000多户贫困生家庭，遍布宜昌所有县区，帮助300多贫困生得到了600多万元助学金，对促进山区基础教育作出了积极贡献。二是热心传播中华文化，长期参与中华文化促进会万里茶道协作体工作并担任副秘书长，传播中华茶文化，主持抢救出版《汉口山陕西会馆志》《行商遗要标注本》，倡导和推动成立了"万里茶道研究院"，挖掘万里茶道历史，撰写推文数十篇，著有《茶道瑰宝寻访记》。为企业的良性发展，增强企业产品的竞争力作出了突出贡献。

宜昌是悠久茶港，师专是温馨记忆

——宜昌师专原副校长刘锦程口述实录

刘锦程口述　冯汉斌整理

今年 72 岁的刘锦程先生是一名"光荣在党 50 年"的老党员，也是一位地地道道的"老师专"。从 1975 年华师政治系毕业分配到宜昌师专工作开始，他从一名普通的政治课教师一直干到校办副主任、总务处长。1984 年被任命为宜昌师专副校长，1996 年出任合并后的湖北三峡学院师范学院院长。他在师范教育的领导岗位上工作了整整 14 年。在师专期间，他分管后勤、财务、人事、校办等工作，为学校师生的生活服务，费尽心血，并留下了许多故事，让师专老教授们至今都津津乐道。

从三峡大学校友总会退休后，有着浓浓师专情结的刘锦程先生不但仍热心教育事业，担任多年的教育慈善基金会秘书长，还关心宜昌师范教育的传承与发展。推动将徐特立题字的宜昌师专老校门牌坊作为红色文物进行维修保护，推动校史文集《宜昌师专的故事》早日公开出版。他担任中华文化促进会万里茶道协作体副秘书长，着力挖掘长盛川历史史料，为其成功入选国家级非遗名录作出了贡献；他积极推动将宜昌纳入万里茶道节点城市，倡导成立万里茶道研究院并付诸实施。去年，他通过大量的实证研究，首次提出"宜昌是汉口之外湖北又一个重要茶港"的观点。此论一出，应者甚众。

2022 年 6 月 17 日下午，刘锦程先生在胜利四路长盛川茶体验馆为记者讲述了他的师专情、他的茶界缘。

老师专有最难忘怀的历史乡愁

我是 1975 年从华中师范学院毕业后，分配到宜昌师专的，那一年，宜昌师范学校和宜昌专区教师进修学校合并，开始高师招生，随后，学校更名为华中师范学院宜昌分院。1978 年 4 月，国务院批准重建宜昌师范专科学校，这个名字一直保持到 1996 年湖北三峡学院成立，都没有变过，而我，有幸完整地经历了全过程。

说到宜昌师专的源头，还要追溯到建于 1946 年 9 月的湖北省立宜都师范学校，校址在宜都红花套。那时只有几栋破旧民房和搭起的三栋木架篾扎的茅草屋，首任校长是梁瑞麟，只有 41 名教职员工，493 名学生，大部分是抗战时期流落到四川，就读于国立荣昌师范学校和国立十五中的湖北籍保育生。1950 年 4 月初，校址迁至宜昌城区黄草坝，改名为湖北省立宜昌师范学校。1958 年暑期，学校迁至市内的北山坡，随之更名为宜昌师范专科学校。今年 96 岁的徐汝潭老人出任当时的校长，他上任后想尽各种办法充实师资，扩大生源，改善硬件设施，可以说多管齐下。学校专科部先后开设了中文、数学和物理专业，加上中师部、附中、附小，学校规模得到了空前发展。这也是值得校友们终生回味的师专草创岁月，我们称之为"前宜昌师专时期"。

我当时分配到北山坡时，学校里还有好多窑洞式建筑，因为 20 世纪 50 年代担任湖北省宜昌师范学校校长的张晓光先生是北方人，比较欣赏这样的建筑风格。他是南下干部，1964 年去世后，还被省民政厅追认为革命烈士。在校工作期间，他曾函请"延安五老"之一的革命家、教育家徐特立先生为即将创立的"宜昌师范专科学校"题写校名。至今，徐老的题字还被刻印在北山坡老校区的老牌坊上，成为校友们的共同记忆，也成为老师专的文化遗产。

近年来，有政协委员在"两会"上呼吁，将位于北山坡宜昌师专老校门和位于西坝船厂名叫师范区的"原宜昌师范学校的办公楼"等建筑纳入"市级文物保护单位"，我非常赞成。特别是经过 60 多年的文化积淀，由徐特立题写校名的老师专牌坊，不但已深入人心，成为一万多名老师专校友们的文化托命之物，也以其纯正的红色基因见证了宜昌师范教育的发展轨迹；既可以活化利用宜昌师专这一重要历史文化资源，厚植宜昌文化元素，培塑宜昌文化品牌，也可以作为爱国主义教育基地和文化研学基地。所幸的是，目前宜昌师专老校门已经作为历史建筑纳入城市紫线规划管控范围，期待下一步作为文物保护起来，传承下去。

宜昌师专是基础教育师资的摇篮，也是干部的培养基地，可以说，老师专是许多人难以忘怀的历史乡愁。在三峡大学各级领导的大力支持下，在师专校友和有关文史专家的努力下，我们正在推动编辑出版近 45 万字的校史文集《宜昌师专的故事》。它可以说是一册历史与记忆之书，也是一册文献与故事之书。

千方百计解决师生们的后顾之忧

我是 1984 年出任师专副校长的，当时才 30 出头。祖籍江西萍乡的时任老校长张国然管理水平很高，知人善任，从各方面支持我这个初生牛犊。我那时主要分管后勤、财务等。那时，学校几百户人家生火做饭，都是用柴火和煤，做顿饭费时、费力，牵扯了教职工们的大量精力，也非常影响教学质量和工作效率。当时是计划经济时代，宜昌各大小单位，很少有用上煤气的，学校教职员工对此十分渴望。为了解决他们的后顾之忧，我与张国然校长一起召集后勤一班人多次商讨，最后下定决心，没有条件就自己创造条件，只有一个目标，就是让全校教职员工用上煤气。我们采取分步实施的办法，首先是通过各种渠道解决煤气钢瓶问题，第二步寻找供气来源，最后终于在春节前，给学校符合条件的大部分员工发放了煤气指标，一年6瓶，保证供应，有很多还是刚参加工作不久的年轻教职工。正是平时的这些微小的成绩，宜昌师专的后勤工作在省内外都有一定的名气，是全国高校后勤先进集体。

宜昌师专之所以在省内外有一定的声誉，是因为教学质量高，有一批自己的名师。我在分管后勤期间，观察到师专的很多老师都严于律己，秉持着"君子求诸己，小人求诸人"的古训，非不得已，不会向领导开口。其实，越是这样，我们越要多主动关心他们，为他们分忧解难。有段时间，学校经常断水，只好用车拖水。当最终发现是东山某部门阻断我校供水，经交涉无果后，我亲自带人到堵水处晓之以理，先礼后兵，供水问题最终得到解决。20世纪90年代，高校加快改革，经费一度紧张。我在大会上宣布，一切开支，先保证教职工工资按时发放。有一年连续两次加薪，我到财务督办，确保将加薪发到每人工资单上。

被老教师誉为"后宜昌师专时期"的老校长张国然在师生心目中享有很高威望，晚年身边无亲人，长期独居武汉。我每到省里开会、办事，都去探望，碰到问题，及时联系解决。后来张校长想返校定居，我又张罗租房、买房。并将他定居后的生活、医疗等安排妥帖。

首次提出宜昌是历史上的重要茶港

2012年退休后，一次偶然的机会，让我与茶的研究结缘，从此沉醉其中，一发而不可收。作为中华文化促进会万里茶道协作体副秘书长，这10年来，我的精力主要花在湖北特别是宜昌地域的茶叶史和茶文化的研究上，足迹遍及国内的十多个省份乃至万里茶道上的欧亚诸国。

有着600多年历史的"长盛川"是著名的茶叶老字号，被誉为"万里茶道上的瑰宝"。我们通过史料挖掘，发现兴盛时期，长盛川曾在亚欧万里茶道沿线开设260多家分号，年产砖茶5000箱以上，一度占据市场份额的60%，成为万里茶道国际茶叶贸易的主力。由"长盛川"衍生出的"川字系列"茶品牌曾多达50多个。经过反复的寻访和考证，最终找到位于观音泉的长盛川茶庄清代遗址。2019年，我主持编撰的考察纪实专辑《茶道瑰宝寻访记》（上册）正式出版，许多珍贵的茶叶史迹、史料为国内首次发现和披露。正是大家的共同努力，2021 年，长盛川黑茶制作技艺被成功列入国家级非物质文化遗产。

"万里茶道"是始于 17 世纪末的一条连通欧亚大陆的国际贸易通道，这是全长一万多公里的茶叶之路。2019 年，我首次提出了组建万里茶道研究院的建议，得到了中华文化促进会的积极支持，当年 8 月，我就向中华文化促进会提交了书面论证报告。9 月初，中华文化促进会正式回复，同意筹备组建学术性、非营利性专业研究机构"万里茶道研究院"，并由我担任筹备组协调人。经过持续努力和高效运作，2019 年 12 月 4 日，万里茶道研究院在湖北大学正式挂牌成立。

1861 年，汉口茶市对外开放后，茶叶贸易成为当时最大的国际贸易。宜昌港，作为重要的茶叶转运港口，茶叶运输量仅次于汉口，有史料记载，清代中国每年出口俄罗斯茶叶 2000 多吨，其中大部分由涪陵走水路运到宜昌港口中转，然后再运汉口。抗日战争时期，被草原人民视为生命之饮的茶叶需要寻找新的路线运输，来自湖南湖北的茶叶要安全运出去，宜昌是重要的中转地。鉴于这些毋庸置疑的史实，去年，我郑重提出"宜昌是汉口之外湖北又一个重要茶港"的观点，得到了茶界内外有识之之士的认同。正是宜昌作为产茶大区和茶港的地位，宜昌被作为万里茶道的节点城市，被收入权威的《万里茶道全图》，正式对外发布。

品茶有品茶的乐趣，研究茶史有研究茶史的乐趣，70 岁以后，我又开始学着做茶，从中体味做茶的乐趣，这也是我最新的茶缘。

（原载《三峡晚报》2022 年 6 月 23 日，"宜昌口述史"第 22 期。）

杏坛风采

五十年代宜昌师范学校的名师们

严玉陔

岁月有痕，往事未必如烟。3 年(1954—1957 年)宜昌师范学校的学习生活，是我人生中的黄金时期。母校校园面貌、尊敬的恩师、亲爱的同学，虽时隔花甲，点点滴滴，至今仍历历在目，记忆犹新。我记忆中的名师：校长张晓光，南下干部，抗日战争中，他教一馆私塾，白天讲课，晚上袭击日军。实际上他的这些学生都是游击队员。张晓光校长每周给全校学生在大礼堂作一次报告。我的人生观和世界观可以说是他奠定的。

副校长邹吉烨老师国立中央大学毕业，样样精通，知识渊博，才华横溢。

班主任张海洋老师教汉语、拼音知识，现代汉语语法就是从他那里学的。他大义灭亲，向公安机关交出正在被追捕的恶霸地主亲哥哥。我们非常尊崇他。

地理老师熊筱崮老先生，留有五寸长须，他总结学地理的诀窍："看图知识面，骨干是山川，交通与城市，十九在河岸。"使我受益终生。其父为著名地理学家熊会贞，熊会贞与著名学者杨守敬完成了皇皇巨著《水经注疏》。李地文老师也是教地理的，据说他给贺龙当过秘书，也曾担任过宜昌师范学校校长。

美术老师吴章采是我的恩师，那时他就是中国美术家协会会员，中央美术学院院长是他的同学，要他去该校当教授，他谢绝了。我问他："您为什么不去？"他风趣地说："做大庙的小和尚，不如做小庙的大和尚。我在宜昌坐第一把交椅，到北京去算老几？"

音乐老师陈兆英，教五线谱、钢琴。当时每个班教室一架脚踏风琴，钢琴仅一架供老师教学用。星期天，陈老师让我开小灶，把钥匙给我去练钢琴。

体育老师俞强华深受学生爱戴。我的体育成绩不佳，但我能跳舞，他还是喜欢我，想方设法让我"劳卫制"过了关。

教育学、心理学老师陈大中、彭定慧夫妇，现还健在。我读师范一年级下学期时，他俩来宜昌师范学校，陈老师衣冠楚楚、风度翩翩，彭老师举止端庄、貌若天仙。两位教的专业课，把深奥的词语、枯燥的定义，诠释得那样浅显。

以上是直接教我的老师。还有历史徐振老师、儿童文学许季民老师，张铭、熊盛才、李绶玺、张泽湘、王绪环、鲍德林、陈家旭等老师都是为人师表、学富五车的老师，可谓个个都是名师。

师德如山，师恩如海

——五十年代宜昌师范学校的几位老师

易厚泽

　　彭定慧老师，您不愧为人类灵魂工程师。您用心理学的明灯照亮了我们的心灵，使我们这些少男少女豁然开朗。您那娓娓动听的讲述，引人入胜的体态语，把我们带进人类高级神经学说新天地，我们懂得了，大脑通过眼、耳、鼻、舌、身，既像明镜一样反映五彩斑斓的大千世界，又能动地处理这些信息，对它们保持注意并留下痕迹，形成记忆，进而发展成高级思维。同时，您身体力行，用满腔热忱，诠释人类认识活动的情感、意志过程，我们受益终生。您非常注意每个学生的兴趣、能力、性格差异，为我们树立了关爱学生、因材施教的好榜样。您竭尽一生努力，用心理学的科学理论重新铸造了我们这一代人的灵魂。

　　陈大中老师，您同师母一样，心中一直装着我们。您用教育学的理论、原则、方法为我们插上腾飞的翅膀，在宜昌这块肥沃的土地上自由翱翔。最使我们感动的是，有位同学告诉大家，毕业十多年后偶尔与您邂逅，对这个在校并不出众的学生，您还能直呼其名。以 10 年计，您教过的学生不下数千，可见，您是一位有超凡记忆力而且深爱着学生的严师和慈父。

　　张海洋老师，像您的名字一样，您用海洋一样宽广的胸怀，拥抱、呵护着我们，温暖着我们。您循循善诱，放手让学生自己教育自己，用党的阳光和雨露滋润着我们，使我们一批又一批幼苗茁壮成长，成为参天大树。正如郑板桥一首诗描绘的一样："新竹高于旧竹枝，全凭老干为扶持。明年再有新生者，十丈龙孙绕风池。"大爱的基因代代相传。

　　陈兆英老师，您拨动荆楚大地上跌宕起伏的山峦，蜿蜒曲折的江河，无数跳动着的音符，汇成一部部声势宏大的园丁交响曲。在屈子祠畔、沮漳两岸、清江画廊、黄柏山乡荡漾着稚嫩的童声大合唱，此起彼伏绵延不绝。

　　吴章采老师，您用五彩缤纷的画笔，点染宜昌山山水水那幅美丽画卷，辛勤的园丁跋涉其间，他(她)们奋笔耕耘，滴汗浇灌，芬芳桃李开遍了西起牛庄，东到玉泉山麓的江汉平原，南起守敬故里，北达赵勉家乡二万一千多平方公里的广袤原野。

徐振老师，您是一位慈祥的老人，中国近一个世纪沧桑巨变的见证者。您用满腔的热情，深入浅出的精辟论述，阐释社会历史发展规律，在我们脑海里勾画出一条历史长河，汹涌澎湃势不可挡，构建起一座美好的共产主义大厦，令人无限向往！您用历史唯物史观为我们奠定了正确人生观、价值观的坚实基础。您不愧为人类灵魂工程师！

俞强华、戴义侠老师，你们用健壮的体魄，为我们树立了健康美的动人形象，注入了取之不尽用之不竭的精神动力；你们用娴熟的体育技能和技巧武装我们，不仅使我们练就了一副钢铁身板，而且使我们成为全能的孩子王，宜昌地区人们的健康使者、传播者、践行者。正是这样一片健康沃土，孕育出了魏轶力、赵芸蕾、刘露、陈瑞等一批世界冠军和一大批后备力量，这其中，无疑有你们一份不可磨灭的功劳！我们为你们骄傲、自豪！

无私的春蚕，不朽的园丁

——张铭老师生平事略

邹辅仁　郑祖基　葛松涛　张安球

　　张铭老师系蒲圻市熊家岭村人，生于 1915 年 4 月 15 日。青少年时，就读于家乡私塾、鄂南初中和武昌大公高中。抗战时，千里跋涉，奔赴四川，入中华大学和东北联大，毕业后曾在成都图书馆工作。光复后，先后在蒲圻中学和宜都师范学校任教。1949 年 8 月投身湖北革命大学学习。历任枝江县刘巷区政府文教助理、宜昌师范学校教导主任、宜昌师专教师兼语文教研组长。1960 年 1 月加入中国共产党。1975 年 1 月按副县级待遇离休。

　　张铭老师一生正直无私，嫉恶如仇，不为旧俗所染，不戚戚于贫贱，不汲汲于富贵。坚定信奉马列主义毛泽东思想，忠于无产阶级革命事业。1946 年春，他在蒲圻中学任教时，目睹社会战后千疮百孔，平民嗷嗷待哺，而豪绅地霸却乘机勾结蒋帮党政头目，横行无忌，中饱贪污的现状，学生夏日升、邹辅仁等激于义愤，发动组织同学向国民党县政府请愿，强烈要求清算日伪物资账目，兴办地方事业，积极声援本县教工要求改善生活待遇的斗争。此时，学校大部分老师对学生的正义行为均表赞许，但也有少数教师对学生进行压制。而张老师则独树一帜，积极支持同学们的斗争，主动出谋划策，使斗争取得了较好的效果。在课堂上，他敢于揭露黑暗，歌颂光明，经常向学生宣传革命道理，有时撇开课本，讲毛主席的诗词，如《沁园春·雪》。他还与反动教师开展针锋相对的辩论。他编写的《载堂文存》小册子痛骂国民党反动派，用浅显、易懂的语言讲述革命道理，鼓励同学树立斗争胜利的信心。他还鼓励资助邹辅仁同学升学深造，将来服务人民，不要将自己这块"白布"掉进国民党的"污水缸"内。他评改张安球同学《泥泞路上》的命题作文，鼓励学生排除前进路上的障碍，走上光明的坦途。以上这些言行，理所当然地受到学校反动党团骨干的告密陷害和排挤。张老师待不下去了，只好去宜都师范任教。然而他的进步思想并不因挫折而有所动摇。1947 年，新四军某部路过省立宜都师范学校所在地的红花套时，学校领导逃之夭夭，师生惊惶不安，不知所从。此时，张老师挺身而出，主动向学校师生宣传共产党的政策，讲清革命道理，稳定人心，还组织学生为过江部队引路。他的这些行为，又引起宜昌国民党机关的警觉和仇视，正当将其列入黑名单准备逮捕时，幸由在校的同乡同事葛先梓发觉通风报信，才得以潜离返蒲。回到家乡后，他又自费创办"明道工读学校"，招收贫苦子弟免费入学，半工半读，勤工俭学，并以此作据点，掩护新四军五师突围掉队的某部文书张宏安进行革命串联活动，设法介绍张宏安与江北新四军某团政工处的李选青接上关系。1948年冬，时值解放大军南下，国民党军队溃逃、混乱之际，葛松涛同学请教张老师何去何从，张老师指点迷津，要葛去找夏日升等进步同学参加革命活动。还帮助张宏安、夏日升、邹辅仁、郑祖基、郑维凤、张国维等同志与江北沔东城工部取得联系，后在蒲圻组织"学生回乡服务团"，成立"青年工作队"等进步组织，进行地下革命活动，保卫蒲圻铁桥，维持"真空"秩序，策动敌伪地方武装就地起义，迎接解放，为蒲圻人民的新生作出了应有的贡献。

张铭老师一生风格高尚，舍己助人，仗义疏财，扶贫济困。1946年秋，邹辅仁在咸宁高中读书缺学费，张老师从宜都一次寄给邹辅仁旧法币5万元；1947年春，又主动给邹辅仁稻谷1000斤销后作学费。1949年5月，他动员学生报考革命学校，主动出资雇船送张安球等10名同学去江北投考襄南公学，为革命输送培养人才。他创办明道工读学校时，将祖上遗留下来的良田换农民的荒山、荒地，带领师生栽培桐树5000余棵，拟作学校资金来源。他还将自己部分好田分给无地的农民耕种；销毁契据，废除农民欠他家的债务，因而获得了某些地主分子给予的"傻子""书呆子""神经病"的绰号。他在宜昌数十年，刻苦自励，节衣缩食，而当群众遭受自然灾害时，总是慷慨解囊，毫不吝惜。张铭老师常说："人民是我们的衣食父母。他们遭灾，我们理应援助。""文革"期间，他在接受审查、批判，承受精神上和生活上的种种压力时，仍然不忘"克己奉公"，种收南瓜、红薯一万余斤，无偿地交给学生食堂。他时时刻刻以一个共产党员的标准严格要求自己，无私奉献人民，因而多次荣获"模范共产党员"和"先进工作者"的荣誉称号。

张铭老师一生忠心耿耿，献身于党的教育事业，数十年如一日，管教管导，时刻关心下一代，是广大学生的良师益友。1947年，张老师在家乡自筹资金创办的一所工读学校，免费招收学生20余人。虽不久夭折，但已播下了正义与进步的种子，所教育出来的学生，新中国成立后大多数已成为县、区骨干力量。至于新中国成立后在张老师门下培养出来的学生，更是桃李满天下，其中不少人在各种不同岗位上担任领导工作。他离休后，仍壮心不已，积极为家乡教育事业奉献余热。1982年，他回乡探亲看到新中国成立前他办学的旧址现在的熊家岭学校，条件很差，即数次向这所学校赠寄人民币1000余元；当他知道自己原教过书的蒲圻一中缺图书时，又给这所学校赠送了《资治通鉴》和《二十四史》各一套。

1988 年，为发展蒲圻的教育事业，奖励勤奋学习、品学兼优的青年学生，为国家多出快出人才，他又倡导组织成立"蒲圻市莼川奖学基金会"，带头捐款累计3100 元。他的工资并不高，生活过得极其清苦，家中用具非常陈旧，现代化的高档商品几乎一件也没有。老伴又是一个严重的精神病患者，需要雇请专人护理。在这种困难的情况下，他还计划捐资到 5000 元，直到 1991 年他的下肢瘫痪，才接受大家的建议，中止继续捐款。他在生命弥留之际，还念念不忘党的教育事业，反复嘱托我们要继续办好"蒲圻市莼川奖学基金会"。

老骥伏枥，志在千里，生命不息，战斗不止。张老师 1975 年离休后，一时一刻也没有停止工作。他不顾自己年高体弱，不顾老伴病情并未好转，仍专心致志，夜以继日，冒着严寒酷暑，一心扑在学校的图书馆里，从事古代史的研究、整理工作。共整理线装书 15000 多册，从编目、制卡、分类到编写内容提要，用去近两年时间编出内容提要 10 多万字，为师生阅读古籍书提供了"钥匙"。他勤奋自勉、孜孜不倦地阅读过 1294 卷《资治通鉴》和 200 卷《续编资治通鉴》。晚年继续撰稿写作，完成《载堂文存》两集。他自费到沙市、蒲圻等地采访张计储烈士的资料，为沙市党史办撰写回忆录，所得的稿费全部作为党费上交给了组织。总之，他以党和人民事业为重，用毕生精力从事党的教育工作，将个人利益置之度外，以春蚕到死丝方尽的精神，将自己的知识和才华献给了祖国，献给了人民，献给了子孙后代。1991 年，当他得知自己病重难以痊愈时，给子女立下遗嘱，要求将自己的遗体献给祖国作医学研究之用。他还经常写信谆谆教导我们要用自己的余年，再为党、为人民做一些力所能及的有益的事情。总之，张铭老师的一生，是革命的一生，是为人民做好事的一生，他光明磊落，品格高尚；情操洁美，作风正派；嫉恶如仇，刚直不阿；严于律己，乐于助人；循循善诱，诲人不倦。张铭老师虽然和我们永别了，但他的教诲我们将铭记心中，他的精神我们要继承发扬。这里，让我们引用宜昌师专党委在张铭老师遗体告别仪式上所致悼词中的一段话来表达我们对他老人家的怀念和敬仰之情，即：要学习他坚定的共产主义信念，忠于党，忠于人民，忠于社会主义教育事业的革命精神，学习他以党的事业为重，全心全意为人民服务的好思想；学习他顾全大局，服从组织安排，从不计较个人名利得失的优良品质；学习他深入实际，联系群众，艰苦奋斗的工作作风。

张铭老师为我们留下的宝贵的精神财富将永垂后世！

1994 年 5 月 15 日

学高为师，身正为范

——追忆我的岳父张铭先生

王德金

　　我的岳父张铭，号载堂，蒲圻县（今赤壁市）熊家岭镇人，宜昌师专中文科古典文学教师，1994 年 4 月辞世。他的一生致力于求学、办学、助学、治学。教育救国，振兴中华，提高国民素质成为他毕生追求的目标。

　　岳父生于 1915 年 4 月，出生于地主家庭。由于经济条件尚可，自幼酷爱读书学习，先后读过家乡私塾、鄂南初中和武昌大公高中，后考入国立东北大学文学系。1949 年入湖北人民革命大学学习。求学期间，结识了同乡同学梁瑞麟（湖北省立宜都师范学校创校校筹备主任、首任校长），师承于大学名家高亨、蒋天枢老师。岳父在日记里写到，和这些先贤的交往，对自己的影响是极其深刻的。毕业工作几十年来，他始终保持着和自己恩师的书信往来，在办学、助学、治学的道路上努力实践着。

　　岳父的办学动机和时机开始是出于无奈和形势所逼。1946 年，他本来在当时的宜都师范学校教书，由于向学生灌输革命道理，宣讲毛泽东诗词《沁园春·雪》，支持共产党的主张，遭到国民党反动派的陷害和排挤。他躲到家乡，变卖祖上遗产，自费创办起一所学校，起名"明道工读"学校，意在明白道理，勤工俭学。免费培养学生 20 多人，这些学生都成为中华人民共和国成立后赤壁市、区的主要骨干负责人。办学时间虽然只有两年，但影响深远，至今仍被家乡人称道。1950 年又到湖北省宜昌师范学校执教直至离休。

　　岳父的助学是无私奉献，到了忘我的境界。他的捐资助学是无条件的，完全是裸捐。从他开始变卖家产办学到后来创办"莼川奖学金"，毕生都倾注心血助学，到了痴迷的程度。他未置办过一件家具，全部租用学校配置的日用品，家徒四壁。一日三餐可以用三个馒头解决，来客最好的招待是一碗面条加个鸡蛋，省吃俭用到了非常苛刻的地步。原宜昌师专张国然校长跟我说过一句话：张铭老师不仅捐了自己的工资，连他们两老的所有生活费都捐出去了。20 世纪 60 年代，岳父的月工资到了 80 多元，应该不算低了。每月除了留下养老抚幼必要开支后，几十年来，他就不断地为家乡的小学、中学捐款，购买图书。每月到了月末，都成了月光族。从他的日记中看到，连买寄信邮票的钱都没有了。后来他发现个人的力量不够，号召广大热心教育的人士一起捐款，成立莼川教育奖学金。这里讲一个小插曲，为了扩大影响，争取更多的捐献，他动员自己的儿子和我捐款，由于我们生活拮据，拿不出，他借钱给儿子和我捐赠，我们都收到了捐款收据，才知晓他是那样用心之极。他和所有人接触聊天，不谈家长里短，只关心别人子女的学习情况。他对我们的要求是生活上标准一定要低、要简，学业事业上一定不能含糊，标准要高。他多次对我们说过，我没有一分钱的财产留给你们，希望你们把精力好好放在工作上。你们有能力，留钱给你们没有用；你们没有能力，不能滋长你们懒惰，更不会给你们留钱。所以他生前把自己的所有都捐给了教育事业。

岳父的治学态度受他导师的影响，非常严谨。我和他接触的大多数时间是在他退休后。他退休后比我们上班的人在时间管理上还严格，每天读写10小时以上，有计划、有目的。他通读标点注释了《资治通鉴》和《三国志》。每天写有读书心得，他做学问是真有耐心，板凳坐得十年冷，文章不写半句空。"文革"十年让他荒废了很多宝贵的时光，没让他从事教学科研，但他的读书写作从未间断过。鉴于他扎实的古典文学功底，原宜昌师专图书馆聘他整理馆藏古籍。他为2000余部古籍进行了分类编目，写有提要，按照古籍整理的要求，编制了2000多张卡片，为申报省古籍重点保护单位打下了良好的基础。他将自己的科研成果收集打印成册为《载堂文存》。由于他晚年生活太克俭，伏案时间太长，导致他的双腿站立不起来了，坐了一段时间的轮椅，仍然坚持读书看报学习，直至倒床不起。他跟我说，很遗憾没有完成他的写作计划。

岳父的求学之路使他树立了正确的人生观和价值观，深切体会到教育决定国家和民族的未来，是一个国家和民族最重要的事业。所以他不惜背叛自己的家庭，变卖家产进行办学实践，在捐资助学的路上更是不遗余力，身体力行。他的这些所作所为，被很多人不理解，不接受，说他"痴、傻、呆、疯"。他听到这些议论，并不为所动，仍然我行我素。他曾跟我说过，为了中国教育事业的发展，为了培养教育好下一代，他会一直坚持到底。他治学态度严谨，求真务实，分秒必争，一直在和时间赛跑，从未虚度光阴。

岳父为我们留下的就是以上教育救国思想的财富！

师专精干教师队伍的形成

李　超

　　办学有了强有力的领导，还必须有一支精干的教师队伍，才能保证教育质量，培育出合格的人才。

　　宜昌师专最令人称赞的，是历届领导人，特别是第一任校长徐汝潭，千方百计，不遗余力地抓教师队伍的建设。他带了个好头，起了示范作用，后任的领导，都在这方面，做足了文章。徐汝潭校长虽然离开学校52年了，也换了无数的岗位，今天也是耄耋老人了，但他为学校奠定的校风影响了一代又一代的宜昌师专人，至今仍被校友称为"永远的校长"。前几年还出版了《沧桑记忆》一书，著名作家、原宜昌市副市长、宜昌职业大学校长符利民校友为之作序。师专初建，教师从哪里来？徐校长经多方征求意见，并请示地区领导，决定通过下列途径组建教师队伍：

　　1. 从华中师范学院下放到草埠湖农场的教师中调入，如朱辕、徐复生、徐圣熙、危世琼、李拱辰、李光华、孔祥树、范云陞等，他们有在部属高校办学的经验，教学水平高。

　　2. 从华中师范学院因鸣放下放到草埠湖农场的毕业生中择优调入，如周世安、李德成等，他们业务能力都很强。

　　3. 从宜昌地区高中教师中择优调入，如符利民、王曙亚和张全焞等。

　　4. 从武汉大学、华中师范学院分配到宜昌地区的毕业生中择优选取，如曹文安、李华章、郭超焱、谢道弋、李友益等。

　　5. 从中师应届毕业生中择优选送到华中师范学院学四年本科，回校任教，如刘世新、文汇荣、颜克美、袁显贵等。

　　另外，省里商量决定从武汉大学、华中师范学院提前毕业部分学生，充实各地新办的师专，分来宜昌师专的有何其麟、吴柏森、李超、马玉其、欧阳海等。

　　这样，师专初办就有了一支强有力的教师队伍。1962年师专停办时，地区和学校领导又想方设法，尽量不让这些教师流失。后来，师专恢复招生，很好地满足了授课的需要。

　　"文革"十年后，因高校未正规招生，人才十分短缺，如何解决教师断层？

当时师专校长是张国然，张国然校长是张国焘的堂弟。他深入各科室，研究解决这个刻不容缓的问题，大家提出 1976 级、1977 级、1978 级学生，他们多为过去的"老三届"，知识基础扎实，有一定的社会经验，工作能力强，从中择优，加以培养，现有教师退休后，他们会成为顶梁柱，他很赞同这个意见。后来的事实证明确实如此。就中文科来说，各教研室从这三级学生中挑选了一至二人留校，如王作新、胡绍华、邓新华、姚永标、孟祥荣等，都是后来教学、科研的中坚力量，很好地解决了教师的断层问题。

除此之外，还不断从县里优秀教师中调入，如金道行、廖柏昂、舒怡卿等。还从本校优秀毕业生中选拔送出去培养，这非常重要，如周德聪、吴卫华等，老牌大学也是这样做的。

大学之大不在大楼之大，而在大师之大。学校从不同渠道努力营造高质量的教师队伍，为宜昌师专的发展奠定了坚实的基础。

学者操守，文人楷模

——纪念著名学者吴林伯教授诞辰 90 周年

王作栋

2006 年 2 月上旬，农历丙戌的春节期间，我在亲友聚会时结识了一位新朋友刘太林，他是武汉大学已故教授吴林伯先生的女婿。吴林伯先生是宜昌人、我的前辈同乡，这位研究《文心雕龙》的权威在国内外享有盛誉。于是我和刘太林夫妇有了由浅渐深的话题，连日来会晤六次交谈不尽。

吴林伯先生 1916 年出生于宜都青林寺，1998 年因鼻咽癌辞世，享年 82 岁。今年的 9 月 8 日，当是先生诞辰 90 周年。"中国谜语村"青林寺，在现当代为社会贡献了一个又一个优秀人才，包括获得斯大林银质奖章的专家、研究导弹射程的博士等，吴林伯先生是其中的一位。吴林伯先生自幼家境贫寒，青林寺村的老人至今不忘的"五爹供子读书"的往事，讲的便是先生的父亲五弟兄年复一年共同维系他求学费用的实情。先生发愤苦读，笃志向学，尤重中国古代典籍，在青少年时期就打下了高于同窗的古典文学基础。1939 年 8 月，他考入国立湖南（蓝田）师范学院国文系；毕业后，又入四川乐山"复性书院"，从国学大师马一浮、熊十力研习先秦汉魏

图 11

文学及玄学、佛学。此期间，南北朝刘勰所著、在中国文学史上占有重要地位的文学理论专著《文心雕龙》，已然成为他矢志不渝的学术研究重点。1946 年起，他先后担任南开中学（重庆）文科主任兼教员、育才中学（上海）国文教员。1953 年，开始执教于华东师范大学中文系，讲授先秦两汉魏晋南北朝文学史。1956 年底，中央教育部决定从华东师大抽调一批骨干教师支援山东老区，吴林伯积极响应，主动要求调往条件较差的山东曲阜师范学院，到后任中文系古典文学教研室主任、院务委员，同时为青年教师讲授《文心雕龙》。1962 年 1 月，先生应宜

昌师专徐汝潭校长之召，来到宜昌师专任教，其间另为进修的青年教师讲授《文心雕龙》和先秦文学典籍。1978 年 8 月，先生被调入武汉大学中文系，为研究生和本科生讲授《文心雕龙》及秦汉文学典籍。1986 年 12 月，年逾七旬的吴林伯教授退休时，已执教 41 年。

吴林伯先生的长女吴晓琳，珍藏有其父一生的部分照片。我看到吴林伯先生年轻时英气勃发，老来清瘦、精神矍铄，至暮年不改学人气度。吴晓琳又应约找出了她父亲去世时的《讣告》，那是先生在 1998 年 8 月 29 日长眠不醒之后，武汉大学"吴林伯教授治丧委员会"于 8 月 30 日发布的《讣告》原件。由武汉大学 20 位领导、专家组成的治丧委员会，在盖棺定论的《讣告》中对吴林伯先生的品格、学识造诣、学术成就的评价甚高——

先生学识渊博，讲课时"广征博引""如数家珍"；他教育学生"治学当不慕虚荣，甘守寂寞"，"言必有据，不为无根之谈"；勉励后学"坚持独立的学术品格""切勿人云亦云，随人俯仰"。先生身体力行，在教学和科研中为学生树立了榜样，"深得学界好评"，"台湾地区、韩国及境内的许多学者慕名求教，对吴林伯先生执弟子礼"。

今日来读《讣告》，依然如见先生操守行止。先生深谙先秦两汉魏晋南北朝文学、文论及玄学、佛学，治学严谨、学风朴实。在平生学术生涯中，他不畏生活清苦，孜孜以求精湛。1984 年中日学者《文心雕龙》学术讨论会上，他提交的 6 篇论文赢得中日学者有口皆碑，其学术观点影响海内外《文心雕龙》研究界。先生退休后一如既往潜心治学，至 1996 年 80 岁高龄时仍带病赴山东，出席中国《文心雕龙》研究会第五次年会，其研究工作直至 1998 年 82 岁时卧病不起才停下。生前，他先后出版有《〈文心雕龙〉字义疏正》《论语发微》《老子新解》《庄子新解》等学术专著，另发表论文 40 余篇，并留下了大量手稿——其中有先秦群经诸子、两汉辞赋、魏晋南北朝文论、骈文以及玄学、佛学等方面的专著 20 余种，又达数百万言。先生辞世后，武汉大学出版社经周密策划，于 2002 年推出了他的扛鼎之作《〈文心雕龙〉义疏》，这部厚重的专著倾注了先生 40 多年心血，101.2 万字，在"武汉大学学术丛书"中赫然引人注目。

先生研著《〈文心雕龙〉义疏》，执着于既非"注"（注义），又非"释"（解释其义）、非"诠"（诠释字义），也非单一的"义"（推阐经籍古人之说）、单一的"疏"（疏解注旨并申论之），而是义、疏兼具。他系统梳理前人研究成果，对旧说讹误的加以辨正，浮浅的予以加深，遗漏的加以补充，评判精辟，见解独到。《讣告》对该书有一段专文评述："其力作《〈文心雕龙〉义疏》，首先从训诂学的角度释词解义，博引旁征，沿波讨源，而后就题发挥，阐述义理；凡误者正之，浅者深之，遗者补之，对前人观点一一作出评判，时出新解，多发前人所未发，启人深思。该书征引繁博，巨细靡遗，剖析毫厘，细致深入，考据、辞章、义理三者结合贯通，体现了吴林伯先生深厚的学力和笃实的治学精神。"先生若在天有灵，得知如斯定评，是会安详于九泉的。

在读《〈文心雕龙〉义疏》之前，我拜读过先生的《老子新解——〈道德经〉释义与串讲》，这部著述是京华出版社组织的"中华传统文化精品丛书"中的一种，出版时间为1997年，即先生归真的头一年。先生执着地恪守一贯立场，发议重视参验，书中处处体现出研究的细微与精到。而在所撰的简短《前言》里，他自己却是用的如下表述："试图把义理、考据、辞章三者结合起来"，"充分剖白《道德经》的本相，俾使古代哲学、文学等出现崭新的面貌"，"虽不能至，而心向往之矣"。其"试图""俾使"等字和结尾句，切合《道德经》之"直而不肆，光而不耀"的义理，是先生在无边学海求索不尽的自我写照。老子有言，"以其终不自为大，故能成其大"，我感悟到，这不仅是先生做人处世的自律基准，反过来，先生的作为也证明了此语所蕴涵哲理的恒久价值。

值得补充一记的还有三件事：先生在宜昌师专工作的16年间，含"文革"10年；"文革"初期，他突然成为挨整的对象，被造反派三次抄家，又被关进"牛棚"，历尽艰辛；在他危难之际，他研究《文心雕龙》的约百万字手稿（即《〈文心雕龙〉义疏》的前身），由比他小十余岁的同事吴柏森先生为他悉心保存，吴林伯先生的子女为此感叹说没齿不忘（这件事的价值意义，其实超出家人感恩戴德的范畴。因为吴柏森先生冒着风险完整保存的乃是国家民族的一项文化财富）。此其一。其二，20年前，《三峡文学》1986年8月号刊发过一篇散文《悼亡妻》，系病中的吴林伯先生口述、其子吴小平整理。据笔者查考，这可能是先生的家乡宜昌人为之留存的第一篇关于先生的情感记载。其三，吴林伯先生为缅怀先贤杨守敬，曾于1984年8月22日专门致信宜都县县长，建议修建杨守敬纪念馆、墓地，表彰前辈学者以供后生缅怀、学界研究；12月又为此与李国平、朱裕碧、朱语今、吴于廑、唐长孺、陶德麟、刘真等名流联名发出倡议，呼吁各级领导和社会各界重视筹建杨守敬纪念馆。此事使宜都县委、县政府感佩不已，县长孙家粹亲自抓杨守敬纪念馆的修缮施工，并组织专班向各地征集杨守敬著述、字画文物，环环相扣。在宜昌地区文化局、湖北省文化厅支持下，宜都杨守敬故居修缮竣工，杨守敬纪念馆于1987年8月对外开放；宜都杨守敬学术研究会得以依托该馆，与湖北省杨守敬研究会、全国（含台湾）杨学研究界、日本书法界教育界学者等开始了广泛的学术交流活动。当年吴林伯先生的信和8位先生签名的《倡议书》原件，长期保存在宜都杨守敬纪念馆展厅。推介一代大师杨守敬，促进国内外杨学研究，吴林伯先生功不可没。

吴林伯先生是继民国初年辞世的杨守敬先生之后、为当代后世构筑有里程碑似的学术成就的本邑大师。目前，先生在故乡的同辈本家，包括先生嫡亲的妹妹、4 位叔叔的子女在内，健在的尚有 10 人，年龄都早过花甲，最长者已经 85 岁；与先生同辈的亲友乡邻，健在的更不少于 10 人。我想，这些眉头额角刻满沧桑印痕的高龄老人，和吴林伯先生的子侄辈，应当都是了解吴林伯先生、属于亲见亲历范围的调查线索。我为此感到欣慰，我们身为先生故里的晚辈，还来得及更真切、更具体地了解吴林伯先生的人生轨迹；我们还可以联系吴林伯先生的尚健在的老同事、老弟子，在吴林伯先生诞辰 90 周年前夕，从湖北这块荆楚文化的沃土上，发出一声接一声的呼唤之音！

作者简介：

王作栋，1947 年 5 月出生，湖北宜都人。1969 年 7 月毕业于湖北大学中文系。长期致力于三峡宜昌区域史志、民俗研究，发表论文、作品 220 万字，17 次获省部级奖项，全国第五次文代会代表，湖北省第七、八届人大代表，1991 年湖北省有突出贡献中青年专家，1992 年起获国务院津贴。三峡大学兼职教授、湖北省三峡文化研究会副会长、华中师范大学文学院客座研究员。2007 年从宜昌市文联退休，兼任中国地域文化研究会副主任委员、中国民俗学会理事、湖北省民间文艺家协会副主席、华东师大非物质文化遗产传承与应用研究中心研究员、宜昌市文化名家王作栋工作室负责人。

吴林伯先生学行述闻

方　铭

　　我的老师吴林伯先生 1916 年出生于湖北宜都，1998 年在武汉病逝，享年 82 岁。今年是吴林伯先生去世 10 周年。

图 12　后排左起：吴林伯先生、周大璞先生、胡国瑞先生、易中天、付生文；前排左起：毛庆、何念龙、李中华

　　吴林伯先生出身于贫苦农民家庭，9 岁始受读，受《论语》《孟子》等。他从小笃志好学，自称少年时"尤究心于五十之篇"（指梁代刘勰所撰《文心雕龙》），"齿在志学，便朝讽诵"。1939 年，先生考入国立湖南（蓝田）师范学院国文系学习，师从著名学者马宗霍、锺泰、骆鸿凯等。大学毕业后，赴重庆，任重庆南开中学教员兼文科主任。后从新儒学及唯识佛学大师熊十力先生习佛学及玄学，后经熊

十力先生推荐，1945 年夏，辞南开中学教职，徒步赴乐山书院，从国学大师马一浮先生习儒学及汉魏文献，并经马一浮先生亲教，选定以《文心雕龙》为中心的研究方向。1947 年，至上海，先后任上海育才中学国文教员、中华教育社国学专修科主任兼教授，及上海创立华东师范大学，1953 年开始，任华东师范大学中文系讲师，讲授先秦两汉魏晋南北朝文学史。1956 年，教育部因山东老区学者匮乏，抽调华东师范大学优秀学者支援，因山东曲阜师范学院之院长高赞非教授为马一浮入室弟子，故先生受山东曲阜师范学院之邀请，出任山东曲阜师范学院中文系讲师，并兼任古典文学教研室主任、院务委员会委员，主要从事先秦两汉魏晋六朝文学文献之教学，并为中文系教师开设《文心雕龙》选修课程。1962年后，先生返回家乡，后任宜昌师专中文科讲师。1978 年后，先生调入武汉大学中文系为本科生及研究生讲授先秦两汉文学典籍和《文心雕龙》，先后任副教授、教授，直至 1986 年退休。嗣后，又任山东曲阜师范大学客座教授数年。

吴林伯先生一生著述甚丰，著作范围包括经学、诸子，以及《文心雕龙》研究，而以《文心雕龙》研究为重点。已成书手稿包括《周易正义》等 27 种，其中《论语发微》《〈文心雕龙〉字义疏证》《庄子新解》《老子新解》《〈文心雕龙〉义疏》在先生生前和去世后先后出版，《〈文心雕龙〉校注拾遗补证》部分原载《社会科学战线》1982 年第 3 期，后收入先生手书影印本《中日学者〈文心雕龙〉讨论会论文》。另外，先生尚发表有数十篇学术论文。

吴林伯先生恪守马一浮先生治学的一贯，强调从经学入手，而守专门之学。先生曾经回忆马一浮先生之教诲，提及马一浮先生谈论专门之学的重要，曰："学问之道，贵以专耳。为专然后能集中精力，钻研一点，深造自得；泛览无归，老而少功。乃如屈原、宋玉、司马相如、扬雄、班固之徒，皆专攻辞赋；孔安国、服虔、包咸、郑玄、马融之属，皆专攻经术。以其专心致志，切磋琢磨，众隐尽变，故斐然成章，蜚声翰林，藻耀而高翔，故文、笔之鸣凤也。"先生受马一浮先生启发，而选定《文心雕龙》为自己终身专攻，先生云："西京经生，特重于专，其治《毛诗》，则或为《雅》，或为《颂》，相合而成，专之至也。陋儒记诵漫漶，博而不专，妄求遍物，而不知尧舜之所不能也。"自先生选定《文心雕龙》作为研究对象，从此，紧紧围绕着《文心雕龙》这个题目，遍考先秦汉魏六朝载籍，无所不读，并深入研究，因而能深入理解《文心雕龙》这部有关先秦汉魏六朝文学理论的伟大著作的精粹，而取得重大成绩。

吴先生崇尚《汉书·儒林传》所谓"朴学"传统，而谓"朴学"，即"实事求是"之学。先生尝撰有《检论两汉之学风》一文，特别强调《汉书·景十三王传》之河间献王刘德"修学好古，实事求是"。先生以为，"'朴'之言实，实则不浮，云胡为实？曰上山采铜，下井取矿，作文必读文，著书必读书，自感性到理性，由个体至总体，过此以往，语不虚设，春发其华，秋登其实，充盈而有光辉。且书不范围于文字，自然、社会，亦皆书也。读之未遍，妄下岐黄，纰缪差失，见笑大方之家"。先生尝云："不读书而能研究著述者，盖有之矣，余未之闻也。"先生回忆马一浮先生教学生读书法，"则开具群籍，兼经、史、子、集，并以六和之内，亦是一部大书，不可不读。不读破万卷，下笔难以入神"。

吴林伯先生信守《易·乾·文言》之言曰："君子进德修业。"马一浮《泰和宜山会语》之有《君子小人之辨》，目的在于教人作为君子，而马一浮先生言君子小人之区别，一言而蔽之，曰："君子、小人之用心其不同如此，充类而言之，只是仁与不仁，公与私之辨而已。""君子之心公而恕，小人之心私而刻。"古今言君子、小人之区别，未有如马一浮先生之深切著明，而又能得孔子之精核者也。1957 年春，马一浮先生至曲阜阙里朝孔，先生与同门高赞非请见，马一浮先生问曰："相别三年，汝治何学？"先生回答说："研精《论语》。"马一浮先生曰："汝得读书之次矣。昔孔子通治六经，自以熟知其故，并授教二三子，语高而旨深，学者当先求之，庶几能明六经之指归。程子曰：'今人不会读书，如读《论语》，为读时是此等人，读了后，又只是此等人，便是不曾读。'此为读书痛下针砭。"先生问曰："何以谓之读也？"马一浮先生概乎其词，曰："读书之道无他，求其反身修德，惩风窒欲，布乎四体，形乎动静，履而行之，荀卿所谓'君子博学而日三省乎己，则知明而行无过矣'者也。"先生因此明白"读书必改变气质，非徒记其文句以为谈资耳"。

大凡以学术名家者，皆能不自满。先生以《论语·学而》之言"无友不如己者"，皇侃《义疏》、颜氏《家训·慕贤》、朱熹《集注》，皆以友不如己者，则无益而有损，非为孔子本意，而发明道同为友之旨，《荀子·大略》所谓"友也者，所以相有也；道不同，何以相有也"。道同，故可以取长补短，所谓"过则毋惮改"。因此，"无友不如己者"，当指善于发现朋友的优点，每一个朋友皆有优点。善于发现自己的不足，见贤思齐，见不贤而内自省。

吴先生治学，强调学术创新的价值，并把创新和恪守师法结合起来。先生多次提到熊十力先生和欧阳竟无大师的师生之争，熊十力先生是欧阳竟无大师的入室弟子，但是著《新唯识论》，与老师的意见相左，但不影响熊十力先生对欧阳大师的尊师感情。吴先生术业粹冲，在我所接触的前辈学者之中，先生是最纯粹的学者。我 1984 年入武汉大学，为先生研究生，齿不及二十，正是踌躇而多志之年龄，多旁骛，先生神智澄照，洞察入微，尝以自己三十余岁，始知学问之不易，而辞南开中学教职，负书担囊，徒步行至乐山乌尤寺复性书院晋谒马一浮先生之事教我，并示门人弟子曰："为山不亏一篑，穷理止诸自足"，宜"以高度韧性自励"，所谓"非议再多，坚定不移；处境再窘，坚定不移；工作再忙，坚定不移；困难再大，坚定不移；成绩再好，坚定不移"。

1984 年前后，吴先生年届古稀，孑然一人，生活俭朴，每日在食堂用餐，赞叹 20 世纪 30 年代所提倡之新生活运动，以米饭为食，辅以青菜，少食荤腥，以猪肉虚物，多食伤身，告诫于我。先生每日亦必健行数里，而后则闭门读书，手不释卷。

吴先生以经子及《文心雕龙》教授数十载，门生私淑广布。后期在武汉大学，及门弟子虽不多，然如厦门大学易中天教授、湖南社科院陈书良教授、广东外语外贸大学陈桐生教授等，皆学有大成。1998 年，忽接先生仙逝之报，从此无由再聆教诲。近年，我有数次赴武汉之机遇，每次必一人至先生故居楼下，先生故居虽已无人居住，但伫立先生窗前，仍能驰想先生当年之音容。

作者简介：

方铭，1964 年 12 月出生，甘肃庆阳人。1980 年起，先后在兰州大学、武汉大学、北京大学学习，文学博士。曾在中国政法大学工作，1994 年起，任北京语言大学副教授、教授。校学术委员会委员。中国屈原学会会长，《中国楚辞学》主编。并兼任教育部人文社科基地首都师范大学中国诗歌研究中心兼职研究员，天津师范大学古籍整理研究所兼职研究员。主要从事先秦两汉文学及文献的教学与研究工作。

吴林伯先生二三事

李友益

遵循鲁迅先生的教导，每逢有闲暇，我便到书店和图书馆"随便翻翻"。

有一次，我在本校图书馆的书阵中穿行，突然发现架上有一本大书。抽出来一看，原来是已故武汉大学教授吴林柏先生的《〈文心雕龙〉义疏》，是一本一百多万字的皇皇巨著，它凝聚着吴先生一生的心血。面对着它，敬仰之情油然而生；同时，他的音容笑貌不禁浮现在我的眼前。

"文化大革命"前后，宜昌师专下马，吴先生便在宜昌师范学校教中专。教学之余，他一心一意地钻研《文心雕龙》，我们对他并不十分了解。一次偶然的机会，让我初步窥见了他学识之堂奥。

"文革"中，张铭老师在宜昌医专教"医古文"。课文引用了一句《易经》，他没查到出处，便到办公室来要我们帮忙查。我在图书馆借了一本《易经》，从头开始寻找。这时，吴先生来了，他一进门便说道："嗬，太阳从西边出来了，李友益居然在看线装书！"接着他问读《易经》干什么，我说查其中一句话。他说："不消查得，我背给你听。"张口便噼里啪啦背起来。原来，这句话在系辞里，难怪卦辞和爻辞里都查不到。

我问他，你怎么连《易经》都背得这么熟？他说，他还是小时候在红花套读私塾时背熟的。那时候，老师是个别教学，学生背得慢，老师点的书就少；学生背得快，老师就点得多。点的书背不到就要受惩罚。轻则打手心，重则打屁股。不用多少时间，我把"三百千"都包了本。接着就背"四书五经"。就这样，我背了不少古书。后来，教学科研需要经常翻翻，所以至今仍然很熟悉。

不久，我们到兴山县平邑口去培训当地教师。到的那天傍晚，吴先生约我到田间散步。突然，他说："我们搞个互助组吧！"我说："我拿什么和你互助？"他说："你听我把话说完，你备课时，如果要引用一句古典，只要把意思告诉我，我就可以给你背出来，汉魏六朝以前的，保证没问题，唐宋以后，有名点的，问题不大，偏僻点的，不敢保证。我备课时，如果要引用毛主席语录和鲁迅的话，你就给我查一查，你看行不行？"我说："这倒可以。"因为，我带着《毛泽东选集》四卷的袖珍合订本，还有几本不同版本的《毛主席语录》。鲁迅的书我带着《鲁迅杂文选》同几本文摘。这些书，"文革"中不知道读了多少遍，门牌号码大致是知道的。

在此后的一个多月里，我们就这样互助着。令我佩服之至的是，只要我问他古人有没有这样意思的话时，他总是把几个人的相近意思的话抄给我，并注明书名和篇名。

他曾把他背诵的这一经验，传授给学生。我校校友安德义在他所著《论语解读》的后记中说："吴先生的教学，值得铭记在心的，便是他告诉我的世界上最笨的然而也是最有效的一个方法……他当时用粉笔在黑板上大大地写了一个字——'背'，这个'背'字整整占了大半个黑板。"安德义决心从此每天背诵一点，30多年来，他居然背完了数十本经典著作，成为一个术业有成的学者。

吴先生读书记忆力超人，但生活中的失忆性也出人意料。一次集体出差，早上集合，人到齐了，准备出发。他突然慌慌忙忙跑回家去，又急急忙忙跑转来赶队伍。我问他在干什么，他说："出门时，邓老师硬要我带了一把伞，我想，带去后一定会丢失，回来邓老师要埋怨，所以，跑回去把伞偷偷放门口了。"到秭归后，一遇下雨，他便买一个斗笠，一天晴，就不知道掉到哪里了，再下雨再买再掉。出太阳了他就买草帽，天阴就不见了，如此反复再三。好在当时斗笠草帽比较便宜，他工资又有我们几倍多，这几个钱他不在乎。

离开平邑口时，我们学习解放军，搬家式地打扫驻地。当我们搬开办公用的课桌时，发现地下有两瓶药，捡起来一看，原来是鱼肝油。在当时，这是我们不敢问津的高级补品。我问老吴："这药是不是你的？"他接过去一看，连说："这怎么搞，这怎么搞？"我知道他怕带回去了邓老师吵他，便开玩笑说："回去了主动跪一下搓衣板不就解决问题了吗？"他说："能一跪了之多好，我怕的是她老啰嗦。"我问："在家里能记得按时服药吗？"他说："哪个能记住？她按时催我吃的。"

吴先生虽然全身心地钻研他的《文心雕龙》，但也并非不问世事。有一次，我在书店乱翻书，忽然看到易中天的《读城记》。书中说到北京文人喜欢办学会、研究会时，易中天说："吾师吴林伯说过，办学会和研究会，不外八个字：选官、办刊、会餐、爬山。"我可以证明，这是吴先生的名言。那一年，我所在的学会在宜昌开年会，我为会议服务，忙得不亦乐乎。吴先生看到了便问我在搞什么，我说明后，他就说了这八个字，并说没意思。所谓选官，就是一些知识分子担任或并未担任什么党政职务，一办学会研究会，就可以被选成会长、理事长、理事、常务理事，借以抬高身份。有些人的名片上，往往印着一大串这样的头衔。所谓办刊，是为了创办一个同行们发表文章的阵地。所谓会餐当然是公费吃喝。所谓爬山指公费旅游。吴先生说，他不参加这种活动。

　　吴先生调到武大以后，我没有去拜访过。听说邓老师故去后，我特地去了两次。第一次，是在华中师范大学招待所吃过晚饭后去的。那天，他很兴奋，因为上海某刊物要刊登他的一篇长文章，编辑把清样寄来了，要他最后校对一遍，寄回去后就可以付印。他滔滔不绝地给我讲着到武大的生活，告诉我他著作即将最后完稿的情况。其中让我记忆最深的一句话是："宜昌师范的人都很好，就是没有一个可以请教和讨论学问的人。"我抽空看了一下表，已经十一点半了。我说："我要走了，招待所十二点要关门。"他说："今天你不走，就在这里和我抵足而眠吧。"临睡前，他交代说："我明天很早就出去锻炼，你醒了走时把门带上就行。"次日，我带门离开时，突然想到，他是在任何时候都坚持晨练的人。

　　第二次，我事情办完后，买了上午十点的返程汽车票。我想利用早饭后的这一点时间，到他那里坐几分钟。哪知，我还离武大蛮远，就看到他从武大后门走出来了。走近一看，他今天打扮得特别整齐，才理过发，头发梳得光光的，胡子刮得干干净净，穿着一套新西装，还配上一条协调的领带，皮鞋擦得锃亮。等他一看到我，我便说："帽儿光光，今日做个新郎；袖儿窄窄，今日做个娇客。"（引自元杂剧康进之《李逵负荆》）他听了说："还真让你猜对了。"他告诉我，别人给他介绍了一个对象，是一个医生，约定今天上午十点在汉口见面。我说："那不能耽误，我快送你上车。"上车时，我说："祝你幸福！"他在车上向我摆了摆手。

　　这以后，我没有机会再去看他。这一次匆匆的会见就成了永别。吴先生可以安息了，他的巨著《〈文心雕龙〉义疏》终于出版了，这是他留给后人的一份遗产，也是他为自己树立的一座不朽的丰碑。

（原载《三峡大学报》2010 年 12 月 20 日）

人物名片：

　　吴林伯（1916—1998 年），男，湖北宜都人，我国杰出的《文心雕龙》研究大家，全国著名学者。1962 年 1 月，吴林伯先生应宜昌师专徐汝潭校长之召，来到宜昌师专、宜昌师范学校任讲师，长达 16 年之久。1978 年 8 月退休后，又被著名教育家、时任武汉大学校长刘道玉调入武汉大学中文系任教授。

忆恩师吴林伯先生

舒德焱

　　我一生受业的众师长中，吴林伯先生无疑是声望最高、学问最大、对我影响也最深的一位真学者。

　　我识荆吴先生是 1972 年夏。兴山县教育局请宜昌师范学校的老师到兴山县师范为全县中学教师进行暑期培训。那时我不到 20 岁，是教初中语文的民办教师，舅父王家全老师当时教高中语文，舅甥俩都参加了这次培训。学员按初中和高中分班授课，但吴先生授课却是初高中一起上大课。他讲的第一课是鲁迅的《论"费厄泼赖"应该缓行》，说的第一句话是："鲁迅的这篇文章不太好讲，因此由我来讲。"我正诧异先生何出此言，却有人带头鼓起掌来，听完此课才知先生所言不虚。该文所涉背景复杂，典故频仍。先生讲授举要发微，言简意赅。学员听得如食甘饴，茅塞顿开。课后一打听，方知吴先生是宜昌师范学校的"名牌"。于是我此后常找他"开小灶"，他也来者不拒。一个多月的培训结束时，举行了多年不兴的闭卷考试，我们舅甥双双不虞在各自班上拔了头筹，一时传为佳话。吴先生也对我这个毛头小子有了更深的印象。

　　1974 年秋，我被推荐读书。因当时民办教师只能读师范类，我就想去读华师，却被录取到了宜师，有些不高兴。但想到那里有吴先生，也就去了。我一到校就去他家拜访，他也很高兴，并告诉我他将教我们班的古文，我就更安下心来。几次登门不料被人看到，有老师找我谈话："你是党员，又是学生干部，怎么能和这种反动学术权威往来呢？"我不赞同地回答："不是叫我们来上、管、改（注释：当时的口号是：上师范、管师范，用毛泽东思想改造师范。故称"上、管、改"）吗？交往才正好改造他们嘛！"批评者无言，但却对我有了看法。后来我侧面向吴先生问了一些情况，他也毫不保留地讲述了自己的过去和现在的处境，并说如果不是学校要升格成大专，他们可能不会安排我给你们班上课。这时我才真正明白，他在兴山讲鲁迅先生的作品《缓行》时说的那第一句看似高傲的话，实在是无奈之下的反击。此后我除课堂上聆训外，私下向他请教就只能转入"地下"了。

　　吴先生教我们读书要认真读背原著，做到字字落实，并率先垂范。讲课更是没得话说，精妙之处非此短文可以尽表，下面仅举数例可见一斑。比如他讲修养时，指出"修"本是这个"脩"，后来通用了。"脩"义为长条干肉，下面的"月"叫"提肉旁"，凡带"提肉旁"的字多与"肉"相关；由于是长条干肉，所以"脩"又有"长"之义，王羲之的《兰亭集序》有"茂林脩竹"句，"脩竹"就是长竹。接着他引《论语·述而》"自行束脩以上，吾未尝无诲焉"句，说"束脩"一词的"束"即"捆"，"束脩"就是一捆长条干肉。古人入学以"束脩"作为敬师之礼，后以"束脩"代指老师的薪水，即由此而来。由于"脩"与入学敬师有关，就又有了学习之义，所以人的修养重在学习。易中天在《百家讲坛》讲学时就很认同先生这个观点。又有一次，他讲授《水浒传》中李逵的口头禅"鸟"，说此字读 diao 不读 niao……虽然引得我们这些成年男女学生前仰后合地哄堂大笑，但仅此一字之训，李逵那种率真的性格形象和既反贪官也反皇帝的彻底反叛精神，便跃然纸上，与宋江等不反皇帝，只反贪官的形象形成了鲜明对比。1976 年初，全校师生开大会听讲毛主席新发表的《鸟儿问答》词，其中有"翻动扶摇羊角"一句。主讲老师按当时《人民日报》发的官方解释，把"扶摇"和"羊角"讲成了两股风。下来吴先生当即就到我们班上说，"扶摇羊角"是一股风，一种旋风，风头状如羊角，故名"羊角风"，"扶摇"是形容"羊角风"盘旋而上的姿态。这是引典《庄子·逍遥游》，借鲲鹏展翅扶摇而上的形象表达中国不畏强权的豪迈气概，怎么会是两股风呢？诸生皆言有理。

宜昌师范学校两年的学习生活很快就结束了，我去与他道别。他知道师范生必须去教书，便鼓励我说，教而后知困，教学可以相长，只要向学，不必非在学校读书。他还送给我上海古籍出版社出版的《中华活页文选》一套五本，和一部中华书局出版的《曹操集》。教我先要广泛阅读以积累，再专攻一门以精进。我知道他自己的处境并不好，还这样待我，而我却无力相助于他，真是情何以堪！只好拿出自己的毕业照给他，他也翻出珍藏多年的夫妇合照给我，互作纪念。

我毕业分配到兴山县建阳坪中学教书，一直与吴先生有书信往来。1978 年夏，他来信说已接调令，不日将离北山坡，顺江东下，登珞珈山，赴武大任教。并计划"每日散步三千米，力争再活三十年"。那年他已 62 岁了，字里行间足见其当时的心情何等之激越，斗志何等之高昂！后来，他还将带的研究生们写的诗文寄给我看。我实在想去他那里读研，但因工作年限不够不能带薪，年限到了外语又无法过关，只得作罢，这也是我人生大憾之一。再后来我到武汉看望过他一次，这时他已经赋闲在家，师母邓老师也先他而去。交谈中他告诉我，我国现在不仅自然科学研究落后于人，社会科学研究也很落后。还说到他的《〈文心雕龙〉义疏》已经中国社会科学出版社审定通过，但至今出版没有着落。我面对他失望的神情，也只能是默然无语！

他去世的消息我是好几个月后才知道的，当然没有亲吊，更为他再活 30 年的愿望没能实现而痛惜。过了好几年，我从报载王作栋先生写的纪念文章中，看到了武大校方关于吴先生去世的《讣告》，有如下评价：先生学识渊博，讲课广征博引。教学生治学不慕虚名，不为无根之谈，不随人仰俯。自己身体力行，深得学界好评。其力作《〈文心雕龙〉义疏》，先训诂释义，博引旁征，沿波讨源。后就题发挥，阐述义理。凡误者正之，遗者补之。对前人的观点一一作出评判，时出新解，发前人所未发。征引繁博，巨细靡遗，剖析毫厘，细致深入。考据、辞章、义理结合贯通，体现了先生深厚的学力和笃实的治学精神。王先生的文章还说，吴先生的《〈文心雕龙〉义疏》已由武汉大学出版社于 2002 年出版。

得知上述，我想这些应该对吴林伯先生的在天之灵有所安慰吧！而我这个既对先生所授之业无所发挥，也对先生的所建之业无所贡献的学生，如今还能何为呢？思来想去，只好用这无用的文字以自责，聊慰先生之灵耳！

2014 年冬

作者简介：

舒德焱，1953 年生，湖北兴山人，宜昌师范学校 74 级中文一班党小组组长，后转读华中师范大学中文系，研究生学历，副研究员。历任兴山县教育局副局长、高岚镇党委书记、兴山县委组织部部长、副县长、县政协副主席。著有《三峡舒氏恺七公族谱考修》《当代中国农村政治》。

"美术三老"之一吴章采先生的艺术人生

陈文武　金　强

　　吴章采先生与冯中衡、季士林先生并称宜昌"美术三老"，他们同是武昌艺专唐一禾先生的高足。在他所经历的时代大变革中，关于社会、家庭、爱情、友情等都有着我们后辈需要了解、思索与记取之处。他在《自传》中写道："我四岁时，父亲就去世，原籍湖北红安，父亲曾在山东平度州任两届知州，辛亥革命后，才到宜都古老背织布街买地产与经商。母亲是典型的中国妇女，很崇拜旧礼教，相夫教子。我从小就喜欢绘画，在文人的诗书、词曲中长大，进入武昌艺专后，由楚辞转入旧诗词的学习，《十八家诗抄》和《绝妙好词》成了我的伴侣，这期间我选填百首左右的古诗词。"

　　吴章采先生一生在文学艺术的世界里畅游，是我们敬佩的老师。吴章采老师是 1957 年首批加入中国美术家协会武汉分会的会员，后一直在高校从事教育活动。艺术成就表现在四个方面：

　　绘画创作方面：素描写生人物方面有较深的造诣，画风写实、严谨、朴实，这与在武昌艺专时就打下坚实的造型基础有关。且得恩师唐一禾先生卧笔皴擦法的精华，造型坚实、细致、精到，人物刻画传神、艺术性高。学生时代就有作品参加重庆全国美术作品的展览。1954 年 2 月创作的素描作品《男青年》，参加了 1956 年 10 月的全国青年美展。他的素描人物写生造型精准，表现人物肖似方面得心应手，并力图揭示人物的性格、神韵、年龄等特征。

　　油画写生作品：静物写生有《带香蕉的静物》(1955)、《菊花》、《蔬菜》、《西瓜》等，人物写生作品数量较多，有《老者》《小卉》《男青年》《全身男青年》等，风景写生作品有《钻探棚》(1956)、《校园一角》《三峡钻探》等。总体风格是写实、客观描绘物体，追求细腻色彩、质感等，西方绘画客观理性的造型影响着他，文艺复兴的大师们是他崇拜的对象，特别是法兰西鲁本斯、浪漫派画家德拉克洛瓦、现代绘画之父塞尚等。章采先生的绘画艺术主要成就：一是坚持传统写生的现实主义创作，以理想的现实主义创作方法作画。二是传承唐一禾的绘画技法与教学特点，着力通过美术作品反映时代精神风貌。

　　美术理论方面：重要的文章有《晋唐名画家及雕塑家略传》《忆唐一禾老师》

《跟随唐一禾先生学绘画》等。

《晋唐名画家及雕塑家略传》是对晋唐画家及雕塑家的全面介绍与研究，如杨子华、曹仲达、尉迟乙僧、卢棱伽，重点是画人物的画家阎立本、阎立德、吴道子、张萱、周昉等，还有隋唐雕塑家戴逵、韩伯通、宋法智、安生、张寿等。这是应中央美院金维诺先生邀请写的一系列文章，1990 年出版的《中国大百科全书》美术卷，关于唐代名画家阎立本、阎立德的词条均出自他的手笔。人民教育出版社中学美术教材《美术》也将其收入其中。

《忆唐一禾老师》1982 年发表在中央美术学院学报《美术研究》第三期上，主要是回忆介绍唐一禾先生的重要美术作品与在武昌艺专时美术教学情况，如美术作品著名的有《胜利与和平》《七七的号角》《村妇》，还有在法国留学时所画的两幅习作，一幅是《女人体》，一幅是《男人体》，现均已失传了。唐一禾先生在短短 39 年的生命中，仅在法国就画有 3000 多幅作品，带回国的 600 幅精品中，大多数丢失于搬迁途中。同时，该文介绍了唐一禾先生在武昌艺专时艺术教育方面的贡献，生动再现了唐一禾先生在武昌艺专教学一丝不苟，负责到底的场景。《跟随唐一禾先生学绘画》是 2005 年纪念唐一禾先生诞辰 100 周年而写，发表于人民美术出版社大型画册《唐一禾》，再现唐一禾先生严谨教育学生的事迹，如：油画必须画三层，注重每位同学的个性、风格等，同时还讲授"艺用人体解剖学"。最后对唐先生的伟大理想与抱负作了精确的阐释。情真意切，真实记录了抗日战争时期武昌艺专唐一禾先生等一批为艺术、为人生不懈奋斗的艺术家的经历与作品，如他的一批抗战美术作品，紧扣时代，并给人们以胜利的希望。章采先生曾写过两首词悼念老师，录以见其真：《浪淘沙·挽唐义精、唐一禾二位老师》："死别泪潸潸，宝树双残，骑鲸人去不复还。化雨春风今已矣，啜泣灵前。转眼吊西山，云暗天寒，白杨风紧现啼鹃。数尽生前生后事，总付荒烟。"《满江红·二位老师周年祭》："一别经年，又将近，清明寒食。对满目败花残絮，乱愁如织。遗草一编犹短简，修名千载空陈迹。教后生此日仰余辉，情何极！看黉宫，今犹昔，怀笑貌，今难觅。但寒鸦噪晚，子规啼月。一阕新词和泪写，数行细字含悲识。算无缘清昼见先生，魂无隔。"早在 1947 年，私立武昌艺专就发聘书邀请吴章采先生去当讲师，因宜都的曹子龙把聘书压着没有通知，才错失机会。后中央美术学院曾有意邀他任"中国绘画史"教学，因故未能成行。

篆刻方面：章采先生一生与文学艺术结下不解之缘，自幼喜欢篆刻，砖瓦、木头、泥块、橡皮等都是他试刻的材料。随父定居古老背后，据说有位教书先生见他好学就指点他，让他走上篆刻的正路。先生遗存的印花主要是改革开放后即先生晚年的作品，既有邓散木图案化、趣味性的特点，也有明清流派印典雅简洁的遗风，更有汉印饱满端庄的精髓。先生的篆刻大致分三类，一是应同事、朋友、学生之请的姓名印，包括他自己的姓名、不同时期的斋号，此类数量最多；二是应景为各级展览之邀而作；三是急就，为学生示范之作。因有坚实的文字学的基础，先生的印文篆法准确，时有通假字、异体字掺入；刀法肯定，双刀、单刀并用，冲刀、切刀变化丰富。又因有深厚的古典文学修养，先生选用的入印文辞入时入事，不落窠臼，信手拈来，不乏自撰妙语。

"传道授业解惑"一印，取法高古，布置匀称、稳重大方，得汉印神韵。线条匀中有变、直中寓曲、圆中见方；内部空间疏密有致，深解计白当黑之理；刀法朴实，刀中见笔。故此印格局宏大，实乃佳构。"传道授业解惑"等二方印发表于《人民教育》杂志。吴章采先生一生爱好古典文学，尤善诗词曲，时见佳构妙语，辑有《迟盦诗稿》，为我们留下诗词曲手稿 1000 余首。

人物名片：

吴章采，1921 年 6 月生于宜都县古老背。1937 年在古老背四川中学学习，后任古老背小学教师。1939 年至 1944 年 8 月在四川江津武昌艺专学习。1947 年后，在宜都红花套省立宜都师范学校、清江中学、宜都县中学和宜昌师专任教，曾任宜昌师专教务处副主任。1957 年 3 月加入中国美术家协会武汉分会。早年毕业于武昌艺专，曾系统深入学习西方绘画技法，对中国画、书法篆刻、美术理论均有深入研究，对古典文学元明清系列和古典诗词方面造诣较深。美术理论方面于 1980 年编撰《晋唐名画家及雕塑家略传》，写有《忆唐一禾老师》发表于《美术研究》1982 年第 3 期，1983 年有中国画《菊蟹图》参加全国十二明星城书画联展；还有篆刻、诗词作品传世。2007 年为纪念唐一禾先生诞辰 100 周年而作的《跟随唐一禾先生学绘画》刊于人民美术出版社出版的《唐一禾》画册。

吴章采写意

力 人

　　宜昌市美协主席汪国新先生曾对我说过，宜昌师专老教授吴章采先生，是一位对宜昌美术界有贡献的人物。未见章采先生之前，我在心中猜想着生活中的吴老该是什么样子。带着对老先生的崇敬之情，我开始了对他的采访。章采先生生于 1921 年，再过三四年便是 80 高龄的老人了。先生的居室虽很普通，但在那简易的书房里，却装满几大柜子已经发黄的各种书刊。也许是一生耕耘讲坛的缘故，先生的画案居然是用两张课桌凳拼接而成的。章采先生已跨过了古稀之年，但他的思维依然清晰如故。先生身材清瘦，精神饱满，谈起半个世纪以前的事来，也同样有条有理。

　　作为 1957 年就加入湖北省美术家协会的老画家，吴章采先生所取得的成就，为宜昌美术界争得了荣誉。早在半个多世纪以前的旧中国，年仅 20 多岁的吴章采，其素描作品《中年男子胸像》就很幸运地参加了全国美展，他的另一幅作品《买材青年》被国民党元老陈立夫先生所收藏。章采先生一生教书育人，一生痴情于绘画艺术。他教过的学生，已有很多人在艺术领域里取得了显著成就，但他从来没有考虑过应该对自己一生的艺术实践进行一下总结。

　　顺着先生的叙述，我走进了章采老师艰难的生命岁月和艺术天地。

　　吴章采祖籍湖北红安，父亲是清朝遗老，直到民国初年才剪去长及数尺的辫子。他父亲早年移居宜都古老背（今宜昌市猇亭区），在那里经营布庄、骡马行、药铺等实业。经商之余，其父喜爱书法，尤善狂草。追根溯源，章采先生走上艺术之路，或许就有父亲遗传基因的作用。父亲虽然是商人，但为人善良，经常为穷苦人免费看病。

　　因为有父亲的支撑，日子过得还算富足。只可惜，在吴章采年仅 4 岁的那年，父亲就撒手人寰了。12 岁时，母亲也离开了人世。父母的双双去世，让少年章采过早地感受到了人生的艰难。在家族长辈们的支持下，吴章采到宜都县中心小学读完了小学，后又赴武汉荆南中学念初中。正当章采潜心于学业的时候，日本鬼子的飞机对武汉实施了灭绝人性的狂轰滥炸。迫于无奈，吴章采回到了宜昌。宜昌的命运也同样悲惨。那时的宜昌有所四川中学，吴章采就在这所学校里学习高中课程。不到半年时间，残酷的战火便打破了校园的宁静，四川中学迫不得已迁至古老背乡下。在战火中求学的吴章采，面对生与死的考验，对绘画艺术的热爱和追求没有因此而产生丝毫的动摇。结束中学的学业后，吴章采考入了武昌艺术专科学校绘画系西画科。那时的武昌艺专无法在武昌立足，校址已迁至四川江津德感坝。在艺专读书期间，吴章采有幸得到国内著名画家唐一禾、冯发祀等前辈的指教。艺专的严格训练，为他一生的艺术创作打下了坚实基础。抗战胜利后，吴章采回到了阔别数年的宜昌，先在省立宜都师范学校任教，宜昌解放后不久便调入宜昌师专工作。在宜昌师专 40 年的教书育人生涯中，吴章采先生尽管在绘画艺术中已有显著成就，但他依然服从学校的安排，让位于其他教员，自己更多的时候却在从事中文教学。

他们那一代艺术家，命中注定"生不逢时"。少年求学年代，偌大的中国，竟没有一处放得下一张课桌的清静之地；人到中年，见识、修养虽渐丰富，但"成名成家"的念头却无出头之日；到乌云散去，文艺的春天到来之际，吴章采先生又成了退休老人。凡世中的名和利，就这样与章采先生擦肩而过了。

1983 年，章采先生告别了他为之奉献了几十年的讲台，过上了退休生活。人退休了，虽是教书生涯的终结，但也是金色晚秋的开端。今后的日子怎么过，先生经常思考这些问题，自己有美术特长，又长期教授中文，且对古典诗词有一定研究，如果能够充分发挥出自己的余热，也算是自己一生对社会的最后贡献。章采先生的想法正合有关部门的心愿。于是，市里老年大学诗词、绘画班办起来了。

在老年大学里，章采先生每周为学员们上两次课，一次诗词课，一次绘画课。面对那些虔诚的老同学们，章采先生与过去一样，表现出了同样的高度责任感。学员交来一篇二三十字的诗画习作，章采先生常常要作认真批改，有时批改的字数是作业字数的好几倍。章采先生过去学的是西画，速写、素描、油画是他的强项。退休以后，他的艺术观有了新变化，那种认为西画是人类绘画艺术发展方向的观点有其片面性。章采先生认为，中国文化独树一帜，中国人应该大力弘扬国画艺术。只有民族性鲜明的艺术门派，才是最具有世界性和生命力的艺术。中国画极富东方哲理，她融进了画家自己对世界的认识、思索、观点，也体现了画家表现技法的艺术水准。章采先生在花甲之年对国画产生了浓厚兴趣，他画花鸟，也画山水。先生认为画画是一个同困难作斗争的过程。战胜了困难，你就获得了成功。自己画画时，一旦进入了角色，旁人讲话也会听不见。每当画出了一张成功的作品，内心会快乐无比。画画也需要好心态，只有在平静如水的心境中创作，才会有好作品问世。

在我结束采访时，章采先生说，有人用"惨淡经营"来形容从事艺术工作的艰难，这话一点也不错。岂止画画，做任何事情都不可能一帆风顺。惟有那些不畏艰辛、永远攀登的人，才能真正实现自己的人生理想。

（原载《巴楚文人》，长江文艺出版社 2000 年版。）

作者简介：

力人，本名杨力，湖北枝江人。1985 年 6 月毕业于宜昌地区财贸学校，本科毕业于三峡大学中文系（函授）。主要作品有散文集《巴楚文人》《力人茶坊》和中篇小说《牛年的爱情》等。

风雨铸师魂

——记徐圣熙先生

李华章

徐圣熙先生是华中师范学院历史系古代史教研室的讲师，在"反右"斗争的大风大浪中，被下放到当阳草埠湖农场劳动改造。这自然是他人生中一个不幸的转折。恰逢刚刚创建不久的宜昌师专，亟需扩充一批师资队伍，因此，徐圣熙才甩掉了锄头把，风尘仆仆地调来宜昌师专，重上讲台，重操旧业。

不久，我毕业分配到宜昌师专，成了徐圣熙先生的同事。其实，他是我尊敬的老师，只是曾在华师校园错过了相认的机缘而已。但人生中有错过，也有相会。我和徐老师相会在宜昌师专，也相会在宜昌二高，长达11年之久。相会中的记忆碎片，至今还不时地浮现在脑海，无法忘却，于是便有了追忆与缅怀。

当我的卧室还只有一个竹书架的时候，徐老师的卧室几乎成了书房，书架并肩壁立，书箱(用窄木条钉成的匣子)摞上了天花板，线装本、毛边书、二十四史刻印本、古籍影印本，大开人的眼界。

徐老师在宜昌师专中文科教古代汉语，虽是转行，但对他来说，依旧是轻车熟路。因为长期潜心于中国古代史的阅读与研究，学术修养深广，读文言文无文字障碍。他曾对我说过，"我阅读文言文如同阅读现代汉语一样。"口气轻松，足见他的文字功底扎实。而我辈只能借助于古汉语词典才能把文言文"字字落实，句句过关"。功底来自他孜孜不倦、专心致志的苦读与积累，是从一篇一篇古文啃出来的，单靠一目十行的"浅阅读"是难以修炼成功的。我思忖，他就是人称的"书虫"吗？我肯定，圣熙先生就是的。但过细一想，"书虫"似乎有褒义，也有贬义。褒，是指有一种蝼蚁精神，面对物体，一口一口地啃咬，锲而不舍，终于镂成空洞。一个人在书林中，要像一只虫子，风雨沧桑中啄蛀不止；在书海里，要像一个水手，坚守岗位，对准航向，用劲操作，日以继夜，最终到达彼岸。这种勤奋刻苦的精神可赞可叹。若从贬义来看，就是死读书、读死书，脱离实践，脱离时代，不会运用，不食人间烟火味，活脱脱地一个"书呆子"。对此辈讥讽一番自无不可。而徐老师则是凭着自己的才智与毅力从古典"难书"中读出历史文化灿烂来的专家学者，难能可贵。记得他是新中国建立前后国立武汉大学的毕业生，也许是耳濡目染深受武大中文系"五老"（注释：历史术语，实为"六老"，包括刘永济、刘博平、徐天闵、陈登恪、席鲁思和黄焯等著名教授）的传统影响，常常述而不作，一生渊博的学问都烂在肚子里了。故徐圣熙先生亦未留下学术著作，惜乎哉！

几十年以书为伴，他喜欢逛新华书店。在解放路书店里，我经常遇见他。在这个"典型环境"中，同是一介书生，又有师生之谊，兴趣相同，话题总离不开书籍。有好几次，他对当下出版界、著作人的图书质量、作品水准深表不满。概言之，书多但好的少。虽装帧漂亮，可内容空洞，言之无物，思想贫乏。对此我亦有同感。有时谈兴很浓，往往忘形，招来"白眼"后，方才吐出舌尖打住。徐老师曾神秘地授我一对策：多翻少买；或购买回去，阅读时"倒着看"，即从书尾往前读。如不可读或不值一读，就此一搁，免得浪费那么多的时间。他的阅读经验使我受益匪浅。由此可见，徐老师是个有思想、有审美判断力、有独到见解的读书人。对于这种另类"书虫"精神，值得吾辈后学歌之、颂之、学之、习之……

早在20世纪60年代的"三年饥荒"中，徐老师身为高校7级讲师，是高校"讲师"职称中的最高级别（1—3级正教授，4—6级副教授，7—9级讲师，10—12级助教）。高级讲师每月有特供油半斤、肉一斤。但作为脑力劳动者，由于粮食定量不足，普遍吃不饱，当时的"浮肿病"成为流行病。好似北山坡的秋天，树叶尽是枯黄一般，缺乏生机。每逢星期日，我发现徐老师常从北山坡出校门，穿水田坎，走进九码头的餐馆，站队买一碗"盖交饭"（金包银饭上面，盖五六片皮纸薄的肉），吃过之后，再沿街而上，一路吃下去，多至四五家，犹如"醉翁之意不在酒"，意在那"几片薄肉"。与大多教师一样，用晚餐中节省的一坨饭，权当深夜苦读时的充饥食品。

"文革"十年浩劫来了，似洪水猛兽一般。红卫兵大破"四旧"，横扫一切"牛鬼蛇神"。镇镜山二高校园也风起云涌，风雨如磐，"造反有理""革命无罪"的口号声震山河，革命小将们以"造反"与"不造反"划线。有一次，一群革命小将来到徐圣熙的平房门口，欲进去扫"四旧"，他们事先已打探清楚，目标是烧毁那些线装书与"二十四史"等所谓"封、资、修"的古籍。正在这千钧一发之际，只见爱书如命的徐圣熙老师，眼镜片后的怒目圆睁，瘦弱的身躯站立门口，撑开双手，坚实地钉在房门口。这历史的瞬间永远铭刻在我的心胸！"此景可待成追忆"！

孜孜不倦的开拓者
——曹文安教授风采录

杨　斌　田吉高

　　曹文安教授是一位德高望重的老教授，他身材瘦高，精神矍铄，教学科研成果丰硕。1988 年，年仅 50 岁就晋升为教授，成为宜昌师专最年轻的教授。1991年他被宜昌地委授予"宜昌地区专业技术人才"称号；1997 年又获评全国曾宪梓教育基金"教师奖"（三等）。

　　曹文安 1938 年出生于湖南郴州，1956 年考入武汉大学中文系，当时是 5 年制。1961 年 9 月被分配到宜昌师专中文科工作。1962 年 9 月师专停办，被调到湖北省重点中学宜昌市二中、宜昌专区教师进修学校工作。1978 年 6 月又复返宜昌师专，此后一直在宜昌师专、湖北三峡学院、三峡大学文学与传媒学院工作。

全国师专"古代汉语"课程建设的领军人

　　说曹文安是全省乃至全国师专古代汉语课程建设的领军人一点也不夸张。他讲课深入浅出，生动风趣，抑扬顿挫，富有感染力。

　　曹文安从事高校教学工作 40 余年，先后为在校专科生、本科生开设了"古代汉语""汉语诗律学""音韵学"三门课程；2007 年开始为中文系研究生开设"音韵学""训诂学"和"中国语言学史"三门课程。退休前还为校内函授生、电大、夜大以及社会上举办的各种进修班、干部班讲授"古代汉语"；1983 年曾赴恩施师专讲授"音韵学"。

　　1981 年，曹文安自编高校教材《古代汉语》，主编湖北省师专教材《古代汉语》，受国家相关部委委托主编全国师专《古代汉语教学大纲》。1989 年应省教委所托主编中南五省师专教材《古代汉语》。另外，他还曾参编正式出版发行的《实用汉语音韵学》《古汉语知识专题讲解》和全国师专教材《古代汉语》。

　　他担任全国师专古汉语研究会副会长多年，直到 2006 年退休后返聘期间，他还参与完成了"地方综合性大学古代汉语课程教学改革研究与实践"校级教研项目，并获教学成果奖。

三峡文化系统研究的先行者

曹文安长期坚持教学科研并重。2003 年之前，他先后在《光明日报》《文学评论丛刊》《西南师范学院学报》《修辞学习》以及《三峡大学学报》等报刊发表学术论文、教研论文 70 余篇；1992 年发表的论文《语法的社会性与训诂》获"全国语文教师论文大赛"一等奖。

曹文安在研究三峡地域文化方面做出了重要贡献。1991 年，他担任宜昌师专中文系主任兼任宜昌师专三峡文化研究所所长，组织全系老师编写了三峡文化研究系列丛书"三峡文库"10 册于 1992 年公开出版发行。

当时，正值举世闻名的三峡工程即将开工，一个由投资热、旅游热等热潮汇聚而成的"三峡热"应时而生，"三峡文化"备受世人关注。作为地处三峡工程所在地的高校中文系主任，曹文安被自身肩负的社会历史责任所深深激励，文化自觉也被充分激发。他号召全系教师编写"三峡文库"系列丛书，挖掘三峡地域文化，弘扬中华民族优秀的传统文化，为服务大三峡做出应有的贡献。

三峡文化以驰名全球的万里长江，壮美神奇的长江三峡为背景，汇聚楚、巴、蜀文化于一体，是我国优秀传统文化中的一支独具特色的文化仙葩，内容博大精深，具有十分重要的研究价值。

然而，当时对三峡文化的研究尚未起步，对三峡文化概念及内涵的界定，涵盖区域的划分，涉及内容与范围等均难以确定，处于草创时期，困难重重。

曹文安多次组织全系教授、专家和老师们座谈讨论，集思广益，对"三峡文库"的架构设想、内涵、相关资料的收集整理、编辑出版等各方面深入思考后提出建议，还多方筹措资金，亲自撰写《总序》。

在曹文安的带领下，全系教师齐努力，1992 年 9 月，由陕西旅游出版社出版的"三峡文化系列丛书·三峡文库"精彩呈现在世人面前。该书成为国内系统研究三峡文化的第一套大型丛书。全书共 10 册，内容包括三峡地区的风景名胜诗旅、景观传说美寻、古代诗歌导读、古代散文导读、当代诗歌鉴赏、现代散文赏析、民间故事导读、民间歌谣精鉴、民间习俗概观、民间艺术博览。该书一经出版发行就在省内外引起了强烈反响，深受三峡文化爱好者的欢迎和喜爱。

正是因为有了这一研究基础，后来在三峡大学合并组建之初，我校系统研究三峡文化的第二套大型丛书很快由武汉大学出版社出版问世。丛书共 10 册，内容包括三峡地区的橘文化、山水文化、先秦考古文化、军事风云纵横论、石刻文化研究、方言研究、旅游文化概论、影视文化研究、文学艺术概论、镜像世界与文化观照，进一步丰富了三峡文化的内涵，提升了其研究价值，扩大了其影响力。还促成了三峡大学开设本土文化特色课程"三峡文化概论"及其课程建设，包括编写出版《三峡文化教程》等，并使该课程成为三峡大学获得的第一门国家级精品课程。这充分彰显了三峡文化研究从起步到系统研究探索对学校建设发展的贡献和意义。

三峡大学教学视导"第一人"

建立教学视导制度是提升高校教学质量与学生学习效果的有效途径。为不断提高人才培养质量，提升教师教学水平，湖北三峡学院与武汉水利电力大学(宜昌校区)合并成立三峡大学后高度重视教学视导工作。不仅制定了相关制度，还成立了学校视导团，长期坚持聘请一批教学经验丰富、德高望重的退休老教授、老专家在全校本科生及研究生教育培养过程中开展教学视导工作。曹文安便是三峡大学聘请多年的本科教学视导团成员及负责人。

2001年，曹文安退休后就被返聘到三峡大学教学视导团工作，在视导团连续做了五届，第一届是三年，以后每一届是两年。他还被文学与传媒学院、继续教育学院、艺术学院聘为学院的视导组成员。算起来，他从事学校视导和学院视导工作累计达15年之久，直到2017年完全退休居家。特别是2008年以后，曹文安已年逾古稀，仍不知疲倦，几乎每天都穿行于校园各教学区的教室和来来往往的学生之间。

到目前为止，无论是担任视导团负责人时间之久，还是从事校院视导年限之长，他都是三峡大学之最，堪称三峡大学教学视导"第一人"。

曹文安认为高校课堂教学要坚持三项标准：一是内容上要深入浅出，二是讲解上要声情并茂，三是方法上要师生互动。他在十多年的教学视导中听课达1500多次，并坚持以这三项标准来评价教学。曹文安通过参与教学视导，让一批优秀的教学人才脱颖而出，还培养了一批教学新秀和教学骨干，为不断提升人才培养质量奠定了坚实的基础。

(原载《三峡大学报》第491期第02版：综合版。)

上 善 若 水

——记杂文家符号

李华章

符号，符利民之笔名。认识符号很久了。那时，我们都还没有步入文坛，恰是风华正茂的"同学少年"。他比我早一年从华中师范学院中文系毕业。后来，又在宜昌师专、二高同事近10年。符号，湖南攸县人，我是湖南溆浦人，他喝的湘江水，我喝的沅江水，"三湘四水"把我们连在一起。之后，我们又都以同样的爱好，付出了艰苦的努力，先后跻身于文坛。他从写曲艺、诗歌、搜集整理民间传说起步，我则以写诗和文学评论开始，且慢慢地各自都有了点文名。他被推举为市杂文学会会长、省杂文学会副会长，我当选为市作家协会主席、省作协理事。于是，在许多非官方的聚会上，符号常向与会者介绍，他和我是"四同"关系，即同乡、同学、同事、同道。我无形中沾光不少，也拉近了政界上下级之间的距离。许多年来，我同符号的关系：彼此心是贴近的，却又是地道的"君子之交淡如水"……

20世纪80年代，他开始在报刊上发表杂文。之前，他练笔的样式较多，曲艺、诗歌、民间传说、教学论文都曾涉足。其中与啸海合作搜集整理的屈原、王昭君传说20篇，先后被8家出版社收入12本专集中，颇有影响。20世纪80年代末期，他从政以后，由于工作性质的变化，时间、精力的限制，只能"见缝插文"地弄些"豆腐干""千字文"了……只有在夜深人静熬油点灯，颇尝到了一点"焚膏继晷"的滋味，那是连鬓角的白发、眼角的皱纹也一并溶进去了的。

不过，生活中的优势与劣势总是形影相随的。行政事务繁杂，他写作的时间少了，而丰富的生活为他提供了取之不尽的杂文素材与"点子"。于是，他忙里偷闲，写出了一篇篇短小精悍的杂文。每当他工作之余品味这些杂文作品时，心中便荡漾起一种快慰之情，苦中有乐，乐在其中。因为业余写作杂文，符号在同过往宜昌宣传文化部门的上级领导高占祥、陈荒煤、王重农等交谈中，话语投机，觅到了知音，获得了赞赏。

1988年12月，符号的一本杂文集《魔方启示录》由长江文艺出版社出版，收入集中的杂文共77篇。1993年12月，符号同杂文家高峡、杨子的合集《杂文三人集》由花城出版社出版，其中"符号篇"占60余篇。因为他的杂文作品源于生活、贴近生活、亲近读者、赏心悦目，获得了广大读者和杂文界的好评。著名诗人、杂文家刘征先生为此书题写了书名。我觉得符号的这些杂文，作品题材宽，内容广，看似"杂七杂八"，却都是思想隽永的精品。他以"海纳百川，有容乃大"的气度，为新时期杂文的风格和流派的多样化作出了自己的贡献。《新时期湖北文学大系·散文卷》（湖北省作家协会编选）收入符号杂文二篇（入选作家最多只收两篇）。著名杂文家张宿宗在评论符号杂文时说："符号杂文最大的特色是富有思辨之美。"

1997年5月，由中国三峡出版社出版的《静观肃思录》，收入他近几年发表于内地和香港的杂文80多篇。这是他的第三本杂文集，是一本颇有些"饱含心血"的书。笔者曾以《既杂且文》为题写过评论文章。我以为符号杂文近作，已达到了既生动又充实的"文质兼美"的审美境界。它既"于己有乐"，又"于世有益"；既"照面照心"，又"兼照万象"；既富睿智，又文采斐然，洋溢着较浓郁的书卷味。符号在此书《后记》中写道："静观"是从画家刘文湛赠给作者的一件书法作品想起的，真可谓知符号心者。杂文作家最重要的是首推"静观"——冷静之观、清醒之观、超脱之观、重实际之观。诚然"静观"还须"肃思"，即以高度严肃的态度作深层次剖析，对社会负责，对后代负责，对历史负责。故这本书问世后，对它的评论多达二三十篇。1999年由湖北人民出版社出版的《大千百味》一书（与徐达合作），也是一本装帧精美，别开生面的集子。

符号和我见面，常常是在散步中相遇。我们兴致勃勃地谈论文艺创作，交换对文艺作品的评价，或交流一些创作方面的心得体会，乃至有关文艺政策问题的调整等。像这种"文学漫步"，有时长达一两个小时之久，乐而忘忧，乐而忘返。如果他的夫人郭超燄在场，那就更增添一些情味了。

广泛的兴趣和爱好，对于作家是十分重要的，可谓必备的素质之一。符号在杂文写作方面的卓著成绩，是同他多方面的艺术爱好密不可分的，也同他以平常人心态，眼睛向下，广交文朋诗友有关。正如老子所言："上善若水。"水滴石穿，水到渠成。文如其人。人潇洒，文才会潇洒矣！

（原载《杂文月刊》2000年第5期。）

人物名片：

符利民，1938年生，湖南攸县人，笔名符号。教授，中国作家协会会员，湖北省杂文学会副会长。先后在宜昌市第二高级中学、宜昌师范专科学校、宜昌市教育学院任教。历任宜昌市教育学院院长、宜昌市委宣传部副部长、宜昌市人民政府副市长兼宜昌职业大学校长，湖北省高校评置委员会委员。在全国近百家报刊发文1000余篇；作品入选《中国新文学大系·杂文卷》等一百多个专集；出版有《中国当代杂文精品大系（1949—2013）》等专集十余种；先后获"中国新闻奖""全国报刊副刊金奖"等十余个奖项。

"元老级"的老师吴柏森

符　号

2005 年，吴柏森出版了《历代屈原戏曲注评》。2011 年，他的《历代昭君戏曲注评》书稿又摆在了我的面前。惊喜之余，我为他"古稀今不稀"时青春活力的焕发、学术新绩的开拓而感佩心仪！

柏森是我大学的同学，虽比我晚一年，却因工作需要提前于 1958 年与我同年毕业，分配到创建中的宜昌师专，开始了他的教书生涯。如今 50 多年过去，他已是名副其实的三峡大学"元老级"人物。从开始"一码带十扎"地教各式课程，到不久定向于古典文学，先讲唐宋，而后先秦、魏晋南北朝、唐宋、元明清"打通关"，由讲师而教授，由中文科系主任而教务处长，一路"双肩挑"走过来。

"文革"结束后，他在教学的基础上，开始了学术研究。从 1980 年发表关于薛宝钗的论文开始，每年都有论文问世。接着承担国家古籍整理出版领导小组和全国高校古籍整理委员会资助的《明实录》《清实录》的整理工作，完成《明实录类纂(自然灾异卷、文教科技卷、军事史料卷)》和《清实录类纂(科学技术卷)》等，可谓硕果累累。退休后他又将目光重点投向了地域历史文化的研究。继完成《〈容美纪游〉校注》之后，又完成了历代屈原戏剧与历代昭君戏剧的辑录注评的双璧之作。无论从古典文学还是地方文化的角度看，都具有填补学术空白的价值。他同时还应邀参与了宜昌文化书系《屈原诗歌释读》《欧阳修夷陵诗文译注》的修订、审定工作。真是步入了人生又一个黄金时期。

对于古籍整理，我向来是心存敬畏的。当你面对浩如烟海的无标点、无段落、无注解、甚至无背景的原始资料，收集、择选、梳理、校勘、考证、审定、标点、分段、注释、今译、索引、述评、序跋、附录……何其浩繁艰难！涉及版本学、目录学、训诂学、历史沿革、名物掌故、典章制度……有时一件史实、一个地名、一道掌故、一条引语，也让你费尽周折，求解无门。若非古文功底深厚、学识渊博而又甘于默默奉献者，是不愿意从事、也无法胜任这种"吃力不讨好"的工作的。

然而它又是继承发扬文化遗产不可或缺的"工序"，也是一个时代文化繁盛的标志。西汉末刘向父子校理群书，东汉郑玄等遍注群经，魏晋隋唐诸经义疏，宋明《太平御览》《文苑英华》《永乐大典》等大型类书的编纂，皆为一代盛事；清乾隆朝官修《四库全书》，民间考据学家古籍研究竟成"显学"，都是历史佳话。今天当我们面临复兴大业，古籍整理难道不也任重道远吗？资料显示：我国各大图书馆、博物馆从未公诸于世的手稿本、钞本、日记、笔记、档案等罕见古籍达20万种之巨，出版《中国古籍总目》已成为全国古籍整理出版规划的一项重大基础性工程，不正需要大量的专家从事这项工作吗？

古籍整理其实正是所有古文化研究者的基本功，所有国学大师、知名教授、有所建树者，哪位没有参与过这项基础工程？而所有企图投机取巧走"捷径"者，都在它面前碰得头破血流。"大跃进"年月读不懂李白杜甫的大学生重编《中国文学史》；"文革"中读不懂《论语》的人声色俱厉地狠批"孔老二"……不一一成了历史笑柄！

曾经也有一种论调甚嚣尘上：古籍整理不过是老学究"吃了饭没事干"，"曲高和寡""脱离群众"；今日在拜金主义的冲击下，古籍整理又处于一个进退无据的尴尬境地……然而柏森不为所动，自告奋勇主动承担，凭着对元明清史料的熟悉，凭着参与国家古籍整理的经验，他选择尚无人"光顾"的屈原、昭君戏曲作为切入口，从目录学佚文中发现线索，跟踪追击，以年逾七旬之躯不辞辛劳地将深藏于国家图书馆、湖北省图书馆以及北京大学、武汉大学、复旦大学等高校图书馆的资料搜罗汇集，具有真正拓新的意义。

柏森从晋、宋石崇作《王明君辞》，"敦煌变文"中《昭君变文》，到唐诗中歌女表演《昭君变文》的描写，宋代歌舞剧曲中以昭君为题材的作品，到进入成熟繁荣时期的元杂剧、明清传奇、杂剧作品……对整个古代昭君戏曲的酝酿、产生、发展脉络，作了全景式的梳理与观照。从历史真实与艺术真实的高度，进行了历史的考察、实事求是的解读，指出剧作者们总是从特定的时代特征出发，结合自身的遭遇、感受进行创作，他们往往借"王昭君"之酒杯浇胸中之块垒。对古今昭君戏剧中无法回避的"和亲"问题，他引用鲁迅先生的论断进而指出：同历史上所有宫廷美人一样，进入男权社会最核心的宫廷美人王昭君，无论留汉宫，往匈奴；被"赐单于"或者"请掖庭令求行"；也无论至边地"沉江"还是"从胡俗"贵为"阏氏"，其命运都是悲剧性的。这与她形象的光彩照人、流芳百世不相矛盾。王昭君之令人景仰，在于她对命运的不甘屈服，追求自由人生的奋力抗争，在于她身上表现出的一种崇高、悲壮的人格美。剧作家们的创作各出心裁，但其悲剧的基调乃历史的存在。昭君出塞有利于巩固胡汉友好关系、加强胡汉文化交流，符合胡汉人民意愿，其意义是不可忽视的。但也不可脱离具体历史条件，背离历史真实与艺术真实，任意"拔高"，作现代式的强加。这是很有见地的论述。曹禺的现代话剧《王昭君》曾引起讨论，更有一些把昭君刻画成"政委"

"外交家""民委工作者"式的影视剧，犯的正是一种"政治实用主义"病。

我在为林永仁先生《昭君出塞源流考》一书所作的序言中，曾对董老的《昭君诗》提出过商榷意见，以为前两句"昭君自有千秋在，胡汉和亲识见高"高屋建瓴气度非凡；第三句"词客各摅胸臆愫"也符合客观实际，但第四句"舞文弄墨总徒劳"，则有"一竿子打翻一船人"的偏执。试看汉唐以降，词人骚客对昭君或怨或诉，或怜或惜，却有谁"伤害"过她？如李白、杜甫、苏轼、陆游，难道都要划入"徒劳"的行列？如王安石、欧阳修及至元、明、清、汉、蒙、满诸多诗人对昭君的激情赞誉，都一律要打入"徒劳"另册？历览2000年间700余首吟咏昭君的四言、五言、七言、长短句各类诗、词、曲，特别是翻检元以后尤其明清时期的昭君诗，正面赞誉已成为昭君形象塑造的"主旋律"，难道也要通通划为"徒劳"之列？尽管我对董老向来敬重有加，尤其是大学期间从同班同学董老的亲侄女董良元(调干生)处听到一些未曾公开的她伯父的生活细节，更以为他是一位富有人情味令人尊敬的慈祥长者。然而本着亚里士多德"吾爱先生，吾更爱真理"的名言，我对诗作中"总徒劳"三字仍持有异议。而柏森历代昭君剧的注评分析，强化着我的认定。它的出版，对历史人物的评价、对古代戏剧的认识、对新编历史剧的创作，无疑有着多方面的启示作用。

柏森正直正派，谦和大度，本色示人，顺逆如一。真如孔子所述："不妄动，不徒语，不苟求，不虚行"，具君子之风。"文革"中他到宜昌最穷的地方——远安一个叫李家包的地方劳动，对民间疾苦有切身体验；而对于时弊、积弊，他也有明彻的洞察与本能的憎恶；政治运动中从不趁人之危落井下石，固守良知，坚持正义。"反动学术权威"吴林伯先生在"文革"中遭疯狂批斗，数十年呕心沥血的《〈文心雕龙〉义疏》手稿四处散落，任人践踏，柏森悄悄将手稿一一捡起，妥善保管，奉还给了林伯先生，否则这部被易中天称为恩师的"惊世之作"将永劫不复！

柏森可以一眼看出一些出版物的"硬伤"，可以从米坛盖上发现《御制三希堂法帖》以及夹页中赵朴初的手稿；可以不计时日地帮人查阅资料解答疑难，而不会如某些"行家"那样凭"想当然"作注释，借"新名词"以哗众……他也可以毫不犹豫将多年积累的珍贵资料、尚未面世的研究成果提供给青年教师。林永仁先生亡故，他默默送上挽联；我写赞誉师专创始人、我心中留有特殊地位的徐公汝潭小文后，他立即作诗文以响应；笔者拙著出版后，他也多次赋诗作文写信，或奖掖鞭策，或提出修正意见。柏森以学问当人生，沉潜沉静，执着专一。这乃是一种境界，一种修炼，一种生活方式。在浮躁症蔓延的当下，该是何等难能！

"柏森"之名我疑心出自"锦官城外柏森森"的诗句，推想其家学渊源。后得知乃父早年毕业于燕京大学，长期从事教育工作，1937年死于逃难中；岳父老报人，与赵朴初常有书信往来、诗词唱和；老伴宋美善副教授，也在高校从事数学教学。专业虽不同，志趣却相投，夫妻相濡以沫，琴瑟和谐。近年来随着年龄的增长他的耳朵有些重听，即自嘲为"东山聋叟"。与孙女戏耍，歪戴着维吾尔小帽，活现出"老顽童"的天真。而看他熟练操作电脑发送电子邮件，存储照片，就知道这个一辈子同古书打交道的人，又怎样地"与时俱进"。

"书魂画魄自成缘，探赜相将遑论年。"这是客厅内与吴章采先生唱和、由青年书法家金强书写的条幅中的诗句，正是其书香之家的写照。退休后他跟朱丹峰先生习绘画，紫藤、墨竹、老荷、幽兰，技巧尚谈不上老到，却有"文人画"的情致；去年游敦煌拍摄的莫高窟、月牙泉，显出不凡的视角；近来则又遣兴于甲骨文书法，那劲峭硬拙的"旧邦新命"，取《诗经·大雅》"周虽旧邦，其命维新"的寓意，构成独有的吴氏雅趣。

他的书房兼卧室的墙上，挂的则是石声淮1984年为他写的"慎终如始"四字。先生用《老子·六十四章》"慎终如始，则无败事"的话，勉励自己的学生永立不败之地。而柏森数十年来为人、为学，正是践行了这一朝夕与对的法则的。

我想，一座学府，一方地域，如果多一些柏森这样的人，那么那里的学风、社风的端正倡行，当是顺理成章的吧。

2011 年 12 月 22 日

北山坡上不老松

——记宜昌师专中文科吴柏森教授

田吉高

　　宜昌城有个地名叫北山坡，坡上有一所大学，曾被人戏称为"北大"。由中国革命教育家徐特立先生题写校名的宜昌师范专科学校坐落在这里，走过了半个世纪的光辉历程。而今，学校虽几经变迁，但灵巧的校园仍呈现出一派生机，只见楼舍排排，草木青青，标准的塑胶跑道田径场，依然活跃着年轻的大学生和院内的职工及家属。长期从事古典文学教学与研究的吴柏森教授始于斯地，见证着学校的历史，他将自己的青春年华与整个生命同祖国的师范教育紧紧地连在一起，栽桃育李，辛勤耕耘，历经春秋 56 载，被他的学生和同事誉为教坛上的不老松。

学 府 受 命

　　1935 年 2 月，吴柏森出生在湖北省黄梅县，后举家迁至九江。他在九江长大，先后就读九江中学和九江师范学校，在初中时就加入了共青团组织。

　　1955 年 7 月，吴柏森考入华中师范学院。他出生在 20 世纪 30 年代，那时候，社会腐败，物价飞涨。新中国成立后，在共产党领导下，换了人间。吴柏森对新旧社会两种制度有着切身的感受。在学校读书，他勤奋学习，刻苦钻研，热心为同学服务。参加工作后，他一心跟着党走，思想要求进步，工作从不挑肥拣瘦，认真完成各项任务。他非常感谢组织上一直都很关心和器重自己，积极向党组织靠拢，1961 年光荣地加入了中国共产党，时年 26 岁。

　　他本应在 1959 年修完大学学业，但当时全省各地区新办师范高等专科学校，从武汉大学、华中师范学院挑选了 40 名在校大学生，让他们提前一年毕业并分配到省内各地区。上级的决定就是命令，吴柏森二话没说，从省城来到宜昌。面临全新的生活、学习与工作，满腔的青春热血在吴柏森胸中涌动。

筹 建 师 专

50 年代的宜昌相对来说还是比较落后，宜昌师范专科学校在宜昌师范学校的基础上筹建，选址北山坡。可当时的条件十分简陋，除了几间平房，就是荒山野草，一片萧条模样。

采访中吴老师对笔者说，我受党的教育多年，艰苦一点没把它当回事，工作需要我，我就在这里干。吴教授说得很平实，亦是发自内心，但当时的艰苦环境确确实实地在考验着每一个人。建校舍需要挖山平地，没有机械，他们就握着锄把和铁锹，凭着双手，以愚公移山的大无畏精神激励自己。天一下雨，脚下便是一片泥泞，别说干活，连走路都很困难。吴柏森没有打退堂鼓，他融于学校大家庭，与大家一起挥洒汗水，共苦同甘。

记得当时正是全国全民大办钢铁。在那个火热的年代里，学校组织职工到宜昌县黄花场去挑铁矿石。那时没有交通工具，他们半夜起床，天不亮就步行出发，天黑才能回到学校。第一天进场，吴柏森选了两块大一点的铁矿石，在担子的一头放了一个，正准备挑起就走，被学生发现后告知，自己选的两个大铁矿石含铁量并不多，学生给他换成了两个小一点的。回程路上，担子越挑越沉，清瘦娇小的吴柏森肩膀磨红了。真是远路无轻担，他这才领悟学生的用意，这是在关心他，怕他吃不消啊。

后来，学校的教室、宿舍陆续建起来，调进了一批批老师和员工，购置了许多的书籍和资料。单从文科的师资力量、图书和物资装备来看，全省师专中宜昌师专应该是较强的。

吴柏森与众多教职工一起回忆过去日日夜夜的艰苦奋战，感受到所有的付出与努力都是值得的。看着新兴的宜昌师专的发展与变化，他们的脸上写满了自豪，内心的喜悦无以言表。

教 学 相 长

吴柏森参加工作后，与三尺讲台相伴，一生未脱离过教学。50 年代末，他当时未成家，学生经常到他的单身宿舍坐一坐。师专开始招的学生，有的是调干生，有的是领导，还有的是从部队来的，学生的年龄有的比老师还大。上课时，吴柏森是老师，下课后，吴老师和学生一起劳动、一起下乡，感情十分自然，师生间没有什么隔阂。

吴柏森教授回忆说，他特别喜欢学生提问，希望他们有反应，课堂气氛活跃。下课铃一响，学生们很快会围过来问这问那。晚自习，吴老师经常到教室和宿舍，与学生一起讨论问题。吴老师对学生们说，做学问要实事求是，希望你们提出的问题我答不出来，这标志着你们有水平，我回去查阅资料，等弄清楚后再作回答。

吴柏森时时处处用一名合格党员的标准要求自己，领导要他搞什么就搞什么，哪门课无人教他就上，现代文学，写作，古代文学他都教过，后来老师多了，他就专教古代文学课。

吴老师像慈父般关爱他的学生，把学生看成自己的子弟。现在吴老师到各县去，总能遇到曾经教过的学生，他们见了吴老师都很热情。对学生来说，那些逝去的岁月可能很多事情都已淡忘，但老师们和蔼可亲的面容、严谨治学的态度、诲人不倦的师德却永远留在自己的记忆里，而且历久弥新。吴柏森就是学生心目中受尊敬的一名好老师。

吴柏森先后担任过语文教研组长、科主任、系主任、教务处长，经常是教学、行政工作双肩挑。他很忙，但很充实，身上总有一种信念在支撑，总有那么一股子劲，总是兢兢业业地在干工作，多次被授予"优秀共产党员""先进工作者"光荣称号，还被学校推荐上报评选为全省教育系统劳动模范。

吴老师喜欢买书、看书，他的卧室里，四个大立柜的书装得满满的，新买的书进不了书柜，他只好在书桌旁另搭起架子存放。吴老师从不觉得书多，在这方面他很有体会，有时遇到问题随手拿起书一查就管用了，书还是多一点好。吴教授常说，我们当老师的，真正要把教学搞好，搞点研究成果出来，必须要坐得下来，多看书。我们读书，如果能发现书中的问题，那就是真正读进去了。吴老师与图书馆的关系好，是常客，馆藏的四库全书，几乎无人问津，他感到很可惜。

吴老师对青年教师很关心。青年教师出的书送给他，他都会认真地去看，并与他们交换意见，中肯地向作者提出，你这本书再版时哪些地方还需要修改。吴老师本身注意学习，不断地在吸收新的事物，是个活到老、学到老的人。吴老师基础较好，这不仅是他的母校华中师范学院给的，也是自己读书学习所得来的。三年困难时期，他每天都要认真地读书，享受阅读带给他的乐趣。充足的精神食粮，让他度过了一个又一个的难关。

潜 心 研 究

教学和科研从来都是紧紧联系在一起的。一个好的老师，应该而且必须要能潜下心来搞点研究。吴老师曾是《宜昌师专学报》的副主编，并担任学校古籍文献研究所所长。他从 1980 年发表关于薛宝钗的论文开始，结合教学与研究的丰富实践，在学报等刊物上公开发表了一系列的学术论文。接着又承担国家古籍整理出版领导小组和全国高等院校古籍整理研究工作委员会资助、分别由华中师范大学和湖北大学牵头进行的《明实录》《清实录》整理工作，独自完成了《明实录类纂(军事史料卷)》，由武汉出版社出版。

采访结束后，吴老师赠送我一本《明实录类纂(军事史料卷)》，打开一看，吓我一跳。厚厚册卷，沉甸甸的，印刷字数竟达97.2万字，令人肃然而生敬意。料想作者查找资料，伏案择选梳理，考证校勘，编成如此大型丛书，定是备尝个中甘苦，绝非轻而易举之事。吴老师说，古籍整理，工程浩大，从事这项工作的人，要耐得住寂寞，要有高度的责任心，上要对得起祖先，下要对得起子孙。学识渊博的吴教授道出的，正是中国有良知的史学家、文学家最令人感佩的情怀。

此后，吴柏森完成了宜昌文化书系《屈原诗歌释读》《欧阳修夷陵诗文评注》的修订、审定工作和《〈容美纪游〉校注》，出版了《古代屈原戏曲注评》《古代昭君戏曲注评》等多本著作。著名杂文作家符号先生在评论吴柏森的成就时说："无论从古典文学还是地方文化的角度看，都具有填补学术空白的价值。"吴老师以自己的勤奋和敬业、执着与奉献，使自己步入了人生的黄金时期。

随着年龄的增长，他耳朵有些重听，自嘲为"东山聋叟"，常以此为笔名出现在自己的文稿和书法作品上。值得一提的是，吴老师的甲骨文书法及兰草、青竹等画作，经常在学校、市、省和国内书画大赛中入选、入展并获奖。2014年初，学校老干处举办诗词班，聘请他为老年学员们上课，吴老师想到将要结识诗词学习创作的许多知音，很高兴地答应了。为此，学校新成立了老年求索诗社，出版了《求索诗刊》，老年朋友们在诗社唱和吟诵，在自己的刊物上激扬文字，欣喜之余，都会竖起拇指赞美学问深厚、朴实可亲的吴老师。

吴柏森老师事略

傅嘉泉

读书以来，从小学到师专，不算工作后去华师学函授的那一段，给我上课的老师不少。有些老师一旦没安排给我们上课，就再也未曾见面，时间一长，姓名、面相都已淡忘。有些老师，当时上课有个性，印象本来就深，加之后来还时有接触，更是经久不忘。宜昌师专的吴老师，便是这样的一位。

1959 年上宜昌师专时，恰逢从华师分来的年轻老师，看起来同我们只有几岁之差。可他们步入讲台后，我们一个个挺守规矩。吴老师给我们上古典文学，每次是在一个大教室里讲课。坐的桌椅像一把圈椅连在一起，只是右手的扶手处钉有一块四方形的木板，作放书、记笔记之用。他讲课时，声音清脆、慢条斯理，好像从来都是那么有节奏似的。那时，用着北大中文系学生编的教材，是一种颜色土黄、质地粗糙的书写纸印的，不太中看，但我们仍看得很珍贵。老师大多按这个教材讲，有时也自编讲义，灵活处理。由于我们这些学生一部分是宜昌师范学校毕业的学生留下来的，也有一部分是调干来的，所以接受能力有差异。老师采取适当的办法，讲一些基本做法，如何分析人物抓重点、如何读书作摘要、如何运用列表归纳内容……顾及各个层次。

由于那几年"教育与生产劳动相结合"，不是搬砖、拖瓦，就是麦收四快、大办钢铁，课表时有变动。这样，有时便集中到一周学习这一科，老师也还是《诗经》《楚辞》、先秦散文、唐诗宋词元曲、明清小说，尽可能保持系统性，想方设法，让我们都尝一尝。两度春秋，完成了那一阶段的学习任务。

师专毕业后，按照分配，我们大部分留在宜昌地区，也有一部分到了荆州。我当时属于后者，分到天门后，再也没见到吴老师，完全失去了联系。直到1986年我调回宜昌后，才有机会彼此相见。

这时候，他已提为中文科正教授，任教务处长，负责学报的编辑，集教务、公务于一身。

教学科研任务方面，他编的《明实录类纂》原为编年体史，凡 2925 卷，1600余万字，先要全部阅览一遍，然后选出自己编选的军事部分，再分成"削平群雄""灭元拒蒙"等 11 大类。那时没有电脑，全凭抄录。3 年啊，成就了这部长达

1233 面的皇皇长卷。校注清朝作者顾彩的《容美纪游》，它涉及古容美，即长阳、五峰、鹤峰一带的风俗人情、山川地理，关系到长阳、五峰的大土司田舜年所写的诗词，都是有相当难度的。吴老师经过考证，加以校注，化难为易，方便了读者，丰富了古典文学的宝库。他还写了《〈《田氏一家言》诗译注〉校读札记》《薛宝钗是怎样当上"宝二奶奶"的》《顾炎武常化用杜甫句入诗》等一二十篇文章，钩沉古籍、化解疑难，在古文学领域进行了不倦的探索，成绩斐然。

特别是今年上半年，当他看了我拙作《心语集》《如愿》之后，听他的儿子说，他的爸爸写了密密麻麻的笔记，正准备写一篇文章。果然，没过多久，我和吴老师在解放路相遇，他还扼要地向我谈及他那篇文章，让我很受感动。从那次分手后，大约月余，宜昌市炎黄文化研究会出版的《三峡文化》第二期，赫然载有吴老师写的评论《豪华落尽见真淳》。这篇诗文并茂、多姿多彩的评论，是信任，也是鼓励！

吴老师，你总是用你娓娓动听的语言，用你踏踏实实的行动启迪人、感召人！

2005 年 8 月 18 日

（原载《如愿》，大众文艺出版社 2004 年版。）

众类亦云茂，孤贞见幽姿

——对郭超焱《古诗文品赏》的推荐

王自哲

近年来，在中国古典文学出版领域，先是"选本"热，继之是"鉴赏"潮，这里对此毫无厚非之意，只杞人忧天的是，对于广大古典文学爱好者，尤其是青年读者来说，无论从时间投入上，还是购买能力上考虑，这类出版物都太奢华了。

图 13

石声淮先生在为郭超焱《古诗文品赏》一书所作序文中说："缩短读者与古典文学的距离，帮助年轻的一代去品赏精美的文化，无论数量与质量都亟待加强……他们需要那种比诠释性要高，比深奥性略低的'普及提高型'或'提高普及型'的读物，渴求有相当深度、有新颖见解、资料翔实、语言明白的阐述，去帮助他们……在较短的时间里，以较为有效的方式获得知识实惠。"《古诗文品赏》正是在这个意义上，可以满足广大青年文学爱好者的要求。

《古诗文品赏》乍看只是一本漫射型跳跃式的文论集，但读后不难体察到作者自有其特定的选题意识，显示出个人不露不藏的文学理想价值倾向。

《古诗文品赏》作者在文论的论述中，刻意在道、人、文之间进行深层次的阐述。在《究竟如何理解〈九歌〉形象》《"无韵的离骚"解》等文章中，尤其体现了这一点。作者通过剖析文本，更了解屈原、司马迁和欧阳修等诗人灵魂的颤音，从而反馈出作者自己的文学传统理想价值向往的回声。

早在 20 世纪 80 年代初，《人文杂志》就刊登了她所写的那篇《明月珠难识，甘泉赋可称》，开了当代研究古代女诗人作品的风气之先。在本书中，作者将汉代班婕妤、南朝沈满愿、唐代薛涛、李冶、鱼玄机和宋代朱淑贞等一一收入笔底，对她们的身世、诗作、意境、形象和语言，作了全方位的探讨。

（原载《书刊导报》1993 年 5 月 7 日第四版。）

注：

《古诗文品赏》，郭超燚著，长江文艺出版社 1992 年版。

附录：

七律·赠郭超燚

王自哲

咏絮才情自来承，郭家玉树有令名。
述而不作咻麟逝，志在传薪羞凤鸣。
慧眼洞察尘下客，彩球直击士中英。
沉浮共咏金婚后，挽臂偕游欧澳行。

右荒吟野律一首，不揣谫陋，书赠郭超燚女士，恭贺其与符公利民贤公母俩金色黄昏祺福泰，神仙眷侣悠哉游哉。

戊子春月艾鹤年

金先生做学问

李云贵

金道行先生，1937年生，武汉市人。1956年至1963年，在武汉师范学院读书学习。1963年至1985年，先后任长阳县贺家坪中学和长阳县高级中学教师、长阳县师范学校讲师、长阳县教研室教研员。1986年1月，调入宜昌师专中文科，任讲师、副教授、教授，1998年退休。

1985年，金道行先生的个人专著《中学作文技法》由湖北教育出版社出版发行。随后奉调到宜昌师专就是为了做学问。他珍惜学校分给他的书房，取名曰"又一村"。他在"又一村"里无事不出门。每年正月初一订科研计划，完成就打钩，腊月三十算总账。金先生做学问不愿走前人的老路，更不愿吃别人的现饭。他认为所谓学问就是"所见不同"，就是"柳暗花明又一村"。

金先生在师专专任写作教师，他爱"写作"，就做"写作"的学问。他看到当时的《写作》教材无不是主题、题材、结构等老一套，而且讲得再好也只是"技术"层面的东西。他认为"写"得好的关键是"想"得好；他还从长期的作文教学实践中体会到作文能力的关键是"爱"作文而不是"怕"和"讨厌"，这就进入了"心理"层面。于是，他试图将"写作"与"心理学"相结合，确立"写作心理学"为他的学术研究方向。他还从自己的写作课做起，让学生喜欢而不是讨厌。1991年，金先生以"写作心理教学"获湖北省高等学校优秀教学成果二等奖，并于2003年由文心出版社出版《作文心理素质教育》。

20世纪80年代"知识爆炸"，金先生苦钻现代心理学，尤其是精神分析、格式塔和人本主义心理学等。为了提高学术素养，金先生还于1989年至1990年负笈北京师范大学做国内访问学者，师从童庆炳教授学习文艺心理学，完成了学术专著《写作心理探索》。从宏观概括出"写作心理双向组合原理"，被童庆炳教授在《序》中肯定为"独到的发现和创造"。该书于1991年由广西教育出版社出版。在此基础上，金先生再从"作者心理"和"读者意识"展开，对动机、灵感、思维等做微观研究，完成了又一本学术专著《写作心理探微》，于1995年继续由广西教育出版社出版。

"两探"之后，金先生还从文学创作的"白日梦""心理冲突""心理视觉""生命体验"等心理学原理写出《文心探珠——文学写作心理学》，于 2010 年由长江文艺出版社出版。此为"三探"，与"探索""探微"共同构成金先生学术研究成果的"写作心理三探"。

"写作心理三探"的许多章节在学术期刊发表，其中《文学创作的心理冲突》和《论艺术思维》被中国人民大学报刊资料全文转载。其"写作心理学"学术体系被《文艺心理学大辞典》(湖北人民出版社 2001 年版)收录；还被王克俭著《文艺创作心理学》(中央民族大学出版社 1997 年版)评述为"国内目前关于文学创作心理学的研究，除了从属于文艺心理学的一支外，还有一支从属于写作心理学研究，如金道行的《写作心理探索》"。因此，金先生的写作心理学研究被中国写作学会评为优秀理论成果二等奖。

金道行先生退休以后，更是孜孜不倦地将学术延伸至对中国最早的文学心理的研究上。将《诗经》、屈原和宋玉当作精神分析的最好典型，用 20 年时间完成了对屈原、宋玉和《诗经》的精神分析。

金先生认为从来的屈原研究都是用考证方法，而屈原的资料捉襟见肘；又由于千年"屈学"是用社会学支撑，使屈原成了一个既定而单一的人格模式。金先生第一次运用精神分析的理论和方法研究屈原，看到他激烈而多层面的人格矛盾，以致心灵痛苦；认定屈原苦苦"求索"的是"美"，"美"是与孔子的"仁"、老子的"道"、庄子的"无为"同样的哲学理想；"香草美人"是一个象征系统；而"楚辞"也是巴楚的"双母"心理喂养的诗，故确切地应是"巴楚辞"。由此，把屈原从"神"还原为"人"，写成了学术专著《我看香草美人——对屈原的精神分析》，由长江文艺出版社于 2012 年出版。其部分章节在"新浪网"发表，被评为"读者最值得阅读的 100 位教授的博客"之一。

金先生紧接着又对楚辞的重要继承者宋玉进行精神分析，认为宋玉是又一个多情、多才而怀才不遇的人格矛盾的典型，故"悲秋"意象成了中国知识分子的集体无意识。"巫山云雨"则是宋玉"爱"的现实高峰，与"香草美人"是屈原"美"的理想高峰，构成两大象征系统。金先生还以心理分析判定《神女赋》为"玉梦王作"，是多情的诗人借他人(楚王)之酒杯浇自己的块垒。《神女赋》不啻是宋玉多情的《九歌》；《高唐赋》可谓宋玉的《天问》；《九辩》则是宋玉晚年的《离骚》。金先生还从历代专家批评与读者喜爱的不同态度看出"两个宋玉"，进一步肯定了宋玉的人性与人格的复杂性，以及宋玉文学的生命力，于是写出了争鸣性的学术专著《我看巫山云雨——对宋玉的精神分析》。

2020 年，金先生在 83 岁时完成了 40 万字的最后的学术著作《我看风雅颂——对〈诗经〉的精神分析》。打破传统的"经学"研究和近现代史学和政治学研究，第一次用现代心理学理论和方法，重新把《诗经》置于刚刚成为"文明人"而又没有被文明所束缚与压抑的"自由人"的背景下来解读，于是，就看到了最早最本真的"人"和"人性"，他们的狂欢，他们的"性"开放而不是"解放"，以及图腾和禁忌中的性的"升华"。于是，"风雅颂"也就成了中国第一个文化"大黄金时代"的第一枝报春花。这部专著遴选115首"风雅颂"重新解读，如《关雎》是"一个少女的怀春梦"，《黍离》最早抒写中国人的"知音情结"，《女曰鸡鸣》是最早的电影短片，《宛丘》《月出》等8首是多幕陈风歌舞剧，《东山》是最早的《新婚别》，《正月》是最早的《离骚》，《大明》《生民》最早抒写"恋母情结"……

《我看香草美人——对屈原的精神分析》《我看巫山云雨——对宋玉的精神分析》《我看风雅颂——对诗经的精神分析》合而为"风骚三部曲"。

金先生写完"写作心理三探"，就走不稳路了。住医院，妻子扶着散步，后来妻子也骨折了，但他还是"偷闲"地写。写完了《我看巫山云雨》，又因"慢阻肺"住院，适逢"新冠"疫情，就宅家写《我看风雅颂》……

金先生还写学术论文，长篇如《中国神话的精神分析》（上、下）；写文学评论，特别助推本土作家和作品；还写了大量随笔，学术的、人生的。他把学问和写作当作生活，看作长流水，慢慢悠，且苦中有乐。电脑置于桌前，旁边放着小本子和稿纸，想起什么随时速记在纸上。

金道行先生在宜昌师专30余年来，所得400万字，而他认为自己是事倍功半，按所写怕有千万字。他便借宜昌工人诗人黄声笑《我是一个装卸工》的名句"左手搬来上海市，右手送走重庆城"自况，也说自己是一个"码字工"，"左边码字四百万，右边掉了一箩筐"。

一部人格文化的录像

符　号

　　一天下午，金道行先生在事先电话约定的时间里打"的"前来看我，"人逢知己千句少，话愈投机话愈多"。他拿出将要出版的三个集子的书稿来，让我为之一惊。他已出版了五本大著，不久前还在住院！他身子瘦小单薄，白皙的脸，花白头发，手是凉的，还在呕心吐丝，欲罢不能。心疼之余，我内心肃然。他想让我为他的随笔集《桃李》作序，我有些惶然。我给不少人作过序，大多是晚一辈的年轻人；给"倒霉"却孜孜以求的年轻人，更常常很少推迟。而要给我一向敬重感佩的金教授作序，则不免有"不够格"的自惭。然而他认为我最合适，对他有至深的了解，非我莫属。见我推辞再三，他竟轻声问道："该不会有其他难处吧?"一句话叫我连解释都来不及……他是受过伤的人，57 年以来结出的长长的疤痕，阴雨天是会隐隐生疼的，有时又会条件反射式地特别敏感。我知道再推托会闹出误会，我不得不从命！

　　他和我们一道开过专栏，他的"金先生系列"写得格外俏皮。他精心塑造出一个今日杂文中很少见到的表面上胆小怕事、唯唯诺诺，不断被人欺侮、遭人奚落也同时遭自己奚落、自我贬斥的小人物形象，实际上这是一个正派善良、洞若观火的智人、高人，一切丑陋邪恶都休想逃过他的火眼金睛。那"金先生曰"篇末的点题，四两拨千金，一语中的，含而不露，点石成金，更上层楼，直如平地拔起的山峰，风景卓然。像金先生这种有人物性格，有小故事情节，可读性很强的"平民杂文""小人物杂文"，真可谓独树一帜，别开生面！

　　他是我心目中须仰视的人物，凭他的人格、他的精神、他的执着、他的人生的轨迹、他在学生中的影响、他在学术上的成就。

　　学生称他为"三好先生"：人好，课讲得好，学问做得好。"心里淘金，缘道而行，是谓之'金道行'。"

　　诚哉斯言！我要说：金先生是金。

　　他吐的虽非"金口玉言"，写的也非"金科玉律"，口袋里"金哥哥"更没几个，他却是人品是金，精神是金，学识是金，文章是金——读金先生和金先生著作后不能不这样认定。

他16岁发表处女作，18岁开始教书；20"弱冠"，蒙冤派"右"，于学校听小孩唱"右派分子夹着尾巴逃跑了"，在农场不厌其烦地听"老实点"的教诲。他默默地捞螺、挖藕，作"火头军"，当牧鸭人；60年代初从武汉发配到贫困的长阳山区，一呆就是20多年……他随遇而安，努力去适应各种环境，他"以火去点燃火，以心去点燃心"。他是激情型的教师，讲起课来"可以吐得出一颗心来"；他疼爱高足，不薄差生。在他的门下，穷困山乡走出了出版社的编辑部主任、报社老总、文学期刊的主编……他多次被评为省先进工作者、省优秀教师，不少学生视他为人生的楷模。我多次听到他中学与大学的弟子背地里对他的赞美与感激——金先生不期然地得到了金色的回报。

他随遇而安却并不随声附和，随俗沉浮。他"磨而不磷，涅而不缁"，保持着那份正直、执着、清醒、淡泊与宁静。他如庄子所说："胸中则正，正则静，静则明，明则虚，虚则无为而不为也。"他认为"一切教学做学问都凝聚成为一种人格。教学就是教师把自己的人格描绘给学生，一代代教师留给学生的最后都是自己的人格形象"。这实在是他的写真！

他是一个赶路者，在写作的道路上，不计寒暑、不舍昼夜。超强度的劳动，弄得他面色清癯，身子单薄，仿佛一阵风都可以吹倒，以致参加路程不太远的活动，夫人都不太放心。然而他依然默默地呕心沥血、燃烛吐丝，说必须赶在身体崩溃之前夺回失去的20年光阴。历史曾有负于他，他却好像自己欠了历史的账、学术的账、学生的账、读者的账。他的口头禅是"时间不够"；他的座右铭是鲁迅的"赶快做"；他的独白是"我终于要与写作'拜拜'，那是我不能再思考的时候"。这是他的生存方式，情感方式，他的"本我解放的欢乐"，他的"活法"。

他自比"村叟"，"抢种晚秋"。他期望"种豆得瓜"，实际是"种瓜得豆"。不过他得到的是光闪闪沉甸甸的"金豆"。他以几十年的"厚积"，于十几年中"薄发"而致不可收拾。他以久违的国外心理学理论融入中国的写作理论与实践，提出了"写作心理双向组合"的学说，形成完整的学术体系。他做了上万张研究卡片，于教学的同时，10余年中写出厚厚的8部学术专著与文学随笔、50多篇学术论文，总计达100多万字。金先生迎来的正是生命的金秋！他简直是"大器晚成"！

"受屈不改心，然后知君子。"李白的诗是为金先生而题的！

《桃李》按生活随笔、学术随笔、诗文书话三部分分类，其实皆可统称为"学者随笔"——学者的生活，学者眼中的社会，学者笔下的随笔；一切洋溢着学者的氛围，展示出学者的品位。

我曾听到过对"金先生系列"不同的一些议论。有人说他写的全是拈不起筷子的日常琐事；有人说他的生活面太狭窄，老围着自己的圈子打转转……有人则赞不绝口，以为是清晨的鸽哨，雨雾的田园，别有一种清新……

是的，"金先生系列"，少有经天纬地的大题材、治国平天下的"主旋律"，只有买菜买水果打电话看戏看病瞅挂历逛书肆坐"麻木"住旅店之类的琐琐细细絮絮叨叨。金先生没有新闻记者耳听八方的条件，也不像从政者处于矛盾的漩涡；他可以读万卷书，却无缘行万里路、识万种人，这限制着他直接的社会感受与信息。然而劣势某种程度也可能成为优势。正是这种凡人小事，烛照了民情、社态、党风、政风。

他的优势在于他独有的学养、独自的体味、独特的视角、独到的剖析与独创的技法。

他的文章没有疾言厉色与剑拔弩张，没有长官式的居高临下与社论式的训导教义，没有时评式、读者来信式的直白。他实践着他的"杂文是拐弯艺术"的主张。

他把"金先生"塑造为一个寒伧、迂腐、可怜亦可笑的角色——处处小心却又老是上当，事事谨小慎微却又经常尴尬狼狈。那其实是所有无权无势无钱的本分百姓的共同经历，是善良、诚信受到奚落与践踏的掠影。文章不断地对自己进行着贬损与嘲笑，然而这通通不过是载体，是以之讽世嫉俗抨击弊端的一种构思。金先生显然在作一种"平民式"的杂文与随笔的尝试，以凄苦弱者的苦涩幽默折出大社会的万象与平民百姓的酸甜苦辣。金先生也就成了社会积弊与国民心态的解剖专家。读解之后，你会感到真正尴尬狼狈的并非金先生，倒是那些人生舞台上演出各种拙劣戏剧的"耀武扬威"的人们。在金先生的高级摄像机前，他们丑陋的外表与龌龊的灵魂都无所逃遁。

对于出洋相的"金先生"，一时你可能感到可笑；而对"金先生曰"中的金先生，你则会肃然起敬。"金先生曰"，使人联想到《史记》中的"太史公曰"，写得妙语连珠，警策隽永。例如记述生活中几折拙劣的滑稽戏之后，金先生曰："看演戏，以演得越像生活就越好，这时的演员实实在在已进入无我的境界；而生活无儿戏，它越像演戏就越糟，那演员必然迷于有我的怪圈。当人在生活中营私时，他必演戏，这样的戏，越煞有介事，就越害人。我记起了南派喜剧大师程之引在条幅上的话：演戏要生活，生活不演戏。"记述自己染发由白而黑而红，最后推成大平头的"喜剧"之后，金先生曰："嘻！生活的捉弄，科学的报复，文明的揶揄，希企的调侃，演出了多少悲喜剧，又何止于染发。处在社会转型期中，需要适应，需要学习，更需要精神的轻装。我们曾经活得太累。呼唤轻松，走出困惑！"文章因"金先生曰"而小事不小，读者因"金先生曰"而思想得到启迪与升华。

金先生常喜欢怪诞地进行词汇的错接巧接：褒料贬作，贬菜褒炒；庄严的政治名词用于凡俗的生活，日常用语搬至神圣的政治领域，获得一种不同凡响的效果，烘托出一种特有的气氛。亦庄亦谐，寓庄于谐；俗中见雅，雅中有俗。吃惯了大油大荤的人也许对这种清淡的菜肴不甚习惯，但真正的美食家是会认可的。

生活随笔中另一种是有关乡情、亲情、友情、人情、欢情、苦情的描述。用心灵对话，从心底流出。其含真量、含情量都是高浓度的。他绘影绘神地描摹出如雷电奇遇、入院体检、军营上课、乡亲喝茶等各种"盛况"；酣畅淋漓地抒发对生活的挚爱，对事业的专注；"不愿以自己的痛苦去凑热闹"的回忆文章，让人触摸到一个赤诚正直的知识分子的良心，让人读后或怦然心动，或隐隐作痛，或啼笑皆非，或忍俊不禁。他情景交汇，叙议融合，他的"意识流"渗透于叙事的每一个毛孔。即便如过河过江过渡这样的小材小料，也让他制作得精美奇巧有滋有味。其文字的准确、洗练、流畅、幽默，显示出丰厚的文学功底。他简直是随心所欲，随笔赋形，随语成韵，随韵成趣。行文以情作线，一气呵成，因而读他的文章，也会不自禁地"一口觉香，二口肚热，三口精神大振"。在今天快节奏的现代生活中，不失为一种广受欢迎的文化快餐。

如果说他的大部头学术专著是大金块，那么他的"学术随笔"包括"诗文书话"则是些金屑粉末。金块也好，金粉也罢，都是金贵的好东西！他探索文学创作的心理动力、心理空间、心理时间、心理语言、心理逻辑、高峰体验等，其实都不过是他学术研究"边角废料"的合理利用；是他学术探讨的前奏、雏形与余波。他对沿用已久的"形象思维"提法科学性的质疑，极具创见；他对杂文"文艺性论文""散文的一种"的观点的否定，对杂文写作的"导向"大有裨益。虽然这类随笔带有较强的专业性，但是由于金先生善于深入浅出，化抽象为形象，因而对于非专业的读者，也可以读得满口生香，津津有味。

20 世纪 80 年代，我与金先生曾对门而居达一年多时间。虽往来很少，但心心相印，灵犀相通。90 年代一道在报上开专栏，多了些见面的机会。每次交谈，总有说不完的话，总有"人逢知己千句少"的感觉。他赠我专著，我呈拙书请他指教，"君子之交淡如水"。有感于郭沫若、巴金、老舍、曹禺、路翎、浩然、姚雪垠等作家几十年创作道路的起伏，我曾经向他提出写"写作病态心理学"的建议，看到他单薄的身子，话刚出口，又不禁后悔……

金先生曾在一篇文章中提出"人格文化"的命题："中国人，尤其是知识分子，常喜借墙壁来观照人格……睹其壁而知其人，这就形成一种人格文化。"人格渗于文化，文化展现人格，正所谓"铁肩道义""道德文章"。那么凝聚着金先生文人之"迂"、学者之"思"、教师之"情"的随笔集《桃李》，正是他的一部"人格文化"的录像。

"凤凰翼其承旗兮，高翱翔之翼翼。"衷心祝愿金先生身笔两健，鼓荡起金色的翅膀，继续在学空里搏飞，在文海上翱翔！

1999 年 3 月 12 日

我的写作老师

胡兴桥

　　我来自枝江的一个贫穷山村，是提着一个蛇皮袋来宜昌师专报到的。那时我住学生公寓的 2 栋 7 楼，是 701 的室长。每天我铺好床，在公寓 1 栋前的转角锅炉房打了开水，在学校大门的大报告厅的一楼，买两个香甜的馒头作早餐，然后走过宜昌师专的老校门，绕过假山水池，到 9311、9312 中文系集中上课的阶梯教室，听老师们上课。

　　这里面就有金道行先生。金道行先生戴鸭舌呢绒帽，瘦削脸，戴大边眼镜，腋下夹着一本书，慢慢地踱到讲台上，然后让我们翻开他写的新书《写作心理探索》。一开场有些木讷，他声音低低地说：这本书还有一个姊妹篇——《写作心理探微》，还在酝酿中，现在咱们先讲"探索"。我们都惊掉了下巴，这是第一次书与书的作者同步，让我们进入学习的过程。我们齐刷刷地翻开教材《写作心理探索》，心里头泛着满满的崇拜感。

　　金先生抿一口茶，也没太在意我们的反应，就进入正题。一进入正题突然像变了一个人似的，讲到"作者心理""读者心理""作者与读者的双向心理曲线"……金老师滔滔不绝，唾沫星子都出来了，表情也极为丰富，眼睛微闭，仿佛进到他自身创作的美妙境界。然后金先生问殷正红，你听懂了没有？殷正红不知晚上点蜡烛干什么了，被教授一点，一下子一个激灵，摇头晃脑地说听懂了。先生不大信，又问龙艳艳，龙艳艳一本正经、原原本本将课堂内容进行了归纳作答。金先生听完，微微一笑，嘴角悄悄上扬，然后用不标准的武汉普通话轻声地说，下课。

　　我常在阶梯教室坐右手边的第四排，大二时我是 9312 班的班长，负责擦黑板。金老师来上课，我就将黑板擦得特别干净。这时候金老师的《写作心理探微》出版了，金老师像生了孩子似的在我们面前快乐得像个顽童。金老师说："探微"显然是升级版，写作的微观世界有科学的理性和艺术的感性，令人着迷。我们围在他身旁，那是一个深秋的午后，很好的阳光透过栀子花散落在窗棂边，我们一起挤在阶梯教室的讲台前，拿着金先生的新书，争先恐后地让他签名。

　　金老师说，谁能在市级以上刊物上发表文章，我的这门课免修。金老师说这话无疑是对我们的激励，他的语气轻柔且又毋庸置疑。然后金老师就反剪着手，在师专图书馆门前的香樟路上散步，戴着鸭舌帽，文质彬彬，一副干干净净的学者风范。

我那时的家境贫寒，做家教的时间比较多，有时就占用了金老师的上课时间。我自幼爱好文学，到了师专后先是加入"橘颂"文学社，后来成为理事、社长，凭的就是那份热爱。文学社的前任社长宋秀洲，毕业前就出版了个人散文集《野孩子》，一时成为美谈，也成为我们学习的榜样。还有我们学校党委宣传部的胡长贵老师，当时年纪轻轻留校，也出版了《管窥阿Q不精厚黑学》杂文集，当时的中文科，藏龙卧虎。

我在大一的时候就开始在《宜昌师专报》上发表文章，记得第一篇铅字文是《默爱》，讲的是一位高中的教师，后来又陆续发表《冻不住的芬芳》《头发乱了》《无言的西街头》……其中有一篇《师爱》，写的就是金道行先生，说我没去听金老师上课，只是将自己发表的"豆腐块"当作业交给了他，他便果断地花好长的时间在班上表扬我写的文章，我心里满是感动。

在担任"橘颂"文学社社长的时候，有一天我邀请金老师为我们文学社开一场关于文学的讲座，没想到金老师非常爽快地答应了。讲座的地点在阶梯教室前面的教学楼大教室203，讲座的主题是"如何面对快餐文化"，金老师面对来自全校各系的70多名文学社社员，先讲"什么是快餐文化"，然后指着邱安凤说，你的文章要多些底蕴。邱安凤正在认真地记着笔记，金老师这么一说，邱安凤一下子红了个全脸。金老师在讲"快餐文化"的弊端时，特别与向昌浩、陈世琴、曹志刚等学生交流，大家畅所欲言，知无不言，热烈地与教授讨论，这样的学术氛围，在当年宜昌师专这块土地上，演绎得生动而又频繁。

关注了金老师，就去读金老师的书，金老师的时文。当时《宜昌日报》有个著名的时评栏目就是"时评三人行"，其中一个就是金道行先生，另外的两人中一个是符利民先生（笔名"符号"），现在是宜昌市屈原学会顾问，是大宜昌市头一个文化名人。金先生做人写文，有学者的智慧、文人的幽默、赤子的情怀。他所写的关于夷陵地区的"国计民生"，书香气、烟火气相得益彰，成为当年《宜昌日报》一道靓丽的风景。我是每期必读，对金老师的推崇变成了之后实实在在的行动。1999年，我在枝江一中带了第一届毕业生，其中有个孩子叫肖潘潘，非常喜爱文学，我说那你就去报社写评论吧，放眼天下心系苍生，是赤子文人的最好归处。果然，现在肖潘潘是《人民日报》"人民论坛"的署名作者，这应该是金老师优秀的"徒孙"吧。

常常看见金道行先生和他的太太在校园里散步，他的太太在学校图书馆工作，管理、整理书籍，是个慈眉善目的长者，我们都叫她"师母"。我们中文科的学生预约借书(当时据说咱们师专的图书馆藏书只有 15 万册)——好书都得预约,通过师母的借书绿灯,我在当年看了很多古今中外的好书,比如老鬼的《血色黄昏》,莫言的《红高粱》,刘震云的《一地鸡毛》,比如普鲁斯特的《追忆逝水年华》等。书越是少,读得越认真。

金老师膝下有一个女儿叫金莉莉,当年刚好在我们 9312 班,之前我们只知道金莉莉是宜昌城区的,后来春节后我们几个同学去金老师家串门,才知道金莉莉是金老师的千金。金莉莉秉承为父性格,为人低调谦逊,是个学霸,平时关注学业多,后来专升本,本科之后继续读硕读博。据说现在在北京一所大学任教,她可能是我们这个班学历最高的了。

1996 年,我从宜昌师专毕业,当时学校合并为湖北三峡学院,下设师范学院。我们应该是宜昌师专典型的关门弟子。当时还包分配,但我们都不认命,都在四处折腾,找更好的工作单位。金老师找到我,对我说,兴桥你写了那么多文章,不妨把它们编辑成册,当作师专 3 年的科研成果,我来给你写个序言。我当时受宠若惊同时又语无伦次,我说好的……金老师,我来整理……谢谢您。金老师接着说,兴桥你的心性比较安静,适合做点研究,你不妨在这方面多努力。——我大受感动,觉得师专这么大的一名教授,还为我这样一个不知名的后生劳心费神,真正感佩得无以言表。后来,我整理出来的文章合集《浮尘》,在金老师的大力推介下,获得了 1996 年湖北省大学生科研成果二等奖。因为这一奖项,我也很顺利地到当时的省重点中学——枝江一中任教。

师专 3 年,只是人生过隙光阴,后来我又从枝江辗转湛江、佛山、广州,到如今的深圳,应该算得上是 93 级走得比较远的学子了。金先生的"写作心理学"系列,深深地影响了我,使得我爱上了写作教学,爱上了教学教研,从此欲罢不能。到如今,毕业 26 年过去了,心里一直留存着当初的样子,一直难以忘却北山坡上的教育,难以忘却阶梯教室里的教诲,难以忘却宜昌师专如同金道行一样的大先生们,比如孟祥荣老师、王钦锋老师、彭红卫老师……记得当年孟老师讲古典诗词,一把浓墨胡须,说话字正腔圆,抑扬顿挫,中气十足;王钦峰老师讲外国文学,讲到唐吉诃德,手舞足蹈,言语极为夸张,将荒诞表现得淋漓尽致……奉献是师者的"道行",师范教育是火把的传递,3 年的耳闻目染,我们这些学子,便注定了今生的不离不弃。

邱安凤、殷正红、向昌浩等人一直未离开文字,邱安凤还主持着地方的政协工作;陈世琴、闫正斌、曹志刚等人一直做着造福一方的行政工作;而像龙艳艳一样的大多数师者,更是老宜昌师专大先生们的精神赓续。先生风范山水长,弟子领会多思量。当年的寥寥数语,已变成今生珍贵的精神财富,3 年的师专生活,已变成职业生涯最好的压舱石。

如今，我们已出走半生，相信归来依旧是少年！

先生，母校，干杯！

作者简介：

胡兴桥，宜昌师专中文系 9312 班学生，广东省中学语文正高级教师、特级教师，名师工作室主持人，岭南师范学院、惠州学院外聘教授，著有《地域文化与中学语文教学》《文化语文》等。

他的爱，在默默耕耘中绽放

——访宜昌师专物理科王正清教授

李冬梅

王正清教授 1956 年 9 月毕业于北京大学物理系，随后留校担任助教和讲师。1965 年，王正清回到宜昌工作，先后在市七中和市十四中担任物理老师；1979 年调到宜昌师专，并担任物理科主任，1984 年开始担任宜昌师专副校长，1998 年退休。王正清教授曾当选为湖北省政协委员、宜昌市人大代表，并曾任全国师专物理学会会长、湖北省师专物理学会会长、《大学物理》编辑部编委，是师专物理界重要的学术领军人之一。

爱学生 以德育人 从严治教

"愿将青春许孺子，甘为盛世做人梯。"王老师说，既然选择了做一名教师，就应该一辈子用一颗诚挚的爱心去关爱每一位学生，而爱学生是一名教师应具备的最基本的师德。教师的任务不仅仅是教书，还有另一层崇高的含义就是育人。当一个学生走出校门的时候，使他受用终生的不仅仅是书本上的知识，还有影响他一生的价值观和思想道德品质。王老师是这样想的，也是这样做的。

1956 年，王正清老师以优异的成绩毕业留校，成为北京大学的一名物理教师。那时大学里还没有专职辅导员及班主任，王老师的工作既是物理教员，也是学生们的辅导老师。王老师清楚地记得，那时课堂上的授课时间是固定的，而课后的答疑却得随叫随到，甚至是主动到岗。辅导答疑的内容有很多，包括学生的作业、习题以及学生思想上、生活中遇到的各种事情。答疑的地点不是现在的自习室，也不是心理咨询室，就是利用课余时间到学生的宿舍一对一进行辅导，几乎每晚如此。

也许是因为刚刚大学毕业，王老师很容易与学生打成一片，不知不觉中，他与学生们成了无话不谈的朋友。老师的认真勤奋带动了学生的学习热情，学生的求知欲望促动了老师的刻苦钻研。王老师说，学生在不断进步的同时，也收获了自己的人生。

王正清老师在北京大学主要讲授"数理方法"等课程。在此期间，他曾与刘弘度合作，翻译出版了 D·特哈尔的《量子力学习题集》。在几十年的教学生涯中，他先后讲授过"力学""光学""原子物理学""近代物理学""量子力学"和"数理方法"等课程。在长期的物理教学过程中，他积累了丰富的教学经验。在教学中，他特别注重突出物理概念，分析物理思想，培养学生实践能力，做到理论严谨、阐述透彻。尽管有的课程已经教了多年，但他每年还是认认真真地写教案。他说，备课的过程也是自我提升的过程。他非常重视实验课程，提高学生实践能力。在北京大学教书时，所有的实验课器材都是老师们自己亲手制作的。通过实验课，不仅增强了学生们的动手能力，还培养了学生踏实的作风。他主张从严治教，努力把传授知识与培养能力紧密结合起来，同时在教学内容上要紧跟物理学科的最新发展，教学方法上充分调动学生学习的积极性和主动性。

王正清教授十分重视教材建设，1985 年，他组织湖北省师专骨干教师主编出版了《原子物理学和原子核物理学》。他与华中师范大学刘连寿教授合编的《数学物理方法》，由高等教育出版社出版后，被多所高校选为课本，不断再版重印，并出版了英文版。20 世纪 90 年代，高等教育出版社特邀请他担任主编，出版了全国高等师范专科学校教材《普通物理·力学》《普通物理·热学》《普通物理·电磁学》《普通物理·光学》。

爱专业 潜心科研 不断创新

在几十年的物理基础研究中，王教授累积了较高的学识水平和深厚的专业功底。他主张大学教师必须搞科研，科研是创造性的工作，只有通过科研，教师的知识才能不断更新。早在 1960 年，他就开始从事原子核物理的研究工作，与张庆营、王耕国一起在《北京大学学报》上发表了《轻原子核的集体参数》一文。1993 年，他被湖北省确定为享受政府特殊津贴专家。

作为华中师范大学兼职研究生导师，王教授协同刘连寿教授指导了庄鹏飞等优秀学生。在以教学为中心任务的师专，他克服种种困难组建了"粒子物理科研小组"，获得了省教育厅的科研经费资助。该小组长期坚持基础科学研究，取得了可喜的成绩，从 20 世纪 80 年代开始，先后在美国《物理评论》、德国《物理杂志》、新加坡《现代物理快报》和国内权威学术刊物上发表论文几十篇，并获得湖北省自然科学奖。

爱同事 以身作则 以老带新

王正清教授十分注重对青年教师的培养，经常专门为青年教师讲授数理方法，组织试讲，细心指导青年教师上课，并主动为新开课的青年教师当助教，对青年教师所写论文也都给予详细指导。他认为，作为一名教师，首先要热爱学习，备好课是搞好教学工作的重要环节。对于没有认真准备教案的青年教师，他常进行严厉批评。王教授利用"粒子物理科研小组"平台，经常与青年教师进行学术上的研讨。青年教师每每在科研上取得成绩，他总是感到非常欣慰。在40多年的职业生涯中，他为学校培养了一批优秀的中青年教师，这些中青年教师有的成为省管专家，有的成为享受政府特殊津贴专家，有的成为二级教授，现在正活跃在教学科研的第一线。当年的年轻老师如今都收获了学生的爱戴和事业的成功。谈起当年，他们对王教授的谆谆教诲仍记忆深刻。正如一首歌的歌词中写道："长大后，才知道那间教室放飞的是希望守巢的总是你；长大后，才知道那块黑板写下的是真理擦去的是功利；长大后，才知道那个讲台举起的是别人奉献的是自己……"

正所谓"师者，所以传道授业解惑也"，王教授就是这样，以蜡烛精神，燃烧自己，照亮别人，用专业的技能浇灌着他人，用无私的品德引导着他人，用自己的爱温暖着他人。

（原载《三峡大学报》第 377 期，题目略有改动。）

生命的赞歌

——记宜昌师专数学科帅绪芝教授

校园星座

1994 年对宜昌师专数学科教授帅绪芝老师来说，是不同寻常的一年，是幸运的一年。5 月，经学校党委批准，帅老师被吸收为中国共产党预备党员，圆了 30 多年的入党之梦；11 月，经湖北省高等学校教师高级职务评审委员会议审定，帅老师具有教授任职资格；12 月，帅老师又荣获"全国曾宪梓教育基金会三等奖"。虽然在此之前帅老师多次获得"学校园丁奖""三育人先进工作者"和"学科带头人"等荣誉称号。但对于 1994 年发生的这三件大事，他的心里仍然很不平静。

一

1994 年 7 月 1 日，满头银发的帅老师举起右拳，在鲜红的党旗前，庄严宣誓，"为共产主义事业奋斗终身"。30 多年的苦苦追求，30 多年的风雨坎坷，浓缩在黑发到白发，小伙子到老头的变化中。人世苍苍，不变的唯有那颗赤诚的心。1960 年，帅老师从华中师范学院数学系毕业，分配到宜昌师专。刚进校，便向当时的校党总支递交了入党申请书，他陈述了对党的衷心爱戴，恳请党组织考察，这一考察便是几十年。"文革"前，他因家庭出身的问题，本人又是知识分子，在"极左"思潮的影响下无资格被考察。"文革"时期，他被关牛棚，遭下放。在那布满阴云的岁月里，他没有消沉，没有放弃。在那几年里，通过系统学习马列知识，他对党有了更全面的认识，有了更亲近的感觉。"文革"后，党的拨乱反正、改革开放的稳定繁荣，1989 年动乱中党的坚硬如磐和英明果断，给他注入了催产针，服下了定心丸。动乱以后，他再次递交入党申请书，并参加党校学习，他没有为几十年的遥遥考察期所累所厌，他希望继续考察。历史是公正的，人民的眼睛是雪亮的，经过反复考察，党组织终于将他吸收，圆了他 30 年的梦。

二

　　帅老师上大学时学的是俄语。1978年恢复师专后，为了提高外语水平，为专业研究奠定坚实的基础，在教学任务和家庭负担都很繁重的情况下，他毅然决然地报名参加了中央电大的英语学习。师专当时报名参加中央电大英语班学习的有20多人，但坚持到结业的却只有两人。两年中，经过中央电大8次严格考试，帅老师每次都获得良好成绩，拿到了中央电大第一届英语学科结业证书。

　　在学习上，帅老师是个勤奋的人，在事业上，在科研工作中，帅老师也是一个勇于进取的人。1978年恢复师专以后，帅老师担任了"解析几何""高等几何""微分几何""近似代数"和"高等数学"等课程的教学，一方面是繁重的教学任务，另一方面，科研工作也必须加快步伐。80年代初，针对师专"解析几何"没有教材的情况，帅老师编写了一本40多万字的《解析几何》，受到全省师专同行的青睐，一致同意作为全省师专的教材，外省也有一些师专用该书作为教材。接着，又代表湖北省参加了中南五省师专教材《解析几何》编写工作。1988年，受国家教委的委托，帅老师主编了全国师专的统编教材《解析几何》。1979年，在湖北、湖南和四川3省部分师专协编的《高等几何讲义》中，帅老师担任该书的统稿工作，起了骨干的作用。1991年，帅老师主编了《初中数学竞赛训练指导》一书，完成了湖北省高等学校教学研究项目。此外，帅老师还在《数学通报》《数学通讯》《中学数学》和《宜昌师专学报》等专业杂志上发表20多篇共计10多万字的研究论文。

三

　　在教学工作上，帅老师严于律己，一丝不苟。言简意赅的分析、简练准确的语言、深入浅出的讲授、生动活泼的教学氛围是帅老师的教学风格。帅老师在给数学科新生上第一课时，总是讲中华古数学的精髓，讲中国数学家勇摘桂冠的艰难历程，介绍我国的数学家对青年一代的殷殷厚望，以此鼓励学生勤奋好学，热爱数学教育事业。在教学内容改革中，帅老师努力推陈出新，重在让学生掌握方法，增长智力。他经常选择国内外一些中学数学竞赛的试题来充实教学内容，藉以激发学生的学习兴趣，增加学生的思维活动量。在教学"高等几何"课时，他要求学生用"高等几何"的观点和方法解决"初等几何"的问题；有时，又把"高等几何"的一些定理和问题要求学生用"初等几何"的方法来证明，一正一反，举一反三，对于培养学生科研能力大有裨益。在帅老师的精心培养和指导下，数学科有两位同学获得"湖北省大学生优秀科研成果三等奖"，有 4 篇论文在全国公开发行的杂志上发表。

四

尽职尽责，教书育人，是帅老师几十年教学生涯的又一个特征。帅老师说，在当前新的历史条件下，我们老师必须具有良好的政治素质和师德风范，必须时时处处严格要求自己，在各方面做学生的表率。帅老师在担任班主任工作时，对待学生的态度是在政治上严格要求，在学习上督促帮助，在生活上关心爱护，在纪律上严格管理。1989 年春夏之交的动乱中，帅老师每天都要到学生的寝室里去，许多时候晚上要待到 11 点多才回家。有一天晚上 10 点多钟，寝室里放了一张标语口号式的大字报，都不愿意告诉老师是谁写的。就寝之前，帅老师召集全寝室开了一个小会。他说，大字报的口号尽管是反官僚、反腐败，但如果把它张贴出去，就是为这场风波推波助澜，搞乱了学校的教学秩序。在帅教授的说服下，寝室的室长当时就把大字报拿到走廊里烧毁了。在那一段时间里，帅老师坚持按时上课，100 多人的大课，讲授"高等几何"，教室里很不安静，批评几句，停了两分钟，又讲起话来了。尽管秩序很乱，但帅老师还是坚持按照教学的计划要求把课讲完，照常布置作业，并对作业严格检查和认真批改。

帅老师担任 8721 班班主任时，已经 50 多岁了，身体状况也开始变差，但从军训上早操到集体活动，他一样参加。为了帮助学生搞好学习，他在班上组织学生经验交流，请本班同学和高年级的同学介绍他们的学习经验。在每学期期末复习考试之前，他要求每一个学生根据自己的情况订出切实可行的复习计划和自己应该达到的目标，取得了明显的效果。8721 班曾多次被评为"先进班集体"和"优秀团支部"。

韶华易逝，青春不再。年届花甲的帅老师高兴地说，我这一生是无悔的，我在教育岗位上奋斗了近 40 年，培养了许多学生，他们有的当了博士后，有的完成了硕士学业，成为我国科技战线的中坚力量，绝大部分学生今天都是教育战线上的骨干；对于取得的成绩，我当然十分高兴。帅老师最后说，"为学必须毕生力，教书贵在育桃李。我还要在自己的岗位上奋斗不息。"

（原载《宜昌师专报》1996 年 1 月总第 40 期。）

英语教育是她钟爱一生的事业
——记宜昌师专英语科名师罗善翠教授

冯世斌

作为原宜昌师专的校友，我对那里的一切都充满着深厚的感情。由革命家、教育家徐特立老先生亲自题写校名的老校门是那样厚重古朴，院内的香樟树是那样粗壮高大，大门右侧的一号教学楼至今还承载着我学生时代的许多美好回忆。然而，令我印象最为深刻的当属当年辛勤培育我们、续写母校历史的那些老教师。

我 1985 年考入宜昌师专英语系，罗善翠老师先后担任了我"英语语音""英语精读"和"高级英语"的主讲教师，从此我与她结下了难以割舍的师生情缘。当年的罗老师正值中年，精力和事业处于人生巅峰时期，她功底深厚、教法精湛、待人和蔼，但要求甚严，是一位令我们又爱又怕的老师。

罗老师从上海外国语学院毕业后被分配到 156 部队农场锻炼，1972 年 2 月来到宜昌师范学校工作，是当时宜昌师范的第一位英语教师，与随后分来的周力、周金媛夫妇三人共同成为了英语专业的奠基人。

20 世纪 60 年代，宜昌师范学校的英语专业刚刚起步，教学工作特别艰难。罗老师风趣地说那是"三无"教育：无教材、无工具书、无教学设备，有的只是自己对教学工作的无限热爱和满腔激情。尽管条件简陋、人手不足，但首届英语专业仍然招收了 86 名新生。

首届英语专业的师生都格外珍惜这难得的机会。罗老师每天都待在教室里和学生在一起，接受学生咨询，指导他们学习，与这批学生结下了深厚的感情。毕业后留校与她一起共事多年的开山弟子万忠玉和陈世香如今也已退休安享晚年，但师生间每年都会聚会，共同回忆那段难忘的岁月。

作为英语专业的首位英语教师，罗老师像一位播种者，这些年辛勤培育的数千名英语学子大多已奔赴荆楚大地的英语教学一线，并在那里发芽、开花、结果，成为各级各类学校的英语专业骨干教师，部分学生还成为高校英语专业教授，有的甚至在国外发展多年。罗老师本人也因工作业绩突出，先后被评为"宜昌市人民政府市管专家""湖北省优秀教师"。她一手创办的英语系，如今已发展成为三峡大学外国语学院。

桃李不言，下自成蹊。她是三峡大学外语专业的创始者、发展的见证者，更是英语教学工作的实践者和促进者。

梅花香自苦寒来。罗老师在她几十年的教学生涯中之所以深受学生欢迎，得益于她在业务上的不断提升，她自学的点滴故事在今天听来仍令我感动不已。

在英语专业创办之初，由于教师严重紧缺，不可能安排她们脱产进修，英语教研室便组织她们边工作边学习，教研活动抓得很紧实。罗老师在回忆这段日子时说："我们当时教师虽然不多，但大家有一个共同的信念，那就是一切为了工作，一切为了学生。我们这个团队是一个团结的集体、拼搏的集体。教研室经常组织我们进行专业考试，有时也会因担心能否及格而忐忑不安。"

为进一步更新教学理念、提升教学艺术，罗老师于1981—1982年参加了华中师范大学英语专业的助教进修班学习。耕耘教坛多年，她非常珍惜这次脱产学习的机会，如饥似渴地投入忘我的学习之中。为了博采众长，她听遍了华师英语专业所有老师的课，并不断对照反省、取长补短。为了强化专业基础、拓宽知识面，她白天听课，晚上经常自学到凌晨三点。怕影响他人休息，她特地选择地下室的房间住宿。阴冷低矮的房间虽然生活不便，却可提供自由学习的空间，她乐在其中。

功夫不负有心人，这段时间的学习使她在专业上突飞猛进。华师英语教师唐传英教授在与罗老师叙别时曾预言，罗老师回校后一定会成为优秀的骨干教师。

回校后，罗老师积极主导语音教学改革，在新生进校的第一个月集中进行英语语音整理，以英语教师专业素养的标准要求他们发音规范准确，并力求做到逐一过关，这为他们日后专业学习奠定了坚实的语音基础。这项教学改革举措曾受到中南五省高校英语界的一致好评，她所主笔的语音整理也被纳入中南五省统编的高校英语专业语音教材。冲着人才培养的高质量，宜昌市一中、夷陵中学等本地重点高中每年都来母校招聘储备教师，宜昌龙盘湖国际学校校长鲍殊佳、夷陵中学高三英语教研组组长裴美超、宜昌市一中英语名师靳青等就是典型代表。事实证明，罗老师回校后不仅成了英语专业的骨干教师，而且成了英语教学改革的领军人。

1991年6月至1992年6月，罗老师受湖北省教委与澳大利亚昆士兰教委的文化交流项目派遣，到澳大利亚昆士兰教委语言中心工作，主要协助汉语教学督导、编写相关教材、组织汉语教学教研活动。其间，她与当地教育主管部门和教育界同仁广泛交流，深入当地居民家中，与他们广交朋友，深入了解英语文化。

工作之余，她请中心主任帮忙联系进入昆士兰大学进修，利用晚上和周末时间系统学习了英国文学、澳大利亚文学、语言学等研究生课程，收集了大量教学参考资料。一年后，她的专业水平有了新的飞跃，为母校英语教师培养国际化打开了一扇窗。

在与罗老师交谈的过程中，她反复强调，为了学生，自己得不断学习，这或许就是她不断充实自己、提升自己的原动力。

罗老师除教学之外，还担任部分行政工作，特别是自1986年担任宜昌师专英语系主任后，考虑得更多的是教师团队建设和专业的建设与发展。她常说，专业发展不能仅依靠一个人。

那时，英语系有学生近200人，教师20余人，办学规模不大，面临的最大问题就是教师队伍建设。学校引进优秀本科生非常困难，更不用说研究生了。于是，学校在积极引进的同时采取自主培养的办法，让优秀毕业生留校任教。刘瑄传、曹海英、刘军平、张静、肖芳、罗豫、张建春、胡宇杰、周云彩、陈刚、沈文洁、章光华等都是优秀毕业生留校工作的，我也是这一政策的受益者。尽管他们当中有的后来深造远走他校，但都为母校英语专业的发展做出过一定贡献。优秀人才进不来，自己培养的又留不住，这在很长一段时间内一直是困扰罗老师的一块心病。

我1988年留校后，担任英语系秘书，协助系主任罗老师工作了9年，对罗老师工作中的所思、所想、所盼，自然比其他老师更为了解。

20世纪90年代前后，罗老师敏锐地觉察到应从民生问题入手，想办法提高职工待遇，进而促进专业建设和教育教学事业发展。从1992年起，她积极争取教育行政部门支持，与葛洲坝党校联合开办了旅游中专班，后来在此基础上创办了旅游专科专业，这就是三峡大学旅游专业的前身。

随着旅游中专班的连续举办，英语系有了自己的经济收入，罗老师首先用这笔经费改善老师们的办公条件，购买了当时最高级的奢侈品486电脑，着实让别系的老师眼红了好一阵子。

作为系主任，罗老师为人亲和、作风民主，非常注重对青年教师的业务培养，善于从发展大局考虑问题。到湖北三峡学院组建时，宜昌师专外语系已有英语和旅游管理两个专业，同时面向全校开设英语、俄语两门公共选修课，形成了综合性大学外国语学院的雏形。

2004年，罗老师光荣退休，虽然离开了熟悉的讲台，但她的英语教育工作却一刻也没停下，仍在赓续她钟爱一生的事业，她担任三峡大学教学督导员，指导青年教师业务发展，特别是外国语学院一大批青年教师在她的指导下先后成为业务骨干。

外国语学院院长上官燕在谈到自己专业发展和行政管理的体会时，激动地说："无论是英语教学还是行政管理，我都得益于师专那段难忘的经历，得益于罗老师手把手的指导。"

青出于蓝而胜于蓝，这是教育工作者的美好愿望。现已76岁高龄的罗善翠老师在回忆《山楂树之恋》女主角静秋的生活原型熊音、百威（武汉）国际啤酒有限公司人力资源部经理张静、武汉大学外国语学院副院长刘军平、深圳大学外国语学院教授胡宇杰等一批优秀学子当年在校学习的情景时，她笑得更加灿烂，这笑声饱含着一位德高望重的长者对英语教育事业的热爱，更流露出一位老教师的满意和自豪。

（原载《三峡大学报》第489期第二版。）

作者简介：

冯世斌，1966年5月出生，湖北宜昌人，1988年毕业于宜昌师专英语科，现任三峡大学党委教师工作部副部长。

令公桃李满天下，何用堂前更种花

——宜昌师专英语科于我的培育之恩

[美] 罗　豫

　　1982 年 9 月，我被宜昌师专英语科降分录取。大概是当时恢复高考时间不长，改革开放起步不久，考生的英语水平普遍不高，按照划定的分数线没有录满预定的名额，降分后我被幸运录取。虽然有发挥失常的因素，我的高考英语成绩仍是自己文科所有科目中最低的分数，羞于提及。在很多同学分数高于师专录取线感觉不得志的情况下，我只能庆幸并珍惜这来之不易的学习机会。

　　毫不夸张地说，这 3 年的专科教育使我在英语专业以及教学上受益无穷。首先是语音语调的受益。我们刚入学就开始了整整一个月语音语调的集中培训，由罗善翠老师亲自讲授，从国际音标入手，逐个校音。当时印象最深的就是她美丽的酒窝、夸张的口型和舌位，我至今仍记得她强调过以前有学生为了正音口含鹅卵石的故事。罗老师的这些示范为我后来的语音语调及其教学提供了最好的范例和模式，我也运用了照小镜子、以手指量口腔开合度，甚至筷子压舌等技巧来确定口型和舌位。后来我调到江汉石油学院 (今长江大学) 英语教研室负责英语专科班的专业课设置时，也是在入学的第一个月集中培训语音语调，帮助学生整理英语发音，调整口语参差不齐的水平，之后才进入各科的课程教学。很多学生后来语音纯正、口语流利，成为我的骄傲！

　　虽然当年的外语学习辅助设备及条件远不及现在，在没有任何外教的情况下，英语科的领导和老师们还是尽力为我们提供了真实的语料和范本。记得"语音月"晚自习的时候，教室里的台式留声机匣子放着音标、单词和句子的录音，磁带从左边的圆塑料盘缓缓绕向右边的圆塑料盘，放完后快速倒回，又从头开始放录音。语音教学录像电影从各个角度进行播音演示及动画图示，生动活泼，印证了罗老师的讲授和示范。奥黛丽·赫本主演的《窈窕淑女》原文片作为语音教学片我们看了好几遍，看电影于当时的我们而言无异于过节。赫本演绎的语音和性格蜕变及其无与伦比的优雅更成了我心目中美丽的标杆，自此不渝。

　　听歌学英语，也是我在宜昌师专积累的语言习得方法之一。《友谊地久天长》是我学会的为数不多的英文歌之一，也是我至今最喜欢的英文歌曲。虽然从严格意义上来讲这是一首苏格兰民谣，但我却是第一次用英文听到的，像初恋一样刻在心里。至于这首歌的经典性及普及程度，就无须我赘言了。

语音语调的准确有助于口语的流利和听力的提高，相辅相成。师专教我们"听力"课的刘军平老师用了 BBC 的新闻播报材料，说实话我当时的语言理解力非常有限，可能因为辨音和复述能力比较强占了点"便宜"，当然也为后来系统听力课能力的提高打下了良好的基础。

师专互补递进的语音系统知识及实践无疑是我语言的坚厚基石，也给了我自信。据华师的同学回忆，我插班期间"精读"课讲授"高级英语"的曾老师最后总是喜欢提问我，而我的回答总是不负他望。这要感谢教过我"高级英语"的王涛老师！我 1996 年赴美进修后在没做过一套完整试题的情况下参加 TOEFL 考试时语法部分得了满分，得感谢教过我"语法"及"语法学"的刘瑄传老师！

这种自信让我在 1990 年通过笔试、口试和演讲三轮比赛后获得了荆沙地区英语大奖赛第一名的荣誉，并在 1994 年获江汉石油学院第二届青年教师讲课比赛一等奖，同年通过教研室、江汉石油学院和地区赛后获得了湖北省"核心英语"讲课大赛第一名，并代表中南片区参加了上海交大主办的"核心英语"教学交流、示范及录像。

特别造就我的是宜昌师专英语科在毕业留校前夕选派我去华师英语系插班，继续完善自己的知识系统。师长的重视和栽培更加激发了我学习语言的兴趣和热情，就业愿景的锁定也给了我明确的学习方向。如期回校任教后恰逢师专聘请第一任外教戴安娜。作为她的指定翻译，我自动全程跟听了她开的部分课程，在教学方法和语言上开阔了眼界、增加了语感，至今我还记得她一跃坐上讲台讲课令我惊讶的灵动情形。这也开拓了我的思路，在教学和翻译之余偶尔到宜昌地区国旅做兼职导游。

这些经历使我对语言的应用、语言及文化的关系有了更深层次的理解和感受。在江汉石油学院执教期间，曾经通过电话的外教见面后表示他们以为电话的另一端是同胞。赴美读研后，曾帮一位英语不太流利的中国朋友和她的美国同学电话沟通过，这位同学见面后也惊讶我不是土生土长的美国人。我的博士导师曾对我说："Your English is exceptional!"如今我已在本地专业的语言银行公司兼职翻译十多年，活跃在医院、法庭及学校等社会服务机构。

比较纯正的语音和流利的口语给了我很多便利和底气。在美求学期间跟房东、房管交涉过修理需求，跟导师面谈争取奖学金。做助教时有理有据地维护自己给个别母语为英语的学生评判的作文低分，读博期间也曾上过 500 多人的大班"人文地理"课，带过 5 个助教。我目前在麻州大学罗威尔开设的本科高年级中国文学、文化与文明课都是用英译教材、全程英文授课的。我在该校汉语语言教学中也注重语音的矫正与语感的培养，继续运用在师专所学得的语音学知识。我的汉语语音也得益于学生时期曾在师专广播台做过广播员，得益于师范教育规范和普及普通话，得益于师专通才教育所开设的几门汉语选修课，得益于参加过师专的诗社和演讲团。

触类旁通，海外生活更坚定了我的理念——最民族的也是最国际的。我坚持以讲座、文化交流、主持、表演等形式参与并组织中国学生会和华协活动，成为传播中华文化精华的积极分子，这也得益于学生时期参加过师专舞蹈队的表演。

我最初的教学积累来自英语科开设的"教学法"课程和教学实习。出国前一直从事英语专业的教学。从去年秋季开始，我在麻州的一所社区学院兼职，开设了两门成人英语课：一门网课，一门与厂矿合作面授，捡起了老本行。

饮水思源，怎不忆起陪伴我们青葱岁月而自己又正好青春作伴的师长！温柔雅致的杨明光老师、腼腆娇羞的黄会珍老师、唇如兰瓣的赵晓慧老师、夫子气质的曹海英老师、英俊潇洒的刘洪泉老师、才情横溢的刘青春老师以及诗绪奔涌的姚永标老师……还有不苟言笑的周力主任和他笑容可掬的夫人周金媛老师、朴素正直的王秀珍书记、意气风发的田定国和王炳华书记。

谁言寸草心，报得三春晖？宜昌师专英语科对我的培育之恩、知遇之恩，无以回报，谨以此文奉呈恩师，聊表心意！

华 章 先 生

傅嘉泉

清晨，当你来到江边，或是漫步护坎，或是穿越树丛，自会常常有幸与李华章老师相见。这时，他头上的银丝、面部的皱纹，昭示着他已年过花甲。要是从他红润的面容、敏捷的谈吐看，又觉得他依然那样年轻。可更觉得年轻的，倒是他一直不忘教坛，葆有教师的拳拳之心！

科班出身的他，曾长期在宜昌二高、宜昌师专任教，记忆中的印痕深深留下。以至十多年前，早登文坛，成就斐然，仍还这样深情地讴歌《老师的情怀》：

> 我站立讲台，
> 娓娓讲述历史的记载；
> 对着幼苗渴求的心田，
> 倾出知识的江河灌溉。
>
> 我面对着粉牌，
> 巧手描绘时代的风采；
> 想起一张张稚气的笑脸，
> 甘愿粉笔把鬓发染白。
>
> 哪怕蜡烛泪流干，
> 乐为四化育人才；
> 人民老师的情怀啊，
> 胜似江河湖海。

文如其人，声动于心。他的一首首诗，不，更多的是一篇篇文，无不显露他的内心。从群山逶迤、奇峰叠翠的湘西，到气势浩荡、景色壮丽的三峡，作家的着笔，无不饱蘸着炽热的激情。湘西的秧苗、故乡的村庄，散发出浓郁的乡土情。那"农二哥"福章，一个老实坨坨，闻到改革气息，脑子灵光，跑大市场，成了四远八近的红人。宜昌三峡这片热土，他更是足迹遍布！山清水秀的清江、长阳，古色古香的关陵、玉泉，满目青山的远安，山势巍峨的车溪、石牌，以至于车水马龙的云集路，作者都热情洋溢地表达了自己的深情。还有一篇文章，写了"遛狗"。不知哪一个不谙世事的幼童，撞了一华贵妇女牵的狗，那人不依不饶，硬是不放过穿着寒碜的孩子。幸有在场者解围，了却此事。当时我想，难道狗比人高贵？"文章千古事，得失寸心知。"细细揣摩，作者总是从那一草一木、一人一物的描绘中，给人以性情陶冶，给人以思想教益。

三峡，在作者的笔下，更是活化了。他今年推出的科普作品《高峡出平湖》写了孙中山提出建议，到如今梦想成真，总计六大部分，七十几个短篇，琳琅满目，绘制出长长的"画卷"。出这样的精品，劬劳耗神，度过多少个寒暑。每天早晨活动一下，他继而伏案，夜以继日。已经完稿，他还作了两次大的改动。历史考证、科学论证、施工进展、未来展望，科技含量高，艺术蕴含丰富。他为了青少年一代是毫不吝惜自己心血的。

他用《生命的河》《人生四季》10多个集子、300多万字优秀作品感染人，还经常到宜昌各中学、大学讲座。一中、窑湾中学，秭归一中、二中，都留下他感人的话语。那次到宜昌市六中上课，一个大教室，100多人，济济一堂。又是板书，又是演讲，神采焕发。最近，还应邀到三峡大学，参加他们的"文学沙龙"，有讲有答，言传身教。

一天，听说宜昌市六中办了《绿地》，我请他题词。他顾不上安排满了的事务，满口答应。他当时就找来软笔，沉吟片刻，挥就了"绿地青春，花开四季"两行雄健有力的大字。像这样，他还为宜昌市一中、二中的文学社尽了心力。

他的全部作品，字字珠玑，人品文品，无不受人敬佩。这让有些作者、有些编导，在作品中、电视中，随意"出口秀""身上秀"，找所谓"亮点"，应得到深刻的教益。

2001年11月18日

（原载《如愿》，大众文艺出版社2004年版。）

人物名片：

李华章，1937年8月生，湖南溆浦人，笔名宜桦。华中师范学院中文系毕业，1980年加入湖北省作家协会；1990年加入中国作家协会；1995年加入中国散文学会，现任理事。历任宜昌师专中文科教师，宜昌二中教师，宜昌市文艺创作室副主任、文联秘书长、文化局副局长，《三峡文学》杂志主编，宜昌市文联副主席、主席、党组书记，编审。湖北省文联第五、六届委员，湖北省作家协会第三、四届理事，宜昌市作家协会主席，宜昌市文艺理论家协会主席。出版散文集《湘西，我的梦》等20部图书。现有《李华章文集》三卷行世。

两位只讲半节课的数学老师

李友益

"文革"前，吴子贞老师是宜昌师范学校进修部的数学教师，他教代数，以每堂课只讲半节课而闻名于教苑。

据说，解放前，他曾被推举为宜都县参议会参议长，但他拒不就任，只当参议员，始终以教学为生。解放后，他没划成反革命，但作为内部专政（简称"内专"）对象看待。"文革"一开始，他和其他有历史问题的人一样，立刻被关进了"牛棚"。

当时，宜昌师范学校有个姓傅的副校长，他读初中时，是吴老师的学生。他说：听吴老师的课，不仅仅是一种学习，而且是一种艺术享受。为这句话，他在"文革"中，不知受了多少批，挨了多少打。造反派说他吹捧反革命学术权威。这是后话。

傅校长言出令行，不仅要求全校数学教师去听吴老师的课，而且要求全校各科教师都去听吴老师的课。作为语文老师，我也遵命前去听了一节。听完下来，真的感到受益良多。

吴老师年岁大了，又似乎肺上有毛病，明显地中气不足，因而说话慢条斯理，轻言细语，如果不聚精会神，可能听不清楚。然而，他确实只讲了20多分钟，就让学生做作业。下课时，大多数学生交了作业。

那时候，没有电扇，更没有空调。大热天里，吃罢晚饭洗完澡，各人便搬个凳子，拿把蒲扇，找个地方去乘凉。往往是几个人围在一起，谈古说今聊闲天。

有一次，我和吴老师坐在了一起。我便问他，你为什么只讲半节课就让学生懂，而有的老师满堂灌学生还不懂呢？

他说，我教了几十年初等数学，也就改了几十年作业，每章每节学生喜欢在哪里发生错误，我经常琢磨分析，也就了然于心。上课时只讲这个难点，学生就不会犯错误。你知道"歧路亡羊"的故事吧，如果在歧路插上"此路不通"的牌子，羊就只能走正路。

我说，你怎么不把这些经验介绍给年轻的教师呢？他说，怎么没介绍呢？这又没有什么值得保密的。我说，他们为什么做不到呢？他说，弄清楚学生为什么在那里错，怎么不让他们在那里错，这要用心体会，用心设想，是要动脑子的，是要根据学生情况的特点而变化的。这不像按照教材从头讲到尾那么容易。

而且，只讲半节课，必须要有一个先决条件，那就是前面的功课学得很好。如果前面的功课没学懂，每次课都要按苏联模式，搞五环节教学，拿十几分钟来复习旧课，那就坏了。结果是旧债未还，又欠新账，越学越感到难学，一节课拖成两节课都不够用了。

他的话我似懂非懂，但我似乎悟到，能用半节课把每节课的内容讲完讲懂，不是件容易的事，要花费很多心思才能做到。

教书是个脑力活，如果只用体力，加班加点，可以受表扬，得奖励；如果不肯用脑用心，是不会有好效果的。

吴老师教代数，师范学校在西坝时，还有一个教几何的张泽湘老师，他也只讲半节课，后来调到华中师范学院数学系教大学去了。

现在，我们一些老同学聚在一起时，还经常怀念这两位只讲半节课的数学老师。

（原载李友益著《风前集》，2020 年 12 月，内部印刷。）

回忆宜昌师专的那些名师

魏远静

1989 年夏至日，宜昌师专 1987 级学生毕业奔赴四方，一晃 33 年过去了，我们那代人已年过半百。今天又到了夏至时节，早上偶然翻到宜昌师专毕业时的相册，记忆的闸门陡然打开，那些鲜活的人和事又涌到眼前。宜昌师专两年的学习生活是紧张而丰富多彩的，很早就想写一篇关于这两年生活的文章，但表达能力实在有限，只好把那些飞扬的青春放在心底，先写一写关于几位老师的回忆吧。

美丽的班主任刘海燕

1987 年我们入校时都是 18 岁左右青春无敌的年龄。我是小学三年级就失去了父亲的穷苦学生，怀着憧憬和希望同时怀着惴惴不安和自卑来到大学的殿堂。很快就知道，我们中文科有 4 个班，我们那个班编号为 8712 班，班上一共 38 个同学，我们的班主任叫刘海燕。

刘老师应该比我们大不了几岁，戴着金黄色架子的眼镜，显得美丽、文静、知性，她的身材很苗条、纤秀，个子比较高，说着标准的普通话，好像是北方人，因为她讲普通话时卷舌音平舌音鼻音边音分得很清楚，说话声音不大，很温和。

开学第一天，她让我们作自我介绍，然后讲规矩和要求，后来要求我们成立各种兴趣小组。我那时身体很瘦弱，属于营养不良的类型，又因为比较自卑，话很少，体育、唱歌和舞蹈类的兴趣小组我是不会参加的，但总要选一个兴趣小组，于是我选了文学兴趣小组。

记忆中，刘老师很少发怒，好像只有一次班团活动时，有几个男生叽叽喳喳太不像话，她才说了几句批评的话。她的班级管理水平很高，做得到收放自如，我们 8712 班活力很强，在中文科 4 个班中应该是最有活力的。

记得开学大约两个月后，刘老师找我谈话，她说她和另外几位老师发现我的写作能力比较强，准备让我任中文科"流萤"文学社的理事长。我有些吃惊，因为我从小学到高中毕业从来没有当过班干部，只在初中当过一段时间的小组长，感觉文学社理事长这个"官"太大我驾驭不了。但刘老师反复鼓励我，并且说还有帮手。于是在将信将疑中，我和另一位同班同学周新、另一个班的学生书法家任晓明搭起了文学社的"四梁八柱"。周新任社长，负责总体组织领导，我任理事长，负责组稿审稿，任晓明负责誊写(因为那时没有条件配备打字机，稿子编审后靠人工抄写)。

在刘老师的指导下，"流萤"文学社办得风生水起，网罗了中文科一大批写手，每月出两期《流萤》杂志。我们写青春写家乡写祖国，有散文、诗歌、小说、杂文等多种体裁，文字虽然稚嫩，但都是我们那一代年轻人的真情流露。在大家对文学社的赞赏中，我逐步变得自信起来，应该说是刘老师帮助我走出了自卑的泥淖。参与文学社的工作虽然辛苦，但我们的个人能力也得到了很好的锤炼，周新后来在宜都市教育系统成为知名人物，2022年入选宜昌市"十大名师"，任晓明毕业后留校，现在是三峡大学艺术学院副教授了。

刘老师很关心我们这些贫寒学子，大学两年，我总感到她的目光在关注我。学校每个月发20元5角的饭菜票给我们，有几个女同学看我总是吃不饱，就偷偷地塞给我饭菜票，我疑心是刘老师让她们救济我的。毕业时，刘老师赠送给我一个圆筒型的笔盒，非常精致，我珍藏了多年，后来被一位女同事"恶要"去了。大学时代我是个话很少的人，刘老师在我的毕业纪念册上写下了这样的寄语："对于一个聪明人，无需多言。"

三道竖皱纹的巴教授

宜昌师专那时汇聚了全市最优秀的大学教师资源，我们在师专就读时，曹文安、金道行、吴柏森、张道葵、巴文华、刘永龙、周德聪等一大批德业双馨的老师在学校任教，成为他们的学生真是三生有幸。

巴文华老师是教外国文学的，他总是把那些外国文学作品的情节讲得那么引人入胜，古希腊神话被他讲得活灵活现。他的分析总是带着抒情的意味，我至今仍然很佩服他记得那么多稀奇古怪的外国文学作品中的人名地名。他有着赵忠祥一般磁性的嗓子，讲课从不照本宣科，善于启发我们思考。他额头上有三条竖着的皱纹，讲课的时候那几条皱纹显得更深，透出一种沧桑感和学者风度，让我羡慕并暗暗学他皱眉头，希望自己也能有几道像他那样竖着的皱纹，但那时太"嫩"太年轻，终究没有形成竖着的皱纹。

守着我们写毕业论文的张教授

20世纪八九十年代，正是国际国内政治风云激荡的时代，我想起临近毕业时张道葵教授守着我们写毕业论文的事。

1989 年那场影响了我国政治经济体制改革的政治风波，我们也被卷入，春夏之交，政治风波达到了高潮，有几天我们学校的学生也参与了上街游行，但后来学校关闭了大门，师专的学生不允许上街游行。记得张教授负责指导我们那个班学生毕业论文的撰写，他把我们全班学生约束在教室里，他说的一番话到今天我还记得，大致意思是要求我们不要参与游行，更不能当"头头儿"，他说：写好毕业论文关乎同学们的一生，运动是一时的，我经历过，国家经不起折腾了，不让你们参与是为你们好，大家安心写好论文。他说的话我们不太明白意思，但我们感觉到他是在保护我们。窗外就是游行的队伍，口号震天，但身材高大满头白发的教授站在讲台上注视着我们，有一种定海神针的感觉，让我们感到一种文化定力，于是我们很安静地完成了论文。

事实上，后来走上工作岗位后，我们那一届学生因为参与了政治风波，每个人都经历了无数次严厉的"过关"和思想政治教育。我很庆幸自己在那场政治风波中没有"冲锋在前"，没有成为有政治污点的学生，而且党组织培养我在 1995 年入了党，成为一名年轻的共产党员。后来我们知道了苏联的解体和俄罗斯的快速衰落，让我们更加理解了当年学校和老师们的苦心，我非常庆幸有那样一群历经沧桑的老师，有那样一所紧跟党走的大学，也深为生在这样一个伟大繁荣的国度而自豪。

影响我终生的金老师

在众多老师中，教写作的金道行老师是对我影响最深的一位。他讲课严谨、细致，课堂组织非常规范，他从不约束课堂纪律，但他的课堂纪律极好。

他身材瘦削，头发几乎全白了，说话时声音略有一点干哑，但他讲课时精神很好。记得第一堂写作课后，他要求我们每人交一篇作文，体裁为记叙文。第二堂写作课上课后，别的同学的作文都下发了，唯有我的没有发下来。原来，他是要将我的那篇写家乡景色的作文作范文赏析，在全班念我的作文，让我既惊喜又害羞。我把那篇作文拿到手后，只见上面用红色笔迹作了很多批改，旁边写了不少评语。后来的写作课他都要念一两篇范文，我的不少作文都被金老师当范文念过，作文被金老师列为范文就成了我很期待的一件事。我对读书写作的兴趣也越来越浓，周末或者节假日，我一般都会待在图书馆，或者借几本书，到儿童公园或者烈士陵园，找个安静的地方读读写写。

金老师不仅极其认真地培养我们对写作的兴趣，教给我们写作的方法路径，还对我们进行面对面的指导。看过"流萤"文学社的杂志后，他给予肯定并提出了具体的要求和意见。

不仅如此，他还对我给予生活上的关心和成长的关怀。记得大一时，有一天我送《流萤》杂志到他家里去，正是吃午饭的时候，饭菜已经摆好，他和师母很热情地留我共进午餐。局促不安之时，师母直接拉着我到餐桌前坐下，那顿饭吃的什么我已经忘记了，只记得金老师和师母说他们在长阳工作过，鼓励我要努力学习，要立志改变命运，并且要锻炼好身体。在金老师简陋却充满文化气息的家里，我怀着感恩和激动的心情，强忍着眼泪，低着头吃完了饭。金老师父亲般的慈爱和师母的贤惠温良让我至今感到幸福！

多年以后，我才知道金老师著述宏丰，读他的文章，能强烈感觉到中国老一辈知识分子的纯粹和真诚，他始终敢说真话，绝不媚俗。

前几年一个偶然的机会，从金老师的另一个学生林汇泉处得知，金老师夫妇在武汉居住，他年近九旬仍然笔耕不辍。林同学将金老师的部分近作通过微信发给我，读罢常常感佩金老师的风范依旧。林同学把我偶尔写的小文章发给金老师，他总是给予肯定，一如30多年前他教我们写作课时一样。金老师，也许我只是您关怀过的众多弟子中的一个，但您的严谨、细致、情怀和风骨让我铭记终生！

虽然我与宜昌师专只有两年的缘分，但她在我心中是一座神圣的殿堂，我们曾经在那里卑微地修行，而那些敬爱的老师们如得道高僧，将我们一个个度到知识的彼岸，助我们承担起科教兴国的历史使命！

作者简介：

魏远静，湖北长阳人。1989年6月毕业于宜昌师专中文科。出生于贫寒农家，8年教书生涯，24年"萝卜头"，50想当文学家。现任中共长阳土家族自治县委政法委常务副书记。

回忆我的心理学老师危世琼教授

夏昌华

　　我是在全国恢复高考后的第二年，也就是 1978 年 10 月考进宜昌师专数学科的。当时，危世琼老师教我们心理学课程。时间过去了 40 多年，危老师也在 2013 年作古了。然而他的音容笑貌、谆谆教诲却始终萦绕于我的脑海，久久不能忘怀。

　　危老师是湖南人，高中毕业于百年名校长沙一中，与毛泽东、朱镕基都是校友。50 年代初考入华中师范学院，毕业后留校工作。在大跃进的 1958 年，宜昌师范学校升格为专科，急需大批教师。危老师就和孔祥树、范云陞等老师一起支援到宜昌师专。

　　我们 1978 级考入师专时，适逢危老师的"右派"问题得以改正。曲折坎坷的人生，并没有磨灭危老师献身祖国教育事业的初心。平反以后，危老师从宜都中小学回到宜昌师专，有了一个更为广阔，可以大展宏图的舞台。

　　危老师给我们讲授心理学，没有现成合适的教材，于是他自编了一套 60 个学时的讲义。在布满拐手椅子的教室里，数学科 1978 级的 60 多名学生洗耳恭听。他板书不多，提纲挈领。没有助教，年近半百的危老师自制教具，亲批作业。娓娓动听的讲述，随手拈来的教学实例，令我们如醉如痴，如同艺术享受。每逢下课，他的身边总是围满了意犹未尽的学生。在讲到"意志品质"这个心理学概念的时候，他列举了姚雪垠被打成右派劳动改造时，还躲在被窝里打着手电筒撰写长篇小说《李自成》。下课以后，我们围着他问，危老师你当年是怎么度过在草埠湖农场那段艰难的日子的？他仰起头哈哈大笑，坦率地说："我比姚雪垠可差多了！"

　　危老师出生于 1934 年，比我大 13 岁，我们算是忘年交。我当学生的时候，他还住在师专后面的一排平房里，家属也还没有从宜都调过来。我常常去他那简朴的单间宿舍里玩，讨教一些心理学问题。危老师不耻下问，还曾经问过我，怎么将一些心理学问题用既简明又严谨的数学语言表述出来，便于更深入地研究。我也常常班门弄斧，提供一些自以为是的建议。我的心理学成绩很好，也算是他的得意门生吧。快毕业的时候，他很想把我留下来，做他的助手，一起搞心理学研究，还直接向学校领导提出过，可惜没有成功。

1981年8月，我被分配到五峰县山区中学任教。后来又因为工作的需要，调回母校宜昌师专。阔别8年之后，师生在校园里又一次相遇。危老师热情地握着我的手，欣喜而又爽朗地说，"8年了，相当于一个抗日战争啊！""今后我们就是同事啦。"

调回母校以后不久，在一次校党委组织的党员参观活动中，我又看到了敬爱的危世琼老师。我这才知道，危老师也光荣地参加了中国共产党。我们的关系又进了一层：由师生、同事，变成了党内的同志。

此后，与危老师的交往就更多了。他的心理学研究和我的专业数学教育学（原称数学教材教法）有着紧密的联系，同属于师范专业的教育科学类课程。我们经常在一起切磋探讨，还一同参加了由华中师大廖哲勋教授主持的"义务教育初中课程的评价体系"课题研究，多次往返于武汉与宜昌之间。危老师给予我很多指导，我的很多论文都留下了危老师的批改笔迹和修改建议。危老师在教育心理学上的造诣很深，他有一篇公开发表的论文，得到了我国心理学泰斗潘菽的青睐和赞扬，并且在他与友人的一封通信中提到了危老师。潘菽说，"看来心理学在中南地区并非无人"（大意）。危老师还特地拿出了潘老信件的复印件给我看。我的妻子是小学数学教师，她的一篇教学论文也得到过危老师的悉心指导。危老师说，在贬居宜都期间，他也曾在乡村中小学任教，"所以我还有一点发言权"。

在危老师后来分到的两室一厅住房里，我们还常常一起纵议天下大事。他很健谈，对很多问题都有自己独到的见解。90年代中期，曾经有过将宜昌师专、宜昌医专和宜昌职业大学合并为三峡大学的计划。他对我说，也不知道市委市政府的那些秘书秀才是怎么想的，竟然在给国家教委的请示报告中说，要在几年内将拟议中的三峡大学"办成世界一流的先进大学"。"世界一流"是那么容易的吗？真是空话大话害死人。果然，后来三校合并，只批了一个三峡学院，而且是湖北三峡学院，以有别于四川三峡学院。

危老师是研究心理学的，他对自己的情绪、心态控制得很好。他和蔼可亲，平易近人。我自愧不如，表示要向他学习。他谦虚地说，你只看到了我好的一面，其实我也有失控的时候。他告诉我，为了一个青年老师的职称评定，自己作为学校的评委，在会议室里当着校领导的面拍了桌子，具体的事情经过他没有细说。由此可见危老师的自省精神。

在生活上，我们也是互相关照。当然，更多的是危老师对我的关心和爱护。有一段时间，我的睡眠不好。危老师安慰我说，"失眠，对于一般人来说，好像是个微不足道的小事，实际上对身体、对工作的影响是很大的。"他鼓励、支持我加强锻炼，增强体质。他生病的时候，我也曾多次去他家里探望。1995年秋，得知我的儿子考取了大学，他还专门买了一支英雄金笔送给我儿子，以此勉励他好好学习。

危老师平时给人的印象总是情绪饱满，神采奕奕，双目炯炯有神，说话中气十足，声音洪亮。其实危老师患有多种疾病，特别是在他退休以后。2012 年下半年的一天，我们在校园偶遇，他告诉我自己患上了慢阻肺，而且是重度。话语之间，没有一丝的悲观和失落。在向我讲述病情时候的淡然，简直像是在述说他人的事情。

2013 年 6 月的一天，我偶然看到贴在云锦小区门柱上的讣告，才知道危老师已去世多日。连日来来去匆匆，一直在为妻弟的病情忙得团团转。妻弟确诊肺癌已经有一年多了，我带着他飞上海跑武汉奔北京四处求医，竟然都不知道危老师的病情加重，甚至去世的消息。据说，这一次就是重度慢阻肺、高血压、心脏病数病并发，经抢救无效去世的，享年 79 岁。没有在危老师病重期间去医院探望，甚至连他的遗体告别都没能参加，深感对不起这位德高望重的良师兼益友。

人们常说，化悲痛为力量，搞好自己的本职工作，就是对逝者最好的纪念和缅怀。从那以后，我是这么想的，也是这么做的。让危老师对我的教诲和关怀化作我对学生、对社会的些许回馈，这大约就是危老师，这位在教育战线上默默奉献了毕生精力的长者，他所最希望于我的吧！

我印象中的李祖林、刘锦程老师

聂心爱

1979 年暑假，兴山县对民办老师举行了一次基础知识考试，我们学校的考点设在榛子区公坪公社(今黄粮镇公坪村)，我被公社文教组抽去监考并批改考卷。我是批阅作文的，看到基础知识阅卷老师对"胜利的歌声荡漾在辽阔的海面上"划分句子成分的语法题，是这样划分的：胜利的歌声(主语)荡漾(谓语)在辽阔的海面上(宾语)。我对阅卷老师说：这是个主谓句，"在辽阔的海面上"不能作宾语，这位老师说，不能作宾语，作什么语? 应该就是宾语；教育组领导听见我们在争论，走过来说，哪个阅卷就依哪个的! 领导拍板了，可我心里不服，但又说不出个道理，也只能如此而已。

到我任教的学校，我把这个句子及评卷情况写了下来，抱着试试看的态度，寄给已离别 3 年多的李祖林老师。两周后，邮递员喊我，"聂老师，你有一封信"，我跑去接过一个厚厚的白色信封，忙打开一看，信首行是：动词谓语前、后的介词结构的成分问题。正文写道：词性我就不再说了，你所出示的这个例句，是介词结构在什么情况下充当句子什么成分的问题，"介词结构用在动词谓语前充当状语，用在动词谓语后充当补语"。我一下豁然开朗了，这明明是在校上课时讲了的，可到了关键时候却说不出个所以然。李老师在信中并没批评我，接着讲解了动量短语和物量短语的用法，讲解的内容一共写了 13 张公文纸，可惜在后来工作调动搬迁中把凝聚着李老师事业心和师德见证的信件遗失了。

自那次信件交流后，我每次到宜昌总要到北山坡去看望李老师，学生已毕业好几年了，还有问必答，有惑必解，正是李老师这种诲人不倦的事业心，驱使我一生忠诚党的教育事业。

1975 年下半年，我们 74 中一的政治课就由刘锦程老师授课了。他大约大我一岁吧，长得英俊帅气。我记得有一次在课堂上他说，当老师就要肚子里有东西。在以后的学习岁月里，我把这句话奉为宗旨，并深深体会到不仅要有东西而且东西要真才不会给学生传授错误的东西。我已退休十多年了，那时的课堂笔记我还保留着。

1976年6月，我所带的实习组到秭归县兰陵中学实习。没过几天，学校的领导刘明国和刘锦程老师到兰陵巡视，刘锦程老师就和我们在通铺上睡了10多天。当时学校是半天上课，半天参加周边生产队劳动，刘老师上午听我们授课（我们组有安德义、秦梅珍、吴宝莲、向德勋和我），下午带着学生一起参加劳动。到现在我还保存着刘锦程老师拍摄的师生合影、学生家庭走访、师生座谈、田间劳动等照片。

2014年10月1日，我班进校40周年纪念活动在三峡大学举行，我们敬请了当年的老师。我一见刘锦程老师就喊刘老师，他注视了我一会儿，开口说你是兴山的聂，聂心爱。我热泪一滚，心想40年了还记得我，久久"您好"两个字才冲出嘴唇。

今天看到《宜昌是悠久茶港，师专是温馨记忆——宜昌师专原副校长刘锦程口述实录》（《三峡晚报》2022年6月23日）的文章，一个朴实无华，满腹经纶的英俊帅气的"老哥子"形象又跃然眼前。

作者简介：

聂心爱，1952年3月出生，湖北兴山人。1974年9月入湖北省宜昌师范学校中文科(1)班学习，1976年7月毕业。兴山县职教中心退休教师。

刘芳老师印象

柯有祥

1982 年秋季学期开学了，宜昌师专新闻班"现代汉语"课程由中文科刘芳老师负责讲授。

初见刘老师，给人一种干练洒脱、和蔼可亲、教风隽永之感。她中等身材，笑容可掬，一头秀发乌黑发亮，一副略显暗红色的边框眼镜，一双清澈的眼睛富有神采，举止端庄，颇有学者风范。

在课堂上，她常常面带笑容，注重理论联系实际，善于将复杂的问题通过浅显易懂的方式表达出来，听来如沐春风。她讲起课来字正腔圆，清脆响亮，悦耳动听。

她有一个特点，思维敏捷，语速较快。但该快则快，该慢则慢，在时快时慢之间自由转换腾挪，在快与慢的节奏把握上追求整体的平衡。因此听她的课，就像是听一场高水平的专业演讲，又仿佛是颇具享受的一堂艺术性的专业课。

从语音、词汇一直讲到语法、修辞，刘老师几乎是全程脱稿，可以毫不夸张地说，是烂熟于心，足见其学术功底之深厚。即便是下了课，刘老师也会积极与学生互动，注重引导与探讨，释疑解惑，耐心细致地解答学生的各种问题。

从理论阐释到具体实例，她都是信手拈来。记得讲到语音语言部分时，刘老师举了一个方言例子，即咸宁地区蒲圻县方言，也是湖北最难懂的方言，并当场说了几句蒲圻县方言。仅从这一侧面来看，说明刘老师研究语言学之深、之广。

在讲到语法部分时，刘老师善于启发学生并加以深刻剖析，以大量的实例生动地阐明法理，在深入浅出中讲明讲透疑难点，便于学生理解、消化与吸收。既有理论深度，又有实际应用的丰富内容，使学生能够很快地掌握要领。我以为，这是由这门学科实践性强的特点所决定的，所以，刘老师采取了适合学科性质、符合其规律性的教案教法。

我们每天都在说汉语、用汉语、写文章、作报告，看似简单，好像人人都会，其实不然。日常生活工作中，汉语言无处不在，无时无刻不在，可谓须臾都离不开语言的规范性使用，这就充分显示出学好汉语语言理论、掌握其使用规范的重要性。因此不可小觑，更不能有章不循。

因受教于刘老师，我的本门功课闭卷考试取得了良好的成绩。这为我今后的工作打下了坚实的基础，也为从事写作提供了可供遵循的现代语言应用范式。我至今记忆犹新，受益匪浅，难以忘怀。

不得不说，宜昌师专的老师们学为人师、行为世范的高尚品德，值得我们学习和珍藏！这也是宜昌师专一笔宝贵的精神文化财富，同样值得传承和铭记！

2022 年 6 月 24 日于清源斋

师专数理函授老师们

杨良海

20世纪80年代，教育的春天来到了。宜昌师专在宜昌地区率先招收函授学员，我有幸成为物理专科函授学员。1981年7月暑假开学，我们住在灰砖木制结构的瓦房宿舍，在大教室里听课。条件虽然不是太好，但宜昌师专一群敬业的好老师精彩的授课一下抓住了我们这些求学若渴的学员的心；这些老师们的高尚品格和生动事迹又教育我们立下了发奋学习、报效国家的志向。40年过去了，但当年的这些事例仍深深地刻印在我们的脑海中，我主要说说4位老师给我教学生涯的影响。

扎根基层的大专家王正清老师

王正清教授是当时宜昌师专的名牌，更是物理科的大专家。我们听说后只有仰慕的份。王教授是北京大学物理系的高材生，是师专物理教材的编写作者，是与华师物理系刘连寿教授齐名的物理专家，但他扎根宜昌师专这样的基层院校，工作认真敬业。

在我们临近毕业的四年级，王教授亲自来给我们上课了。他给我们教的内容是爱因斯坦的相对论。他把长度、时间、质量在接近光速的情况下而发生变化的数学推理和实际理解都讲得非常清楚。他又给我们讲了量子力学等内容，我们至今清楚地记得，他的讲课轻言细语，很具亲和力。

自学成才的石亚非老师

给我们讲"力学"和"电磁学"的是石亚非老师。他年轻、英俊、清秀，气质非凡！随着他讲课的侃侃而谈，粉笔在毛玻璃黑板上留下整齐娟秀的板书，一节课下来，写满了上下推动的整整四黑板的内容，我当时就被他的丰富的学识所折服。后来打听到他的起始学历只是中专文凭，主要靠自学完成了大学本科学历，并且成为一位好老师和根基深厚的学者。他的事迹更加激发了我们努力自学函授的信心和热情，我就是在他的榜样激励下，由最初的中师学历，坚持完成了宜昌师专物理的四年专科函授和湖北省教育学院的五年本科函授，逐步使自己成为了高中物理教学的内行和能手。

学识深厚的余传虎老师

在师专函授前，一听说微积分，我总觉得高深莫测。但余传虎老师给我们讲授樊映川的《微积分》(上、中、下三册书)以后，我学识的视野一下子开阔了，对物理的理解更透彻，解题更方便自如了。学习物理犹如长了翅膀，可以远走高飞了。余教授讲课有以下特点：一是他本身数学知识的功底扎实，讲课流畅，深入浅出；二是他特别敬业，一节课下来，写满整整四黑板，而且字迹工整漂亮；三是他体力很好，有时半天连续讲四节课，他不喊累依然声音洪亮，精神饱满。这些都是余老师的事业心、责任感强的表现。为了教育学生，他具有拼命三郎的精神。

不计前嫌、乐于奉献的谭昌炳老师

1980年初，宜昌师专招生增加，函授教育不断开展，师资力量严重欠缺。学校领导经多方打听，到远安请来了还在农村的谭昌炳老师。谭老师因历史原因大学毕业后下放农村劳动锻炼了20多年，但组织一召唤他到师专任教，他就不计前嫌，全力以赴搞好教学。他教我们"理论力学"课程，在课堂上他的穿着像农民，皮肤黝黑，一点也看不出是一个教授，但一讲起课来，立刻展现出学者的风范，讲课生动，推理严谨，滔滔不绝，一下就提高了我们的学习兴趣。他的课很受欢迎。

作者简介：

杨良海，1957年6月生，湖北宜昌人。1981—1985年在宜昌师专物理函授学习，专科毕业。1990年湖北教育学院物理本科函授毕业。宜昌市夷陵区鸦鹊岭高中物理教师，副校长，副高职称。

平常"人"家赵延槟老师

黄海军

赵延槟老师是我的恩师，在我的心目中他是那种真正走进学生学习、生活的老师，是那种坚守课堂教学、传授"真教育"、热爱学生的好老师。

厚厚的一本《化工原理》，赵老师背得滚瓜烂熟。这门课有点晦涩难懂，赵老师就不厌其烦地帮我们把知识点一一解剖，直到我们弄懂为止。他非常坚持原则，考前只给我们上复习课，不划重点，更不告知考点。记得有一次，我跟他反馈同学们的教学意见，顺便露出了希望他帮忙点个重点的想法，没想到他一听，火冒三丈："怎么你也搞'油'了？"赵老师满脸失落，非常生气，"搞邪了，我宁可被评为最不受欢迎的老师，也不点重点。"后来赵老师专门安排了几节复习课，对所学知识进行系统梳理，针对容易疏忽的、比较难的地方，故意说是重点。后来才知道这是老师们的"偏方"，似乎每个知识点都重要，从而达到帮助我们学懂悟透的目的。但赵老师"宁折不弯"的性格，却给我留下了深远的影响，至今我依然践行着。

师专的操场也留下了我们8742班的故事。

作为班主任，赵老师也是很有魄力和方法的。他和梅继开班长一起为我们制定了做"德智体最强的班"的目标，这可就苦了我们。以早操为例，集合铃声响起时，我们班已经整整齐齐站在那个煤灰铺就的操场东边一角了。赵老师呢，比所有人都先到，他站在高高的台阶上威严地注视着我们。若是谁迟到了，赵老师就会厉声说一句："请梅班长询问原因，落实宣传稿件一篇。"原来8742班抓早操有一个绝招，就是谁睡懒觉一次，谁就必须在校园广播台投递并播出一篇宣传稿件。好一段时间，我们班级都说，"宁可锻炼自己的身体，也不愿意写那么难的新闻稿件"。也许这就是我接触的最早的量化评估管理吧，果然再也没有人愿意迟到了。

赵老师总是以身作则，从不迟到，他还特地叮嘱我每天早上提前喊他起床，其实他自己有闹钟的，但他说是为了双保险。渐渐的，我们养成了早起锻炼的好习惯。最令人难忘的是毕业离开母校的前一天，天阴沉沉的，偌大的操场只有我们一个班，我们依然坚持完成了晨跑和早操。原来学校通知只有三天就毕业可以不再跑操，而我们因为思维的惯性，没有刹住车。那一天，赵老师说："这是我最后一次当班主任了，虽然累，但是我觉得这都是值得的，我也很感谢你们。谢谢8742!"那一天，我看见赵老师站在晨风中眼睛湿润了。

年过半百的赵老师生活中有时又像个孩子那样可爱。

他经常到我们寝室来，有时和我们下象棋，有时候是玩扑克牌。最开心也最害怕的是和赵老师下象棋。赵老师是一个臭棋篓子，特别爱悔棋，但他绝不允许你悔棋。因为他吃了你的某个棋子，一定会快速拿下，放在他的屁股下坐着。

更妙的是，下棋的他会叫另一个同学过来给他"敲背"，其实就是用拳头打他。我们最怕他这一招，谁被叫上，就意味着谁可能要倒霉了。冷不丁，他会对敲背的你说："听说你学会了打麻将啊?""又抄写同学的答案了吧?"听了老师的话，有的就会拳头慢下来了，脸涨成"猪肝色"，心中有数的赵老师就顺便把学生的思想工作也做了。他还打趣地总结道："敲背法，最适合处理早恋的苗头、学生之间的打击报复、小偷小摸问题。"

他还会用一双警惕的眼睛，扫描我们的床底下或寝室的角角落落。有一次有个同学拿实验室的纯酒精煮快餐面，被他发现了，"你知道不，这分析纯的东西多贵呀"，"这是易燃易爆的药品，在寝室多危险呀"。一席话，看似责怪，却让我们感受到父亲般的温暖。

作为学习委员我曾到赵老师家里交作业，遇见饭点他们总是慷慨热情地留我吃饭。记得有一个老式土火锅，里面是小鸡炖粉条，还有两个菜是学校食堂的小炒，油荤不错的。我有点拘谨，不敢多吃，师母似乎看穿了我的心思，不停地给我夹菜。当我返回拿遗忘的书包时，我听到师娘正在家里训赵老师："不要晒正面，这样会掉色，我哪有闲钱给你买新衣服啊。"我听了心里酸酸的，那时候老师们的生活其实也是很拮据的。

毕业临走时，我特地去看了赵老师。他语重心长地对我说："你这个人脾气倔，以后不要一根筋;跟对一个认可你欣赏你的人，好好干;一辈子做学问，你有这个潜力的。"我请求他给我写个留言，他说："不写，也写不好;过不了多久，现实生活就会告诉你答案的，好好努力就是。"

别梦依稀三十年，常常想起师专生活，想起赵老师的话，并时时以此警醒自己。毕业后一直坚守三尺讲台，内心笃定，目标明确，我知道是母校和恩师的教诲在不断地给予我力量。

师专老师的幽默

朱道清

20 世纪 80 年代中期，我参加了宜昌师专第二届中文科的函授学习。记得整个中文班有 200 多名学生，每次都是在师专的小礼堂上的大课。有几个老师的精彩讲课和幽默话语给刚刚改革开放后的课堂带来一缕缕清风，总是能博得我们这些学员的阵阵掌声与笑声，那情景让我们刻骨铭心，至今难以忘怀。

曹文安老师第一次给我们上"古代汉语"课时，主持人介绍了他一大串的头衔，让大家佩服得五体投地。等到他正式上课时，他自我介绍说："我叫曹文安……"然后煞有介事地把主持人刚才介绍的头衔重新复述了一遍"……这些都是虚的，其实我就是师专一个教书的'伙计'，还有一个'教授'的头衔，这个'教授'的确是真的，不信你们看，我不是越教越瘦吗?"说完，瘦骨嶙峋、精神矍铄的曹老师还来了个京剧中"亮相"似的动作，从座位上站起来，高扬起那颗绽出条条青筋的额头，结果博得个满堂喝彩，掌声经久不息。

郭超焱老师给我们讲《诗经·卫风·氓》，边诵读原文——"氓之蚩蚩，抱布贸丝。匪来贸丝，来即我谋……"边用现代话语解说："小伙子走来笑嘻嘻，拿着贝币来买丝。不是为了来买丝，借机找我谈婚事……"把一个古代"痴情女子负心汉"的故事，描述得那么绘声绘色，惟妙惟肖，让我们彷佛如临其境，如见其人，如闻其声，如痴如醉，好半天才回过神来。故事讲完后，学员们不约而同地发出雷鸣般的掌声。

谢道弋老师治学严谨，恨不得把动乱岁月耽误我们的时间，在短短的函授时间内弥补上来，一向珍惜课堂时间，也不苟言笑，但在分析鲁迅先生的《文学和出汗》一文时，即兴来了点幽默朗诵与分析："……然而'弱不禁风'的小姐出的是香汗，'蠢笨如牛'的工人出的是臭汗。不知道倘要做长留世上的文字，要充长留世上的文学家，是描写香汗好呢，还是描写臭汗好? 这问题倘不先行解决，则在将来文学史上的位置，委实是'岌岌乎殆哉'……"鲁迅先生辛辣嘲讽的文章，谢老师抑扬顿挫而略带沙哑的声调，以及刚劲有力的动作，让我们笑得前仰后合，给学员们枯燥的函授生活，陡增无限的趣味。

刘永龙老师在讲白居易的《长恨歌》时，一面声情并茂地朗读："回眸一笑百媚生，六宫粉黛无颜色……从此君王不早朝……"一面发挥他中文老师的特长，利用有关的史料，充分挖掘诗歌的内涵，启发我们的想象能力，对"从此君王不早朝"一句诗，补充了大量的情节与细节，成年化的讲解，常常让我们中的不少情窦初开的少男少女们情不自禁，哑然失笑。

有时候，老师在讲课的时候，也插入一些对时事的评点。那时，正是国家提出给教师加工资的前后，结果迟迟没有到位，教师当中产生了不少怨言。写作老师(忘记该老师的姓名了)上课时出了一个谜语："教师加工资(打一现代电器)。"我们当时大多还不太了解电器的种类，抓耳挠腮，半天没有想出答案，最后老师亮出谜底：空调。这个谜语引起了我们情感上极大的共鸣，个个忍俊不禁，放声大笑，笑声似乎要将礼堂的屋顶掀翻。

有一次，正是函授学习结束的那天，忍受了23天酷暑难耐与臭虫叮咬的煎熬，以及与恋人分别的相思之苦的学习之后，不少年轻学员都想急着赶车、急着回家。刚过11点钟，课堂上就不时传来收拾东西的响声、轻轻的讲话声、搪瓷饭钵子掉在地上的声音，还有不时在礼堂门口探询下课时间的人们，有学员的丈夫、妻子，也有准备接人的司机，常常打断老师的讲课。正在讲歌德《浮士德》的巴文华老师，突然停住讲课，大声诵读了其中的一个诗句："一切都乱套了！这是为什么？"接着顿了一顿，大约一分钟，等课堂完全安静下来之后，他又用吟诵的声调大声说道："因为……大家都要急着回家去见自己的'玛格丽特'！下课！"那些发出声响的学生不禁一脸羞愧，旋即礼堂四周掌声四起，有人甚至欢呼雀跃起来。

此外，还有张道葵老师在"文学概论"中的条分缕析，刘芳老师在"现代汉语"中的辨音析字，吴柏森老师侃侃而谈的《赵氏孤儿》……不一而足。一晃20多年过去了，很多事情已经淡忘了模糊了，但那些老师和蔼亲切的音容笑貌、幽默诙谐的话语，以及严谨治学的态度，常常像放电影一样，一幕幕浮现在脑海里，久久不能抹去而且历久弥新。

吾 师 德 聪

张学元

写下这个题目，其实我是心怀忐忑的。一者没有正式拜过师，有僭越之嫌；二者水平有限，怕辱没老师名声。但思考再三，我还是用了这个题目，但愿老师原谅我的一厢情愿吧！

知道德聪老师的名字应该是 30 年前的事儿。那时候，我在乡村中学的一间土屋里点着煤油灯天天勾摹着叶圣陶的《中小学生字帖》，一心想着怎样才能把某个字写好。那个时候，好苦闷啊，一个再简单不过的汉字摆在眼前就是写不好，心里像吞了苍蝇一样难受。一个偶然的机会，在《宜昌报》上看见先生的作品，才晓得什么样儿的字才算书法。自那以后，"周德聪"三个字虽然倍感高远，但却开始眼熟、亲切。

1987 年我考进宜昌师专当函授生，走进学校的那一刻起，我就十分留意校园里的一些书法作品，虽然老师的作品很少见到，但我总觉得"周德聪"三个字无处不在、始终在我眼前晃悠。说来惭愧，虽然认识他的字有几年了，但却一直没有机会面谒老师，只知道他在师专教书，所以时刻有一种邂逅的幻觉。

那时候，我们函授生有 300 多人，满满当当的一大教室，真是密不透风啊。给我们授课的老师也多，男男女女，老老少少，令人眼花缭乱。老师们的风格也都迥然不同。严肃者有之，风趣者有之，舒缓者有之，激昂者也有之……其间，有个老师刚过而立之年，中等身材，戴一副淡黄色眼镜，侃侃而谈，风流倜傥。听他的课很享受，一是语言幽默，二是观点新颖，三是板书绝妙。当那些龙飞凤舞的白色粉笔字凸现在漆黑的板面上时，我一边垂涎呆傻，一边猜测此人是否就是"周德聪"！

在当初那么庞大的函授队伍中，我发现绝大多数学生都有我这种感受。每当那个老师口若悬河、奋笔疾书之时，整个教室里总是鸦雀无声。套用清初林嗣环《口技》的话，那就是"众妙毕备，满坐学生无不伸颈，侧目，微笑，默叹，以为妙绝"。

就在我们窃窃私语之际，老师一周的课就结束了，只见他用手整理一下鼻梁上的眼镜，一挥手便用黑板刷子把黑板擦净，然后噌噌噌在上面写了"周德聪"

三个碗大的字，然后，拍拍手上的粉笔灰，泰然步出教室，把那阵雷鸣般的掌声丢到了身后……

哎呀，原来他就是"周德聪"！我的天！

3年函授虽然都在师专，但周老师只给我上过一周的课，后来就没有见面的机会了。有时候，在校园里发现他的书法作品，免不了要驻足长观；在新闻媒体上发现他的身影，心里好不激动。在随后的时间里，我一直把周老师当作自己的偶像，但却没有勇气登门求教。记得刚毕业那一年，我实在熬不住了，便斗胆给老师写了一封信，谈了自己对书法一些极其浅显的看法，并邮寄了自己的习作。信寄出之后，我一直忐忑不安，仿佛是乞丐冒昧闯进富人殿堂。然而，名声日重的老师很快给我回了信，对在乡村中学教书的我作了充分肯定，同时还书赠吴丈蜀先生"成家岂是临摹得，造诣全凭字外功"的诗句。

那个时候，在偏僻的乡村，在一个昏暗的屋子里，我从信封里掏出老师那幅书法作品时，我感觉自己是仰天长啸了一声！我在乡村工作9年，老师那幅作品始终悬在书桌边，时刻催我奋进。

对于书法和绘画，说来还是相当内疚的。因为从师范算起，我也用力有年了，但成绩却始终平平，少有进展。在教书的岁月里，因为工作极有规律，还算打了一点儿基础，但后来改行从事行政，也就逐渐懒散了许多。再加上这期间，我对书法的认识一误再误，有过长时间的苟且，以致于长时间不得要领。也曾多次想到求教于老师，但终因技拙羞涩，耽搁了许多宝贵华年，同时也浪费了许多青春活力。

好多年前，老师还在北京做访问学者，期间，我给他去过一封信，信中捎有自己的习作。好长时间未见回音，我以为老师是不屑于我的拙劣吧。不料，先生从北京归来，亲笔给我回信，逐一评点了作品，让我好不激动！老师在信中十分认真地指出了我的不足，更谈到了书法的内涵与外延，教我知道书法不仅仅是写字，而是一门深邃与博大的艺术，真正的书法艺术贵在将书法艺术与学识学力和文化素养融为一体，书法者更要不断提升自己的思想修养、文化素养，要注重字外功夫的锻炼和培育。

年过不惑，仿佛才开始重新思考书法的内涵之所在，拿上自己认为还有几分周正的"书法"，斗胆去找老师，不想老师仍然肯定在先，鼓励为主，但同时也指出了我的毛病，这倒使我重新点燃了对于书法的热爱之火。

当我再次走近先生之时，我才发现自己几十年的光阴算是白度了。浪费了那么多的宣纸与墨汁不说，浪费了那么多的时间是多么可惜！

前年夏天，我请老师到兴山讲学，老师欣然允诺。说来惭愧之极，像我们这些偏僻之地，文化的步调也是相对落后的，多年以来，兴山的书法也是原地踏步，没有什么进展。老师对兴山的书法十分关注，临行之前就要我们把兴山书界的爱好者都邀到一起，大家认识认识。那一次是兴山书法界最大的荣幸，有许多爱好者从大山深处驱车来到县城一睹老师风采，而且还一一得到老师的亲自指点和现场示范，真是受益匪浅啊！

这些年来，老师不仅成为宜昌书法的旗帜，同时也成为中国书法的佼佼者。老师公务繁忙，应酬极多，但我每次向老师求教，老师都是耳提面命，诲人不倦。

有一次，我拿了几件作品到宜昌请老师指教。那夜，老师鞭辟入里，我们谈得很久。不想，第二天清晨我还在睡梦便接到老师电话，老师要我到他家去看他临帖。我匆匆赶到他的书房时，老师已经临了好几幅放在地上。见我来了，就开始临孙过庭的《书谱》，一边临，一边讲解，令我醍醐灌顶，收获了太多太多。

与老师的那些高足俊彦比起来，我的"书法"还只能算作习字，但老师也从未因此而放弃对我的教导与培养。前年的全省乡镇书法展算是给我们这些书法爱好者的一个补救机会吧，因为只要入展，就可以进省书协。老师要我备战，我抱着试试看的态度关门写了很长时间，好歹弄出了几幅自己满意的习作。经过老师的再三斧正，最终算是混进了书展。虽然如今也成为省书协会员，但我始终觉得这是老师的垂顾啊。

近几年来，老师总是通过各种通讯手段给我教诲，无论是电话信息，还是QQ留言，都让我在老师的鞭策与鼓励之中寻找到了更多的勇气与自信。每次与老师见面，老师总是意味深长地对我说：学元，一定要临帖，要走进传统！是啊！"几十年来任涂鸦，可怜盲人骑瞎马。"如果不是老师的棒喝，自己多年的任意妄为和信马由缰很可能就是一生的野狐禅了。

老师字守愚，号抱一斋主。单从老师的名号看，就可以窥探出老师朴实而又高明的人生哲学啊。抱朴见素，返朴归真，老师教给我的不仅仅是艺术真知啊！

恩 师 简 笔

金　华

大学真是人一生的精神家园。我从宜昌师专毕业已 25 年，但还是时常想起师专读书时的种种情形。前年整理书柜，翻出读书时的各科笔记，颇生感慨，胡诌了两首诗，其一云："犹记北山艳艳花，当时挥手各还家。桃符鬼画又经眼，二十三年浪淘沙。"近来李云贵先生编辑《宜昌师专的故事》，约我为我校周德富老师写一篇文章，思绪悠悠，不由又想起了我的师专岁月，想起我的诸位恩师。我是一个农村学生，胆小拘谨，不通世故，读书时对老师敬虽敬之，但和老师素无交往，也不优秀出众，想来老师也难认得我。但我的饭碗是老师给的，也想写写恩师，可既无故事可行长文，又无笔力怕言多失多。想来想去，觉得还是老实点，只拣零星片段简而记之。

张 道 葵 师

张老师其实不是我的授业恩师。余生也晚，进校时，张老师已不教课，担任图书馆的名誉馆长。之所以以张老师开篇，一则，以年齿序，张老师可能最长；二则，张老师其实是最先给我留下深刻印象的老师，一瞥而不忘，虽然他并不是我最先见到的老师。大一期间，有时也听到一些老师们的掌故，说起张老师，都是肃然起敬的语气，于是知道这是中文系的前辈名家，学问大，治美学。我曾在某处见到过张老师的照片，一脸的严肃深沉。一日晚饭前后，依稀是深秋，阴天，我从教师宿舍楼旁经过，在大坡处，看见张老师缓缓而来。高大魁梧，头发灰白后梳，戴一副高度近视眼镜，负手身后，走走停停，似乎正在思考问题，那深思的神态让人一见难忘。我作为一个新学生，哪敢打扰前辈，就此匆匆而过，而且 3 年来再也没有和他照过面。说也奇怪，就这一面之缘，25 年来，还是清清楚楚，如在眼前，尤其是那深思的表情。或许，这就是儒雅的魅力。

曹 文 安 师

我进校时，曹老师是中文系主任，也是久闻大名难睹一面的长者。那时他已不教基础课，所以整个大一期间，基本没见过这位高人，只听说他学问大，腹笥广，脾气也好。不记得是大二下学期还是大三上学期，曹老师给我们年级开了一门选修课，诗词格律，才真正得睹芝颜。曹老师话不多，举止斯文，讲课声音洪亮，虽然在宽大的阶梯教室，也听得清清楚楚。他讲课不紧不慢，也不说什么废话。讲诗词格律，其实只讲了诗律，似乎是从平仄始，到"拗救"止，深入浅出，给人印象很深。曹老师抽烟，但烟瘾不算大。大学上课都是一次两堂，两堂课间也下课休息。每休息时，他就燃一支烟，深吸一口，鼓腮，吞吐，这一动作也让人印象深刻。似乎刘月新老师也有吸烟鼓腮的习惯，但曹老师脸瘦，所以印象尤深。曹老师身材高瘦，据说年轻时爱打篮球，精神矍铄，是寿者相。

金道行师

金老师慈眉善目，轻言细语，恂恂然大儒长者风范。清瘦、背微佝，步履轻缓，时常面带思索。曾记得彭红卫师在课上称公为"老树的精灵"。金老师尤精写作心理学，曾为我们细讲读者意识，强调作者与读者的"共振"。后来我工作后，读到吕叔湘先生"文章写就给人读"一诗，还曾联系昔日公之所讲，思索一番。金老师《写作心理探索》与《写作心理探微》二书，我都有，虽20年未曾细读，却宝之珍之，藏诸笥箧。后来在网上看到公退休后研究屈原，著有《我看香草美人——对屈原的精神分析》。金老师是我认识较早的老师，大一时教我们写作课，我是课代表，他还当堂念过我的一篇作文。金老师话也不多，上课声音也不大，但有激情，据说年轻时也写诗，是由文入学。往事并未如烟，历历具在目前。前几年春，符号先生到枝江，机缘巧合，晚餐时我得以陪伺末座。席间我问起金老师，先生告我老师现居京城，身体康健，真是喜讯。

孟祥荣师

孟老师时当中年，身材魁伟，戴黑框大眼镜，肤色沉，方脸，一部长长的大胡子。论形，孟老师应有金戈铁马的豪侠之气；论神，却偏是书卷气十足。孟老师教我们古代文学，课讲得好，这是我们学生公认的。虽然是必修课，人人都要听，但孟老师的课达到了人人都爱听的程度，的确让人佩服。我们上古代文学课的教室就在中文系办公室旁边，每当课时，孟老师就用一个无盖小玻璃杯端一杯白开水而来，不用茶杯，也不放茶叶，在当时也显得特立独行。孟老师据说以治小说、"三袁"知名，但给我们留下深刻印象的是讲授诗词。孟老师退休后常赋诗填词自娱，兼申雅怀，足见诗心深致。有件事值得一提，孟老师教我们时蓄有长髯，形似闻一多先生。据我瞎猜，此亦"蓄须明志"之意。彼时，师娘孙老师正外出进修，孟老师一人在家，故蓄此须。后来孙老师学成归来，孟老师方始剃去。斯亦雅人雅事。

胡 德 才 师

胡老师严谨，治学、为人都很严谨。讲课观点明确，条理清楚；板书层次极为分明。如此板书一丝不苟的，以胡老师和金道行老师为最。胡老师的字，无论粉笔还是钢笔，笔势厚重，转折分明，真有崚嶒傲岸之气。现代文学是中文系的重头课，胡老师又如此严谨扎实，一年听下来，实是受益匪浅。胡老师还组织我们搞过一次课堂讨论。大一上学期，在讲朱自清散文时，老师给我们介绍余光中先生对朱散文的批评，并让我们去查阅资料，用一节课来辩其是非。我们一群刚上大学的学生，哪里听说过对朱先生的半个不字，朱先生的文章是能批评的么！所谓讨论交流，无非是各抄几段套话把余先生反批一通罢了。这是我们上大学后第一次参加课堂讨论，胡老师还将讨论情况认真整理了刊发在学校学报上，没有丝毫轻慢。当时，许多老师都有抽烟的爱好，我没看到胡老师抽过，也没听到他讲过笑话，可见他生活中也是十分严谨的。

赵 乔 翔 师

说到抽烟，可算时风，老师、男学生都抽。在中文系老师中，我们学生公认烟瘾最大的是赵乔翔老师。据与老师相熟的同学说，赵老师每日手提的布包里，一般要装两包烟。估计是烟量太大开销不薄的缘故，所以一般也不是什么好烟。赵老师讲中学语文教学法，让我们了解了许多语文教学名家的名字与观点，钱梦龙、陆继椿、魏书生……都是在老师那里听说的。赵老师还让我们观看名家课堂录像，指导我们点评。我记得我们观摩的是钱梦龙执教鲁迅文章《文学和出汗》，钱先生抑扬顿挫地读："抢得天下的便是王，抢不到天下的便是贼。"至今印象深刻。赵老师主张教学要多写教研文章。记得实习结束后某次课上，老师提问我，在以后教学工作中是不是愿多写文章。哪知我硬是说要厚积薄发，多读书，思考成熟了才写。结果至今我也没写出什么文章，真是辜负了老师的厚意。赵老师研究语文教学心理学，与金道行老师是中文系旁涉心理学的两位先生。

刘 月 新 师

刘老师教我们文学概论，也是课讲得很好的老师。在刘老师课上，我们接触到了许多外国文学名家与理论观点。有意思的是，刘老师与邓新华老师同时上我们这届的文学概论课，据说旁班的邓老师以讲古代文论为主，而我们刘老师以讲西方文论为主。所讲内容截然不同，但都讲得深厚扎实，很吸引人，各有弟子叫好，可见各有专攻术业。我们大三时，刘老师是中文系副主任。临近毕业，中文系有许多文弱书生，尤其是上一届本科班的，体育公共课不合格，补考仍不能过关。按规定，公共课不合格，也是不能拿毕业证的。学生慌了，不知如何是好，去系里问计求情，据说，仅是据说，刘老师慨然去体育系交涉，对方还是不肯，刘老师就撂狠话：大学语文也是公共课，对外系而言难度也很大。说罢拂袖而去。后来，大家都如愿拿到毕业证了。若果如此，刘老师是颇有侠气的。

王 钦 峰 师

王老师为我们年级开过一门选修课，讲外国文论。前几年参加一个高考备考会议，夷陵中学雷冬梅老师交流作文经验，提到对话理论，我忽然想起，巴赫金的对话理论正是当年王老师讲授的重点之一。可惜我根底浮薄，当时理解本就浅疏，而今更是鳞爪全无了。王老师彼时正当壮年，风格脱略，隐隐有魏晋风范。桑大鹏老师去读研之后，彭红卫老师暂代我们班主任，曾告诫我们要"钦佩这座山峰"。余也鲁，学艺不能精专，钦则钦矣，却始终未窥门径堂奥。老师当日所授，至于今唯余巴赫金对话理论这一个概念而已矣，真真是有愧师门。王老师后来调往他处，我不知道学校名字，听说是学校的首席教授。老师之才之学，我无以评价，但积以日月而登峰造极，实是理所当然。王老师中等身材，白净，斯文，常穿白衬衣，灰色长裤，寸发直立有精神，授课语速略快。当时形貌我是记得的。

肖 四 新 师

讲外国文学必修课的是肖四新老师。与其他老师相比，肖老师略显峻急，时有恨铁不成钢的严厉，盖所谓爱之深而责之切也。大学老师多是谦谦君子，授课一般都只是严谨讲授自己的内容，不当堂对学生提什么要求，甚至学生缺课也不追究，但肖老师会用严厉的语气提醒开小差的同学做笔记。肖老师似乎有些独来独往，很少见到群处的时候。当然，这也只是我的感觉而已，未必如实。外国文学好像是大三才开的课，因为有次下课出教室后，肖老师突然问我有没有人和我联系，说是市内某学校想在学校招人，他推荐了我。我顿时感动得不得了，我和老师向无交往，他居然认得我，还帮助我。哪怕就这一席话的关切，已足让我铭感五内。当然，最终没人联系我，我也并不失落，作为贫寒农家子弟，城市米珠薪桂，居大不易，还是有自知之明的。遗憾的是，我情商低，那时感动之下，却似乎并没有对老师的厚爱表示感谢。肖老师精通外语，有译著。

胡　海　师

胡老师教现代汉语，是我们最怕的老师之一，因为课程内容难，而且胡老师还经常点人回答问题，甚至上黑板做题。在讲到语法时，要理清句内关系，用符号划分复杂的句子成分，这是重点，也是难点，当然也是以后当语文老师必备的基本功。有段时间，几乎人人都曾被点上台在黑板上做题，做不出来的难免尴尬，红着脸下来，虽然老师并不批评。在那几个星期，人人如临大敌，自然也就学得认真，感觉确实有进步。但有一位女同学，是唯一没被胡老师提问或点上讲台做题的，同学们都觉得奇怪，到后来才弄清楚，因为她与胡老师的母亲名字相同，出于为尊者讳的缘故，从不点她。现代汉语课要考核普通话，农村学生哪里受过训练，加之枝江话里翘舌、鼻音、圆唇、儿化通通没有，考核时一开口就只能是怪腔怪调的，让老师须以极大毅力忍住笑声。第一次考核不过关的，枝江学生尤多，我是其一。补考复习时，我下笨功夫，将要读的文章字字查清楚了再练习，方才过关。

彭　红　卫　师

彭老师有口才，彼时又还年轻，讲课时滔滔乎如大江奔涌，很有感染力。后来他上过央视"法律讲坛"，的确很吸引人。彭老师与孟祥荣老师都给我们教过古代文学，但两位先生的风格迥异。孟老师稳重儒雅，语速慢；彭老师热情澎湃，冲击力强。叶嘉莹先生现在声名久播，但当时尚未归根，是彭老师第一次让我们知道了这个名字。记得好像是说及温庭筠的《菩萨蛮》词，彭老师用形象化的语言为我们描述了叶先生说词的情景。那年寒假回家，我就在图书馆借了《唐宋词十七讲》《杜甫秋兴八首集说》带回家。当然是完全不懂，也没读完，但叶先生是从此认得了，高山仰止。论师承，彭老师是张三夕的博士，张是程千帆、张舜徽老先生弟子，算来，彭老师也属程门一脉，自是学术正宗，渊源有自。彭老师对学生好，教我们时，曾邀我们到家里去玩，很热情。记得家里很整洁，有一大排漂亮的书柜。

我心中师专中文科的三驾马车

胡兴桥

我 1993 年 9 月入学，1996 年 7 月毕业，可以说见证了中文科乃至宜昌师专最后的辉煌。那时候宜昌的高等学校还有宜昌医专、葛洲坝水电工程学院，但从心理上讲，感觉作为师专人是最为自豪的，医专和葛水院，理工气息太浓，只有咱们师专，人文气息和文化氛围最好，最像大学该有的样子。师专中文科(后来实际改为"系")出才子佳人，学生如此，教师也如此。

印象中刘月新老师最为抢眼。当时刘老师年轻气盛，宽额头，嘴巴微抿，形成一个刚刚好的笑脸，有时还有可爱的酒窝，喜欢把右手插在裤兜里，穿着时尚，自信满满。记得我最喜欢的，就是刘老师穿着最时新的衬衣，风度翩翩地立在讲台的前角，潇洒地与我们互动。

那时候刘老师给我们上"现当代文学评论"，讲台好似他的战场。刘老师一上战场便全身心投入，四肢变得孔武有力。他在讲台上走来走去，踩得讲台有很好听的木板回声。他板书，粉笔与黑板摩擦得吱吱响，他讲到心仪的作家或文学现象，讲到"李长之""意境与审美乌托邦""隐含作者"……密密的汗珠从额头上滚下来，背心汗气蒸腾。此时的他俨然一匹骏马，将学术课堂演绎得像六月的田间，风吹麦浪。

相比较于刘月新老师的激情奔放，王钦峰老师就显得幽默得多了。王老师中等个子，面相瘦削，大鼻子，宽嘴唇，眼睛犀利，手指细长，常年穿一件咔叽淡黄夹克，不修边幅，走起路来不卑不亢，说起话来有安徽地方口音，声音不大，却很有穿透力。他开设的"外国文学"课，阶梯教室常常座无虚席，他给我们讲授世界经典名著，葛朗台的贪婪、高老头的隐忍、简·爱的倔强、玛格丽特的忧伤……讲到紧要处，王钦峰老师眼睛瞪得老大，细长的手指在空中舞动，动作、语言极其夸张。犹记得王老师讲堂·吉诃德，讲到堂·吉诃德走出客店把旋转的风车当作巨人，冲上去和它大战一场，弄得遍体鳞伤。王老师突然脱掉夹克外套，拿着一个三角板当长枪，对着阶梯教室的左大门，仿着堂·吉诃德的样子攻击，王老师身材瘦削，行动敏捷，再加上声情并茂，满阶梯教室的笑声和掌声此起彼伏……时至今日，那个弥漫着丁香花香的蓝色清晨，蓝色清晨里关于王钦峰教授的几帧画面，让中文系的学子们想啊想得出了神……

引人入胜的，还有孟祥荣老师。孟老师国字脸，浓眉毛，厚嘴唇，大眼睛，一把浓密的络腮胡子。孟老师常常穿一件皮质的黑色短袄，有时穿一件鸽灰色的呢绒外套，让人弄不清他的真实年龄。他的太太也教我们课程，年轻靓丽，他们是咱们中文系名副其实的才子佳人。孟祥荣老师教过我们"古代文学史"，后来还给我们开设了"唐诗研究"的选修课，这些课程，应该特别适合留有胡须的孟老师，事实上也的确如此。孟老师上课，仪式感满满，古代的作家作品，诗词文赋的子丑寅卯，孟老师心里非常有数，语气语调拿捏得十分周全。记得有一次，孟老师给我们讲授《红楼梦》，说到林黛玉，黛玉葬花，说到"尔今死去侬收葬，未卜侬身何日丧? 侬今葬花人笑痴，他年葬侬知是谁?"孟老师连用几个"真真"，说，"葬花真真让人怨"，"黛玉真真让人怜"，"雪芹真真吐真言"。一时间，93中文系居然流行了"真真"体，说话做事嘘寒问暖，"真真"满天飞了。孟老师讲诗词，也非常有代入感。讲到颠沛流离的杜子美，孟老师突然就变成忍辱负重的苦行僧，让人正襟危坐，汗不敢流；讲到壮志难伸的辛弃疾，他又突然变成了慷慨正义之士，声如洪钟，气震霄汉；而讲到自得其乐的陶渊明，孟老师眼睛微闭，突然又变成了作乐饮酒、万物悠然的世外高人……这样的课堂，常常寂静无声又暗香浮动，学子们的神思，常常被老师的生动演绎不经意带到文学长河深远的本源中，久久回味……

时光荏苒，转眼就已过了26个春秋。26年中，我也天南海北地不断行走，时光磨蚀了记忆，26年前的宜昌师专，26年前的课堂，我也不再如数家珍，仅记得恩师们曾经风华课堂的些许光影。好在如今，刘月新教授早已荣升为三峡大学文学与传媒学院副院长了，果然是胸怀丘壑与大格局；如今的王钦峰教授，也早已是岭南师范学院的首席教授，2006年恰好我也在岭南师范学院教授"中教法"，感受到王老师在异乡依然风生水起，令人敬仰；而孟祥荣老师，后来一直莅职广东华侨之乡的五邑大学，声名赫赫，他也早已和我们9312班打成一片，有时在咱们班级微信群里吟诗作赋，有时在朋友圈里汇聚诗友。2020年，孟老师自驾回宜昌，和校友、弟子们诗酒年华，一浮三大白，传为中文系的佳话。

这三位教授，都是50后生人，也是宜昌师专最为辉煌时的才子老师。虽然不久就各奔东西了，但是在时间位移的同一时段，我们那么有缘分地相聚在一起，分享了彼此生命中最美好的一段时光。只不过我们是弟子，三位是永远的老师。那时候的他们刚刚30多岁，是思维和才情最充盈的时候，而我们，恰好在启智与开慧的关键时期。

谢谢中文系的"三驾马车"，教会了我们原来文学是那么的有趣，那么的令人着迷与痴狂，教会了我们文学和中文值得用激情、甚至用生命去终身托付。让我们明白，曾经北山坡上的教育，不光是知识的传授，作为一名师专文科生，应具有怎样的文学追求与职业姿态。三年光阴，白驹过隙，却让我们在那些青春的靓影里，发现了职业的真谛与生命的价值，发现了宜昌师专丰沛的文化氛围与厚实的人文底蕴！

遇　见

王　丹

又到大学新生入学季，常有一些知我底细的老同学问我："你以前成绩那么好，高考失误考了一个并不理想的大学，遗憾吗？"

想当年我一路学霸走到高三，胜券在握地报考了北大外语系（我们那时是分数出来前填报志愿），结果因为高考时生病，遭遇滑铁卢，掉档滑入了宜昌师专。那曾经是很多老师的遗憾和我 18 岁的隐痛。

可是，事实证明，结果并没有那么糟。因为在那里，我遇到了很多非常好的老师。

教我写作的姚永标老师，一个著名的诗人，著有《陌生的城》《在古老的河边》等诗集，气质儒雅，风度翩翩，深得全班同学的喜爱。我爱好写作，很大程度上是受了他的影响。这位姚老师后来调走了，所有同学无不扼腕，纷纷写诗以表惋惜、送别之情。那真是一个诗歌的年代。我是老师的爱徒，也曾写诗送别：

我会见了一个诗人

在古老的河边
我会见了一个诗人

三声纤响
拉开了一方明亮的世界
儒雅的声音
连同我们的眸子发亮

广博的海洋里
我语无伦次
沉默的金仿佛几粒珍珠
骤然坠落
将无数个空间点燃

情感的世界不需要任何景物点缀
心灵的大地留不下一丝空间
只有捧着灿烂的金黄色
你才知如何评价耕耘

世界太灼热了
所以需要雨
雨索性再滂沱些吧
哪怕过后
连彩虹也没有
而你
只要走在灰蒙蒙的小路上
也是对过去的一种回味呀

我挽起树林的胳膊
对人生作一次眺望
后花园的喷泉
是否也同课前的晨读一样嘹亮

不如跳喷泉的池里
给灵感的头脑洗个澡
任水多的少的
沿着手臂流去
正如朱自清的文字太匆匆

赤着脚
将往昔今朝的路走遍
不用数它沾上的尘迹
它已经走得很艰难了

透过缥缈的雾看太阳
洗过的眼睛还是亮的
心也是亮的

　　这便足够了
　　不要再过多的奢求
　　……

　　教古代文学的孟祥荣老师，典雅的古诗词专家，学富五车，才高八斗，常常带领我们遨游于传统文化的海洋，流连忘返。其诗词创作有"唐宋之风"，读来令人油然而生古意，略录一二：

　　《向日葵》：立身焉择土，昂首只朝阳。莫问柔姿态，从来硬脊梁。分金犹待菊，抱玉不欺霜。应许清风下，秋心有淡香。
　　《浪淘沙令·元旦》：木叶落寒霜，凋尽年光，每逢岁暮总清仓。是喜是悲翻一页，坐阅沧桑。大道论阴阳，万化无常，人生陋世懒思量。守得水流心不竟，管甚炎凉。……一盏送流年，恍对离筵，行将分袂复留连。只恐转身成陌路，谁共因缘。不必掩重关，春又梅边，枝头红雪惹人怜。漫说韶光容易改，心与云闲。

　　还有俊逸的书法家周德聪老师和学高身正的谦谦君子邓新华老师。这些老师待学生极为亲切，真正和我们打成一片。不仅教给我们丰富生动的知识，更教会我们怎样好好地生活。我们到现在都还经常联系，不时小聚，亦师亦友。这一种情感联结，是那些很牛的名牌大学学生不可想象的，也是我后来读研的名牌大学所在的学校和城市十分缺乏的。它对我的为人处世和世界观价值观产生了极为深远良好的影响。更重要的是，在他们的潜移默化之下，我深深爱上了中文，那是我最喜欢也许也是最适合的专业。每日浸淫于文字的世界，体会着中文这种语言的精妙绝伦，感受着中华传统文化的博大精深。所以时至今日，在这样浮躁功利的环境里，我还可以安安静静地坐下来，十分享受地读书、码字。我写诗歌，写散文，写公众号，也感染了不少人，聚集了一些忠实的读者和粉丝。这些和大学老师们的影响密不可分。
　　在一所并不太好的大学，遇到这么多的好老师，真好。

作者简介：
　　王丹，1976 年出生，湖北兴山人。1995 年考入宜昌师专中文系。上海中医药大学副研究员。上海市作家协会会员、上海市心理学会会员。先后在《社会科学》《敦煌研究》《中华医史杂志》等核心刊物发表论文多篇。出版著作有《细碎阳光》《中国文化探秘·明清篇》《新编现代汉语教程》等。

姚　先　生

文红霞

姚先生是我读师专时的写作老师，个子不高，但壮壮的，很笃实的中年人风采。他头发长长的，戴一副眼镜，眼镜后总是闪着一种黑黑的、迷离的光。他总是那样淡淡地笑着，那种神态，似乎在说：你什么也瞒不过我，我知道一切，但我为你保守秘密。

我最爱上写作课，主要是听他富有人情、抑扬顿挫的男中音。我还记得，他总是缓缓地从一个大大的信封里抽出几张卡片来，有情有致地念起来。他的卡片总是那样整洁，如同他总是梳理得很整齐的头发，和他那件永远整洁的西服。很喜欢他，特别是当他每次给我的作文后写上几句令人激动的话。

他是个诗人，在湖北小有名气，有一本薄薄的诗集《陌生的城》出版。出版社要诗人自己去销售，诗人把诗集拿到了课堂，看谁能帮忙销售。我一下子填了20本，读懂的人不多，卖不出去，我自己垫了钱。一半为报偿他的欣赏，一半为欣赏他——寂寞的诗人。

他为我推荐了一篇文章。那一天，他走过来让我把一篇文章誊写后给他。我起劲极了，修改了一遍又一遍，还请班上的书法圣手誊写了一遍。两个月后，文章登在《宜昌日报》上，5块钱的稿费，却鼓胀了19岁的虚荣心。

我那时笨笨的，快20岁的人了，还怕陌生人，怕老师。一直在心里感谢姚老师，却一直没有勇气说出来，直到现在，我都出来工作一年了，还没有给他写过一封信，寄过一点问候。也许他早把我忘记了吧，那么多学生，那么多事情。

姚先生其实活得也不轻松，也结了婚生了孩子，锅碗瓢盆油盐酱醋中，还能写出童话、梦一样的文字，实在不简单。所以总想去看看除了诗和讲台之外的他。

他住在校外的一幢红砖旧房子的三层楼上。第一次去时，我和另一个女孩紧紧拉着手走上一截窄窄的楼梯，外面艳艳的阳光，里面却暗暗的，大概是两室一厅。他很郑重地把我们让到书房里，我们拘谨地坐在那里，闲谈了几句有关文学社的事情。

后来又去过几次，在他家不过呆了几分钟罢了，每次他都仿佛很忙，每次他的第一句话就是："有什么事儿?"而我们总是因为黄昏在公路上走倦了想去和他聊聊。比如说他诗里的情绪，我们的苦恼，包括我们的爱情故事，甚至我们的前途、理想等。他的话堵住了我们，大概因为他是老师我们是学生吧。

很想念他，想知道他是不是也挣扎在平庸的生活和梦想之间，想知道他是不是还在关心着我。想起他对我们的希望和我的境况，伤感和自愧总是浓浓地充塞了我的心。看着窗外，一片片飘洒的落叶，感到从未有过的孤寂和冷清袭过全身。

从小到大我们要经过多少老师啊，他们把人生最精彩的部分给了我们，比较起社会中的诸多欺骗谎言，教师是最纯洁最能真正影响一代人的职业，唯此，借此文感谢天下所有高尚的老师，是他们铸就了这个社会的精神脊梁。

（原载《西楚文学》1993 年第三期。）

作者简介：

文红霞，1971 年出生，湖北秭归人。1989 年 9 月考入宜昌师专中文科。河南理工大学文法学院副教授，文学博士。出版有《俗眼窥红楼》《后经典时代的文学叙事研究》《新媒体时代的文学经典化》《落在胸口的玫瑰：20 世纪中国女性写作》《爱如玫瑰次第开：索解传媒时代中国文学精神》等多部著作。

兴趣与老师

——记刘济民老师和两位周老师

李　扬

兴趣真是个奇妙的东西，一旦被激发，有时会影响人的一生。比如，写作和书画，我在宜昌师专被激发的这点兴趣，得到坚持，至今融入和丰富着我的精神生活。

我上宜昌师专是在 1989 年秋天，当时叫政史科，属第二届学生。学的基本上是"枯燥严肃"的课程，但公共课和选修课还算丰富。我从小对写作、书法和美术有兴趣，高中为"考学"奔忙，无暇顾及。到了师专，仿佛突然进入了繁花盛开的百花园，如饮甘露，如食甘饴，加上有良师指引，青春的精力旺盛，就热情地投入这些课程的学习中。

教我们公共课写作的是刘济民老师。他时近中年，朴实无华。平头，微黑的脸庞，说话轻言慢语，有时讲课轻微得让人听不清楚。课讲得很平淡，但讲得很认真。同学们是否专心听课，他不大管，我倒听得很专注。休息时，只要有学生请教，他就会慢慢给你讲解。给学生布置作文，只要你写，他就像改中学生作文，将好词画圈、好句画红线，写批语，有时还比较长。红笔写的楷书，如同他讲课一样认真。你请教时，他还不经意地鼓励你说："写得还不错，努力会写出好文章的。"有一次，刘老师布置了一篇自由命题作文，我写了一篇 800 字的散文《草帽》送他批改，他用红笔在后面写了几排具体意见。我是这门课的小组长，第二次收齐作文本交给他时，他说我的这篇文章写得还不错，建议我投到本市报纸副刊。此前，我作为校报记者，有文字在校报（内刊）上登过"豆腐块"，还没有正儿八经地向校外投过稿。虽然我认为这篇文章写得一般，但还是按刘老师要求，用方格信纸誊好后交给他。过了不久，1990 年 4 月 17 日的《宜昌市报》副刊把这篇散文刊发，后面有刘老师写的评论。我的文章只有 800 多字，刘老师的点评有 500 多字，我认真仔细地一字不漏读完，反复揣摩老师的点评，兴奋而感动。这应该是我发表的处女作，刘老师的评论和鼓励，让我看到了自己努力的方向，我对写作的那点兴趣，也就被激发和放大了。写作课只上了一学年，后来与刘老师接触就少了。大学期间，我当校报记者，课余坚持写新闻和散文，应该缘于刘老师的鼓励与鞭策。10 多年前，我出版散文集《为命运打开一扇窗》，把当年这篇文章连同刘老师的评论作为第一篇编入书中，既是对那段青葱岁月的怀想，更是对刘老师的感念与敬重。

大学毕业 7 年后，我有幸从宜都一家偏僻的军工企业学校调入宜昌城区的行政机关，得益于发表的近百篇文学、新闻作品当敲门砖。这应该感谢师专时刘老师为我打下的基础和后来老师们的培养，是他们，奠定了我走稳人生道路的基石。

书法和美术则是我学的两门选修课程。让我印象深刻的是周德聪先生精彩的书法讲座、周善庆老师润物细无声的教学方法。

德聪先生当时是学校中文科的一名普通青年教师，教书法选修课。当时学风很盛，选修书法的人很多，也学得认真。师专坐落在东山的北山坡上，校园进门的右手边是一排教学楼，有几间阶梯教室，时常在这里上书法"大课"。教室能坐 300 多人，先生讲课时，总是座无虚席。放眼望去，都是些青春勃发、学习力旺盛的面孔，饱含着对知识的渴求，安坐在那里，硬座靠背椅坐满了，找不到座位，就在水磨石的走道席地而坐，也有站在窗户外听讲的。那场景，现在想来真叫人感动啊！先生当年更年轻潇洒，在讲台上站定，气定神闲，风度翩翩，立即吸引了年轻学子的目光。再加上他字正腔圆，声音洪亮，抑扬顿挫，又有极好的记忆力，能随口准确引述古人的书法观点原句，通俗地讲解发挥，将一般人认为枯燥的书法理论讲得通俗易懂、活灵活现、激情飞扬。即使不太懂书法的学生，也听得津津有味。他演示时，运笔飘逸洒脱，让书法语言极尽张扬。那潇洒的动作，书卷气十足的书法，让人陡生羡慕，也让那些不懂书法的人爱上书法，这样的书法课赢得学生的喜爱也属自然。3 年的大学时光，我们很多同学就是在他的启发下步入了书法的殿堂，至今乐此不疲。但自此以后，先生说，哪怕他后来当了三峡大学艺术学院院长亲自授课，也再没有见到如当年学风之盛、认真听书法课的学生！他只能摇头兴叹，总是怀念起那个时代的学风！后来我调进宜昌城来，从事繁杂的基层领导工作，繁忙之余，能长期坚持勤练书法，并引导女儿一同学习，两人都成功加入湖北省书法家协会，这得益于先生和其他书法家一直以来的不吝指点与关心。

上美术选修课的是周善庆老师，当年 40 多岁，清瘦，人长得潇洒，多才多艺，除了画画，小提琴也拉得不错，足球也踢得好。他一头短发，上课时戴副老花眼镜，身穿一件天蓝色大褂（工作服），看上去没有一点艺术家做派。每次上课前，他早已到教室摆好石膏模型或其他静物，打好光线，然后一个个教我们如何选角度、摆画架、画线条、用色彩，心平气和，不急不慢。边画边给我们讲一些为人处世的道理和画坛趣事，教室时有笑声，学生画得轻松，听得受益。一学期结束时，学校应我们请求成立师专首届美术提高班。画画消耗大，很多学生家境贫寒。周老师说，这个你们就用不着担心了，我有学生在印刷企业工作，会想办法帮你们进一些便宜的东西。后来我们画画用的三夹板、中华牌铅笔、厚纸、颜料等，都是他找那些学生弄的便宜点的用品。周老师的关怀如和煦阳光，温暖无声。到宜昌工作后，因为忙很少与周老师联系。2009年的一天，我去老师专教工宿舍看望他。"我还保存着你们当时美术班学生画得好一点的画作呢！"我听说后，连忙走进他逼仄的画室，这些稚嫩而熟悉的画作映入眼帘，恍如昨日。我竟然找到了我参加第一届师专美术提高班毕业校展时的作品。记得当时参展有5幅，这里只有两幅水粉画，一晃也有近20年了。画背面还用铅笔清楚地写有我的班级和姓名，清晰如新，我如获至宝，让周老师"物归原主"，我珍存在家里。我说我已多年没再画画，现在只能欣赏画作，书法倒是长期坚持，周老师便于次年专门画了一幅水彩画送我，同时还送我两本水彩画作品集作为纪念。

如今，这些恩师或年过花甲，或年过古稀，但我们的联系仍然不断。他们对我写作和书画的启蒙与引导，充实了我现在的业余生活，也帮助了我的工作，更丰富了我的人生。

作者简介：

李扬，1969年5月出生，湖北洪湖人，1992年9月从宜昌师专政史系毕业。湖北省作家协会、省书法家协会会员。先后从事教育和街道、区市党政工作，业余爱好书画写作。发表新闻、文学作品30万字，出版散文集《为命运打开一扇窗》。书法入省首届、第二届青年展，省第六届、第七届书法篆刻展等专业展览。任宜昌市文联党组成员、副主席。

严格背后的温情

——记宜昌师专政史科(系)的三位老师

李　扬

我于1989年9月进入宜昌师专政史科(系)读书，学制3年。老师中对我影响较大且后来一直保持联系的有多位，其中王炳华、王国芳、李瑾等3位老师对我的影响，说来感受就更深一些。一些旧事至今想来，还是让人很感动。

王炳华老师是中途从校党委宣传部调入我系任系党支部书记的，一年后大家就毕业了。这届学生有85人，估计很多学生与王炳华老师还没有"混熟"就再见了。

我最初近距离接触王炳华老师，是为他抄文稿。王老师写了一篇专业论文，要誊写好交编辑部。当时还没有电脑，都是人工手抄，因字数太多，王老师就想找学生代抄，可能觉得我的书法不错，就找到我，把我叫到他家里誊抄。我帮他用方格信纸抄写了很厚的一册。他怕我抄饿了，专门准备了饼干放在桌边，让我边抄边吃。抄完后，要留我吃午饭，这时师母郭玉校长(时任宜昌市西陵区东山小学副校长)回来了。她看了我抄写的文稿，连说这字写得很好呢！以至于多年后，她还因此事记得我。然后，我就在他家吃完午饭后离开。

王炳华老师给同学们的印象是严肃有余，亲和不够，这可能与他严谨做事的风格有关。到系毕业典礼时，大家请他表演一个节目，他取出事先准备好的长笛，为我们吹奏了一曲婉转的乐曲，大家静静地听着，优美的旋律加上离别的愁绪，给同学们留下了深刻印象。没想到看起来严肃认真的王老师，还有这样的"文艺范"，直到离校时我们才得知，多少有些遗憾。

毕业时，按规定师专生得分回原籍工作，但宜昌市"三线"军工企业到学校招人。这些企业效益挺好，系里便将我和其他3位同学作为优秀毕业生推荐到这些企业。我被分配到宜都宋山脚下代号为388的企业子弟学校，担任高中老师。后来得知，王老师当时专门对企业招生的领导说，我在本校谈了个女朋友，如果她毕业愿意到企业去，也请企业能接收。第二年，我妻子毕业，申请到我所在的企业工作，也得到批准。虽然多交了些改派费，但还是让有情人终成眷属。

工作7年后，企业不景气，前景也暗淡，我想调出这家企业。苦于当时没有任何社会关系，就想到了当年的王炳华老师。但大学毕业后我与王老师没有任何联系，又不好意思贸然求助。于是，我将自己写的一篇3000多字的长文《伟人韶华奋斗时》用方格纸写好后寄给他，请他指教。并附了一封短信，介绍了我所在企业当前情况，请求他有机会时把我推荐一下。

不久，我收到了王老师的回信。他在信中谦虚地说，多年没改过文章了，你写的文章我就不改了，如有机会会推荐你。看到这点希望后，1999年7月的一个周六，我赶到老宜昌师专宿舍去拜访王老师。这时，郭玉校长正好也在一旁。王老师听我说想当高中老师，他不置可否。当时西陵区只管小学，我又不想当小学老师，他就看着郭校长。郭校长问了我的一些特长，得知我发表过近百篇新闻、散文等作品，还有10多篇登在《中国教育报》等高层次报刊上，她很欣喜，说区教育局办公室正在招这样的人。于是，她拿着我复印的"作品集"到教育局去推荐，我参加了次月西陵区教师招考的笔试和面试，以笔试前列的成绩考进了区教育局，改行从事行政工作。其后，王老师一家人又帮我找房子，整装饰，次年帮助我将妻子调进城来，解决了后顾之忧。想想当年我能在短短的两个多月时间实现进城梦，实在得益于王炳华老师和师母的知遇之恩。

王国芳老师当时是师专的团委书记，也教我们的大学生思想品德课程，我是他领导的校团委宣传部副部长。王老师当年正年轻，又有亲和力，擅长演讲，组织活动能力很强，学生们都很喜欢他。他总是不断交给我们一些任务去完成，当时学业紧张，课余时间我基本上在忙这些任务，走路也行色匆匆，同学们不知道我在忙些啥。过后，王老师总是鼓励我们，让我们干劲十足。

我当时负责的最大一块任务，就是师专院子上坡后的一大排宣传栏，由大约20多块三夹板构成，每块都是近4平方米，每月出一期刊。这些宣传栏是反映学校工作的窗口，办刊涉及文字组稿、装裱纸、画刊头、打格子、毛笔誊抄等程序，看似不起眼，实际工作量很大。每次王老师给我们定方向、出题目、列重点后，我就组织一帮同学去组稿、抄写，我自己画彩色刊头。我们废寝忘食，乐此不疲。在办刊中我学会了一些编辑知识，书画水平也得到了提高。我还跟当时的党办主任蒋明圣老师学了一门技术，就是在三夹板上刷满浆糊水后，将一张张两米见方的大白棒纸，平整地装裱到三夹板上，到现在我还会这门技术。当时看不起眼的这些琐碎事，在后来我从事党政办公室工作时起了很大作用。我能很快适应办公室工作要求，与当时的这种强化训练有很大关系。

李瑾老师当时是辅导员，刚从大学毕业分配到师专，比我们大不了几岁。长发，梳着马尾辫，身材苗条，着长裙，却有男人的性格：大嗓门，说话干脆利落，与男生玩牌争论起来毫不逊色，训起调皮男生也毫不含糊，同学们既喜欢她也怕她，当然她与同学们关系也很融洽。她记忆力极好，直到今天，她对教过的一届一届的学生，基本都记得。师生们聚会，她能随口叫出学生的名字，这也是师生们很佩服她的地方。别看她严厉，对不利于学生的事，她不支持，态度也坚定。所以同学们既把她当老师，更把她当朋友。

我们这一届毕业生，在校谈恋爱成功率较高，共有四五对，至今成双结对。李老师当时表示了极大的宽容和理解。

大三时，我与妻子也在谈恋爱。有一次，我们和同学们到三游洞游玩回来时，天下起小雨，我骑着自行车带着妻子，在胜利四路一带不小心把一位中年女同志擦伤了，很轻微的皮肤伤，但我们很担心学校得知后会追究此事。后来听说这位女同志果然找到学校，李老师尽力安抚了这位女同志，然后教我们化解的方法，始终没有批评我一句。妻子所在中文系的刘永龙主任得知后，大概是怕我把他们系的女生带坏了，专门到政史科(系)找李老师了解我的品性等情况，李老师极尽美言，这才让要求严格的刘主任放心，后来刘主任也没有批评妻子。有一次，刘主任还专门给妻子两张电影票，让她和我一起去看电影。现在想来，这些事有趣而温馨。

现在，王炳华老师早已退休在家，颐养天年；王国芳和李瑾两位老师至今还在三峡大学一线工作，祝愿他们的生活和工作更加幸福美好！

桃李芬芳

为江河立传的人
——"宜师"培养的郦学专家杨世灿

熊先春

宜昌是因水而兴的城市，我们堂堂中华民族何尝不是因水而兴的民族。中国的历史文化从某种意义上讲，其实就是水文化水的历史，滔滔江河从远古流来，又流向遥远。没有江河之水，我们无从谈起文明文化。

从远古的《山海经》《水经》《水经注》《水经注释》《水经注笺》《合校水经注》到近代杨守敬、熊会贞绘制《水经注图》著作的《水经注疏》，到今天杨世灿老师率自己两个儿子著作的560万字的《水经注疏补》，可谓守敬后人，矢志赓续先人事业，一脉传承惊殊世界。

杨世灿老师宜昌师专中师部毕业而留校，后到宜昌行署文教局当过文化馆馆长、工厂厂长、设计院负责人，最后到中专学校担任党委书记。一路走来，与水的缘分非常人可想象，迷上水经注疏研究成为为祖国江河立传的人。1985年，从宜昌地区水泥厂调宜昌地区水电设计院，率队徒步考察宜昌64条河流，继承先祖杨守敬著的《水经注疏》研究。1994年，湖北人民出版社出版了杨世灿、熊茂洽合著的《水经注疏·三峡注补》。2010年，中华书局出版了《水经注疏补》（上），2016年，出版了《水经注疏补》（中），《水经注疏补》（下）清校待印。

《水经注疏》究竟是本什么书？杨老师简述了框架。此书以水为横坐标，以史为纵坐标，以地理之城、镇、乡、村为坐标点，涉及中国、东海琉球群岛、东南亚各国、印度、巴基斯坦、尼泊尔、阿富汗、俄罗斯、蒙古、朝鲜、日本等国，叙述了坐标点上上自三代下至明清，于地于史于人于水一网打尽，中国及东南亚、西南亚的人文地理历史水文化。非常遗憾啊，当下许多人对我们赖以生存的江河水文化并不怎么关注。

杨老师对宜昌历史地理解说甚详，简直就是"活地图"。他在《三峡文化讲坛》讲座中聚焦宜昌自然地标——磨基山，以今补的方式，梳理《水经注疏》中宜昌孤山即现今的磨基山所具备的申报世界自然文化遗产的价值依据。杨老师重点讲述了《水经注疏》中对宜昌千古孤山即磨基山的记载。杨守敬《水经注疏》引：夷陵故城，江南岸有山孤秀，从江中仰望，壁立峻绝。孤山，今宜昌市江南岸磨基山也，又名磨镜山、葛道山。杨守敬行书八条屏《水经注·西陵山·孤山》书爱其辞，晋宜昌之宜都郡也，东晋葛洪炼丹、郭璞结庐、袁山松览胜之处。磨基山在近代历史中也有着重要的地理意义。此山西起三峡，南入五峰，东抵枝江，北迄神农，东西二十公里，有着天然屏障之美称。在《辽远的战场》书中日军称"大踏步进入宜昌，占领宜昌就是卡住中国的脖子，以谋攻中国西迁之都重庆"。于是磨基山成为中日两军长期对垒决战的钢铁之山。相持 5 年，最后战役决战于宜昌故县石牌。央视播放的《石牌保卫战》就是来源宜昌抗战老兵的记录及抗战老兵回忆录，用史料记载还原了在磨基山上发生的十几场重大战役。他为此还撰有《磨基山赋》，称"磨基山自然地标，天然城标，千古精神，高 217 米。玉山宝带，尺璧寸珠，璀璨夺目"。

今年 80 岁的杨世灿先生已先后出版《水经注疏·三峡注补》《杨守敬学术年谱》《水经注疏补》等学术专著，是中国郦学研究的名家。近几年，他又华丽转身，潜心屈学研究，并屡有独到之说。他认为，是屈原首次提出中国的国家概念，首次绘出了华夏大舆地图。

他提出并践行屈学研究"五读"之说，即读懂、读通、读顺、读难、读疑，以各种证据和缜密分析，考证出公元前 331 年屈原生于夔(归)国乐平里；考释《涉江》写于前 297 年后，怀王 36 岁薨，葬枝江百里洲巫回台，屈原 36 岁送葬后归屈原封地湖南罗国；考释出前 299 年至前 297 年，楚怀王实自宜昌枝江郢都西出秦关 3 年未回；重新确认杨守敬的夏水出杨水，沧浪之水出沮漳。作者以其在杨学和郦学方面的宽广视野，使其在屈学研究上如鱼得水，新见纷披，成一家之言。

杨世灿先生撰著的数百万字之巨的《水经注疏补》，聚焦昆仑水源文化、故道文化、西域及丝绸之路文化、古水利工程文化和古都邑村落文化等，备受史地学界推崇。这不仅是三峡工程这一大国重器所在地宜昌的幸运，也是我们泱泱大国中华民族灿烂水文化传承的幸事。

人物名片：

杨世灿，1942 年 10 月生，字悟叟，湖北宜都人。中国散文学会会员，中国水利文化学会理事，湖北省杨守敬研究会副秘书长，宜昌市文艺评论家协会会员，宜昌市炎黄文化研究会顾问，宜昌屈原学会学术顾问。著有《杨守敬学术年谱》《水经注疏·三峡注补》《屈原研究》和《水经注疏补》。

翱翔蓝天　报效祖国

—— 记航天英雄杨利伟的教练何明礼校友

彭松远

"你是我的团长，向你敬礼。"在他 60 岁生日时，战友聚会，航天英雄杨利伟
到场为他祝贺生日，并签名留念。他就是新疆哈密八航飞行团团长何明礼，也是
宜昌师范学校 1966 年毕业生。

图 14　前排居中者为何明礼校友

何明礼 1963 年进入宜昌师范学校学习。当时，宜昌师范学校是由中师部、
进修部、师训部构成的。进修部是在职教师的培训机构，师训部是应届高中生通
过培训从事教育工作的通道。除了中师部学习 3 年外，进修部、师训部都是学习
一年。我和何明礼都是中师部学员，当时农村学校教师匮乏，所以中师部的口号
是"面向农村、面向山区"。

1963 年到 1966 年是一段火热的年代，三年有三个高潮，首先是"向雷锋同

志学习"的活动，紧接着是"人生观教育、社教运动"，而后又开始了史无前例的"文化大革命"。

在这样的历史热潮中，1966 年 4 月，选飞工作在宜昌师范学校 66 届毕业班中进行。全班 50 多人参加体检，只有两人进入政审阶段。最终，何明礼同学成为当时宜昌地市中专唯一一名被选中的飞行员，也是宜昌师范学校建校以来的第一个飞行员。

此时已是 5 月，实习归来，正逢贯彻中央关于文化大革命的 5.16 通知，宜昌师范学校被列为全地区各级各类学校"文化大革命"的重点，由地委亲自派出工作组进驻校园，指导宜昌师范学校的文化大革命。工作组背着背包进校，全校师生夹道欢迎。

刚开始学校的运动还算平静，但好景不长，没过多久，学校迅速裂变为"走资派""反动学术权威""保皇派""造反派""中立派"，还有一部分"观潮派"，学校秩序瞬间混乱，工作组不得不迅速撤离。

位于北山坡的校园不再书声琅琅，而是大字报铺天盖地，大辩论随处可见，大喇叭的功率越来越大，派性林立，武斗不断升级。正常的教学秩序被打乱，我们没有毕业考试，没有毕业证，没有毕业晚餐，也没有年轻人卿卿我我、依依难舍的离别。

推迟毕业分配，各奔东西，"到农村去，到边疆去，到祖国最需要的地方去"，成为那一代毕业生的普遍状态。何明礼同学却作为我们那一届的骄傲，即将翱翔祖国的蓝天。1966 年 7 月 16 日，我们 66 届三(一)班举行了一个简单的欢送何明礼同学参军的聚会，并拍摄了这唯一的一张合影，这也是一张没有老师参加的毕业照片。

这是一个值得纪念的日子，同一天，毛主席在武汉畅游长江，我们的血液里涌动着"党指向哪里，我们就奔向哪里"的激情。

何明礼同学进入航校学习，毕业后，驻新疆哈密八航担任飞行教练。21 年的教学，带出 700 多名战斗机飞行员(驾驶员)。从普通教练到飞行团团长，他累计驾驶战斗机飞行 2300 小时。航天英雄杨利伟 1987 年就在他们飞行团学习。

何明礼同学在飞行团团长的职务上退伍后，60 岁生日，战友聚会，他和杨利伟有一段幽默的对话。他对杨利伟说："你在我们团学习，我是团长，你是学员，你认识我，我不认识你；现在你是英雄，我退休了，我认识你，你可能不认识我。"航天英雄杨利伟却说："哪里会不认识你，你是我的团长，向你敬礼。"杨利伟为他祝贺生日，并签名留念。

不为轩冕肆志，不为穷约趋俗

——从"宜师"走出的儒学专家安德义

舒德焱

　　我第一次拿到安德义先生主编的《逆序类聚古汉语词典》时，心真的"震撼"了！这是一部 200 余万字的巨著，由湖北人民出版社于 1994 年出版。其最大特点正如书名所言：一为逆序，一为类聚。所谓逆序，即以词尾为序编排，与其他辞书一般以词头为序不同；所谓类聚，则是在词尾的尾字释义之后，将同一尾字之词聚集在一起，按相同义、相关义、相反义及不同词性分为若干层次，使之以义聚联。这样，词语虽繁，而无倒置之乖，棼丝之乱。为这部词典作序的是两位著名的语言学家。一位是主持编纂《汉语大字典》的武汉大学教授李格非先生；一位是编纂《汉语成语词典》的湖北大学教授汪耀楠先生。两位先生在序中高度评价该书说："体例构拟之新颖，探索精神之可贵"，填补了"我国古汉语词典品类无逆序之空白"。

　　让我震撼的不单是这部词典的学术价值，更主要的是它的主编竟然是我在宜昌师范学校的同班同学安德义。安君是宜昌市人，和我都生于 1953 年，进入中学就开始"文化大革命"，文化课基本没怎么上，后来就上山下乡了。1974 年秋，我们由贫下中农推荐成为宜昌师范学校的工农兵学员，分在中文一班。"宜师"原为宜昌师范专科学校，属大专，后改为宜昌师范中等专业学校，属中专。我们进校时，正准备由中专升格为大专，因而我们的课程是按中文专科设置的，但学历仍只算中专。中专也好，大专也罢，在那个特殊的年代，各类学校主要是抓两件事，一是开展一场接一场的政治运动，二是组织一处又一处的工地劳动。那时的老师若正儿八经地教学，将冒着极大的政治风险；学生若专心致志地读书，须顶着巨大的社会压力。即使在那样的背景下，该校的深厚文化底蕴犹存，教师的严谨治学风范尚在。加上我们这些年没有机会读书的学生，犹如"久旱逢甘霖"。师生们心照不宣地共同与时代打着"擦边球"来搞教和学。如当时读马列的书，读毛主席著作和诗词，读鲁迅作品，是不受干涉的。学校老师们就组织我们认真学习这些内容，要求背诵，要求写体会文章，要求学写教案。又如在评法批儒和评水浒运动中，老师们以"批判"为名，给我们讲授中国传统文化经典著作。学校安排给我们班授课的也基本上都是该校名师，他们在治学修身方面潜移默化地影响着我们。比如后来调到武大担任博导的吴林伯教授就是其中影响很大的一位。吴先生是位古文论专家，毕业于湖南国立（蓝田）师范学院国文系，后入复性书院，师从马一浮、熊十力几位国学大师。他一生致力于《文心雕龙》研究，著述甚多。给我们上了近两年课，常以两个口号相号召：一曰"背诵经典"，二曰"字字落实"。我记得从那时起，安德义开始背起书来。除了上课外，每天晚上，更深夜静，他还在教室外的走廊灯下读书。炎热的夏夜，他打着赤膊读；酷寒的冬天，他顶着一床毛毯读。在微弱的灯光下，常常读至凌晨三、四点，白天仍能精神饱满地上课。这期间，他通读了《马恩选集》和《列宁选集》，阅读了大量古典文学作品和语言学著作，并背诵了其中不少篇章或段落。一时间，他成了"背书狂"。

两年的学业很快结束了，我们各奔东西，并且和他没有联系。虽说他在这两年中打下了一定基础，但在10年后竟能编纂出版一部古汉语词典，要给22000多条古词语注音、释义、举例，须读多少古书，须查多少资料？谈何容易！于是我在华师大进修时，怀着既敬佩又存疑的心境，到他武汉的新居去拜访。这是我们分别后的第一次见面，他向我讲述了十年读书写书的艰辛历程。

安德义毕业后分配在葛洲坝工程局教研室当语文教研员。不久"文革"结束，他没有像当时的许多人一样去高校进修挣文凭，而是依然秉持在宜师的学风，继续读书背书，边读边背边抄。几年下来，他竟差不多背完了儒家十三经的十经，以及许多古典文论乃至《离骚》、汉赋等大部头经典。他还抄写了《论语》《左传》《孙子兵法》《文心雕龙》《说文解字》等著作。研读了《马氏文通》《修辞学发凡》《诗品》《文章流别论》以及杨叔达、甲骨四堂、说文四大家等大师的著作。为了读书，他倾其家底，买书上万册。当时的工资只有三四十元，买书也有很窘迫的时候。有一次，他妻子好不容易从牙缝中挤出3元钱准备给他买裤子，他看到一套《唐宋文举要》，找妻子软磨硬泡，硬是将那3元钱拿去买了书。书读多了，也就有了写作的欲望。他凭借大量阅读背诵抄写古文献的深厚功底，花了8年时间，主编了这部《逆序类聚古汉语词典》。他还打算通过编纂这部词典打下的语言文字基础，进一步研究著述古文经典。他的侃侃而谈，终使我存疑之心释然，敬佩之情剧增！

2014年，我们宜昌师范学校1974级中文一班的校友，为纪念同窗40周年，回到母校即现在的三峡大学聚会，我和他再次见面了。他给我们每个同学赠送了一部他的又一著作《论语解读》。这部40万字的著作由中华书局于2007年出版发行，湖北大学著名哲学家罗炽教授为之作序赞赏道，自古以来，为《论语》作注的不下3000余家，这部书却仍能独树一帜。一是力求以信示人，基本做到无一字无依据；二是力求以德育人，大量运用原著互解的手法，重现孔子的伟大人格以启迪读者；三是力求以情感人，通过合乎情理的解读，还原了孔子是"人圣"而不是"神圣"的真实形象。我拿着这部书，心再次震撼了。

这次谋面，我同时了解到，安德义除了读书、著书外，还为宣传中国传统文化四处讲学。就在这次聚会中，他就受三峡大学之邀，进行了两场学术讲座。我旁听了他的演讲，为他对经典之娴熟、引据之广博、挥洒之自如，心灵不时受到震撼。正师从他攻读《论语》的李强博士对我讲，安老师在北京大学、清华大学、复旦大学等名校多年来讲座约500余场，先后在国内多所知名高校及大型企业和党政机关巡回演讲；在美国北佛罗里达（North Florida）大学、密歇根大峡谷（Grand Valley）州立大学、弗拉格勒学院等多所高校举办东方哲学系列讲座；在中央电视台、上海电视台、湖北卫视、湖北教育电视台、武汉电视台、湖北省图书馆"名家讲坛"举行专题讲座。

这次聚会前，同学们商量为母校献一块匾，委托我作匾上的题词。我想了"左右采获，上下求索"八个字。前一句典出《诗经》，《诗经》是中国文学的源头；后一句语引屈原，宜昌的最高学府不能少了屈原。我将这个想法向安德义征求意见，他认为这八个字都是从正面讲的，建议加上《庄子》"不为轩冕肆志，不为穷约趋俗"句，从反面加以强化，使之更为充实。是啊！人生尽管千差万别，每人也是千变万化，但都无外乎"顺逆"二境。如何面对？庄子的两个"不为"算是道出了真谛。于是我们将匾辞题为："左右采获，不为轩冕肆志；上下求索，勿以穷约趋俗。"既是向母校汇报，也是与师生共勉。望着这副匾辞，想到安德义读书、背书、抄书、著书、讲书的一路风尘，我虽有点自惭形秽，但更为宜师、为我们的同学，走出来这样一位知名学者而骄傲！

人物名片：

安德义，1953年9月出生，祖籍四川阆中。宜昌师范学校1974级中文一班（中师）"工农兵学员"。民间自由学者。好读书，愿求甚解；好训诂，与诸多学友共成一部《逆序类聚古汉语词典》，湖北人民出版社出版，200万字，世界诸多大图书馆有收藏。尤好儒家经典，深谙群经，著有《论语解读》，中华书局出版，同时著有《德行卷解读》等著作，各类杂论百余篇。喜演讲，以传播中华文化为己任。

姜耀南，中国人物画界的一代翘楚

——"宜师"培养的杰出校友

丹青飞狐

翘楚，原指高出杂树丛的荆树，引申用来比喻超群出众的人才。"翘"，向上、高出、仰起的意思。"楚"，荆树。

在中国画中，相对于山水画、花鸟画而言，人物画因力求人物个性逼真传神，人物造型严谨复杂，画面动静配合得当而成为最难驾驭的画种。汉唐时期人物画曾光耀画坛，元代以后，随着文人画的兴起，畅神悟道的山水画、花鸟画成为文人们寄托情感的主要画种。此后的千年间，人物画渐趋式微。直到20世纪20年代以后，中国人物画出现了以中央美术学院教授蒋兆和、徐悲鸿为代表的一批改良派，人物画从以叙事、传道为主转入关注现实、表现人性、体现人文关怀、呼唤仁爱精神，成就了现代中国人物画的高峰，蒋兆和的"民生、生民"人物画开创了中国水墨人物画的新纪元。

姜耀南人物画，继承了蒋兆和水墨人物画的笔墨语境，以长江流域厚重的楚文化为切入点，在骨法用笔的基础上，融入了西方现实主义绘画的解剖、透视、块面等写实技法，不仅生动地再现了人物的外在形象，更注重人物内在精神的挖掘，用人物形象的聚散、动静、情绪的连贯和变化架构出人物画"写实"与"写意"互融的艺术效果，形成了自己深沉浑厚、端庄质朴、清丽俊雅的艺术风貌。

1971年春季，湖北省宜昌师范学校"文革"后第一次招生。姜耀南在这一年1月荣幸地踏入北山坡宜昌师范学校的校园，开始了美术人生的启蒙训练。

1977年恢复高考后，姜耀南以优异成绩考入湖北美术学院，毕业后在中国艺术研究院、北京画院等专业绘画机构工作和学习过很长时间。严格的绘画技能训练和良好的艺术氛围熏陶，为姜耀南的人物画创作夯实了基础。姜耀南的人物画，延续了蒋兆和先生的现实主义创作理念和技法，致力于自身画风的探索，凭着扎实的笔墨功力和深入生活一线的创作实践，成为了当代中国人物画界令人瞩目的实力派画家。

一个出色的现实主义艺术家，必须敢于摒弃理想化的想象，能在据实摹写的同时，开掘出人物内心深沉的精神内蕴。姜耀南的甘南题材系列人物画作品《甘南大草原》《甘南汉子》《红军过草地》《拉卜楞寺晒佛节》《天边的朵海湖》《嘎海湖边的少女》等，用写意的洒脱、速写的灵动、西化的具象，形成了虚实、浓淡、疏简、空明、雅丽的人物画艺术语言。画面环境以少胜多，点到为止；人物刻画以形写神，神形兼备，深刻而鲜活；用笔外柔内刚，虚中见实，厚重而俊秀；用墨惜墨如金，干湿得当，苍劲而飘逸；布色以灰白色比衬，大气明丽，和谐自然。在姜耀南极富生命力的笔墨中，中国甘南这片神秘而质朴土地上的人文景观跃然纸上，荡气回肠，令人品味无穷。

一个伟大的现实主义艺术家一定是与时代紧紧联系在一起的，其作品一定坚决如是地表现画家所处时代的风格、思想和面貌。姜耀南的农民系列人物画，以最平凡的中国农民为创作主体，以俊朗的线条对细节的刻画，栩栩如生地再现出中国大地上的"活着"的农民形象，他们活得纯粹，他们活得现实，他们活得简单。姜耀南的"活着"系列人物画中的农民形象，成为了中国美术史上最深刻，最本真，最能打动人的艺术形象。

中国人物画自立世到兴盛，从来都与宗教人物画密不可分。近几年来，在中国人物画坛上已经耕耘了近半个世纪的姜耀南，重新回归于人物画的本源，将宗教人物融入写意人物画中，并以"观音"这一特殊的宗教人物为创作主体，开创了宗教人物画的新篇章。

姜耀南创作的《观音图》突破了传统宗教白描肖像人物画的模式，一改传统宗教画过于追求装饰性，流于"匠气"的俗弊，在中国画的意韵上用了很大的功夫。姜耀南的系列《观音图》，既展现了传统"观音"的优美形态，又表现出了中国画豪放与飘逸的写意性；既有工笔白描画的精致刻画与流畅线条，又有破笔泼墨的点染皴擦和细致入微的传神笔触。姜耀南用自成一体的笔墨语言和敷色技法，将宗教人物"观音"慈悲、智慧、普度众生的精神面貌表现得出神入化。姜耀南所著的《三十三观音》《怎样画观音》等系列书籍，受到了人们的欢迎，被誉为中国工笔写意俱佳的《观音图》第一人。

中央美术学院院长范迪安对姜耀南的人物画给予了高度评价，范迪安称道："姜耀南先生毕其精力工于国画研究和创作，以传统为皈依，又不古于传统，吸收其精华，又能够大胆出新，学习借鉴西画的技法，但又不拘于西画的形式，不断探索和实践，形成了具有强烈个人特色的绘画风格和内在的人文品质，通过一幅幅作品，弘扬和丰富了传统国画精神，将中国画的艺术魅力发挥得淋漓尽致，给人以别有洞天之感。"

姜耀南，中国人物画界的一代翘楚！

人物名片：

姜耀南，1951年12月出生，湖北省当阳人。著名画家，中国美术家协会会员。先后毕业于湖北省宜昌师范学校、湖北美术学院，师从吴章采、汪泽成先生，曾在中国艺术研究院、北京画院等单位进行创作。当年才26岁的姜耀南创作的连环画《山乡新社员》的出版，赢得了一片赞誉之声。少年成名的姜耀南，以其难得的天赋和出众的才华，迎来了艺术的春天。之后陆续出版的《南昌起义》《五(2)班日志》《黑娃照相》等多部连环画，将姜耀南推向了艺术生涯的又一个高峰，使他成为名噪一时的画家。

作者简介：

丹青飞狐，本名方向东，女，1968年5月出生，安徽桐城人，桐城派方苞后人。当代著名艺术评论家。2014年、2015年、2016年、2017年中国最具关注度的艺术评论家。首届"全国最受关注十大书画新闻事件(人物)网络评选"，丹青飞狐得票排名第一。她首创了中国书画界的"星光大道"，首创了中国书画界的艺术作品PK模式。丹青飞狐是中国艺术界唯一的艺术评论文章被编入中小学作文阅读教材和考试试题的作者。

周德聪书法艺术人生素描

璞　庐

一、二十载师专岁月情有独钟

1987 年我考入宜昌师专中文科学习，高中阶段就对几位当阳师范读书的同学有机会练字艳羡不已的我发现在宜昌师专同样有着很好的练字氛围，橱窗里常能见到学长们展示的毛笔和硬笔书法作品，中文科还有一位教书法的先生名叫周德聪。

记得我们那个年级的书法课是第二年即 1988 年春季开设的，两个行政班级 80 多人坐在一间教室聆听周老师侃侃而谈，声音嘹亮，抑扬有致，极富磁性。每次课 90 分钟不知不觉就过去了，总有意犹未尽的感觉。彼时才明白书法和写字的不同，才知道篆隶楷行草、颜柳欧赵、苏黄米蔡、碑学帖学……书法的世界是那么博大精深、辉煌灿烂！周老师还给我们解析笔法、结构、章法、墨法，课堂上有示范、练习和辅导，课后有规定的练习作业。周老师的粉笔字板书也写得极为潇洒流利，笔力遒劲，纵横捭阖，让同学们羡慕不已，纷纷效仿。至于教材，开课初我们用的是启功先生主编、北师大版本的《书法教程》，这本书的优点就是书法作品图片丰富。期末我们又收到周老师根据自己授课内容编写的《书法教程》。一学期的书法课很快就结束了。

两年制的大专时间过得很快。接下来的大二我担任了学生书法协会的会长、学校团委干事、学生会秘书，举办书法展赛和讲座每每要请到周老师，就比其他同学有更多机会见到老师、向他请教书法。记得有一次书法竞赛请周老师评选作品，我的毛笔楷书因为侧锋用笔的问题只得了二等奖，这件事情对我触动很大，所以那段时间我刻苦练习，突然有一天豁然开朗，完全掌握了中锋用笔的技法要领。后来，毕业前我选周老师为导师，在他指导下写了人生第一篇关于书法方面的小论文。

多年以后才从老师那里得知，他是 1976 年进校入学、1978 年宜昌师专中师班毕业后留校工作的。一开始在教务科做行政事务性工作，由于办事干练、工作踏实认真，深得部门领导首肯。相对于琐碎繁杂的行政工作，先生更加渴望做一名术业有专攻的主讲教师。这期间，他完成了华中师大中文本科五年函授学习的课程，顺利毕业，为日后走上教学岗位做好了准备。后来，国家出台清理工农兵大学学历教师的政策，周老师开始有机会走上讲台，先是在干部班教"秘书学"。不久，从教务处调到中文科，先后主讲"写作""古代文学"和"书法"等课程。由于每一个专任教师要有一个稳定的发展方向，虽然周老师能够很好地胜任各门课程的教学，但是要在这些课程里面进行取舍的时候，他发现，书法课是特别受到学生欢迎的。在阶梯教室上课的时候，近 200 个座位的教室不仅坐得满满当当，而且很多学生还站在靠窗台的走廊上、甚至有的扒着窗台听课，堂堂爆满，深受学生的喜爱。于是，周老师就选定了书法作为自己的教学和研究的主攻方向。这期间，周老师利用业余时间参加书法的函授学习，逐渐走向了专业化的道路，在省级和全国性的书法比赛展览上也崭露头角。特别是 1988 年中意杯国际龙年电视书法大赛获铜奖，记得当时学校礼堂门口还张贴了周老师获奖的大红《喜报》，更加坚定了他在书法上要有一番作为的信心。

1989 年，周老师考取浙江美术学院中国画系书法进修班，当年秋季就要远赴杭州学习。学校的书法课面临停课，急需培养后备教师，于是我毕业有幸留校工作。说我幸运是因为当年正值学潮，毕业生都要回到原籍工作，我成为这一届学生的唯一例外，留在了母校。正是因为和聪师的这份师生缘，我的人生翻开新的一页。一年以后，我和老师共同扛起书法教学的重任，在老师的悉心指导下，我开始全方位学习教学技能，教学之余学习书法理论，临摹经典碑帖，逐步成长为一个青年主讲教师。而老师的书法创作也迎来大丰收，1992 年获第五届全国书法篆刻展"全国奖"，成为湖北省最早获得全国书法最高奖的书法家之一。此后，他的书法作品接连入选中国书法家协会主办的第五、六、七、八届中青展、第七届全国展、全国获奖书法家作品展、中国书法家协会成立 30 年全国优秀会员作品展、中国书协名家系统工程——千人千作展、中国书协名家系统工程——500 家精品展，获首届江南文化节——翁同龢书法奖提名奖、中国书法家协会《中国书法》中青年学术提名专题介绍，入选浙江省委宣传部、浙江省文联主办的第二届"兰亭雅集"42 人展、中国书协主办的第一、二届"兰亭奖"书法展。书法作品入选《中国新文艺大系》，被中国美术馆、中国文字博物馆、中国军事博物馆、中南海等文博机构收藏。获湖北省屈原文艺奖、楚天群星奖金奖、三峡文艺明星奖等。这些成就的取得，是他长期坚持勤奋学习、不懈追求的结果。不经一番彻骨寒，怎得梅花扑鼻香。人们往往艳羡成功之美，不悟背后的心血和汗水，个中艰辛唯有亲历才会体味。

在管理工作方面，1991 年，宜昌师专组建教师技能训练部，1992 年起周老师担任技能部主任。1994 年，技能部与教育管理科合并成立教育系，开办学前教育专业，周老师担任教育系主任。1996 年宜昌师专与宜昌医专、宜昌职大三校合并成立湖北三峡学院，宜昌师专遂成为三峡学院的师范学院。周老师从 1976年进校到 1996 年三校合并，在师专度过了 20 年的岁月，把自己最美好的青春奉献给了党的教育事业，为学校发展做出了重要贡献。忆及往事，周老师十分留恋那时纯正的教风、学风和浓厚的学术研究氛围，还有领导、同事、师生之间融洽的人际关系。

二、后师专时期

1996 年三校合并后，人文学院下辖艺术系，周老师担任人文学院副院长兼艺术系系主任。2000 年，成立三峡大学，组建艺术学院，周老师又担任首任院长并连任三届。为了宜昌的艺术教育事业，周老师呕心沥血、殚精竭虑、勤政廉洁，做出不懈努力和突出贡献，为艺术专业发展奠定了坚实的基础。

周老师不仅是宜昌师专培养的教学名师、书法名家，也是享誉全国的书法教授、当代实力派书法大家和书法评论家。他在书法教育、书法创作和书法理论这几个领域所取得的成就是少有的。

他是宜昌高等书法教育的开创者、先行者，从师专时期率先在湖北省开设书法选修课到三峡大学在艺术专业开办书法专业方向、再到招收书法方向硕士研究生，宜昌的高等书法教育从无到有，逐步壮大，为宜昌和全国培养了大量书法人才，周老师居功至伟。

他也是宜昌书法创作、书法理论的领路人，他的书法不仅技艺精湛而且风格独特，多次入选国家级展赛并获奖，得到专业内的高度认可，在全国享有很高的知名度，也以此来引领宜昌书坛勇攀高峰、百花齐放；他在书法理论上厚积薄发，出版多部书法理论著作，尤其是在书法评论方面成就突出，书法评论文章引经据典、以理服人、文笔儒雅、见解深刻，深受各方首肯，多次应邀为当代书法创作撰写批评论文，影响广泛。

2017 年 4 月，周老师从教授岗位上光荣退休，他更加专注于自己钟爱的书法事业，学习、创作、著述、社会服务成为他日常生活的常态，他不仅用自己的书法特长服务新时代的文化建设，还为宜昌书法后备人才的培养倾注更多的心血。每年举办公益书法讲座、策划举办书法展览、开展与兄弟书协的书法交流、文化采风走基层到社区，周老师的肩上又多了一份传播书法文化、服务社会大众、与时俱进的责任和担当。

人物名片：

周德聪，1957 年生，湖北当阳人，1979 年毕业于宜昌师专中文科，三峡大学教授、硕士生导师。中国书法家协会会员、中国文字博物馆书法艺术委员会委员，湖北省书法家协会顾问、华中师大长江书法院研究员，宜昌市书法家协会主席、杨守敬书法院院长、民盟中央美术院宜昌分院院长。书法作品入选中国书协主办的全国首届新人作品展，全国第五届书法篆刻展(获全国奖)，全国第七届书法篆刻展，全国第五届、第六届、第七届、第八届中青年书法篆刻家作品展，全国第二届"兰亭奖"书法作品展，翁同龢书法奖"提名奖"，兰亭雅集双年展、兰亭雅集 42 人作品展，湖北省屈原文艺奖，湖北书法黄鹤奖，获湖北省政府"楚天园丁奖"，入选文化部、文旅部主办的中国艺术节全国优秀书法作品展等。

常思周孔千秋业，法地法天法自然

——从宜昌师专走出的民俗学大家田兆元教授

游红霞

田兆元，知名的民俗学家、神话学家、非物质文化遗产保护专家。田兆元先生不仅治学严谨、著作等身，还培养了一批批学有所成的弟子，始终秉持建设一个文化自信、学术自主、实践自觉的中国民俗学学派的学术理想。

在田兆元先生看来，文化自信是学术研究的基石，也是时代的要求，这是由他的家乡风土、家风家训、授业导师以及现实环境、自身理想共同养成的。田兆元出生于湖北西部一个普通农民家庭，母亲勤劳勇敢，父亲手艺高超，这些优良品质深深影响着他。故乡的风物景观和邻里乡亲也让田兆元感到自豪，从小就养成一股孟子所讲的"浩然之气"，他撰诗"白云绕岭缠轻纱，雾中巨石相对杀"，表达对家乡的咏赞之情。1978年春，田兆元考入宜昌师专，成为恢复高考后的第一届大学生。在大学期间，勤奋学习，阅读中国经典，打下深厚基础。1987年，田兆元考上华东师范大学中文系的研究生，师从著名学者徐中玉先生。之后，又考入华东师范大学中国史学研究所，跟从著名史学家吴泽先生攻读博士学位。在两位导师身上，田兆元学到了如何奉献、如何做学问、如何做事业，如何让学术具有家国情怀和世界眼光。在求学过程中，田兆元致力于研究神话与社会之关系，随后出版了《神话与中国社会》，区别于以往"神话是社会生活的反映"之观点，他认为神话就是社会生活本身，是社会文化系统的核心。这种学术创新精神便是其文化自信的体现。

田兆元受到谢六逸、茅盾、梁启超等先辈之思想的启发，注意到神话本身就是民俗学的重要内容，便由文史研究转向民俗学的研究。在上海大学任教时，田兆元与程蔷先生共同创建了民俗学硕士点，这一经历成为他发挥学术自主精神之肇始。2004年，田兆元调入华东师范大学，一如既往地担当着服务民族社会发展的使命，领衔创建民俗学研究所，创建民俗学博士点，立志建立最好的民俗学。他认识到，尽管中国民俗有着悠久的传统，中国民俗思想也是博大精深，但是中国自主理论话语却很薄弱。于是，田兆元在中国传世经典中梳理阴阳五行之学、智慧思辨之学、工匠技术之学、地方风俗之学、社会管理之学、行为规范之学、民俗文献之学，以及海外族群之学，找到自己的话语基础。十多年来，田兆元先生的理论贡献可以归纳为如下方面：

一是"民俗两精说"。田兆元认为，民俗是文化精华，以区别当下认为民俗是普通底层文化的说法。民俗是生活的华彩乐章，民俗事象背后一定有精英人物的主导，所以很多民俗事实上是精英和民众共同创造的文化精华形式。没有屈原和伍子胥，可能端午节不会有这样的影响力；没有介子推，就没有清明节。而戏曲、手工艺更是如此，没有精英人物，一项非遗就没有办法成立。所以，民俗是民俗精英与民众共创的富有活力的文化精华。这就是"民俗两精说"的基本内涵。

二是"民俗叙事说"。田兆元认为，民俗是一种叙事，是通过叙事来构建社会认同和文化认同的。民俗的叙事形式有语言文字的系列，包括口头的和书面的，还包括仪式行为叙事和物象景观叙事。国家认同、地方认同、社会治理、社会教育、民众生计等重要功能都离不开民俗叙事。经济的发展、世道人心的塑造、社会风气的塑造都可以通过民俗叙事来实现。

三是"民俗谱系说"。在田兆元发现叙事有多重形式的时候，认为其实质上构成了叙事的谱系。于是，他在承担国家社科基金重点项目"东海海岛民间信仰谱系研究"时，便提出"民俗谱系说"，认为谱系的主要功能在于建构认同，而认同有赖于谱系中地域、族群等文化要素的互动，认同性与互动性是谱系的基本特征。"民俗谱系说"是一种理论，也是一种研究视角和方法。

四是"民俗分类说"。田兆元认为，基于民俗的多样功能，可分为政治民俗学、经济民俗学、文艺民俗学、信仰民俗学等类别，这是"民俗分类说"之理论表述。田兆元在经济民俗学方面的研究尤为突出，他认为，民俗经济是一种文化经济，一种情感经济，一种长期形成的认同性经济，不仅仅满足生理的需求，更是满足文化的需求，重建民俗经济是重建文化系统的重要组成部分。

这些理论话语具有很大的创新性与突破性，是田兆元先生多年研究的思想结晶。田兆元先生的很多研究都具有开创精神，例如，他提出"仪式美术"的概念，对萱花之母亲意象进行重构，引发学界的高度关注。他认为，民俗学一旦进入自主创新的视野，就会摆脱以西方理论为中心之窘境，有助于建立中国自身的学术体系、学科体系与话语体系。

在实践自觉方面，早在上海大学时，田兆元就在"费孝通讲坛"上提出，民俗学者是文化的研究者与建构者，民俗学应该有国家担当、社会担当、文化担当，还有我们自身的学科担当。民俗学不能是"外行民俗学"，应该成为专业的民俗学。在实践自觉精神的引领下，田兆元先生在多年前就开始进行"传统节日文化校园传承"的实践，组织学生进行"校园先贤祭"。而今，田兆元先生领衔成立了"中国高校清明文化传承创新联盟"，成员单位包括华中师范大学、北京师范大学、中山大学、西南大学、长江大学、江苏大学、山西大学、山西师范大学、赣南师范大学和梧州学院等，星星之火已成燎原之势，体现了高校的使命和担当。

田兆元先生还主持了上海"创世神话工程"的研究，引导民众认同我们古老的文化传统，培根固元；带领团队承担了国家文化和旅游部、教育部之非遗传承人群研培的项目；在电视台、电台，以及各大媒体平台引导社会舆论，真正将民俗学理论运用于社会服务、文化建设和经济开发；参与了创造上海文化品牌的工程，等等。这些作为，无不体现了学者的文化担当。

田兆元先生的弟子群已经成为中国民俗学一支重要的力量。多位弟子担任着院长、系主任，以及学科带头人。田兆元先生的作品《中华创世神话六讲》被国家遴选为"经典国际传播工程"，在德国斯普林格出版社出版。他的著作《神话叙事与社会发展研究》两度被选入国家社科基金中华学术外译项目，一是2020年的阿拉伯文本，与民俗学家刘守华教授之著作的英文版同时被选入；二是2021年的韩文版，与民俗大家陶思炎教授之著作同时选入。田兆元先生是中国民俗学界连续两年被选入该项目的学者。中国学术要走向国际，对人类学术事业做出贡献，田兆元教授正是如此践行着。

"常思周孔千秋业，法地法天法自然"，这是田兆元先生的人生信条，也是他孜孜不倦的学术追求。文化自信、学术自主、实践自觉，是他学术思想的最好注脚。

人物名片：

田兆元，1959年生，湖北宜都人，宜昌师专中文科毕业；硕士考入华东师大中文系，师从著名文艺理论家徐中玉先生，随后考入华东师大中国史学研究所，师从著名历史学家吴泽先生，获博士学位。历任上海大学历史系主任，华东师大民俗学研究所所长，华东师大社会发展学院副院长。现为华东师大民俗学研究所教授、博士生导师，华东师大社会学学位委员会主席，社会学学位点点长，华东师大中华优秀传统文化传承创新研究院执行副院长，华东师大非物质文化遗产传承与应用研究中心主任。

出于师专，基于"小学"，立于大学

——王作新教授读书、教书、写书之路

李云贵

王作新，湖北枝江紫荆岭人，三峡大学二级教授，从事高校汉语言文字学与中国文化的学习、教学、研究工作 40 余载。期间，在宜昌师专工作 16 年。2000年，作为由原宜昌师范发展而来的最后一任中文系主任，融入新生的大学学府——三峡大学。提及宜昌师专，他颇有感触，回忆其读书、教书、写书之路，他认为大抵可概括为：出于师专，基于"小学"，立于大学。

一、读　书

1976 年 12 月，王作新教授作为最后一届推荐上大学的学生（习称"工农兵学员"），进入了宜昌师范高师中文班。其主要授业老师有：吴林柏（所授课程："毛主席诗词"）、曹文安（古代汉语）、李祖林（现代汉语）、郭超焱（古代文学）、巴文华（现代文学、外国文学）、文汇荣（写作）。学习期间，在学校举行的语言学竞赛中荣获过第一名。1979 年 12 月，毕业留校，担任中文系曹文安老师的助教，自此走上了致力于汉语言文字学和中国古代文化的教学科研之路。

在中文系担任助教期间，他根据指导老师曹文安教授提出的进修要求，扎实学习。一是读文献，首先熟背并"字词落实"初、高中语文教材之每一篇古代诗文；其次精读古代经典原著，初《论语》，继《孟子》，再《左传》。二是学理论，阅读语言学相关的经典书籍，重点则放在传统的"小学"——语言文字之学的学习上，包括文字学著作《说文解字》（先大徐，后段玉裁《说文注》）和训诂学著作《尔雅义疏》《广雅疏证》。在此，奠定了较扎实的古代汉语教学科研基础。

1986 年，他考入华中师范大学攻读硕士学位。先是师从著名文字学家容庚弟子李瑾先生，后因其调往河南师大，转入《汉语大字典》副主编晏炎吾老师门下，其硕士论文选"三礼"之《礼记》而治，部分以《从语境诂解〈礼记〉之语义》《〈礼记〉编撰考》《语境与语义解释例说》为题，分别发表于《华中师范大学学报》（1990 年第 3 期）、《宜昌师专学报》（1990 年第 4 期）、《语文教学与研究》（1989

年第 11 期）。1989 年研究生毕业，获文学硕士学位。

1994 年，他在回母校宜昌师专工作 5 年后，再度考取华中师范大学博士研究生，师从著名历史学家熊铁基先生。据他回忆，入学面试时，提问内容有涉文献如《论语》和"小学"类段注《说文》及张舜徽先生《说文约注》等，他回答颇为轻松自如，得到了指导组老师们的认可，这不能不说是得力于任宜昌师专助教时期所下的功夫。他的博士论文以秦汉小篆系统的汉字为切入对象并与殷周文字系统进行溯源性比较考察，对汉字结构系统的特征和传统思维方式进行考察阐述。文章得到了学界著名教授学者裘锡圭、李学勤、王宁、朱祖延、宗福邦、夏渌、何金松等先生的肯定好评，答辩顺利通过。其博士论文《汉字结构系统与传统思维方式》收入武汉出版社推出的"博士文库"首批出版，裘锡圭先生和导师熊铁基老师为之作序。1997 年他博士研究生毕业，获历史学博士学位。

二、教　　书

1980 年，王作新教授作为助教开始走上了宜昌师专的讲台。他认为，那时学校对青年教师的培养特别是助教上台授课的要求可谓十分严格到位。首先，教案形成文字，由指导老师审阅，教案通过，再于教研室内试讲，然后正式登台。最初的几次上课，除了指导老师外，还有教务处的领导（朱辕教务长）在后排听课，每次上课结束，即行评课指导，并要求写下教学笔记。这些严格的要求和指导，促使他在今后的教书育人工作中不断深耕细作、开拓探究，努力给"一桶水"注入源源不断的"活水"。

他任教以来，其教学对象主要为全日制专科、本科学生，还有后来的研究生，其次还有成人电大、函授、自考等学生。所担任的教学课程，专业基础课主要是"古代汉语"，另成人班里曾讲授"现代汉语""语言学基础"；选修课则包括"文字学""词汇与文化""方言与民俗""汉字文化"等。教学过程中，注重探索研究，所担任的"古代汉语"课程两度被评为"湖北省优质课程"（课程负责人分别为曹文安、王作新），其主持的"地方综合性大学古代汉语课程教学改革研究与实践"，获得湖北省优秀教学成果三等奖。

此外，在宜昌师专时期，他曾三次出任班主任，所带班级分别为 8814 班、9013 班和宜昌师专首届本科班——9310 班（该班 30 名学生，现有博士 5 人，硕士 8 人；在高校工作的有教授 2 人，副教授 3 人）。

三、写　　书

王作新教授的研究领域主要涉及汉语言文字学、词汇和中国文化，并对三峡区域的方言与民俗具有较多的关注和探究。他主持完成的科研项目有：国家社科基金重大委托项目子课题："中国节日志·春节湖北卷"，湖北省社会科学基金项目："汉字的构形示意与思维方式研究""三峡峡口方言词汇与民俗文化研究"等。出版著作 8 部：《汉字结构系统与传统思维方式》《语言民俗》《三峡方言研究——宜昌方言词语及文字汇释考议》《中国古代文化语词类谭》《三峡峡口方言词汇与民俗》《中国节日志·春节(湖北卷)》《宜昌市方言词汇研究》和《三峡民间习俗概观》。在《文献》《古汉语研究》《中国典籍与文化》《古籍整理研究学刊》《求是学刊》《学术交流》和《中国文字研究》等刊物上发表学术论文 100 余篇。获湖北省社会科学优秀成果奖以及宜昌市、三峡大学科技成果奖 6 项。

人物名片：

王作新，男，1957 年 5 月生，湖北枝江人；文学硕士，历史学博士，三峡大学二级教授，湖北省有突出贡献专家。曾任湖北三峡学院中文系主任、三峡大学科技处副处长、湖北省高校人文社科重点研究基地——三峡文化与经济社会发展研究中心主任、三峡大学文学院院长、三峡大学学术委员会常务副主任兼秘书长，湖北省语言学会常务理事、宜昌市炎黄文化研究会副会长、宜昌市民间文艺家协会常务副主席，现任湖北省三峡文化研究会会长。

致力中国古代文论现代阐释与转换
——记三峡大学邓新华教授

南襄子

　　邓新华教授1978年春幸运地考入华中师范学院宜昌分院(后更名为宜昌师专)学习,然而更让邓君感到幸运的是在这里遇见了张道葵、谢道弋、吴章采、吴柏森、曹文安、郭超焱、李光明、王秀珍、刘世新、李祖林、李超、巴文华、刘济民、刘芳等一批治学严谨且关爱学生的老师。他们教给邓君专业知识,更在邓君心中播下了学术的种子。

　　1981年春,邓君因成绩优异毕业留校,为资深的文艺理论家、美学家张道葵教授助教,因得先生耳提面命之便,不两年即有两篇重头文章在人大复印资料《中国古代、近代文学研究》(1983)和《当代作家评论》(1985)发表。

　　1986年秋,邓君考入华中师范大学著名文艺理论家王先霈教授门下攻读硕士学位,其时正值西方各种批评流派和方法的大量涌进,邓君所学专业为中国文学批评史,但先生告诫在摸清本专业家底的同时,仍须关注当代西方文学理论批评的发展动态。邓君顿悟老师所示正是陈寅恪先生在《王静安遗书序》里倡导的"取外来之观念与固有之材料相互参证"的研究方法。基于此,邓君确定了学位论文选题:以西方现代接受美学为参照,对中国古代"品味"的艺术接受方式进行系统的梳理和总结,以突显其独特的理论蕴涵和鲜明的民族特色。学位论文写成后顺利通过答辩,毕业返校后再稍加修改,整理成三篇论文《"品味"的审美心理过程及特征》《论"品味"的艺术接受方式》《"品味"论与接受美学异同观》分别在《华中师范大学学报》《文艺研究》和《江汉论坛》发表。

　　1989年7月,邓君硕士毕业返校即萌发系统总结中国古代文学接受理论的念头,然半年后被任命为中文系副主任,随之而来的繁忙的教学工作和琐碎的行政事务终使这个美好的学术愿景搁置下来,在接下来的七八年里,尽管曾协助系主任曹文安教授策划和组织中文系教师集体编撰出版十卷本共200余万字的"三峡文库",为地方文化建设做出了贡献,但其个人的学术研究却几近于停滞。

　　1998年9月,邓君终获机会负笈北上到中国文学理论界的领军人物、北京师范大学童庆炳教授门下做访问学者。邓君带去的是刚刚获批的省级科研课题"中国古代文学接受理论研究",先生审阅后作出批示:"邓新华拟完成的课题有特色,国内尚少这方面的研究,课题有学术价值。"童先生的批语犹如点燃地火的电石,让邓君心中积蓄已久的学术能量火山爆发似地释放出来,并迅速转化为十数篇有分量的学术论文,其中最有代表性的是《建构有民族特色的中国接受诗学》(《学术月刊》2000 年),邓君此文在学界首次提出"创建有民族特色的中国接受诗学"的理论主张,并对重建中国古代接受诗学的可能性、其研究对象和范围、基本理论特点及现代意义作了全面深入的阐发,从而引起学界的关注和重视。尤为重要的是,邓君访学期间的研究成果整合而成的学术专著《中国古代接受诗学》亦于 2000 年 10 月由武汉出版社出版,童先生在序言中对该书做出了如下评价:"邓新华以历史和逻辑的方法,从现代学术的视野对中国古代接受诗学的历史流变和各种观点做了梳理和阐释,把中国早已存在的接受诗学思想做了充分而深刻的研讨,从而把它系统化、逻辑化。邓新华的学术努力是对中国古代文论研究的一个贡献,同时也是对现代形态文学理论的一种重要的理论滋养。"稍后,有刘月新、樊宝英等学者在《文艺研究》《文艺报》《文艺理论研究》《中国比较文学》等报刊发表书评,对该书予以较高的评价。其后,又有陈文忠、樊宝英、胡建次、刘绍瑾、陈治国、马大康等学者先后在《安徽师范大学学报》《学术研究》《齐鲁学刊》《求索》《深圳大学学报》《山东大学学报》《东方丛刊》等刊物发表的学术综述文章中,对邓君的中国古代接受诗学研究给予充分的肯定,从而引起学界的持续关注。

2003 年秋,为适应新组建的三峡大学学科建设的需要,邓君在获批教授职称数年后又考入华中师范大学著名东方美学史家邱紫华教授门下在职攻读博士学位。经数个寒暑的努力,2006 年 6 月邓君的博士论文《中国古代诗学解释学研究》终告完成,该论文通过对中国古代诗学解释学的阐释原则、文本理解途径、诗性阐释方式以及儒、释、道思想影响的分析和阐释,勾勒出一个民族特色鲜明的中国古代诗学解释学理论体系。邓君的博士论文答辩会由教育部长江学者特聘教授张法先生主持,张法、彭立勋、张玉能、王杰、彭修银、李中华、胡亚敏、李建中等博导对邓君的博士论文给予很高的评价。该博士论文中的部分章节先期在《文学评论》《文艺报》《北京大学学报》《武汉大学学报》《江汉论坛》等报刊发表,全文则先后由中国社会科学出版社(2008)和台湾花木兰文化出版社(2014)出版,而后代迅和毛宣国等知名学者在《光明日报》《文艺报》发表书评,对邓君的博士论文予以褒奖和鼓励。

还在邓君博士论文开题的 2005 年,其以北师大访学成果为基础申报的国家社会科学基金项目"中国古代接受诗学史"获批立项,故而邓君在完成博士论文之后即转入国家课题研究。又经三年的调整、修改、补充和完善,于 2010 年岁末将 35 万字的课题结项成果《中国古代接受诗学史》上报给全国哲学社会科学规划办公室，经评审结项后由上海人民出版社于 2012 年 3 月出版，尔后有李有光、章辉、樊宝英、刘传清、文浩等学者在《中国图书评论》《文艺报》《文艺评论》《博览群书》《文汇读书周报》刊发书评，评价该书"是国内迄今第一部全面系统梳理和阐述中国古代接受诗学的通史性著作"，"彰显了中国古代接受诗学的民族特色和世界意义"，"为建设有中国特色的当代形态的文学理论提供了有益的理论借鉴"。2015 年 1 月，邓君的《中国古代接受诗学史》荣获"第九届湖北省社会科学优秀成果奖"一等奖(著作类)。

邓君近年来一直从事中国文论经典著作《文心雕龙》的专题研究，有望在中国古代文论的现代阐释与转换方面作出新的成绩。

人物名片：

邓新华，1952 年 10 月生，湖北江陵人。1969 年初中毕业回祖籍远安务农，1978 年考入宜昌师专。1986 年考入华中师大中文系，先后获硕士与博士学位。三峡大学文学与传媒学院教授(二级)，湖北省政府专项津贴专家，国家社科基金通讯评审专家。历任《三峡大学学报》主编、艺术学院院长、文艺美学研究中心主任；兼任中国中外文学理论学会理事，湖北省文艺学学会副会长，宜昌市文艺理论家协会和民间文艺家协会副主席。

潜心于现当代文学领域的专家吴永平

李云贵　龚湘玉

吴生是国家恢复高考后的第一届大学生。

1978 年春，当他怀揣着一纸"华中师范学院宜昌分院"的录取通知书，静静地步入夷陵东山上的这座古朴、幽静的高等学府时，他还是一个懵懂的青年，对当下和未来均茫然无知。1981 年春，当他背负着沉重的行囊，哽咽着与师友挥手告别时，他已然对未来有了较为清晰的期待，有心踏入那前途未卜的学术道路。

后一年，吴生以"同等学力"考入湖北省社会科学院攻读硕士学位，师从著名学者张啸虎和周勃先生。又 3 年，完成硕士论文《姚雪垠抗战时期小说创作研究》，通过黄曼君先生主持的答辩，获得华中师范学院文学硕士学位。续后，便扎根省社科院文学研究所，以"中国现代文学研究"为专业，以"抗战文学研究"为方向。

80 年代后半叶，"新方法论"勃兴，各种泊来的概念和术语当道，中国现代文学研究"这门以资料搜集和整理的历史描述性的学科"似乎走上了末路。吴生仍以"姚雪垠前期创作道路"为研究课题，终日汲汲于故纸堆，爬梳剔抉，偶有所得，便不揣浅陋，整理发表，但终归是冷径落花、空悠寂寥。

90 年代初，吴生负笈海外，非惟"走异路，逃异地，寻别样的人们"，也为去那"新方法论"的祖源地一探究竟。在巴黎盘桓两年，师从著名汉学家巴迪先生，探珠其倡导的"文化人类学"，上溯至布尔迪厄的文化社会学、索绪尔的现代语言学、泰纳的文化历史学，终于有所感悟：所谓"新方法"，无非是要打通各学科畛域，还原研究对象所曾置身的历史文化环境，进行贴近的实证研究。

90 年代末，吴生着手译介海外访学所得。第一篇有影响的论文是《论巴迪先生近年来的"老舍研究"——老舍先生百年祭》，载《民族文学研究》1999 年第 1 期。该文首次系统介绍了这位法国汉学家的"老舍研究"成果，揭橥其核心观点："老舍的小说表现了满族文化心理"、"老舍的小说反映了本民族生存危机"、"旗人文化亦为中华文化血脉之源"，等等。该文得到学界的注重，吴生受邀在当年"国际老舍学术研讨会"上发言。继而，吴生采用"文本细读和文化社会学分析"

的研究方法，逐篇解读老舍的小说作品，撰有论文《老舍小说〈黑白李〉新解》《老舍小说〈抓药〉新解》《老舍小说〈小铃儿〉新解》《老舍小说〈〈大悲寺外〉新解》《老舍小说〈柳屯的〉新解》《老舍小说〈歪毛儿〉新解》《老舍小说〈一块猪肝〉新解》多篇，持续引起老舍研究界的关注。

同期，吴生重新注目"姚雪垠研究"课题，尝试从"文学生态及作家关系"这一新的研究角度切入。第一篇较有影响的论文是《胡风"清算"姚雪垠始末》，载《炎黄春秋》2003 年第 1 期。该文作于 2000 年，原题为《姚雪垠与胡风》，长达 6 万余字，投寄某大型文学期刊被退稿。2002 年，《南方周末》编辑刘小磊在网上读到该文，推荐给《炎黄春秋》，吴生遵嘱将原文压缩至万字改题发表。该文面世后甚至引起了政界人士的关注。据原新华社副社长李普《悼慎之》一文回忆，李慎之读过这篇"披露了抗战时期胡风在重庆发动他那班朋友批评姚雪垠的事"的文章，曾表示说："披露这件事很重要，可以让我们更了解胡风。"也有不同意该文观点而坚持旧说者，于是引发了一场官司。

稍迟，吴生的研究重心转移至"胡风研究"，先后撰写了《胡风与第一次文代会》《胡风为什么要写"三十万言书"》《细读胡风"给党中央的信"》《细读胡风"三十万言书"之"关于舒芜问题"》等多篇论文；继而，又拓展至与"胡风集团案"有关联的其他作家，先后撰写了《阿垅"引文"公案的历史风貌》《聂绀弩与〈七月〉的终刊及其他》《胡风、冯雪峰交往史实辩正》《楼适夷在"反胡风运动"中》《胡风与冯雪峰冲突之滥觞》和《牛汉眼中的胡风》等多篇文章。学界对吴生的"胡风研究"成果评价不一，或誉之为"发人之未发，言人之未言"，或斥之为"专做翻案文章"，或讥之为"语不惊人死不休"。

2005 年秋，吴生有幸得与舒芜先生结下了深厚的学术缘份。其后 3 年有余，几乎无日不网聊，有时一日间来往电子邮件竟达 10 余通；又几乎无所不聊，话题多涉及舒芜与胡风的交往及恩怨，舒芜的人生道路及其与胡风事件的关连，胡风文艺思想的特点，胡风派诸人的为人和为文，等等。在吴生的敦请下，舒芜整理发表了《致胡风信》和《参加胡风文艺思想讨论座谈会日记抄》等重要史料，还撰写了一些辨诬的文章。在舒芜先生的提点下，吴生完成了两部专著：《舒芜胡风关系史证》和《〈胡风家书〉疏证》。舒芜先生辞世 10 载后，吴生将 50 余万言的巨制《我和舒芜先生的网聊记录》整理付梓，作为不能忘却的纪念。

2019 年春，《姚雪垠评传》开笔，2022 年年底有望脱稿，此著或为吴生的收山之作。

人物名片：

吴永平，1951 年 1 月生，湖北武汉人。1978 年至 1981 年就读于宜昌师专。

1982 年至 1984 年就读于湖北省社科院文学研究所，师从张啸虎和周勃教授，获华中师院硕士学位。1992 年和 2002 年两度赴法国巴黎第七大学远东文学系进修文化人类学，师从汉学家巴迪先生。现任湖北省社会科学院文学研究所研究员，曾兼任湖北省文艺理论家协会副主席、中国老舍研究会常务理事、中国少数民族文学研究会理事等。著有《李蕤评传》《小说家老舍》《隔膜与猜忌：姚雪垠与胡风的世纪纷争》《胡风家书疏证》《姚雪垠抗战时期小说创作研究》《舒芜胡风关系史证》和《我和舒芜先生的网聊记录》等。

丰富的学术阅历和厚重的科研成就

——记五邑大学孟祥荣教授

王明建

孟祥荣先生是宜昌师专培养出来的教授，在学界有一定影响。

1977 年 12 月，先生参加恢复高考的首次考试，1978 年 3 月进入宜昌师专学习。学校当时叫华中师范学院宜昌分院，他们是作为四年本科生招进来的。谁料才读了一个多月，学校就被教育部改名为宜昌师范专科学校。学校改名倒也罢了，可是害苦了 77 级的学生。因为一下子从本科生降为了专科生，差了一个档次不说，还为后来的职称晋升挖了一个大坑。所以先生从助教就开始破格，然后讲师，然后副教授，都是破格。不是因教学科研不够格，而是学历不达标。直到 2000 年晋升教授，才没了这个学历的影响。以本科生招进来，以专科生毕业出去，这都是特殊年代的特殊际遇。

先生读高中只学过四篇古文，所有的古文基础都是在师专获得的。张铭老师、吴章采老师的先秦两汉文学，吴柏森老师的唐宋文学，刘永龙老师的元明清文学教学，都给了先生深刻的启迪。留校后，先后给吴柏森老师、刘永龙老师当助教，备课的教案都得到了老师们的悉心指导。教学之余，也跟着老师学写论文。第一篇论文发表在当时的《宜昌师专学报》上，是谈《诗经》"国风诗"中的爱情描写。第一篇文章就被前辈老师认可，是先生天分和努力的结果，更是一个良好的开局。在师专工作期间，先生先后得到了几次访学的机会。先是 1984 年，先生参加了山东大学的元明清文学助教班的考试，全国数百名高校教师参考，最后录取 24 名。山东大学的助教班是全国的第一届，也是那年唯一的一届。一年的时间，修完了硕士研究生的主要课程。给先生上课的都是著名的学者，如袁世硕先生，是班上的主讲老师，开设了中国文学史方法论、红学研究等课程，朱德才先生讲宋词研究，孟广来先生讲戏曲研究，王绍曾先生讲版本目录和文献学研究。先生同时还旁听了牟世金先生、周来祥等先生的博士专题课程。这次助教班的学习，奠定了先生后来学术研究的基础和路径。应该说，在宜昌师专的学习，为先生打下了较好的学术基础，而山东大学助教班得亲炙学术大师，聆听教诲，使先生逐渐摸到了学术的路径。就是在山东大学学习期间，先生读到了钱伯城先生的《袁宏道集笺校》一书，由此对公安派和晚明文学产生了浓厚的兴趣。此兴趣沿袭了 20 多年，直到先生调动工作。因了这一兴趣，在教学之余，先生即潜心研究这一课题，先后在《文学遗产》《文献》《中华文史论丛》《台湾文史月刊》《湖北大学学报》等学术刊物上发表了大量的学术论文，也因此在学界产生了较大的影响，与中国社科院、北师大、中国语言文化大学、复旦大学、南京大学、贵州师大等相关学者都建立了学术联系。这一课题的研究，尤其是得到了上海古籍出版社原总编辑、著名的文史专家钱伯城先生的认可和悉心指导。为了完成公安派的研究课题，1991 年夏天，先生负笈上海，成为复旦大学的访问学者，师从著名学者、戏曲研究名家李平先生，并旁听了章培恒、骆玉明等先生的讲座及王水照先生的北宋文人专题研究课程，受益匪浅。同时又拜在钱伯城先生的门下，继续做公安派的研究。1991 年，先生 37 岁的时候，在《文学遗产》上发表了第一篇文章《唐人小说研究二题》；次年 3 月又在《文学遗产》上发表了《论袁宏道的矛盾人格》，编辑来信称："你的研究于我心有戚戚焉。"大加赞赏。《文学遗产》为中国社科院的刊物，代表了中国古典文学研究的最高水准，在上面发文章，殊为不易。据王兆鹏、刘尊铭两先生的统计，1986—1996 年期间在《文学遗产》发表两篇文章的学者为 122 人。一个专科学校的老师，一个专科生，能在这样顶级的学术刊物上发表文章，没有辜负宜昌师专的培养。先生也因此成为了当时学校最年轻的学科带头人。因科研突出，1993 年被破格评为副教授。后来，先生把公安派的研究结集在中国文联出版社出版，书名是《真趣与性灵——袁宏道与公安三袁研究》，书名是钱先生取的，序言也是钱先生写的。钱先生非常肯定先生的公安派研究，认为该研究已经站在了当时公安派研究的前沿。此文当时发表在《文汇读书周报》上，题目是《为公安派作一场说话》。因为教学的关系，先生在中国古代小说的研究上也下过许多功夫，取得了许多可圈可点的学术成果。1994 年先生北上进入中国社科院作访问学者，拜在著名小说研究家刘世德先生门下，对中国古典小说作了自己的思考，写出了相关的论文，除了《文学遗产》外，还在《明清小说研究》《水浒争鸣》以及一些大学学报上发表了有关古典小说研究的文章，对《儒林外史》《水浒传》《三国演义》和《红楼梦》等古典小说的主旨人物做出了自己的探索，也引起学界的关注。先生与朋友合作的文章《中国古典小说研究的若干问题》还被 1994 年的《全国高校文科学报文摘》摘录 1000 多字。1998 年出版了"中国圣人文化丛书"之一的《武圣关羽》，此书在大陆由湖北人民出版社出版，后来在台湾由弘文馆出版公司出版，易名为《武圣关公》。在山东人民出版社出版了"山东地方文化丛书"之一的《李开先与宝剑记》。此外，还参与了地方文化与一些课题的研究。与谭传树联名出版了《三峡诗粹》，与谭传树等三人联名出版《三峡诗选》，与杨君联名出版《猇亭诗粹》。标点、翻译出版了乾隆五十九年《当阳县志》。另外，还参与了《元曲百科词典》的编纂工作。

　　1999年暑假，先生离开当时的湖北三峡学院，到荆州师范学院任教，来这里是为了更好地研究三袁及晚明文学。2000年先生被评为教授。2001年先生参与荆州师院的"荆楚文化丛书"的编纂工作，出版了《袁宗道集笺校》一书，此书由湖北人民出版社出版，后来收入"荆楚文化丛书"，得以再版。先生后来担任《荆州师院学报》主编、长江大学期刊社社长。

　　2004年先生离开湖北，到广东五邑大学任教。其间，先生曾对梁启超的文学思想做过一些研究，发表过数篇研究文章。此后学术兴趣逐渐转向，由小说和晚明文学转到旧体诗词的研究和创作。2020年，先生出版了《程坚甫诗辑注》，此书由中山大学出版社出版，出版后在诗词界引起较大的反响。退休后，先生更多的精力放在了旧体诗词的创作与点评上。先生以"半隐庐"为网名，担任过一些学会和刊物的大赛评委，但主要经历还是放在旧体诗词创作上。截至目前，共创作了1000多首，结集为《半隐庐诗存》，正在联系出版。尽管先生一以贯之地谦虚，仍掩藏不了在学术界、创作界的成就和影响。先生更是一个懂得感恩的人，总是在不同场合说，没有师专的三年学习、十几年的工作、老师们的悉心指导、学校的大力栽培，这点成绩也不会有。

　　宜昌师专，是先生永远的记忆与怀念。

艾宏扬，一位哲学和政治学领域的学者

胡冬梅　李云贵

艾宏扬，湖北宜都人，1957 年生，法学博士，研究员，中宣部"五个一工程奖"获得者。先后在湖北省社科院、深圳市南山蛇口企业集团、美国《侨报》《世界日报》和深圳市劳动关系蓝皮书课题组工作。他主持和参与国家、省级重大课题 20 余项，现有个人专著和合著 10 余部，论文 100 余篇，成果 200 余万字。

1977 年，艾宏扬参加"文革"后第一届高考，1978 年春，录取到华师宜昌分院(即后来的宜昌师专)中文科学习。宜昌师专如慈母敞开博大的胸怀，哺育了这个勤奋好学的青年。如今宜昌师专因他而骄傲！

他对哲学有特殊的爱好。从大学时起，他就疯狂地阅读哲学著作，大学图书馆里的哲学书籍，从中国哲学到西方哲学，从艾思奇的《辩证唯物主义和历史唯物主义》到《黑格尔哲学演讲集》到康德《纯粹理性批判》，如饥似渴地学习，开始了他的哲学研究生涯，并取得了丰硕的研究成果。早在 1979 年，在校时写有《关于康德物自体研究》的论文，全文约 8 万字，文章对我国一位著名学者认为康德物自体是感性来源说提出了异议，对康德物自体作了重新解释。中国人民大学哲学系钟宇人教授看了文章后，来信说："你来函有一定分量和道理，我的印象是肯定的。资料和观点，就一位大学生来要求，都够一定水平。"

1980 年底毕业后，他被分配到枝江县师范学校担任两个中师班的语文教学。尽管这里的工作和生活条件比中学的好，因为他钟情于哲学研究，在他再三要求下，转到枝江一中担任政治理论课教师。教学课程有"辩证唯物主义常识""政治经济学常识""青少年修养"等。在这里，尽管教学任务繁重、生活条件差，但他仍然乐在其中。这些课程在当时都是新开设的，教学方法正在探索之中，他在教学中的一些做法，受到学生的广泛欢迎，而且被作为经验在全县推广，多次应教育局之邀为全县政治教师上公开课、示范课。有关教学研究的文章公开发表，主要有《对"辩证否定"要点的理解及教学建议》《〈青少年修养〉情趣教学的主要方法》等，有很好的社会影响。枝江一中在高考中的政治课成绩连续几年名列全省前茅。

1983 年初，根据中学教学和青少年成长的实际，他提出了在中学、中专开设伦理学常识的建议，并编写了较详细的教材编写大纲。这项建议受到当时教育部副部长彭佩云同志的高度肯定，被批转给教育部设在北师大的政治课教学研究中心。他被邀参加北京的教材设置研讨会，赴长沙参加教育部主持的教材审定会，对我国中学、中专政治理论课程设置和新教材的编写起了积极的推动作用。当时艾宏扬作为唯一的青年教师参加这种高级别的会议，说明了教育部对他辛勤工作的充分肯定和高度重视。

1984年，他到湖北省社会科学院工作。他将在大学时对康德的研究继续进行，把以前文章的基本观点浓缩成两篇论文《康德物自体的解释和分析》《康德物自体与感性来源》，分别在《文史哲》《广东社会科学》发表。文章发表后均收入《人大报刊复印资料》，得到学术界同仁的一致好评。他关于康德物自体的研究自成一体，影响深远。迄今为止，很多研究这一问题的学者将其作为重要参考文献加以引用。

他还进行"质的范畴与质量"的研究，提出"质量不属于质的范畴而属于量的范畴"的观点，并写出了相应的学术论文。论文不仅得到我国著名哲学教授陶德麟的高度肯定，也得到华中师范大学副校长、陶军教授的肯定和赞誉。论文发表于《华中师范大学学报》1986年第2期。文章发表后，《新华文摘》（1986年第5期）《高校文科学报文摘》（1986年第4期）《人大报刊复印资料》《湖北日报》（1986年4月10日）等纷纷转载。后来高校哲学教科书在修改时，根据他的观点对相关内容作了修改。

1990年，著名政治学家、北京大学教授、中国政治学会会长赵宝熙先生建议他报考博士研究生。1990—1991年他在华中师范大学进修政治学研究生课程，获得结业证书。1992年考取华中师范大学博士研究生。1996年，他的博士论文《改革开放以来中国合作制研究》在答辩会上全票通过。论文还受到教育部领导在全国大学校长会上的表扬。近2万字的论文摘要在我国社会科学研究最高级别的学术期刊《中国社会科学》上发表，并被《新华文摘》全文转载。论文更被推荐到芬兰举行的世界学术会议上。

1997年底，他调到中国改革开放的前沿阵地深圳。他将高深的哲学理论和政治学理论运用于实际研究中，为各级政府决策研究提供理论支撑。他先后主持和参与了40多项市区重点课题研究。主持"宝安区经济社会发展战略（2005—2020）"项目研究，在国内首次提出"循环经济"概念，提出"启动建立循环经济和循环型社会计划"等。不久，国家出台关于发展循环经济的文件，可见他思维的敏锐性和前瞻性。他参与"深圳市流动人口管理研究"，提出了"规范化、法制化、信息化"三位一体的管理模式，得到了市委市政府的高度赞赏，并纳入政策制定参考。《流动人口管理创新启示》一文在《求是内部文稿》和《人民日报》发表。

参与深圳市宣传文化基金重大项目，从哲学和政治学与管理学的角度，提出了多项具有可操作性的对策建议，为政府决策提供了良好的决策参考。他参与了深圳市宣传文化基金重点资助项目"深圳劳动关系蓝皮书"的研究及编撰工作。《深圳劳动关系发展蓝皮书》属于"深圳蓝皮书"系列，2006 年开始编撰出版，至今已有 16 年共计 16 部著作，由中国社科文献出版社纳入国家皮书系列出版。《深圳劳动关系发展蓝皮书》出版以来，受到广大专家学者、劳动社保部门的实际工作者、企业及员工的一致好评，具有很好的社会反响。

20 多年来，他著有《哲学趣读》(1985)、《中国合作制研究》(1998)；主编有《改革开放的哲学透视》(1996)等；参与撰写《深圳劳动关系蓝皮书》等 20 余部专著；在《中国社会科学》《文史哲》《新华文摘》《政治学研究》《人民日报》《光明日报》以及广东、山东、湖北等地的社会科学研究核心期刊上发表论文 100 余篇，多项成果获国家和省部级奖励。1997 年获中宣部"五个一工程"奖。

风雨兼程四十载，昔日的宜昌师专已经发展为赫赫有名的三峡大学；艾宏扬，从北山坡师专校园里扬帆启航的翩翩少年，如今是哲学、法学领域颇有建树的资深学者。这是宜昌师专的骄傲，更是我们宜昌师专人的荣耀！

高质量学术成果的追寻之路

——记浙江财大王明建教授

齐军红　邓华荣

　　王明建是宜昌师专中文科走出来的教授。中文科老师"多读作品"的教学理念，助力王明建终生追寻高质量学术成果。

　　高质量高在何处呢？王明建只用短短 4 年就在文学研究顶级学术期刊《文学评论》上发表学术论文 4 篇共 7 万字，确实少见。在另一权威杂志《文学遗产》上也发表论文数篇，在古代文学教授中同样少见。第一本专著出版，很多不相识的学人写书评发表在一些知名的期刊报纸上，《光明日报》2005 年 6 月 27 日发表的《历史坐标与成就定位》就是其中之一。王明建的高质量成果正赶上浙江财经学院申报大学资格。最关键一环的专家投票只关注学术成果，100 个专家投了 98 个赞成票。成功升格大学后，学校表彰、奖励 10 年内对升大学作出突出贡献的 8 个"财苑学者"，只有王明建一人是老百姓。

　　王明建发表、出版高质量成果的速度很快，但追寻之路可谓十分漫长。

　　王明建 1958 年出生于革命老区湖北红安。从幼年起，父亲常年抱病，每年住院导致家徒四壁。贫穷中激发了斗志，学会了感恩。王明建于 1966—1975 年读完小学至高中，全在"文革"时期，后来高考涉及的语文、数学、历史、地理、政治全没学过。高考恢复，既不敢停工，又没钱上培训班，要想考，就要多复习几年，所以 1977 年、1978 年不敢考，1979 年才考。白天边完成农活边睡好觉，如挑担时直路睡觉弯路睁眼，晚上通宵复习。1979 年全国高考语文非常难，30 分逻辑辨错选对题，40 分作文是把《第二次考试》改为《陈伊玲的故事》，在这两题上全国到处全军覆没，连代课老师也不会。王明建近 80 分的语文成绩拉高了总分，顺利考入宜昌师专。师专恩师"多读作品"的教学理念滋养了王明建的学术生涯。同学读作品人人刻苦，但都公认王明建最刻苦。21 岁进师专学第一个英语字母，把 15000 单词背诵 200 遍，做了至少 50000 道习惯用法的习题，英文报纸读了 10000 多张，英文小说读了近百本。在教中学的繁忙之中，挤时间复习考硕苦战 5 年，1987 年考上西北大学硕士，原单位不放人，求学未果。调到宜昌职业大学，再苦战两年，与学校签订回来工作的协议后，在 33 名考生中以总分第一名考上西南师大硕士。硕士毕业后回宜昌职业大学工作近 10 年期间，因为学校"不需要博士"而停止了考学之路。但还是抓紧考博复习以待时机，除复习古代文学外，还复习文献学、训诂学、目录版本学、中国文学批评史，后 4 门专业从师专到硕士从未学过。如果打通 5 门专业并都考取博士，就能提高科研能力。除苦学历史哲学外，他还苦学中医 10 年，中医的"寻根探因思维"是其他学科缺乏且急需的。苦学宇宙学多年，只有在宇宙秩序下才能给其他学科的研究对象准确定位。苦学量子力学一年，这是违背经典科学但前途无量的科学，其离经叛道精神有利于其他学科的创新思维。数学是科学的皇后，对社会科学同样有用，但"文革"期间中小学都没学，不得不恶补几年。广泛涉猎各门自然科学，"反者道之动"，对自然科学一窍不通就难以从事社会科学。爱因斯坦说中国发展不了科学的原因是中国人不学形式逻辑。中国形式逻辑最有价值的课题是坐第一把交椅的金岳霖出的 100 多道大题 1000 多道小题，但他生前没做答案。在1000 多道题中，王明建第一题做了 6 个月，第二题 3 个月——第二十题 6 小时——以挑战极限的"魔鬼训练"直至做完所有 1000 多道题。逻辑学属哲学专业，王明建到全国最知名的高校和研究所找哲学专家对答案，都说"没人能做出几道题"。积累比较充分后，终于等来 2000 年三峡大学成立，学校急需博士，王明建五门专业都考上了，第一个与三峡大学签订读博协议。读博第一年攻学位外语，后两年起草长篇文学论文 50 余篇，尔后的文学论文只发表旧作不写作新篇，立志将写作转向古人神往的"天人合一"的"天地人之问"，每天只写 20 字。为了有朝一日能在《文学评论》发文，早在 31 岁读硕士时就细读该刊每篇文章，坚持 28 年，终于在 49 岁第一次投稿第一次发表。当时的常务副主编说，王明建每年可发一篇"大文"，即小字 10 页共 25000 字。发文虽然没有写文费时多，但也费时不少，45 岁博士毕业时的研究转向之志在时刻召唤，余生不多了，该全力以赴转向了，计划 35 年写两本超薄之书，一本接地气，一本追天问。

诚然，不是人类所有梦想都能成真。然而，"要是一不小心就实现了呢"？

人物名片：

王明建，1958 年生，湖北红安人。1982 年毕业于宜昌师专中文科，1992 年硕士毕业于西南师范大学，2003 年博士毕业于河北大学，教授。先后在三峡大学、浙江财经大学工作。专著有《论语精解》《刘克庄与中国诗学》等，学界给后者的书评有《光明日报》2005 年 6 月 27 日第六版的《历史坐标与成就定位》。发表学术论文 50 余篇，其中 4 篇共 7 万字发表在中科院文学所主办的《文学评论》上。

从宜昌师专走向央视大舞台

——记央视大型节目总策划、导演秦新民

胡冬梅

秦新民，湖北长阳人，恢复高考后的首届大学生，1981 年春毕业于宜昌师专中文科，高级编辑，中央广播电视总台大型节目中心策划、导演。

宜昌师专毕业后，他于 1982 年至 1983 年任中学教师；1983 年至 1989 年，相继在县文化馆、县广播站、县文化局、县委宣传部工作并任职（站长、副局长、副部长）；1989 年至 1994 年，在市文联工作，任《三峡文学》社长、文联党组成员、副主席；1994 年至今，先后在中央电视台研究室、总编室、文艺节目中心、大型节目中心工作，任栏目导演、大型节目策划、导演。

进入中央电视台后，他参与策划创办了《星光大道》《精品赏析》《艺术人生》《天天把歌唱》等栏目；参与策划创办了《五月的鲜花》《我要上春晚》《中国民歌大会》等季播节目；参与创办或策划、导演了多届央视青歌赛、舞蹈大赛、小品大赛、相声大赛、民族器乐大赛、钢琴小提琴大赛、主持人大赛、中国喜剧大会、"唱响中国"全国优秀歌曲评选等各类电视文艺赛事。他组织策划的电视栏目、筹划创办的各类赛事，收视率屡创新高，获得观众的如潮好评，成为国人喜闻乐见的艺术形式，为推动我国新时代文化事业的发展，做出了积极贡献。

他还连续 20 次担任中央电视台春节联欢晚会总策划、总撰稿。担任 100 多场"心连心"慰问演出和五一、七一、八一、国庆、元宵、中秋等晚会，以及多届中宣部"五个一工程"奖颁奖晚会、第九届茅盾文学奖颁奖晚会、第十二届全国少数民族文学创作"骏马奖"颁奖晚会、第五届全国优秀儿童文学奖颁奖晚会、中国电视文艺"星光"奖颁奖晚会、全国播音主持人"金话筒"奖颁奖晚会等多台大型晚会的策划和撰稿；在中宣部主持拍摄的大型文艺专题片《为时代放歌》（10集）中担任撰稿。活动影响大，社会反响好。

近 10 多年，他参与主创的各类活动，遍及全国，涉及社会多个方面。活动不仅精彩纷呈，而且鼓舞人心，充满正能量。其中重大节目（活动）有：《繁花似锦——五个一工程颁奖晚会》《紫荆花开又一年——香港回归十周年深港青少年联欢晚会》《情满中国——2008 抗冰雪晚会》《爱的奉献——2008 宣传文化系统抗

震救灾大型募捐活动》《向祖国报告——2008抗震救灾大型文艺晚会》《百年圆梦——2008北京奥运会倒计时10天文艺晚会》《潮涌中部——第三届(武汉)中部博览会开幕文艺晚会》《西部放歌——第八届(四川)西部博览会开幕文艺晚会》《江淮和韵——第四届(合肥)中部博览会开幕文艺晚会》《三百六十五个祝福——抗震救灾一周年赴四川灾区慰问演出》、《歌甜花香——纪念延座讲话60周年文艺晚会》《祖国万岁——庆祝中华人民共和国成立60周年大型文艺晚会》《我们共同走过——庆祝人民政协成立60周年文艺演出》《第27届飞天奖颁奖晚会》(撰稿)《第21届电视文艺星光奖颁奖晚会》(撰稿)等。他撰写的台词,字字含情;他策划的晚会,场场精彩!

　　除了策划编导各类活动,秦新民还积极创作各类文艺作品。他出版过小说、纪实文学、电视纪录片(专题片)解说词等多部作品,在国家级报刊上发表过数十万字的各类文章。曾担任《电视文艺文集》《中央电视台频道栏目录》的执行编辑和《说的没有唱的好》等书的副主编。多次担任国家级文艺赛事评委,参与主创的节目多次荣获各类国家级奖项("五个一工程"奖、金鹰奖、星光奖、学会奖等)。其作词的歌曲《老阿姨》(在2014年央视春晚演唱)《心远天高》获全国"五个一工程"奖,作词的歌曲《假如今天你还在》《大道同行》,分别在2014年、2021年被评为全国"中国梦"展播歌曲在全国推广。1998年荣获中央电视台抗洪救灾先进个人二等奖;2008年荣获中央电视台抗震救灾先进个人奖;2021年荣获中央广播电视总台颁发的"庆祝中国共产党成立100周年宣传报道工作嘉奖";多次荣获中央电视台先进个人奖和年度中央电视台先进共产党员奖。

　　近两年,他退而不休,继续在央视发挥余热。2019年在文化类节目《故事里的中国》和《典籍里的中国》中担任艺术顾问;2020年担任文化综艺类节目《海报里的英雄——纪念抗日战争胜利75周年特别节目》(5集)总导演;2021年担任《电影中的印记——庆祝中国共产党成立100周年特别节目》(10集)总导演;担任"致敬丰碑——全国'红色故事'讲解员大赛"顾问、担任"相约北京国际艺术节"开幕式总撰稿;2022年担任中宣部主办的"金熊猫国际传播奖颁奖典礼"总导演。

　　他是编辑,是导演,是作家,是评论员,是从长阳清江这方巴楚热土成长起来的栋梁之才,是从宜昌师专这个摇篮里走出来的文艺健将。在此,我用这篇文字记录他的成长足迹、他的贡献荣誉,祝愿他脚下的文艺之路,走得更宽广,更精彩!

出发的地方

——姚永标和他的诗歌创作

刘济民

姚永标是恢复高考后第一届来到宜昌师专，又最早从宜昌师专走向文坛的一位有追求、有个性、有建树的诗人。他的诗歌创作始于他的大学时代，大学毕业前就在省级刊物发表过大版面的组诗，其后不断在《诗刊》《星星》《长江文艺》《青年文学》《萌芽》等刊物发表诗作，创作成就早在20世纪80年代就已经引起了诗坛的瞩目，作品被收入《中国当代大学生诗选》《新中国50年诗选》《中国百家讽刺诗选》《湖北新时期文学大系》等一系列权威选本，并出版了《陌生的城》《在古老的河边》《三峡风景名胜诗旅》等多部诗集。

《陌生的城》这本诗集反映了作者的"同代人"在"文革"过后对社会、人生、理想的深沉思考。他们有过失望和哀伤，更多的是挣扎和奋进，"总觉得身后有索索的足音"，表达了一种紧迫感；"似有巨足往项背踏来"，时刻在催逼着自己向前；他们中许多人已步入人生维艰时期，却"还有一桩心事欲了未了/还有一本书将翻未翻"，但"钥匙在锁孔里转两次一天就完了"，以致于"不忍听案头钟蚕食一片壮年"。这些诗句写出了他们处在超负荷运转中的心理情形。岁月蹉跎，成就艰难，他们为放飞理想而不懈努力，又深感世事维艰，"寻道于丛生的灌木攀援于倚松的绝壁"，"纵有铁鞋亦当破碎如钱/钱买不平脚底怪石深渊"；而他们仍然艰难地前行，因为"那微笑挂于湿漉漉黑花枝具有一种永恒之魅力"，青春的力量仍然在胸中涌动，有如"一种意志被反锁于斗室/正徒击四壁"；他们呼唤着一股强劲之风的到来，"这风起自何方/吹九万里飞鹏吹悲壮之秋气吹易水寒彻吹沉哀猿啸/吹得动一千种情绪"；他们在积蓄力量，迎接万物萌生的季节，"把每一条思维之径都吹成一条大路/你可以走任何一条/使血沸如海"；他们需要一支引领人生的进行曲，这曲子可以让你"长发啸起狂涛/每一个细胞开始跃动/把一群音符听成满身披挂的斗士"……从这些诗中我们可以感受到一颗年轻跳荡的心，感受到诗人内心正积蓄着一股巨大的力量。这本诗集传达出诗人在人生特定阶段的内心情感，诚如李友益教授分析的，"《陌生的城》里跳动着骚动不安，挣扎奋进的灵魂。"这正是这本诗集在读者中具有长久魅力的重要原因。

《三峡风景名胜诗旅》依据三峡景观的顺序，从白帝城写到南津关，写下了一系列很纯正的抒情诗，构成了一幅三峡风景名胜诗的长廊。这些诗用现代人的智慧眼光来透视三峡地区的历史风情和文化传统，写出了"风景背后的风景"。整本诗集贯穿了一种文化反思的精神，极富有诗人耽于思考的个性和哲理思辨色彩。这本集子里的诗，或借景观抒发感受，或借传说生发议论，都融进了诗人的文化观念和情感体验。如他写了四首《屈原故里》，有对屈原高洁品质的歌颂："你才是一湾真正的山泉/那么清亮，那么洁净，没有任何不纯"，同时也指出"大江混浊不堪"，"你无法澄清一条大江/这 注定了你的消亡"。写出了一种历史的悲哀。更可悲的是在屈原故里："现在已找不到三闾大夫的影子/一代名臣走遍大江南北/故里中却没有留下足迹"，人们把许多美好的事物都集于屈原一身，"这也是我们找不到第二个屈原的原因"。原来这些诗句是诗人在针砭时弊，诗人并不责怪"和屈原同饮一井水，同行一条道"的乡亲，因为屈原的神灵有知，也不希望人们学那种"愚人之举"，"风云际会，潮起潮落/再美丽的智慧也只能沉入江底"。这样的诗有胆有识，思考深沉。又如"八阵图只说是哲人的迷宫/最终迷住的还是历史的脚踵"，"白帝城像一首未写完的长诗/每一个朝代都在这里念念有词"。这些诗句清新脱俗，富于智性，能让人思索而感慨，诗人反思历史传说不同凡响。

1990 年，姚永标以组诗《在古老的河边》获得《萌芽》文学奖，授奖评语称赞他的诗"凝重悠远的调子，像大地河流一样浑厚、高旷、苍凉"。不久，同名诗集《在古老的河边》出版，在诗界同仁中获得广泛赞誉，也得到了不少评论家的关注。

诗集《在古老的河边》充盈着强烈的家园意识、生命意识。诗人从我国数千年文明史中，从现代人与自然的关系中领悟到生命的根基是土地和粮食，因而他对生命的根基一往情深，热情讴歌。"在这个世界上我不崇拜别的/那些喂大我并且至今还在养活我/临了必为我送终的粮食/便是我的生命及主义/我对粮食的感情今世不变。"（《也谈粮食》）粮食、泥土和水构成了他诗中五彩缤纷的意象，因为这些都是构成生命的元素，是生命赖以存在的客观基础。"以我温存的手指/抚摸水/在这样的地方/那感觉近乎抚摸自己的根。"（《抚摸水》）"有些东西在我们老去之后还正年轻/比如泥土。"（《需要泥土》）他从祖辈的辛勤劳作中来体悟人生的要义，一再描写劳动器具、劳动场所和人的劳动，他写锄头、扁担、斧子、镰刀、榔头、连枷、独轮车，他写耕田、放牛、打桩、撒网、收割，他写田野、禾场、树林、农舍……特别喜欢选取一些古老陈旧的农具作意象，描写一些繁重的原始的劳作技能，构成了古朴悠远的艺术氛围："我的祖辈和父辈都曾是使锄头的好手"，"那些锄把常常被他们的手掌磨得细巧而光滑"（《明晃晃的锄头》），

"那些笨重的榔头打在粗大的木桩上嘭嘭地响"，木桩接触榔头的地方，"有的裂开了银色的皮/破裂处流淌着没有颜色的的树汁"（《打桩》），他描述的细节是那么生动，对劳动的崇拜之情溢于言表，他是那么虔诚地歌颂劳动："在古老的河边/控制住你手中的锄头和斧子/便是控制了自己/欣赏它们的闪光与挥动/便是欣赏我们的生命之舞。"（《生命之舞》）在诗人看来，劳动不仅是生存之需，也是生命力的自然释放。劳动的本领也是生存的艺术，令人景仰。诗人以仰视的角度描写过手持扁担的人的英武姿态，这种古老的劳动方式与现代文明并存，并没有走出我们的视线，诗人却说"手持扁担的人始终离我们很远"，诗人的感慨触及了人的灵魂，他用生动的意象诠释了生命与劳动的关系，在走向现代文明的今天，诗人回顾一些沉重的劳作，让人更能体验到人生的艰辛。离开了痛苦就不是真正的人生。体验痛苦，体验死亡，是一种强悍生命意识的表现。在大自然面前，生命是渺小也是脆弱的，但死亡并不是生命的最后终结，所以"我们常常为先亡人穿好殓衣之后/又回来做自己的棺材"（《准备死亡》），"那么多谷子随风散去/明年又将发芽何处呢"（《收割后的田野》）。谷亦如此，人何以堪。诗人以坦然的心态描写死亡，是对生命的哲学体验。这些诗句都闪烁着理性之光。

在《陌生的城》里，飘荡着诗人挥之不去的思乡、思亲、思友的心绪，而《在古老的河边》，这种心绪有了进一步的发展，形成浓郁的恋乡情结，这也使得诗人在乡土诗的领域有了成功的开掘，取得了超越性的成就。他写耕作的牛群："耕作的牛群没有声音/它们把四蹄插进泥土/触及很深的事物"，实际上触及耕作以外的事物；他写休闲时光："搬一把椅子坐在门边/脚抵着门槛抽烟/看雨从院子上空落下/一点点飞过来打湿墙根/雾蒙蒙的田上有人排水"，闲适的心境几近超乎物外；他写屋顶下的炊烟，禾场的连枷，树上的孩子，山那边的鸟语……描画出一幅幅古朴宁静的农家美景，给久困城中的人带来泥土的芬芳，这种浓郁的家园意识、哲学意味撞击着人们的心灵。《在古老的河边》中有不少诗作可以当作农事诗来读，如《小麦的后期管理》《在冬季撒网》《记着那车子》，但剥开农事描写的外壳，我们会有新的收获。比如他描写"那些麦秆很吃力的支撑起它们的头颅"，有倒伏的危险，甚至已经开始发黑，可是人们讨论了种种方案，又一个个推翻，"需要水抑或不需要水"，"我们束手无策"……这样的诗富有很深的寓意，它使我们联想到生活中许多的事情。诗人描写炎炎夏日推着独轮车上山下山，让我们看到人生道路上各种不同车子的形象推来推去，由实而虚，不禁诗情勃发。由此我们可以看到，姚永标的乡土诗没有停留在田园牧歌的层面上，而是另辟蹊径，向深层开掘，找到了独特的内核。可以这样说，他的诗是有深层意蕴的乡土诗，是富有灵气和智慧的乡土诗，是哲理思辨型的乡土诗，这位"最后的乡村诗人"，守望着自己的精神家园，也不管商品大潮如何袭来，他坚持默默耕耘，取得了具有超越性的成果。

湖北作家协会副主席、著名诗人谢克强曾这样评价姚永标的诗歌："毫无疑问，乡土诗是作为梁柱支撑着新时期的湖北诗坛，就是跻身全国乡土诗群也毫不示弱。然而，问题是生活在前进，矛盾在裂变……面对农村生活和农民精神世界发生的深刻变化，作为观念形态的诗歌，湖北的乡土诗似有山重水复疑无路的困惑和苦恼。青年诗人姚永标便是在乡土诗面临困境时作出了优化的选择，他在总结反思自己早期的乡土诗创作以后，开始以别样的笔调写乡土诗……姚永标的出现，使一度显得有些沉寂的湖北乡土诗露出了一线新的生机。"这是论者在全面回顾湖北乡土诗的历史与现状之后得出的公允的结论，也是对这位崛起于 20 世纪 80 年代中国大学校园里的诗人的中肯的评价。时至今日，当人们说起湖北当代诗坛，说起从那个时代成长起来的一代诗人，一定会说起姚永标的名字，更有知情者，还会说起他出发的地方——宜昌师专。

（原文题为《姚永标诗歌创作的文化开掘》，本文有删节。）

人物名片：

姚永标，1958 年 9 月出生，湖北宜都人。当代诗人、编剧和电视纪录片导演。湖北省作家协会会员、湖北省文艺理论家协会会员。曾任宜昌师专写作文艺理论教研室主任，宜昌三峡电视台社教部主任，中国电力传媒集团影视制作中心总导演、艺术总监，中央电视台、中国教育电视台、香港阳光卫视特别节目编导、总撰稿。著有诗集、长篇报告文学、大型文献纪录片和电视连续剧多部。获上海萌芽文学奖、湖北文艺评论奖、湖北省写作学会成果奖、中国电视艺术家协会行业电视专题片一等奖。诗歌收入《新中国 50 年诗选》《中国当代大学生诗选》《中国百家讽刺诗选（1919—1986）》《湖北新时期文学大系》《朦胧诗 300 首》和《海内外新诗选粹》等。14 集大型文献纪录片《伟大长征》由华方音像出版社出版发行。

植根教育，进退有胆

——记长江中学创办人张海春先生

华　清

说起从师专走出来的宜昌教育人，就不能不说到张海春。

说起宜昌基础教育的改革与发展，就不能不说到张海春。

说起新课改在宜昌市的风生水起，就不能不说到张海春。

张海春，枝江瑶华人，宜昌师专英语科7851班学员。提起他，一般人会说：哦，他当了很多年教育局副局长；懂教育的人会沉默一下再说：他更是一个植根教育、进退有胆的改革家。

"我是宜昌师专毕业的"

1973年，从宜昌二中附设师范班毕业的张海春来到宜昌五中担任英语教师。1978年，国家恢复高考，张海春以全市英语最高分考入宜昌师专英语专业。携5年教学实践积累的张海春，在师专3年的学习可谓如鱼得水。别人眼中枯燥的教育学、心理学、哲学、文学评论诸多课程，他都能用鲜活的案例来理解和思考。而这番从实践到理论，又从理论看实践的辩证与沉淀，奠定了他善于透过教育现象把握教育本质的方法与能力。

1981年师专毕业后再次回到五中任教的张海春，在教育思想、教育艺术和带班水平上都有了质的飞跃。1984年，他被组织选拔担任市委宣传部教卫科科长，正式走上教育管理岗位。更高的平台、更全面的发展、更繁忙的事务始终没能磨灭他对教育的热情。1986年，他积极响应国家干部下派基层的号召，从宣传部来到十三中，担任学校书记兼校长。

担任校长的4年里，他大刀阔斧地致力于教育改革。他在十三中推行的校长负责制、教师聘任制、结构工资制、岗位责任制，开创了宜昌市学校内部人事制度改革（即"四制改革"）的先河。1990年起任宜昌市教委副主任，先后分管职业技术教育和基础教育。主管宜昌基础教育长达11年，直至退休。

担任教育局领导多年的他并没有热衷于通过培训函授去"升级"文凭，相反常常很认真地向别人介绍自己：我是宜昌师专毕业的。

"为新课改推波助澜是我的责任"

2001 年，国家新一轮课程改革启动，时任教育局副局长的张海春敏锐意识到这是国家对教育的重大战略布局。在其他地方还在观望的时候，作为本地分管基础教育的领导，高度的政治站位、超前的改革意识和对教育本质的深刻把握，让他果断、积极地致力于推动宜昌市的"新课改"。他亲自筹划组织了培训，从教育部、人教社、北师大请来参与顶层设计的国家级课改专家，对全市教师进行全员培训。他通过层层推荐、考察、筛选，迅速组建了以本地教科研专家、学科教研员、优秀骨干教师、学科带头人为核心的"宜昌市课改专家组"。以"新课改、新教材、新课堂、新中考"为抓手，全面铺开宜昌市的课程改革。用了不到 3 年时间，宜昌市的"新课改"就产生了全国性的影响力。不仅走出了一大批在省内外知名的课改新锐力量，而且以"新中考"为突破口，使宜昌成为教育部重点关注的"考试改革国家级重点实验区"。连续 3 年的宜昌中考试题被推为部优，语文的开卷考试更是成为全国首创。张海春作为宜昌课改的领导者，被教育部邀请参加全国首批高考改革 11 省市的工作会，并作了《综合素质评价改革的实践与思考》的专题报告。湖北省作为 2016 年才进入课改实验的省份，宜昌市已经率先突围，不仅有了丰富的教育实践，更为课改培养了一支精锐的队伍，为后续的教育改革与发展打下优良的基础。这些课改精英至今仍然活跃在宜昌教育舞台上，发挥骨干引领作用。在张海春主持基础教育课程改革的那些年，全国各地的学习者、参观者纷至沓来，宜昌教育成为全国一张闪亮的名片。

"办负责任的教育"

教育任职是有年限的，教育情怀是不论年龄的。

2003 年，《民办教育促进法》的颁布与实施，让张海春的教育理想得以以更直观更长久的方式来完成。无论是作为教师、校长，还是作为教育行政领导，多年的实践和思考让他对教育的微观、宏观都有自己独特的思考。临近退休，他萌生出了一个大胆的想法——办一所自己心目中的学校！从此，他便开始了长达 5 年的观察、思考、调研。2008 年 8 月，张海春带领华清(师专 84 级中文)、程燕云(师专 89 级数学)、常红艳(师专 89 级中文)、谭进创办了一所崭新的初中——宜昌市长江中学！

办负责任的教育，是张海春最核心的教育思想。长江中学的办学理念、队伍建设、校园文化、校风学风无一不倾注了他对教育的深思熟虑。14年来，长江中学已经发展成为宜昌市最优秀的民办学校，一流的教育质量、过硬的师资队伍、优美的校园环境使其成为适龄学生的热门首选。人们对长江教育高度认可的点不只是超高的升学率，更是全面发展的教育过程，积极严谨的校风学风。连续两年的市高考理科状元都是长江学子，更成为长江教育优质的注脚。

一切过往，皆为序章。在宜昌教育这片肥沃的土壤里，张海春先生让理想落地生根。秉持一腔教育情怀，以改革者的姿态，进退有胆，宠辱不惊！

人物名片：

张海春，1952年生，湖北枝江人。历任宜昌市委宣传部教卫科科长、宜昌市第十三中学党委书记兼校长、宜昌市教育局党组副书记、副局长。2008年，创办长江中学。

从宜昌师专数学科到华师一附中副校长、特级教师的超越——苏远东

周庆会

1987 年夏，湖北省高考数学研讨会现场。教室里座无虚席，教育行家、同仁们都把好奇与欣赏的眼光投向五峰一中年仅 24 岁的苏远东老师。

刚踏上讲台，身为数学老师和班主任，和学生朝夕相处 3 年，第一届高考，就创造了奇迹：共 16 名学生考入本、专科大学，而前一年整个五峰县只有 9 人。

"这个老师教书没几年嘛，到底有什么大能耐呢？"

"可能主要是因为我比较'懒'而已，所以总是在琢磨新方法，让学生变勤快。"经验交流会上，还有些青涩的苏远东笑着说。

因为"懒"，他上课讲得很少。他一改传统的"老师讲、学生听"的被动模式，努力培养学生自学自悟、自查自纠的学习习惯。"先粗读，再细读，最后是精读。三遍之后，再提出问题，尝试自己或小组内解答。"因为"懒"，他进行分层作业改革。他把学生分成小组，根据学生层次布置不同内容作业，然后由学生自己互批互改，自己负责抽查。

因为"偷懒"，苏远东有了更多时间去琢磨教材。他打破原有教材的体系框架，或将后面的内容提前，以适合知识的衔接，或将几个章节调整到一起，以归纳其暗含的规律，这种改变适合学生的认知规律，有助于学生形成自己的思维体系和学习方法，为学生的自学能力打下了坚实的基础。

"自学启发、作业改错、小结反思"是他独创的三段式单元教学法，其中的"秘密武器"就是自学，之所以觉得一个人的自学能力至关重要，是与他的一段人生经历分不开的。

苏远东出生在湖北省五峰土家族自治县，灵秀的青山绿水孕育了他坚毅的性格和聪慧的头脑。但地处偏远，学习资料匮乏，直到高一参加数学竞赛，才有机会在老师的带领下第一次走出大山，走进宜昌市的一家书店。面对琳琅满目的书籍，他真正感到了什么叫精神上的"饥饿"，毫不犹豫地掏出所有的钱，购买了沉甸甸的一大摞书籍，正是这些无声的老师——书籍，开启了他新的人生之旅，

也让他体会到自学的强大力量。

因为自学能力强，苏远东高考前是当时五峰县理科第一名，被公认是"考清华的料"。遗憾的是考试前两天，他遭遇了一场严重车祸，无缘高考。无奈之下，他接受父亲的提议做了一名电工。第二年离高考还有两个月的时候，揣着大学梦，苏远东重新拿起书本匆忙备考，自学的功力再次派上用场，他被录取到宜昌师专数学科。

宜昌师专3年美好而充实的学习生活，为苏远东日后的发展打下了坚实的基础。他如鱼得水，刻苦钻研，每年都获得特等、一等奖学金，他关爱同学，担任班长，多次被评为优秀学生干部。

1983年师专毕业，苏远东回到母校五峰县一中，成为一名数学教师。经过7年的磨炼与拼搏，1990年，年仅27岁的苏远东就因为自己出色的表现被提拔为五峰一中校长。从此，他深耕三尺讲台，把所有的爱与智慧都倾注到学生身上，在教育这方沃土犁出了一片新天地。

3个满分，6个149分，全班均分达到141.5分。这是苏远东在华中师范大学第一附属中学高考中创造的奇迹。他还被评为数学特级教师，国际数学奥林匹克金牌教练。

1998年，苏远东进入华中师范大学第一附属中学。这是一所全国著名的重点中学，面对新的机遇与挑战，苏远东博采众长，与时俱进，但唯一不变的还是他信奉的那个"懒"字。

"教给学生最重要的不是知识，而是方法。"这就是做轻松"懒"教师背后的大学问：留给学生更多思考、动手、选择的机会，该学生做的，老师绝不包办代替；学生能做的，选择大胆放手。

同样的方法，不同的学校，苏远东再次续写了他的传奇，也验证了他独特的教育方法的有效性和实用性。

有一次去参加高中生体质健康测试，一路上班主任都帮学生保管着测试表，生怕学生弄丢了，面对如此负责的老师，苏远东却发现了一个容易被忽略的"教育观念的问题"：老师可以保证此时此刻学生不出错，但是能保证他将来在工作中、生活中更重要的东西不丢、不出错吗？是否很多时候，我们在以"为学生好"的名义，做着不利于学生未来发展的事情呢？教育需要的是长远视角和忧患意识，正如苏远东所说："这是一个慢活儿，急不得，更不能包办代替。"

2010年9月，北京市朝阳区教委与华中师大一附中签订合作办学协议，采取引进办学模式在朝阳区打造出全新的华师一朝阳学校。身为华中师大一附中副校长的苏远东来到北京，再一次接受新的挑战，一年后，他走马上任，担任校长。

苏远东首先深入课堂调查摸底，发现课堂上老师们从头讲到尾，几乎没有给学生留一点思考的余地；讲课的内容完全是照本宣科，没有一点个人的创造与发挥；与考试有关的内容反复讲解训练，与考试无关的内容一带而过……在苏远东看来，这甚至"不能称为课堂"，而是"一座监狱"，困住教师创造性和学生思维的监狱，这种教育"完全没有从学生终身发展的角度去思考"。

苏远东从课堂教学入手，引领教师们"懒一点"，学会放手，培养学生自学能力。"一节课要包括教师的讲、学生的练和想"，"我们要做的是适当划分三个要素的时间段，至于三者的顺序，可以根据实际情况自由组合"，"要把时间还给学生，还要把方法交给学生，让他们学会利用时间，这才是核心"。

"教师如何在课堂上展示出思考问题的过程呢？可以借助思维导图。"一张思维导图，简约实用，可以非常清晰地勾连起知识，帮助理解、记忆。苏远东详细地为大家讲解思维导图在记忆、学习、思考等方面的优势。随着教改的深入，还专门开设了思维训练课。通过有针对性地培养学生的认知、记忆、发散性思维、聚合思维等能力，挖掘思维潜能，提高推理判断、解决问题的能力。"这才是学生把学过的知识忘却之后，教育应该剩下的东西。"苏远东一语道破教育的真正目的。

苏远东不仅主张老师"懒"，也主张家长要"懒"。要让孩子多做家务，多参加活动，栽花种草，手工编织，琴棋书画……培养孩子们动手动脑的能力，陶冶情操，身心健康，阳光成长。

"苦心人，天不负。"荣誉纷至沓来：华中师大硕士生导师、宜昌市人民政府"优秀教师"、华中师范大学"三育人"先进个人、北京市朝阳区"五一劳动奖章"……面对荣誉，苏远东选择的是不忘初心，笃实前行。

2019年，苏远东调入成都天立教育集团，任集团副总校长、教管中心总监、教育研究院院长。"老牛亦解韶光贵，不待扬鞭自奋蹄。"年近花甲，桃李满天下，硕果累累，苏远东依然怀抱一腔赤诚，扎根教育这片热土，用大爱践行着他的人生理想，用智慧抒写着他的教育情怀。

人物名片：

苏远东，1963年出生于五峰县，1983年毕业于宜昌师专数学科。1987年元月入党。1990年任五峰一中校长。1998年调入华中师大一附中，后任华师一附中副校长。2010年被评为湖北省数学特级教师。2011年调入北京华师一附中朝阳学校担任校长。2019年调入成都天立教育集团，任集团副总校长、教管中心总监、教育研究院院长。国际奥数金牌教练。华中师大硕士生导师。曾获得宜昌市人民政府"优秀教师"、华中师范大学"三育人"先进个人、北京市朝阳区"五一劳动奖章"等荣誉。

一灯如豆辉四壁

——记枝江一中原校长董云

田吉高　郑泽俊　龚海燕

40 年的职业生涯，他收获了许多荣誉：全国优秀教育工作者、湖北省首批正高级老师、省特级教师、省优秀语文教师、省杰出校长、省荆楚教育名家、湖北省人民政府兼职督学、中国"好教育"联盟首任主席。担任校长 20 余年来，他积累了丰富的教学和管理经验，在实践中形成了自己的办学思想和行事风格，出版个人专著 6 本，主编多部书籍，发表研究论文近百篇，约 60 万字。他是中学教育界的一位名人，应邀先后在全国、省、市和学校作专题报告 150 余场次。

他，就是宜昌师专校友、枝江一中原校长董云。

阅读、充实、升华

1978 年是我国改革开放的元年，董云以应届毕业生的身份参加高考却名落孙山。一年后他再赴考场，填报的志愿全是法律和金融方面的院校，师范院校一个未填。

可是，命运往往会捉弄一个人，尽管董云的成绩超出录取分数线 17 分，他却未能上心仪的高校，宜昌师范专科学校偏偏向他伸出了手。用董云的话说，"40 年前，我的人生转折点就是从北山坡上的师专开始的"。

董云在中文科就读，学习十分刻苦。学屈原作品时，他硬是把 2848 字的《离骚》全文背了下来；老师讲《战国策》时，文章他读了一遍又一遍。1981 年，学校刚刚开始实施奖学金制度，他就拿了个二等奖，获奖学金 30 元，全部买了书籍。

董云购书不少，读书也多起来了。那时读鲁迅作品是一种时尚，董云发现鲁迅对人物肖像的描写很有特点，他就收集书中片段并进行归纳、总结，于 1987年 5 月写出了专业成长的第一篇小论文《鲁迅小说中的肖像描写》，发表在浙江《中学语文报》头版头条。

董云边教书积累，边读书写作，一路走来，家里藏书万册，先后被评为全国、省、市藏书之家、"书香之家"。董云因购书读书而立业，以写文著书而成"家"，一生以书为伴，一生以教书为业。董云深有体会地说："读书是学习，读书是充实，读书是体味文化，读书是回顾历史，读书是精神的旅行，读书是思想的驰骋，读书是与前人会心的交流，读书是自我灵魂的感悟。"

初心、动力、发展

1981 年 11 月，董云在师专的学习进入了第 3 个年头。13 日的晚上，他在日记本上写下一段话："我有过理想，但没有实现，那就是当兵。现在当上了人民教师，我就把教好学生、为国家多输送有用的人才、当一个特级语文教师作为我的奋斗目标吧！"这是他新的理想，是他的愿景，更是他的初心。

1982 年 6 月，董云从宜昌师专毕业，分回到五峰，半年后就当上了县教育局师训处副主任，还担任了专科函授班的辅导老师，并代表宜昌师专给五峰、长阳专科函授班学员讲授"现代文学"课，这是他从事大学教育的一段经历。

董云因工作关系调到他的高中母校五峰二中，两年后奉调枝江县马家店中学担任副校长。1988 年 9 月又来到枝江一中教书，后来他"三进两出"一中，从此与枝江一中结下了深厚情谊。在一中工作 6 年，带了两届毕业生。1994 年，县教委把他调到教师进修学校担任校长。1999 年 1 月至 2002 年 1 月，调回枝江一中任副校长，主管教学并带一个班的语文课。2002 年 1 月至 2005 年 3 月，董云又奉调枝江市教育局担任副局长。2005 年，又调回一中任校长。从老师、班主任、教务主任，到副校长、副局长、校长，这样一个经历在教育系统还是比较特殊的，对他后来当校长形成自己的办学思想产生了非常大的影响。

董云担任一中校长后，特别重视种树。2005 年 8 月底，一中由老校区整体搬迁到新校区。为了把树栽好，董云随车到长阳隔河岩选树苗，又请专业人员来校种树。每年冬天，他要学生挖好树窝，要花工掏粪施在树窝里。一冬又一春，一年又一年，十几年过去，树木长得特别葱郁、茂盛、高大，与校园恢弘大气的建筑融为一体，显得格外典雅和谐，充满朝气。董云曾对教职工说："办学办的是文化，是氛围，什么时候一中的空气都变得值钱的时候，一中名校品牌也就形成了。"2009 年，枝江一中被评为湖北省"绿色校园"，获得湖北省后勤保障工作先进学校、湖北省最佳文明单位等荣誉称号。

春耕、夏耘、秋收、冬藏。看到校园中桃李生根、发芽、开花、结果，董云动情地说："种树如育人，种好树，育好人，是我们每一名教师的职责。想一想自己的那份初心，心中就有无限动力，引导自己去奋斗，去成长。"

教育、唤醒、艺术

教育学生需要唤醒。学校德育如何摆脱传统的说教模式，做出新意呢？教育即唤醒的思想给了他新的思路。让德育生活化、自主化、体验化是董云的方式，每年4月举行主题各异的"激情行军五十里"活动，磨砺学生意志；每年5月4日举行成人宣誓仪式，引导学生认识人生；每年毕业前举行创意十足的毕业典礼，激发学生去拼搏。

唯有改革才能发展，董云一直坚持课堂改革，他认为传统课堂让学生昏昏欲睡，改革课堂才能唤醒学生的生命力。他从实践中总结提炼出了"423"学导型课堂教学模式，提出了"不读不讲、不议不讲、不练不讲"的课堂教学"三不"原则，催生了充满活力的高效课堂，彰显出了自主、合作、探究学习的新理念，其模式被称为全国"九大范式"之一。他将这一研究成果撰写成27万字的《我的课堂我做主——"423"学导型课堂教学模式解读》一书，由华中师范大学出版社正式出版。

唤醒师生，形式也要多样。以往给教职工过生日都是采用集体形式，一个月一次。后来给大家送一些蛋糕、杯子、鲜花等礼物。年年如此，没有了新意，教师也没有了热情，董云就在想，能不能换一种形式，于是就想到了《现代汉语词典》。他根据每个人的姓名在扉页上写上几句寄语并签名。"杏岳之巅，花蕾绽放"，这是董云送给学校教师岳蕾老师的生日寄语，写在第六版《现代汉语词典》的扉页上。当岳老师收到礼物时说："董校长，您对我还有这么高的期望啊，我一定不辜负您的期望。"正是这样一个创举，极大地激发了教师的工作热情，凝聚了人心。

专业、执着、成长

董云作为学校管理者，他始终坚守在教学第一线，探索教学的新思路、新方法。当了一把手校长后也没有脱离一线，坚持教一个班的课。

语文课最富人文和情感因素，对塑造青年灵魂有着巨大的作用，语文的熏陶往往影响学生人生的价值取向。董云力倡"大语文教育"观，语文课要从课内到课外、从家庭到社会、从语文运用到生活态度，全面关心学生的成长，只有学生的人文素养提高了，学生的语文成绩才会跟着提高。

董云还致力于话题作文研究，探索作文教学的新思路和新方法。2002年，中国工人出版社出版了他的作文教学专著《高考话题作文写作技巧与实战演练》一书，对高考话题作文进行了系统的归纳和总结，探索了高考话题作文的教学方法和特点，为大面积提高作文教学水平起到了较好的指导作用。

2009 年 9 月，董云主持湖北省新课程重大科研项目"'423'学导型课堂教学模式研究与实践"课题的研究与应用，出版了研究专著《我的课堂我做主——"423"学导型课堂教学模式解读》，多篇专题论文在《湖北教育》《基础教育课程》等杂志发表。该课题研究受到教育界广泛关注。2014 年 3 月，教育部举行"基础教育国家级教学成果奖"评选活动，经层层考核审定，该课题作为湖北省重要课题上报教育部参与国家级教学成果评奖。

有一首《教师之歌》的歌词是这样写的："我和朝阳一起报到，我和晚霞一道赛跑，寒来暑往，迎来一群又一群快乐的小鸟，春种秋收，把一群又一群雄鹰送上九霄，要问教师的幸福在哪里，就在雄鹰的翱翔，小鸟的欢笑。"四季轮回，又一个明媚的季节将会如期而至。一灯如豆，四壁清辉。董云行走在基础教育的康庄大道上，映入他眼帘的是枝江一中满目的清新与翠绿，而他深情向往和为之努力的，实在是中国教育百花园里那万紫千红的春天！

人物名片：

董云，广东外语外贸大学附设清远外国语学校校长。全国优秀教育工作者，湖北省首批正高三级教师、特级教师、杰出校长、"荆楚教育名家"、优秀语文教师，国务院督导办特约教育督导员，三峡大学硕士生导师，中国"好教育"联盟首任主席。

飞向更高的天空

——从乡镇教师到北京市特级教师跨越的曹书德

李云贵　向莉娟

曹书德，1982 年 6 月毕业于宜昌师专中文科，随即分配至枝江县江口镇中学任教。那时他才 18 岁，是这所初中接纳的第一个恢复高考后毕业的专科生。学校非常重视新时期"人才"的使用，给他安排了初一两个班的语文（每班 60 多人，其中一个担任班主任）、四个班的历史教学任务，还兼任学校团支部书记。面对这种超级繁重的工作，他笑脸以对。教育教学中，他利用师专所学专业理论与技能，改变当时普遍存在的"满堂灌"教学痼疾，创新阅读和写作教学方式。3 年后的 1985 年 7 月，他任教班语文中考成绩在年级遥遥领先，多人考上枝江一中。因教学业绩突出，这一年 8 月，他被抽调到枝江三中（高中）任教。

在枝江三中任教的 8 年里，他 5 年担任班主任（其中 4 年为高三毕业班），还兼任学校语文教研组组长，两次获得宜昌市教研中心颁发的教学成果一等奖。在这所学校，他成长为一名骨干教师，数次参与宜昌教研中心语文学科教学资源的编撰和统考命题工作，逐渐扩大了自己的影响力。

1993 年枝江一中面向全市抽调骨干教师，三十而立的曹书德老师被当时的朱政文校长相中，点名调入了枝江一中。1995—1998 年连续 4 年，曹老师一直任教高三语文并兼任班主任，而这 4 年正好是枝江一中在宜昌市高考成绩辉煌耀眼的时期。4 届高三，他获得宜昌市教学成果一等奖 2 次，二等奖 2 次。这期间有两年担任学校语文教研组长，主持了人民教育出版社"分编型语文教材实验项目研究"，在《中学语文教学》《语文月刊》《高中生语数外》等刊物发表数篇文章。

1998 年，位于宜昌市果园一路的夷陵中学搬迁至东山开发区，学校面向宜昌市招聘骨干教师，曹书德老师通过试教考核，于当年 8 月作为人才引进夷陵中学。35 岁的曹老师，在夷陵中学进入他事业的黄金时期。除了任教两个班的语文之外，1998—2000 年还兼任学校年级主任，2000—2003 年兼任学校政教处主任，2003—2007 年兼任学校教务处主任。2000 年 11 月，获湖北省高中语文优质课竞赛一等奖，2006 年 10 月被湖北省人民政府授予特级教师荣誉称号，2007 年 9 月被湖北省教育厅授予"湖北名师"荣誉称号。

在夷陵中学任教期间，获得宜昌市教学成果一等奖 3 次，二等奖 2 次。2006 年和 2007 年任教高三年级，所带班学生语文成绩优异，分别产生湖北省高考文科、理科第一名。作为学校教务处主任，在优化课程设置、提高课堂效率、学生个别化辅导、学生研究性学习、青年教师培养等领域探索出了一系列成果。学校有 16 人次获得湖北省高中优质课竞赛一等奖，学校高考成绩连续 3 年被宜昌市教育局评为一等奖，夷陵中学被省教育考试院授予全省"最佳考点"荣誉称号。

2008 年 8 月 4 日，距北京奥运会开幕还有 4 天的时候，曹书德老师离开宜昌，来到北京市十一学校报到了。北京市十一学校原为中央军委子弟学校，以设施一流、勇于改革而著称。2007 年，当代著名教育家李希贵接任十一学校校长，面向全国招聘优秀教师进行新的课程改革，曹老师有幸被选上。

在北京市十一学校，曹老师担任学校教育顾问（班主任导师）12 年，并兼任语文教研组长、"六年一贯制中学语文课程"首席教师。2011 年 10 月，被北京市教育委员会认定为特级教师，2013 年 9 月被海淀区评为"师德之星"，2014 年 12 月被海淀区教工委、教育委员会评为"师德先进个人"。

在北京市十一学校，曹老师参与了选课走班、中学六年一贯制课程等领域的改革，开发出了分层级、多样性的中学语文课程，其经验被《中国教育家》《基础教育课程》杂志做过专题推介。2016 届高三是他作为教研组长牵头实施语文分类课程的毕业年级，高考语文成绩 130 及以上 86 人，占 20.8%；大作文满分 5 人（全北京市 50 篇）。2016—2020 年，曹老师继续担任教研组长，又开始进行"高中语文分层"教学的实验。在他和团队的共同努力下，完善了《高中语文 I》《高中语文 II》《高中语文 III 学习指南》三种教材。开发各单元（主题任务群）教学的工具、策略和脚手架，使语文教学更加专业化、科学化和多样化。2019 年高考，全校满分作文 4 篇（全北京市 17 篇），130 分以上 20 人（全北京市 124 人）。2019 年、2020 年曹老师连续两年获得学校颁发的功勋荣誉奖。

2000 年以来，曹老师先后在《中学语文教学》《中学语文教学参考》《中学语文》《语文建设》《语文报》《中国青年报》《中国教育报》《中国教师报》《未来教育家》《教师月刊》《基础教育课程》《中国教师》等报刊发表文章 60 多篇；有 6 篇教育教学论文被北京市教育学会授奖。近年来的主要学术成果有：

《高中新课程学生学习用书〈语文〉》（第八册），2010 年 7 月由语文出版社出版。

《古代诗文阅读》（教材），2013 年 6 月由人民出版社出版，供内地办有青海班、西藏班的学校使用。

《走下讲台做教师》（教育专著），2016 年 8 月由教育科学出版社出版。

《语文教学多样化的尝试与反思》，发表于《未来教育家》2014 年第 10 期。

《选课走班背景下教师的角色转型》，发表于《中国教师》2021 年第 3 期。

2017 年 8 月至 2021 年 7 月，先后 8 次为清华大学继续教育学院"中小学骨干教师国培班"授课与讲座。

2021 年被聘为明远教育书院研究员。

人物名片：

曹书德，男，1979—1982 年就读于宜昌师专中文科。1982—1985 年任教于枝江县江口镇中学；1985—1993 年任教于枝江三中；1993—1998 年任教于枝江一中；1998—2008 年任教于夷陵中学，先后兼任学校政教处主任、教导处主任；2008 年至今任教于北京市十一学校。曾获得湖北省高中语文优质课竞赛一等奖、湖北名师、海淀区师德之星、北京市中学语文特级教师等荣誉称号。近年来，在课程改革方面积极探索，开发出了分层级、多样性的中学语文课程，其经验被《未来教育家》《基础教育课程》《星教师》杂志做过专题推介。

从中学语文名师到文史研究专家

——记宜昌师专中文科校友周德富

金　华

　　周德富老师是我的师长、同事，也是我宜昌师专的前辈校友。几十年来，他在中学语文教育界与文史研究领域，都取得了丰硕成果，赢得贯耳之名。我多年与周老师在同一个办公室，既有相同的工作，又有相同的兴趣，平日亲承謦欬，对周老师用功之勤、钻研之深，自有比别人所见更细、所知更深的地方，值得一书。

　　周老师是湖北省语文特级教师，先后在各级刊物上发表教学文章 100 余篇，主编教辅资料多部。曾担任宜昌市特级教师评委会评委，多次获得宜昌市教学质量一等奖。所教学生有省文科状元，有京东方副总裁王家恒、瑞幸咖啡联合创始人杨飞、共青团上海市委书记王宇等。可以说，作为一名中学教师，仅凭这几条，周老师的成就确实可称显赫，达到了一般人少能企及的高度。

　　但是，我觉得单以教育教学成绩来衡量周老师成就的话，还是皮相之论，是只见蜩飞而不见鹏举。周老师的不凡之处，其实更在于能果断放下既有成绩，转战文史而别开新境，柳暗花明。这种"自我革命"的精神，才是更让人感佩的。

　　若以庸常而论，周老师是湖北省特级教师，枝江市政协常委，有其中一个头衔，有多少人还愿意放下既有的声闻继续奋斗，进而开疆拓土在另一领域取得辉煌建树呢？但在数年前，周老师却开始转向挖掘研究枝江、宜昌文史，考证故实，搜集散佚，博观而广采，厚积而薄发，现已出专著 16 部，称得上是著作等身了。王永彬、朱锡绶、张盛藻、曹廷杰、雷思霈……在周老师之前，或泯而不彰，或知而不深，甚至有枝江斯文不兴、缺少文统的感慨，现在经过周老师的钩沉索隐，探幽发覆，那些已被或渐被历史烟尘掩埋而曾经灿若明珠的旧时人杰重新回到人们的视野，让人恍然，我们身边并非没有具有超世之才的时代精英，只是我们未曾研究解蔽、未曾阐扬介绍罢了。其爬罗剔抉、刮垢磨光之功，的确值得宣之扬之，称誉士林。

　　除人物研究外，周老师还领衔校注了同治版《宜昌府志》，独力校注了《东湖县志》与康乾道同四朝的《枝江县志》。洋洋数百万言，点断准确，校释精审，倾注了大量的心血。

蒲松龄有言："性痴则其志凝。故书痴者文必工，艺痴者技必良。世之落拓而无成者，皆自谓不痴者也。"蒲公之所谓"痴"者，即今之执着之意。唯其执着，方能深入。周老师做研究，真可以说是心无旁骛，殚思极虑。一旦确定研究对象，就全力以赴，经常写作直到半夜，而不待天明又披衣起床，工作一个多小时后再上班。有时刚刚脱衣躺下，忽然有所解悟，即便寒冬腊月也必然起身记录。一字之正误，一注之晦明，都反复比勘推敲，从不妄下案断。

周老师做学问，在教学研究上，大多选点细微，以求一得；而在文史研究上则立意宏放，规制磅礴。这里不妨说说周老师文史研究的特点。

一是由此及彼，旁涉株连。这是说，周老师在研究县志或某一人物时，因为其中的一些信息而旁及其他人物，从而产生新的研究对象。比如，在校注县志时引发对王永彬的研究，而在研究王永彬时引发对朱锡绶的研究。如此等等，周老师的许多研究对象都是如此产生的。

二是贪多务得，细大不捐。周老师的文史研究，最大的特色就是资料的丰富全面，几乎是一网打尽，囊括所有。在购书上，周老师是毫不吝惜的，哪怕某书中只有一篇需要的资料，也必购买到手，务求巨细靡遗。即如高校庋藏，海内孤本，对周老师而言也非难事。周老师桃李芬芳，高足遍在，电话一嘱，应者云集。周老师在收集张盛藻的资料时，张的《三雁记游》即是托人从国家图书馆影印而来。

三是锲而不舍，穷寇必追。当确定一个研究点后，随着资料愈积愈丰，所知也愈来愈全，牵涉也愈来愈广，正如王荆公游褒禅山所言："入之愈深，其进愈难，而其见愈奇。"周老师做研究，从不浅尝辄止，满足于一知半解，势必刨根问底，考镜源流本末，将其相关人事一一厘清。他的文章多具新意，见人所未见，便是如此穷追而来。比如对陶成章"陶公柜"的研究，对"枝江王"的研究，对"谦泰吉"题写者的研究，都是如此。"世之奇伟、瑰怪，非常之观，常在于险远，而人之所罕至焉，故非有志者不能至也。"王荆公的治学感慨也正是周老师治学的形象写照。

周老师洒脱超迈，豁如也，澹如也。喜饮酒，饮必高声，挥斥倜傥，是性情中人。

人物名片：

周德富，枝江一中语文特级教师、中学正高职教师、湖北省优秀语文教师、宜昌市知名文史专家、枝江市政协常委、枝江市作协副主席、枝江市党外知识分子联谊会副会长。先后出版有《沮江随笔注译》《张盛藻诗文集》《朱锡绶诗集》《雷思霈诗辑注》《枝江县志》(校注本)《东湖县志》(校注本)《宜昌府志》(校注本)《张盛藻集》《枝江古代道德箴言》《明代尚书刘一儒》《爱国学者曹廷杰》《〈枝江县志〉合刊》《雷思霈文集》《枝江历代艺文录》《雷思霈集》和《宜昌名儒杨毓秀》等。

杏坛搏击竞风流
——获孔子奖章的校长石雪山

覃明才　张海艳

石雪山，湖北枝江人，现任枝江一中党委书记、校长，政协枝江市第七届委员会常务委员，先后担任班主任、年级主任、副校长、校长等职。

仁者情怀

1996年，石雪山从宜昌师专毕业回母校枝江一中工作，主要从事高中物理教学及研究，从教师、班主任、年级主任，到副校长，搏击20年。他心中装着"一中梦"，即莘莘学子的成人梦、成才梦、未来幸福梦；辛勤园丁的硕果梦、名师梦、教育专家梦；"人本、和谐、日新、至善"的名校梦！1997年，他获得学校"青蓝杯"课堂教学大赛第一名，2004年，获得宜昌市优质课大赛一等奖，2008年获得湖北省优质课竞赛一等奖。

他提出"以人为本、内治外联、质量至上、特色鲜明"的主张，构建唤醒教育主导下的德育社会化、课程化、生活化体系，以及生态性学导型教学模式，培植高质量德育活动和高效课堂，将"三自"（自主、自醒、自能）主题团代会、学代会、"星耀丹阳"展示评选等活动转变为校本课程，每次有3万多人观看。他探寻唤醒教育的真谛，让唤醒教育成为引领学校发展的灵魂，成为学校品牌，申报立项湖北省重点科研课题。6年班主任生涯，他创造了班上当年有6名学生考入北京大学、清华大学的传奇。2004年，他被表彰为宜昌市十大"学生最信得过的教师"之一，2011年，又被评为全国教育改革优秀教师。2014年，他被湖北省教育学会中学物理专业委员会选聘为第七届理事会理事，被评为枝江市第四届中青年优秀专家，2015年被评为首届"宜昌名师"。

师者本色

他用"大思政课"，构建立德树人的社会大学校、大课堂。将学校网络平台、电视台、文化墙、花木园、标语、报刊紧密聚合成先进思想文化磁场。以高品位的校园文化节和高质量的"三大走进""激情行军50里"等社会实践活动，以正确的言行引导提升学生的文化素养和思想品质。2019年，他获评湖北省学校文化建设创新奖，还被选聘为华中师范大学学校文化研究中心专家委员会委员。

他推进名师培养工程、青年教师培养工程、后备干部力量培养工程。实行"制度第一，校长第二"管理法则。实施"老带新、新促老"，开展课堂教学大赛；推评名师、骨干教师、"功勋教师"，颁发"校长提名奖"。100余名教师参与各级各类课堂教学大赛获奖，28人参赛全获一等奖，颁发"杏坛俊秀奖"。2021年，英语组被评为宜昌市优秀教研组。

他推行"全局观""一体化"战略：课堂教学、分层教学观照全局；"科学放权、精准赋能"，高考备考领导权、管理权、自我评价权交给"团队"，责权利挂钩。使学校高考一本人数比例逐年上升，2019年有学生"裸分"录取入读清华。2019年、2020年，他连续两年被枝江市委、市政府表彰为"枝江市高质量发展突出贡献个人"。

智 者 风 范

任校长后，他推进文化引领工程、管理创新工程、队伍建设工程、生态德育工程、质量提升工程，调整队伍，贤能必用，责任到人到岗，选聘优秀大学毕业生。精准设计走班制教学方案，开办日语班，探索合作办学模式，讲究研学旅行实效。以师生幸福为出发点，提升师生共享食堂服务水平，实行结构工资、功勋教师评选、助学奖励等。利用网络平台、电话、校园开放日、校刊校报等宣传办学主张和业绩，赢得广泛支持。增建了"丹阳书院"为主题的综合楼；投资2000多万元维修了校舍；建设生态校园和现代科创室，建立了功勋教师奖励基金。

2017年，他被评为枝江市第五届优秀中青年专家。2018年，他在《湖北教育》第6期发表论文《唤醒学生生命成长的涅槃》，引起较大反响；同年被枝江市人民政府任命为枝江市科协副主席。2019年被评为第二届"宜昌名师"，获得孔子奖章——教育奖，当选为"中国好教育"湖北荆楚联盟年度轮值主席。2020年被评为枝江市第六届优秀中青年专家。2021年当选为政协枝江市第七届委员会常务委员。

人物名片：

石雪山，1974年10月生，湖北枝江人。1993年进入宜昌师专物理系学习。枝江一中党委书记、校长，枝江市第七届政协常委。2004年被表彰为宜昌市学生最信得过的十位教师之一；2008 年在湖北省优质课竞赛中获一等奖；2011 年被中国教育改革研究会表彰为全国教育改革优秀教师；2014 年、2017 年、2020 年连续三年被枝江市委、市政府表彰为枝江市第四届、第五届、第六届优秀中青年专家；2015 年、2019 年被宜昌市教育局评为第一届、第二届"宜昌名师"；2019 年获得孔子奖章——教育奖；2019 年获湖北省学校文化建设创新奖；2019 年、2020 年连续两年被枝江市委、市政府表彰为枝江市高质量发展突出贡献个人；2014 年被湖北省教育学会中学物理专业委员会选聘为第七届理事会理事；2018 年被枝江市人民政府任命为枝江市科协副主席；2019 年当选为"中国好教育"湖北荆楚联盟年度轮值主席。

与积极者同道

——记宜昌师专自考本科班校友付全新

李云贵　高　皓

"与积极者同道"是付全新为宜昌一中凝练的学校文化的内核，我们以为这也是他个人的人生写照，谨以此为题以记之。

师专学生，不是问题的迟回答

采访付全新，与一个健谈的人谈话当然不会困难，但当我对其以师专校友的身份做专访时，他说："我在彼时的宜昌师专（毕业时改名为湖北三峡学院）读过书，是 1994 年 10 月入学，1997 年 12 月毕业。李昕老师是我的班主任，广东籍的陈声洽老师教的教育学、许登清老师教中级无机化学、童开发老师教有机化学、罗光富老师教有机实验，部分教师已经不记得。但是，这段扎实的幸福而又难忘的求学经历结束后，收到的并不是宜昌师专或湖北三峡学院或三峡大学的文凭。"他认为若接受采访并登堂于师专校友之列，是否妥当……

为了求证其是否为师专学生，我们来到三峡大学档案馆，查证其求学经历。最终，查到了他的求学档案：入学考试准考证号为 B46410101。毕业证号：98850666。共完成了 12 门学科的学习，其中，社会主义市场经济学等 3 门课程分数较低均为 69 分，他最喜欢的高等数学分数最高 96 分，90 分以上的有 3 门学科。访谈中他还回忆道："其实，早在 1983 年宜昌地区教师进修学院学习期间，还受到原师专教育学教授陈大中及体育系喻强华教授、崔国鹰教授、何鸣老师和高维泰老师的耳提面命，且个个印象深刻。陈大中教授的开场白：'我是一口陈旧的大钟……'；喻教授的太极拳行云流水；崔教授'把玩'排球的手势历历在目；何老师的篮球上篮动作如风驰电掣；高老师真的就是'高大帅'代言人。作为教育学原理专业的毕业生及 40 余年教育实践的'过来人'，这些老师的专业水准及治学态度无论是彼时代，还是现时代，都堪称一流。"

躬身实践，不断突破的掌舵人

在基础教育管理者中，或许付全新有着相对更加丰富的管理经历，他曾在当阳一中、夷陵中学、葛洲坝中学、宜昌市第一中学四所省级重点示范高中担任校级领导，他始终以积极进取、只争朝夕的劲头，不断突破、一马当先的势头引领着所在学校高质量持续发展。

2013年，付全新就任宜昌市第一中学校长，他提出"全面贯彻教育方针，全面实施素质教育，全面提高教育质量"的办学追求及"聚八方力量，办第一中学"的办学梦想。他将"自我教育，终身发展"作为学校办学理念，倡导将教育活动及安排指向于培育学生养成认识自我、规划自我、磨砺自我、和谐自我等关乎人的"自主发展"的关键品质。他注重对学生"学习能力"的培养，在"拼时间汗水"的传统教育环境中，走出了一条"轻负高质"的育人之路。他长期深入教学一线，倡导并带领全校师生"与积极者同道"，师生精神面貌焕然一新，教学质量大幅攀升。其中，2020年高考，学校理科700分以上4人占全省1/3，为全省之最，理科685分以上10人，仅次于华师一附中，居全省第二，北大清华录取13人，居全省前列，创造了宜昌高考历史性佳绩。2019年湖北省首届中学生素质达标运动会，宜昌一中夺得全省第一名。

作为学校的管理者，付全新于省内率先将"卓越绩效管理模式"引入教育领域，用现代质量管理的思维和方式审视教育中的各种关系，引导学校持续改进治理模式，不断创新素质教育方法，助力学校治理的现代化程度和治理能级不断提升，宜昌一中也因此获评宜昌市政府最高质量奖"三峡质量奖"，为教育系统迄今唯一。2021年3月12日，《中国教育报》以《湖北省宜昌市第一中学："五育并举"践行新时代素质教育》为题专题报道其办学思想与业绩。

致力学术，笔耕不辍的思想者

身为校长，付全新总是在百忙之中坚持学习，勤于思考，并将自身教育探索的智慧、经验转化为文字，立德立言，笔耕不辍。近十年来，他撰写了40余篇论文在省级或国家级核心刊物上发表，共逾40万字，其中，《课程教材教法》2篇，《中国人民大学复印报刊资料》收录3篇；出版《文化管理：构建生态和谐校园的必由之路》《教思之旅》《哲人哲思》等3部专著。

付全新还作为主要负责人积极承担多项国家级、省级课题研究，在研究领域不断深挖精造，成果丰硕。他主持省级以上课题并结题7个，曾荣获湖北省教育科研 100 佳先进个人、湖北省教科研成果一等奖。被评为宜昌市第一届、第二届学科带头人。先后当选湖北省第一届中学化学学科教学指导委员会主任委员、华中师范大学教育科学院教育管理专业教育硕士"优秀学员"、全国首批优秀教育硕士、全国科研兴教管理杰出人物……

他曾在自己的著作《教思之旅》的自序《跬步遐思录》中写道："笛卡尔说：'我思故我在。'帕斯卡尔说：'人是能够思想的芦苇。'我以为，只有思想才能成就人性的美丽与伟大。师者须不断思考与追问自己的教育理想、教育本质、教育规律的阈限、教育实践的智慧、教育过程的捷径、教育发展的方向等，借此形成自己的教育哲学。当然，还需将思考与回答的问题记录下来，这种记录，于他人而言，或许有交流、传播与开启后来者的价值；于自我而言，可能更多的是为了给自己新的反思，提供抹不去的'批判'素材。"同时，他为了摆脱"思而不学则殆"的桎梏，怀着对学习的渴望和巨大的勇气，年满 40 周岁的他，毅然走进全国专业硕士研究生的入学考试；同样，年满 45 周岁考博，并师从于全国教育哲学泰斗之一的王坤庆先生，51 岁"修成正果"。他把学习、思考与创作看作一种享受，并将之嵌进自身工作、生活的各个环节。如此的他，精神世界的丰盈令他收获别样的满足与幸福。

言传身教，追求至善的教育人

作为教育部基础教育化学教学指导专业委员会委员、教育部师范类专业认证专家、国培计划特聘授课专家、湖北省首届名师工作室主持人，付全新治学治教严谨求真、追求至善，更乐于言传身教，"好为人师"的他，乐当其身边每一位教师的良师益友。在他看来，培养提携青年教师是自己义不容辞的责任，而与他们分享自己的所思所感、所行所悟，更极大地提升了自己的职业幸福感与成就感。

他担任华中师范大学、中国地质大学（武汉）、三峡大学等高校硕士研究生导师，带研究生十余人。他担任省、市两级名师工作室主持人，先后指导十余位青年教师获全国及省市级优质课竞赛一等奖，其中多人获得国家级、省级赛课第一名。

作为全国优秀中学校长、湖北省首届荆楚教育名家，他曾先后在国家教育行政学院、北京师范大学、华东师范大学、华中师范大学、三峡大学等高校，江西、新疆、云南、重庆等省市自治区，湖北襄阳、荆州、咸宁、天门、仙桃等多地，作专场报告数十场，听众逾三万人。2021 年 4 月，在教育部中学校长培训中心主办、西安市教育局承办的"2021 年全国优秀中学校长教育思想研讨会"上，付全新作为 10 名汇报教育思想的校长之一，面向来自全国各地的优秀中学校长代表 400 余人，作个人专场教育思想报告，他以"教育：引领师生追求至善"为主题，全面透彻地阐述了自己对教育的深入思考、扎实实践，为与会代表提供了自己办学宝贵的"全新"理想和"一中智慧"。其极具思想魅力而富有感染力的报告，引起与会专家、校长的一致共鸣和高度赞誉。

正是怀着纯洁赤诚的教育理想与服务奉献的社会责任感，付全新才能收获如此丰硕的成就。或许我们可以这样说，教育与付全新是彼此成就、互为依存的，他用 40 余年的坚守，躬身实践，深耕学术，言传身教，为教育事业倾注了青春与心血，贡献了智慧与力量；而教育之于付全新，亦早已成为其职责所在、精神所栖、人生所衷。

人物名片：

付全新，教育学博士，正高职高级教师，华中师范大学博士研究生导师，湖北省特级教师，湖北名师，湖北省首届名师工作室主持人，享受省政府特殊津贴专家，湖北省首届荆楚教育名家，湖北省第一届中学化学学科教学指导委员会主任委员。全国优秀中学校长，教育部师范类专业认证专家，全国基础教育化学教学指导专业委员会委员。宜昌市杰出校长、宜昌市劳动模范和宜昌市名师。

读书·为艺·做人

——任晓明的书法之路

周德聪

晓明 1988 年从我学书，大学毕业后就一直在高校从事书法教学，转眼间已有 18 年了。这些年，他几乎是踏着我的足迹走过来的，先是在我指导下自学，而后寻梦西子湖畔，再后来负笈北上京华。

1987 年 9 月，晓明考入宜昌师专汉语言文学专业学习，他的特长有了更多的展示舞台，学校的宣传栏、学习园地都能见到他写的字，每每引来师生的驻足欣赏。但他说，那时他只知道把字写好看，对书法的认识还很模糊，直到第二年听了我主讲的书法课，他才懂得书法不仅仅是写字，还是一门有着悠久历史和民族特色的艺术，即以表达书写者的思想情感和审美境界为目标。从此他的眼界也开阔了，更多地用艺术的眼光来看书法，所以他认为我才是真正引领他步入书法艺术殿堂的导师。繁忙的功课之余他不仅自己刻苦练习书法，经常带来习作请我点评，还积极组织第二课堂活动，担任学生书画协会的会长，定期举办书画展和竞赛活动，每次少不了请我去给他们评奖，活动开展得有声有色，在校园里颇有影响。

1989 年春，他在原宜昌地区青年书法大赛中荣获三等奖。这年夏天他以优异成绩毕业，并因为书法特长（记得他的毕业论文是关于"现代派"书法批评的，由我指导。）而留校任教。于是在我的指导下，他开始系统的学习，边学边备课。他把教学的压力变为动力，实践方面先以颜柳筑基，继而上溯魏晋，直追秦汉，下及宋元明清，行书专攻米芾，追求清新雅逸的书卷气息；理论上，在书法史、书法美学、书法教育学等方面也有不同程度的涉猎，理论与实践相互促进、教学相长。几年下来，他的行书作品先后入选湖北省"首届新人展"、省三届书法篆刻展，并于 1994 年成为省书法家协会会员。

1997 年，晓明考取中国美术学院助教进修班，8 年前我也曾求学于斯。在陈振濂先生主持的"学院派"书法创作高级研修班学习，从临摹到创作、从形式到观念，他受到更为严格、系统、科学的专业训练。节假日除了学习，他还到上海博物馆、浙江省博物馆、西泠印社、杭州碑林、灵隐寺、绍兴青藤书屋、鲁迅纪念馆、兰亭等地参观，在与古人晤对中得到熏陶、启发，感受到精神的快慰，眼界也大为提升。特别是陈振濂先生倡导的"学院派"书法创作模式，从最古典的技法到最现代的形式、观念，跨度之大、难度之高、要求之严，令许多人望而却步，晓明唯一能做的就是以勤补拙，他愿意多花时间去思考、钻研，并且选择了超越自我的方式。结业展览时，他的小楷扇面和两件主题性作品——《新自叙帖》狂草四屏条、《阵》行书十六斗方，在杭州和北京展出期间受到好评。隶书和篆刻上也有了新的进步，在当年的湖北省第四届书法篆刻展评选中，他以一幅颇具气势的《石门颂》笔意隶书联入选并荣获三等奖。这些都是对他努力的肯定。

2002 年秋，晓明到首都师大书法所读研。欧阳先生的"书法不仅是艺术还是学问"的思想使他深受启发。对自己的学习思路进行一番清理以后，他深感视野不够开阔，对书法以外的学问知之甚少，这必然会限制书法向更高层次迈进。于是他把大量时间用在读书方面，尤其是中国传统文化思想方面，对书法的文化基础有了更为深刻的领会，艺术学、书法文化、古典诗词格律、文献学等课程的学习也使他的研究能力有了很大提高，在导师张同印的悉心指导下，先后有多篇书法研究论文公开发表。他的学位论文《董其昌的书法与绘画关系的研究》洋洋九万多言，在毕业答辩会上得到与会专家学者的充分肯定，认为"在前人基础上有较大的推进和创新，是一篇比较优秀的硕士论文"，答辩委员们一致通过其论文答辩。读研期间成绩突出，获得北京市"三好学生"荣誉称号，书法作品还入选湖北省第五届书法篆刻展并获三等奖，被聘为湖北省第二届书法创作研究员，另有多件作品见诸各专业报刊。

古人云："读书破万卷，下笔如有神。"晓明已站在新的起跑线上，我们期待他有更加辉煌的成就！

乙酉仲秋于抱一斋（2005 年）

人物名片：

任晓明，1969 年 10 月出生，湖北远安人。1989 年 7 月毕业于宜昌师专中文科。三峡大学艺术学院副教授，硕士研究生导师，书法文化研究中心副主任。中国书法家协会会员、湖北省书法家协会理事、湖北省硬笔书法家协会高校分会副主席、宜昌市书协副主席兼秘书长、民盟宜昌书画院院士、宜昌市杨守敬书法院秘书长。著有《抱璞集》（书法篆刻作品集）；主编有《书法基础》《书法与篆刻》等教材，参编多部著作与教材。为国家级精品视频公开课程《书法基础》第四讲《楷书基础》主讲人。曾获三峡大学第七届优秀教学成果一等奖、第八届湖北省高等学校教学成果奖二等奖、宜昌市第四届哲学社会科学优秀成果一等奖等。

一位扎根于宜昌市中南路小学的湖北省唯一书法特级教师陈晓勇的成长之路

李 扬

陈晓勇，是目前我省唯一在书法学科这一领域，被省政府授予"特级教师"称号的老师。多年来，他一直在宜昌市伍家岗区中南路小学教书法。

令人难以置信的是，陈晓勇大学学的是数学专业。20世纪90年代初，在北山坡的宜昌师专，陈晓勇上课学着数学，课余打着篮球，偶尔练练书法。3年里，飞扬的球技与飘逸的书法一同提升。我高他两届，虽然学的专业与他不同，但共同的兴趣爱好让我们相识。我毕业后，他一度任过学校的书画协会主席，可见那时候他的书法已经练得不错了。

陈晓勇大学毕业后，被分配到伍家岗区职高当老师，教数学；后来调到伍家岗区花艳中学，仍教数学，业余时间还是喜欢练书法。他的工作情况如何，我不得而知，但他的书法获得了突飞猛进的进步。一件小事让我记忆犹新。当时，我栖身在宜都市宋山脚下一座三线军工企业子弟学校当高中老师，业余也练字，可是身边缺乏可以交流的老师。与陈晓勇相隔一条河（长江），相距也不远。于是，我写了一封信给陈晓勇，与他聊起书法，不久就收到了他的回信和创作的书法条幅，回信上的钢笔字与过去相比，写得更加轻灵爽目，毛笔书法作品开始走出"米芾体"，有了自己的风格。这也激发了我走出大山的冲动。

2000年，陈晓勇遇上了教育战线在中小学开展的"一校一品"创建活动，可能是他有书法特长吧，被调到了伍家岗区的联合小学，教数学的同时也教书法。至此，他的书法才能开始得到发挥。3年后，伍家岗区合并几所小学成立中南路小学，他成了这所学校的专职书法教师。

因为书法写得好，又有重视素质教育的刘圣权校长的大力支持，陈晓勇成为了中南路小学开展书法特色学校创建的主力。他的书法特长派上了用场，专门作为全校的书法教师，指导书法教育场馆设计、课程教学等。学校在区政府支持下，在全省较早建起了标准的书法教室、书法工作室等，陈晓勇作为全校书法兴趣班的总教头，每天组织着各种书法教学活动，忙得不亦乐乎，当然也让他过得很充实！

有陈晓勇这样高水平的书法老师，加上他做事认真负责的精神，中南路小学的书法特色教学工作开始在伍家岗区内外小有名气。当年，这个名不见经传的城乡结合部学校，因为书法特色，受到了市区领导的热心关注。市区宣传部长、区委书记等多次前往学校指导，予以支持鼓励。这时，陈晓勇工作的环境更好，他更加全身心投入书法教学与研究之中。学校的书法特色也在他与老师们的共同努力下，办得风生水起，十年之间，中南路小学成为了"全国书法特色学校"，闻名市省内外，接待了全国一批批的参观考察队伍。

正所谓教学相长，陈晓勇的书法水平也得到了极大提升，他擅写各种书体，尤其行书写得俊逸潇洒，隶书写得大气豪迈。他的书法作品不断在全国各种专业书法比赛中获奖，并成为了中国书法家协会会员。陈晓勇也作为我省书法教育专家，参与了省教研室等组织的多种中小学书法教材编写，连续十多年到全省书法老师培训班上担任主讲老师，多次到省内外中小学讲授书法课。他本人也成为"全国书法教育名师"，被评为省"特级教师"、书法学科全省唯一的省级"名师工作室"主持人、湖北省文联"中青年优秀文艺人才库人才""宜昌名师"和"伍家岗区优秀人才"等。

陈晓勇虽然是出生于鄂西大山的巴东汉子，但性格温和，一直很低调，不事张扬，也一直保持谦逊的君子之风，不沽名钓誉。学校和教育局想培养他，让他当领导，他拒绝了。他的兴趣点不在行政工作上，因此，这么多年来，他一直就是一名普通的书法教师，专注于小学书法教育，业余生活也是习文练字，乐此不疲。记得有一次，我们两人为参加某次书法展而书写作品，在他家里，从当天傍晚一直写到第二天凌晨一点多才散场。平时我有什么书法上的感想，与他交流，他总是轻言慢语地说出他的见解，不断然否定别人的长处，也不轻易认同一些书法界的新做派。因此，他的书法作品，写得既符合书法专业的审美要求，也比较契合大众的审美观念，能让普通民众接受。看了他的书法，躁动的心得到了平复，感伤的情找到了慰藉。

现在，陈晓勇在中南路小学仍然一如继往地教着他的书法，业余时间研学访友，陶醉期间，其乐融融！

人物名片：

陈晓勇，1970年4月生，湖北巴东人，民革党员、中国书法家协会会员、特级教师、全国书法教育名师，被湖北省教育厅授予"湖北名师工作室主持人"，省优秀文艺人才库成员、省书法专业委员会学术副主任、宜昌市书协副秘书长、宜昌名师、伍家岗区书协主席、伍家岗区文联副主席、伍家岗区区管优秀人才。书法作品多次入展中国书法家协会举办的书法展，多次在省书协举办的展览中入展获奖，获得宜昌市文艺创作最高奖"屈原文艺创作奖"。出版和参与编写书法字帖教材多部。

宜昌师专物理科走出的博士生导师

——记新能源新材料领域知名专家谭新玉

张　朔　魏占峰

谭新玉，女，湖北恩施建始县人，1992 年毕业于宜昌师范专科学校物理科。现为三峡大学材料与化工学院党委书记、院长，二级教授，博士生导师，宜昌市七届人大常委会委员。作为一名女性，谭新玉是如何在物理学这个男性集中的领域脱颖而出的呢？

谭新玉在师专学习期间，物理科一批学术高深、道德纯粹的优秀学者如王正清、石亚非、陈廷瑾、冯笙琴、朱世坤等都是她的老师，老师们的言传身教及谆谆教诲，为她今后工作中坚韧不拔、不断奋斗的历程奠定了坚实基础。

师专毕业后，她被分配到宜昌市桃花岭小学任教，是当时为数不多的在小学工作具有大学学历的老师。在校工作期间，她关心热爱学生，善于钻研教学法，年年都被评为优秀教师。当她了解到还有成人教育的渠道可以继续深造、扩充知识后，立马行动，开始了本科求学之路，"学习一直在路上"的精神激励着她奋斗至今。

谭新玉于 1992 年至 1998 年任小学教师；其间 1994 年至 1998 年在湖北师范学院物理教育专业本科在职学习。1998 年以公开招聘方式，进入葛洲坝水电工程学院基础课部工作，担任大学物理实验教师。2002 年在职进入华中科技大学物理系攻读硕士、博士研究生，2008 年从华中科技大学凝聚态物理专业博士研究生毕业。2009—2011 年、2012—2014 年分别在清华大学、北京科技大学材料学院从事博士后研究，2015—2016 年分别在美国密西根大学、密苏里大学、麻省理工学院等大学做访问学者或参加研修。回国后，历任三峡大学新能源研究院副院长，科技处副处长、处长，国防科学研究院院长等职。主要研究领域为光伏发电及绿色能源材料制备及应用关键技术，是三峡大学首位太阳能电池研究专家及新能源领域学术带头人，在新能源新材料领域做出了积极贡献。

在华中科技大学攻读硕士博士学位期间，她克服毕业时间长，本科没有系统学习的困难，克服在三峡大学上课与华科在职学习需要同时照顾上班与家庭的困难，从进校前没有接触过英文论文和计算机编程起步，6 年的硕士博士求学，发表学术论文 30 余篇，其中高水平国际学术论文近 20 篇。她的学习态度及工作成绩得到了导师的高度认可，从最开始担心无法毕业到毕业时成为团队的学术典范。经过层层选拔，毕业时她获得华中科技大学一年一度的"科技十佳"荣誉称号。

在清华大学博士后学习期间，她利用清华大学的优势资源，潜心实验，积极探索，使课题组在碳基材料的光伏效应研究方面进入一个全新的领域，两年间发表学术论文 11 篇，获批中国博士后基金一项，与清华大学合作申报获批国家自然科学基金项目一项。博士后期间作为五人小组成员参与研究的成果在世界顶级期刊《自然》(Nature)上发表。该项工作创造性地将半导体硅这种成熟的工业材料引入磁传感器领域，对磁传感器和磁存储工业产生了革命性的影响并入选为 2011 年度"中国科学十大进展"和"中国高等学校十大科技进展"。

谭新玉学成回到三峡大学后，在学校支持下积极筹建新能源团队与科研平台，通过平台建设，凝聚科研人才。短短 3 年时间，以新能源研究平台为依托建立起来的新能源电力系统研究顺利获批为湖北省 2011 协同创新中心，磁电子与纳磁探测研究平台在 2014 年成功获批为湖北省"科技创新条件与平台建设"类项目资助，并成为三峡大学首批资助的四个科技协同创新团队。谭新玉团队长期致力于高效太阳能电池的研究，提出了双层钝化的超薄晶硅太阳能电池结构设计，成功制备出只有 16 微米厚的超薄晶硅电池，使用硅量降低 90%，转化效率为当时世界领先。为降低光伏发电成本，助力实现碳达峰、碳中和战略目标，提供了实验依据和新思路。

谭新玉在追求创新的同时，也在不断践行社会责任。作为国家公派高级访问学者，在美学习期间，她积极促进学院之间及学校之间的合作，为三峡大学师生能有更多机会去密西根大学学习创造条件。配合三峡大学国际交流学院实现了密西根大学与三峡大学在联合培养本科生及研究生方面的成功对接，落实了本科研究生 3+2 联合培养项目、交换生项目等一系列培养模式，输送了一批硕士、博士及年轻教师到华中科技大学、清华大学、密苏里大学及密西根大学交流学习。

谭新玉教授踏实耕耘，刻苦探索，爱岗敬业。她学术思想活跃，善于在新兴的交叉、边缘学科开拓进取。为三峡大学相关领域科研水平提高，为科研平台建设，为服务企业、回馈社会，为青年教师、研究生培养都作出了重要的贡献。2015 年受湖北省政府表彰并获得"湖北省优秀博士后"荣誉称号，2020 年获得"湖北省百名女性科技创新人才"荣誉称号。

北山撷拾

从西坝到北山坡

傅嘉泉

西坝，长江三峡出口的一个宝岛！绿绿的，到处种着脆生生的蔬菜；静静的，只有可数的几家农户、工厂。惟我们的宜昌师范学校，那时给岛上注入了巨大的活力。

就在今日造船厂的范围，有一大片绿树掩映的楼房。从南边一口莲叶田田的塘边步入拱形的校门，教学楼、办公楼、实验楼，依次排列。居中的长方形水池，设计师还在里面建有小平台，一个照相的最佳位置。校舍的后面，一个高规格的操场，绿草如茵。左边，有厨房、饭堂，右边有器材室、理发室。陈设合理，环境宜人。读书声、歌咏声不绝于耳。到如今，我还记得这样一首歌：

> 蓝蓝的天空银河里，
> 有只小白船。
> 船上有棵桂花树，
> 白兔在游玩。

当时光老人把我们送到 1958 年时，不知是宜昌造船厂要扩建，还是我们学校要"戴帽子"办宜昌师专；或是求得两全，我们获悉，学校要迁到北山坡。

由学校到市区，涨水期要乘船，枯水期可以走过去。我们听从学校的安排，投入建校劳动。有"大五一制"劳动，还有"小五一制"劳动。一班一班，带着锄头、篾子，走出城区，还要穿过田畈，爬个黄土高坡，才到北山坡。就在今天依然矗立的师专老门北边，几十人挖土、挑土，平场子。实在累了，或是要吃午饭，才坐下来休息一会儿。一直到这一年 10 月，去宜昌县黄花场割谷，11 月 24 日—12 月 21 日在石洞坪淘铁砂，大办钢铁，才有所间断。一回校，又投入常规性的劳动。

"五月大会战，六月丰收月，七月力争满堂红。"从 1959 年到 1961 年，校内校外任务不断，接应不暇。

我们文史一班，接受了做砖任务。那砖场，我前些时去看了一下，就在今天学生公寓中区附近，靠近铁路边。当时，先要平地。地平以后泼水，铺一层细沙，再用拍板平平整整地拍。做的新砖容易晒裂，我们干脆分几个组，挑土的、和泥的、做砖的、收砖的，各执其事，利用晚上时间做。到后来，半天就可做3000多块，渐渐地摸出了些门道。翻转，将弓口那面朝向阳光；一晒硬，就上码。有时正做在兴头上，一阵暴雨，我们调集全部人马，还有兄弟班，齐心合力保全砖，衣服湿透，心里却乐呵呵的。

当时搞基建，烧了的砖要挑到工地。一次班上布置，每个男同学利用自由活动时间挑砖90块。我呢，挑着跑得快，下得快，5趟就挑完了，只耽误了一点吃晚饭的时间。有时，还从外面用船运砖到码头。那次，我班30余人，下砖28000块。放了暑假，从7月18日到8月6日，参加了第一批建校劳动。就这样，看着学校的教室、实验楼、图书楼、大礼堂、学生宿舍，一栋一栋完工，心里也有一份喜悦。

同时，学校提出"蔬菜自给"，开头人均150斤，后来达到人均1500斤。当时，靠现在学校大操场一带，有一条山岗，山山洼洼，到处是菜地。开荒、烧火粪、泼大粪，一个个，干劲足足的，一班不比一班差。你可知道，当时那操场上面那么大个厕所，存不了粪；一有，就抢着舀走了。有点的菜、有栽的菜，黑油油一片。收的菜，要求亩产10000斤。我们吃不完，采取一些方法，屋顶上晒，缸里面腌，那大礼堂的后半截，不是堆的南瓜就是放的白菜，蔬菜淡季也有了保证。一次评比，数一班得"增产节约中的标兵"，一面红底黄字缀有缨穗的锦旗高高挂起，谁不眼馋？

> "我们走在大路上，
> 意气风发斗志昂扬，
> 毛主席领导革命队伍，
> 披荆斩棘奔向前方。"

唱着歌儿，我们修"共青路"，大战东山，挖运河，参加雾渡河水利工程劳动。去红星化工厂学制肥皂，去鄂西机械厂做工。到宜昌郊区东湖公社伍家大队植树、东湖公社栽秧、鸦鹊岭人民公社红土二生产队参加麦收四快，下放到土门垭一生产队四小队收割、开荒。红土队还给了我们如下的鉴定：

"宜昌师专一营一连一排全体同学，在这次帮助我队突击麦收四快中，从开始到现在，同学个个干劲冲天，不分日夜地劳动苦战，帮助我队提前完成插秧、收割等生产任务，学会不少农活技术，又把自己的文化交给了农村。在纪律上很好，与群众关系胜如亲生姐妹。除此以外，还帮助队里办好了托儿所、幼儿园、公共食堂等，并帮助干部安排生产等工作。你们的成绩是伟大的，群众个个赞扬你们。特此鉴定。"

由于我们的一举一动，都同学校息息相关，谁不注意自己的形象呢？回过头来，我们的学校，经过几代人的流血流汗，早跃为湖北三峡学院！如今，眺望那在夜明珠兴建的三峡大学，门类齐全、规模宏大，更令人深深回味往昔的那一段初创岁月！

2002 年 3 月 8 日

（原载《如愿》，大众文艺出版社 2004 年版，原题目为《从西坝到张家店》。）

在北山坡的日子

李华章

"三年自然灾害"时，我被分配到宜昌师专任教。那时，每月虽有定量的粮食供应，但总是吃不饱。弥补肉食太少的办法是培育"小球藻"，可吃起来什么味儿已经忘记了。那时学校特供的对象只是少数几位副教授、高级讲师，每月另加一斤肉、半斤油。因为粮食和副食供应严重不足，油水少，嘴巴馋，吃不饱，最常患的病就是浮肿。我的浮肿是在腿脚部位，用手摸捏，浮浮的，用手一按，凹下的窝子，好几分钟浮不起来，复原不了。症状为腿脚软弱无力，走路飘飘恍恍，上坡气喘吁吁。

当年的北山坡，四处是农田，阡陌纵横，把一条较宽的田坎踩成一条泥巴路，一路缓坡而上，弯弯曲曲地通向校园。为了度过饥荒，自己动手，在东山大搞开荒种地。每星期劳动三个下午，种下红苕、南瓜、苞谷。天旱时，每天要从山坡下的堰塘挑水上山浇灌。

我的身体不壮，但是年轻，故被列为头等劳动力。从山坡下挑水、挑粪上山，铁定有我一个。人患了浮肿病，没有力气，挑水上东山，真是一个严峻的考验。说不汗流浃背是假，说不苦不累是吹牛。我常常担着水，咬着牙，走一段，又歇一会儿。

劳动虽然极累，但却乐意。因为劳动日可以加一顿餐，每人添加一钵苞谷南瓜粥，以填补饥肠。在"三年自然灾害"时期，人的要求与理想降低了，不求吃上好饭，但求吃上饱饭。

那时候，常常盼望有一个机会——每当中文科分配来了新教师，科里要自办一次招待宴，在食堂煮一锅苞谷南瓜粥，供大家享用。席间，还你一言我一语地说笑，仿佛过节日似的欢快。那时，高教 1 至 6 级是教授、副教授级；7 至 9 级是讲师级，10 至 12 级是助教级。有位徐老师是高级讲师，虽享受特供，但仍缺少营养。每逢星期天，必上街吃一顿馆子。馆子里供应的食物是苞谷拌大米，俗称"金包银"，饭上还盖着一层肉片，肉片切得如纸一样薄，大约六七片。因为人多，还要站在桌子旁边等很久才有座位。就是这样的食物，价格却不薄，非一般人吃得起。我因克制不住自己的食欲，偶尔也吃过几次，但每次都是同我的女朋友分吃一碗。在师专，教师备课到深夜，总是在晚餐时预留一坨饭团，等到夜深饿了时再吃。工资高的教师往往买几个饼子，饼子是米糠做的，俗称"糠饼子"。

　　我至今还清楚地记得发生在教工食堂的一件事：那是一个周末的黄昏，食堂储藏室里堆着南瓜、萝卜，一位教师从教室辅导完后回宿舍，经过食堂，在昏黄的灯光下，红红的萝卜，金黄的南瓜，散发出诱人的气味。年轻教师停下了脚步，不由自主地贴近窗子往里看了又看，然后又走回门口，忽然发现食堂的门没有上锁，他徘徊了一会儿，便轻轻地推门而入，从储藏室抱出十几个红萝卜，正忐忑不安地走出门，却被食堂师傅发现了。老师傅心地善良，手下留情，没有当场"捉贼"。可是过了几天，终于传出了他偷吃食堂萝卜的丑闻。此事曾在学校引起了议论，但不久便平息了。这位青年教师颇有才华，课讲得好，辅导学生负责任，就因为缺少营养，吃不饱肚子，患了浮肿病。此举大家也宽容了他。其实这样的事，发生在"过苦日子"时也不足为奇。

2008 年 2 月 17 日

北山坡漫话

方龄皖

北山坡，位于城区东山的东南坡，它的形成可以说是城市地理、历史的多因素作用的结果。其实，整个宜昌城都是依偎在东山绵长的缓坡上。在"民国二十五年"版的宜昌市区形势略图中，这一地理特征表现得十分清晰。最近二三十年，宜昌城区才翻过东山，在山的另一侧形成新城区。

依现在的地貌，北山坡只是东山缓坡上的一个山包，不过并不在北侧，为何将其称为北山坡这颇令人费解，有点摸不着北。1985 年版的《宜昌市地名志》称，北山坡泛指胜利三路与夷陵大道交叉处的北侧山坡，原名张家店。张家店社区有老人证实，小时候并没有叫北山坡的地名，都把"北山坡"称为"山上"。后来，胜利三路建成后，其东北侧凸显一个山包，被大家称为北山坡。三峡大学教授祝其瑶曾撰文称，北山坡应是"白山坡"的以讹传讹。因在宜昌的方言里，"北"与"白"都念作"bó"，随着宜昌人口的猛增，特别是普通话与宜昌话的碰撞，"白山坡"这一地名便在人们的言传意识中演变成了"北山坡"。

此地之所以叫"白山坡"，还另有其说。据称，在宜昌赫赫有名的张总爷的坟墓就在这里，形若小山，通向坟墓的神道两旁，列有白色的石人石马，威武雄壮，栩栩如生。张总爷，名叫忠孝，河南洛阳人，原任辰州副将。康熙二十七年，宜昌兵变，忠孝赴宜剿寇，不到一个月，全城收复。入城后，秋毫无犯，不久执掌夷陵，在任七年，死于夷陵。时过境迁，张总爷的墓地早已毁于战乱。不过，张总爷的后代曾居住和开店在此，所以这里才被称作张家店，山下临近神道的街巷被取名为大碑巷。

1958 年，北山坡上一所红军疗养院，被从西坝搬来的"宜昌师范学校"接续，更名为"宜昌师范专科学校"，请徐特立题写了校名。随后，又在学校对面建起了附中和附小。一拨又一拨的年轻人从乡野走上北山坡，开始了青春风华。

50 年前，北山坡仍是农舍俨然、鸡犬相闻的田园。彼时，这里堰塘连着堰塘，夏季荷香十里。张家店处在九码头与师专之间，更正式的称呼叫东风大队第三生产队。生产队的菜地和荷塘簇拥在师专周边。每次追肥后，新鲜大粪的气息会飘进师专的课堂。四通八达的田埂被踩得光溜溜的，把地分成一块一块的，从高处俯看像地图似的。

1978年4月创立葛洲坝水电工程学院之前，宜昌地区的最高学府宜昌师专、宜昌医专，都位于北山坡，可以说，北山坡是宜昌当时的教育中心，为宜昌的发展培养了大批人才。当年，宜昌师专因地处"北山坡"而被戏称为宜昌的"北大"，这里面透射出北山学子对北山坡的眷念之情。

20世纪70年代初，穿过北山坡的鸦官铁路开始修建，解决葛洲坝建设的物资运输难题。此后，宜昌进入极速发展时期。夷陵大桥修起来了，胜利三路翻过了东山，北山坡一带也由郊区成为城市中心和交通枢纽。

虽然城市的建设改变了北山坡上的自然景观，但这里仍是四季常绿，气候温润，是个适合居住的好地方。北山坡的居民，骄傲地把自己称为"北山人"，无论春夏秋冬，还是昼夜晨昏，这里的旧景新貌，都能让北山人怀念，让北山人感到温馨。

一段年华一缕芬芳

王金秀

　　牵着时光的手，沐浴细碎的阳光，漫步在宜昌师专的操场上。那熟悉的往日时光，轻轻推开记忆的门窗，拨动心弦，让思绪飞扬。回眸那些用经历写就的光阴诗行，化成一缕沁人心脾的芬芳在心中久久萦绕。

　　1974 年，秋月静美的九月，37 位俊男靓女带着仆仆风尘，相汇于宜昌师范学校数学二班，开启两年的同窗共读。一起荡漾流年的欢畅，一起书写班级最美的篇章。

　　课堂上，班主任袁显贵老师幽默风趣的教学风格再融入他那不改的乡音，给课堂增添不少情趣和欢笑，让同学们不知不觉地喜欢上了几何。代数课，听儒雅的梁社侬老师娓娓道来数的排列组合，是那么的美妙优雅。课堂不仅充满智慧的奇思妙想，亦闪烁着人性的光芒。

　　课间，教室里掰手腕比赛进行得如火如荼，笑声、加油声充盈满屋。笑声吟诵青春的美丽，也伴随我们走过轮回的四季！

　　中午放学，来到学校的大食堂午餐，可有幸品尝到同学带来家乡的腌菜。那才叫一个香哟！一会儿功夫就瓶底见光，只留下同学们一脸幸福的模样。生活虽然苦涩，情意却温暖了岁月。千般同学情怀，满目友谊花开！

　　青春情怀编织着青春的颜色，平凡的日子亦闪烁点点星光。当年的数学二班，可谓校内响当当的班级，也是校领导最信任的集体。可以自豪地说，哪里有困难，哪里就有数二班的足迹，哪里有危险，哪里就有数二班的身影。比如正值全民挖防空地道时期，我校挖的地道遭遇即将塌方的危险，我班劳动委员汪明益临危受命，带领大家群策群力，不畏艰险，终于排除了险情，出色完成任务，多次受到学校的表彰。

　　学校即将举行广播操比赛，如果服装整齐，就能构筑一道靓丽的风景。大家心往一处想，劲往一处使，强烈的班级荣誉感驱使，几位住在市区的同学不辞辛苦，来回辗转好几趟到处借比赛的运动服，功夫不负有心人，比赛那天，数二班惊艳了比赛现场，加之平时文体委员刘玉美高质量的训练，我们班荣获了广播操比赛的冠军。

很享受在当阳学农基地的那段时光。清晨，一抹晨光带我们领略田园风光，闻着泥土的清香，呼吸花蕊的气息，淡看那云卷云舒的从容安详，闲下来静听蛙叫蝉鸣的歌唱，细观夕阳晚照及余晖落幕时的美艳，简直就是一场人间盛宴！当夜幕垂落，大家快乐地围坐在一起，欣赏文艺部长许汉祥吹拉弹唱的表演，优美的歌声飘过广阔无垠的天际，也许与划过夜空的流星偶遇呢！夜空静美一幅画！人间静美一首诗啊！

这次来学农基地的主要任务之一是割青草积青肥，要把割的青草转运到沤肥的地方。同学们热情高涨，干劲十足。王大桥同学更是大显身手，他的力大无穷，让一些同学甘拜下风。你知道吗？他挑的一担草足足重180斤至190斤，并且还能健步如飞。从此王大桥同学得了一个雅号：大力士。有这样的大力士助战，可想而知，任务提前完成。哦！还有胆儿贼大的班长杨进传，他把农场的机动车鼓捣一番，竟然直接挂挡上路了，还顺便当起了班里的采购员，好不潇洒！大家见状，纷纷也要求疯一把，班长赠人玫瑰，耐心传授技艺，让有兴趣的同学都如愿以偿。大家直呼太过瘾啦！

晚上，几位女生躺在床上讲着过往，兴奋得睡不着觉，有人提议起床打牌，打争上游。怕老师查岗，大家谨慎地把门窗用东西遮挡好，小心地亮着手电筒，准备酣战一场。哈哈！结果被老师抓了个正着。

伴着清风明月，伴着鸟语花香，我们愉快地结束了学农活动，但这段让心飞翔的快乐时光，使人铭记难忘。

毕业临近，有的班级已是人心涣散，而数二班却成功组织了一场班级毕业汇演，迎来诸多羡慕的眼光。

不是数二班的能力有多强，而是人心所向的凝聚力，为班级创造出一个又一个平凡中的奇迹。我们班一直用团结向上、和谐共生的正能量在光阴里行走，书写着我们的流年，诠释着我们的故事，演绎着我们的精彩！

数学科党支部副书记向立江慧眼识珠，善于发现优秀人才，他悉心培养的杨恩宝和张玉兰两位同学，均迎来他们人生新的里程碑，光荣地加入了中国共产党。

毕业时，学校留用8位同学，我班有4位同学被选中。

时光纵逝！如今，我们都已染上岁月的霜华。流水可以带走光阴的故事，但那段有数二班的青春年华，注定是这辈子最美最难忘的记忆。

满园芬芳的宜昌师范学校，写满我们的深情和眷恋，美成我们心中的一道风景！

回望北山坡

周庆会

北山坡，名副其实，就是一个长长的坡，坡上，是我最亲爱的母校——宜昌师范专科学校，那里，珍藏着我最美好最亲切的回忆。

进了校门沿着香樟树荫继续上坡，再向东，就是高大的教学楼了。楼前是一片绿意盎然的树林，楼后是一座精致的小花园：鹅卵石铺就的小路、蘑菇形状的凉亭，还有假山、池沼和喷泉。花香伴着书香，鸟声伴着书声，在这里，我们静享最纯净的读书时光。

博学多才、敬业乐业的老师们是校园最美丽的风景。

教我们写作的是姚永标老师。永远干净笔挺的西装，微卷略长的黑发，金边方框的眼镜，很是斯文儒雅。他常常会用那充满磁性的男中音朗诵自己创作的诗歌，至今依然记得他在一首诗歌里描绘的意境：清晨、渡口、浓雾、窈窕的村妇、颤悠悠的扁担、新鲜的蔬菜、长长的台阶。从此一颗喜欢新诗的种子在我心里悄悄萌芽。

曹文安老师教授古代汉语。那时他50多岁，非常清瘦，但是他精神气十足，讲起课来，声情并茂，掷地有声。古代汉语晦涩难懂，我们有些望而生畏，但是曹老师却能驾轻就熟，对每个字都如数家珍。他还将一些逸闻趣事信手拈来，让我们心甘情愿被他"牵着鼻子走"，沉浸其中，乐在其中。

马克思主义原理这门课对我们来说，看不懂又记不住，但是后来因为喜欢一个人我们都喜欢上了这门课。刘青春，名如其人，他年轻潇洒，高大帅气，上课时口若悬河，能把天书一样的理论讲得"楚楚动人"，从不多说一句废话、错话，总是拿捏得恰到好处。在我们眼里，刘老师更是神秘的完美的谜一样的存在。

满腔赤诚，勤勉刻苦，这是老师们用行动传递给我们的无字之书和享之不尽的精神财富。

胡德才老师是我们的班主任，他谦和善良，倒像是我们的邻家大哥。结婚大喜，他请同学们去吃喜糖。新房颇有点寒酸：一间十几平方的房子还被隔成两半，老师只拥有其中半间，屋子里只能勉强放下一张床。但是在外面窄窄的走廊上，摆满了一排高高的书柜，里面都是书。那是我第一次看到一个人居然可以拥有如此多的书籍，我不禁又有点对老师的富足羡慕嫉妒了。

周德聪老师教授我们的书法。他的板书潇洒大气，自由奔放，不拘一格。有一次，讲到书斋名，他转身飞快地用行草在黑板上写下了遒劲有力的三个字——漏痕斋。他说这是他的书房名，因为时常漏雨，墙壁留痕，所以取了这个名字。印象最深的是那个"斋"字，写在黑板上方，下面两竖又瘦又长，曲曲折折从满是粉笔字的缝隙里延伸下来，让人情不自禁地联想到老师书房中墙上的漏痕，心疼得我们恨不得用粉笔灰帮他抹墙。就是在这么艰苦的环境中，老师勤学苦练，成为书法大师，不得不令人佩服。

时光流转，爱从不褪色。

多年以后，我收到了一件珍贵的礼物——《三峡诗话》。这是刘济民老师寄来的他的专著，老师依然在孜孜不倦地求索。我有些受宠若惊，也有些惊讶和惭愧：20多年过去，一直不曾联系，老师居然还记得我这个学生。原来老师是从报纸上看到我发表了文章，知道了我的地址。记得当年他曾在班级表扬我写的作文，这一次他又给了我莫大的鼓励，让我想继续用笨拙的笔去传递生活中的真善美。

北山坡上，还有很多老师定格在记忆里。他们永远风华正茂，热情澎湃。"百事可乐"的巴文华老师，美丽温婉的刘海燕老师，严谨细致的刘芳老师，儒雅健谈的孟祥荣老师，青涩阳光的吴卫华老师……

在这里，我们也收获了纯真的友情，青春的欢笑。

209是我们永远不能忘记的青春密码。打开它，一屋子都是快乐和甜蜜。

八个姐妹，都有昵称。嘻嘻哈哈一说话就是脱口秀的欢欢，白净斯文的笑笑，泼辣干练的羽毛球高手菲菲，总有人送花的咪咪，爱喝绿茶的双双，沉稳大气的梅子，勤快能干的阿童木，还有我这个不拘小节拿布条做皮带的"系牛绳"阿会。在这声声亲切的称呼里，我们感受到了手足般的情谊。

长阳的核桃，秭归的脐橙，枝江的鱼糕，荆门的阴米，小食堂的馍，我们一起分享美食，也一起讨论学习，说着青春的悄悄话。

别梦依稀三十年，如蒲公英的种子，我们都散落在不同的角落，履行着传道、授业、解惑的光荣使命。每当有困顿、倦怠时，想起北山坡，想起我们的恩师，还有我们曾经热血沸腾的青春，我们就会更加从容坚定。

北山坡，心中的那片圣洁与美好，梦里梦外都是你，一次次离开，又一次次抵达。

宜昌师专回忆——栀子花开

魏　平

　　宜昌师专念书的美好时光渐行渐远，可是与栀子花有关的几件事却印象深刻，仿佛那只是发生在昨天的事，让人想起来就想笑。

　　我1989年考入宜昌师专数学科，分在一班。班上最可爱的女生要数小青，她是恩施妹子，皮肤粉白水嫩，一双大眼睛水汪汪的，像个洋娃娃。和我最要好的女生是静儿，她是宜昌县人，高高的个子，披肩发，像一株清晨的向日葵一样健康明朗、朝气蓬勃。这天是小青18岁生日，中午我和静儿打了饭从食堂出来，商量着要送给小青一件什么特别的生日礼物。路过小路边的几棵栀子树，我和静儿不约而同地停了下来，只见茂密的绿叶间缀着一朵朵洁白的栀子花，芬芳馥郁的花香四处飘散，让人陶醉。鲜花配美女，这可不就是送给小青最好的生日礼物吗？我和静儿会心地相视一笑。贼眉贼眼地瞄瞄四周，这路是食堂通向寝室的必经之路，人来人往的，不好贸然下手，怎么办呢？突然我想起来与校园相邻的干休所里种有栀子花，并且那儿安安静静的人不多，偷花不易被发现。哈哈，就这样办。

　　几口把午饭解决了，我们就跑去干休所。园子深处有一大片栀子花树，洁白的栀子花正绽放得如火如荼。我大喜，不由地哇出了声，静儿赶快把指头放嘴唇上对我做个嘘的手势，然后我们开始采花。不一会儿两人连花带枝各折了一大抱，我说收工，静儿说还多采点，要给小青一个大大的惊喜。正当两个"采花大盗"专心采花的时候，突然听到一句："不准摘花！"这声音洪亮威严，转头一瞧，只见一个老人正向我们小跑过来，并且一只全身雪白的小哈巴狗也径直向我们冲了过来。我俩吓得抱着花束就以百米冲刺的速度向大门逃窜。小哈巴狗一叫，马上引来了另几条小狗，一时间狗吠声此起彼伏，它们一起狂叫着向我们追了过来。就在我马上要逃出大门的时候，听到静儿在我后面喊："平子，你掉钱了呀！"可是我脚下生风，不敢回去拾，要是被狗追上咬几口或是被老头捉住，后果不堪设想啊，我可是师专的大学生（未来的人民教师）哦。罢了罢了，去财免灾吧，只当是偷花的罚款了。

　　逃出了干休所跑进了师专的校园，我们才停下脚步。我和静儿靠着香樟树喘着粗气，看着彼此的狼狈样，回想刚才的惊险，两人哈哈大笑起来。笑着笑着想起我掉的钱来，摸了口袋，发现掉的是一张 50 元的，它可不是个小数目哦，是我半个月的零用钱，我可不甘心就这样丢了。我把花交给静儿，又跑回干休所准备去找找。我悄悄靠近干休所大门，只见里面静悄悄的，老人和狗不见了踪影，于是我放下心来，迅速走进去，四处寻找。可是终究没见到我亲爱的 50 元人民币的影子，我只好垂头丧气地回校了。

晚上，小青捧着满满一怀抱的栀子花，在生日烛光下开心地笑了，那甜美的笑容和花儿一样香香的、美美的，算是给了我一个安慰吧。

虽然喜爱栀子花，可是再没有去干休所偷过（有错就改，还是好同志嘛）。我的马尾辫很长，就用橡皮筋把头发扎成三段，把买来的一朵朵栀子花夹在橡皮筋中，栀子花在马尾辫上甩来甩去，心中感觉特美。

一天上午英语选修课结束后，走在校园的小路上，不时有人回过头瞧我。哈哈，看来是头发上扎的栀子花让我更漂亮喽，居然有这么高的回头率。我在心中窃喜，心儿像是浸在花香中一样美滋滋的。走到图书馆时，一帅哥从我旁边走了过去，然后回头看了我一眼，哇，竟然是我钦慕已久的学长哦。我有点惊喜，更大的惊喜来了，学长居然冲我笑了，我的心怦怦跳起来，脸也腾地红了，学长注意到我了！他居然对我笑了耶，我呆呆地站在那儿看着他傻想着，直到他转身离去走远了我才清醒过来，然后我以三大步上篮的步伐跑步前进去寝室，要把这大好消息告诉静儿。

"学长对我笑了！"这是我看到静儿说的第一句话。

"你花痴了吧，他又不认识你。"静儿撇嘴，不相信我的话。

"真的呀，"我连忙对静儿描述当时的经过，"他真的对我笑了。"

"哈哈哈，你瞧你的栀子花。"静儿哈哈大笑起来。

栀子花，有什么问题吗？静儿取下我头上的栀子花，我才看到原本洁白无瑕的栀子花，现在上面都是密密麻麻的红点点，完全成了红色的栀子花了。我的天呀，所谓的回头率，所谓的学长的笑容，原来是这么一回事啊！

我想起上英语选修课时，老师教我们唱英语歌，不时听到后排阿强噗噗地笑，一定是他用红色的圆珠笔戳的，戳一朵就算了撒，他居然每朵花都不放过，这枝江的坏小子！看我怎么收拾你。

师专的那个初夏早已悄然逝去，栀子花的芬芳却氤氲了此后的每寸时光。

作者简介：

魏平，湖北兴山人。1991 年 7 月毕业于宜昌师专数学科。中学数学高级教师，湖北作家协会会员，第十一届兴山县政协常委。兴山县职教中心工作。2011年出版散文小说集《菩提子》。

宜昌师专的幸福生活

姚永飞

20 世纪 80 年代中期，在宜昌市的大专院校里，师专的综合指数排名也许算不得第一，但是她的生活条件却绝对是第一的。那个时代的中国，不富裕依然是社会的主旋律，所以能够饱食终日，让自己的胃在 24 小时里都显得充满，间或还能够得肥美滋味之享，已经是人间至福了。

我们读书的那个时候师专是供给制的，现在还记得，每月发 35 斤饭票，17元 8 角菜票，一年后即增至 21 元，女生饭量小，是 32 斤。另外，还有助学金 2元，现在看起来是多么可怜的数字，在当时却能够让我们餐有遗食、充满活力。学校最初有 3 家食堂，那时候刚开始引进"竞争机制"，刚开始尝试承包经营，并且有一家是由外来人员承包的，所以饭菜质量和数量你大可以放心。小菜一律 5分，荤菜 2 毛 5，因为蒸排骨大大畅销于男女生中间，常常有中途脱销之虞，所以后来被迫涨到 3 毛！当时的学生大多是从各地农村来的，饥馑的烙印还深深地刻在我们的面颊上，食以求饱衣以求暖是我们最大的欲求和享受。我们还不懂得奢侈，不懂得显摆，如果稍不注意，多吃了几餐小菜，在月底的时候就会略有节余，剩点伙食尾子！还记得一个五峰的同窗因为有抽烟之癖，常常就努力扩大伙食尾子以充烟资。所以在一群宜昌的大中专学生相聚的时候，就能够很明显地辨别出谁谁是师专生了——都有一种暗自的得意与欣喜，因为充足的食物让师专生自信十足而面显红光！

早餐是便宜而丰足的：馒头、稀饭，只按量收取饭票，不用花钱，在校内菜票可以当钱流通的，所以就有像我这样的学生，在早上多买几个馒头，带进教室，中午的菜钱就又可以省下来了。我至今不吃馒头，就与那时候吃多了有关。我的高中时代就一个感受：饥饿！每每到了上午第三、四节课，就开始"饥肠响如鼓"了。而这时候，小镇街头餐馆的馒头也刚刚出笼，一股强大的香气直逼教室，那份诱惑实在难以抵挡！所以每当这时候，我就在心里发誓：一定要考取大学，等我有了能力，我就餐餐吃馒头！或许是为了圆这个夙愿，我在进师专的第一学期，几乎吃了整整一学期的馒头，以至于后来一闻到馒头的气味就想吐！

师专的晚餐最为绚丽多彩，我这样说，不仅仅是为了它的菜肴，而是因为学生们为它赋予了更多的更生动的人文色彩。每天就是上午有4节课，其余都是自修时间。那时候的师专校园里，草比树密，树比人多，又有极为"辽阔"的运动休闲场地。下午4点半一过，我们就纷纷从图书馆、教室、寝室里出来，买好饭菜，三五成群地走到草坪上或者树荫里去了。或者扯白聊天，或者谈情说爱，或者干脆就眺望夕阳，无一不是最美好的景致。最是那成对的男女，共着一个碗，就着一份菜，吃得心满意足，吃得柔情蜜意。记得当时的校领导还在全校师生大会上讥笑过：一段黄瓜，也得你一口我一口的！

那时候食堂不分师生的，老师们不论是才来的学生辅导员，还是德高望重的老教授，都喜欢和学生混在一起排队买饭菜。往往是这样：上午课完，老师学生一同夹着书，拿着碗筷，一起走向食堂，一路谈笑风生，十分顺畅，十分自然。学生会的力量是不可小看的，他们经常组织各班的生活委员检查食堂。记得有一次，有个食堂的馒头分量不足，被检查出来，用线栓了吊在饭厅中央示众，时间长达一周。本人有幸任过一年的班级生活委员，食堂人员对我的恭谦态度却延续了3年！

我们一室住6人或者8人，有时候，我们也把每人的2元助学金聚拢起来，选一个周末的晚上，找一家街头巷尾的小餐馆，热热闹闹地撮一顿，然后醺醺然地走进九码头电影院。

宜昌师专已经不复存在了，取而代之的是现代化的三峡大学，曾有幸一瞻新校容颜，满目是鳞次栉比的高楼，分不清到底是校园还是街区，琅琅的书声不在了，成荫的古树不在了，心下好一阵怅然。

作者简介：
姚永飞，1964年4月生，湖北宜都人。1987年7月毕业于宜昌师专中文科，现在宜都市文化与旅游局工作。

难忘的金色年华

余冬玲

我出生在恩施一个边远小镇，1993 年，我很幸运地考上了宜昌师专体育系，成为我们村第一个考上大专的孩子。

我还清楚地记得，那年 9 月 18 日，在乡邻们的簇拥下我踏上了开往县城的巴士车，然后又转乘宜昌的大客车。客车在 318 国道上蜿蜒穿行了整整 12 个多小时，直到 19 日晚上 8 点左右才到达宜昌长途汽车站，这时天已黑了近一个小时。

我背着一个大行李包，走出站台。看到宜昌师专迎新的横幅还挂在站口，但因为时间太晚，没有了工作人员。我在候车厅买了一张市区地图。一看，还好，学校离车站不远，就两站路。因为是晚上，我不敢打的士，也不会坐公交，就顺着大街往学校方向走。

繁华的大街上路灯特别亮，所以我不害怕。走了不到 20 分钟，来到了学校大门口。校园里三五成群、来来去去的学生特别多。但学校老师都下班了，我去找谁呢？我略加思索，心想体育系的学生大多个子高，就找个高个子问问吧！还真灵，一问就问到了我们系的大三师兄。他直接把我带到了 9381 班辅导员的住处。辅导员李老师亲自把我送到了女生寝室，并帮我安顿了下来。

我们是 8 个人住一套两室一厅，和我同一个小寝室的其他 3 人，一个来自兴山，一个来自京山，还有一个来自恩施高坪。兴山的这个室友，我们后来都叫她大姐，不是因为年龄，是因为她比我们高出了一个头。京山的室友，她说话声音很尖，而且高八度，后来我们都叫她菲儿。还有一个是我恩施老乡，因为这个情结，从第一天开始我们就结为了死党同盟。她胖乎乎的，圆圆的脸蛋，水灵灵的一双大眼睛，我感觉她有一种杨贵妃的美。

我的大学生活，就在这班美女姐妹们的陪伴下开始了。

芝麻官的笑话

大学的第一节课，我意外地被"老班"任命为班级组织委员。

组织委员在中学是没多少事的，不过收收团费，办办黑板报什么的。在大学可不一样，大学生每周五都要开团员生活会，全由团总支部的人负责组织，所以我的差事也不轻。但我想老师把这个"芝麻官"分给我，就是信任，只好硬着头皮上。

一周很快就要结束，经过精心筹备，第一期生活会于周五晚正式拉开序幕，主题为新生才艺展示会，由我和支部书记担任第一期的主持。随着会议的开始，经典笑话也从我的主持词开始诞生，然后好戏连台。

男女合念：尊敬的老师，亲爱的同学们，大家晚上好！

男：又是一个凉爽的九月……

女：又是一个收获的秋天……我们9381全体同学……下面先让班长开个头，有请方(fan)小波上场。一个"波"还没说完，同学们哄堂大笑。我还不知是怎么回事儿，接着听到有同学在叫："'方'(fan)——小波，快上啊！"

同学故意把"方(fan)"字拖得好长好重。我红着脸走下台来，女同学才小声帮我纠正：应该是方(fang)，而不是(fan)。我对鼻音和后鼻音完全分不清，原来在家乡时大家都这样读，从来没人笑话我，我还在高中演讲比赛中获过一等奖呢；没想到在大学里，顿时成了南郭先生。

为了让自己少闹笑话，我只好把后面的台词仔细研究，凡有鼻音和后鼻音的我都标上了拼音。谁知团支书来自仙桃，彩色普通话更牛，更是给同学们上了一道大餐。

团支书的节目是朗诵毛主席诗词《水调歌头·游泳》。只听他朗诵道："风樯动，龟蛇静，起宏图。一桥飞(hui)架南北，天堑变通途……"

哈哈！全班又是大笑。因为组织生活没有老师参加，特别轻松，接着全班同学都学着他一起读起来："一桥飞(hui)架南北"。他可能跟我一样，还不知道自己把飞(fei)读作了(hui)。

整个展示会就在主持人经典的笑话、同学们精彩的表演中高潮叠起。后来，来自各地的同学也同样有着很浓的乡音，更多的笑话也就相继产生了，但都没有我的"方(fan)小波"，团支书的"一桥飞(hui)架南北"流传久远。至今同学聚会，还有人在调侃我们。

当上组织部长

看到这个名儿，读者一定会想到这个人权力不小，大权在握吧。呵呵！我可没这本事，这只是我在师专担任的一个小小系组织部长。

干了一学年的班级组织委员，虽然闹了些笑话，但工作还是做得可圈可点。

上了大二，系里任命我为系组织部长，主要负责系内一些大型活动的组织。

1994 年全院举行的庆"三八"大型集体舞表演，是我至今引以为豪的一次组织经历。

大约在 2 月初，体育系接到庆"三八"活动的通知，要组织一次表演。系主任把这个重任交给了我。我先分析了形势——在我们院，英语系、中文系、教育系（艺术系）是最有优势的，英语、中文两系女孩子多，而且多身材苗条的漂亮美女；教育系不用说，是专业人才；而分析我们自己，全系不到 50 名女生，有的特别高，有的特别胖，苗条美女少得可怜。

知己知彼，这是最重要的，所以我首先否定了编排舒缓、柔美的舞蹈的想法，我知道这是鸡蛋碰石头。最终我和系总支部几个同学商量，确定把艺术体操和传统武术表演结合到一起编排一个节目。艺术体操是我大学的专业；至于传统武术，在高考时为了拿到专项 40 分，我跟随教练学了一点皮毛。但是要把二者结合还是有些困难，比如音乐的选择；比如二者的衔接和协调；比如画面怎样大气而有美感……

我请教了师专有名的艺体老师和武术教练，她们给了我一些很好的建议。

差不多一周的时间，我一闭上眼睛，脑子里全是各种艺体和武术表演的动作或队形。有时想到特别好的点子，就是半夜也要爬起来记下，怕第二天忘记。

到第二周，基本框架已经形成。从第二周开始，全系女生投入紧张的训练之中。体育系女生虽然大多长得壮实，按通常的审美标准来说算不上漂亮，但学动作、跑队形却很快，加上系领导的重视，还有男生们的细致服务工作，让我们信心百倍。

经过一个月的艰苦训练，迎来了集体舞表演大赛的日子。3 月 8 日上午 9 点，全院 11 支女子队伍在校田径场整装待发。

第 7 个节目，轮到我们了。音乐响起，节奏明快，武术队先出场，虽人数不多，但气势如排山倒海，一出场就赢得了观众阵阵掌声。尔后艺术体操队员陆续登场，艺术体操和传统武术的完美结合，让我们最终获得了一等奖。

这一段经历，是我人生的一笔巨大财富。听说现在的大学生，想当官都得竞选了。我多想青春再来一回，如果那样，我一定会去竞选组织部长这个职位，它让我当得上了瘾。

作者简介：

余冬玲，1973 年 11 月生，湖北恩施人，1996 年 6 月毕业于宜昌师专体育系，在远安县教研师训中心工作，任学生发展部主任、地理教研员。

"北漂"三年

胡冬梅

序

我这里所说的"北漂",不是在北京漂泊闯荡,而是在宜昌北山坡——宜昌师专的校园里飘荡、学习、生活。但无所用心,学无所成,故曰"北漂"。

20世纪90年代初,我国大学还没有扩招,我们这些高考没上本科线,但高考成绩500分左右,家境贫寒的学子,便就读本地区的师专(毕业后从教)或医专(毕业后从医),学制三年,故曰"北漂三年"!

当时读师专,国家有一定补助,学费全免,书本费每年每生500元。另外,国家财政拨款,每月给每个学生发放39.8元的生活补贴。20世纪90年代初,国家经济实力较弱,但仍然在有限的经费中挤出钱,资助师范生,为国家教育事业厚植根基,培养教育事业后备军。宜昌师专当年培养的大批人才,如今都是大宜昌地区教育事业的核心和骨干力量!想到这儿,不由得对祖国母亲,对当时积极创办师专的社会贤达,深鞠一躬,道一声:"感谢!"

山边的三食堂

师专校园东北边,地势稍高,有坡有坎,这里错落有致分布的主要是教工宿舍,还有招待所,学校卫生室,估计是为了方便这里的教职工,学校在山边设置了一个规模较小的食堂——师专三食堂。

来这里就餐的学生不多,因为距离学生宿舍较远。如果哪天上午课程不紧,我便和室友晓琼、红慈相邀,拿着饭盒,信步而往三食堂。边走边聊,爬台阶,穿林荫,步花径,来到三食堂买饭打菜。捧着热乎乎的饭菜,边吃边往回走。脚下是洁净的灰白硬化道,两旁是纷披的迎春花,如瀑布般悬挂在山崖边。绿得发亮的叶片密密铺满石砌的山墙崖坎,艳黄的迎春花绽放得热闹繁华,黄绿相配,极为悦目,如巧手姑娘织就的锦缎,我们徜徉其中,心儿在师专校园的花木间飞翔。

三食堂地处偏僻，距离宿舍较远，大多数同学不愿去那儿就餐，但因为那儿环境幽雅，空气清新，幽寂少人，故许多情侣携手前来买饭，吃饭聊天，谈情说爱。午后暖暖的阳光照着，花儿草儿在微风中摇着。

你瞧，那水池边上，坐着一对妙人儿，背靠背，端着饭，吃一口，聊两句，脸上挂着可人的笑靥，倒映水中，明净纯洁。

那假山旁，一对少男少女，手牵手，弯腰赏景，池水清澈，游鱼细石，直视无碍，他们手指目随，惊喜雀跃！

那树荫下的石椅石桌，闲散地摆放在那儿，似乎在等待别人来坐。帅哥靓妹来了，他们把饭盒搁在石桌上，带来的可乐，"噗"地拧开，冒着白汽儿，两人对饮，此时此景，百事可乐啊！

到处是青春的影子，浪漫的情怀，爽朗的笑声，这里是一群群年轻人青春的伊甸园，我们到这里来赶赴一场生命的约会，不早不迟，正值人生花季。人这一生，不就是一场生死赴约吗？但这里只有簇新的理想，青春的脸庞，明净的笑容。是的，宜昌师专啊，这方热土，铭刻在我的生命中，融入我的血脉里，已成永恒！

绿树掩映中的图书馆

宜昌师专图书馆是师专校园的一颗璀璨的明珠，是师专知识的堡垒，是师专的象征，是校园里的核心建筑，是全体师专人的骄傲！因为它面积开阔，宽敞明亮，掩映在参天古木之下，如一位韬光养晦的世外高人，自带仙气！另外，它藏书量大，在整个宜昌地区，藏书36万册，这在20世纪90年代，真可算首屈一指啦！

图书馆总共三层，一楼书架摆满期刊报纸，二楼是主体，分门别类的藏书整整齐齐摆放在书架上，成行成列，蔚为壮观。三楼是自习室，全师专的学子都可以在这里用功，这里的灯光彻夜长明，照亮了师专的夜空，也照亮了我们的人生道路！自修室里，有钻研学术的老师，有奋笔疾书的写手，有用功苦读的学子。几千平米的自修室里，人满为患，但悄然无声，安静是主旋律，学习氛围浓厚！

这里终日呈现出一片静谧，多年之后我明白了：静能生慧啊，图书馆在宁静中哺育了我们的灵魂，在沉思中积淀了我们的智慧，它让我们内心富足，眼界开阔，它给我们师专学子打上浓浓的书卷气，让我们腰板挺直有风骨，让我们气度沉稳又从容！

今天，我静默在图书馆前，觉察出你的荒凉。你经历50年风雨洗礼，显得沧桑衰败了，但这里是我们梦想起航的地方，这里是我们人生拔节的沃土，这里是我们灵魂走向丰盈的神圣殿堂。

图书馆前，那一片合抱之木，百年香樟，粗壮古拙，遮天蔽日，直冲霄汉，气势磅礴，他们是这里的土著，他们是这里的主人，他们是历史的见证者，我们只是他们的孩子。如今，孩子们已经长大，离巢而去，这些香樟如空巢老人一般，静默着，守望着！

樱 花 大 道

宜昌师专校园里，春意最浓，春光最炫的地方，要数樱花大道。徐特立老先生题字的牌坊两侧，栽种着一排日本粉樱，历史悠久，主干粗壮，树冠如巨伞，花朵赛牡丹。在我印象中，春天最钟爱这里，那是一片绯红的轻云，樱花色泽浓艳，花朵硕大，花树主干遒劲，枝繁叶茂。

阳春之时，温风如酒，暖阳洒金，樱花就悄悄打骨朵，满树的枝干上，密密匝匝缀满了米粒大小的绿色蓓蕾，此时的樱花还在绿色的襁褓中酣睡，静待春风来把它们唤醒。等到和煦的春风吹过一两周，这些绿色的骨朵仿佛害羞的小姑娘，纷纷羞红了脸，它们在枝头闪露出一点点红晕，你仔细观察，才能发现它们娇羞的容颜。它们站在树枝梢头，在绿色的花萼中露出半个羞红的脸颊，犹抱琵琶半遮面，将隐将现，似与你嬉戏，煞是可爱！

我到阶梯教室去上课，日日从树下走过，总会驻足观赏那一树树的樱花。开了没？有何变化？瓣子大些没？有时早上 8 点上课时，看见它们还敛着花瓣，欲绽还羞；等到了中午 12 点下课时，它们那娇嫩红艳的瓣儿已经半露或完全露出来，仿佛魔术一般。它们在正午的阳光下，笑着，闹着，舞着，炫耀它们的天生丽质。我总会忍不住用手轻抚花朵，自言自语："快点开吧，我想看到你们完美容颜！"

春的和风再吹一周，每年大约 3 月中旬，樱花就成群结队怒放了，势不可挡，轰轰烈烈，你方唱罢我登场，那粉色的队伍，悄无声息，对你的视觉进行狂轰滥炸，让你目不暇接。你站在这样一片粉色的花海里，被它们震撼着，威逼着；你的内心很复杂，惊讶着，喜悦着，感动着，怜惜着。一树树的花开，一簇簇的粉嫩，一片片的绯红，就在和煦的春风里，就在你的眼前，就在你的四周。风里混着青草味，鸟啭莺啼，蝶儿翩跹，还有学生琅琅的书声，此时的我，一会儿怔怔地发呆，一会儿转着圈欢呼着，我和大自然的美不期而遇了。春天的樱花啊，你们唤醒了我生命的原动力！天地大美啊！

大约 4 月中旬，樱花的势头减弱，渐渐凋零。这又是一场柔肠寸断的悲壮场景！昔日怒放的樱花，开始褪色，失了她的颜色，散了她的芬芳，消散了往昔的活力。"落红不是无情物"！草木无情人有情啊，目睹着这场谁也挡不住的樱花雨，我愣住了，如此盛大的樱花阵容，不满一月，纷纷坠落，风中四散，消失在校园的灌木丛里、清洁工的扫帚下面、沟渠积水里。来来往往的人群，踩踏着这些失宠的花瓣，似乎没有"黛玉葬花"的怜香惜玉！

掬一捧落红，不禁自问："今年的樱花谢了，明年的樱花还会再开，但还是这一朵吗？"我静默在樱花树下，徘徊不已，思绪万千，泪眼问花花不语！老师常说"美人迟暮"，是啊！这些凋零的樱花不正似迟暮的美人吗？在校园的樱花树下，我懵懂地明白：花无重开日，人无再少年！

尾　声

迄今，我已从宜昌师专毕业 26 年了，"北漂"三年的生活，时时浮现在脑海，对于这座校园的思念，也与日俱增。

大约 2006 年 5 月间，我曾回到师专的怀抱，再次站到了这道坡前，想找到生命最初的感动。我细细打量着你的一草一木，一砖一瓦，我觉察出你的寂寞，你的衰落。我一边踽踽独行，一边嘘唏感叹：你是老了，你的确旧了！但在我心中，你永远是青春的，簇新的！你依然是那样美妙，宁静如清晨花草上的露珠，晶莹剔透；绚烂如阳春三月枝头含苞待放的蓓蕾，生意盎然。

因为这里有我的青春，有我人生最初的美好！

作者简介：

胡冬梅，1973 年 12 月生，湖北宜昌人，1996 年 7 月毕业于宜昌师专中文系，现在宜昌市长江中学工作。

师专的味道

黄海军

回忆师专的味道，那是青春的味道。

1987年高考，因为偶然也是因缘，更得到我高中恩师杨国和傅伟的指点和帮助，我从枝江的安福寺高中考入宜昌师专化学科8742班，在大一班主任倪春林的呵护下，开始了令我回味无穷的的大学时光。

最喜欢的要数食堂的味道。师专的食堂是宜昌大中专学校中做得最出色的，也是全省师专食堂的典范。我们这群饿大的孩子仿佛掉进了天堂，食堂的美味也成了我们炫耀的资本。每到周末，市内市外的各路老乡到师专云集"打牙祭"就成了一道特殊的风景。晶莹剔透的肉冻、香辣可口的小炒肉丝、令人垂涎三尺的红烧肉，还有又甜又松软的大发糕、北方水饺、蒸饺还有萝卜饺子……现在同学偶尔聚会，依然津津乐道。

军训的味道是苦涩的，但也泛着一丝甜蜜。烈日下队列训练汗流浃背，内务整理细致严格。最有趣的是实弹射击，终于第一次摸到了真枪，每人5发子弹。我虽然高度近视，居然打了48环，和另外两名同学一起荣获了"最佳射手"的称号。军训虽累却收获了甘甜，也学会了在竞争中成长。

最难忘的是浓浓的同学情。返校时，寝室的自学桌子上摆满了特产：甜甜的孝感麻糖是班长梅继开带来的，酸爽的秭归橘子，麻辣的枝江咸菜……你一口，我一勺，互通有无，几乎没有你我之分，空气中弥散着快乐和甜蜜的滋味。

新生篮球赛，我狠狠地摔了一跤，加上在没有痊愈的情况跑操、训练，导致感染化脓，不得不住院。倪主任便安排班上的同学轮流到医院照看我打点滴，老乡文国同学更是背着我在医院奔波。轮到女同学照顾我时，担心她们看见我脆弱的一面，更担心上下床不方便，我就忍着不喝水，尽量不去厕所。身在异乡，大病一场，我却感受到了亲人般的温暖和家的味道。

参加工作后，也曾多次有机会调离教育战线，但都被自己思前想后否定了，忆及自己的教师情结，还是源于大学时对恩师们的喜欢与崇拜。

教授"物理化学"的姚中荣老师是最严厉的。我记得我的一个化学量的角标写大了一号，在面批作业时，我一个咕哝式的满不在乎，就被他批评了5分钟，还将作业等级判了一个 B+。教授"分析化学"的颜克美老师的课堂用语特别干净，风趣幽默，全程没有一句废话，甚至没有多余的一个字。

黄应平老师是儒雅睿智又严谨细致的。彼时的师专，将尽可能多的房子都安排给学生的学习、实验和生活，印象中黄应平老师甚至都没有自己的独立办公室，是在实验室的一个角落办公的。因为我是学习委员，偶尔会给黄老师打个下手，帮忙统计作业错题情况和药品损耗情况，黄老师指导我在手动列表后，再加一个备注栏。当时因为自己的浅薄，还有些误会老师，以为是老师"偷懒"或多此一举。后来不经意中发现，老师不厌其烦地对我做的一些基础工作都进行了核实，他的严谨和务实让我非常钦佩和感动。

大三的班主任赵延槟老师爱下象棋，他平易近人，也会和我们学生下象棋，输了也乐呵呵的。他总是在学生寝室里，悄悄把同学间闹矛盾、乱用电、酒精煮火锅事件等悄无声息地解决了。作为学校 90 届优秀毕业生被授奖后，我兴奋地请到高进仁校长写了毕业留言，也收到了赵老师最暖心的叮嘱："4 门毕业考试学科你都是 96 分以上，希望你一辈子坚持做学问，做一个真性情的人。"

颜老师待人特别和蔼可亲。他多次问起我的工作生活情况，谈到我负责的团委组织部的工作和班级学习委员工作的琐碎，还有组织学生活动中的苦恼、人际交往上的困惑，颜老师不仅苦口婆心地引导，还从细微处给予鼓励。斯人已逝，没有见最后一面，每每回想，心痛不已。

忘不了朱拥军教授的低调与豁达，实验员许登清老师的务实与求真，辅导员李军如老师的谦和与礼遇……正是老师们令我耳濡目染，让我更加坚定了从事教育工作的决心。

地道的美食，珍贵的友情，严慈相济的恩师……青涩而甜蜜，温柔又严厉，这是师专的味道，也是青春的味道。

作者简介：

黄海军，1969 年 6 月生，湖北宜昌人，1990 年 7 月毕业于宜昌师专化学科，现在宜昌金东方教育集团工作，担任集团党委委员、副总校长。

难忘师专二章

龙学贵

师情如酒

细雨呢喃，来到北山坡，寻觅昔日宜昌师专的印痕。

借着酒劲，在操场上跑起来。朦胧的教师宿舍楼依旧，校园的一切都那么陌生而又那么熟悉，昔日的往事又一幕幕重新浮现在眼前。想起恩师，别有一番滋味独上心头。校园的生活恬静而温馨，曾经的快乐和洒脱，曾经的好强和苦恼，宛如细雨一样串串连缀起来，跳跃进我的眼帘。

初秋的一天晚上，一位师专的同学来电话说："以前教古代文学的孟老师来了！"当时我一阵惊喜，脑海中浮现出孟老师的模糊面庞来。刚见面，我还没有认出孟老师来，孟老师突然喊出了我的名字来，让我十分惊讶。当时，心里一阵喜悦和感动：时隔20年，在数千名学生中，孟老师竟然还记得我。

席间，我为老师斟满酒。望着几十年前的学生，孟老师高兴得连喝几杯酒，边喝边讲起了我们在师专读书时的美丽回忆，眉宇间难以掩饰那份浓浓的师生情。

两年的大学生活深深地镌刻在心扉，恩师教会了我们许多知识和做人的道理。记得毕业时，孟老师在我的毕业纪念册上，写下了遒劲的留言文字"学贵在长"，希望我今后在学习中发挥自己的专长。如今，蓦然回首，许多宝贵的东西被放弃，留下了诸多遗憾。曾经在课堂上口若悬河、风度翩翩的孟老师，如今也即将退休。20年了，孟老师夫妇从宜昌师专调到荆州师专任教，6年前，又为了儿子求学和就业，辗转到广东江门的五邑大学任教，经历了生活的诸多坎坷。不久前，他们开着车从广东千里迢迢回到宜昌，那份思乡情，让人感动。

师情如陈年的美酒。如今，重拾师专那份不能复制的纯净，重温那份美丽的憧憬，重现恩师那学问和人格的亮点。师生至情，在人生路上闪亮成路标，宛如细雨，润透着心田。

"跟往事干杯！"孟老师端起酒杯，一饮而尽。师情如酒，那股醇香让人沉醉。

相 守 永 恒

走进原宜昌师专大门，恍如回到 20 多年前的读书时光，睹物思人，人去楼空，庭院深深，樟树依旧。

如今，那些昔日的独秀，让所有荡气回肠的故事变成永远的回忆，升华到相濡以沫的关怀与亲情，再多的激情与浪漫如今也正随着平凡的生活而渐渐磨淡。昔日的校友天各一方，人在旅途，美丽的风景会不断变换。如今，在 QQ 群中相见，晒出昔日的青涩照片，面对昔日的美景，有的走入那份风景，细细欣赏景致；有的却独享那份宁静；有的仍在咀嚼那思念的心痛和叹息中的无奈；有的轻轻地走进心扉的小屋，浸润了那份优哉游哉的心情；有的心已经默默流连于那道风景，无法将思恋从心灵的内存中删除；有的仍在寻觅，为昔日而心动，当成一道远远欣赏的美景……

茫茫人海，找寻到心灵之伴侣，只有珍惜自己的拥有才能常乐。有位同学这样说，大学同窗的花景之所以美丽，是因为有距离之美，适于欣赏。这不是短暂的激情，是一份默契与亲情，是走过一生的珍贵。还有一位同学说，为友情干杯，心的容量是有限也是无限的。弱水三千，我只取一瓢饮，大学两年虽短，但人非草木，难免动情。还有一位同学说得更精彩：回忆大学时光，尽管那些声音和心动的感觉，不可能重现，但每一个人在花样年华擦出的激情火花，会把醉人的迷恋变为美好的回忆！

蓦然发现，大学同学守候 20 多年的，竟然是一份平淡和永恒。20 多年过去了，友情依旧，最初的呵护和海誓山盟不再如绵，激情和美丽恰如飘过一片美丽的云彩。人生短暂，须臾而过。纵然相隔万水千山，也有永不消逝的友情电波。

在昔日大学校园，那些经典故事像一道梦寐以求的景色在眼眸慢慢展开，无法挥去，让这份美丽的思恋，永远储存在人生的硬盘……

作者简介：

龙学贵，1968 年生，湖北宜昌人。1989 年 7 月毕业于宜昌师专中文科，做过教师、记者，宜昌市作协会员。先后在报纸、杂志、网站等媒体、平台发表诗歌、散文、小说 400 多万字。

诗 词 二 首

吴章采

步韵答竹荫

金粉南朝世所夸，即今远迈旧繁华。
堂垂绛帐饶春雨，笔蕴灵光灿暮霞。
览胜严城观踞虎，寻诗高阜踏飞花。
关山未阻还乡梦，尺素新投故友家。

浪淘沙·挽唐义精、唐一禾二位老师

死别泪潸潸，宝树双残，骑鲸人去不复还。化雨春风今已矣，啜泣灵前。
转眼吊西山，云暗天寒，白杨风紧现啼鹃。数尽生前生后事，总付荒烟。

竹枝词·故乡武魁场轶事（八首）（节选二）

方　松

咏熊筱崗

左手画图右手书，韬光若炬吐机杼。
堪称舆界三家半，半世黉宫弟子誉。

注释：

熊筱崗（1890—1971年），安福寺杨家店人。其父熊崗之受杨守敬遗嘱，完成了《水经注疏》和《水经注图》的专论巨著。筱崗从小受父舆地金石影响，平生五十余年执教地理，被誉为"湖北三个半地理教师"之一。余就读湖北省宜昌师范学校时，亲享精授地理课艺术。1949—1951年，熊筱崗任湖北省宜昌师范学校校长。

恩师王素

驱倭堪称硬骨头，黉宫不愧劲耕牛。
纵然世道风云险，终得耄年驾钧舟。

注释：

王素是我同乡姑父，又是恩师。1941年6月任中共枝江中心县委副书记，后脱党。1952年，任湖北省宜昌师范学校副校长，后因故开除公职，回乡劳动。十一届三中全会后，平反复职。晚年生活怡然自乐。

（原载《长阳诗苑》2004年第1期。）

嘤嘤其鸣

——怀念、酬赠原师专诸同仁

吴柏森

吊吴林伯先生

先生故去八年矣！今逢先生九十诞辰，漫成小诗一首，以寄哀思。

泰伯滋佳树[①]，涵濡有马熊[②]。
书山勤伏虎[③]，艺海细雕龙[④]。
牛舍权威卧[⑤]，杏坛桃李秋[⑥]。
蓬瀛翁媪伴[⑦]，其乐也融融。

注释：

①泰伯，周太王长子，孔子赞其有"至德"。始封于吴，后以为氏，乃吴姓之祖。佳树，谕俊秀子孙。②先生早年负笈入川，求学于复性书院，师从马一浮、熊十力诸大家。③先生于群经诸子之书整理、通释、解译，用力甚多，俾今之阅读、研究减去诸多障碍，俗所谓"扫拦路虎"也。④先生倾毕生之力于刘勰《文心雕龙》之研究，有《〈文心雕龙〉义疏》传世。⑤文化劫难中，先生被目为"反动学术权威"关入牛棚。劳动中，同事戏呼"权威"，先生亦应之，泰然自若。⑥80年代初先生调入武汉大学中文系从事教学工作。杏坛，相传孔子授徒讲学处。⑦先生与夫人邓国柱女士伉俪情深，夫人先先生而逝，先生悲痛欲绝，泣血作《悼国柱》。蓬瀛，仙人之所居，谕先生偕夫人安息之地。

2006 年 4 月

读吴章采先生赠青年书家金强先生诗依韵奉和

书魂画魄自成缘，探赜相将遑论年。
逸兴氤氲充尺幅，虬枝玉蕊月长圆。

原诗

广结平生翰墨缘，代沟何碍缔忘年。
喜看壁上龙蛇舞，玉润蓝田珠自圆。

2006 年 2 月

悼吴章采先生

章采先生辞世，连日阴雨，潸潸如泪下，更添悲意。成小诗一首。

连日天悲泪，延陵失俊丁①。
白云黄鹤立，楚水蜀山青②。
石上经天地，毫端蕴古今。
倡酬何处再？惟见叶飘零。

注释：

①古贤者吴季札受封于延陵(今江苏武进)，先生慕其为人，治一印，称"延陵后人"。又常自署"钝丁吴顽"。

②先生青年时期就学于武昌艺专，为大画家唐一禾先生之高足。后于四川江津、湖北宜昌等地从事艺术教育工作。

2009 年 4 月 12 日

挽王陆才先生

得知王先生已故去年余。感慨唏嘘，吟成一绝。

斗室论文意每新，别来湖畔与山根。
云天鹤去呼无应，谁解桃花扇底魂。

注释：

王陆才(笔名王毅)先生原为我校教师，师专下马后调入湖北大学中文系任教授。王先生长期研究《桃花扇》，成果甚丰。有《湖畔集》《〈小忽雷〉传奇校注》《〈清忠谱〉校注》等传世。

2013 年 5 月

读老校长徐汝潭先生《沧桑记忆》感赋

烽烟关隘赴同仇，泗上弦歌愿已酬。
乐越崇楼舒望眼，神清笔健写春秋。

2010 年 3 月 5 日

与龚万树通电话一别五十年矣

琅玕绰约影朦胧，海澨山陬跫然通。
记否肩锄瓜菜代，挑灯托叟又莎翁。

龚万树以其父诗文集见贻

故人遥寄玉椿枝，几回摩挲几回思。
手泽杜铨承惠我，异代沧桑襟抱诗。

注释：

龚万树，女，原宜昌师专外国文学教师。体形瘦高，曾戏以"竹竿"呼之。师专下马后调回故家泉州。行前，将其父研读过之《杜诗镜铨》赠我。

2010 年 11 月 16 日

读符号先生《敢自嘲者真名士》

握瑜怀瑾冰霜质，名士淳真敢自嘲。
笯凤潜龙时有否[1]，城狐社鼠运偏高[2]。
混珠赝玉愁炎火，铸剑纯钢耐冶陶。
忧乐无边来眼底，天高地阔"我"鸿毛。

注释：

[1] 屈原《九章怀沙》："凤凰在笯兮，鸡鹜翔舞。"《易乾》："初九，潜龙勿用。"
[2] 指藏匿于城墙和社庙中的鼠与狐，灭之，将坏城墙和社庙。见《晋书·谢鲲传》。

读《符号自白》兼寿三十五公岁

乞桃王母欲盈筐[1]，无酒无花笔作觞。

驰骋文场犹跃马，参详世路不亡羊②。
童心未泯撕花面，白发萧疏动热肠。
伉俪偕携观四海，凌波撷浪又梯航。

注释：
①传说王母种桃，三千年一结实，食之延年。见《汉武故事》。
②歧路亡羊。见《列子说符》。

2008 年 5 月 11 日

贺济民先生《歌咏屈原古今诗词选》出版

纫兰结菊一编馨，霞蔚云蒸颂国魂。
临睨旧乡天日丽，春来九畹好行吟。

2009 年 3 月 8 日

王蓓婚宴席上重逢金先生夫妇口占一绝

几度思君寻白鹿，涓涓一脉故人心。
喜筵散后余清梦，水复山重又一村。

注释：
金道行先生退休后移居武昌，据王德金告知，常在网上"白鹿洞"发表散文。又，金先生书房名"又一村"。

2009 年 11 月 15 日

附：

答吴柏森先生
金道行

辞山别水忆当年，留我吴君忘也难。
又领重逢歌一曲，江州司马湿青衫。

贺彭定慧、陈大中伉俪八十大寿

偷桃撷枣寿双星，白首回看路几程。

共读芸编窗外桂，耦耕兰圃岭隔灯。
亭亭玉树阶前乐，勃勃青蚨囊箧盈。
蝶舞猫歌春色好，期颐一跃效祖彭。

2010 年 4 月 30 日

读郭超焱、符利民伉俪金婚诗依韵奉和

一粟微生处两间，呼牛呼马不言嫌。
少粮共咽瓜加菜，多味偏疏甘与盐。
泼染流云峰滴翠，漫吟秋菊月融圆。
我行我素依然我，有所前前有不前。

2013 年 5 月 9 日

原诗

五十年华一瞬间，张扬内敛两无嫌。
吹拉弹唱砚笔墨，柴米油茶酱醋盐。
世上几多盘丝洞，胸中一片伊甸园。
白发皤然终不改，一动一静一如前。

诲人卷外　瞻汝潭中
——徐公米寿诗联集萃

符　号　姜祚正　等

题记：一位离休已30余年的耄耋老人在步入米寿的前夕，收到几十首为他祝寿的真挚感人诗篇，令他十分意外和吃惊。他就是三峡大学的前身宜昌师专首任党委书记兼校长、《沧桑记忆》一书的作者徐汝潭先生。

作为徐公的弟子、部下、文友，纷纷前来道贺，真是宜昌诗坛的一段佳话。赞美徐公，正是对清风正气的推崇与呼唤，对尊重知识、知识分子风尚的认定与褒扬，在当下何其珍贵！

将贺诗汇集，读者自可品味，何谓"人格魅力""高风亮节"。

贺徐公汝潭米寿
符号

汝潭乃碧潭，泽润胜蓝田。
汝潭属深潭，沧桑映其间。
汝潭为清潭，澄澈若童眼。
汝潭不老潭，烛照似古鉴。
我饮汝潭水，汝潭养我颜。
我爱徐公美，美美美汝潭。
　　　　——符号为美徐公八八打油

步符公韵贺徐汝潭先生八八大寿
姜祚正

汝潭在杏坛，天下桃李蕃。
栋梁撑大厦，黎民安如盘。
汝潭抚琴弹，流水与高山。
知音有几个，佳话千古传。
汝潭桃花潭，情深可载船。

若论情谊厚，汪伦也汗颜。
汝潭赏彩昙，祥云不知还。
相伴八八载，再伴一百年。

打油奉和
金道行

城北徐公美，邹忌讽齐王。
徐公八十八，符号咏华章。
米寿加喜寿，美哉寿星王。

和符号贺徐公八八华诞
吴柏森

读君汝潭诗，情动我中肠。
忆昔初来日，懵懂意茫茫。
有潭清如许，促我效清扬。
昂然多正气，冒风纳贤良。
广罗典与籍，濡溉兰蕙芳。
艰难苦困日，叩门呼上床。
其情若在昨，深过桃花潭。
何言八十八，潭流绵绵长。

汝潭清清
吴绪久

汝潭清清，照彻彤云。
汝潭涟涟，花香果甜！
汝潭伊伊，芳草萋萋。
汝潭迭迭，长奔岂歇！
人赞徐公美，德馨为人杰。
我赞美徐公，寿高共日月！

徐老汝潭米寿志庆
熊　平

齐鲁多英杰，我知有徐公。
年少气正盛，投笔赴军戎。

身虽在行伍，阅读未曾松。

南下做领导，不失儒雅风。

人情明眼目，世态亮心胸。

识人具慧眼，著书凭硬功。

青春重走过，耄耋不疏慵。

人已为长者，心和大众通。

且喜鬓虽白，身如一棵松。

公园常起舞，步态亦从容。

拙笔无佳句，恭贺米寿翁。

隔年九十岁，愿讨酒一盅！

贺徐老八八大寿
程建学

风雨兼程未息肩，回眸历历复欣然。

毕生持正严律己，到老求真不放闲。

绕膝儿孙娱蔗境，满床书卷伴清眠。

寿公八八还加倍，镜月涵天比玉潭。

和符号先生《贺徐公八八华诞诗》
学生元辰

因师示新作，梦回镇境山。

学府虽简陋，先生正华年。

倾囊劝勤学，精思教成才。

拳拳勉报国，殷殷以身传。

开讲新小说，劳动奋当先。

诸师如玉树，引人入上苑。

今生多风雨，历难志弥坚。

从政更从文，播传新理念。

文标鲁迅后，睿智开新篇。

而今寿徐师，尊老启后贤。

诗心如明月，银辉照天山。

大德终生益，师恩如涌泉。

跟贺徐师寿，敬重徐汝潭。

二师人渐老，学生鬓亦斑。

养德颐心志，守常乐晚年。

愿师齐天寿，师生共翩翩。

贺徐老八八大寿并唱和符号老师

柳朝彪

世上一苍松，人间不老翁。

沧桑经几度，肝胆酿春红。

汝潭乃澄潭

李盈文

汝潭乃澄潭，万物纳此间。

听师咏潭诗，愿作潭中莲。

潭水有逸韵，对影舞翩翩。

和符号老师《美徐公八八华诞》

胡定芳

华年添米寿，绩业早田田。

鉴月凌云志，贤良坐落间。

昂扬有青眼，鹤发染风肩。

宠辱皆平然，沉浮自悠闲。

清风抒雅赋，忘机葆童颜。

铁血铿锵语，惊雷响世言。

堂堂轩志节，磊磊凝碧潭。

我意为微叶，仰止衬清莲。

误记寿辰戏呈徐校长

吴柏森

徐校长说提前了他的生辰，惭愧难堪。我戏诌四句应答：

徐家潭水米家山，何愧何惭何不堪？

雅趣淳情成一笑，提前推后又何关？

和柏森戏呈徐校长二首

符　号

（一）

汝潭不老潭，寿水映米山。
徐徐清风举，助君上珠巅。

（二）

徐童沐夏雨①，汝翁涵清虚。
潭馨众侣醉，寿贺潭汝徐。

注释：

①美徐公生日为七月十七日（农历六月十九）。

和柏森、符号二先生戏呈徐校长

程建学

（一）

汝潭不老潭，德馨众口传。
沧桑阅未尽，米寿再翻番。

（二）

徐风润细雨，汝翁涵清虚。
潭馨若美酒，寿公千百壶。

寿　联

冯汉斌

诲人卷外 难忘沧桑岁月 桃李三千乐开米寿
瞻汝潭中 能鉴澡雪精神 元龙百尺徐望茶年
——后学冯汉斌贺徐公汝潭八八寿联

五古·老师专情思

曹文安

宜昌高学府，倚丽长江畔。
田园映校园，林木翠东山。
我本南湘子，有幸忝杏坛。
六一别珞珈，负笈来师专。
时逢灾害频，饮食仅瓢箪①。
开荒剪园蔬，自己加餐饭。
天道酬勤人，枝鹊唱林晚。
经霜历风雨，苦乐皆舒坦。

治校须崇学，传道仰哲圣。
吴徐豁我蒙②，经传启后昆。
同仁互携手，龙驹争脱颖。
书海勤耘耕，吟诵竞锵铿。
壮哉众师表，教化誉楚荆。
悠悠情师专，经世蒙泽恩。
流年几沧桑，继往代有人。
三大多俊彦③，莺歌续新篇。

注释：

①孔子的弟子颜回学习生活极为困苦，饮食仅为"一箪食，一瓢饮"，但"回也不改其乐"。语见《论语·雍也》。

②20 世纪 60 年代末，为求提高学业，当时的师专中文科安排老师吴林伯、徐圣熙为青年教师讲授《论语》等经籍。

③"三大"，指今三峡大学。

高阳台·感怀宜昌师专

袁　洪

秀木参天，清荫覆地，北山坡上黉崇。东壁①书丰，氍毹②台峻雍容。延贤弘阁③英才萃，誉声高，五十年匆。记初衷，徐老曾题，字字殷红。

回眸半纪勤辛路，倚红花④发轫，沐雨经风。朝日东升，时艰共克犹雄。卜居西坝寻常事，奠新基，一蓄征鸿。又缘逢，队合群龙，横海凌空。

注释：

①东壁：《晋书·天文志上》："东壁二星，主文章，天下图书之秘府也。"因以称皇宫藏书之地。此借指学校图书馆。

②氍毹：毛织的布或地毯，旧时演戏多用来铺在地上，故以"氍毹"借指舞台，此指学校大礼堂。

③弘阁：即"孙弘阁"，又名"东阁"。《汉书·公孙弘传》："弘自见为举首，起徒步，数年至宰相封侯，于是起宾馆，开东阁，以延贤人。"后以喻延纳贤才。

④红花：地名，指宜都红花套镇。

老友小聚感赋

吴柏森

半生旧雨伤离愁，山畔重逢语不休。
世路维艰存汝我，岁月如流失侣俦。
眼前飞雾怀经史，足下堆棉惮奥楼。
衰貌颓颜君莫笑，情深一往更凝稠。

注释：

2019年3月12日中午，与会者有张道葵、张爱珠、李超、符利民、郭超焱、曹文安、宋美善、吴柏森。谢道弋因病，李华章因王蒙来宜活动未能出席。

七绝·贺李光明先生乔迁之喜

刘济民

秋分时令入宅宜，映日华堂添寿颐。
莫道寒霜染皓首，高楼舞剑好闻鸡。

七绝·游山间

李光明

层峦叠峰一线天，云霭聚散只等闲。
自然造化挥巨笔，恣意泼墨胜画仙。

注释：

李光明，1939 年 12 月出生，湖北宜都人。副教授。曾任中共宜昌市委党校党委书记、常务副校长，宜昌师专副校长，湖北三峡学院师范学院党委书记。

毕业纪念（赠中文科李云贵、周德美校友）

刘济民

赠李云贵校友

长风破浪正当时　直挂云帆到日边

赠周德美校友

会当凌绝顶　风光无限好

1982 年 6 月

注释：

李云贵，宜昌师专中文科 1979 级校友，1985 年 9 月考入武汉大学中文系，宜昌市城市建设档案馆研究馆员；周德美，宜昌师专中文科 1979 级校友，1990 年 9 月考入湖北大学古籍研究所，湖北大学文学院副教授。

（原载《三峡大学老年读书会诗文集》第九集，2015 年 12 月。）

读谢道弋《拂尘拾忆》有感

刘济民

谢道弋先生自费印刷一本《拂尘拾忆》，这是他中国现代文学教学十四年的论文集，蒙他送我一本，并写上"旧稿一册，聊为纪念"。弥足珍贵。

杏坛飞雪鬓先斑，岁月留痕赞有缘。
匕首投枪识铁骨，漩流巴月谢乡贤。
三千弟子承甘露，多少英杰胜似蓝。
冬日校园松柏峻，风光无限在君前。

七律（新韵）与对联

宋兴宏

（一）赠原宜昌师专校长徐汝潭先生

韶华南下过千关，上令欣然入杏坛。
兴舍掘开棘草地，立规蕊绽艳阳天。
惜时陋室习文史，经年基层济困寒。
尤佩高龄常弄墨，清风两袖韵连绵。

（二）贺吴柏森先生八十华诞

仙翁缱绻伴师娘，墨彩绝伦遣韵忙。
玉润勃勃书秦汉，珠圆洒洒写隋唐。
功高迤逦唯谦谨，德劲延绵总善良。
泰斗神怡矍铄铄，森森翠柏掩夷疆。

（三）读吴柏森先生《东山集》

胜景东山古柏森，虬龙翻卷冠如云。
论诗琐语文锋锐，吟稿通篇韵味新。
十万腑言皆有彩，一腔心血尽寻珍。
绮霞骋目无限远，百岁还当求索人。

（四）读由符利民、吴柏森先生任顾问的《求索》期刊

平君求索古传今，学府骚人步后尘。
聋叟峰巅鸣大吕，文魁坝上唱知音。
山河览胜凝于眼，书画长廊卷入云。
峡口三游吟未止，醉翁风骨刊中寻。

（五）赠张道葵教授

珞珈骄子品学兼，耿挚待人总慎言。
严谨治学精艺理，旷达探究骋文坛。

曾携吾辈攀峰壑，更领群生涉险滩。
喜看葵花心向日，期颐依旧胜祁寒。

(六)鉴赏符利民先生《八秩履痕画册》感赋

卧虎初腾桂子山，啸风丘壑步雄关。
青春授业珠玑语，壮岁为官笃信廉。
诗韵光昭灼故地，杂文耀彩映霞天。
尤钦进退怀民意，百秩春回画更妍。

(七)和刘世新先生"故人思聚"

学府腊梅正蕊盈，梦逢牛岁闹春情。
转头遥望三峡月，回首远瞻北斗星。
百乐肴多同聚忆，千杯嫌少共行吟。
耄龄只话东山事，未尽乡愁天已明。

(八)赠曹文安教授

珞珈后俊，炯目龙眉，当年怀玉饱学士；
老校凤鳞，蕙心纨质，耄岁瑰章博古人。

(九)赠《宜昌师专的故事》主编李云贵

师专骄子，深造珞珈，施才学术人文俊；
学苑方家，情迁母校，抢救资源故事多。

(十)辞别秭归老乡颜克美先生

一代学人，桃丰李满天国去；
终生挚友，谊厚情深梦里来。

2020年元月25日

德高体健寿无疆

——敬贺徐振老师 95 岁诞辰

刘世新

徐翁九五老寿星，耳聪目明思维清。
步履平稳气色佳，牌技精熟获冠军。
贯通古今教历史，语趣意蕴调理明。
慈祥和善人缘好，淡泊颐养迎百龄。

注释：

2014 年三峡大学南校区（宜昌师专）老干处举办退休职工棋牌赛，时年九十三岁高龄的徐老荣获花牌冠军。

楹联一副

金道行

夷陵杏坛东山桃花北山李
三峡母校今日学子明日师

七律·东山聚会

李滔林

　　2019 年 12 月 11 日，宜昌师专 77 级中文一班 14 个同学在东山看望 39 年前的恩师王秀珍、刘世新、张道葵、吴柏森、曹文安、刘芳，在徐特立先生 1958 年题写校名的旧校门处合影，在"土家山寨"酒店进餐聚会。

　　　　一别东山弹指间，三十九载聚衰颜。
　　　　霜凝大地摧琼叶，雷响长空翱凤鸢。
　　　　政苑浴风硕果累，杏坛润雨夭李妍。
　　　　临歧互道珍重后，楚水巴山起云烟。

七律·母校寻踪

梅大敏

（一）

五十年前熟地方，高师兴办破天荒。
勤工俭学读书苦，授业立言治教忙。
道路崎岖蓬野草，楼房低矮颂华章。
今天重走张家店，无处追寻旧讲堂。

（二）

贤师多少俱千古，尚有遐龄享寿康。
学府翻成三峡大，校园博采五洲光。
彦才济济阳春色，硕果累累翰墨香。
时雨几场风景异，蒸蒸日上看宜昌。

宜昌师专赞（歌词）

张维仲

三峡门户长江北岸，
梦里的梧桐园丁的摇篮；
岁月如歌荡气回肠，
我们的青春啊我们的师专。

沧桑洗礼家国忧患，
筚路蓝缕穿越漫道雄关；
百年树人教育先行，
我们的奋斗啊我们的师专。

桃李无言浪花飞溅，
历史的烟云巍巍的东山；
无边大爱魂系蓝天，
我们的忠诚啊我们的师专。

红 砖 房 子

姚永标

许多年后还想起那幢红砖房子
那是一栋很简陋很破旧的建筑
建于二十世纪五十年代末期
属于我的只有十八平米

我在十八平米里开始我最初的私人生活
每天一早就起床买菜，上班，编教科书
有空的时候陪陪妻子，看看电视
不久写完了我的第一本诗集

有一段时间我们和母亲住在一起
过了一段很平和的日子
母亲常给妻子讲我儿时的旧事
那情形直到现在还让我感动不已

后来我三番五次地搬家
直到住进现在的单元楼里
住宿条件一天天改善
心中的波澜却一天天平息

如今母亲已经离开我们
妻子也淡忘了陈年的旧事
第一本诗集早已经发黄
红砖房子依然还那么红

1993 年

宜昌师专之歌

罗洪波词　曹竟斌曲

1=C　¾

```
|1 - 3|7 - -|6 65 65|6 - -|1 - 3|7 - -|6 67 65|
5 - -|3 - -|6 - 3|2. 3 1|2 - -|7 - 3|2 -17|6 - -|
6 - -|6 6 6|3 3 1|2-3|6 - -|5 5 6|7 7 2 2|1 17 12|
```

　　　　　我们从 战火中 走　来，　怀揣着 荣 昌国立 报 国理

　　　　　我们那 斑驳沧 桑门 额，　徐老题 字 辉耀着 岁 月荣

```
3 - -|3 - 3|6 - 3|2. 3 1|2 - -|2 - 2|5 5. 3|7 -3|
```

想；　筚 路蓝 缕追梦宜昌，　播　种桃 李让天 下

光；　我们是 宜昌 高 校肇始，　让　三峡大 学历 史

```
5. 6　6|6 - -|6 - -|1 - 3|7 - -|6　65 65|6 - -|
```

翰 墨芬 扬。　　啊，　　　宜昌师 专，

灿 烂辉 煌。　　啊，　　　宜昌师 专，

```
5 - 6|7 - 5|3 - -|3 - -|2 - 3|4 - 6|3. 4　3 2|
```

悠　悠北 山坡，　　莘 莘学 子我

朗　朗宜 昌城，　　皎 皎明 月余

```
1 - -|7 - 3|5 - 6|6 - -|6 - -|
```

的　　神 圣殿　堂；

之　　诗 和远　方！

江城子·贺《宜昌师专的故事》付梓

宋兴宏

北山坡里卧龙藏。血一腔，共寒窗。长夜攻读、甘苦倍兼尝。数代韶华成翘楚，驰南北，敢担当。

俊贤引忆那时光。满头霜，话沧桑。笔翰如流、史册闪光芒。喜梦琪花今又绽，千万朵，更馨香。

七律·贺《宜昌师专的故事》结集出版

张维仲

师专故事撼江河，史记钩沉日月梭。
梦启红花西坝址，章回绿叶北山坡。
投身学海初心举，健步书林信义罗。
拔萃精英归社会，青春热血壮飞歌。

——宜昌师专中文科 7911 班学子于 2022 年 4 月 17 日凌晨 1 时

附

录

附录1：宜昌师专大事年表

（1946—1996年）

1946年：8月15日，国民政府"湖北省立宜都师范学校筹备主任"梁瑞麟向当时的国民政府湖北省教育厅厅长呈文称："费时旬余，勘地七处，结果以距县城三十里之红花套镇较为适合条件。该地系一平原，镇中心国民学校在焉。离江百步，距镇半里，柴水菜蔬，均感便利。""鉴于该地环境优良，交通便利，已决定以红花套镇为湖北省立宜都师范学校校址。"

9月，"湖北省立宜都师范学校"经国民政府湖北省教育厅批准成立。校址位于宜都县红花套镇。11月4日，任命梁瑞麟为首任校长，学校正式开学。教职员41人，其中专任教员22人。学生493人，其中约400人为抗战时期流落到四川就读于国立荣昌师范学校的湖北籍"保育生"。

1947年：8月，胡楚藩任校长。

1948年：8月，朱全纪任校长。长期在学校活动的中共湘鄂边地下党组织先后动员组织20多名学生到"襄西工委"参加重新开辟襄西解放区的工作。

1949年：7月16日宜昌解放。8月，宜昌专员公署文教科科长杨筱震代表新政权接管学校，任命熊筱崮为校长。9月16日按时开学复课。有教职员26人，学生319人。

1950年：年初，学校迁至宜昌市城郊西坝第三中学旧址。4月4日，湖北省文教厅批准学校更名为"湖北省立宜昌师范学校"。熊筱崮继续担任校长。在校生6个班200多人。

1952年：2月，李地文任校长。9月，邹吉烨任副校长，代理校长。组织师生参加农村土地改革运动。

1953年：6月，张晓光任校长。年末，全校教职工赴武汉参加全省第二届知识分子思想改造。

1954年：明确"面向小学"的办学方针，确立以教学为中心，培养学生全面发展的目标。

1955年：成立学校党支部，张晓光任支部书记兼校长。

1956年：暑期，学校设立函授部。秋季，招收首批中文、数学函授生945

人，并在 5 个县城区设立函授站，聘请校外兼职教师和辅导员 82 人。

1957 年：受"反右"扩大化影响，13 名教职员被错划为"右派分子"。

1958 年：2 月，三年级 5 个班 235 名学生提前毕业分配工作。4 月，开始筹办宜昌师范专科学校。7 月，革命教育家徐特立亲笔题写"宜昌师范专科学校"校名。暑期，学校迁至宜昌市内的北山坡。8 月，宜都工业区行署教育会议决定，宜昌师范学校更名为"宜昌师范专科学校"；同时，保留中师部分。9 月正式开学，招收专科新生 206 人，中文、数学各三个班，学制一年。11 月，徐汝潭调任宜昌师范专科学校校长。为适应专科办学需要，当年调入本科学历教师 23 人。改原宜昌市第六中学为附属中学；改宜昌市港区小学为附属小学。

1959 年：1 月，学校总结经验教训，提出"以教学为中心，建立健全正常的教学秩序，全面提高教学质量"的指导思想。专科学制改为二年，增设物理专业。成立学校党总支，徐汝潭校长兼党总支书记。

1960 年：进一步加强学校管理，健全规章制度，教学工作步入正轨。

1961 年：春季，根据宜昌专署的决定，校内增设中学教师进修部，由学校函授部和专署文教局属下的教学研究室合并组成，共同负责函授教育和举办中小学教师进修班。暑假前，学校教职工达到 145 人，其中专任教师 67 人；在校学生总数达到 1005 人。8 月，成立校务委员会。

1962 年：7 月 17 日，湖北省委批准教育厅调整省属高等学校的报告，全省师范专科学校全部撤销。宜昌师范专科学校"专科撤销，改办中专"。8 月，宜昌地委作出停办宜昌师专、恢复建立湖北省宜昌师范学校的决定。原宜昌师专副校长兼中师部主任傅天峻被指定为湖北省宜昌师范学校负责人。原中学教师进修部独立建制，成为宜昌专区教师进修学校。两校同一个党支部领导，同一个校园办学，教学资源共享。

1963 年：4 月，黄荣誉同志调任湖北省宜昌师范学校党总支书记兼校长，傅天峻任湖北省宜昌师范学校副校长和宜昌专区教师进修学校专职副校长。湖北省宜昌师范学校根据不同的生源，实行两种学制：三年制的普通师范生，主要以初中毕业生为招生对象；一年制的"速成师范"生，主要以高中毕业生为招生对象。

1965 年：试办"耕读师范班"，招收农村生源 46 人，实行"半农半读"，学制三年。秋季，湖北省宜昌师范学校有普通师范和耕读师范生 9 个班 399 人，速成师范生两个班 147 人。学校教职工 62 人，教师 35 人。宜昌专区教师进修学校有在校函授生 228 人，各种进修班共 7 个 197 人。

1966 年：6 月，湖北省宜昌师范学校和宜昌专区教师进修学校因"文革"停课，党组织停止活动。办学受严重冲击。

1968 年：4 月，成立以宜昌专区文教局长王剑兼主任的"湖北省宜昌师范学校革命委员会"。两校机构合为一体，不再用"宜昌专区教师进修学校"名称。11月，"工人宣传队"和"解放军宣传队"进驻学校。

1971 年：3 月，管先润调任学校"革委会"负责人和临时党支部负责人。12月，湖北省宜昌师范学校党总支委员会成立，管先润任总支书记。学校秩序得到一定恢复。秋季，学校招收中文、数学两个专业的工农兵学员和代培工厂委培学员共 438 人，学制一年。

1972 年：增设英语、理化、革命文艺三个专业。全校 5 个专业共招收工农兵学员 591 人。

1973 年：学校基本形成两种办学模式：一为普通师范语文、数学、英语专业，学制二年；二为语文、数学、理化、英语进修班，学制半年。此外还举办体育、美术、文艺等短训班、中学领导干部和政治教员学习班等。同时也恢复了函授教育。

1974 年：招生"中师班"，其中中文两个班，数学三个班，理化一个班，学制两年。

1975 年：开办"高师班"，设高文班和高理班；招收三个普师班，分文科、理科和英语。

1977 年：2 月，根据湖北省"革委会"批转湖北省计委、省教育局《关于发展高等院校地区分院的报告》，湖北省宜昌师范学校更名为"华中师范学院宜昌分院"。12 月，下达中文、数学、化学三个专业各招收 30 名专科生的指标。由于扩大招生规模，实际招收中文、数学、物理、化学、英语五个专业专科生 336人。中等师范从此停办。

1978 年：4 月 1 日，国务院发布《关于同意恢复和增设普通高等学校的通知》，宜昌师范专科学校恢复办学，由湖北省教委主管。设中文、数学、物理、化学、外语五个专业，在校学生 500 余人。5 月，中共宜昌地委任命管先润任宜昌师范专科学校党委副书记兼校长。学校实行党委领导下的校长负责制。

1979 年：首次提出"科研要起步"的要求，并成立教学研究委员会和学术委员会，创办学术交流刊物《教学与研究》。

1980 年：5 月，管先润专任党委书记，张国然任党委副书记兼校长。在校内举行首次科学报告会，从此以后形成每年一次科学报告会制度，并将学术科研水平列入教师考查。

1981 年：传达学习全国师范院校工作会议和高校教学工作会议精神，明确"面向初中教育服务"的办学方向和"新办、地方、师范、专科"的办学定位。在已有各专业开办专科函授教育。开办首届干部文化班，学制一年。

1982 年：开办新闻班，招生 28 人，学制一年。

1983 年：开办中文干部专修科，学制二年。此后连续四届共毕业学员 193 人。化学专业改为化学专业辅修生物。

1984 年：《教学与研究》经批准改办为《宜昌师专学报》。

1985 年：9 月，湖北省委、省政府确定学校为副地级(厅)事业单位。学校贯彻《中共中央关于教育体制改革的决定》，实行后勤管理改革，在后勤服务领域推行经济承包责任制。开办夜大学，设文秘、计算机、英语、工业电气自动化控制四个专业。

1986 年：增设教育管理专业。学校被国家绿化委员会命名为"全国绿化先进单位"。

1987 年：2 月，高进仁调任学校党委书记兼校长。学校推进教育教学改革。在教学改革中，推进合格课程建设、题库建设；强化学生的基本技能训练；先后制定"能力培养大纲""语言文字工程"和"学生的教师职业技能训练方案"；推进教师教学科研"双实践"改革，出现可喜的成果。王正清领导的"粒子物理研究课题组"的课题此后连续 7 年被省教委下达为省级重点科研项目，共 5 篇学术论文先后在美国《物理评论》等重要刊物发表。

1988 年：增设政史、体育专业。学制由 3 年到 2 年并存到再为 3 年。深化后勤改革。在管理体制上将后勤部门分为总务处和服务公司，形成监控与服务的甲乙方关系，取得良好的社会效益和经济效益。

1989 年：张道葵、金道行荣获湖北省高等学校教学成果二等奖。学校服务公司获得湖北省省教委授予的"先进单位"称号。

1990 年：学校被评为"全国高校后勤先进单位"；再次被命名为"全国绿化先进单位"。

1991 年：易纪维调任学校党委书记，高进仁任党委副书记兼校长。学校深化管理体制改革。下移行政管理重心，加强系级权利，合理划分责、权、利；人事管理实行任期制、聘任制；分配实行档案工资与校内工资并行。改革教学管理制度，以必修课+选修课的课程组合，推进"合格"+"特色"的人才培养模式形成；推行学分制改革，由高进仁、石亚非、张朔、颜克美、刘贤红完成的"师专特色的学分制改革与实践"课题荣获"湖北省高等学校教学成果"三等奖。国家教委副主任邹时炎视察学校并题词："为人师表，无尚光荣。"

1992 年：选拔了学科带头人 5 名。先后成立了"高教研究所""三峡文化研究所""古文献研究所"和"高能重离子碰撞理论研究室"。刘芳老师被评为"全国语言文字先进工作者"。

1993 年：6 月，学校由国家教委统一定名为"宜昌师范高等专科学校"。首次开办了汉语言文学本科班。开办函授、电视、自考三结合的"专升本"培训。

1994年：金道行、帅绪芝、颜克美获"曾宪梓教育基金奖"。石亚非获湖北省有突出贡献的中青年专家称号。

1995年：设立汉语言文学教育、数学教育、物理教育、化学教育4个本科专业，招收本科生。学校被省委组织部和省教委授予"党的建设和思想政治工作先进高等学校"称号。王正清主编的全国师专通用教材《普通物理学》系列，主编卫星电视教育教材《普通物理学》近代物理分册，获国家教委优秀教材二等奖，其本人享受湖北省和国务院政府特殊津贴。吴柏森主编的国家社科基金资助项目《明实录类编》出版。7月21日，湖北省人民政府下发《关于宜昌师专、宜昌医专和宜昌职大合并组建"湖北三峡学院"的通知》。

1996年：6月，湖北三峡学院成立，下设师范学院、医学院和工学院。宜昌师专并入后改为湖北三峡学院师范学院，刘锦程任院长，李光明任书记。9月7日，举行师范学院建校50周年庆祝大会。各级领导、来宾、全院师生员工和历届校友代表共5000多人出席。刘锦程院长作《在宜昌师专(师范学院)建校50周年庆典上的讲话》的重要报告。

宜昌师专的历史，是一部生动的师范教育发展史。截至1996年共有教职工433人，其中专任教师233人。在校全日制本专科学生2200人，成人教育在读本专科学员2600人。设置中文、数学、化学、物理、外语、政史、教育管理、艺术、体育8个系，10个师范类专业和3个非师范类专业。在中华人民共和国成立后的47年中，共为国家培养各类大中专毕业生14300多人，各类培训班、进修班结业学员1700多人。他们为国家教育事业和经济建设做出了巨大的贡献！

附录2：宜昌师专历史沿革一览表

宜昌师专历史沿革一览表

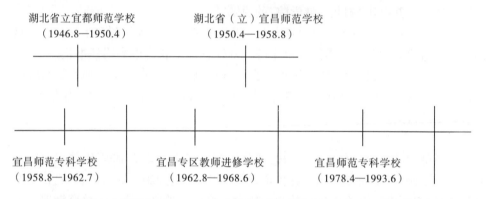

湖北省立宜都师范学校
（1946.8—1950.4）

湖北省（立）宜昌师范学校
（1950.4—1958.8）

宜昌师范专科学校
（1958.8—1962.7）

宜昌专区教师进修学校
（1962.8—1968.6）

宜昌师范专科学校
（1978.4—1993.6）

湖北省宜昌师范学校
（1962.8—1977.2）

华中师范学院宜昌分院
（1977.2—1978.4）

宜昌师范高等专科学校
（1993.6—1996.6）

附录3：宜昌师专历任校级行政领导一览表

姓名	性别	职务	任职起止时间	当时校名
梁瑞麟	男	校长(筹备主任)	1946—1947年	湖北省立宜都师范学校
胡楚藩	男	校长	1947—1948年	湖北省立宜都师范学校
朱全纪	男	校长	1948—1949年	湖北省立宜都师范学校
熊筱崗	男	校长	1949—1951年	湖北省(立)宜昌师范学校
李地文	男	校长	1952—1953年	湖北省宜昌师范学校
王素	男	副校长	1952—1952年	湖北省宜昌师范学校
邹吉烨	男	代校长	1953—1953年	湖北省宜昌师范学校
张子荣	男	代副校长	1952—1953年	湖北省宜昌师范学校
张晓光	男	校长	1953—1958年	湖北省宜昌师范学校
邹吉烨	男	副校长	1953—1956年	湖北省宜昌师范学校
傅天骏	男	副校长	1955—1958年	湖北省宜昌师范学校
徐汝潭	男	校长	1958—1962年	宜昌师范专科学校
傅天骏	男	副校长	1958—1962年	宜昌师范专科学校
黄荣誉	男	副校长	1962—1963年	湖北省宜昌师范学校
黄荣誉	男	校长	1963—1966年	湖北省宜昌师范学校
傅天骏	男	副校长	1962—1973年	湖北省宜昌师范学校
管先润	男	校长	1971—1980年	宜昌师范、宜昌师专
王丽云	女	副校长	1978—1979年	宜昌师范专科学校
安兰硚	男	副校长	1979—1981年	宜昌师范专科学校
张国然	男	副校长	1979—1980年	宜昌师范专科学校
詹玉华	女	副校长	1979—1984年	宜昌师范专科学校
朱辕	男	副校长	1981—1984年	宜昌师范专科学校

姓名	性别	职务	任职起止时间	当时校名
张国然	男	校长	1980—1987 年	宜昌师范专科学校
王正清	男	副校长	1984—1995 年	宜昌师范专科学校
周力	男	副校长	1984—1989 年	宜昌师范专科学校
刘锦程	男	副校长	1984—1996 年	宜昌师范(高等)专科学校
高进仁	男	校长	1987—1996 年	宜昌师范(高等)专科学校
石亚非	男	副校长	1990—1996 年	宜昌师范(高等)专科学校
李光明	男	副校长	1992—1996 年	宜昌师范(高等)专科学校

附录4：宜昌师专历任校级党组织领导一览表

姓名	性别	职务	任职起止时间	备注
张晓光	男	支部书记	1953—1958 年	湖北省宜昌师范学校
雷举才	男	支部副书记	1958—1959 年	湖北省宜昌师范学校
徐汝潭	男	总支书记	1958—1962 年	宜昌师范专科学校
雷举才	男	总支副书记	1959—1960 年	宜昌师范专科学校
黄荣誉	男	总支书记	1963—1966 年	湖北省宜昌师范学校
管先润	男	总支书记	1971—1978 年	宜昌师范、宜昌师专
舒德彦	男	总支副书记	1971—1978 年	湖北省宜昌师范学校
詹玉华	女	总支副书记	1975—1978 年	宜昌师范专科学校
管先润	男	党委副书记	1978—1980 年	宜昌师范、宜昌师专
王丽云	女	党委副书记	1978—1979 年	宜昌师范专科学校
管先润	男	党委书记	1980—1987 年	宜昌师范、宜昌师专
张国然	男	党委副书记	1981—1987 年	宜昌师范专科学校
詹玉华	女	纪委书记	1984—1987 年	宜昌师范专科学校
高进仁	男	党委书记	1987—1991 年	宜昌师范专科学校
周力	男	党委副书记	1987—1989 年	宜昌师范专科学校
管先润	男	纪委书记	1987—1988 年	宜昌师范、宜昌师专
杨红	女	党委副书记兼纪委书记	1990—1996 年	宜昌师范(高等)专科学校
易纪维	男	党委书记	1991—1996 年	宜昌师范(高等)专科学校
高进仁	男	党委副书记	1991—1996 年	宜昌师范(高等)专科学校

附录5：1991年宜昌师专党群、行政系统机构一览表

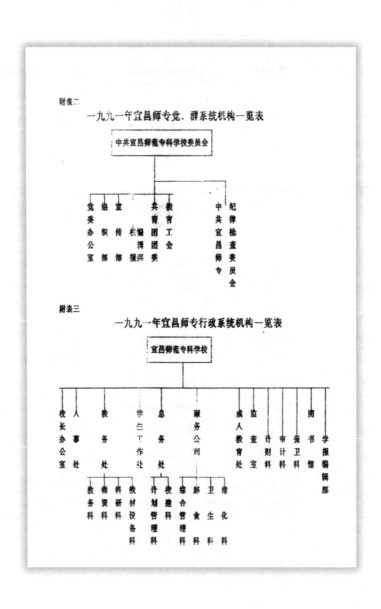

附录 6：刘锦程同志在宜昌师专（师范学院）建校 50 周年庆典上的讲话

（1996 年 9 月 7 日）

各位领导、各位来宾、各位校友：

金风送爽，丹桂飘香。湖北三峡学院师范学院迎来了建校 50 周年的大喜日子。在此，我代表湖北三峡学院师范学院，对前来参加建校 50 周年庆典活动的领导、来宾、校友，表示热烈欢迎！对你们几十年来对学校的建设和发展所给予的关心支持表示诚挚的感谢！

湖北三峡学院师范学院 50 年的历史，历经沧桑与坎坷，留下了 50 年历届领导、老师、校友励精图治、艰苦创业的足迹。

湖北三峡学院师范学院的前身最早是解放前的湖北省立宜都师范学校。

1946 年 9 月，省立宜都师范学校始建于宜都县红花套镇，最初只有几间破旧民房和搭起的三栋木架篾扎的茅草屋，教学设施极其简陋。1949 年 7 月宜都解放，人民政府接管了省立宜都师范学校。

1950 年 3 月，校址迁至宜昌市黄草坝，改名为湖北省立宜昌师范学校。在 1950 年至 1958 年的 8 年间，宜昌专署调集各路精兵强将充实宜昌师范学校。在全校师生员工的努力下，短短 8 年时间，使学校由解放前的一个烂摊子，建设成了一所粗具规模的师范学校。当时所树立的"艰苦朴素，面向农村，面向小学，忠诚于党的教育事业"的校风，影响了整整一代人，学校为宜昌地区初等教育事业发展作出了贡献。

1958 年秋，宜昌师范学校迁址东山。当时的学校领导、教职员工、学生艰苦奋斗，自己动手，开辟新的基地，洒下了辛苦的汗水。同时学校升格为宜昌师范专科学校。学校专科部先后开设了中文、数学、物理专业，加上中师部、附中、附小，学校规模得到了空前发展。这段时间里，学校师生所结下的情谊至今历历在目，记忆犹新。

1962 年，专科停办，学校改为宜昌师范学校和宜昌专区教师进修学校。1966 年 6 月，由于"文化大革命"，学校被迫停课达 4 年之久。1975 年"师范学校""教师进修学校"两校合并开始高师招生。1977 年 2 月，学校更名为华中师范学院宜昌分院。

1978 年 4 月，国务院批准重建宜昌师范专科学校。当时，开设了中文、数学、物理、化学、英语 5 个教育专业，在校学生共 500 人，教职工 168 人。从此学校发展揭开了新的一页。

党的十一届三中全会以来，学校 5 届领导班子率领全校师生员工，团结一心，奋力拼搏，勇于改革，争创一流，各项工作得到了较快的发展。坚持和完善了党委领导下的校长负责制；狠抓了教学质量，实行了有师专特色的学分制；加强了师资队伍建设，建立了一支具有较高政治素质和业务能力以及有一定学术水平的教师队伍；大胆地进行了学校内部管理体制改革，提高了办学效益；探索出了一套适合自己特点的"本专科兼容多层次，师范为主多规格，校内为主多渠道"的办学模式，以较高的办学水平，较快的发展速度，较好的办学质量，跨入了全国师专的先进行列。

目前，师范学院有教职工 433 人，其中专任教师 233 人。教职工中副教授以上职称的 77 人，博士、硕士研究生 56 人，占教师总数的 25.6%。获湖北省政府和国务院津贴 3 人。"七五"和"八五"期间，学校先后承担省级以上科研项目 32 个，在国际和国家级刊物上发表论文 150 篇，省级学术刊物上发表论文 396 篇，3 项科研成果获国家专利，计算机软件的研究被国家权威机构鉴定达到"国际先进水平"。图书馆藏书达 40 万册，被湖北省图书馆定为"优秀图书馆"。校舍建筑面积 5.3 万平方米，固定资产总值 2053 万元，教学仪器设备总值 800 万元，学校占地面积 145 亩。全日制在校学生 2200 人，函授、夜大、自修大学"三结合"本科班等成人教育学生 2600 人。与宜昌师专恢复时期相比，教职工人数增长 2.5 倍，专任教师人数增长 2.5 倍，图书馆藏书增长 3.8 倍，校舍建筑面积增长 4 倍，教职工与学生之比达到 1:5，教师与学生之比达到 1:10，均高于国家教委下达的比例。学校的办学成就得到了国家教委和省市委、政府的充分肯定。学校先后被省教委列为改革试点，国家教委师范司列为联系点，获"全国高校后勤改革先进单位"、湖北省高校"党的建设和思想政治工作先进学校"、宜昌市"先进基层组织"等荣誉称号。《中国教育报》先后 4 次报道我校改革的情况和经验，全国有 100 多所高校来师范学院学习考察。

师范学院的历史，是一部生动的宜昌师范教育发展史。它凝聚着历届领导、师生辛勤的劳动和汗水。新中国成立以来的 47 年，学校共为国家培养了 7229 名大专生，3939 名中师生，3050 名函授夜大专科生，1786 名各类培训班、进修班学员。其中获国家"优秀教师"称号 13 人，获省市"优秀教师"、"劳动模范"称号 37 人，150 多人担任了县级以上领导干部。他们为宜昌市乃至全省教育事业和经济建设作出了巨大的贡献。

各位领导、各位来宾、各位校友，随着湖北三峡学院的建立，宜昌师专已更名为湖北三峡学院师范学院，成为本科层次的师范学院。"九五"期间，将是我院事业发展的重要时期，我们面临着新的挑战和机遇。特别是目前在教育理念、教学科研水平、管理和基础设施等方面，离本科院校的标准还有一定的距离。教育事业经费严重不足，学院自我发展能力较差等诸多因素，将会制约学院的发展。在此，希望各位领导、校友，一如既往地对母校给予支持和帮助。学院领导决心认真贯彻执行党的基本路线和教育方针，刻苦学习邓小平建设有中国特色的社会主义理论，紧密地依靠和团结全院教职员工，坚持内涵发展与外延发展相结合；坚持深化改革，以改革促发展；坚持以教学为中心，努力提高教育质量和科研水平；坚持艰苦奋斗，勤俭办学的传统，努力改善办学条件。在湖北三峡学院党委的领导下，经过五年努力，全面实现由专科向本科的转变。到 2000 年，把我院办成一所规模适当、专业合理、队伍优化、设备齐全、质量较高、效益较好的合格师范学院。达到在校全日制本、专科生人数 3000 人，成人教育本、专科生人数 3000 人，本、专科专业 19 个（即在现有 17 个专业的基础上，增加英语、政史 2 个本科专业），教职工总数 600 人，其中专任教师 300 人，教师中研究生学历比例占 40%，高级职称比例占 35%；教学仪器设备总值 1000 万元以上，图书馆藏书增加到 60 万册，校舍建筑面积达到 10 万平方米（生均建筑面积 35 平方米），校园占地面积达到 200 亩，年增长率为 8%。

万紫千红总是春，校友归来春满园。乘祖国驶向 21 世纪的航船，借 50 周年校庆的春风，我们将启程远航。欢迎各位领导、各位来宾来我校指导工作！欢迎各位校友回母校传经送宝！我们有信心把湖北三峡学院师范学院建设得更好。让湖北三峡学院师范学院以崭新的面貌进入辉煌的 21 世纪。

人物名片：

刘锦程，湖北枝江人，1975 年毕业于华中师范学院政治教育系。1975 年起从事教学和管理工作，1984 年 6 月起任副校长长达 14 年之久，是师专任职最长的校级领导。1996 年 6 月，宜昌师专、宜昌医专与宜昌职业大学合并成立湖北三峡学院，担任师范学院院长。2000 年 6 月，三峡大学成立，继续从事管理和校友联络工作。退休后参与万里茶道相关研究至今，任中华文化促进会万里茶道协作体副秘书长、万里茶道研究院专家指导委员会秘书长、湖北长盛川青砖茶研究所副所长兼秘书长。曾主持抢救出版《汉口山陕西会馆志》《行商遗要》标注本等，著有《茶道瑰宝寻访记》。

附录7：宜昌师专创校校长徐汝潭致"50 周年校庆"贺词

湖北三峡学院师范学院校庆组委会、刘（锦程）院长、李（光明）书记：

你们好！多谢你们组织如此隆重、热烈的 50 周年校庆活动。这表明，你们不仅尊重历史，更尊重这半个世纪以来一万余师生这个庞大的群体。能以颇为健康的身体参加这一盛大校庆，我由衷感激、由衷高兴。

在纷纭的人际关系群落，师生关系、母校关系引为首位当之无愧！从马克思、孙中山、毛泽东到江泽民诸多领袖中，没见哪一位忘却母校、忘怀师长。我们民族以尊师重教的传统美德为框架构成的东方文明大厦，为世人叹服，为世人称羡！

特别庆幸拨乱反正的 18 年来，尊师重道之风吹回神州大地。我以曾在师专工作一段时间感到幸运，也为贡献甚微而追悔莫及。为学院校庆活动捐点微资，是我早就应尽的义务，是对我心灵的一种净化、一种陶冶，是一种文化享受。

我还有一个愿望，能有幸参加建校 60 周年校庆。

请允许我祝愿师范学院这一良师摇篮，精英辈出、宏图大展、前程锦绣、载誉中外、大放光明，并预祝校庆活动取得圆满成功！

徐汝潭

1996 年 8 月 23 日

人物名片：

徐汝潭，1926 年 7 月出生，山东文登人，1943 年 8 月参加革命工作，1947 年 6 月加入中国共产党，1948 年 9 月随军南下到宜昌，历任宜昌地区财政科行政股长，《宜昌日报》记者，地区文教科副科长，地区教育局局长，1957 年 8 月北京教育行政学院学习。1958 年 9 月任宜昌师专升格大专后的首任校长、党委书记，1962 年 1 月任地委党校党委书记、常务副校长。此后担任地委副秘书长，行署科委主任。1986 年 7 月离职休养。

附录8：武汉大学致"50周年校庆"贺词

湖北三峡学院师范学院：

值此贵校50周年校庆之际，谨向贵校全体师生员工致以衷心的祝贺！

50年来，贵校为湖北省输送了大批高质量的优秀师资人才，为振兴我省的基础教育事业作出了重大贡献。

我们相信，贵校将继续坚定地为我省的基础教育服务，为科教兴鄂做出更大的贡献。

预祝贵校校庆活动圆满成功！

武汉大学

1996年8月22日

附录9：湖北大学陈少岚代表武汉地区高等院校在宜昌师专50周年校庆大会上的贺词

各位领导、各位来宾，老师们、同学们：

大家好！

艳阳高照，秋高气爽，今天我们济济一堂，在这里隆重集会，庆祝宜昌师专建校50周年，请允许我代表前来参加庆典的兄弟院校，对宜昌师专建校50周年，表示衷心的祝贺和真诚的祝福！对50年来宜昌师专建设发展过程中，辛勤劳作的历任领导，诲人不倦的老师们，孜孜以求的同学们，致以崇高的敬意！因为你们的艰苦努力和团结奋斗，才有了宜昌师专的今天！

回顾历史，使人骄傲。1946年秋，作为宜昌师专前身的省立宜都师范学校正式成立，近500名学生开始了学业的追求；1949年7月，宜昌解放，学校获得了新生；1950年4月更名为湖北省立宜昌师范学校；1958年8月更名为宜昌师范专科学校；1962年7月，专科撤销，改办中专；1977年2月，更名为华中师范学院宜昌分院；1978年4月教育部批准建立宜昌师范专科学校。

50年学校数次更改校名，多次搬迁办学地点，承载了岁月的磨练和洗礼，经历了历史的挫折和新生，筚路蓝缕，以启山林，其中的艰难曲折不言而喻。这是一种开拓进取的气概，也是一种不屈不挠的精神，可敬，可佩！

50年，学校不断提高办学水平，在改革创新发展、管理体制优化、师资队伍建设、后勤有力保障等方面创造了不少的经验，获得了诸多荣誉。50年，培养了近2万名各类学生、学员，为教育战线及社会发展做出了巨大的贡献，可圈，可点！

作为兄弟院校，我们共同的愿望是在中国高等教育改革发展的进程中，团结协作，取长补短，携手并进，共创辉煌，为国家的人才培养和社会发展作出应有的贡献！

我们十分赞赏和钦佩宜昌师专的办学成绩，也会学习和借鉴宜昌师专的办学经验。

祝宜昌师专建校 50 周年校庆圆满成功！

愿宜昌师专的明天更加美好！

谢谢大家！

1996 年 9 月 7 日

附录10：宜昌师专校友向世清致 "50周年校庆" 贺词

尊敬的组委会、尊敬的校领导：

值此每一个在她的怀抱中走过一段人生岁月的人都欣喜激动的日子，我，一个作为学生受她培养过、作为教师为她奋进过、作为校友还想为她的未来增光添彩的宜昌家乡人，为她，我深深敬爱并常常想念的母校，为她的50周岁，这样一个记载她岁月的艰辛、岁月的磨难、岁月的成功、岁月的辉煌的特殊日子，呈上我心中最真诚的祝贺！

我是1982级的学生，在她的怀抱里，走过了7年的日子，那是从15岁开始的我一生中最值得珍惜的黄金段，是我人生转轨的关键点。是她，将我由一个孩子培养成懂知识的人；是她，将我磨炼成为一个能教会导的知识传播者；更是她，将我这个懂得甚少的青年送进了科学研究的大门。在她的怀抱里，我埋头钻研过，顽强拼搏过，激昂抒怀过，伤心洒泪过，潇洒呼唤过，欢欣跳跃过。我只觉得，我对她是格外的贴心，格外的依赖。所以，离开她的每一年里，只要可能，我都回到她的怀抱，去看她，去闻她的气息，去感受她的脉搏。而每一回再回到她的怀抱，我就有一种在家了的踏实，再加上所见新貌的欣喜。

正是这7年，才有了我的今天，这是站在她的肩膀上的。所以自离开她的那一天，我就想着要为她添一份荣耀，用我的再奋斗，用我毕生的每一天中那每一次可能获得的成功。

因为有了这7年，所以我想我最有权利代表已在外乡的人们向她呈上最真诚的恭贺。那么，我就代表这些不会忘记她的人们在此刻说，我们会为她的未来再添上我们的奋斗、我们的成功、我们的回报！愿那下一个50年、100年，在越来越为她自豪的光辉中有我们的一抹！

直到今天，我仍然感受到，我的母校对我的挂怀。面对红色的邀请书，我却无法应邀在这一天与大家在她的怀抱中共同献上挚心，我备感歉疚。但我此刻的心跳，是与大家同样，在为她祝福着。

最后，我要说，宜昌师专，我的母校，我愿她今日的辉煌并作明日的腾飞，她的每一个被培育过的儿女，在今天，在明天，都站在大地的一个角落呼喊，

"母校，我们为你自豪！"

再祝，每一位为她奋斗过的、正为她奋斗的、还将为她奋斗的领导、师生、员工们，身体健康，事业有成，爱心共在，明天再相聚！让我们为我们的母校再共添辉煌！为她每一天的新颜喝彩！也为家乡宜昌的腾飞再创功业！

向世清

1996 年 8 月 30 日

人物名片：

向世清，湖北枝江人，1985 年宜昌师专物理科毕业留校，继而考入中科院长春光学精密机械研究所、上海光学精密机械研究所，获得硕士、博士学位，现任上海光机所第一研究室主任。

附录11：湖北省人民政府关于将宜昌师专、宜昌医专、宜昌职大合并组建"湖北三峡学院"的通知

各地区行政公署，各市、州、县人民政府，省政府各部门：

为了更好地适应我省经济建设和社会发展对人才的需要，进一步提高办学质量与效益，经国家教委批准，省人民政府决定，将宜昌师范高等专科学校、宜昌医学高等专科学校、宜昌职业大学三所学校合并，组建为湖北三峡学院。现就有关事项通知如下：

一、湖北三峡学院为正厅级事业单位，由省与宜昌市双重领导，以省为主，归口省教育委员会管理。

二、湖北三峡学院属本科层次的全日制普通高等学校，本专科兼办，目前以专科为主，同时开办成人教育。全日制普通本专科在校学生规模定为7000人。

三、湖北三峡学院的院级职能机构按国家教育委员会《关于对普通高等学校机构设置的意见(试行稿)》(〔1988〕教计字083号)，结合实际需要研究设置。教职工编制按国家教育委员会颁发的《普通高等学校人员编制的试行办法》(〔1985〕教计字090号)中的有关标准确定。湖北三峡学院下设师范学院、医学院、工学院三个二级学院。在合并组建时要本着从紧从严的原则，合理安排人员编制，避免造成机构和人员膨胀。

四、目前由于省市共管办法正在制订中，湖北三峡学院中原宜昌职业大学办学所需正常事业经费和基本建设投资，暂维持合并前的经费渠道不变，由宜昌市承担，经费和投资应以1994年实际投入数为基数，按省对三峡学院的经费和拨款增长幅度同步增长。

宜昌市人民政府和省政府有关部门，都要切实帮助解决三校合并过程中遇到的困难，关心和支持三校合并后的建设与发展工作，使之尽快成为一个有机的办学整体，进一步提高教育质量与办学水平，为全省经济建设和社会发展培养更多的高级专门人才。

湖北省人民政府

1995年7月21日

附录 12:《宜昌师专的故事》专家鉴定意见

2022 年 7 月 13 日上午，三峡大学田家炳教育学院、文学与传媒学院组织专家在 W1515 会议室召开了《宜昌师专的故事》(送审稿)专家鉴定会。与会专家鉴定意见如下:

以李云贵先生为首的一群宜昌师专校友历经十年精心打磨的《宜昌师专的故事》即将出版。这部书第一次系统翔实地梳理了宜昌师专 50 年的历史，填补了宜昌地域文化和宜昌师范教育历史研究的空白。

宜昌师专是宜昌及周边地域基础教育的摇篮，是宜昌地区干部培训的基地，是三峡大学师范教育之源。《宜昌师专的故事》在三峡大学校史研究上具有重要意义，是三峡大学校史研究具有史料价值的著作。宜昌师专老教授、老领导虽然年事已高，但大部分尚健在，许多史料的回忆都是由他们亲自撰写或本人口述实录，因此本书具有抢救保护的性质，具有"不可复制性"和"不可再生性"。

本书采取的是征文形式，安排了"校史钩沉""岁月留痕""杏坛风采""桃李芬芳"和"北山撷拾"等多个栏目，多角度展示师专历史，文章大多是由校友本人亲自撰写，写的又是自己的亲身经历，因此形象、生动、真实、亲切，具有很强的可读性。对于曾在宜昌师专工作或学习过的校友来讲，宜昌师专是他们永远的母校，北山坡是他们永远的精神家园。

建议尽快出版。

鉴定人:

2022 年 7 月 13 日

北山坡上，岁月有痕
——《宜昌师专的故事》后记

李云贵

　　时隔多年，午夜梦回，我依然穿梭在宜昌师专校园中：香樟树下的漫步、篮球场上的奔跑、课堂上的慷慨激昂、寝室里的欢声笑语……这里留下了我的青春我的梦。与之结缘，始于一次高考。1979 年 9 月，作为恢复高考"新三届"的一员，我踏进了梦寐以求的大学校园。宜昌师专，也成了我梦想起航的地方。

　　宜昌师专建在北山坡上，站在楼上可以远眺滚滚长江，依山傍水，风景优美。宜昌人杰地灵，曾是屈原、昭君故里，还有白居易、苏轼探访下牢溪的故事，更有三国古战场的遗迹，于是一种与生俱来的人文情怀，便在这山水之间荡漾开来。一代代学子在其中浸润、沉醉，激荡起青春的热情和生命的浪花。宜昌师专因地处北山坡，也被称为宜昌的"北大"。虽是戏称，却也恰到好处地道出了它在当时对于整个宜昌地区的巨大贡献。

　　它是宜昌最早的高等学府之一，是宜昌及周边地域基础教育的摇篮，是宜昌地区干部培养的基地，是三峡大学师范教育之源，是宜昌人引以为傲的金字招牌，为宜昌的社会发展、经济建设输送了大量人才。宜昌师专前身是宜都县红花套镇的"湖北省立宜都师范学校"，诞生在硝烟弥漫的战争年代，成立于 1946 年 8 月，安置了战后约 400 名"保育生"；后来发展成为位于宜昌市西坝的"湖北省（立）宜昌师范学校"以及北山坡的"宜昌师范（高等）专科学校"。沧海桑田，20 世纪末，因为全国高校布局调整，宜昌师专悄然隐退，成为只能在记忆里寻找的故事。

　　五十年流金岁月，五十年风雨兼程。多少艰辛，多少汗水，多少感动，多少激情。它们像一簇簇燃烧的火，温暖、照亮了一代代学子、一代代校友。蓦然回首，那些人、那些事，他们依然深藏我们心底、依然在北山坡上含笑不语、静等我们。记忆中的温馨，工作中的闪亮，无不折射出宜昌师专发展的熠熠光芒。此刻，我们有了一个共同的心愿，想拥有一本记录母校宜昌师专峥嵘岁月的书籍。

　　遗憾的是目前市面上很难找到一本与宜昌师专历史有关的书籍，这不能不说是宜昌地域文化的一种缺憾。

　　为了抢救这一渐行渐远的历史文化宝藏，一群有着师专情怀的校友、传媒专家、地域文化研究的学者，成立了《宜昌师专的故事》编辑专班，着手收集老宜昌师专的故事。盘点五十年发展脉络，梳理五十年心路历程——"校史钩沉""岁月留痕""杏坛风采""桃李芬芳""北山撷拾"和"附录"六个板块、不同视角的师专故事荟萃云集。我和《三峡晚报》副刊部主任、高级编辑冯汉斌共同策划、主持编写《宜昌师专的故事》的动议肇始于2012年初，并在《三峡晚报》2014年10月24日"副刊"上刊登《峥嵘岁月，并不如烟——〈宜昌师专的故事〉开始征集》的启事，随后还在《三峡日报》《三峡商报》《宜昌社会科学》和《宝塔河》等媒体上持续登载。该项工作迄今已十个年头，曾因故中辍，但我们对师专的情怀始终没变。在征稿、组稿的过程中，我们得到了各位老领导、老教授和校友们的鼓励和大力支持，宜昌师专创始校长、年近百岁的老人徐汝潭，耄耋之年的宜昌市原副市长、著名杂文家符利民，古稀之年的原宜昌师专副校长、湖北三峡学院师范学院院长刘锦程和花甲之年的副院长张朔，都给予了大力支持，特别是看到步履蹒跚的诸多老先生积极撰稿，着实让人感动，在此深表感谢。也正是因为有来自社会各方面的支持，尤其是三峡大学田家炳教育学院、文学与传媒学院的鼎力相助，才使我们编写《宜昌师专的故事》这一热切愿望成为现实。由于水平有限，有许多感人的故事没能载入其中，我们只能期待接下来的《宜昌师专的故事》第2辑、第3辑了……

　　谨以此书，献给永驻我们心中的母校——宜昌师专！

2022年9月10日教师节